Anne-Janine Müller

Pornographie im Diskurs der Wissenschaft

D1662923

Beiträge zur Kommunikationstheorie

herausgegeben von

Joachim Westerbarkey

Institut für
Kommunikationswissenschaft
Westfälische Wilhelms-Universität
Münster

Band 28

LIT

Anne-Janine Müller

Pornographie im Diskurs der Wissenschaft

Zwischen „sprechendem Sex"
und Medienvermittlung

LIT

Umschlagbild: © by Christina Füller

D 6

Bibliografische Information der Deutschen Nationalbibliothek
Die Deutsche Nationalbibliothek verzeichnet diese Publikation in
der Deutschen Nationalbibliografie; detaillierte bibliografische Daten
sind im Internet über http://dnb.d-nb.de abrufbar.

ISBN 978-3-643-10661-2
Zugl.: Münster (Westf.), Univ., Diss., 2009

©LIT VERLAG Dr. W. Hopf Berlin 2010
Verlagskontakt:
Fresnostr. 2   D-48159 Münster
Tel. +49 (0) 2 51-620 320   Fax +49 (0) 2 51-922 60 99
e-Mail: lit@lit-verlag.de   http://www.lit-verlag.de

Auslieferung:
Deutschland: LIT Verlag Fresnostr. 2, D-48159 Münster
Tel. +49 (0) 2 51-620 32 22, Fax +49 (0) 2 51-922 60 99, e-Mail: vertrieb@lit-verlag.de
Österreich: Medienlogistik Pichler-ÖBZ, e-Mail: mlo@medien-logistik.at
Schweiz: B + M Buch- und Medienvertrieb, e-Mail: order@buch-medien.ch

Inhalt

1. Einleitung

> „Wir leben in einer Gesellschaft des sprechenden Sexes."
>
> (Foucault 1978: 99)

Noch Anfang der 1950er Jahre konnte der Film *Die Sünderin*, der Hildegard Knef in einer einzigen Szene nackt als Aktmodell zeigt, wahre Entrüstungsstürme entfachen, dem Aufruf der katholischen Kirche folgende Leute zu Protesten auf die Straße bringen und einen öffentlichen Skandal auslösen. Wurde dieser Film noch als pornographisch gebrandmarkt, findet sich heute auf jeder Titelseite der *Bild* das weitgehend nackt posierende Seite-1-Girl. Das Pro7-Format *Sexreport 2008* klärt den Rezipienten über die sexuellen Vorlieben und Probleme der Deutschen nicht nur mit den Ergebnissen der dem Format zugrundeliegenden Studie, sondern auch mit anschaulichen Filmeinschnitten auf. Der mit Oswald Kolle in den 1970ern initiierte Trend der Massenaufklärung findet so eine beständige Wiederaufnahme, sogar durch Kolle selbst. Die Boulevard Presse berichtet ausgiebig über die Selbsteinweisung des US-Schauspielers David Duchovny zur Behandlung seiner Internet-Sexsucht – genau der Schauspieler, der in der 2008 Golden Globe-prämierten US-Fernsehserie *Californication* den seinen Liebesfrust mittels zahlreicher Sex-Affären bekämpfenden Protagonisten spielt. *Hustler*-Herausgeber Larry Flynt trägt zum amerikanischen Wahlkampf das seine bei und präsentiert ein Double der republikanischen Vizepräsidentschaftskandidatin Sarah Palin nicht nur als Aufmacher der *Hustler*-Homepage[1], dabei wird außerdem ein etwas anderes Verständnis kooperativer Außenpolitik vorgestellt, wenn das Palin-Double in den hardcore-pornographischen online-Angeboten zwei „russischen Offizieren" oder einem Barack Obama-Double „seine politischen Fähigkeiten" demonstriert. Über Wochen kann sich der deutschsprachige Bestseller *Feuchtgebiete* von Charlotte Roche, der systematisch eine Orgie der Tabubrüche zelebriert, an der Spitze der Literaturverkaufslisten halten. Während die Striptease-Darbietung der Burlesque-Tänzerin Dita von Teese beim Eurovision Song Contest 2009 auf ein knappes Bühnenoutfit und eine geschwungene Reitgerte reduziert wird, tummeln sich in den Musikclips auf den Musiksendern leicht bis kaum bekleidete Frauen in lasziven Posen. Auf der Internet-Plattform youtube distribuieren zahlreiche User ikonische „hot and sexy"-Clips ihrer favorisierten Celebrities. Die von Michel Foucault konstatierte Diskursexplosion über Sexualität ist gegenwärtig omnipräsent: von den sexuellen Geständnissen in den Talk

---

[1] http://hustler.com/mansion1/?cs=1&u=http://hustler.com/mansion1/&s=9&p=2&w=420901&t=7 &c=0 Zugriff am 30. Oktober 2008

Shows über die Sex-Skandale von Politikern in der journalistischen Berichterstattung bis hin zu der sex-sells-Vermarktung verschiedenster Produkte in der
Werbung. An prominenter Stelle in der sexuellen Diskursvielfalt findet sich die
Pornographie, die deutlicher als jedes andere Medienangebot Sexualität thematisch in den Vordergrund stellt und damit ihrer Industrie Milliarden Gewinne
sichert. Zum Vergleich bringt die Traumfabrik in Hollywood maximal 400 Filme jährlich auf den Markt, während allein die US-Pornoindustrie rund 10.000
bis 11.000 jedes Jahr produziert (vgl. Williams 2004a: 1).
Doch mit der Etablierung des web 2.0 ändern sich gegenwärtig die Bedingungen der Pornoindustrie erheblich. Nicht nur dass sämtliche großen Porno-
Produkionsfirmen ihre eigenen Auftritte im Internet pflegen, sie geraten vor
allem durch zahlreiche kostenlose, jederzeit verfügbare Pornographieangebote,
wie exemplarisch durch die Portale youporn.com oder amateur-blogs.com, unter
massiven ökonomischen Druck. Im Kontext der zahlreichen Sex-Partner-Börsen
wie joyclub.de oder poppen.de spielen die Mitglieder in der Gestaltung ihrer
Profile mit pornographischen Konventionen und öffnen sich damit Optionen
nicht nur auf Cybersex. Das Internet bietet die perfekte Plattform für eine Po-
tenzierung der Diskursexplosion über Sexualität im Allgemeinen und im Speziellen für pornographische Medienangebote. Dass sich an das Internet und
seine immense Distributionskapazität hinsichtlich der Verbreitung von Pornographie durchaus auch Problembewusstsein anschließt, zeigen die öffentlichen
Diskussionen rund um die Jugendschutzbestimmungen oder um die Gefahr der
Verbreitung von Kinderpornographie in Pädophilennetzwerken.
Mit Blick auf genau diese Diskursexplosion zwingen sich zahlreiche Fragen
auf: Was ist Pornographie überhaupt? Was unterscheidet Pornographie von
anderen Diskursen über Sexualität? In welchem Verhältnis steht Pornographie
zur Sexualität? Wie beeinflusst die Legislatur die pornographischen Medienangebote? Wieso und wozu nutzen die Rezipienten Pornographie? Warum wird
Pornographie mit irgendeiner Form der Gefahr in Verbindung gebracht, wenn
sie doch scheinbar so allgegenwärtig ist? Wie verändert sich das Verständnis
von Pornographie im Laufe der Jahre, wenn eine einzelne Nacktszene einem
Film die Zuschreibung pornographisch eintrug, während heute Filme wie *9
Songs* oder *Baise Moi* expliziten Geschlechtsverkehr zeigen und zwar umstritten
sind, nicht jedoch als pornographisch eingestuft werden? Und gibt es *die* Pornographie überhaupt? Wie wirken sich die Spezifika eines Mediums auf die
pornographischen Inhalte aus?
Ist Pornographie einmal in das Problembewusstsein gedrungen, breitet sich ein
weiterer, enormer Fragenteppich aus. Als Bezeichnung ist Pornographie dem
Griechischen entliehen und setzt sich aus porne für Hure und graphein für
schreiben, beschreiben zusammen. Doch wirft allein diese etymologische Beg-

riffsbestimmung neue Fragen auf: Was hat Pornographie mit Prostitution zu tun? Wann wurde der Begriff erstmals für die Benennung eingesetzt? Zur Benennung von was? Und wieso? Was hat man vorher gesagt? Seit wann gibt es Pornographie? Ist Pornographie transkulturell? Wie wirken sich die soziokulturellen Parameter einer Gesellschaft auf ihre Pornographie aus?

"Während alle anderen Gattungen ihre mehr oder minder kurzen Verfallsdaten haben, nach deren Ablauf Werke nur noch mit gesteigerter intellektueller Anstrengung erreichbar sind, scheint die Pornographie nicht oder wenig zu altern."   (Koschorke 1997: 66)

Aber warum fehlt der *Sünderin* dann heute die Zuschreibung als pornographisch? Wieso werden in jeder Buchhandlung die Werke des Marquis de Sade verkauft, wenn selbst weiche Pornographie nach §184 StGB für Jugendliche unter 18 Jahren nicht zugänglich sein soll? Wird Sade denn heute wirklich noch wie vor 50, 100 oder 200 Jahren rezipiert? Sind pornographische Diskurse eindimensional und damit frei von Polysemantiken?

Obschon Pornographie eindeutig ökonomisch sehr bedeutsam ist, sie somit auch eine gewisse Anzahl zahlender Rezipienten aufweist und sich an privilegierter Position in dem Diskurs über Sexualität befindet, wird der Pornographie seitens der deutschen Wissenschaft insgesamt nur verhältnismäßig wenig Aufmerksamkeit zuteil. In den USA dagegen hat sich aus den Untersuchungen der Literatur- und Medienwissenschaften, der Gender Studies und der Queer Theories hervorgehend ein Forschungszweig gegründet, der unter der Bezeichnung Porn Studies formierend die Pornographie als Erkenntnisgegenstand ernst nimmt und ihr mit den unterschiedlichsten Fragestellungen begegnet.

Ein Blick in die wissenschaftliche Literaturlage zur Pornographieforschung offenbart, dass sich in der Kommunikationswissenschaft bis dato lediglich zwei Beiträge mit dem Erkenntnisgegenstand der Pornographie auseinandersetzt haben. Gemäß dem Selbstverständnispapier der Deutschen Gesellschaft für Publizistik- und Kommunikationswissenschaft, das auf der Mitgliederversammlung am 1. Mai 2008 in Lugano verabschiedet worden ist, beschäftigt sich die Kommunikationswissenschaft „mit den sozialen Bedingungen, Folgen und Bedeutungen von medialer, öffentlicher und interpersonaler Kommunikation", denn der „herausragende Stellenwert, den Kommunikation und Medien in der Gesellschaft haben, begründet die Relevanz des Fachs" (Selbstverständnisausschuss der DGPuK 2008: 1). Genau dieser Anspruch der Kommunikationswissenschaft prädestiniert sie zu einer Untersuchung pornographischer Medienangebote. Da bislang angesichts der weitgehenden Unkenntnis der amerikanischen Forschungsergebnisse der Porn Studies kaum eine Basis geschaffen ist, auf der weitere Forschung aufsetzen kann, bedarf es zunächst der Grundlagenforschung, was wissenschaftlich über Pornographie überhaupt sagbar ist. Daher setzt es sich diese Arbeit zum Ziel, nicht nur einen breiten Überblick über den Forschungsstand der Pornographieforschung abzuliefern, sondern darüber hinaus die Bereiche herauszuarbeiten, die für die Kommunikationswissenschaft fruchtbar anschlussfähig sind. Daher lautet die zentrale forschungsleitende Fragestellung dieser Arbeit:

-       Was ist weshalb in der wissenschaftlichen Analyse pornographischer Medienangebote sagbar?

-       Wo kann die Kommunikationswissenschaft sinnvoll anschließen?

Ausgehend von dieser Zielsetzung stellt sich die Frage nach der sinnvollen Operationalisierung dieses grundlagenorientierten Forschungsbestrebens. Als sinnvolle Methode der Systematisierung und der Analyse bisheriger Forschung bietet sich die Diskursanalyse an. Zur Operationalisierung der Diskursanalyse muss zunächst ein Diskursverständnis ausgearbeitet werden, das in Kapitel 2 nachfolgend knapp vorgestellt wird. Da bereits eine erste Sichtung der bisherigen Beiträge der Pornographieforschung verdeutlicht, dass ein umfassend wissenschaftlich fundiertes Verständnis von Sexualität unumgänglich erscheint, wird mit der Operationalisierung der Diskursanalyse nach Jäger ein interdisziplinärer Forschungsansatz gewählt. Der in dieser Arbeit gewählte Zugang zur Sexualität bemüht die Soziologie als wichtige, ergänzende wissenschaftliche Perspektive. Die konkrete Operationalisierung wird in Kapitel 3 ausführlich erörtert. Der wissenschaftliche Pornographiediskurs zeichnet sich durch eine Dreiteilung aus, in der unterschiedliche Diskursdimensionen entstehen, die in Kapitel 4 bis Kapitel 6 näher analysiert werden. In dem 7. Kapitel werden die Ergebnisse der Diskursanalyse noch einmal kurz zusammengefasst und in graphischen Darstellungen visualisiert. Während die Diskursanalyse zeigt, was und wieso etwas im wissenschaftlichen Pornographiediskurs sagbar ist, greift die Schlussbemerkung die Frage nach den Anschlussoptionen kommunikationswissenschaftlicher Forschung auf.

Jede wissenschaftliche Auseinandersetzung mit Pornographie trägt einerseits zu der Diskursexplosion über Sexualität unausweichlich bei und bezieht andererseits mit den eigenen Setzungen Stellung. In diesem Sinne wird sich der Position McNairs angeschlossen:

„In this field, as perhaps in no other, what one writes is unlikely to be viewed in isolation from what and who one is. While it is my hope and intention that the present book proves useful for those growing numbers of students and others who are interested in the subject of mediated sexuality, it is also the work of an author formed and socialized in a particular socio-cultural culture. In this sense, my account of the issues is not, and never could be, 'innocent'."   (McNair 1996: 7)

2. Methodologische Fundierung

2.1 Diskurstheoretisches Verständnis

> „Man sucht unterhalb dessen, was manifest ist, nicht das halbverschwiegene Geschwätz eines anderen Diskurses; man muß zeigen, warum er nicht anders sein konnte, als er war, worin er gegenüber jedem anderen exklusiv ist, wie er inmitten der anderen und in Beziehung zu ihnen einen Platz einnimmt, den kein anderer besetzen könnte. Die für eine solche Analyse typische Frage könnte man folgendermaßen formulieren: was ist das also für eine sonderbare Existenz, die in dem ans Licht kommt, was gesagt wird, - und nirgendwo sonst?"
>
> (Foucault 1981: 43)

Der Begriff des Diskurses zirkuliert derzeit fast schon inflationär und vollkommen uneinheitlich, wenn überhaupt definiert, durch die Wissenschaften und die mediale Landschaft. Selbst in der Wissenschaft zeigt sich ein sehr divergierender Gebrauch des Begriffs, was insofern ausgesprochen problematisch ist, da sich die umgangssprachliche Bedeutung des Diskurses häufig mit wissenschaftlichen Vorstellungen überschneidet (vgl. Mills 1997: 1 ff). Keller et al. (2006) heben hervor, dass seit den 1960ern der Diskursbegriff in den Sprach-, Geistes- und Sozialwissenschaften eine gesteigerte Aufmerksamkeit erfährt, weil Kommunikations- und Argumentationsprozesse sowie die sprachvermittelte Wahrnehmung und Konstruktion der Wirklichkeit als zentral für die menschliche Existenz gewertet wurden. So könne man vier Verwendungen des Diskursbegriffs von einander unterscheiden: die englischsprachige soziolinguistische discourse analysis, die auf Habermas zurückgehenden Diskursethik, die Diskurstheorie, deren prominentester und einflussreichster Vertreter Michel Foucault[2] ist, und schließlich die kulturalistische Diskursanalyse (vgl. Keller et al. 2006: 10 ff). Daher ist es für eine diskursanalytische Untersuchung unerlässlich, wie Jäger (2004) und Keller (2006) betonen, das ihr zugrunde gelegte, diskurstheoretische Verständnis eingangs zu erläutern.

---

[2] Hiermit wird explizit darauf hingewiesen, dass sich das zugrunde gelegte Verständnis dessen, was der Diskurs ist und wie er sich strukturell konstituiert, auf die Kondensationen und Systematisierungen seiner empirischen Untersuchungen in den theoretischen Schriften „Archäologie des Wissens" (1981) und „Die Ordnung des Diskurses" (2007) beziehen. Ergänzt wird das Verständnis durch die Schriften zur Sexualität sowie durch die unter dem Titel „Dispositive der Macht. Michel Foucault. Über Sexualität, Wissen und Wahrheit" publizierten Interviews, Vorlesungen und Essays. Zudem stützt Sekundärliteratur das Verständnis. Von einer umfassenden Kenntnis aller Studien und Schriften und einer Rekursion auf das komplette Werk Foucaults wird Abstand genommen.

Diese Analyse des wissenschaftlichen Diskurses über Pornographie fußt auf einem stark von den diskurstheoretischen Arbeiten „Archäologie des Wissens"[3] (1981) und „Die Ordnung des Diskurses" (2007) Michel Foucaults[4] geprägten, diskurstheoretischen Verständnis, das sich epistemologisch als grundlegend konstruktivistisch darstellt. Zugleich wird aber auch der Übergang Foucaults strukturalistischer Phase der Analyse des Diskurses hin zu seiner post-strukturalistischen Phase mit der Konzentration auf die Verknüpfungen diskursiver und nicht-diskursiver Praktiken in der Kategorie des Dispositivs sowie der Fokussierung auf die Macht und Optionen der Gegenmacht zur Kenntnis genommen (Ruoff 2007). Da jedoch die Verbindung der diskursiven und nicht-diskursiven Praktiken im Dispositiv angesichts ihrer Relevanz in der Auseinandersetzung mit dem erkenntnistheoretischen Problem der Überbrückung der Differenz des Wirklichkeit konstruierenden Subjekts und des ontologisch existierenden Objekts als nicht hinreichend erörtert genug erscheinen (u.a. Jäger 2004, Mills 1997), wird die diskurstheoretische Grundierung ergänzt durch die theoretischen Überlegungen Siegfried J. Schmidts (2003) zur Verlagerung des Problems dualistischer Epistemologie.

2.1.1 Der Foucaultsche Diskurs

Grundsätzlich stellt sich zuallererst die Frage, was überhaupt unter einem Diskurs zu verstehen ist, vor allem wenn Foucault selbst konstatiert, dass er, „statt allmählich die so verschwimmende Bedeutung des Wortes ‚Diskurs' verengt zu haben, seine Bedeutung vervielfacht habe: einmal allgemeines Gebiet aller Aussagen, dann individualisierbare Gruppe von Aussagen, schließlich regulierende Praxis, die von einer bestimmten Zahl von Aussagen berichtet [...]" (Foucault 1981: 116). So hat der Begriff bei Foucault nicht nur eine Bedeutung, sondern wird von ihm dreifach gedeutet: zunächst sehr weit gefasst als der alle Aussagen umfassende Diskurs, dann als der eine spezifisch strukturierte Gruppe von Aussagen umfassender konkreter Diskurs, schließlich als die eine bestimmte Anzahl von Aussagen regulierende diskursive Praxis.

---

[3] Die Archäologie bezeichnet Foucaults Verständnis einer Geschichtswissenschaft, die nicht auf der Suche nach den kontinuierlichen Entwicklungslinien in der Historie ist, sondern gerade die Brüche und Diskontinuität der Geschichte in Augenschein nimmt, um die Bedingungen der Emergenz sowie die Genese von rein diskursiv erzeugtem Wissen unterschiedlicher Art historisch nachzeichnen zu können.

[4] Dass Foucaults Diskursbegriff elementar für ein Verständnis von Pornographie und Sexualität erscheint und hier daher privilegiert wird, liegt nicht zuletzt an Foucaults Schriften zur Aufbrechung einer naturalistisch-essentialistischen Sexualitätsvorstellung.

Die Aussagen selbst stellen die Grundeinheiten des Diskurses dar, das „Atom des Diskurses" (vgl. Foucault 1981: 117). Als solche dürfen sie weder mit Propositionen oder Sätzen gleichgesetzt, noch durch ihre grammatikalischen Merkmale definiert werden, stattdessen können sie einen illokutionären Akt der Formulierung konstituieren, der erkennbar und isolierbar ist. Hierin zeichnen sich die Aussagen als die Operation aus, „die durch die Formulierung selbst bewirkt worden ist, in ihrem Auftauchen: Versprechen, Befehl, Dekret, Vertrag, Engagement, Feststellung" (Foucault 1981: 121). Somit ist die Aussage das, „was sich durch die Tatsache selbst vollzogen hat, daß es eine Aussage gegeben hat – und genau diese Aussage (und keine andere) unter ganz bestimmten Umständen" (Foucault 1981: 121). Allerdings bedarf es oftmals mehr als nur einer Aussage, um einen illokutionären Akt zu bewirken, weshalb die Aussage auch nicht mit dem illokutionären Akt verwechselt werden darf (vgl. Foucault 121 ff). Wenn nun also diese elementaren Einheiten keine strukturellen Einheitskriterien aufweisen, beschränkt sich Foucault darauf, dass „irgendeine Folge von Zeichen, von Figuren, von Graphismen oder Spuren – gleich welcher Organisation oder welcher Wahrscheinlichkeit – für die Konstituierung einer Aussage genügt" (Foucault 1981: 123). Ihren semantischen Sinn erfährt eine Aussage stets erst in dem Korrelationsraum des Diskurses, den sie mitformiert (vgl. Foucault 1981: 130 f). Daher kann nicht davon ausgegangen werden, dass Aussagen mit den ontologischen Objekten korrelieren, die sie repräsentieren sollen. Foucault dreht stattdessen die Korrelation zwischen der Aussage und ihrem Bezugsobjekt in der Sinnkonstitution um. Denn das Korrelat der Aussage ist „dasjenige, das durch die Aussage selbst angegeben und konstituiert wird, und nicht das, dem die Aussage angehört. [...] Sie ist vielmehr mit einem ‚Referential' verbunden, das nicht aus ‚Dingen', ‚Fakten', ‚Realitäten' oder ‚Wesen' konstituiert wird, sondern von Möglichkeitsgesetzen, von Existenzregeln für die Gegenstände, die darin genannt, bezeichnet oder beschrieben werden, für die Relationen, die darin bekräftigt oder verneint werden" (Foucault 1981: 133). Zusammenfassend lässt sich festhalten, dass sich die Aussage also erst in dem konkreten diskursiven Korrelationsraum ihr Korrelat schafft und zugleich in strukturiertem Zusammenschluss die diskursive Praxis, den konkreten Diskurs sowie den Gesamtdiskurs begründet.

Allerdings setzt der Zusammenschluss der Aussagen den Diskurs nicht beliebig zusammen. Der Diskurs folgt vielmehr in seiner Konstitution bestimmten Regeln. Foucault unterscheidet vier Formationen, die die Regeln der Diskurskonstitution ausmachen: die Formation der Gegenstände, die Formation der Äußerungsmodalitäten, die Formation der Begriffe und die Formation der Strategien. Erst das Zusammenwirken dieser vier Formationssysteme lässt die spezifischen Diskurse entstehen.

Mit der Formation der Gegenstände hebt Foucault darauf ab, dass in den Diskursen immer wieder neue Objekte auftauchen, welche in die konkreten historischen Kontexte eingefasst sind. So verdeutlicht er anhand einiger Erläuterungen zu seiner diskursanalytischen Auseinandersetzung mit dem Wahnsinn[5], dass der Diskurs über den Wahnsinn den Erkenntnisgegenstand Wahnsinn erst hervorgebracht hat und der Diskurs je nach Vorortung sehr unterschiedlichen Gesichtspunkten folgt, weshalb bspw. der juristische Diskurs über den Wahnsinn diesen anders als der medizinische Diskurs konstituiert. Dementsprechend erkennt diese Formation an, dass Diskurse ihren eigenen Erkenntnisgegenstand selbst produzieren. „Infolgedessen stellt sich das Problem, ob die Einheit eines Diskurses nicht eher durch den Raum, in dem verschiedene Objekte sich profilieren und ständig sich transformieren, als durch die Permanenz und Besonderheit eines Objekts gebildet wird" (Foucault 1981: 50). Das bedeutet, dass ein idealtypischer Gegenstand für Foucault nicht einfach den Ausgangspunkt einer Analyse bilden kann, die zu der Erfassung der diskursiven Formationen selbst führt, sondern dass durch die Untersuchung des Diskurses der Gegenstand erst deutlich wird. Daran schließt sich die Frage nach dem Grund des Auftauchens eines neuen Gegenstands an. Gegenstände können in Diskursen aufgrund eines Beziehungsgeflechts von diskursiven und nicht-diskursiven Praktiken in konkreten historischen Situationen für den Diskurs in Erscheinung treten, wobei gilt, dass dieses Beziehungsgeflecht allein das Auftauchen der Gegenstände gestattet, nicht aber die inhaltlich semantische Dimension determiniert. Die semantische Dimension entfaltet sich erst vollkommen im Diskurs (vgl. Foucault 1981: 68 ff). Innerhalb des Diskurses zeigt sich, dass die Gegenstände auf verschiedenen Ebenen auftauchen können, während sie zugleich als Instanzen der Grenzgebung fungieren und Spezifikationsformen liefern (vgl. Foucault 1981: 62 ff).

Als zweite Formation konkretisiert Foucault die Äußerungsmodalitäten, womit er auf die verschiedenen Formen des Sprechens hinweist. Diese stellen die differenten Formen der Aussage dar. Damit visiert er die Verbindung des Sprechers zu dem Diskurs an. Diese Relation bindet sich an die institutionellen Plätze der Artikulation, die unterschiedlichen Situationen, in die auch das Verhältnis zu verschiedenen Themengebieten und Gegenständen der Artikulation einfließen, sowie die grundlegende Frage, wer überhaupt spricht (vgl. Foucault 1981: 75 ff). Hierbei abstrahiert der Diskurs von seinem konkreten parti-

---

[5] Unter dem Titel „Wahnsinn und Gesellschaft" publiziert Foucault 1961 eine Studie, die die Geschichte einer vernünftigen Gesellschaft nachzeichnet, die versucht, ihr Gegenteil, den Wahnsinn, auszugrenzen. Der Wahnsinn erhält durch den Vorgang der Ausschließung eine eigene Geschichte, in welcher der Wahnsinn durch soziale Praktiken und Begriffe vom Irrsinn bis zur Geisteskrankheit des 19. Jahrhunderts formiert wird (vgl. Ruoff 2007: 22 ff).

zipierenden Subjekt und bindet sich demgegenüber an dessen Autorenfunktion, welche das Subjekt transzendiert und es in dem Netz seiner institutionellen Positionen und seine eigenen Positionen in diesem aufgehen lässt. Hierzu formuliert Foucault selbst:

„In der vorgeschlagenen Analyse manifestieren sich die verschiedenen Modalitäten der Äußerung, anstatt auf die Synthese oder auf die einheitliche Funktion eines Subjekts zu verweisen, seine Dispersion. In den verschiedenen Statuten, an den verschiedenen Plätzen, in den verschiedenen Positionen, die es innehaben oder erhalten kann, wenn es einen Diskurs hält. In der Diskontinuität der Ebenen, von denen aus es spricht. Und wenn diese Ebenen durch ein Bezugssystem verbunden sind, wird dieses nicht durch synthetische Aktivität eines mit sich selbst identischen, stummen oder jedem Sprechen vorhergehenden Bewußtseins hergestellt, sondern durch die Spezifität einer diskursiven Praxis."   (Foucault 1981: 81 f)

Da der Diskurs seine eigenen Gegenstände formieren kann, muss er auch in der Lage sein können, diese zu benennen, wohingegen neue Gegenstände an die Existenz von Begrifflichkeiten gebunden sind. Daher erscheint die Formation der Begriffe als Fähigkeit des Diskurses, selbst neue Begriffe entstehen lassen zu können. Auch hier wird von einem kreativ schaffenden subjektiven Schöpferbewusstsein Abstand genommen, denn der Diskurs impliziert Äußerungsfelder, die dem Subjekt vorgängig sind. Diese Äußerungsfelder umfassen die Formen der Koexistenz von Begriffen im Diskurs. Es muss bei den Äußerungsfeldern unterschieden werden zwischen den Feldern der Präsenz, welche alle bereits zu einem Bereich formulierten Aussagen umfassen, und den Feldern der Begleitumstände, die alle bereits formulierte Aussagen zu anderen Bereichen beinhalten, die aber dennoch in der Artikulation kopräsent sind und die Artikulation stützen. Die Aussagenfelder bestimmen das Erinnerungsgebiet des Diskurses mit Blick auf Akzeptanz, Modifikation, Transformation oder auch Verwerfung bereits getätigter Aussagen (vgl. Foucault 1981: 83 ff). Ferner sind Begriffe in Abfolgen organisiert und bilden verschiedene Anordnungen der Äußerungsfolgen völlig unterschiedlicher Arten. Gebunden sind die Äußerungsfolgen an Abhängigkeitstypen der Aussagen, womit formale Abhängigkeiten des Diskurstypus gemeint sind, sowie an verschiedene rhetorische Schemata, wobei „es sich um eine Menge von Regeln [handelt], um Aussagen in einer Folge anzuordnen, eine obligatorische Menge von Abhängigkeits-, von Ordnungs- und Abfolgeschemata, worin sich die rekurrenten Elemente verteilen, die als Begriffe gelten könnten" (Foucault 1981: 84 f). Schließlich können Begriffe ausgestaltet und dadurch auf Aussagen angewendet werden aufgrund der Prozeduren der Intervention, zu denen die Techniken der Neueinschreibung, die Methoden der Transkription, die Übersetzungsweisen quantitativer Aussagen in qualitative Formulierungen bzw. der umgekehrte Vorgang, Annäherungen zwischen Aussagen, Abgrenzungen der Aussagen voneinander, Transfers von Aussagetypen in andere Anwendungsfelder und die Methoden der Systematisierung von Sätzen zählen (vgl. Foucault 1981: 86 ff). Zusammenfassend lässt sich bemerken, dass die Formation der Begriffe vermittels verschiedener Regeln neue Begriffe konstruieren kann.

Als letzte Formation, welche den Diskurs konstituiert, erweist sich die Formation der Strategien, welche zwischen den diskursiv geschaffenen Themen und den diskursiv aufgestellten Theorien unterscheidet, die aber durchaus miteinander in Bezug stehen. Theorien grenzen sich gegenüber den Themen dadurch ab, dass sie Aussagegruppen ein höheres Maß an Kohärenz, Anordnung und Stabilität gewähren. Dennoch handelt es sich bei beiden um Ordnungseinheiten des Ausschlusses, die spezifische Aussagegruppen aneinander binden, während sie andere ausgrenzen (vgl. Foucault 1981: 94 ff). Dazu bedient sich die Formation der Strategien verschiedener Bruchpunkte im Diskurs, die als Punkte der Inkompatibilität zum Ausgang separater Systematisierungen werden können, dies aber nicht müssen (vgl. ebd.: 96 f). Des Weiteren offenbart sich die Ökonomie der diskursiven Konstellation als relevant, denn eine Separierung von Themen oder Theorien wird maßgeblich mitbeeinflusst durch das Verhältnis eines Diskurses zu seinen benachbarten Diskursen aufgrund der Möglichkeit, Modelle zu übertragen, Analogien zu bilden, in Opposition oder Komplementarität zu stehen und hierdurch stützend zu wirken (vgl. Foucault 1981: 97 f). Zugleich verbindet sich ein Diskurs auch mit nicht-diskursiven Praktiken, in denen er Funktionen übernimmt, die er dann angemessen erfüllen muss. Insbesondere im Zusammenhang mit den nicht-diskursiven Praktiken zeigen sich verschiedene Prozesse der Aneignung des Diskurses, „denn in unseren Gesellschaften (und wahrscheinlich auch in vielen anderen) ist der Besitz des Diskurses – gleichzeitig als Recht zu sprechen, Kompetenz des Verstehen, erlaubter und unmittelbarer Zugang der bereits formulierten Aussagen, schließlich als Fähigkeit, diesen Diskurs in Entscheidungen, Institutionen oder Praktiken einzusetzen, verstanden – in der Tat (manchmal auf reglementierte Art sogar) für eine bestimmte Gruppe von Individuen reserviert [...]" (ebd.: 99 f).

In dem Zusammenspiel der vier diskursiven Formationen von Gegenstand, Äußerungsmodalitäten, Begriffen und Strategien kann sich ein spezieller Diskurs formieren. Zugleich verweist der Blick auf die Formation der Strategien explizit darauf, dass es sich bei einem Diskurs nicht nur um eine produktive Instanz handelt, sondern auch um ein Ausschlusssystem, das bestimmte Aussagen zusammenfasst und vorträgt, während andere Aussagen ausgegrenzt werden.

Den Ausschlussmechanismen wendet sich Foucault in „Die Ordnung des Diskurses" [6] (2007) explizit zu, wenn er betont, dass in jeder Gesellschaft die Produktion des Diskurses durch diskursinterne und äußere Mechanismen reguliert, organisiert, selektiert und kanalisiert wird. Die inneren Mechanismen der Diskursregulation fungieren als Klassifikations-, Anordnungs- und Verteilungsprinzipien, mit denen der Diskurs seine eigene Ereignishaftigkeit und Zufälligkeit zu bändigen sucht (vgl. Foucault 2007: 17). Foucault unterscheidet drei diskursinterne Mechanismen der Regulation, welche die Zirkulation und die Strukturierung von Diskursen gewährleisten: die Hierarchisierung des Diskurses durch die Präferierung diskursiver Relevanz mittels des Kommentars, die Einschränkung des Diskurses durch die Disziplinen sowie die Verknappung des Diskurses durch die Reduktion der sprechenden Subjekte vermöge der Rituale und Diskursgesellschaften (vgl. Foucault 2007: 17 ff).

Vermittels des Kommentars als sekundärer Diskurs werden primäre Diskurse als relevant aktualisiert, autorisiert und wiederholt, zugleich aber auch durch den Kommentar modifiziert, indem dieser dem primären Diskurs eine scheinbar verborgene, aber schon inhärente Wahrheit zu entlocken trachtet (vgl. Foucault 2007: 19).

Die Einschränkung des Diskurses bedient sich ferner der Vorstellung von Disziplinen, welche sich definieren „durch einen Bereich von Gegenständen, ein Bündel von Methoden, ein Korpus von als wahr angesehenen Sätzen, ein Spiel von Regeln und Definitionen, von Techniken und Instrumenten" (Foucault 2007: 22). Hierbei muss beachtet werden, dass Disziplinen ein exklusives Verhältnis zur diskursgenerierten Wahrheit pflegen, indem sie das Sagbarkeitsfeld abstecken, Wahrheiten zuschreiben und die Produktionsregeln der Wahrheitskonstruktion immer wieder aktualisieren (vgl. ebd.: 22 ff).

Die dritte interne Regulationsinstanz zeigt sich als Zugangsbeschränkung der sprechenden Subjekte zu den Diskursen, denn „nicht alle Regionen des Diskurses sind gleichermaßen offen" (Foucault 2007: 26). Zur Begrenzung des Zugangs zu den Diskursen trennt Foucault das Ritual, das die zum Zugang notwendigen Qualifikationen und Verhaltensmodalitäten definiert, von den Diskursgesellschaften, „welche die Aufgabe haben, Diskurse in einem geschlossenen Raum zirkulieren zu lassen und sie nach bestimmten Regeln zu verteilen" (Foucault 2007: 27).

Abermals verweist Foucault darauf, dass das sprechende Subjekt ausschließlich in seiner Autorenfunktion betrachtet werden soll, denn der Autor ist in erster Linie derjenige, der „als Prinzip der Gruppierung von Diskursen, als Einheit und Ursprung ihrer Bedeutungen, als Mittelpunkt ihres Zusammenhalts" fun-

---

[6] „Die Ordnung des Diskurses" war Foucaults Vortrag während seiner Inauguralvorlesung am Collège de France am 2. Dezember 1970 und wurde später als Essay veröffentlicht.

giert (Foucault 2007: 20). Der Abstand zu dem Autor als kreatives Subjekt ergibt sich zwangsläufig angesichts einer Vielzahl von Diskursen, die ohne Autor auskommen, bzw. im Hinblick auf die sich wandelnden Rollen der Autoren in Bereichen, in denen ihnen eine wichtige Bedeutung zugemessen wird (vgl. Foucault 2007: 20)

Als äußere Ausschlussmechanismen[7] der Zirkulation und Strukturierung des Diskurses fungieren das Verbot bzw. Tabu, die Ausgrenzung des Wahnsinns sowie der Wille zur Wahrheit[8] als Prozeduren der Ausschließung (vgl. ebd.: 11ff). Hierin akzentuiert Foucault die Relevanz des Diskurses in seinem Verhältnis zur Macht:

„[…] und der Diskurs – dies lehrt immer wieder die Geschichte – ist auch nicht bloß das, was die Kämpfe oder die Systeme der Beherrschung in Sprache übersetzt: er dasjenige, worum und womit man kämpft; er ist die Macht, derer man sich zu bemächtigen sucht."
                                                                   (Foucault 2007: 11)

2.1.2 Die Relevanz des Diskurses: Wissen, Macht und Subjekt

Mit dem Verständnis dessen, was ein Diskurs nach Foucault überhaupt ist und wie er sich konstituiert, eröffnet sich ein Problembewusstsein dafür, welche Bewandtnis der Diskurs hat, dass ihm so viel Aufmerksamkeit zuteil wird. In der „Archäologie des Wissen" (1981) besteht die zentrale Relevanz des Diskurses noch in seinem exklusiven Verhältnis zu dem Wissen und den durch es begründeten Wissenschaften, denn Wissen wird diskursiv in einer Gesellschaft konstituiert und an ihre Mitglieder weitergegeben. Foucault bestimmt Wissen folgendermaßen:

---

[7] Da dieses Kapitel die Konstitution des Diskurses näher beleuchtet, wird an dieser Stelle darauf verzichtet, auf die äußeren Ausschlussmechanismen explizit einzugehen. Nachzulesen sind sie bei Foucault (2007: 11 ff).

[8] Wahrheit zeigt sich in der Diskurstheorie nicht als eine gegebene, ontologische Größe außerhalb des Diskurses, nach dem dieser streben würde, sondern als „das Ensemble der Regeln, nach denen das Wahre vom Falschen geschieden und das Wahre mit spezifischen Machtwirkungen ausgestattet wird" (Foucault 1978: 53). Der „Wille zum Wissen" in den modernen westlichen Gesellschaften zeichnet sich gerade durch einen Zwang zur Wahrheit aus, in dessen Kontext die Wahrheit eine eigene Geschichte erfährt, die sich durch „eine Geschichte der Erkenntnisgegenstände, eine Geschichte der Funktionen und Positionen des erkennenden Subjekts, eine Geschichte der materiellen, technischen, instrumentellen Investitionen der Erkenntnis" preisgibt (Foucault 2007: 15). Gestützt wird die Wahrheit durch eine institutionelle Basis mit den unterschiedlichsten Praktiken (vgl. ebd.). An diesen Zwang zur Wahrheit im Willen zum Wissen schließt die Dissertationsschrift von Sabine Maasen (1998) an, die mit der „Genealogie der Unmoral" den Zwang zur sexuellen Selbsterforschung näher untersucht.

„Wissen ist keine Summe von Erkenntnissen – denn von diesen muss man stets sagen, ob sie wahr oder falsch, exakt oder ungenau, präzise oder bloße Annäherungen, widersprüchlich oder kohärent sind; keine dieser Unterscheidungen ist für die Beschreibung des Wissens gültig, das aus der Gesamtheit von Elementen (Gegenständen, Formulierungstypen, Begriffen und theoretischen Entscheidungen) besteht, die aus ein und derselben Positivität heraus im Feld einer einheitlichen diskursiven Formation gebildet sind." (Foucault zitiert nach Ruoff 2007: 236)

Wissen wird folglich durch die diskursive Praxis generiert und nicht durch die Erkenntnis eines bewussten Subjekts. Erst auf dem diskursiv generierten Wissen kann die Wissenschaft aufsetzen und spezifische Diskurse formen. Daher ist von der Idee Abstand zu nehmen, dass erst durch wissenschaftliche Erkenntnisse Wissen entsteht, vielmehr ist jedem wissenschaftlichen Diskurs bereits Wissen vorgängig. Wissenschaftliche Diskurse sind nur ein Bereich diskursiver Praxis, denn „die Wissenschaften erscheinen im Element einer diskursiven Formation und auf dem Grunde des Wissens" (Foucault 1981: 262).

Mit der Entwicklung der Foucaultschen Theorie zeigt sich, dass der zunächst eher primär strukturalistisch analysierte Diskurs bei Foucault zunehmend Wissen im Zusammenhang mit Macht betrachtet. „Gegenüber der betont diskursiven Phase gelingt es vor allem durch die sorgfältige Berücksichtung des Dispositivs, die Diskurstheorie in entscheidenden Punkten nicht nur zu erweitern, sondern unter Einbezug der Geschichte entsprechend zu korrigieren. Der Diskurs verliert seine exklusive Stellung und erhält ein ihn begrenzendes Außenverhältnis" (Ruoff 2007: 37). Insofern zeichnet sich der Diskurs nicht länger allein durch seine exklusive Relation zum Wissen aus, sondern zudem durch seine exklusive Beziehung zur Macht, wobei sich Macht und Wissen so eng miteinander verschränken, dass sich der Diskurs als ein Feld des beständigen Kampfes zeigt, das auch der Regulation seitens der nicht-diskursiven Praxen mittels des Verbots, des Ausschluss des Wahnsinns und des Willen zur Wahrheit bedarf. Wahrheit zeigt sich in der Foucaultschen Diskurstheorie als etwas, das gerade nicht außerhalb des Diskurses steht, sondern durch den Diskurs erst produziert werden muss und gebunden an die Geschichte des Diskurses eine eigene Geschichte entfaltet (vgl. Foucault 2007: 14 ff).

Macht wird nun von Foucault nicht als eine repressive Macht verstanden, die anders als das Weberschen Machtverständnis[9] vornehmlich auf die Möglichkeiten der Durchsetzung eines Willen gegen einen anderen zielt, sondern sie wird als eine in sich positive, produzierende Instanz darstellt. „Wenn man die Machtwirkungen mit Hilfe des Begriffs der Unterdrückung definiert, so folgt

---

[9] So betont Weber in seiner Definition der Macht die repressive Kraft: „Macht bedeutet jede Chance, innerhalb einer sozialen Beziehung den eigenen Willen auch gegen Widerstreben durchzusetzen, gleichviel worauf diese Chance beruht" (Weber 2006: 62).

daraus eine rein juristische Konzeption ebendieser Macht; sie wird mit dem Gesetz identifiziert, das nein sagt, sie wäre vor allem eine Instanz, die Verbote ausspricht" (Foucault 1978: 34 f).

Macht zeichnet sich demgegenüber bei Foucault vor allem als ein allen diskursiven und nicht-diskursiven Praxen immanentes Netz der Kräfteverhältnisse ab, in dem ein permanenter Kampf der Kräfte und ihrer Gegenkräfte tobt, wobei sich die Macht allgegenwärtig zeigt (vgl. Foucault 1983: 93 f). „Die Macht ist der Name, den man einer komplexen strategischen Situation gibt. [...] die Macht ist etwas, was sich von unzähligen Punkten aus im Spiel ungleicher und beweglicher Beziehungen vollzieht" (Foucault 1983: 94). Diese depersonalisierte, alles durchdringende Macht entfaltet sich in ihrem Funktionieren und impliziert außerdem immer schon ihren Widerstand (vgl. Foucault 1983: 96).

Basis der Machtentfaltung sind die „,lokalen Herde' des Machtwissens", wo „verschiedene Diskursformen in einem ständigen Hin und Her Unterwerfungsformen und Erkenntnisschemata ventilieren" (Foucault 1983: 98). Die Dynamik des Machtwissens fußt gerade darauf, dass Machtverteilung und Wissensaneignung immer für eine bestimmte Zeit an einer Stelle im Diskurs zusammengehalten werden, ehe sie sich voneinander lösen und an anderer Stelle wieder miteinander im Diskurs verbunden werden. Diese zeitweilig privilegierten Verbindungen von Macht und Wissen bezeichnet Foucault als Transformationsmatrizen (vgl. ebd.: 98 f). Grundsätzlich gilt, dass sich das Machtwissen und die Transformationsmatrizen zu sukzessiven Verkettungen einer Gesamtstrategie verbinden, welche den Diskurs durchzieht, während umgekehrt festzustellen ist, dass sich eine Strategie der Macht nur auf der Basis ihrer Verankerung und Stützung durch begrenzte konkrete Beziehungen von Macht und Wissen entfalten kann. Foucault spricht in diesem Zusammenhang von einem zweifachen Bindungsverhältnis, „in dem eine Strategie durch besondere Taktiken ebenso ermöglicht wird, wie Taktiken durch die Gesamtstrategie in Gang gesetzt werden" (Foucault 1983: 99). Der Diskurs wird durch diese in ihm gelagerte Verschränkung von Macht und Wissen in seiner Struktur weiter diskontinuierlich segmentiert. Diese strukturelle Diskontinuität verweist auf die zahlreichen vielfältigen diskursiven Elemente, die in unterschiedlichen Strategien von Relevanz sind (vgl. Foucault 1983: 100). Bei dem Verhältnis von Diskurs und Macht handelt es sich „um ein komplexes und wechselhaftes Spiel, in dem der Diskurs gleichzeitig Machtinstrument und -effekt sein kann, aber auch Hindernis, Gegenlager, Widerstandspunkt und Ausgangspunkt für eine entgegengesetzte Strategie. Der Diskurs befördert und produziert Macht, aber unterminiert sie auch, er setzt sie aufs Spiel, macht sie zerbrechlich und aufhaltsam" (Foucault 1983: 100). Zusammengefasst bilden diese Ausführungen die vier Grundannahmen des Foucaultschen Machtbegriffs: die Regel der Immanenz der Macht, die Re-

gel der stetigen Variation der Macht, die Regel des zweiseitigen Bedingungs-
verhältnisses und die Taktik der Polyvalenz der Diskurse (vgl. Foucault 1983:
98 – 101). Ewald schreibt zu dieser Verschränkung von Macht und Wissen in
Foucaults Analysen verschiedenster Themengebiete:

„Die Geschichte der Gegenwart, die Geschichte unserer Identität formuliert Foucault als
Analyse der Verhältnisse von Macht und Wissen in unserer Gesellschaft. Die allgemeine Hypothese seiner Arbeit würde darin bestehen, daß die Beziehungen, Strategien und
Technologien der Macht, die uns konstituieren, uns durchqueren und ausmachen, von
Formationen des Wissens und der Wahrheit begleitet sind, um sich als evident und
naturgegeben zu verfestigen und sich damit zugleich unsichtbar zu machen. Umgekehrt
muß die Analyse des Wissens, der diskursiven Formationen und ihrer Aussagen in Abhängigkeit von den Machtstrategien durchgeführt werden, die in einer gegebenen Gesellschaft die Körper und die Willen besetzen."   (Ewald 1978: 10)

Davon ausgehend zeigt sich die Verschränkung von Wissen und Macht im Diskurs als wesentlich für die Konstituierung des Subjekts. Das Subjekt wird bei
Foucault nicht als Ausgangspunkt des Diskurses begriffen, sondern als ein Resultat der sich entfaltenden Machtbeziehungen der diskursiven und nicht-
diskursiven Praktiken, in die es eingebettet ist (vgl. Mills 1997: 37). Gerade mit
seinen empirischen Arbeiten versucht Foucault, eine Geschichte der verschiedenen Aspekte der Subjektkonstituierung zu schreiben. Entsprechend kritisiert
das Foucaultsche Diskursverständnis die Vorstellung eines ahistorischen und
gegebenen Subjekts, zumal sich das Subjekt in seiner Relevanz erst im diskursiven Kontext herauskristallisiere (vgl. Ruoff 2007: 197). Dies bringt Foucault
auf den Punkt, wenn er sagt:

„Man muß sich vom konstituierenden Subjekt, vom Subjekt selbst befreien, d.h. zu
einer Geschichtsanalyse gelangen, die die Konstitution des Subjekts im geschichtlichen
Zusammenhang zu klären vermag. Und genau das würde ich Genealogie nennen, d.h.
eine Form der Geschichte, die von der Konstitution von Wissen, von Diskursen, von
Gegenstandsfeldern usw. berichtet, ohne sich auf ein Subjekt beziehen zu müssen, das
das Feld der Ereignisse transzendiert und es mit seiner leeren Identität die ganze Geschichte hindurch besetzt."   (Foucault 1978: 32)

Gegen Foucaults subjektlose Diskurstheorie wird mitunter der Vorwurf erhoben, sie negiere das autonome Subjekt. Ein solcher Vorwurf lässt sich einerseits
durch den Verweis darauf entkräften, dass Foucault die Existenz der Subjekte
keinesfalls leugnet. Vielmehr wendet er sich gegen Individualismus und Sub-
jektivismus durch die Betonung der diskursiven Bedingungen, die mit den unterschiedlichen Lebens- und Lernbedingungen einhergehen, damit die nicht-
diskursiven Praktiken mitgestalten und zu der Ausbildung einer Vielzahl ver-

schiedener Subjektpositionen führen (vgl. Jäger & Jäger 2007: 22). Andererseits zeigt sich mit Blick auf die späten Arbeiten Foucaults, dass gerade in den Selbsttechniken der Ethik des Selbst Potentiale für die Gestaltung von Gegenmacht in Form autonomer Selbstbestimmung verborgen sind (vgl. Ruoff 2007: 199).

Eine der zentralen Strategien der Epistemologie, die eigenständige Realität des Diskurses zu negieren, besteht darin, den Diskurs komplett dem begründenden Subjekt zu unterstellen, welches dann als sein Signifikant fungiert[10] (vgl. Foucault 2007: 30ff). „Der Diskurs verliert so seine Realität, indem er sich der Ordnung des Signifikanten unterwirft" (Foucault 2007: 33). Die Souveränität des Signifikanten in Frage zu stellen, erscheint daher als eine wesentliche Strategie zu Erforschung und zum Verständnis der eigenständigen Materialität des Diskurses (vgl. ebd.: 33). Es erscheint im Hinblick auf das Verhältnis von Signifikant und Signifikat bedeutsam, eigens auf die elementare Bedeutung des Diskurses in der Wirklichkeitskonstruktion hinzuweisen, denn der Diskurs deutet nicht auf etwas bereits Vorhandenes, das ontologisch gegeben ist und durch den Diskurs lediglich in eine artikulierte Abbildung oder Repräsentation überführt wird, sondern der Diskurs leistet eine eigenständige Konstruktion der menschlichen diskursiven Wirklichkeit in einer Materialität sui generis. Gerade darin liegt seine formierende und konstituierende Kraft (vgl. Jäger 2004: 147). Fortwährend muss allerdings bedacht werden, dass die Subjektkonstitution zudem auch durch die nicht-diskursiven Praktiken[11] mitgetragen wird, wobei Wahrnehmungsprozesse eine signifikante Rolle einnehmen. Gerade die Art der Wahrnehmung wie auch die Interpretation des Wahrgenommenen werden maßgeblich auch durch diskursive Strukturen mitbestimmt (vgl. Mills 1997: 52 f) Zur Vermittlung von Diskurs und nicht-diskursiven Praktiken setzt Foucault mit Blick auf Macht und Wissen das Dispositiv ein, zumal durch das Ineinandergreifen diskursiver und nicht-diskursiver Praktiken die gegebene Wirklichkeit analytisch präziser zu greifen ist als mit der alleinigen Konzentration auf den Diskurs. Das Dispositiv deutet wie auch die Formation der Gegenstände in der Konstituierung des Diskurses auf ein dualistisches Nebeneinander von Wirklichkeit und diskursiven Strukturen hin, in welchem allerdings die Wirklichkeit des Diskurses in der menschlichen Historie privilegiert wird (vgl. Jäger 2006: 91 f). Das Dispositiv ist nicht einfach gegeben, sondern konstituiert sich aus

---

[10] Foucault nennt drei philosophische Theorieansätze der Epistemologie, die die Realität des Diskurses negieren: die Philosophie des begründenden Subjekts, die Philosophie der ursprünglichen Erfahrung und die Philosophie der universellen Vermittlung. Dies kann ausführlich nachgelesen werden bei Foucault (2007: 30 ff).

[11] Nachfolgend fasse ich unter den nicht-diskursiven Praktiken sowohl Handlungen als auch die Sichtbarkeiten bzw. die Gegenstände und Institutionen etc. zusammen, welche Jäger (2004; 2006; 2007) separat benennt.

verschiedenen Elementen erst in konkreten historischen Anforderungen, in denen der Diskurs und die nicht-diskursiven Praktiken einer gemeinsamen Funktion und Zielvorgabe nachgehen (vgl. Ruoff 2007: 101; Jäger 2006: 92). Allerdings wird die Art der Vermittlung zwischen Diskurs und nicht-diskursiven Praktiken bei Foucault nicht näher erörtert, weshalb Jäger angesichts der Relevanz der Dispositivnetze für die Subjektbildung festhält (Jäger 2006: 97):

„Ich habe den Eindruck, daß die Schwierigkeiten bei der Bestimmung des Dispositivs mit der mangelnden Bestimmung von Diskurs (Sagbarem/Gesagtem), nicht-diskursiven Praxen (Tätigkeiten) und Sichtbarkeiten (Produkten/Gegenständen) zu tun haben."

(Jäger 2006: 97)

2.1.3 Das Dispositiv als Wirkungszusammenhang von Geschichten&Diskursen

Als eine mögliche Option[12] der Vermittlung, welche im Dispositiv diskursive und nicht-diskursive Praktiken miteinander verbindet, kann das kulturtheoretische Konzept des Wirkungszusammenhangs der Geschichten&Diskurse von Siegfried J. Schmidt (2003)[13] angesehen werden. Hierin verlagert sich der Dua-

---

[12] Eine weitere Option könnte eine Rückbindung an die Bataillesche Konzeption der inneren Erfahrung eines jeden Subjekts darstellen (Bataille 1994), was hinsichtlich der in Foucaults späten Arbeiten betonten Selbsttechniken sicherlich ein spannendes Forschungsvorhaben ist. In seiner Kritik an der Vernunft verhafteten Diskursen der Philosophie konzipiert Bataille den menschlichen Körper an eine Stofflichkeit und Materie gebunden, die in ekstatischen Grenzerfahrungen die Beschränkungen aller Vernunft und allen Diskurses zu sprengen vermögen. Als eine zentrale Grenzerfahrung wird das erotische Erleben vorgestellt, in dem das Subjekt ekstatische Selbsterfahrungen machen kann, indem es das Selbst überschreitet und somit in eine Ebene jenseits des Diskurses vordringt. Die Erfahrung wird hierin jeder Erkenntnis und ihrer Diskursivierung als vorrangig, aber durch nur sie interpretierbar vorgestellt. Näheres hierzu vgl. Kap. 5.3.4. Eine diskursanalytische Einbindung Batailles in das Diskursverständnis macht sicherlich Sinn, wenn die Pornographie selbst und nicht der wissenschaftliche Diskurs über sie zentraler Gegenstand der Analyse ist.
[13] Diesem Theorieentwurf wird allerdings nur der Grundmechanismus entnommen. Die Ausführungen zu Identität, Moral und Wahrheit finden keine Berücksichtigung. Zwar stellt es sich gerade mit Blick auf den emotional durchzogenen Diskurs über Pornographie als ausgesprochen hilfreich heraus, dass das Schmidtsche Konzept emotionale sowie moralische Einflüsse bei der Konstitution berücksichtig. So kann den allgemeinen Ausführungen zu Identität und Moral zugestimmt werden. Dennoch erweist es sich als schwierig, Schmidt insbesondere in den Ausführungen zur Moral zuzustimmen, denn obwohl die allgemeine Analyse der Moral mit der Forderung nach dem doppelten Pluralismuspostulat durchaus stimmig wirkt, bleibt Schmidt schließlich doch dem durch die Aufklärung geprägten Diskurs verhaftet aufgrund der Hervorhebung der Verantwortlichkeit gegenüber sich und gegenüber anderen. Diese Vorstellung lässt sich komplett bis zu Kants *Metaphysik der Sitten* (2004) zurückverfolgen und wird in der *Genealogie der Moral* von

lismus von ontologischer Wirklichkeit und diskursiver Wirklichkeitskonstruktion, von nicht-diskursiven Praktiken und diskursiven Praktiken in einen Prozess
wechselseitiger Konstitutionsabhängigkeit, womit es sich auch von anderen
konstruktivistischen Theorien[14] der Vermittlung zwischen Wirklichkeit und
Wirklichkeitskonstruktion abzuheben gedenkt[15] (vgl. Schmidt 2003: 143 ff).
Zentraler Ausgangspunkt in diesem Theorieentwurf ist nicht länger die Gegenüberstellung ontologischer Wirklichkeit und diskursiver Wirklichkeit, die sich
irgendwie in dem Dispositiv vermitteln, sondern „der epistemologische Prozess
des Werdens ersetzt die ontologische Suche nach dem Sein" (Weber 2002: 24).
Durch diese prozessuale Perspektive wird in der Schmidtschen Theoriekonzeption eine dualistische Festlegung[16] umgangen, wenn stattdessen die Beobachtungen von Prozessen des Beobachtens, der Wahrnehmung, des Denkens und
der Beschreibung anvisiert werden, die entschieden an das Subjekt[17] gebunden
sind, welches in der Schmidtschen Konzeption und somit in den nachfolgenden

---

Nietzsche (1988) bereits erklärt, wonach bestimmte Formen der Moral im Kontext von Verantwortlichkeit ein Subjekt einfordern und entsprechend einführen. Eine solche Verantwortlichkeit
universal voraussetzende Moralvorstellung würde sich z.B. nicht mit mittelalterlich-religiösen
Diskursen decken, was ja gerade ein Foucaultsches Diskursverständnis zu Tage fördert. Wegen
der hohen Relevanz, die Schmidt der Moral beimisst, überträgt sich diese Konstruktion in das
Identitätsverständnis Schmidts, wodurch mit der moralischen Bewertungskomponente der Identität des Aktanten letztlich doch wieder das bürgerliche Subjekt in den Theorieentwurf Einzug
erhält. Demgegenüber zeigen sich die Wahrheitskonzeptionen Schmidts und Foucaults weitgehend kompatibel, wenngleich sich Schmidt sehr bemüht, sämtliche Machtfaktoren der Wahrheit
auszuklammern. Dies ist darauf zurückzuführen, dass Schmidt die Auseinandersetzung mit der
Macht weitgehend meidet, welche für Foucault zentral geworden ist.
[14] Zu den Unterschieden zwischen naturalistischen und kulturalistischen Theorien des Konstruktivismus vgl. Weber (2002).
[15] Dennoch zeigt sich Schmidts Ansatz überraschend kompatibel mit und zugleich epistemologisch wesentlich klarer destilliert als der feministische Ansatz Judith Butlers (1997b), die ihr
zentrales Erkenntnisinteresse zwar auf die Ausarbeitung der heteronormativen Machtmatrix geschlechtlicher Existenz legt, aber dennoch in der Performativität als invisibilisierte Zitationspraxis
geltender Normen dem Mechanismus von Setzung und Voraussetzung sehr ähnlich ist.
[16] Grundlegend muss allerdings gestattet sein zu fragen, ob es sich bei den Versuchen, die mate-
riell der menschlichen Existenz vorgelagerte Ontologie angesichts der zwangsweisen Sinnenver-
mittlung menschlicher Wirklichkeitskonstruktion auszuklammern, um einen anthropologischen
Narzissmus handelt. Der Mensch kann gar nicht anders, als sich sinnenvermittelt relational zu
allem zu verhalten, was aber nicht bedeutet, dass es eine eigenmächtige vorgelagerte Ontologie
nicht gibt. Der Wechsel auf eine geohistorische Metaebene zeigt, dass der Mensch für die Ontologie der Welt nur eine zeitweilige Spezies neben anderen ist, weshalb der menschliche Diskurs
und seine produktive Macht letztlich mit den Menschen verschwinden werden.
[17] Dabei soll das Subjekt auch weiterhin als ein Konstitutionseffekt der Macht verstanden werden.
Dass der Diskurs der Rückbindung an ein Subjekt bedarf, um produktiv mächtig wirken zu können, ergibt sich schlicht dadurch, dass es ohne menschliches Bewusstsein, Kommunizieren und
Handeln keinen Diskurs geben kann, dennoch sind Macht und Diskurs unabhängig von einer
metaphysischen Subjektposition in der Existenz des Sozialen verankert.

Ausführungen als Aktant[18] bezeichnet wird. Als eine der konstruktivistischen Epistemologie verpflichteten Theorie erhebt Schmidt den Anspruch an seine Theorie, dass sie sich als solche grundlegend vollständig selbst begründen und auf sich selbst angewandt werden können muss (vgl. Schmidt 2003: 24). So hält Schmidt fest:

„Wirklichkeit spielt für uns ausschließlich eine Rolle im Rahmen von konkreten Handlungen und Diskursen, in denen wir eine Rolle spielen. Oder mit den Worten des österreichischen Philosophen Joseph Mitterer (1992: 107): Es gibt kein ‚Diskursjenseits' – außer in unserem ‚Diskursdiesseits'. Deshalb können wir (und nur wir) nur Aussagen machen über *unsere* Wirklichkeiten (= Prozessresultate), und auch Aussagen wie ‚Die Wirklichkeit existiert unabhängig von uns' sind *unsere* Aussagen, die etwas über uns aussagen, nicht über ‚die Wirklichkeit an sich'." (Schmidt & Zurstiege 2007: 29)

Die Theoriekonzeption setzt bei den von Schmidt aufgestellten Grundproblemen menschlichen Handelns an, welche sich aus den vielzähligen Möglichkeiten verschiedener Handelnsoptionen in jedem einzelnen Augenblick ergeben. Der Mensch ist gebunden an Selektionen dessen, was er wie zu tun gedenkt. Aber jede Selektion schafft Kontingenz durch den Hinweis auf die Möglichkeitenvielfalt. Somit erzwingt die Kontingenz zugleich die Selektion. Kontingenz und Selektion bilden so einen Prozess wechselseitiger Autokonstitution. Hieraus leitet sich das erste Grundproblem menschlicher Existenz ab, das in der Bearbeitung von Kontingenz in der Gesellschaft besteht (vgl. Schmidt 2003: 25). Außerdem zeigen die Ergebnisse der Naturwissenschaften, dass die menschliche Kognition ein geschlossenes System darstellt, weshalb die Selektionen auf der kognitiven Autonomie[19] der Aktanten fußen. Diese kognitive Autonomie trennt zwar grundlegend Kognition und Kommunikation voneinander, begründet den Aktanten aber nicht als einen in sich eingeschlossenen Autisten. Grundlegende These des Theorieansatzes ist es, dass die kognitiv autonomen Aktanten sich maßgeblich sozial an anderen Aktanten orientieren. Diese Orientierung an anderen ermöglicht erst die Sozialität der Kommunikationen und Handlungen. Das zweite Grundproblem der menschlichen Existenz zeigt sich folglich als die

---

[18] Im Kontext der Ausführungen zu Schmidt wird der Begriff des Aktanten übernommen, den Schmidt deshalb bewusst gewählt hat, „weil Ausdrücke wie Mensch, Individuum oder Subjekt philosophisch sehr belastet und daher problematisch sind" (Schmidt & Zurstiege 2007: 278). Es bleibt allerdings festzuhalten, dass trotz der Bemühungen, sich von den Vorstellungen des Subjekts zu lösen, ein bürgerliches, der Aufklärung verschuldetes Subjektverständnis über den Moralbegriff in den Theorieansatz implementiert wird.
[19] Der kognitiven Autonomie trägt auch die Systemtheorie nach Luhmann Rechnung, wenn dort Kognition bzw. das psychische System als geschlossenes, autopoietisches System verstanden wird. Hierzu mehr in den Ausführungen zur Systemtheorie in Kapitel 5 und Kapitel 6.

Vermittlung zwischen der kognitiven Autonomie und der sozialen Orientierung (vgl. Schmidt 2003: 25 f).

Als Lösungsmechanismus für beide Probleme schlägt Schmidt die Reflexivität vor, welche zunächst universale Kontingenz vermittels spezifischer Kontingenz umwandelt „und damit das Risiko der Kontingenz, die Unsicherheit bzw. die Haltlosigkeit unserer Handlungen durch solche sozial relevanten Orientierungs-Orientierungen (genannt ,operative Fiktion') im Denken, Handeln und Kommunizieren zu mindern, die mit der kognitiven Autonomie der Aktanten vereinbar sind. Mit anderen Worten, das Lösungsprinzip besteht darin, Kontingenz nicht etwa durch einen möglichst objektiven Abgleich mit der Realität zu bearbeiten, sondern sie durch den für alle Aktanten in einer Gesellschaft fiktiven Bezug auf gegenseitig unterstelltes kollektives Wissen der Beobachtung zu entziehen, sie also zu invisibilisieren" (Schmidt 2003: 25).

Reflexivität ist aber nicht einfach gegeben, sondern muss sich ebenfalls konstituieren. Sie erwächst aus dem Basismechanismus von Setzung und Voraussetzung. Mit jeder Handlung und mit jedem Gedanken, sei es das Formulieren eines Satzes, das Heben der Hand oder auch das Aussprechen eines Wortes, vollzieht der Aktant eine Setzung. In der menschlichen Existenz kann eine Setzung aber nicht für sich alleine stehen, denn sie stellt bereits das Resultat vorangegangener Setzungen dar. Als Voraussetzungen für neue Setzungen bilden vorangegangene Setzungen den Bezug und Sinnzusammenhang einer Setzung. Der Setzungszusammenhang erweist sich als die Gesamtheit aller bisherigen Lebenserfahrung, welche sich in jeder aktuellen Situation als Erwartungen an künftige Erfahrungen zeigt. Der Zusammenhang von Setzung und Voraussetzung ist autokonstitutiv, da Setzung und Voraussetzung komplementär aufeinander bezogen sind und nur im Verweis aufeinander sinnvoll zu denken sind (vgl. Schmidt 2003: 27).

„Akzeptiert man die Autokonstitutivität von Setzung und Voraussetzung, dann akzeptiert man damit auch, dass es keinen voraussetzungslosen Anfang geben kann – man kann nur damit beginnen, eine Setzung vorzunehmen."   (Schmidt 2003: 28)

In dem konkreten Gedanken oder der konkreten Handlung invisibilisiert sich der Zusammenhang von Setzung und Voraussetzung, erst mit einem Perspektivenwechsel in die Rolle eines Beobachters zweiter Ordnung kann die Setzung unter der reflexiven Bezugnahme auf ihre Voraussetzungen beobachtet werden. In der Beobachtung[20] einer Handlung zeigt sich, dass die Basis von Setzungen

---

[20] In seinen Vorlesungen am Institut für Kommunikationswissenschaft in Münster pflegte Schmidt stets darauf zu verweisen, dass es zwar aufgrund der kognitiven Autonomie des Aktanten unmöglich sei nachzuvollziehen, *was* ein Aktant in der Beobachtung erster Ordnung beobachtet.

Differenzierungen sind, wenn etwas so und nicht anders gemacht wird oder etwas als etwas beschrieben wird. Setzungen fungieren als Entscheidungen in dem Kontingenzmanagement. Zugleich verweist jede Setzung als Selektion auf die Kontingenz. In der Konstitution von Reflexivität erweisen sich Beobachtungen als außerordentlich wichtig für die Entstehung von Differenzierungen (vgl. Schmidt 2003: 28). Hierbei müssen verschiedene Beobachtungsebenen unterschieden werden, denn ein Beobachter erster Ordnung ist den Wahrnehmungen von Dingen und Handlungen verhaftet – ein Prozess, in dem sich die Wahrnehmung gemäß dem Prinzip von Setzung und Voraussetzung vollzieht. Die in diesem Beobachtungsvorgang angewandten Unterscheidungen werden von dem Beobachter nicht bewusst registriert und fungieren als sein „blinder Fleck", weil der Beobachter erster Ordnung sich nicht selbst im Beobachtungsvorgang beobachtet. Diese Perspektive auf den Beobachtungsvorgang erster Ordnung wählt die Beobachtung zweiter Ordnung, wobei wiederum die in diesem Beobachtungsprozess angewandten Unterscheidungen unsichtbar bleiben. Diese Unterscheidungen zweiter Ordnung können erst durch eine Beobachtung dritter Ordnung beobachtet werden, aber auch hier invisibilisieren sich die angewandten Unterscheidungskriterien der eigenen Beobachtung (vgl. Schmidt & Zurstiege 2007: 27). Damit zeigt sich: „alle beobachten auf Kosten ihres blinden Flecks" (ebd.: 27). Grundlegend kann damit klar bei den Prozessen des Wahrnehmens, Beobachtens, Denkens und Beschreibens durch einen Perspektivenwechsel in der Beobachtung zwischen dem Aktanten, der Handlung selber und dem Handlungsresultat unterschieden werden. In dem Prozess selbst bilden Aktant, Handlung und Handlungsresultat hingegen einen autokonstitutiven Wirkungszusammenhang (vgl. ebd.: 28; Schmidt 2002: 18).

Kognitive Setzungen konstituieren das menschliche Bewusstsein, das sich dadurch charakterisieren lässt, dass es auf allen Ebenen über Bezugnahmen operiert. Auch Bezugnahmen laufen über den Mechanismus von Setzung und Voraussetzung, wobei dann in der reflexiven Bezugnahme die Voraussetzungen einer Setzung bewusst beobachtet werden können. Erst die Reflexivität macht die Bezugnahme erkennbar und kommunizierbar.

„Bezugnahme bzw. *Relationalität* als Bewusstseinsprinzip, *Reflexivität* als Möglichkeit der Bezugnahme auf Voraussetzung sowie die gemeinschaftsbildenden Annahmen solcher Bezugnahmen bei anderen und die *selektive Autokonstitutivität* des Zusammenhangs von Setzung und Voraussetzung scheinen die elementaren Prinzipien oder ‚Me-

---

Durch den Wechsel zur Beobachtungsperspektive zweiter Ordnung sei es allerdings möglich, zu rekonstruieren, *wie* ein Beobachter erster Ordnung beobachtet. Gedenk der kognitiven Autonomie stellt sich natürlich die Frage, wieso ein Beobachter zweiter Ordnung dieses Wie beobachten kann, aber nicht das Was beobachten kann. Insofern gewinnt der Glaube an die gesicherte Möglichkeit der Beobachtung der Beobachtung selbst fast schon ontologischen Charakter.

chanismen' zu sein, die all unser Handeln antreiben, es beobachtbare und interpretierbar
machen."   (Schmidt 2003: 30)

Ausgehend von neurowissenschaftlichen Untersuchungserkenntnissen konzipiert Schmidt die den Beobachtungen zugrundeliegende Sinnorientierung als
einen semantischen Raum in der Kognition (vgl. Schmidt 1994: 8 f; Schmidt
2002: 18). Strukturiert wird der semantische Raum durch verschiedene Kategorien, von denen jede einzelne eine gesellschaftlich relevante Sinndimension
übernimmt, wobei sie sich durch ihre Differenz zu anderen Kategorien auszeichnen und dadurch an Distinktion und semantischer Relevanz gewinnen (vgl.
Schmidt 2002: 18; Schmidt 2003: 31). Die Einheit aller in einer Gesellschaft
ausgeprägten Kategorien verweist auf die Problemlösungs- und Umweltorien-
tierungsgeschichte einer Gesellschaft, welche sich herausgebildet und bewährt
hat, die Handlungen der Gesellschaftsmitglieder zu koorientieren. Schmidt bezeichnet diese Einheit aller Kategorien als das Wirklichkeitsmodell einer Gesellschaft, das ihr das für sie verbindliche Modell für die Gestaltung der Wirklichkeit zur Verfügung stellt (vgl. Schmidt 2003: 31).
Da die bloße Existenz der Kategorien zur Orientierung nicht ausreicht, müssen
diese semantisch gefüllt werden. Dies geschieht durch semantische Differenzierungen, die entweder zweiseitig antithesisch oder mehrseitig sein können und
sich immer durch die dynamischen Prozesse konkreter Setzungen und Voraussetzungen ausbilden. Erst durch semantische Differenzierungsprozesse wird das
semantische Potential der Kategorien für konkrete Kognitions- und Kommunikationsprozesse operationalisierbar, wenn sich in der konkreten Setzung eine
Überführung der symmetrischen semantischen Differenzierung in eine asymmetrische Unterscheidung vollzieht. Denn in der konkreten Setzung beinhaltet
die Unterscheidung nur eine Seite der Differenzierung und schließt die andere/n
Seite/n aus, womit die Unterscheidung ihre asymmetrische Ausprägung sowie
die konkrete semantische Valenz erhält (vgl. Schmidt 2002: 19; Schmidt 2003:
32 f). Kategorien bilden somit die Einheit der Differenz von Differenzen und
Unterscheidungen. (vgl. Schmidt 2002: 19)
Weil Kategorien und semantische Differenzierungen grundlegend zeit- und
aktantenunabhängig konzipiert sind, können sie den kognitiv autonomen Aktanten eine Sinnorientierung offerieren, die weit entfernt von Beliebigkeit die operative Fiktion der Erwartungs-Erwartungen ermöglicht, d.h. dass die Aktanten
erwarten, dass die eigenen Bedingungen der Existenz denen der anderen Aktanten ähneln (vgl. Schmidt 2003: 32 f). Das Wirklichkeitsmodell einer Gesellschaft etabliert und festigt sich durch die sozial-reflexiven Bezugnahmen von
Aktanten in Handlungen und Kommunikationen und formt so eine symbolisch-
semantische Ordnung durch Sprache, Benennungskonstanz und Benennungs-
schematisierungen von Kategorien und semantischen Differenzierungen. Die so

entstandenen Bezugnahmen verfügen über eine eigene Materialität sui generis, die sich vermittelt durch die semiotischen Zeichen kollektiv stabilisiert und damit die Basis abgibt für das kollektive Wissen, über welches verfügen zu können, die Aktanten einer Gesellschaft von einander erwarten und einander unterstellen (vgl. Schmidt 2003: 34). Das kollektive Wissen wird von Schmidt als grundlegend wichtig für die strukturelle Kopplung zwischen kognitiver Autonomie und Kommunikation angesehen, weil die auf relative Dauer gestellte Leistungsfähigkeit des kollektiven Wissens als Wirklichkeitsmodell auf einer reflexiven Struktur unterstellter allgemeiner Akzeptanz und Gültigkeit beruht. So werden die Mitglieder einer Gesellschaft ab ihrer Geburt durch den ständigen Bezug auf das gemeinsame Wirklichkeitsmodell kommunalisiert (vgl. Schmidt 1999: 175; Schmidt 2003: 34). In diesem Sinne wirkt auch ein Wirklichkeitsmodell wieder als Gleichzeitigkeit von Setzung und Voraussetzung, denn um „erfolgreich handeln zu können, müssen Aktanten das Wirklichkeitsmodell ihrer Gesellschaft voraussetzen, zugleich bestätigen sie es als Setzung in jeder einzelnen Handlung" (Schmidt 2002: 21).

Bedingt durch die komplexe Ausstattung des menschlich-biologischen Apparates spielen aber nicht nur kognitiv geprägte Kategorien und semantische Differenzierungen in das Wirklichkeitsmodell hinein. Ferner werden diese Kategorien durch affektive und emotionale Konnotationen verbunden und beeinflusst, die zu einer Gewichtung und Positionierung der Kategorien und ihrer semantischen Differenzierungen beitragen. Somit erscheint jede Setzung auch emotional gefärbt (vgl. Schmidt 2003: 20 f; Schmidt 2005: 22).

Die Wirklichkeitsmodelle regeln insbesondere die als lebenspraktisch relevant bewerteten Handlungs- und Bezugnahmebereiche in gesellschaftlichen Interaktionen wie den Umgang mit der Umwelt, den Umgang mit anderen Aktanten in der Umwelt, den Bereich der Kommunalisierungsformen, aber auch den Umgang mit Emotionen und Normen (vgl. Schmidt 2003: 35).

Als relativ statisches Netzwerk der Verknüpfung semantischer Kategorien und ihrer Differenzierungen ist das Wirklichkeitsmodell in der Handlungs- und Kommunikationsorientierung nur wenig handlungswirksam. Eine Handlungswirksamkeit kann erst dann erreicht werden, „wenn ein Programm zur Verfügung steht, das die möglichen Formen von Bezugnahme auf Kategorien und semantische Differenzierungen in einer gesellschaftlich verbindlichen Weise in konkrete Unterscheidungssetzungen zu überführen erlaubt, also situationsspezifische Selektionen aus Setzungen und Voraussetzungen ermöglicht" (Schmidt 2003: 38). Auch an diese programmatischen Konkretisierungen der Kategorien und semantischen Differenzierungen binden sich wieder kognitive, affektive und emotionale Komponenten. Insofern bedarf das Wirklichkeitsmodell eines Programms der gesellschaftlich praktizierten bzw. erwarteten Bezugnahme, das eine Gesamtinterpretation des kollektiven Wissens liefert (vgl. Schmidt 1999: 175; Schmidt 2003: 38). Das Kulturprogramm der Gesellschaft stellt hierfür die dynamische Ordnung für kognitive Bezugnahmen auf das Wirklichkeitsmodell dar (vgl. Schmidt 2003: 39). Es zeigt sich als endloser, weitgehend unreflektierter Prozess der ordnungsbildenden Bezugnahmen in dem Bewerten und Verknüpfen von Kategorien und semantischen Differenzierungen im Rahmen von Unterscheidungsoperationen (vgl. ebd. : 39). Als an die dauerhafte Erfahrung des Erfolges gebundenes Unterscheidungsmanagement bildet das Kulturprogramm feste Items, Regeln und Prinzipien für eine strukturierte, systematische Verknüpfung von Kategorien und Gewichtungen aus (vgl. Schmidt 1999: 176). Zugleich beinhaltet das Kulturprogramm auch die Aktanten als Programmanwender, da die Gesellschaftsmitglieder zwar die Kultur kreieren, aber im Akt der Anwendung des Programms an die Kultur gebunden sind (vgl. Schmidt 1999: 176; Schmidt 2002: 24).

Dies führt dazu, dass auch Kultur nur partiell dynamisch ist, da das Kulturprogramm in dem konkreten Akt seiner Anwendung statisch, unflexibel und lernunfähig wirkt. Dies basiert darauf, dass Kultur im kognitiven System des Anwenders eher automatisch und unreflektiert abläuft, um verbindlich Orientierung leisten zu können. Langfristig dagegen kann das Kulturprogramm reflexiv verändert werden, wenn auf die Anwendungsresultate über Beobachtungen und Bewertungen Bezug genommen wird (vgl. Schmidt 2002: 22; Schmidt 2003: 39). Darauf aufbauend kann man Kultur, wenn man sie beobachtet, als die Einheit aller bereits ausgeführten Programmanwendungen und aller innovativen Programmrealisierungsoptionen verstehen (vgl. Schmidt 2002: 23; Schmidt 2003: 44).

Charakteristisch zeigt sich, dass Wirklichkeitsmodell und Kulturprogramm sich koevolutionär entwickeln und einen komplementären Wirkungszusammenhang bilden. Ohne einander können beide nicht gedacht werden: da „im Prinzip alle Kategorien mit allen Kategorien verbindbar wären, sind Selektions- und Kombinationsregeln sowie Kompatibilitätsregeln in Gestalt eines Kulturprogramms erforderlich, die eine dauerhafte Reduktion der Mannigfaltigkeiten von Beziehungen bewirken und damit jeweilige Wirklichkeiten als kontingente Selektionen unendlicher Mannigfaltigkeit erscheinen lassen" (Schmidt 2003: 39). Zusammenfassend betrachtet entwickelt der Wirkungszusammenhang von Wirklichkeitsmodell und Kulturprogramm den Mechanismus, der zwischen der Kognition und der Kommunikation eine strukturelle Kopplung aufbaut, indem Kontingenz durch die operative Fiktion der reflexiven Erwartungen und Unterstellungen in den Orientierungs-Orientierungen invisibilisiert wird. „Mit anderen Worten, kognitive Systeme überspringen gewissermaßen die Unmöglichkeit sich gegenseitig durch direkte Intervention zu steuern, indem sie sich an selbst konstituierenden Steuerungsgrößen orientieren, die sie für sozial effektiv und legitim halten. Die Beobachtung, dass solche Selbstorientierungen tatsächlich funktionieren, führt automatisch zur Invisibilisierung der Kontingenz jeder Setzung, die erst Beobachter von Beobachtern beobachten können" (Schmidt 2003: 47).

Für die funktional ausdifferenzierte Gesellschaft gilt, dass sich das Kulturprogramm in Sub- und Teilprogramme ausdifferenziert und die Aktanten vornehmlich nur kleine Teilausschnitte der Teilprogramme aus dem Kulturprogramm anwenden oder beobachten und beschreiben können (vgl. ebd.: 42). Die begrenzte Erfahrung des einzelnen Aktanten im Kulturprogramm zielt darauf, dass die Kultur als eine Diskurskategorie zu verstehen ist und keine gegenständliche Existenz als Entität aufzuweisen hat (vgl. ebd.: 41f). Daher betont Schmidt explizit:

> „[...] ‚die Kultur' ist mithin eine Diskurs*fiktion*. Anders gesagt: Es ‚gibt' keine Kultur als Summe von Phänomenen, aber wir brauchen sie als Programm, um kulturelle Phänomene generieren, beobachten und bewerten zu können."   (Schmidt 2003: 42)

In diesem Zusammenhang offenbart sich auch die Gesellschaft als eine Diskursfiktion, wenn von der Gesellschaft die Rede ist. Vielmehr kann nach Schmidt unter der Gesellschaft die Einheit von Wirklichkeitsmodell und Kulturprogramm verstanden werden, welche sich unentwegt in der Inanspruchnahme des Wirkungszusammenhangs von Wirklichkeitsmodell und Kulturprogramm in aktantenspezifischen Setzungen und Voraussetzungen vollzieht, d.h. dass alle Sinnoperationen auf diesen Wirkungszusammenhang ausgerichtet sind (vgl. ebd.: 43).

Das Kulturprogramm bringt in diesem Wirkungszusammenhang die jeweilige Spezifik hervor, da sie die allgemeinen Kategorien und Differenzierungen des Wirklichkeitsmodells relationiert und die affektive Gewichtung und die normative Bewertung der Kategorienverbände vornimmt. Es lässt sich so erklären, dass die unterschiedlichen Vorstellungen von Wirklichkeit in unterschiedlichen Gesellschaften auf deren andersartige Kulturprogramme zurückzuführen sind und weniger auf verschiedenartige Wirklichkeitsmodelle[21] (vgl. Schmidt 2002: 23; Schmidt 2003: 43). „Ebendeshalb erscheinen uns verschiedene ‚Kulturen'

---

[21] An dieser Stelle drängt sich die Frage auf, wieso die Wirklichkeitsmodelle der verschiedenen Gesellschaften einander ähneln, wenn nicht aufgrund von verbindlichen Erfahrungen menschlicher Existenz in dieser Welt, die auf einer vorgängigen Materialität und Gesetzmäßigkeit der Ontologie fußen. Ein Apfel fällt weltweit vom Baum herunter und nicht nach oben. Schwerkraft oder Fallen als semantische Kategorien binden sich an universale Erfahrungen, womit die Frage nach der ontologischen Wirklichkeit an der Hintertür zu Schmidts Theorieentwurf doch wieder anklopft.

so verblüffend vergleichbar und zugleich so verblüffend inkompatibel und un-
zugänglich, wie inter- und multikulturelle Erfahrungen spätestens im Globali-
sierungsprozess lehren" (Schmidt 2003: 43). Sinn offenbart sich in diesem
Wirkungszusammenhang als Erfahrung erfolgreich funktionierender Kulturprogramme und dient der Abgrenzung gegen die Umwelt und gegen Kulturen anderer Gesellschaften (vgl. Schmidt 1999: 177).

Beobachtet werden können Kultur und Gesellschaft nur durch die jeweiligen
Handlungen und Kommunikationen von Aktanten, die so als die Verkörperung
sinnhaft bestimmter Handlungs- und Kommunikationsschemata angesehen
werden können (vgl. Schmidt 2002: 24; Schmidt 2003: 48). Alle Handlungen
und Kommunikationen eines Aktanten sind eingelassen in den Mechanismus
von Setzung und Voraussetzung, weshalb jeder Handlung und jeder Kommunikation schon andere Handlungen und Kommunikationen vorausgehen, die vorgeben, welche Handlungen und Kommunikationen überhaupt sinnhaft gesetzt
werden können. Auf diese Weise bilden sich Zusammenhänge von Handlungen
und Kommunikationen, wobei der einzelne Aktant immer nur die Setzungen
vornimmt, die er auch auf sich zu beziehen vermag (vgl. Schmidt 2003: 48).
Diese Selektivität formiert äußere und innere Ordnungen, die Handlungen und
Kommunikationen mit Blick auf den einzelnen Aktanten zu synthetisieren erlauben. In der reflexiven Bezugnahme auf diese Synthetisierungen von Handlungen und Kommunikationen entsteht deren Kommunizierbarkeit, welche sozial die synthetisierten Zusammenhänge beglaubigt. Ausschlaggebend für die
Kommunizierbarkeit zeigen sich der kommunikative Rückgriff auf konventionalisierte Erzählschemata und die Einbettung in typisierte Rahmen bestimmter
Gattungen (vgl. Schmidt 2003: 48 f.).

Handlungen können verstanden werden als aktantenbasierte Initiierungen von
Handlungsschemata des Wirkungszusammenhangs von Wirklichkeitsmodell&-
Kulturprogramm und verweisen über das Schemata auf den Sinntyp einer Handlung. Dabei können Handlungen einmal mit Blick auf die Abfolge der ablaufenden Handlungen oder im Hinblick auf Kohärenz im Rahmen von Sinnzu-
schreibungen beobachtet werden (vgl. Schmidt 2003: 54). Die Synthetisierung
von Handlungen erfolgt in Geschichten, welche als Sinnkategorie einen Zusammenhang von durch Setzung und Voraussetzung miteinander verketteten
Handlungen eines Aktanten ordnet. „Jeder Aktant lebt in seiner Geschichte aus
Geschichten", was bedeutet, dass die Handlungen des Aktanten durch ihn bewusst oder durch konventionalisierte Schemata seiner Lebenspraxis geordnet
werden und in der reflexiven Bezugnahme des Aktanten auf sich selbst zu einer
für ihn sinnvollen Geschichte synthetisiert werden (Schmidt 2003: 49). Mittels
der Möglichkeit der gemeinsamen Interpretation können die Geschichten verschiedener Aktanten auch aneinander anschließen und sich zu einer partiell

gemeinsam erlebten, aber keinesfalls identischen Geschichte verbinden. Geschichten stellen immer nur Reflexionsprodukte dar, die sich mit dem Versuch
der Lokalisierung und Interpretation in dem reflexiven Selbstbezug zu den eigenen Handlungen ergeben. Dadurch fundieren Geschichten sinnvolle dynamische Ordnungsmuster der Bezugnahme und generieren Handlungsabfolgen als
interpretative Kompaktformen sinnvoller Ereignisse und Geschehnisse. Mit
Blick auf den unaufhaltsamen Prozess von Setzung und Voraussetzung hat jede
Handlung nur den Charakter eines Übergangs, denn an jede Handlung schließt
sich unweigerlich eine weitere Handlung an. Unterbrochen werden diese kontinuierlichen Übergänge durch Denken und Kommunikationen, welche sie zu
strukturieren suchen, während die Handlungen allerdings unaufhörlich weiter-
laufen. Daher kann Beobachtbares als diskontinuierlich und Nicht-
Beobachtbares als kontinuierlich konzipiert werden. Beides erweist sich als
strikt komplementär, wenn erst durch die Unterbrechung von Abläufen Struk-
turbildung oder reflexive Differenzierung erfolgen (vgl. Schmidt 2003: 49 f).
Geschichten sind somit grundlegend als Produkte von Synthetisierungen von
Handlungen zu verstehen, die sich nur in der Reflexion und dem Diskurs konstituieren können. Da die Sinnorientierung als semantischer Raum in der Kognition im Schmidtschen Konzept auftritt, nimmt die Reflexivierung im Denken und
Bewusstsein narrative Schematisierungen in Anspruch, wodurch sich die Ge-
schichtenbildung eng an die Kommunikation koppelt. Bewusstseinsvorgänge
wie auch interaktive Kommunikationen bauen auf verschiedenen Kommunika-
tionsmustern auf und bestätigen sie in ihrer Verwendung durch den kommunikativen Erfolg laufend. So nimmt die Kognition stets Kommunikationsordnun-
gen und -schemata für eigene Prozesse in Anspruch (vgl. ebd.: 50 f).
Aus der Handhabung der doppelten Referenz von Selbstreferenz und Fremdreferenz kondensieren die Geschichten Selbstbezug und differenzieren sich von
den Geschichten anderer Aktanten. Deshalb erfahren Aktanten ihre Geschichten
als Einheit der Differenz der eigenen Geschichten und fremder Geschichten, der
erlebten Geschichten und nicht erlebter Geschichten, woraus sich der Modus
der Evidenz von Wirklichkeit und Gesellschaft für den Aktanten ableiten lässt
(vgl. ebd.: 52).
Kommunikationen[22] vollziehen sich durch die Bezugnahme auf Kommunikationsschemata, welche ihres Zeichens als operative Fiktionen die Lesart von
Kommunikationen vororientieren (vgl. ebd.: 54). Grundsätzlich werden Kommunikationen handelnd vollzogen, während sie in einem Handlungskontext

---

[22] Auf die vollen Implikationen des Schmidtschen Kommunikationsbegriff kann an dieser Stelle
nicht eingegangen werden. Es wird lediglich herausgefiltert, was im Hinblick auf den Anschluss
an Foucault relevant erscheint. Die komplette Ausdehnung des Kommunikationsbegriffs kann bei
Schmidt (2003: 68 ff) nachgelesen werden.

artikuliert werden und Zeit in Anspruch nehmen (vgl. Schmidt 2003: 54) Auch Kommunikationen operieren über den Mechanismus von Setzung und Voraussetzung, in dem sie einen zeitlichen, formalen und thematischen Zusammenhang bilden, wobei der Vollzug der Setzung den Handlungsaspekt der Kommunikation ausmacht und der reflexive Bezug auf die Voraussetzungen den Sinnrahmen vorgibt (vgl. ebd.: 68). Während sich die Kommunikation aus verbalen und nonverbalen Kommunikationen zusammenfügt, ist die Zirkulation des Wissens vornehmlich an die verbale Kommunikation gebunden und vollzieht sich als beständiger Übergang von Setzungen zu Voraussetzungen zu Setzungen usf. (vgl. ebd.: 52 ff).

„Die Selektionsmuster für die interne Ordnung unserer Kommunikationen in jeweiligen Geschichten, die durch thematische oder formale Spezifika (in Syntax, Stilistik, Metaphorik, Gattungsformen, Darstellungsmuster und dergleichen mehr) bestimmt sind, bezeichne ich als Diskurs. Wie Geschichten resultieren auch Diskurse aus der Handhabung von Selbstreferenz und Fremdreferenz, die durch die Differenz von Beiträgen und Themen bestimmt wird. Diskurse selegieren diejenigen Beiträge, die nach der internen Logik sowie nach der sozialen Positionierung der jeweiligen Diskurse thematisch und formal aneinander anzuschließen sind, und synthetisieren sie dadurch zu einem sinnvollen Kommunikationsgeschehen, dass nur thematisch und formal passende Beträge geleistet werden dürfen." (Schmidt 2003: 52)

Da aufgrund der Regelung der Teilnahmeberechtigung durch soziale Regulierungen ebenso wie durch den Zufall aber nicht jeder Aktant an jedem Diskurs teilnehmen kann und darf, selektieren die Diskurse nicht nur die Beiträge, sondern auch die Diskursteilnehmer. Die Kontingenz und die Identität eines Diskurses ergeben sich aus seiner jeweiligen Spezifik der formalen und thematischen Kriterien und seiner Partizipienten (vgl. Schmidt 2003: 52 f). Die Gesamtheit aller Diskurse formiert das Kommunikationssystem. Für den einzelnen Diskursteilnehmer wird die universale Kontingenz der Kommunikationen aufgrund der Verstrickung seiner Diskursbeiträge in spezifische Diskurse invisibilisiert. Dies entlastet von Reflexionen über alle anderen Diskurse. Zugleich steht aber jeder Diskurs in einem Differenzverhältnis zu allen anderen Diskursen (vgl. ebd.: 53).
Es zeigt sich, dass Geschichten und Diskurse in ihrer Verschränkung ineinander einen sich gegenseitig konstituierenden Wirkungszusammenhang bilden, da Diskursbeteiligungen in Geschichten erfolgen und Geschichten Gegenstand von Diskursen sind.

„Geschichten und Diskurse bilden in ihrer Gesamtheit einen eigenen komplementären Wirkungszusammenhang, der in der Beobachtung doppelt perspektivierbar ist, einmal als Geschichte (Handlungszusammenhang), zum anderen als Diskurs (Kommunikationszusammenhang). [...] Die interne Ordnung von Geschichten&Diskursen resultiert aus der Orientierung unserer Handlungen und Kommunikationen auf einen ‚übergeordneten', weil abstrakteren Wirkungszusammenhang von Wirklichkeitsmodell&Kulturprogramm. Daher kann Gesellschaft unter dieser Perspektive beschrieben werden als Einheit der Differenzen von Geschichten&Diskursen der Gesellschaftsmitglieder, und das heißt all der Aktanten, die diese kulturell geregelte Ordnung akzeptieren und praktizieren." (Schmidt 2003: 53 f)

Mit Blick auf die Temporalisierung des Wirkungszusammenhang von Geschichten&Diskursen können drei Zeitaspekte voneinander unterschieden werden: zunächst wirken Geschichten&Diskurse als vorgelagerte Voraussetzung für alle in ihnen stattfindenden Handlungen und Kommunikationen und sind darin erwartungsorientierend. Zugleich vollzieht sich der Wirkungszusammenhang prozessual, was nur mittels der Differenz Geschichten/Diskurse verstanden werden kann. Schließlich zeigen sich Geschichten&Diskurse stets auch als Ereignisse voraussetzungsreicher Prozesse, die selbst zu Voraussetzungen sich anschließender Geschichten und Diskurse werden (vgl. Schmidt 2003: 55). Generell sollte aber jede Vorstellung eines Abbildungs- oder Repräsentationsmodus des Bezugs aufeinander verworfen werden, denn entscheidend ist, dass Geschichten und Diskurse zueinander passen müssen, wobei die Kriterien des Zueinanderpassens so vielfältig sind wie die Geschichten und Diskurse selbst. Daher wird hervorgehoben, dass Geschichten und Diskurse nur aufgrund der kommunikativen Materialität sui generis entlang funktionierender semiotischer Kommunikationsinstrumente[23] beobachtbar sind, weil die Bedeutungen von Geschichten und Diskursen im Hinblick auf die kognitive Autonomie kognitiver Ordnungsbildungen weder beobachtbar noch zugänglich sind. Allein die Zeichenmaterialität von Geschichten&Diskursen ist beobachtbar (vgl. ebd.: 71). Gebunden an Regelhaftigkeiten ermöglicht die Zeichenmaterialität in der Kommunikation eine sinngenerierende Schemataorientierung, die durch die Materialität der Zeichen und nicht durch die in der Kognition stattfindenden Bedeutungszuschreibungen gewährleistet wird. Die Regelhaftigkeiten der Zei-

---

[23] Entgegen zahlreicher anderer Theorieentwürfe wertet Schmidt Sprache als ein Kommunikationsinstrument und nicht als ein Medium. Das basiert auf dem Medienkompaktbegriff, den Schmidt entwirft. Danach bündelt der Begriff ‚Medien' vier wesentliche Komponenten: die *Kommunikationsinstrumente*, welche vor allem die materiellen Zeichen zur Kommunikation umfassen wie Sprache, Gesten etc.; die *Medientechniken* als technische Dispositive, die notwendig sind, um Medienangebote zu produzieren, zu distribuieren und zu rezipieren; die *Medieninstitutionen* und *Medienorganisationen*, die Medientechniken anwenden, verwalten, finanzieren, politisch und juristisch vertreten etc.; die *Medienangebote*, die durch das Zusammenwirken der anderen Komponenten entstehen und somit nicht als eigenständige Entitäten behandelt werden dürfen, sondern als Prozessresultate des Zusammenwirkens des jeweiligen Mediensystems (vgl. Schmidt & Zurstiege 2007: 63 f).

chenmaterialität bezieht sich sowohl auf die Verkettung und Vertextung von Kommunikationen als auch auf die gesellschaftlich akzeptierte Bandbreite der kognitiven und kommunikativen Verarbeitungen, die in der sprachlichen Sozialisation etabliert werden. Somit wird ein Aktant mit dem Moment seiner Geburt in den Wirkungszusammenhang von Geschichten&Diskursen eingelassen, der seinen Lebenszusammenhang prozessual grundiert und sinnorientiert. Zu beachten ist allerdings, dass die Sprache entsprechend der prozessualen Ausrichtung des Schmidtschen Theorieansatzes nicht als Abbildungsinstrument von ontologischen Signifikaten verstanden werden kann, denn aufgrund der komplementären Trennung von Kognition und Kommunikation bedeutet das, „dass die Unterscheidung Materialität/Bedeutung (am Leitfaden der Unterscheidung beobachtbar/nicht-beobachtbar) nur Sinn macht im Hinblick auf die Einheit dieser Unterscheidung, nämlich ‚Sprechen' als kommunikatives Handeln in Geschichten&Diskurse" (Schmidt 2003: 73). Parallel hebt Schmidt hervor, dass es sich bei der Unterscheidung von Zeichen und Handlung ebenfalls um eine Differenz der Beobachtungsperspektive zweiter Ordnung handelt, denn die Handlung verweist auf den operativen Aspekt des Sprechens und das Zeichen auf den Sinnaspekt, welcher sich in der Sprache verankert. Im autokonstitutiven Wechselspiel von Setzung und Voraussetzung sind sie nicht voneinander zu trennen, wobei die zeichenhafte Bestimmtheit der Sprache in einem Kontrast zu der Unbestimmtheit der kognitiv, affektiv und emotional konnotierten Bedeutungszuweisungen positioniert ist. Es zeigt sich dabei, dass die jeweilige Setzung in Abhängigkeit zu dem spezifischen Aktanten steht, während die Voraussetzungen aktantenvariant sind (vgl. Schmidt 2003: 74).

Handlungen und Kommunikationen sieht Schmidt in dem Wirkungszusammenhang von Geschichten&Diskursen so eng miteinander verstrickt, dass er von Handlungskommunikationen und Kommunikationshandlungen spricht, denn darin soll sich ausdrücken, „dass Handeln Sinn kommuniziert und Kommunikation Sinn realisierendes Handeln ist" (Schmidt 2003: 78 f).

Die Handlungskommunikationen deuten auf den durch Handlungen kommunizierten Sinn hin, welche als Operationen nicht von einem ausführenden Aktanten zu trennen sind. Die Handlungssequenzen stellen dagegen Handlungsaggregate von Handlungskommunikationen dar, die in der Diskussion der Struktur und Funktion von der Sequenz auch ohne eine Berücksichtigung der ausführenden Aktanten bestimmt oder beschrieben werden können. Handlungssequenzen werden in Geschichten sinnhaft synthetisiert und können auch ohne Berücksichtigung der Aktanten sinnhaft bestimmt und beschrieben werden, wenn die sozial-integrative Bildung von Handlungssystemen beobachtet wird (vgl. Schmidt 2003: 79).

Demgegenüber offenbart sich in den Kommunikationshandlungen der sich durch die Kommunikation realisierende Sinn auf der Basis der Einheit der Differenz von Lokution, Illokution und Perlokution. Als konkrete Operationen sind die Kommunikationshandlungen zunächst auch nicht von den sie ausführenden Aktanten zu trennen. Während der Kommunikationsprozesse formieren sich Kommunikationshandlungen ebenfalls zu Aggregaten. „Entsprechend können auch Diskurse als Sinnbettungsrahmen für Kommunikationsprozesse ohne Berücksichtigung der Aktanten und Kommunikationsprozesse bestimmt/beschrieben werden, wenn die Systematisierung von Kommunikationshandlungen und Kommunikationsprozessen unter dem Gesichtspunkt von Themenentwicklung im Vordergrund steht" (Schmidt 2003: 79).

Die Bedeutung des Wirkungszusammenhangs von Geschichten&Diskursen liegt in der konkreten Überführung des Wirkungszusammenhangs von Wirklichkeitsmodell&Kulturprogramm in aktantenspezifische und situationsspezifische Sinnpotenziale, die eine weit größere Dynamik ermöglichen als Wirklichkeitsmodell&Kulturprogramm. Geschichten&Diskurse gewährleistet die Einheit der Differenz von Prozess als einer Setzung auf der Basis von seiner Voraussetzung einerseits, um zugleich selbst wieder zu einer Voraussetzung zu werden, und von Sinnorientierung andererseits, welche sich als reflexive Bezugnahme auf die Voraussetzungen erweist. Hierdurch werden in kommunizierbarer Weise für jeden Aktanten Erinnerungen, Erwartungen und Erfahrungen, aber auch Erleben, Erkennen und Bewerten in Geschichten und Diskurse integriert (vgl. ebd.: 56). Infolgedessen zeigen sich Geschichten&Diskurse als konkrete Wirklichkeiten der Aktanten, in denen das kollektive Wissen aufgebaut wird, das in den kognitiven Prozessen immer wieder neu von den Aktanten nach sozialen Regeln konstruiert und genutzt wird. Zudem wird das kollektive Wissen als operative Fiktion allen anderen Gesellschaftsmitgliedern unterstellt. Diese operative Fiktion des kollektiven Wissens integriert die Aktanten in den Wirkungszusammenhang von Geschichten&Diskursen und ermöglicht ferner eine hinreichend tragfähige Einbindung der aktanten-gebunden Geschichten und Diskurse in die Gesellschaft (vgl. Schmidt 2003: 57).

So konstatiert Schmidt über die Relevanz von Geschichten&Diskursen:

„Wenn wir in Geschichten&Diskursen verstrickt sind, die sich ihrerseits auf den Wirkungszusammenhang von Wirklichkeitsmodell&Kulturprogramm beziehen, wenn, anders formuliert, all unsere Setzungen von Voraussetzungen konstruiert werden, die wir Aktanten in keiner Gegenwart einholen können, dann wird verständlich, dass wir immer *verspätet* sind."   (Schmidt 2003: 58)

Dieser Theorieentwurf offenbart, dass in der menschlich-sozialen Existenz die Möglichkeit eines voraussetzungslosen Anfangs nicht gegeben sein kann, während dem Menschen zugleich der Weg zu einer subjektunabhängigen Erkenntnis und Erreichbarkeit einer irgendwie gearteten objektiven Wahrheit verstellt ist.

Wie sich gezeigt hat, vermittelt das hier vorgestellte Grundprinzip des Wirkungszusammenhangs von Geschichten&Diskurse Siegfried J. Schmidts diskursive und nicht-diskursive Praktiken durch die Bindung an den handelnden Aktanten bzw. das handelnde Subjekt[24]. Kommunikationen weisen sich in dem unentwegten Prozess von Setzung und Voraussetzung als Handlungen aus, die in der reflexiven Einbettung in ihre Voraussetzungen ihre Sinnhaftigkeit entfalten. Zugleich ermöglicht das Konzept kognitiver Autonomie, Sichtbarkeiten und Gegenständlichkeiten ontologischer Materialität und Wirklichkeit wie auch Handlungen des Subjekts und seiner Umwelt in ihrer Sinndimension als Bezugnahmen des autonomen Bewusstseins eines Subjekts zu verstehen. Die Thematisierung von Gegenständen, Handlungen und Ereignissen in Diskursen deutet somit nicht länger auf eine gegebene vom Subjekt unabhängige Realität hin, sondern auf das autonome Bewusstsein, auf die „Wirklichkeit des Beobachters" (Schmidt 1994), die immer in den Zusammenhang von Setzung und Voraussetzung seines konkreten Wirkungszusammenhangs von Geschichten&Diskursen eingebettet ist.

In dem Wirkungszusammenhang von Geschichten&Diskursen wird ein geeigneter Ansatz gesehen, der zwischen den diskursiven und nicht-diskursiven Praktiken sowie den Sichtbarkeiten und Gegenständlichkeiten im Dispositiv zu vermitteln vermag.

Auf der Basis der von Foucault formulierten Diskurstheorie stellt sich die Frage nach der Operationalisierung der Diskurstheorie, die Foucault mit seinen empirischen Arbeiten begründet hat. Foucault selbst hat in seiner strukturalistisch orientierten Anfangsphase den Fokus seiner empirischen Untersuchungen vornehmlich auf die Untersuchung von Diskursen gelegt und eine „Archäologie des Wissens" betrieben, um sich dann zunehmend dem Zusammenspiel von diskursiven und nicht-diskursiven Praktiken in der „Genealogie des Wissens" zuzuwenden. Aber was hat Foucault unter seiner genealogischen Methode verstanden?

„Wie Sie sehen, geht es bei dieser Tätigkeit, die wir als genealogische bezeichnen können, in Wirklichkeit keineswegs darum, der abstrakten Einheit der Theorie die konkrete Vielfalt der Tatsachen gegenüberzustellen. Es geht keineswegs darum, das spekulative

---

[24] Nachfolgend wird wieder auf den Subjektbegriff zurückgegriffen unter der Betonung, dass das Subjekt selbst als ein Machteffekt verstanden wird, das sich im konkreten Kontext von Geschichten&Diskursen konstituiert und durch die Techniken des Selbst durchaus gegenmächtiges Potential in sich birgt.

Moment zu disqualifizieren und ihm in Form eines basalen Szientismus die Präzision gefestigter Kenntnisse gegenüberzustellen. Nicht Empirismus also durchdringt den genealogischen Entwurf, nicht einmal Positivismus im üblichen Sinne des Wortes. In Wirklichkeit geht es darum, lokale, diskontinuierliche, disqualifizierende Wissensarten ins Spiel zu bringen, die nicht legitimiert sind gegenüber der einheitlichen theoretischen Instanz, die den Anspruch erhebt, sie im Namen eines wahren Wissens und der Rechte der Wissenschaft, die sich im Besitz von irgendjemand befände, zu filtern, zu hierarchisieren und zu klassifizieren. Die Genealogien sind also nicht positivistische Rückgriffe auf eine gewissenhaftere und exaktere Form der Wissenschaft: die Genealogien sind gerade Anti-Wissenschaften."   (Foucault 1978: 62)

2.2 Die Diskursanalyse

> „Während die ‚Diskurstheorie' eher wissenschaftliche Unternehmungen bezeichnet, denen es um die systematische Ausarbeitung des Stellenwertes von Diskursen im Prozeß der gesellschaftlichen Wirklichkeitskonstitution geht [...], zielt das Projekt der Diskursanalyse auf forschungspraktische Umsetzungen, auf empirische Untersuchung von Diskursen"   (Keller et al. 2006b: 15f)

Gedenk der zentralen Relevanz der Diskurse in der gesellschaftlichen Konstruktion von Wirklichkeit zeigt sich, dass eine analytische Untersuchung der in der Gesellschaft zirkulierenden Diskurse einen bedeutsamen Beitrag zu leisten vermag, das kulturelle Wissen und die in ihm verwobenen Machtbeziehungen einer Gesellschaft zumindest nachzuvollziehen, zu kritisieren und mitunter sogar umzugestalten. Hierfür liefert die Foucaultsche Theorie der Diskursanalyse die Arbeitsinstrumente, um konkrete Diskursstränge aufzuschlüsseln und zu verstehen oder wie Foucault seinen Beitrag zu der Diskursanalyse einschätzt:

> „Alle meine Bücher [...] sind kleine Werkzeugkisten. Wenn die Menschen sie öffnen wollen, um diesen Satz oder jene Idee als Schraubenzieher oder Schraubenschlüssel zum Kurzschließen, Diskreditieren oder Zerstören der Machtsysteme zu nutzen – einschließlich derjenigen, aus denen meine Bücher herrühren – herzlich gerne!, je öfter, desto besser."   (Foucault zitiert nach Mills 1997: 18)

Einer der Wissenschaftler, der sich der Foucaultschen Werkzeugkiste bedient hat, ist Siegfried Jäger. Von ihm und seinen Mitarbeitern am Duisburger Institut für Sprach- und Sozialforschung (DISS) stammt das dieser Arbeit zugrundeliegende Konzept der Diskursanalyse, das nun nachfolgend kurz vorgestellt werden soll.

Die Kritische Diskursanalyse (KD) nach Jäger (2004; 2006; 2007) arbeitet die Foucaultsche Diskurstheorie[25] zu einem methodischen Verfahren zur Analyse einzelner Diskurse aus, wobei hervorzuheben ist, dass sich die konkrete Umsetzung der KD an der Fragestellung des Forschers zu orientieren hat und entsprechend modifiziert werden muss. Dazu verdeutlicht Jäger sein Diskursverständnis mit der Analogie, dass man sich Diskurse als Fluss von Wissen und Wissensvorräten durch die Zeit vorzustellen habe, „der durchaus auch manchmal rückwärts fließen, Seen hinterlassen oder durchqueren kann, zeitweilig oder aber restlos versiegen kann, und er schafft die Vorgaben für die Subjektbildung und die Strukturierung und Gestaltung von Gesellschaften, die sich entsprechend als außerordentlich vielgestaltig erweisen" (Jäger & Jäger 2007: 23).

Ausgehend von dieser Einschätzung des Diskurses stellt die KD zunächst die basalen Fragen danach, was in einer Gesellschaft überhaupt das kollektive Wissen darstellt, wie es zustande kommt, wie es weitergegeben wird, welche Funktionen es für die Konstituierung der Subjekte in einer Gesellschaft hat und welche Auswirkungen dieses Wissen auf die Gestaltung der gesamten Gesellschaft hat. Das durch die Diskurse generierte, gültige Wissen[26] einer Gesellschaft grundiert mittels der eben durch die Diskurse abgesteckten Sagbarkeits- und Machbarkeitsfelder die gesellschaftlich zeitweilig gültigen Wahrheiten. Ausgerichtet ist die Kritische Diskursanalyse vor allem auf die Sichtbarmachung aktueller Diskurse und ihrer Machtwirkungen, indem sie ein geeignetes Beschreibungs- und Materialaufbewahrungsverfahren als Grundlage differenzierter Analysen von Texten und Diskursen zur Verfügung stellt, das „das jeweils Sagbare in seiner qualitativen Bandbreite" zu erfassen sucht[27] (Jäger 2006: 85). Dabei sieht Jäger durch zahlreiche empirische Einzelanalysen, die nach seinem Verfahren operieren, die prinzipielle Möglichkeit gegeben, als das ultimative Ziel der KD eine Analyse des gesamtgesellschaftlichen Diskurses anzustreben. Ihre Bezeichnung als kritisch verdankt die KD der Aufdeckung verdeckter Strukturen, welche anschließend durch den Forscher moralisch-ethischen Über-

---

[25] Aufbauend auf seiner Rezeption von Foucault erarbeitet Jäger einen eigenen diskurstheoretischen Ansatz (Jäger 2004; 2006; 2007), der Aspekte der Tätigkeitstheorie Leontjews implementiert. Die Jägersche Diskurstheorie wird allerdings abgelehnt, da sie zur Vermittlung zwischen diskursiven und nicht-diskursiven Praktiken einen Tätigkeitsbegriff engagiert, der einerseits Denken und Sprechen gleichsetzt und damit der kognitiven Autonomie der Subjekte nicht gerecht wird. Andererseits werden auch Handlungen und Kommunikationen in dem Tätigkeitsbegriff ohne weitere Unterscheidungen identisch gesetzt, was als simplizistisch verworfen wird.

[26] In seinem Aufsatz von 2006 betont Jäger, dass das Wissen permanent auf sich selbst rekurriert, womit er sich dem Mechanismus von Setzung und Voraussetzung annähert.

[27] Diese Aufgabenstellung für die Diskursanalyse lehnt sich sehr stark an Foucault an, denn dieser beschreibt die Archäologie des Wissens wie folgt: „Die Beschreibung der diskursiven Ereignisse stellt eine völlig andere Frage [im Vergleich zur Sprachanalyse]: wie kommt es, daß eine bestimmte Aussage erschienen ist und keine andere an ihrer Stelle?" (Foucault 1981: 42).

legungen zugänglich gemacht werden sollen (vgl. Jäger 2004: 25). So betont Jäger, dass es ihm „letzen Endes um die Entwicklung eines integrierten theoretischen und methodologischen, kulturwissenschaftlichen Ansatzes für Gesellschaftstheorie und Gesellschaftsanalyse" gehe (ebd.). Vor allem möchten die Duisburger Diskursanalytiker die KD als ein transdisziplinäres Projekt verstanden wissen, das sich auf Inhalte aller Art, auf Themen der Wissenschaft, der Medien, auf Themen der Politik wie des Alltags einlassen kann (vgl. Jäger & Jäger 2007: 16), weshalb sich die KD auch für kommunikationswissenschaftliche Zwecke operationalisieren lassen kann.

In der kritischen Beurteilung der Methode wird betont, dass man stets im Hinterkopf behalten muss, dass die KD selbst aus den Diskursen erwächst, die sie zu untersuchen versucht, da die Diskurspositionen der Analysierenden durch ihre eigene Verstrickung in die Diskurse unweigerlich immer wieder in ihre Analysen miteinfließen. Eingelassen in einen Kampf um unterschiedliche Deutungen kann die Diskursanalyse – wie auch die gesamte Wissenschaft – die Wirklichkeit folglich immer nur mittels Wörtern und Begriffen zu deuten suchen[28] und hierin zu ihrer sozialen Konstruktion beitragen. Es muss schlicht anerkannt werden, dass kein Begriff, kein wissenschaftliches Modell und keine Theorie eine letztgültige Wahrheit[29] für sich beanspruchen können. Dennoch sind weder die Diskursanalyse noch die über Begrifflichkeiten operierende Wissenschaft aufgrund der Konstruktion zahlreicher Regeln zur Absicherung von Reliabilität und Validität beliebig (vgl. Jäger & Jäger 2007: 15 f).

Wie Keller (2006) allgemein formuliert hat, liegt einer jeden Diskursanalyse, wie aller empirischen Forschung, zunächst eine Problemwahrnehmung zugrunde, die eine Auswahl des/der zu untersuchenden Diskurse/s sowie die Festlegung auf eine Fragestellung begründet. Daraus sind anschließend die Bestimmung der Untersuchungsgrößen und deren diskursanalytisch-methodische Fixierung abzuleiten, an welche sich das Erhebungsverfahren und die korrespondierenden Auswertungsprozeduren koppeln.

Jäger und seine Mitarbeiter setzten diesen allgemeinen Forschungsablauf um, indem ausgehend von der konkreten Fragestellung und dem entsprechend auszuwählenden Untersuchungsmaterial zunächst eine *Strukturanalyse* als zentrales Fundament der Diskursanalyse durchgeführt werden soll. An diese schließt

---

[28] Dass es sich auch bei wissenschaftlichen Diskursen immer nur um einen Konstruktionsprozess ohne einen unmittelbaren Erkenntniszugang zu der ontischen Wirklichkeit handeln kann, haben die Ausführungen in dem vorangegangenen Unterkapitel verdeutlicht. Gerade die empirische Untersuchung von Diskursen, also sozialen Kommunikationen, durch Diskursanalysen ist durchzogen von verschiedenen Formen sozialer Reflexivität und wissenschaftlicher Referentialität.

[29] Das steht in Übereinstimmung mit dem Falsifikationsprinzip wissenschaftlicher Forschung nach Popper. Zur konstruktivistischen Auseinandersetzung mit Popper findet sich mehr bei v. Glasersfeld (1998).

sich die *Feinanalyse* prototypischer Diskursfragmente an. Schließlich wird in einer nochmaligen Durchsicht die Materialbasis anhand der Ergebnisse der Feinanalyse durchgegangen und einer *Gesamtanalyse* zugeführt (vgl. u.a. Jäger 2004: 104).

2.2.1 Strukturanalyse

Ausgehend von der Frage, wie die Diskurse trotz ihres „großen Wucherns" analysiert werden können, schlägt Jäger vor, zunächst das Augenmerk auf den *Diskursstrang* zu richten[30]. Unter einem Diskursstrang ist die Zusammensetzung von Diskursfragmenten zu einem Thema zu verstehen. Er zeichnet sich durch eine synchrone und eine diachrone Dimension aus. Die synchrone Dimension eines Diskursstrangs verweist auf die qualitative Bandbreite des Sagbaren und damit implizit auch des Nicht-Sagbaren zu einem bestimmten Zeitpunkt. Demgegenüber zeigt sich der Diskursstrang in seiner diachronen Dimension als Abfolge von Mengen thematisch einheitlicher Diskursfragmente in der Zeit. Der Begriff des *Diskursfragments* bezeichnet Texte oder Textteile, die ein bestimmtes Thema behandeln, wobei sich ein zu analysierender Text auch aus Diskursfragmenten unterschiedlicher Diskursstränge zusammensetzen kann. Angelehnt an die Fragestellung stellt das *Archiv* bzw. die Materialbasis der Texte die Untersuchungsgrundlage dar.

Die konkrete Analyse von thematisch verbundenen Diskurssträngen in der Erfassung der Diskursfragmente fördert *Aussagen* und Aussagehäufungen zu Tage. Aussagen stellen homogene Inhalte dar. Die KD zielt gerade auf die Ermittlung der diskursiven Aussagen, die als Tiefenstruktur des Wissens verstanden werden.

Unterschiedliche Diskursstränge können sich auch miteinander verschränken. Ob dieser *Diskursverschränkungen* können sich die Diskursstränge gegenseitig beeinflussen, sich verstärken oder auch abschwächen. Neben festen Verschränkungen können Diskursstränge auch nur mehr oder minder lose zueinander Bezug nehmen, was Jäger als *diskursive Knoten* bezeichnet. Vornehmlich aus den Diskursverschränkungen leiten sich die *diskursiven Ereignisse* ab, welche als aufmerksamkeitswirksam kommunizierte Ereignisse zu verstehen sind. Durch diese aufmerksamkeitswirksame Kommunikation tragen diskursive Ereignisse zu der Beeinflussung der Richtung und der Qualität des oder der zugehörenden Diskursstränge bei. Eine Rekapitulation der diskursiven Ereignisse, auf die sich ein Diskursstrang bezieht, zeichnet den *diskursiven Kontext* eines Diskurs-

---

[30] Die nachfolgenden Ausführungen beziehen sich auf Jäger (2004: 158 ff), (2006: 98 ff) und auf Jäger & Jäger (2007: 25 ff).

strangs nach und trägt entscheidend zu dem Verständnis der Extension eines Diskursstrangs bei.

Diskursstränge bewegen sich auf unterschiedlichen *Diskursebenen*. Hierunter kann man sich die sozialen Verortungen vorstellen, in denen die Diskursstränge durch verschiedene Instanzen produziert werden. Mit Bezug auf die Verortung der Produktion und Zirkulation von Diskurssträngen unterscheidet Jäger zwischen den wissenschaftlichen *Spezialdiskursen* und den in allen anderen, nichtwissenschaftlichen Diskursebenen produzierten und zirkulierenden Diskurssträngen, welche er als *Interdiskurs* klassifiziert. Dabei kennzeichnet es die Wissensstruktur, dass die Spezialdiskurse in den Interdiskurs einer Gesellschaft einfließen[31]. Mit Blick auf die die Diskursfragmente produzierenden Instanzen offenbaren sich unterschiedliche *Diskurspositionen*, wobei diese Kategorie auf den spezifischen politischen Standort einer produzierenden Instanz innerhalb der Diskursebene verweist. Im Zusammenhang mit der Produktion und Zirkulation von Diskurssträngen fallen auch die verschiedenen *Diskursgemeinschaften* ins Gewicht. Als Gruppe von Menschen mit relativ homogenen Bedeutungs-, Zuweisungs- und Ordnungskonventionen werden die Diskursgemeinschaften durch die Anerkennung und Befolgung relativer Aussagesysteme zusammengehalten. Diskursteilnehmer können dabei Mitglieder sehr unterschiedlicher Diskursgemeinschaften sein und ganze Diskursgemeinschaften können sich in andere Diskursgemeinschaften eingliedern.

In einer diskursanalytischen Untersuchung erscheint es sinnvoll, zwischen *Hauptthemen* und *Unterthemen* zu differenzieren. Es zeigt sich, dass Hauptthemen von Unterthemen, aber auch von anderen Hauptthemen durchkreuzt werden. Diese Verzahnungen können besondere Effekte hervorbringen. So zeigt sich, dass Diskursstränge niemals isoliert vorkommen, sondern stets eingebettet in verschiedene Verästelungen mit anderen Diskurssträngen. Zudem sind die

---

[31] Diese Erkenntnis ist ebenfalls in den systemtheoretischen Ausführungen der *Wissenschaft der Gesellschaft* von Niklas Luhmann (1992) zu finden, wenn das Wissenschaftssystem für die Gesellschaft exklusiv über das symbolisch generalisierte Kommunikationsmedium Wahrheit kommuniziert und „nach außen in hohem Maße informationsdurchlässig" agiert (Luhmann 1992: 626). Allerdings bindet sich an die systemtheoretische Konzeption eine strikte Grenzziehung wissenschaftlicher Diskurse, die zu einem großen Teil auf der „Schwierigkeit der Teilnahme und des Verständnisses" rekurriert (ebd.). Auch zeigen sich wissenschaftliche Diskurse in der Systemtheorie nicht von Macht beeinträchtigt und üben diese auch nicht aus, da Macht das symbolisch generalisierte Kommunikationsmedium des politischen Systems darstellt. Eine Instrumentalisierung wissenschaftlicher Diskursfragmente in machtpolitischen Auseinandersetzungen – auch innerhalb universitärer Strukturen – erweist sich daher als Kommunikation des politischen Systems. Näheres hierzu findet sich in Kapitel 5.3.8. Die Diskurstheorie nach Foucault versteht dagegen auch und gerade die wissenschaftlichen Diskurse durchzogen von der produktiven Macht, wie die Foucaultsche Analyse der Sexualität in *Der Wille zum Wissen* (1983) exemplarisch belegt. Vgl. hierzu die Ausführungen in Kapitel 5.4.

Diskursstränge immer nur vor dem Hintergrund des *gesamtgesellschaftlichen Diskurses* zu entziffern und zu interpretieren, denn der gesamtgesellschaftliche Diskurs bildet in dem Zusammenspiel aller Diskurse den allgemeinen Wissenshorizont einer Gesellschaft, der die Entwicklung einer Gesellschaft bestimmt. Dieser Gesamtdiskurs ist einer Analyse aber nur implizit zugänglich, weil man sich ihm nur theoretisch über eine extensive Analyse aller relevanten gesellschaftlichen Diskursstränge annähern kann. Insofern bedeutet eine diskursanalytische Untersuchung eines Diskursstrangs immer auch einen Schritt in die Richtung einer Analyse des gesamtgesellschaftlichen Diskurses.

Der Forschungsprozess kann ferner eine *Bündelung von Diskurssträngen* vermittels der Subsumierung von verschiedenen Diskurssträngen unter eine forschungsrelevante Kategorie erfordern.

Mit Blick auf die diachrone Dimension der Diskursstränge wird ersichtlich, dass die Diskursstränge jeweils in eine eigene *Geschichtlichkeit* verwickelt sind. Mit diachronen Analysen der Diskursstränge können Geschichte, Gegenwart und Zukunft von Diskurssträngen unterschieden werden. Eine solche diachrone, analytische Ausrichtung[32] richtet ihren Fokus auf die Stärke und Dichte der Verschränkungen eines Diskursstranges mit anderen und verfolgt dabei Änderungen, Brüche, Versiegen und Wiederauftauchen von diskursiven Ereignissen und Aussagen. Ein anzustrebendes Ziel einer solcherart verstandenen *Archäologie des Wissens* liegt in einer vorsichtigen diskursiven Prognostik diskursiver Ereignisse.

Insgesamt wird eine Analyse der Tiefenstruktur angestrebt, indem nach der Strukturanalyse des Archivs zuerst die Diskursfragmente gleichen Inhalts im Hinblick auf die unterschiedlichen Themen und Unterthemen sowie die darin eingenommenen Diskurspositionen empirisch aufgelistet werden. Anschließend werden deren Inhalte, Häufungen und formale Beschaffenheiten erfasst und näher interpretiert. Hierbei erweist sich die Feinanalyse prototypischer Diskursfragmente als nächster Schritt zu der Gesamtanalyse.

2.2.2 Feinanalyse

Jäger hebt die Materialaufbereitung und die feinanalytische Untersuchung der KD als ihr Herzstück hervor, denn anhand der genauen Untersuchung einiger prototypischer Diskursfragmente können unterschiedliche Mittel und Strategien des Diskursstranges festgestellt werden, die wesentliche Wirkungsmechanismen des Diskurses darstellen. Dabei richtet sich das konkrete Vorgehen der feinana-

---

[32] Eine solche kennzeichnet vor allem die empirischen Untersuchungen Foucaults, der große Zeiträume untersucht hat, um der historischen Diskontinuität auf die Schliche zu kommen.

lytischen Untersuchung an der Fragestellung und dem Archiv aus. Als idealtypischen Verlauf[33] schlägt Jäger eine Analyse der Diskursfragmente im Hinblick auf ihren *diskursiven Kontexte*, ihre *Text-Oberflächen*, auf die *sprachlich-rhetorischen Mittel* und ihre *inhaltlich-ideologischen Aussagen* vor. Daneben sollten sonstige Auffälligkeiten notiert und die Diskursfragmente im Diskursstrang verortet werden (Jäger 2004). Hieran schließt sich die abschließende Interpretation des gesamten Diskursstrangs unter Berücksichtung der Ergebnisse der Strukturanalyse sowie der Feinanalyse an.

Mit Blick auf die wissenschaftlichen Anforderungen an eine Methode wird an die Diskursanalyse die Frage nach der Möglichkeit ihrer Vollständigkeit gerichtet, zumal sie den Anspruch erhebt, einen Diskursstrang analysieren zu wollen. Hier hinter verbergen sich Zweifel, ob eine diskursanalytische Studie Repräsentativität, Reliabilität und Validität gewährleisten kann – gerade vor dem Hintergrund der diskurstheoretischen Betonung der unentrinnbaren Einbettung einer diskursanalytischen Studie in genau den Gegenstand ihrer Untersuchung. Die von einer Diskursanalyse angestrebte Vollständigkeit der Aussagenerfassung kann erstaunlich bald registriert werden, wie die diskursanalytische Praxis des Duisburger Forscherteams lehrt, da es ja vor allem darum geht, die Felder des Sagbaren abzustecken (vgl. Jäger 2006: 85). Dies ergibt sich, weil Diskurse immer wieder die gleichen kleinen oder mittleren Erzählungen bemühen, die als diskursive Versatzstücke fungieren und sich aus den zentralen Aussagen der Sagbarkeitsfelder konstituieren (vgl. Jäger & Jäger 2007: 33). Zudem hebt Jäger hervor, dass der quantitative Aspekt einer KD für ihre Aussagefähigkeit weniger wichtig ist als ihr qualitativer Aspekt. Zur Wahrung von Validität und Reliabilität allerdings erscheint es unerlässlich, jeden Schritt einer Diskursanalyse transparent zu machen und die Argumentation stringent, materialreich und überzeugend vorzutragen (vgl. Jäger 2006: 103 f).

Auf der Basis der Jägerschen Kritischen Diskursanalyse soll nachfolgend der wissenschaftliche Diskurs über Pornographie aufbereitet werden, wobei sich aufgrund des zugrundeliegenden Archivs insbesondere im Rahmen der Feinanalyse einige Modifikationen ergeben haben.

---

[33] Eine sehr brauchbare Liste, die alle Elemente einer Feinanalyse von Diskursfragmenten übersichtlich vorstellt, findet sich bei Jäger (2006: 106 f).

3. Die wissenschaftliche Auseinandersetzung mit der Pornographie als diskursanalytisches Thema

Nachdem in dem vorangegangenen Kapitel die methodologische Fundierung dieser Studie vorgestellt worden ist, soll nun veranschaulicht werden, wie der wissenschaftliche Diskurs über Pornographie für die vorliegende Arbeit diskursanalytisch untersucht und aufgeschlüsselt worden ist. Wie bereits erwähnt, fungiert die Ausarbeitung relevanter Anschlussoptionen kommunikationswissenschaftlicher Forschung an die im angloamerikanischen Raum etablierten Porn Studies als zentrales Erkenntnisinteresse. Hierzu wurden die Sagbarkeitsfelder der bisherigen Pornographieforschung diskursanalytisch aufbereitet. Daraus leitet sich die Eingrenzung der Diskursebene auf die Wissenschaft ab, weshalb die in den Massenmedien geführten Diskussionen über die Pornographie nicht berücksichtigt werden. Das dieser Arbeit zugrundeliegende Archiv beschränkt sich zudem auf Publikationen wissenschaftlicher Untersuchungen zur Pornographie in Büchern und Fachzeitschriften, während online-Publikationen keine Berücksichtigung gefunden haben.

Angesichts der Fülle an Untersuchungen, die vor allem im englischsprachigen Raum bis dato durchgeführt worden sind, kann kein Anspruch auf umfassende Repräsentativität erhoben werden. Allerdings zeigt sich in der Analyse der Tiefenstruktur des Diskurses, dass in der Konzentration auf das Feld der Sagbarkeiten die von einer Diskursanalyse zu erwartende Vollständigkeit der Aussagenkomplexe gegeben ist[34]. Die Grundgesamtheit des Archivs umfasst insgesamt 243 wissenschaftliche Publikationen unterschiedlicher wissenschaftlicher Disziplinen. Durch die Anfrage in Datenbanken wurden zunächst die Publikationen ausgewählt, deren Titel und/oder Schlagwort darauf schließen lassen, dass ihr Erkenntnisinteresse auf eine Analyse der Pornographie zielt. Darauf aufbauend wurden die Literaturverzeichnisse der bereits ausgewählten Diskursbeiträge zur Basis weiterer Suchprozesse. Die so rekrutierten Archivbeiträge wurden in erster Linie auf die synchrone Dimension ihrer Diskursfragmente mit ihren Haupt- und Unterthemen hin untersucht, wobei sich insofern auch eine diachrone Zeitachse offenbart, als dass einzelne Publikationen als diskursive Ereignisse von

---

[34] Allerdings muss an dieser Stelle eingeräumt werden, dass gerade im Bereich wissenschaftlicher Untersuchungen eine einzelne Studie durchaus das Sagbarkeitsfeld verändern und erweitern kann, sofern sie die im wissenschaftlichen Diskurs kursierenden Fragmente neu zusammensetzt und als diskursinternes diskursives Ereignis fungiert. So beispielsweise geschehen bei der Untersuchung von Williams (1995), welche stark beeinflusst von ihrer Rezeption Foucaults (1983) eine neue Perspektive auf die Pornographie öffnete, die nachfolgende Studien massiv beeinflusste. Ähnliches lässt sich im deutschsprachigen Raum für Faulstichs Diskursbeitrag (1994) feststellen.

der nachfolgenden Forschung aufgegriffen und das Erkenntnisinteresse, mit dem an Pornographie herangetreten wurde, beeinflusst haben. Das Archiv deckt dabei den Zeitraum von rund 40 Jahren Pornographieforschung ab, die mit den Pionierstudien in den 1960ern ihren Anfang nahm. Eine tabellarische Übersicht der Materialbasis des Archivs, in der Autor und Erstveröffentlichungszeitpunkt vorgestellt werden, kann dem Anhang entnommen werden.

Einen ersten Zugang zu dem wissenschaftlichen Diskurs über Pornographie sollen im Anschluss zunächst exemplarisch einige der im Diskurs aufgefundenen Definitionen der Pornographie, sowie ein knapper Überblick über die bisherige Forschung liefern, um davon ausgehend die eigene, methodische Operationalisierung der KD offenzulegen und die Struktur des Diskurses aufzuschlüsseln, was zu der Entwicklung des Arbeitsverständnisses zentraler Begrifflichkeiten führt und zu der Vorstellung der Untersuchungsergebnisse überleitet.

3.1 Bisherige Definitionsversuche

Ein Blick auf die Vielfalt der verschiedenen Definitionen der Pornographie im wissenschaftlichen Diskurs offenbart, dass der Begriff als solcher, geschweige denn die Auseinandersetzung mit der Pornographie, durchaus nicht so eindeutig ist, wie man auf den ersten Blick vielleicht meinen mag. Als Begriff für die irgendwie geartete Darstellung des Sexuellen ist die Kategorie des Pornographischen keineswegs besonders alt. In der Durchsicht verschiedener Dictionaries stellt Kendrick (1996) in seiner historisch ausgerichteten Untersuchung fest, dass sich der Begriff der Pornographie als Kategorie zur Benennung zwischen 1755 und 1857 gebildet hat. So hält er fest, „in 1755, ‚pornography' meant nothing at all" (Kendrick 1996: 2). Was also kann unter Pornographie verstanden werden? Welchem Verständnis von Pornographie begegnet man in diesem Spezialdiskurs?

„Im folgenden werden diejenigen Darstellungen als pornographisch definiert, die unter sexistischen und/oder rassistischen Vorzeichen Menschen als allzeit verfügbare, auf ihre Rolle als Sexualobjekte reduzierte und verdinglichte Wesen beschreiben", schreibt Bettina Bremme in ihrer Studie über die Pornographie als „Sexualität im Zerrspiegel"
(Bremme 1990: 3)

Ein solches Verständnis der Pornographie verweist auf zahlreiche Aspekte: Demnach impliziert Pornographie Sexismus und/oder Rassismus sowie die Reduktion und Verdinglichung des Menschen zu einem Sexualobjekt. Sexismus und Rassismus als Begriffe verweisen über ihre negative Konnotation einerseits auf Machtungleichgewichte, im Kontext des Sexismus auf das Ungleichgewicht zwischen den Geschlechtern und im Kontext des Rassismus zwischen den Rassen. Andererseits schwingt in beiden Begriffen auch das implementierte Ideal eines Gleichgewichts mit. Deutlicher noch ist erkennbar, dass Pornographie in dieser Definition als Negativ gegenüber einem gesetzten Menschenbild fungiert, wenn Bremme die Zuschreibung der Pornographie an die Reduktion und Verdinglichung des Menschen zu einem Sexualobjekt knüpft. Reduktion und Verdinglichung führen implizit ein anthropologisches Mehr mit sich, das den Menschen kennzeichnen soll. Durch den Verweis auf das Sexualobjekt kommt das sexuelle Verhalten des Menschen mit ins Spiel, das also nur einen Bruchteil des menschlichen Verhaltens ausmachen soll. Zudem raubt der Begriff des Objekts dem menschlichen Sexualverhalten seine aktive Komponente. Durch die Betonung der pornographischen Darstellung wird klar, dass es sich um eine Inszenierung handelt und nicht Verhalten in den Handlungszusammenhängen des Alltags bedeutet. Pornographie wird somit als eine Inszenierung normativ abgewertet, indem sie sich implizit gegen ein normativ positiv gesetztes Menschenbild und Machtgleichgewicht richtet.

Dagegen definiert Barbara Vinken die Pornographie wie folgt:

„Pornographie ist in dem radikalsten Sinne Fiktion, sofern es ihr darum geht, ein phantasmatisches Szenario als die nackte Wahrheit des Sex darzustellen. Pornographie ist die reine Form der Fiktion, daß es Sex ‚einfach gibt'. Das Phantasma der gängigen heterosexuellen Pornographie besteht darin, daß es kein Phantasma gibt, sondern daß einem eben die Natur – in der natürlichen Materialität der Körper mitsamt ihrer Triebhaftigkeit – so kommt und ‚sexuelle Grundversorgung' nicht mehr als recht und billig ist. Die Pornographie ist der krasseste Ausdruck des Phantasmas des reinen Triebes und der harten Fakten, des Phantasmas vom Klartext."   (Vinken 1997d: 16)

Vinken sieht in der Pornographie also grundlegend die Inszenierung einer Fiktion. Diese Fiktion zeichnet sich als das „phantasmatische Szenario" aus, „daß es Sex ‚einfach gibt'". Damit wird die Vorstellung vom Sex als natürlichster Sache der Welt grundlegend in Frage gestellt. Diese fiktionale Selbstevidenz sexuellen Verhaltens markiert ferner die „nackte Wahrheit des Sex", wodurch sie zudem privilegiert wird und durch den Bezug zur Natur mittels einer Naturalisierungsstrategie[35] von sozialen Einflüssen gereinigt wird. Gebunden ist diese Naturali-

---

[35] Für Diskurse in den westlichen Gesellschaften zeichnen sich Normalismus, Normalität und Normalisierung als diskursstabilisierende Strategien aus. Während Normativität in allen Gesellschaften beobachtet wird und die expliziten oder impliziten Normen stets vorgängig – also Voraussetzung – sind, stellt die Normalität eine Kategorie dar, die nicht überall, sondern vornehmlich in den westlichen Gesellschaften zu finden ist. Normalität setzt statistische Dispositive voraus, wenn sie in Bezug auf den Durchschnitt definiert wird (vgl. Jäger & Jäger 2007).

sierungsstrategie an die Materialität des Körpers, dem eine sexuelle Triebhaftigkeit eingeschrieben wird. Grundsätzlich wird Pornographie als Inszenierung der naturalisierenden, auf der Phantasie basierenden Fiktion rein körperlich-sexuellen Verhaltens verstanden, das sich durch die Reduktion auf eben dieses Phantasma in darstellerischer Direktheit charakterisiert. Eine solche Hervorhebung des fiktionalen Charakters der Pornographie impliziert zugleich auch eine anders geartete Realität, die dieser Fiktion gegenübersteht.

Einen völlig anderen Schwerpunkt setzt dagegen Clive Bloom, der Pornographie vor allem mit Blick auf die dahinterstehende Industrie betrachtet:

„Pornography becomes the absolute against which we measure our own human dignity, our very sanity. Yet here it is at every level, pervasive, sickly, fascinating and powerful, organised by groups who themselves are masters of market research (organised crime) – a major industry dealing in the technologies of film, publishing, printing and advertising, adept at developing new areas of the perverse, and at researching new techniques of retail exploitation and of distribution: capitalism against itself."   (Bloom 1988: 12)

In dieser Definition wird der Pornographie zugestanden, das Maßband zu sein, anhand dessen Menschen ihre Menschenwürde und ihren Geisteszustand bemessen können, wodurch die Pornographie zu dem absolutem Negativ der positiv, idealistisch konnotierten Menschenwürde und Geistesklarheit degradiert wird. Zugleich räumt Bloom der Pornographie ein, dass sie zunehmend bis zu einem gewissen Grad abstoßend fasziniert und machtvoll ist, wobei hiermit auf eine Wirkung auf den Rezipienten gezielt wird. Der Hauptschwerpunkt dieser Definition liegt allerdings in der Betonung der Produktion und der Verbreitung von Pornographie, die professionalisiert betrieben und durch die neuesten Techniken und Analysemethoden gestützt werden, um die maximalen Gewinne auf dem bestehenden Markt abschöpfen zu können. Dabei versucht die produzierende und distribuierende Pornoindustrie zugleich, durch eine Extension in neue Bereiche der „Perversion" der Pornographie neue Inhalte einzuschreiben und den Markt auszuweiten. Diese Diskreditierung der Pornoindustrie erfolgt durch ihre Zuschlagung zum organisierten Verbrechen. Eingebettet wird die kriminalisierte Pornoindustrie in die wirtschaftliche Struktur des Kapitalismus, wonach Pornographie ein Beispiel dafür abgibt, dass durch die Gesetzmäßigkeiten von Angebot und Nachfrage der kapitalistischen Marktorganisation selbst die Dinge Verbreitung finden, die per se abzulehnen sind.

Eine ebenfalls wirtschaftliche Perspektive wählen Marie-Françoise Hans und Gilles Lapouge in ihrem 1979 erschienen Interviewband, in welchem Interviews mit Rezipientinnen und Expertinnen zum Thema Pornographie und Sexualität zusammengetragen worden sind:

„Und das wollen wir auch hier unter *Pornographie* verstehen: nicht die Sexualität, sondern ihre Inszenierung, ihre Komödien- bzw. Tragödienfassung, ihre Kommentierung und ihre Beschreibung in Bildern [...] In der Pornographie werden menschliche Körper gegen einen Unkostenbeitrag zurechtgemodelt, zur Schau gestellt und gehandelt – das weibliche Modell gegen eine Kinokarte. Das weibliche Modell wiederum stellt zwar im Film keine Prostituierte dar, zeigt seinen Körper aber und liebt für Geld, kurz, prostituiert sich." (Hans & Lapouge 1979: 5)

Auch hier wird eine klare Trennung zwischen Sexualität und Pornographie vorgenommen, wobei der Pornographie zugeschrieben wird, die Sexualität nach unterschiedlichen Vorgaben differenter Darstellungsmuster in Szene zu setzen. Allerdings entspricht es der Pornographie, den Fokus unter Vorgabe eigener Maßstäbe auf eine Inszenierung der sexuellen Körper zu legen. Das Produkt dieser Inszenierung wird gehandelt und als Medienangebot rezipiert. Unter Ausblendung der Darstellungen männlicher Pornodarsteller verengt sich die Aufmerksamkeit der Definition auf die weiblichen Darsteller, deren schauspielerische Arbeit im Kontext fester Handlungsrollen keine Beachtung findet, während ihre Tätigkeit mit der Prostitution gleichgesetzt wird. Diese pornographische Prostitution umfasst zwei Ebenen, einmal die direkte Handlungsebene der Darstellerin, welche für Geld ihren Körper hergibt und Sex hat in der konkreten Produktionssituation, zugleich aber auch die Ebene der Zirkulation der pornographischen Medienangebote in der kapitalistischen Gesellschaft. Dabei wird die Darstellungsbereitschaft durch Geld motiviert, welches aber dadurch abgewertet wird, dass es auf der Ebene der Rezeption als Unkostenbeitrag bezeichnet wird. Bei dieser Definition fallen zwei Aspekte ins Auge: auf der einen Seite findet sich eingangs eine allgemein formulierte Trennung von Pornographie und Sexualität. Unterdessen findet sich andererseits in der Konkretisierung eine Konzentration auf die visuelle filmische Pornographie, deren Inhalt nun aber gerade nicht eine Inszenierung der Sexualität nach bestimmten Darstellungsmustern ausmacht, sondern eine Inszenierung weiblicher Körper, die als Dokumentation prostitutiven, weiblichen Verhaltens gewertet wird. Prostitutiver Sex wird durch die Verwendung des Ausdrucks „lieben" angesichts der ihn begleitenden, romantisierten Assoziationen entwertet, denn Sex für Geld und Liebe gelten gemeinhin als nicht vereinbar.

Eine Perspektive, die Pornographie in dem gesamtgesellschaftlichen Kontext verortet und hervorhebt, dass Pornographie auch nur in ihm überhaupt verständlich ist, vertritt Lisa Z. Sigel:

„To understand pornography, one must move beyond universalizing definitions or analyses to locate sexuality within complex frameworks that hinge upon changing definitions of obscenity, emerging forms of representations, and shifting cultural contexts."

(Sigel 2005: 7)

Sigel wendet sich damit gegen eine universalisierende Definition von Pornographie, die Pornographie als eine unveränderliche Konstante anvisiert. Stattdessen sollen sich das Verständnis und die Definition der Pornographie erst aus der Analyse der Sexualität in ihrer Einbettung in einen Zusammenhang der jeweiligen Definitionen der Obszönität, der gegebenen und sich entwickelnden Darstellungsmuster, sowie der sich wandelnden kulturellen Kontexte ergeben. Damit wird die Pornographie unabänderlich an die Sexualität gebunden. Durch den Verweis auf die Obszönität – wohlgemerkt ein Begriff, der selbst eine Geschichte der verschiedensten Definitionen aufzuweisen hat – zeigt sich, dass Sigel Pornographie in enger Verknüpfung mit der Überschreitung von sozialen Normen sieht. Zugleich deuten die sich ändernden Darstellungsmuster auf die Bindung der Pornographie an die Medien[36] und auf den Einfluss, den die Medienevolution auf die Pornographie ausübt. Schließlich kann der Hervorhebung der sich wandelnden kulturellen Kontexte ein sich kulturell konstituiertes Sexualverständnis entnommen werden, das somit die pauschale Naturalisierung der Sexualität ablehnt.

In seiner Doktorarbeit über das *Erotic Home Entertainment* versteht Jakob Pastötter unter Pornographie:

„Die heutigen pornographischen Erzeugnisse sollen in diesem Sinne als Produkt der westlichen Mediengesellschaft, die auf bestimmte Bedürfnisstrukturen ihrer Konsumenten verweisen, gewertet werden, weil sowohl ihre Herstellung als auch ihr Konsum unter ganz spezifischen psychosozialen, aber auch ökonomischen, juristischen und medientechnischen Voraussetzungen möglich ist. Deshalb ist es möglich, sie unter Berücksichtigung der soziokulturellen Eckwerte als Repräsentanzsystem der im Sexuellen verorteten Wünsche und Bedürfnisse der postindustriellen Gesellschaft zu begreifen, [...]."

(Pastötter 2003: 7)

Pastötter implementiert in seine Definition zunächst ein Verständnis der gegenwärtigen westlichen Gesellschaften, die als komplexe Mediengesellschaften in ihrer postindustriellen Phase vorgestellt werden. Eingelassen ist die Produktion von Medienangeboten, denen die Pornographie zugeschlagen wird, in die ökonomischen, juristischen und medientechnischen Voraussetzungen ebendieser Gesellschaften. Ferner erscheint die Produktion und Rezeption pornographischer Medienangebote massiv durch den Rezipienten und seine sexuellen Bedürfnisse beeinflusst, welche ihres Zeichens durch die Kultur sozial mitkonsti-

---

[36] Die Verwendung des Medienbegriffs folgt dem Schmidtschen Medienkompaktbegriff, vgl. hierzu auch Kap. 3.5.

tuiert werden. Als auf komplexen Produktionsbedingungen fußendes Medienangebot repräsentiert Pornographie die sexuellen Wünsche und Bedürfnisse,
welche die Rezipienten der komplexen westlichen Gesellschaften entwickeln.
Die Hervorhebung der Pornographie explizit als das Medienangebot, das sexuelle Wünsche repräsentiert, verweist auf die Verankerung pornographischer
Darstellungen in der menschlichen Psyche. Diesen Wünschen vermag ein komplexes Mediensystem nachzukommen, das als wirtschaftliches Dienstleistungs-
system auf einem Markt agiert, der sich dadurch auszeichnet, dass die Anbieter
im Sinne der Absatzmaximierung versuchen, die Bedürfnisse möglichst getreu
zu erfassen.

Einen sehr distinkten Ansatz zur Analyse der Pornographie vertritt Walter
Kendrick in seiner 1987 erstmals erschienen Studie mit geschichtsgerichteter
Perspektive, wenn er Pornographie gänzlich von ihren Inhalten trennt und als
einen Begriff sozialer und vor allem juristischer Auseinandersetzungen, in denen vor Gericht die Zuschreibung spezifischer Werke als pornographisch oder
nicht pornographisch ausgehandelt wird, besetzt:

„[…] 'pornography' […] is not a thing but a concept, a thought structure that has
changed remarkably little since the name was first applied to it a century and a half ago.
'Pornography' names an imaginary scenario of danger and rescue, a perennial little
melodrama in which, though new players have replaced old, the parts remain much as
they were first written. […] With surprisingly uniformity, arguments about 'pornography' for the past hundred and fifty years have boiled down to a pair of assertions: 'This
is pornographic' and 'No it isn't'." (Kendrick 1996: XIII)

Komplett losgelöst von sexuellen Inhalten oder auch Medien stellt Pornographie
im Schmidtschen Sinne eine semantische Kategorie dar, die sich als solche seit
ihrer Einführung im 19. Jahrhundert nur sehr wenig verändert hat. Diese Kategorie zeigt sich zweiseitig und grundiert den Ausgangspunkt für ein „Szenario
der Gefahr und der Rettung". Die Grundstruktur dieses „Melodrams" bleibt
nach Kendrick konstant trotz wechselnder Partizipienten, die darum streiten,
welchen Werken die Zuschreibung pornographisch attestiert werden kann und
welchen nicht. Dieses Verständnis von Pornographie verbindet somit die verschiedensten Handlungen, Gegenstände, Unterhaltungsangebote, Kunstwerke
etc. mit der Pornographie, solange diese im Zentrum von Zensurbestrebungen
zu Auseinandersetzungen um ihre Klassifikation als pornographisch geführt
haben.

In seiner „Geschichte der Pornographie" vertritt Montgomery Hyde das folgende Verständnis der Pornographie:

„Man ist sich allgemein darüber einig, daß die wesentliche Charakteristik der Pornographie in ihrer Sexualität liegt. Daher muß eine Schrift, ein Bild oder eine Skulptur, um als Pornographie bezeichnet werden zu können, die Kraft oder zumindest die Absicht haben, als Aphrodisiakum zu wirken – das heißt, sexuelle Begierden oder Sehnsüchte hervorzurufen. Genauer ausgedrückt, beinhaltet das jede Beschreibung oder bildhafte Darstellung des menschlichen Körpers, die jene Teile zeigen, die üblicherweise bedeckt sind und welche – zumindest theoretisch – imstande sind, erotische Reaktionen herauszufordern."

(Hyde 1969: 11)

Als Hauptmerkmal wird ihre Verbindung zur Sexualität hervorgehoben, wobei sich diese Verbindung zweifach äußert. Einmal beschreibt die Pornographie den menschlichen Körper und die Körperteile, welche sexuell konnotiert sind, oder stellt beides bildlich dar. Weiterhin zielt das pornographische Medienangebot, das medienübergreifend betrachtet wird, auf eine sexuelle Reaktion bei dem Rezipienten. Dass der pornographische Film, der in späteren Studien soviel Aufmerksamkeit geschenkt bekommt, hier nicht erwähnt wird, liegt an der zeitlichen Verortung der Definition vor der legalen Freigabe des pornographischen Films, wodurch noch einmal die historische Gebundenheit der Studien zur Pornographie hervorgehoben wird.

Mit Blick auf die Dominanz der heterosexuellen Mainstream-Pornographie schreibt Lothar Böhnisch über die Pornographie:

„In dieser Interpretationslinie stellt sich die Pornographie als verfügbares parasoziales Medium dar, das man(n) benutzen kann, ohne in reale Kommunikation mit Mädchen oder Frauen kommen zu müssen. Sexuelle Unterlegenheitsgefühle gegenüber Frauen und sexuelle Überforderungsstereotype aus der Männerwelt der Cliquen- und Stammtischgenossen liegen dabei eng zusammen. Entscheidend ist bei solchen projektiven Vorgängen der Mechanismus der Abstraktion: Es geht gar nicht um die konkreten Frauen, sondern letztlich um die Hilflosigkeit und Bedürftigkeit der Jungen und Männer. Wo diese nicht bewältigt, sondern abgespalten ist, scheint der Drang zur Pornographie wahrscheinlich."

(Böhnisch 2005: 304)

Ausgehend von einer soziopsychologischen Betrachtung der Pornographie betrachtet Böhnisch die Pornographie vornehmlich selbst als ein Medium, das gerade nicht auf männliche Dominanz, sondern auf die sexuellen Schwierigkeiten von Männern verweist, die sich als Hilflosigkeit und Bedürftigkeit darlegen. Dabei substituiert der parasoziale Charakter der sexuellen Darstellungen von Frauen in der Pornographie den realen Kontakt von Männern und Jungen mit Frauen und Mädchen. Dies geschieht auf der Basis projektiver Vorgänge. Entscheidend sind in der projektiven Identifikation aber nicht die konkret dargestellten Frauen des pornographischen Inhalts, sondern die sexuellen Unterlegenheitsgefühle, welche Männer gegenüber Frauen entwickeln, sowie sexuelle

Überforderungsstereotype, die in Männergemeinschaften kursieren und an denen sich die Männer messen. Sofern diese Negativaspekte sexueller Männlichkeit nicht verarbeitet und überwunden werden, erscheint Pornographierezeption eine gangbare Handlungsmöglichkeit zur Bearbeitung von Männlichkeit zu sein. Diese Definition der Pornographie zeigt sich als außerordentlich voraussetzungsreich, da sie sexuelle Emotionen und sozial verbreitete Sexualkategorien implementiert, zugleich auf das soziosexuelle Verhältnis der Geschlechter hinweist und ein positiv gesetztes Bild der Männlichkeit dem negativ gesetzten Bild der männlichen Pornographierezipienten gegenüberstellt.

Einen ganz anderen Ansatz vertritt Sven Lewandowski, der in seiner 2004 publizierten Dissertationsschrift versucht, die Sexualität systemtheoretisch als ein eigenes System zu beschreiben. Ausgehend von einem sozialen System Sexualität versteht er unter Pornographie:

„Die moderne Pornographie ist im wesentlichen ein massenmediales Phänomen, präziser: ein Effekt einer strukturellen Kopplung des Systems der Massenmedien mit dem Sexualitätssystem." (Lewandowski 2004: 272)

Eine solche Definition erscheint grundlegend nur dann näher verständlich, wenn man über Kenntnisse der Systemtheorie nach Luhmann[37] verfügt. Auf den ersten Blick ergibt sich daraus auf jeden Fall eine Bindung der Pornographie an „die Medien" und an die Sexualität.

In ihrer kulturwissenschaftlichen Studie über Frauenpornographie definiert Corinna Rückert Pornographie so:

„Pornographie bezeichnet diejenigen medialen Inszenierungen sexueller Phantasien in Wort, Bild oder Ton, die 1. explizit detailliert sind, 2. in einen szenisch narrativen Rahmen eingebunden sind und 3. einen fiktionalen Wirklichkeitsbezug herstellen." (Rückert 2000: 100)

Mit ihrer Definition der Pornographie stellt Rückert zunächst die grundsätzliche Bindung von Pornographie und Sexualität auf der inhaltlichen Ebene her, indem Pornographie sexuelle Phantasien inszeniert, wodurch zugleich der fiktionale Charakter pornographischer Inhalte betont wird. Zugleich bedarf die Pornographie der medialen Vermittlung durch Worte, Bilder oder Ton, weshalb es sich hierbei um ein medienübergreifendes Verständnis der Pornographie handelt. Dadurch, dass diese Inszenierungen aber noch drei zusätzliche Kriterien erfüllen müssen, um eine Pornographiezuschreibung zu gewährleisten, verweist die De-

---

[37] Auf diesen Ansatz sowie auf die systemtheoretischen Aufführungen Luhmanns sowie Fuchs' wird an anderer Stelle noch ausführlich eingegangen (Kap. 5. 3. 8).

finition zudem auf andere Darstellungen sexueller Phantasie, die aber nicht als pornographisch zu werten sind. Das erste Kriterium verlangt, dass die Inszenierungen der sexuellen Phantasie explizit detailliert darstellen müssen, wobei sich zunächst nicht sagen lässt, was diesen expliziten Detailfokus ausmacht. Als zweites Kriterium fungiert die Einbettung der Inszenierung in einen szenisch narrativen Rahmen als deren interne Strukturierung des sexuellen Handlungsgeschehens. Schließlich versucht Pornographie, einen fiktionalen Wirklichkeitsbezug herzustellen. Somit bindet sich die pornographische Inszenierung der sexuellen Phantasie an ein Phantasma der Wirklichkeit.

Ein besonderes Verhältnis der Pornographie zur Wirklichkeit konstatiert auch Andrea Dworkin, die in den USA maßgeblich die kulturfeministische Diskussion über Pornographie mit ihrer Untersuchung „Pornographie. Männer beherrschen Frauen" angestoßen hat:

„Im männlichen System sind Frauen Sexualität; Sexualität bedeutet Hure. Die Hure ist porne, die niedrigste Hure, die Hure, die allen männlichen Bürgern gehört: die Schlampe, die Votze. Sie kaufen bedeutet Pornographie kaufen. Sie haben bedeutet Pornographie haben. Ihr Geschlecht sehen, besonders ihre Genitalien, bedeutet Pornographie sehen. Ihr beim Sex zusehen bedeutet der Hure beim Sex zusehen. Sie benützen bedeutet Pornographie benützen. Sie wollen bedeutet Pornographie wollen. Sie sein bedeutet Pornographie sein." (Dworkin 1987: 243)

Zentral für die Pornographie erweist sich, dass sie eingelassen ist in ein männliches System, dem die Frau gegenübersteht und das sie auf ihre Sexualität reduziert. Zugleich zeichnet sich die Sexualität der Frau in diesem männlichen System dadurch aus, dass es sich um prostitutive Sexualität handelt, welche die Frau ihres Subjektstatus' enthebt, sie komplett der Macht des männlichen Systems ausliefert und zu dem gegenständlichen Besitz des Mannes degradiert, wie die Verwendung des Ausdrucks „gehört" verdeutlicht. Parallel wird die Existenz der verdinglichten Frau in dem männlichen System mit der Pornographie gleichgesetzt, denn beides wird gleichermaßen gehandhabt. Daraus ergibt sich die simplizistische Gleichung Frau = Sexualität = Prostituierte = Pornographie im männlichen System. Abstufungen und Differenzierungen werden hier nicht vorgenommen.

Schließlich muss man allerdings festhalten, dass es durchaus auch zahlreiche Studien über Pornographie gibt, die gar nicht erst den Versuch unternehmen, ihren Erkenntnisgegenstand zu definieren und sich damit an die berühmt gewordenen Worte des amerikanischen Richters Potter Stewart halten, der in dem Verfahren Jacobellis vs. Ohio gesagt haben soll: „I may not be able to define it precisely but I know it when I see it" (zitiert nach McNair 1996: 41). Zugleich lassen diese exemplarischen Definitionen bereits ein weitgestecktes Sagbarkeitsfeld erkennen, obschon bestimmte thematische Aussagenfelder bereits redundant erscheinen wie das Geschlechterverhältnis, das Verhältnis zur Sexualität, die Abgrenzung zu anderen Bereichen der sexuellen Darstellung, die Bindung an Medien, das Verhältnis zur Macht und potentiellen Wirkungen, das Verhältnis zu psychosozialen Dynamiken oder die Privilegierung des Körpers in der Pornographie etc..

Tab. 1: Definitionsaussagen in dem Pornographiediskurs

Pornographie als Medienangebot	Mediensystem	→ Mediensystem eingelassen in Kultur/Gesellschaft → Produktion/Distribution und Zensur → Produktion/Distribution und Kapitalismus → Medientechnologie → strukturelle Kopplung Sexualitätssystem und Mediensystem
	Medienvermittlung	→ medienübergreifend → visuelle Medien → medienspezifische Darstellungsmuster und -schemata
	Medienwirkungen	→ Wirkungen auf die Psyche des Rezipienten → Wirkungen auf den Körper des Rezipienten
Pornographische Darstellungen	Wirklichkeitsbezug der Pornographie	→ Dokumentation sozialer Wirklichkeit → fiktionales Medienangebot
	Inhalte der Pornographie	→ Darstellung von Sexualverhalten → Darstellung objektivierter Frauen → Darstellung von Machtverhältnissen → Darstellung des Körpers → Darstellung von Normverletzungen → Darstellung der pornographischen Sexualität in Abgrenzung zu anderen Formen medienvermittelter Sexualdarstellungen

Ausgehend von diesen wiederkehrenden Topoi können bereits fünf divergierende Aussageebenen des Pornographiediskurses identifiziert werden, in denen sich erste Kategorien für die Diskursanalyse herauskristallisieren. Demnach beziehen sich die Aussagen auf das Mediensystem, die konkrete Medienvermittlung, das Verhältnis zwischen pornographischen Inhalten und sozialer Wirklichkeit und/oder die dargestellten Inhalte der Pornographie. Typologisch verdichtend treten in diesen fünf Aussageebenen zwei Dimensionen hervor:

eine Dimension, die ihren Fokus auf die Medienvermittlung der Pornographie legt, und eine weitere Dimension, die vor allem die Inhalte pornographischer Darstellungen thematisiert.

Diese exemplarisch vorgestellten wissenschaftlichen Definitionen der Pornographie legen bereits die verschiedenen, miteinander widerstreitenden Perspektiven dieser Forschungsrichtung dar, die auf das engste mit verschiedenen Positionen der Bedeutungszuweisung und Interpretation des sexuellen Verhaltens verwoben sind, weshalb der Diskurs mitunter sehr emotionalisiert und wenig distanziert anmutet (vgl. hierzu auch Faulstich 1994; McNair 1996; Rückert 2000). In diesem Sinne könnte man durchaus Laura Kipnis zustimmen (Kipnis 2007: 64): "Defining pornography is one big headache."

3.2 Forschungsstand

Für die deutschsprachige Untersuchung der Pornographie stellt die kulturwissenschaftliche Studie von Werner Faulstich (1994) einen angemessenen Ausgangspunkt für die Beschäftigung mit Pornographie dar. Faulstich weist eingangs seiner Untersuchung auf die grundlegenden Probleme hin, mit denen sich eine wissenschaftliche Analyse der Pornographie konfrontiert sieht. Es muss zunächst berücksichtigt werden, dass es verschiedene Dimensionen in der Auseinandersetzung mit Pornographie gibt, wobei Pornographie, Sexualität und die Diskurse über Pornographie voneinander zu trennen sind (vgl. Faulstich 1994: 7). Des Weiteren wären das Definitionsproblem, das Sprachproblem und das Relevanzproblem zu berücksichtigen. Wie sich gezeigt hat, stellt die Definition der Pornographie tatsächlich ein Problem dar angesichts der völlig unterschiedlichen Perspektiven und Forschungsinteressen, mit denen die Untersuchungen angegangen werden. Ausgehend von der allgemeinen Schwierigkeit, dass Sexualität immer nur in verschiedenen Sprachcodes beschrieben werden kann und so jede sprachliche Auseinandersetzung stets eine an den verwendeten Sprachcode gebundene, soziale Konnotierung mit sich führt, bezieht sich das Sprachproblem insbesondere auf die Problematik, den Erkenntnisgegenstand angemessen zu beschreiben, ohne in der wissenschaftlichen Beschreibung selbst ins Pornographische zu rutschen. Schließlich hebt das Relevanzproblem darauf ab, dass eine Untersuchung der Pornographie gedenk der sie im Wissenschaftssystem umkreisenden Tabus, die einen Wissenschaftler durch eine ernsthafte Auseinandersetzung mit der Pornographie seine Reputation kosten können[38], einer besonders guten Begründung bedarf (vgl. Faulstich 1994: 7 ff).

Wie bereits erwähnt, finden sich in der Kommunikationswissenschaft nur zwei veröffentlichte Auseinandersetzungen mit der Pornographie, ein Aufsatz von Gudat & Seitz aus dem Jahr 2005, welche einerseits einen knappen Überblick über einige Untersuchungen der bisherigen Forschung liefern und andererseits versuchen, das Verhältnis von Pornographie und Emotionen anzureißen, sowie eine 2008 veröffentlichte Diplomarbeit von Muhr, der mit schwerpunktmäßigem Blick auf die Wirkungsforschung die Probleme der Pornographieforschung perspektiviert. Aus der Beschäftigung mit der Pornographie für ihren Aufsatz resultierte zudem die unveröffentlichte Magisterarbeit von Seitz (2006) am Institut für Kommunikationswissenschaft Münster, in der ein erster Versuch unternommen wird, durch eine Aufschlüsselung wissenschaftlicher, juristischer und feministischer Diskurse Pornographie als Erkenntnisgegenstand kommunikationswissenschaftlicher Forschung zu etablieren. Ansonsten ist die Pornographieforschung bislang vornehmlich in anderen wissenschaftlichen Disziplinen anzutreffen. Um den folgenden, knappen Überblick des Forschungsstands[39] zu systematisieren, wird ähnlich dem Aufsatz von Gudat & Seitz die Lasswellformel „Who says What In Which Channel To Whom With What Effect?" zu einer Aufschlüsselung herangezogen und um die Kategorie Sonderforschung erweitert.

3.2.1 Die Pornoindustrie, der Pornomarkt und der legislative Rahmen

Ausgehend von dem Lasswellschen „Who?" können nur sehr wenige Untersuchungen ausgemacht werden, die sich eingehend mit der Pornoindustrie oder dem pornographischen Markt auseinandergesetzt haben. Als Teilaspekt von Untersuchungen finden sich jedoch durchaus Auseinandersetzungen mit der Pornoindustrie, dem Markt der Pornographie und dem sie umschließenden juristischen Rahmen.

---

[38] In diesem Zusammenhang ist es interessant zu erwähnen, dass sich die ersten Sexologen in ihren Schriften regelmäßig zunächst entschuldigten, dass sie das Thema der Sexualität überhaupt aufgenommen haben (Krafft-Ebing 1984/1886) Ähnlich lässt sich das Vorwort zur „Soziologie der Sexualität" von Schelsky (1955) als eine große Entschuldigung lesen, das Thema der Sexualität überhaupt anzusprechen.

[39] Die nachfolgenden Ausführungen sind bewusst sehr reduziert gehalten, da es ja gerade das Thema dieser Grundlagenforschung ist, die bisherige Forschung nach diskursanalytischen Kategorien aufzuschlüsseln. Für interessierte Leser sind neben dem Thema einige Autoren angegeben, deren Untersuchungen das angesprochene Thema entsprechend ausführlich aufgreifen.

In sehr vielen Untersuchungen findet sich der kurze Hinweis auf den ökonomischen Erfolg der Pornoindustrie entweder als Behauptung oder unter Berufung
auf Zahlen, die vornehmlich Zeitungsberichten entnommen sind, ohne daraus
ein eigenständiges Forschungsinteresse abzuleiten oder dies aber näher auszuführen, so bspw. bei Williams (2004), O'Toole (1998), Crabbe (1988), McNair
(1996).

Zugleich finden sich aber auch Ansätze, die der Pornoindustrie größere Aufmerksamkeit zukommen lassen mit Blick auf das Interesse an den ökonomischen Regeln, denen die Pornoindustrie folgt, wobei hier insbesondere die Studie von Jakob Pastötter (2003), der sowohl einen kleinen Überblick über den
pornographischen Markt in Deutschland und den USA gibt, als auch die Produktionsbedingungen der Pornoindustrie ein wenig näher beleuchtet, aber auch
bei Faulstich (1994), Hardy (1998), Rückert (2000).

Eine weitere Richtung der Auseinandersetzung mit der Pornoindustrie ist der
feministischen Debatte verhaftet und betrachtet die Pornoindustrie vor allem
unter dem Blickwinkel antizipierter Arbeitsbedingungen für die Darstellerinnen
wie u.a. bei Dworkin (1987), MacKinnon (1994), Cornell (1997), Bremme
(1990).

Die Betrachtung des juristischen Rahmens sowohl in historischer Perspektive
als auch mit Blick auf die gegenwärtigen Gesetzeslagen der Pornoindustrie und
des Pornomarktes hat durchaus einiges Forschungsinteresse nach sich gezogen.
Als beispielhafte Arbeiten seien Kendrick (1996), Hyde (1969), Rohde (1999),
Klein (1999), Findlen (1993), Kipnis (2007), Knoll & Müller (1998), Cornell
(1997), MacKinnon (1994) genannt.

Mit Blick auf die pornographische Literatur finden sich allerdings auch immer
wieder längere und kürzere Aufführungen zu deren Autoren wie z.B. bei Pease
(2000), Kendrick (1996), Marcus (1966).

Ein etwas ausführlicheres Kapitel über die Pornoindustrie und den Markt der
Pornographie findet sich in dem Final Report of the Attorney General's Commission on Pornography[40] (1986) .

---

[40] Anders als in Deutschland, wo die Änderungen des § 184 StGB im Kontext der Sexualstrafrechtsreform Anfang der 1970er – Änderungen kommen seither zu bestimmten Bereichen zur
Anpassung des StGB an die geltenden Sexualnormen immer wieder vor – getätigt wurden und nur
einen Teil ebendieser Änderungen ausmachen, wird der Pornographie in den USA legislativ und
juristisch immer wieder Bedeutung beigemessen. Zur Abwägung von legislativen Maßnahmen
haben Präsident Johnson und der US-Kongress 1967 eine Kommission, die Commisson on Obscenity and Pornography, einberufen, deren Ergebnisse 1971 öffentlichkeitswirksam in ihrem Final
Report publiziert und von Präsident Nixon und dem US-Kongress verworfen wurden. Auch unter
Präsident Reagan und dem Justizminister Edwin Meese III wurde 1985 eine Commission on
Pornography einberufen, deren Ergebnisse 1986 veröffentlicht wurden. Beide Kommissionen
setzten sich aus Personen zusammen, die als Experten betrachtet wurden, die Wirkungen der
Pornographie auf die Rezipienten auf der Basis der vorliegenden Ergebnisse der Forschung beur-

Schließlich finden sich in Stoller (1991), Dane & Schmidt (1990) sowie in der der World Conference on Pornography folgenden Anthologie von Elias et al. (1999) erste Ansätze auch PornographiedarstellerInnen und Pornoproduzenten als Experten oder Interviewpartner zu Wort kommen zu lassen.

3.2.2 Die Geschichte der Pornographie

Demgegenüber finden sich durchaus zahlreiche Untersuchungen, die sich ausführlich mit der Geschichte der Pornographie beschäftigen. Unterschieden werden kann hier zwischen Untersuchungen, die sich mit der ganzen Geschichte der Pornographie als Gattung, mit einer beschränkten historischen Zeitspanne der Pornographie als Gattung oder mit einem historischen Teilaspekt der Pornographie auseinandergesetzt haben. Bei Hyde (1969), Faulstich (1994) und in dem Final Report of the Attorney General's Commission on Pornography (1986) finden sich Ansätze, die die Gattungsgeschichte durch die Jahrhunderte nachzuzeichnen suchen.

Die Anzahl der Untersuchungen, die sich auf einem bestimmten Zeitraum der Geschichte der Pornographie beschränken, ist weitaus zahlreicher. Hierzu gehören u.a. die Ansätze von Hunt (1993b), Beck (1999), Marcus (1966), Sigel (2005).

Den größten Teil der historischen Nachzeichnung der Pornographie machen allerdings historische Untersuchungen zu speziellen Fragestellungen – wie bspw. nach der Verbindung von Französischer Revolution und Pornographie, der Relevanz des philosophischen Materialismus, der Bedeutung der Zensurbemühungen – aus. Als Beispiele sind Norberg (1993), Kendrick (1996), Stora-Lamarre (2005), Frappier-Mazur (1993), Hafferkamp (1999), Swartz (1999), Hite (1999), Verstraete (1999), O'Toole (1998) etc. hervorzuheben.

Schließlich finden sich noch Untersuchungen, die die Geschichte pornographischer Medienangebote in dem filmischen Medium in den Vordergrund ihres Forschungsinteresses stellen. Der Fokus auf die Literatur und bildenden Künste erweist sich bis zum 19. Jahrhundert als deckungsgleich mit der allgemeinen Gattungsgeschichte der Pornographie. Abhandlungen zu der Geschichte der filmischen Pornographie finden sich bei Faulstich (1994), Seeßlen (1994), Williams (1995), O'Toole (1998) und Holliday (1999).

---

teilen und entsprechend der jeweiligen Regierung legislative Empfehlungen aussprechen zu können. Beide Abschlussberichte haben in der Pornographieforschung große Wellen geschlagen, vgl. Der Pornographiereport. Untersuchungen der „Kommission für Obszönität und Pornographie" des amerikanischen Kongresses (1971) und Final Report of the Attorney General's Commission on Pornography (1986).

3.2.3 Pornographische Inhalte und ihre Gestaltung

Den wohl umfangreichsten Anteil pornographischer Forschung macht die Auseinandersetzung mit den pornographischen Inhalten aus. So kommt nicht einmal
die weitgehend vom Inhalt abstrahierende, bereits erwähnte Untersuchung von
Kendrick (1996) ganz ohne eine Beschreibung der Werke aus, die Grundlage
für die Auseinandersetzung um die Attribuierung als pornographisch gewesen
sind. Ganz vereinfachender Grundkonsens der Ausführungen über die pornographischen Inhalte ist die Darstellung von Sexualität. Jedoch wird der Fokus
jeweils unterschiedlich gesetzt, mal geht es vornehmlich um Sexualität zwischen Geschlechtern mit den unterschiedlichsten Perspektiven auf die durch
Pornographie vermittelte Verbindung zwischen Geschlecht und Sexualität. Als
Beispiele für eine solche Perspektive können genannt werden Hofstadler &
Körbitz (1996), Marryman (1999), Cornell (1997), Morgan (1980), Rückert
(2000), Brownmiller (1980), Butler (1997) etc. Eine weitere Richtung betrachtet
die pornographischen Inhalte mit Blick auf die Darstellung sexueller Körper
wie bspw. Williams (1995), Sorgo (1997), Hartley (1997), Findlen (1993), Jacob (1993). Daneben finden sich zahlreiche Ausführungen zu dem Verhältnis
der Sexualität und der an sie geknüpften Verbote und Normen, welche die pornographische Darstellung regelmäßig in Frage stellt, vgl. z.B. Williams (2004a),
Shamoon (2004), Butler (2004), Kipnis (2007), Norberg (1993), Guha (1970),
Flaßpöhler (2007). Der Bereich der Medienwirkungsforschung setzt die pornographische Sexualität fast ausschließlich in einen Kontext von Gewalt und Ag-
gressionen wie etwa in dem Final Report of the Attorney General's Commission
on Pornography (1986), Donnerstein et al. (1987), Selg (1986), Zillmann
(2004), Muhr (2008). Eine ganz eigenständige Darstellung der Sexualität findet
sich in dem systemtheoretischen Ansatz von Lewandowski ((2003); (2004)).
Unter Rückgriff auf ein psychoanalytisches Verständnis der Sexualität fragen
auch zahlreiche Ansätze nach dem Signifikat hinter dem sexuellen Signifikanten, so auch Stoller (1979), Segal (1993), McClintock (1993), Cowie (1993),
Vinken (1997b), Koschorke (1997).
Die pornographische Gestaltung der sexuellen Inhalte wird vor allen Dingen im
Hinblick auf Abgrenzungen zu anderen Darstellungen des Sexuellen thematisiert, so wenn Pornographie von Kunst, von Erotika, wissenschaftlicher Auseinandersetzung mit Sexualität oder auch Aufklärungsmaterial differenziert werden soll. Solche Betrachtungen finden sich z.B. bei Steinem (1978), Flaßpöhler
(2007), Faulstich (1994), Rückert (2000), Marcus (1966), Lawrence (1971),
Gorsen (1987).

3.2.4 Subgenrebildung

In Anbindung an die Ausdifferenzierung akzeptierter Sexualitäten sowie an die ökonomische Dimension der Markterschließung und -ausweitung durch die Pornoindustrie finden sich insbesondere in den letzten Jahren einige Untersuchungen, die ihren Schwerpunkt auf eine Ausdifferenzierung der Pornographie legen und sich eingehender mit unterschiedlichen Subgenres der Pornographie beschäftigen wie der Frauenpornographie, der Kinderpornographie, dem filmischen Gonzo, der Schwulenpornographie, der Fettpornographie, der Flagellationspornographie etc. Exemplarische Arbeiten zu pornographischen Subgenres sind Rückert (2000), Mirkin (1999), Kipnis (2007), Thomas (1999), Willcox (1999), Cante & Restivo (1994), Williams (1995), (2004b), Attwood (2007).

3.2.5 Pornographie und ihre Medien

Die meisten Studien legen den Schwerpunkt auf ein pornographisches Medium und arbeiten anhand einer Fragestellung die jeweiligen Charakteristika eines spezifischen pornographischen Mediangebots heraus, wobei zwischen literarischer, bildlicher, filmischer Pornographie, Zeitschriften- und Comicpornographie wie auch Internet- und Performance-Pornographie zu unterscheiden ist. Überblicke, die verschiedene pornographische Medienangebote vorstellen, findet man bei Hyde (1969), Faulstich (1994), Rückert (2000), Flaßpöhler (2005) sowie in den Anthologien von Elias et al. (1999) und Williams (2004).
Die Entwicklung der Pornographie entlang der Emergenz und des Wandels der technischen Mediendispositive zeichnet O'Toole (1998) für die filmische Pornographie nach.

3.2.6 Der Rezipient der Pornographie

Studien, die sich mit dem tatsächlichen Publikum der Pornographie auseinandersetzen und nach der Nutzung der Pornographie durch ihre Rezipienten fragen, sind in der derzeitigen Literaturlage zur Pornographieforschung eher die Ausnahme. Lediglich sechs Publikationen setzen sich mit den Rezipienten auseinander. Entsprechend fragt O'Toole in einer dieser Publikationen:

„How does it feel watching porn? There's a silence concerning those who put porn to use. It is porn's greyest area. Studies are meager, and too preoccupied with attaching gizmos to gonads, with measuring tumescene and blood flows, rather than subjective experiences." (O'Toole 1999: 284)

So handelt es sich bei O'Tooles Essay auch nicht um einen empirischen Beitrag pornographischer Rezeptionsforschung als vielmehr um eine massive Kritik an der bisherigen Wirkungsforschung.

Explorativ lässt Grimme (1986) verschiedene Rezipienten von Pornographie zu Wort kommen, die ihre Rezeptionserfahrungen schildern. Ähnlich explorativ ist die qualitative Studie von Hofstadler & Körbitz (1996) angelegt, die in einer Frauengruppe einen Pornofilm gezeigt haben. Anschließend haben diese weiblichen Probanden gemeinsam über den pornographischen Film anhand ihrer subjektiven Rezeptionseindrücke und den an sie gebundenen Gefühlen diskutiert, und abschließend wurde die dokumentierte und transkribierte Diskussionsrunde tiefenhermeneutisch ausgewertet. Auf der Basis von ethnographischen Feldbeobachtungen, Tiefeninterviews und Gruppendiskussionen differenzieren Eckert et al. (1990) drei verschiedene Rezeptionstypen mit Blick auf deren Erlebnis- und Aneignungsformen. Die zweigeteilte Studie zu Rezeption und Wirkung von Pornographie von Ertel (1990) umfasst neben einer psychophysiologischen Untersuchung eine repräsentative Befragung von 5963 Personen einer bereinigten Stichprobe, die mittels eines Fragebogen Auskünfte zu ihrem Nutzungsverhalten pornographischer Medienangebote erteilt haben. Ausgehend von der Rezeptionshäufigkeit unterscheidet Ertel verschiedene Nutzungstypen, wobei er mit Blick auf die Geschlechterdifferenz zu dem Schluss kommt, dass die Unterschiede zwischen den individuellen Rezipienten größer sind als die zwischen den Geschlechtern, wenn es um die tatsächliche Nutzung von Pornographie geht. In dieser Größenordnung ist die Erfassung des Realnutzungsverhaltens in seiner differenzierten Vielschichtigkeit von Pornographierezipienten bis dato einmalig. Eine weitere Untersuchung hat Hardy (1998) vorgelegt, der ausgehend von einem geschlechtsfokussierten Forschungsinteresse 24 Tiefeninterviews mit männlichen Pornographierezipienten durchgeführt hat. Basierend auf der Rezeptionshäufigkeit der Probanden differenziert Hardy drei Rezeptionstypen. Anschließend werden die Probanden gebeten, vorgelegtes, pornographisches Material entlang vorgegebener Fragen zu analysieren. Mit Blick auf die Decodierung des Materials werden Typen unterschiedlichen Differenzierungs- und Urteilsvermögen unterteilt.

3.2.7 Die Wirkungen der Pornographie

Wesentlich umfangreicher ist die Literaturlage zur Wirkungsforschung pornographischer Medienangebote, welche sich in Laborstudien mit psychologischem, soziopsychologischem oder psychophysiologischem Erkenntnisinteresse, Statistikvergleiche der Kriminalitätsstatistiken und Statistiken der Verfügbarkeit von Pornographie sowie psychoanalytische Reflexionen über die Wirkung pornographischer Inhalte auf einen idealtypischen Rezipienten differenzieren lässt.

Übersichten zu der Wirkungsforschung labor- und statistikbasierter Ausrichtung finden sich bspw. bei Ernst et al. (1975), Selg (1986), im Pornographie Report der Kommission für Obszönität und Pornographie (1970), im Final Report of the Attorney General's Commission on Pornography (1986), bei Donnerstein (1987), Lautmann & Schetsche (1990), Diamond (1999), Tovar et. al (1999), Rückert (2000), Muhr (2008). Eine Ausnahme der Wirkungsforschung kann in der Untersuchung von Ertel (1990) erblickt werden, deren umfangreiche psychophysiologische Untersuchung keine Laborstudie darstellt.

Ansätze psychoanalytischer Ausrichtung untersuchen, ausgehend von einem durch Siegmund Freud, Jacques Lacan oder Jessica Benjamin geprägten Sexualverständnis, pornographisches Material, das sie im Hinblick auf seine psychischen und unbewussten Wirkungen auf einen idealtypischen Rezipienten hin analysieren. Ein solches Vorgehen findet sich u.a. bei Stoller (1979), Segal (1993), Schorsch (1985), McClintock (1993), Gehrke (1985), Cowie (1993), Giddens (1992), Vinken (1997b), Koschorke (1997), Williams (1995).

3.2.8 Sonderaspekte der Pornographieforschung

Die reflexive wissenschaftliche Bezugnahme auf den bisherigen Forschungsstand der Pornographieforschung findet sich in einigen Untersuchungen, wobei insbesondere die Untersuchungen von Lautmann & Schetsche (1990), Selg (1986), Heuermann & Kuzina (1995), Zillmann (2004) und Muhr (2008) mit Blick auf die Wirkungsforschung selbstreferentiell bisherige Forschung in ihre Untersuchungen einfließen lassen oder zum Thema ihrer Arbeiten erheben. Wesentlich umfangreicher fällt der Rückgriff auf die bisherige Forschung mit entsprechend umfangreichen Thematisierungen der Pornographieforschung bei Faulstich (1994), Rückert (2000), Attwood (2002) und Flaßpöhler (2007) aus.

Während zahlreiche Studien eine Wechselwirkung zwischen der Pornographie und den sozialen sexuellen Standards in der Gesellschaft konstatieren und dem nachgehen, konzentrieren sich einige Untersuchungen explizit auf den Einfluss pornographischen Materials auf die Medienlandschaft. Dabei ist der Grundtenor dieser Ansätze, dass die sich wandelnde Sexualmoral, der Zwang zu einer Diskursivierung des Sexes und die Selbstrefentialität der Medien dazu beitragen, dass vermehrt pornographische Themen oder Darstellungskonventionen in nicht-pornographischen Medienangeboten aufgegriffen werden und nach eigenen Maßgaben verarbeitet werden, einen Vorgang, den McNair (1996), (2004) die Pornofikation der Gesellschaft nennt und den Williams (1993), (2004a) als on/scenity bezeichnet.

In Verbindung mit der Wirkungsforschung sowie den juristischen Auseinandersetzungen um pornographische Medienangebote können in der Anthologie zu der World Conference on Pornography (1999) zudem drei Essays von Green (1999), Fithian (1999) und Simon (1999) identifiziert werden, die die Funktion und die Bedeutung von Wissenschaftlern als befragte Experten in gerichtlichen Verfahren thematisieren.

Außerdem finden sich in der englischsprachigen Forschung vereinzelte Beiträge, die die Schwierigkeiten, Pornographieforschung an der Universität angemessen zu lehren, inhaltlich aufgreifen, so bei Williams (2004a), Ferguson (2004), Elwood-Akers (1999), Austin (1999) und Paul (1999). Dass diese Thematisierung der Pornographie als Problembereich wissenschaftlicher Lehre überhaupt zu finden ist, hängt mit dem differenten Stellenwert der Erforschung der Pornographie in den USA zusammen. Ausgehend von den feministischen Debatten, den sich daraus entwickelnden Gender Studies, den Cultural Studies sowie den Queer Theories hat sich der Bereich der Porn Studies[41] als eigenes Forschungsgebiet mit anerkannter Forschungsrelevanz an den amerikanischen Universitäten mittlerweile durchgesetzt. Insbesondere die Berkeley-Professorin Linda Williams hat mit ihrer Untersuchung über das pornographische Filmgenre (1995) die Pornographie als zunehmend respektablen Erkenntnisgegenstand etabliert. So schreibt sie in der 2004 herausgegebenen Anthologie „Porn Studies" (Williams 2004a: 5):

„Porn Studies differs from previous anthologies about pornography – including those that purport to legitimize its academic study – in its effort to take pornography seriously as an increasingly on/scene cultural form in the evaluation of who we are as a culture. It is serious about installing the critical and historical study of pornography in the academic curriculum."

---

[41] Interessanterweise haben sich zudem an mehreren amerikanischen Universitäten auch Studierende zusammengetan und eigene pornographische Magazine gegründet. Das von Harvard-Studenten gegründete Magazin *h bomb* hat insgesamt nur zwei Ausgaben hervorgebracht, ehe das Projekt aus finanziellen Gründen wieder aufgegeben wurde. Erfolgreicher ist bspw. das von Studenten der Bosten University gegründete Magazin *boink*, das „college sex by people having it" verspricht (www.get-boinked.com).

In Deutschland zeigt sich in den letzten Jahren ein auffallendes Desinteresse wissenschaftlicher Forschung an dem Erkenntnisgegenstand Pornographie, weshalb die Porn Studies und ihre Forschungsergebnisse bislang kaum Beachtung gefunden haben.

3.3 Diskursanalytische Operationalisierung

Die Viabilität dieser Diskursanalyse wird dadurch gewährleistet, dass ein systematisches, regelgeleitetes und planmäßiges Vorgehen angewandt wurde, das in den nachfolgenden Ausführungen transparent gemacht werden soll. Ergänzende Darstellungen im Anhang legen das komplette Archiv, die als diskursive Ereignisse fungierenden Diskursbeiträge sowie das finale Kategorienschema offen. Dieses Kategorienschema erweist sich als Resultat mehrerer Bearbeitungsdurchgänge der Materialbasis, in deren Verlauf eine große Vertrautheit mit den Diskursbeiträgen erwuchs. Andererseits bot die Flexibilität des Kategorienschemas auch immer wieder eine Distanzierung zum Archiv und neue Perspektivierungen des Archivs an.

Eine erste Sichtung der gewonnenen Materialbasis, welche ein Diskursarchiv bestehend aus 243 Diskursbeiträgen konstituiert, verweist auf eine ausgesprochen enge Verschränkung zwischen der Thematisierung der Pornographie als Medienangebot und der Analyse der Sexualität, welche Pornographie inszeniert. Zugleich offenbart ein Blick auf die verschiedenen, in einer Studie angeschnittenen Themenfelder, dass sich die einzelnen Untersuchungen aus zahlreichen Diskursfragmenten differenter Themen zusammensetzen. Eine analytische Trennung von Darstellung und Dargestelltem erfolgt in den Studien erst seit gut 20 Jahren. Dabei kann beobachtet werden, dass Beschreibung und Analyse der dargestellten Sexualität sehr häufig die Thematisierung der Pornographie als Medienangebot überlagern. Dies lässt es notwendig erscheinen, den wissenschaftlichen Diskurs über Sexualität zumindest in seinen Grundzügen nachvollziehen zu können. Wie Foucault (1983), aber auch Gagnon & Simon[42] (2005) überzeugend dargelegt haben, handelt es sich bei der Sexualität eben nicht um die natürlichste Sache der Welt, sondern um etwas sozial Erzeugtes: bei Foucault um ein Dispositiv, das die produktive Macht der Biopolitik an den

---

[42] „Sexual Conduct" ist erstmals 1973 erschienen und hat als eine der ersten Studien Sexualität als soziales Konstrukt im Rahmen eines soziologischen, dem symbolischen Interaktionismus verhafteten Modells vorgestellt und sich damit bewusst sowohl gegen das Triebmodell der Sexualität als auch gegen quantifizierende Ansätze des Kinsey Instituts positioniert. Eine nähere Vorstellung dieses Ansatzes erfolgt in Kap. 5.

menschlichen Körper bindet, ihn durchzieht, in und aus ihm heraus wirkt und ihn darin überhaupt erst schafft; bei Gagnon & Simon um ein komplexes Produkt kulturellen, interaktionistischen und intrapsychischen Scriptings.

Wenn Rückert also beklagt, dass sich der pornographische Wissenschaftsdiskurs maßgeblich durch eine „unzulässige Vermischung verschiedener Diskurse" auszeichnet, sollten diese Diskurse zunächst auch getrennt voneinander betrachtet werden (Rückert 2000: 109).

Davon ausgehend wird diskursanalytisch zwischen zwei Dimensionen bei der Analyse differenziert: Einerseits die Diskursfragmente, die Pornographie als Medienangebot thematisieren, und andererseits die Diskursfragmente, die auf eine Analyse der sexuellen Inhalte der Pornographie zielen. Wie bereits die exemplarische Aufschlüsselung einiger im Diskursstrang gefundener Definitionen der Pornographie in Kap. 3.1 skizziert hat, können fünf verschiedene Ebenen der Aussagefelder identifiziert werden, die Aussagen über das Mediensystem, die Medienvermittlung, die Medienwirkungen, den Wirklichkeitsbezug pornographischer Medienangebote und die Inhalte pornographischer Medienangebote tätigen. Hieraus wurde zunächst ein grob gegliedertes Kategorienschema erstellt, das eine fokussierte und gezielte zweite Durchsicht des Diskursarchivs ermöglichte.

In der zweiten Durchsicht des Archivs wurde das Kategorienschema in einer ständigen Auseinandersetzung mit dem Textmaterial erprobt und entsprechend der Spezifika der Diskursfragmente modifiziert. In diesem zweiten Durchgang zur Ausarbeitung des Kategorienschemas fielen dann auch die Verstrickungen und Verschränkungen des wissenschaftlichen Pornographiediskurses mit dem Spezialdiskurs über Sexualität ins Auge, die an zentralen thematischen Verknüpfungspunkten wie dem Sexualkörper oder dem Geschlecht einen Raum der Diskursverschränkungen konstituieren.

Daher wurden in einem nächsten Arbeitsschritt neben den fünf Aussagefeldern in dem Pornographiediskurs auch dessen Referenzen auf das in ihm zugrunde gelegte Sexualitätsverständnis in den Analyseprozess einbezogen. So konnte nachvollzogen werden, dass die Kategorien zum Verständnis und der Interpretation von Sexualität über die selbstreferentielle Verschränkung wissenschaftlicher Diskurse in den Pornographiediskurs injiziert werden. Die Referenzen durch direkte oder indirekte Zitation des Sexualitätsdiskurses fungieren als beständiges Hintergrundrauschen des Pornographiediskurses. Die systematische Bearbeitung dieses Hintergrundrauschens mittels einer Strukturierung und Aufschlüsselung in Rahmungen führte zu weiteren Modifikationen an dem Kategorienschema, mit dem der Pornographiediskurs analysiert wurde. Während einige der Hauptthemen des Pornographiediskurses schon bei der ersten Durchsicht des Archivs offensichtlich waren, sensibilisierte erst die Aufbereitung des Hintergrundrauschens für versteckte Verschränkungspunkte wie die Verbindung zwischen Pornographie und der Wahrheit eines sexuellen Phantasmas. Diese fortwährende Flexibilität des Kategorienschemas gewährleistete nicht nur eine systematische Textbearbeitung, zugleich haben die Komplexe der Unterthemen rund um die Kategorien der Hauptthemen entsprechend der qualitativen Ausrichtung der KD keinen Anspruch auf Vollständigkeit erhoben und konnten daher während des Analyseprozesses um neue Facetten ergänzt werden.

Jäger (2004; 2006; 2007) folgend wurde die Feinanalyse entsprechend des Erkenntnisinteresses modifiziert. Aufgrund der Komplexität und des Umfangs des Archivs fokussiert das entwickelte Untersuchungsinstrumentarium einen inhaltlich-strukturalistischen Textzugang und verzichtet auf eine linguistische Feinanalyse im Sinne einer rhetorisch-sprachlichen Untersuchung[43]. Stattdessen wurden in der Feinanalyse die Diskursbeiträge einer inhaltlich-strukturalistischen Analyse unterzogen, die als diskursive Ereignisse[44] des Pornographiediskurses in den ersten beiden Bearbeitungsdurchgängen der Strukturanalyse identifiziert werden konnten. Diese 20 Diskursbeiträge erhielten somit in der finalen Ausarbeitung des Kategorienschemas eine besonders herausragende Position und können als Orientierungspunkte im Fluss des Spezialdiskurses über Pornographie angesehen werden. Ziel der Feinanalyse war es, die zentralen Hauptthemenfelder und ihre Verschränkung durch Unterthemen zumindest idealkategorisch aufzubrechen und so die thematischen Kategorien und Aussagefelder für die Hauptthemen erstellen zu können. Daraus erwuchs eine letzte Modifikation des Kategorienschemas[45]. Das Kategorienschema impliziert in seiner finalen Form neben den Diskursreferenzen auf den Pornographiediskurs und auf den Sexualitätsdiskurs die Differenzierung zwischen Dis-

---

[43] Verschiebt sich das Erkenntnisinteresse, so macht eine linguistische Feinanalyse durchaus Sinn. Eine diskursanalytische Untersuchung mit dem Fokus allein auf die Entwicklung der feministischen Position, ihre Differenzierung zweier Diskursgemeinschaften und die Aufschlüsselung ihrer Diskurspositionen in der feministischen Bewegung könnte beispielsweise Strategien der Persuasionsabsicht mit einer linguistischen Feinanalyse aufzeigen. Doch für das Aufzeigen der synchronen Dimension des Pornographiediskurses in der Wissenschaft kann auf eine solche verzichtet werden, ohne Erkenntnisverluste befürchten zu müssen.

[44] Die diachrone Übersicht der 20 als diskursive Ereignisse fungierenden Publikationen findet sich im Anhang. Dabei wurde die Setzung vorgenommen, dass eine Publikation dann als diskursives Ereignis fungiert, wenn sie in mindestens fünfzehn folgenden Publikationen direkt oder indirekt zitiert wurde und/oder eine Veränderung oder Verschiebung der Diskursverschränkungen begründet. Während Williams (1995) z.B. beide Kriterien für ein diskursives Ereignis erfüllt, kann Faulstich (1994) lediglich das letztere Kriterium erfüllen, da sein deutschsprachiger Diskursbeitrag ausschließlich in den deutschsprachigen Publikationen aufgegriffen wird. Die originär deutschsprachigen Untersuchungen konstituieren allerdings angesichts der Dominanz der englischsprachigen Porn Studies nur einen geringen Umfang in dem Diskursarchiv.

[45] Auf eine Darstellung des finalen Kategorienschemas wird an dieser Stelle zugunsten der Lesbarkeit verzichtet, diese kann stattdessen dem Anhang entnommen werden.

kursfragmenten mit Medienausrichtung (Darstellungsdimension) und denen mit Inhaltsausrichtung (Verschränkungsdimension). Die Diskursfragmente mit Medienausrichtung setzen sich aus drei Hauptthemen der Aussagefelder zusammen, wobei Legitimationsaussagen, Geschichtsaussagen und medienspezifische Aussagen unterschieden werden. Daneben gliedern sich die Diskursfragmente mit dem Fokus auf den Inhalt in elf Hauptthemen, die mittels der Oberkategorien Reglementierung, Körper, Transgression, Geschlecht, Wirkung, Identität, Kommerzialisierung, Grenzsetzung, strukturelle Kopplung und Pornofikation verschiedene Aussagefelder zu Unterthemen aufschlagen. Die Aussagenfelder der Unterthemen verbinden sich durch assoziative Wortketten einer thematischen Ausrichtung.

Exemplarisch sei an dieser Stelle die Kategorisierung von Diskursfragmenten in der Darstellungsdimension zum Hauptthemenfeld Medienangebot Film erörtert. Dort wurden insgesamt acht Aussagefelder aufgeschlüsselt, die Unterthemen konstituieren. Sechs dieser Unterthemen unterteilen sich weiter in inhaltlich-strukturalistische Assoziationsketten untergeordneter Aussagefelder. Zwei dieser Unterthemen nahmen als offene Kategorien die den wissenschaftlichen Publikationen zugrundeliegende filmische Pornographie auf:

1. Analysezugang 2. Ursprungsetzung 3. Zensurbestimmungen 4. Medienspezifik 5. Funktionen 6. Inhalte 7. genannte und/oder untersuchte pornographische Filmbeispiele 8. genannte und/oder untersuchte Produzenten pornographischer Filme

Das Unterthema Medienspezifik pornographischer Filme umfasst nun wiederum zahlreiche untergeordneten Themenketten, von denen an dieser Stelle exemplarisch die Rezeptionssituation herausgegriffen sei. So ergab das Unterthema Rezeptionssituation eine thematisch ausgerichtete Aussagenkette, die entweder auf die Örtlichkeit oder auf besondere Bedingungen der Rezeption zielt:

Rezeptionssituation: in niederen Bordellen, Bordelle Luxusausrichtung, Mittelschichten-Bordelle, in Herrenclubs, in Studentenclubs, in Kinos, Sex-Shop, Labor, zuhause, homosozial, gemischtgeschlechtlich, domestiziert, öffentlich, privat, legal, illegal

So erfasst das finale Kategorienschema in der Darstellungsdimension zu den Aussagefeldern Legitimation, Geschichte und spezifisches Medienangebot 14 Hauptthemen mit 71 übergeordneten Unterthemen und in der Verschränkungsdimension 11 Hauptthemen mit 47 übergeordneten Unterthemen. Diese übergeordneten Unternehmen konstituieren selbst einen Bereich der seines Zeichens von miteinander verwobenen Unterthemen durchzogen ist. In einer abschließenden Durchsicht aller 243 Diskursbeiträge wurden diese auf das Kategorienschema hin aufgeschlüsselt, um die Struktur des Spezialdiskurses über Pornographie nachzeichnen zu können und somit eine umfassende Übersicht über seine synchrone Dimension zu gewinnen. Dabei wurde stets das forschungsleitende Interesse im Hinterkopf behalten, geeignete Anschlussoptionen kommunikationswissenschaftlicher Forschung aufzudecken. In dieser abschließenden thematischen Strukturierung traten die zentralen Themen und Relevanzen des analysierten Diskursstrangs hervor.

Angesichts der ungeheuren Dominanz der Porn Studies und der Beschränkung deutscher Beiträge auf verhältnismäßig wenige Studien wird auf eine Untersuchung und Verortung der Autoren und Autorengruppen im Wissenschaftssystem verzichtet und der Diskurs abstrahiert von den ihn verfassenden Personen[46] betrachtet. Dies lässt eine gesonderte Aufschlüsselung der Diskurspositionen obsolet werden. Dennoch können mit Blick auf die Diskursverschränkungen innerhalb des Pornographiediskurses verschiedene Diskursgemeinschaften gefunden werden, die sich durch einen gemeinsamen thematischen Interpretationszugang auszeichnen. Obgleich insbesondere der feministische Diskurs über Pornographie aus heutiger Sicht seitens der kulturfeministischen Diskursgemeinschaft nur wenig wissenschaftliche Distanz zum Erkenntnisgegenstand und eine ausgesprochen selektive Kenntnisnahme der wissenschaftlichen Publikationen zum Thema erkennen lässt, wird er in dieser Studie der Wissenschaft zugeschlagen, da er in die amerikanischen Women's Studies eingebunden war, erheblich zu Konstituierung der Gender Studies beigetragen hat sowie durch die Lenkung wissenschaftlicher Aufmerksamkeit einen großen Teil der wissenschaftlichen Forschung überhaupt erst angestoßen hat[47].

3.4 Die Struktur des wissenschaftlichen Diskurses über Pornographie

Festzuhalten bleibt zunächst, dass die Geschichte einer eigenständigen Pornographieforschung[48] erst in den 1960er Jahren mit der gerichtlichen Lockerung

---

[46] Das steht sowohl in Einklang mit der Betonung der Autorenfunktion bei Foucault als auch mit der Abstraktion vom Aktanten bei der Betrachtung von Kommunikationsaggregaten bei Schmidt.

[47] Sehr deutlich expliziert Williams, dass sie als bekennende Feministin mit durch die feministische Diskussion geprägten Vorurteilen an den Untersuchungsgegenstand der filmischen Pornographie herangetreten sei, um dann in der ernsthaften Auseinandersetzung mit der filmischen Pornographie feststellen zu müssen, dass Pornographie statt eines eindeutigen Texts der Verdinglichung der Frau einen Text voller Widersprüche liefert (Williams 1995: 7 f).

[48] Davon abzugrenzen sind die Untersuchungen der ersten Sexologen, die vermittels der vorliegenden Pornographie am Ende des 19. Jahrhunderts der Erforschung bestimmter sexueller Abweichungen nachgegangen sind. Aus diesem Grund standen der Marquis de Sade für den Sadismus und Leopold von Sacher-Masoch für den Masochismus Namenspate. Von der Pornographie

der Zensur literarischer Pornographie beginnt und bis heute fortwährt. Ausgehend von dem zugrunde gelegten Interesse, die Pornographieforschung für die Kommunikationswissenschaft anschlussfähig zu machen, engt sich die hier untersuchte Diskursebene auf die Spezialdiskurse der Wissenschaft ein. Infolge einer ersten Sichtung der Studien über Pornographie wird erkennbar, dass in der einen oder anderen Weise alle Studien Bezug auf die durch die Pornographie dargestellte Sexualität nehmen. Daher muss mit Faulstich (1994) davon ausgegangen werden, dass zwischen der Pornographie als Darstellung, der Sexualität als Dargestelltem und den Diskursen über Pornographie grundsätzlich unterschieden werden muss.

Weil es gerade das Thema der Pornographie ist, Sexualität darzustellen, konstituiert sich der wissenschaftliche Diskurs über Pornographie entlang einer Diskursverschränkung der Spezialdiskurse über Pornographie und über Sexualität. Der Spezialdiskurs über Pornographie impliziert einerseits Diskursfragmente, die Pornographie als Medienangebot thematisieren. Andererseits können Diskursfragmente identifiziert werden, die sich vornehmlich mit der in der Pornographie dargestellten Sexualität auseinandersetzen. Diese Aussagenfelder, die die dargestellte Sexualität anvisieren, werden in wissenschaftlicher Selbstreferentialität durch den Spezialdiskurs über Sexualität gestützt. Dieses Hintergrundrauschen des wissenschaftlichen Sexualitätsdiskurses ergibt sich aus der Vorgabe von Interpretationskategorien, die von den Autoren des Pornographiediskurses bei der Interpretation der dargestellten Sexualität ausgewählt und in den Spezialdiskurs über Pornographie injiziert werden. Daher können diskursanalytisch drei Dimensionen des Pornographiediskurses differenziert werden: die Darstellungsdimension pornographischer Medienangebote, die Inhaltsdimension des Hintergrundrauschens des Sexualitätsdiskurses und die Verschränkungsdimension, die die Inhalte der Pornographie interpretiert. Der jeweilige Schwerpunkt eines Archivbeitrags kann in Abhängigkeit von seinen Diskursfragmenten mal zu dem einen, ein anderes Mal zu dem anderen Diskursstrang tendieren.

---

ausgehend wurde eine Art Agenda-Setting vorgegeben. Böhme geht gar soweit, die literarischen Schriften der Pornographen als Fundament der Sexualwissenschaft anzusehen, weil sie den ersten Sexualwissenschaftlern nicht nur die inhaltlichen Auseinandersetzungen mit sexuellen Abweichungen von einer implizierten Norm ermöglichten, sondern der Sexualität überhaupt eine Sprache verliehen. Erst die pornographische Diskursivierung durch die „Gründungsväter" Sade, Sacher-Masoch, den anonymen Walter, Casanova, Don Juan u.a. hat die Sprache der Sexualität freigelegt, auf der dann die Diskursivierung des Sexes vorangetrieben werden konnte (vgl. Böhme 2006: 375 ff).

Tab. 2: Dimensionen des wissenschaftlichen Pornographiediskurses und Aussagefelder

Wissenschaftlicher Diskurs über Pornographie	Darstellungsdimension mit dem Fokus auf der Medienvermittlung	- Aussagen bezüglich der Legitimation der Analyse pornographischer Medienangebote - Aussagen über die Geschichte der Pornographie als eine medienvermittelte Gattung - Aussagen mit dem zentralen Fokus auf die Medienspezifik eines spezifischen pornographischen Medienangebots
	Verschränkungs-Dimension mit dem Fokus auf der Interpretation der dargestellten Sexualität	- Aussagen über die Zensur pornographischer Medienangebote vor dem Hintergrund der Regulation der Sexualität - Aussagen über pornographische Inhalte mit dem Blick auf die Inszenierung des sexuellen Körpers - Aussagen über das subversive Potential der Pornographie durch die Transgression von Normen - Aussagen über den Zusammenhang von Pornographie und Geschlecht - Aussagen über die Wirkungen pornographischer Medienangebote auf den sexuellen Rezipienten - Aussagen über die Pornographie als Darstellungsform sexueller Identität - Aussagen über die Kommerzialisierung der Sexualität in der Pornographie - Aussagen über den Zusammenhang pornographischer Darstellung und sexueller Phantasmen - Aussagen über die Differenzierungen pornographischer Medienangebote gegenüber anderen Medienangeboten sexuellen Inhalts - Aussagen über die Pornographie als strukturelle Kopplung des Mediensystems und des Sexualitätssystems - Aussagen über die Pornofikation der Gesellschaft

Wissenschaftlicher Diskurs über Sexualität	Inhaltsdimension mit der Vorgabe von Kategorien für die Interpretation der Sexualität	- Aussagen der evolutionären Rahmung - Aussagen der medizinisch-anatomischen Rahmung - Aussagen der mythodologischen Rahmung - Aussagen der theologisch-metaphysischen Rahmung - Aussagen der Genderrahmung - Aussagen der psychologischen Rahmung - Aussagen der soziokulturellen Rahmung - Aussagen der systemtheoretischen Rahmung - Aussagen zum Konnex Sexualität und Macht

Mit Blick auf die Darstellungsdimension des Pornographiediskurses können drei große Aussagenfelder identifiziert werden: Legitimation der Pornographie als Erkenntnisgegenstand, die Geschichte der Pornographie sowie die Aufschlüsselung und Charakterisierung einzelner pornographischer Medienangebote.

Der über direkte und indirekte Zitation sowie wissenschaftliche Referenzen eingelassene Diskursstrang des Spezialdiskurses über Sexualität erweist sich als ausgesprochen komplex und vielschichtig angesichts einer schier unbegrenzten Obsession der Diskursivierung des Sexes in den westlichen Gesellschaften, die auch vor den Wissenschaften nicht halt macht (u.a. McNair 2002, Sigusch 2005, Williams 1993). Aus diesem Grund wurde unter Heranziehung einer soziologischen Perspektive eine Differenzierung in verschiedene diskursive Rahmungen vorgenommen. Unterschieden werden demnach die evolutionäre, die theologisch-metaphysische, die mythologische, die medizinisch-anatomische, die geschlechtliche, die psychologische, die soziokulturelle sowie die systemtheoretische Rahmung. Eine nähere Betrachtung der unterschiedlichen Rahmungen bringt zu Tage, dass zwei Paradigmen in der Diskursivierung der Sexualität identifiziert werden können. Das eine Paradigma schreibt der Sexualität eine sie determinierende Essenz ein, während ein konstruktivistisches Paradigma die Sexualität als das Resultat soziokultureller Konstruktionsprozesse thematisiert. Als zentrale Verknüpfung der verschiedenen Rahmungen tritt in der Perspektive konstruktivistischer Ansätze immer wieder die Verbindung von Sexualität und Macht als Thema hervor. Diese Rahmungen sowie der Konnex von Macht und Sexualität des wissenschaftlichen Sexualitätsdiskurses offeriert Interpretationskategorien, die in dem Pornographiediskurs zur Interpretation der pornographischen Sexualität herangezogen werden.

Diese Interpretationskategorien geben die Verknüpfungspunkte der beiden Spezialdiskurse über Pornographie und über Sexualität ab und konstituieren den Raum der Diskursverschränkung. In dem Pornographiediskurs können Diskursverschränkungen mit Aussagefeldern zu den folgenden Hauptthemen identifiziert werden:

-   Regulation der Sexualität und Zensur der Pornographie
-   Der sexuelle Körper und seine Inszenierung in der Pornographie
-   Sexualmoral und das transgressive Potential der Pornographie
-   Darstellung der Sexualität in der Kunst und Darstellung der Sexualität in der Pornographie
-   Sexuelle Geschlechtlichkeit und das Geschlechterverhältnis in der Pornographie
-   Sexualtrieb, sexuelle Bedürfnisse und die Wirkungen der Pornographie
-   Kommerzialisierung der Sexualität und Pornographie im Kapitalismus
-   Sexuelle Identität und Pornographie als Option des Selbstausdrucks
-   Wille zum Wissen und Pornographie als Wahrheit eines sexuellen Phantasmas
-   Sexualitätssystem und Pornographie als strukturelle Kopplung
-   Sexualität und Pornographie in der postmodernen Gesellschaft

Als diskursive Ereignisse fungieren in dieser Diskursverschränkung entweder diskursinterne einzelne Publikationen wie die Veröffentlichungen von Dworkin (1987), Kendrick (1996), Williams (1995) oder Faulstich (1994), die eine Veränderung oder Verschiebung der Diskursverschränkung bewirken oder diskursexterne Ereignisse wie die PorNO-Kampagne der EMMA. Während die Diskurspositionen der Autoren ausgeklammert sind, treten allerdings in der Diskursverschränkung mit Blick auf die Geschlechterdiskussion zwei feministische Diskursgemeinschaften und eine psychoanalytische Diskursgemeinschaft sowie im Hinblick auf die aggressionsfördernden Wirkungen der Pornographie eine psychologisch-empirische Diskursgemeinschaft hervor. Ansonsten zeichnet sich die diskursive Verschränkung der beiden Diskursstränge in der Verschränkungsdimension gerade durch die Heterogenität ihrer Ansätze aus.

Die Ergebnisse der Diskursanalyse werden nun nachfolgend entsprechend der drei zu differenzierenden Dimensionen vorgestellt. Aus diesem Grund wird in Kap. 4 die Betrachtung des Spezialdiskurses über Pornographie zunächst auf die Diskursfragmente beschränkt, die weitgehend unabhängig von den sexuellen Inhalten Aussagen über die pornographischen Medienangebote tätigen.

Daran schließt sich in Kap. 5 eine Erörterung der wissenschaftlichen Untersuchungen zur Sexualität an, die über die direkte und/oder indirekte Zitation sowie den Referenzverweis im Literaturverzeichnis das Hintergrundrauschen des Pornographiediskurses konstituieren, um Aufschluss darüber zu erhalten, welche dargestellten Aspekte des sexuellen Inhalts überhaupt in das Sichtbarkeitsfeld des Wissenschaftsdiskurses über Pornographie rücken können.

An die Vorstellung der Interpretationskategorien schließt die Darlegung der Verschränkungsdimension in Kap. 6 an. Elf Hauptthemen geben dort die Verschränkungspunkte zwischen Pornographie- und Sexualitätsdiskurs an.

In Kap. 7 werden dann die Ergebnisse der Diskursanalyse noch einmal systematisiert und auf den Punkt gebracht, um die eingangs gestellte Frage danach beantworten zu können, was in dem wissenschaftlichen Diskurs über Pornographie weshalb sagbar ist.

Abschließend werden Anschlüsse kommunikationswissenschaftlicher Forschungsoptionen an die Sagbarkeitsfelder sowie Potenziale für das Aufschlagen neuer Sagbarkeitsfelder ins Auge gefasst.

3.5 Begriffsklärungen

Doch vor der Vorstellung der Untersuchungsergebnisse erscheint es unerlässlich, das Arbeitsverständnis zentraler Begriffe festzulegen:

Die Verwendung des Begriffs Medium rekurriert auf den Schmidtschen Medienkompaktbegriff, der die vier Komponenten Kommunikationsinstrumente, technische Mediendispositive, Medienorganisationen und Medienangebote vereint. Kommunikationsinstrumente stellen die Zeichen kommunikativer Materialität sui generis dar und umfassen die natürlichen Sprachen und Geräusche, aber auch die Zeichen nonverbaler Kommunikation wie Gesten und Gebärden. Technische Mediendispositive bezeichnen die unterschiedlichen Medientechniken, die für die Herstellung, die Distribution und die Rezeption der Medienangebote benötigt werden. Außerdem impliziert dieses Medienverständnis die institutionellen Organisationen, die die Medientechnik einsetzen, verwalten, finanzieren, sie politisch und juristisch vertreten. Danach führt jedes einzelne Medienangebot als ein Prozessresultat diese drei Faktoren mit sich und kann entsprechend nicht als unabhängige Entität betrachtet werden. Ein Medienangebot kann nur dann in seiner ganzen Bandbreite verstanden werden, wenn diese vier Komponenten in ihrem systemischen Zusammenwirken betrachtet werden, welches das jeweilige Mediensystem bildet. In der Medienevolution haben die einzelnen Komponenten der Medien eigene kulturelle Programme entwickelt, die dynamisch an die Wandlungen dieser Medienkomponenten gebunden sind (vgl. Schmidt & Zurstiege 2007: 63 ff).

Die Schwierigkeiten, Pornographie zu definieren, binden sich u.a. an die Schwierigkeiten, die dargestellte Sexualität selbst richtig zu fassen. Als gebräuchlicher Begriff ist Sexualität nicht viel älter als der Begriff der Pornographie und findet ausgehend von der Biologie und der Zoologie im 19. Jahrhundert seinen Weg in den Sprachgebrauch (vgl. Runkel 2003: 6). So findet sich bei Runkel:

> „Sexualität ist vielschichtig angelegt. Sie kann eine Leistung, einen Akt, eine Beschmutzung, einen Ausdruck von Liebe, ein Gefühl, ein Spiel, eine Geschlechtlichkeit, ein Hormon, ein Hobby, ein medizinisches Problem, eine Pathologie, ein Schauspiel, eine Selbstdarstellung, eine Perversion, einen Besitz, eine Therapie, eine Methode der Grenzüberschreitung, eine Form von Arbeit, Gewalt oder Krieg bedeuten. Der Begriff ‚Sexualität' bezeichnet im engeren Sinne den Inbegriff sexueller Handlungen, die mit genitaler Stimulation und Kopulation verbunden werden."   (Runkel 2003: 6)

Diese Ausführung verweist eindeutig auf die Vielschichtigkeit des Begriffs der Sexualität, aber auch auf unser westliches Verständnis der Sexualität, wenn sich der Begriff im engeren Sinne an die „genitale Stimulation und Kopulation" bindet und diese dann wiederum als sexuell zu kennzeichnen ist, ein selbstreferentieller Zirkelschluss. Niklas Luhmann (1989) hat darauf hingewiesen, dass Sexualität für die unterschiedlichen Systeme jeweils sehr differente Bedeutungen annimmt, während Lewandowski (2003) eben jenen selbstreferentiellen Zirkelschluss zum Ausgangspunkt seiner Überlegungen nimmt, Sexualität in der Gesellschaft als ein sich zunehmend ausdifferenzierendes Sozialsystem zu begreifen. Foucault (1983) differenziert zwischen dem Sex und der Sexualität. Während der Sex als Basis der Sexualität nur wenig erläutert wird, versteht er die Sexualität als Resultat einer Politik des Sexes, ein Machtdispositiv, das die Macht den Körper durchziehen und durchdringen lässt. Diese kurzen Erläuterungen legen offen, dass Sexualität alles andere als selbstevident ist.

Da der Zugang zu der Sexualität in dieser Studie grundlegend soziologisch fundiert ist, wird nachfolgend in Anlehnung an Gagnon & Simon (2005) und Schmidt (2005) Sexualität als semantische Kategorie verstanden. Die Konkretisierung und semantische Differenzbildung der Sexualität erfolgt als Prozessresultat des Grundmechanismus von Setzung und Voraussetzung, in dem die Wirkungszusammenhänge von Wirklichkeitsmodell&Kulturprogramm, Geschichten&Diskurse sowie dem subjektspezifischen Wirkungszusammenhang von Kognition&Emotion[49] die Sexualität konstituieren. Dies ermöglicht einerseits,

---

[49] An dieser Stelle wird in Anlehnung an Schmidt (2005) von einem an den Aktantenkörper gebundenen Wirkungszusammenhang von Kognition&Emotion ausgegangen. Schmidt setzt in diesen Wirkungszusammenhang auch die Bereiche der Moral und der Empraxis. Aber anders als in dem Schmidtschen Theorieentwurf wird an dieser Stelle Foucault folgend die Moral als Dis-

das weitgehend kulturspezifisch verbindliche Verständnis der Sexualität nachzuvollziehen, das grundlegend zeit- und raumgebunden ist, während es andererseits aber auch individuellen Spielraum eröffnet, angesichts der Erlebnis- und
Verständniswelt von Kognition&Emotion im Kontext von Geschichten&Dis-
kursen deviante, abweichende oder neue sexuelle Phantasien und Verhaltensweisen hervorzubringen.

An dieses Sexualitätsverständnis anlehnend kann als Arbeitsdefinition der Pornographie gelten: *Unter Pornographie wird nachfolgend das medienvermittelte
Genre der Inszenierung sexueller Phantasien verstanden.*

Diese Definition impliziert, dass es sich bei der Pornographie[50] um eine Me-
diengattung handelt, die sich als eine solche durch die Verbindung ihrer Refe-
renzmodalität, ihres thematisierten Wirklichkeitsbereichs und ihrer Ästhetik und
Stilistik von anderen Mediengattungen unterscheidet. Auch die pornographische
Mediengattung orientiert damit Erwartungen von Rezipienten und Produzenten
(Schmidt & Weischenberg 1994). Als Inszenierung sexueller Phantasien zeichnet sich die Pornographie durch ihre Fiktionalität und ihre Beschränkung auf die
Sexualität[51] als zentrales Thema aus. Ästhetik und Stilistik ergeben sich durch
die Fokussierung auf das Sexuelle, wobei Pornographie als thematisch zusam-
mengehaltenes Genre entlang sexueller Phantasien zahlreiche Subgenres bildet
und diese in mitunter sehr unterschiedliche Medienangebote übersetzt.

Die Betonung der sexuell phantastischen Darstellung statt einer expliziten Darstellung des Sexuellen soll deutlich machen, dass von einer Differenzierung

---

kurs- und Machtprodukt angesehen. Empraxis erweist sich als kognitive Vermittlung zweier
Relationen, der Relation zum Selbst und der Bezugnahme zu einer Situation, einem Gegenstand,
einer Person etc. und wird damit als Relation der Relationierung der Kognition zugeschlagen.
Grundlegend wird davon ausgegangen, dass das „Universum des Diskurses" die Matrix stellt,
„aus dem sich die verschiedenen kognitiven und emotiven Elemente herleiten" (Lautmann 2002:
286).

[50] Damit wird eine semantische Setzung vorgenommen, die die Pornographie anders als bspw.
Pastötter (2003) gerade nicht als spezifisch westliche Kategorie juristischer und ästhetischer
Bedeutung auffasst, sondern als die Fülle aller Darstellungen sexueller Phantasie in allen Kulturen
und zu allen Zeiten. Das entreißt den Begriff seiner westlichen Konnotation und setzt ihn neutral
als eine semantische Kategorie, die kulturspezifisch semantisch differenziert werden muss.

[51] Wobei auch der sexuellen Phantasie die grundsätzliche Bindung des Sexuellen an das Nicht-
Sexuelle inhärent ist. Die tierische Sexualität und damit die Vorstellung eines rein Sexuellen
bleiben dem Menschen durch seine Sozialisation in der Gesellschaft verwehrt. Denn trotz der
Konstatierung der Selbstreferentialität des Sexuellen ist auch diese stets mit einer sozialen Bedeutung konnotiert und es kann mit Simon (1996) grundsätzlich immer gefragt werden, was sexuell
am Nicht-Sexuellen und was nicht-sexuell am Sexuellen ist. Man könnte auch sagen, dass jede
sexuelle Erfahrung stets schon in den Mechanismus von Setzung und Voraussetzung eingebettet
ist, der eine voraussetzungslose Reinheit sexueller Erfahrung verunmöglicht. Damit wird zugleich
auch die Vorstellung einer Pornographie des rein Sexuellen negiert, die sich frei von jeder sozialen Bedeutungsimplikation darstellt.

zwischen erotischen bzw. sexuellen und pornographischen Medienangeboten aufgrund von Darstellungsmodalitäten Abstand genommen wird. Erotische[52] und sexuelle[53] Inszenierungen werden demnach dem Genre untergeordnet, sofern die Darstellung wie auch immer sexuell konnotiert ist gemäß dem oben vorgestellten Verständnis von Sexualität. So wären nach diesem Verständnis bspw. die im Nachtprogramm von Sendern wie DSF oder 9Live ausgestrahlten erotischen Clips der Pornographie zuzuschlagen, während die Darstellung eines nackten Körpers in einer cineastischen Saunaszene wohl der individuellen sexuellen Phantasie entsprechen und damit individuell pornographisch gewertet werden kann, im allgemeinen heutigen kulturellen Kontext wird eine solche Szene aber nicht sexuell konnotiert und entsprechend nicht als pornographisch attribuiert. Erotische Darstellungen formen demnach ein Subgenre der Pornographie[54]. Die Definition der Pornographie als Genre eröffnet auch ein Verständnis für den selbstreferentiellen Umgang mit Mediengattungen seitens der Produzenten im Mediensystem, die in Medienangebote anderer Genres pornographische Elemente zu unterschiedlichen Zwecken implementieren können. Das löst die Pornographie von der in anderen Definitionen häufig zu findenden Bindung an die Intention der Produzenten, die auf ökonomische Gewinnmaximierung reduziert wird, und an die Intention der Rezeption, die in der Pornographie vornehmlich einen sexuellen Stimulans erblickt.

Dies ermöglicht es aber auch, pornographisch sehr spezialisierte Medienangebote wie die visuelle Feeder-Pornographie[55] oder Smoker-Pornographie[56] der

---

[52] In Anlehnung an Octavio Paz (1997) und George Bataille (1994) wird die erotische Zeichnung des Sexuellen durch inhaltlich-semantische Differenzierungen der Sexualität erreicht. So schreibt Paz (1997: 12): „Das Urfeuer, die Sexualität, weckt die rote Flamme der Erotik, und diese nährt eine weitere Flamme, die blau und flackernd sich erhebt: die Liebe. Erotik und Liebe: die doppelte Flamme des Lebens."

[53] Statt die sexuelle Darstellung, die den sexuellen Akt entweder nur vortäuscht oder in distanzierten Perspektiven darstellt, als eigenes Genre zu fassen wie bspw. Faulstich (1994) oder Eckert et. al. (1990), wird darauf hingewiesen, dass eine solche Unterscheidung nur im Kontext visueller Pornographie sinnvoll erscheint. Da die Pornographie jedoch als ein medienübergreifendes Genre verstanden wird, wird eine solche Unterscheidung abgelehnt und auf die Differenzierung zwischen Softcore- Pornographie und Hardcore-Pornographie verwiesen, die sich am Grad der Explizitheit bemisst. Mit McNair (1996) bleibt festzustellen, dass auch die Explizitheit immer ein subjektives und historisch kontingentes Konzept darstellt.

[54] Es finden sich durchaus einige Versuche, Pornographie und Erotika voneinander abzugrenzen, wobei diese Differenz mal entlang des Grads der Explizitheit, der Art der Darstellung der menschlichen Bezüge oder entlang der stilistischen Qualitäten gezogen wird.

[55] Die „Feeder-Pornographie" stellt eine Sonderform der Pornographie der Fettleibigkeit dar. In erster Linie werden hier in den Filmen, Magazinen, Artikeln und literarischen Geschichten vornehmlich fettleibige Frauen beim exzessiven Essen dargestellt oder sie von ihren Feedern gefüttert. Die Frauen können nackt oder in Reizwäsche gekleidet sein, müssen es aber nicht und Ge-

Pornographie zuzurechnen. Diese decken sich auf den ersten Blick kaum mit dem gängigen Verständnis der Pornographie, da sie nur in einem speziellen Milieu sexuell konnotiert sind. An diesen Beispielen wird ersichtlich, dass Pornographie aufgrund der phantastischen Komponente auch immer eine Attribuierungsleistung[57] des Rezipienten impliziert. Dennoch stehen auch sexuelle Phantasien nicht in einem Vakuum der sexuellen phantasmatischen Kreativität der Subjekte, sondern sind nach dem hier vorliegenden Verständnis ebenso wie das Subjekt eingebunden in die drei für die Sexualität relevanten Wirkungszusammenhänge.

Im Anschluss an diese Definition der Pornographie werden nachfolgend die Ergebnisse der Diskursanalyse des wissenschaftlichen Diskurses über Pornographie vorgestellt, wobei wie bereits ausgeführt grundlegend zwischen drei Diskursdimensionen unterschieden wird:

- Darstellungsdimension des wissenschaftlichen Pornographiediskurses mit Blick auf das medienvermittelte Genre

- Inhaltsdimension in der Konzentration auf den wissenschaftlichen Sexualitätsdiskurs als Hintergrundrauschen des Pornographiediskurses

- Verschränkungsdimension unter Berücksichtigung der Vermittlungsversuche zwischen der Darstellungsdimension und der Inhaltsdimension in dem Pornographiediskurs.

---

schlechtsverkehr findet nicht statt. Das Essen und das Füttern werden hier sexuell konnotiert (vgl. Kipnis 2007) (hierzu z.B. www.feeder.co.uk)

[56] Hierbei handelt es sich um ein Subgenre, das in erster Linie das Rauchen entweder für sich selbst stehend oder in Kombination mit Mainstream-Pornographie sexuell konnotiert. (hierzu z.B. www.dirtysmokers.org oder www.smokingfetishfilms.com)

[57] Damit wird der Forderung von Hite (1999: 552) Rechnung getragen, dass Pornographie als eine komplexe „constellation of interrelations" zwischen Pornographie und Rezipienten neu zu konzeptionalisieren sein soll.

4. Die Darstellungsdimension: Das medienvermittelte Genre der Inszenierung pornographischer Phantasie

Die in dem wissenschaftlichen Diskurs über Pornographie gefundenen Aussagen der Darstellungsdimension ankern grundsätzlich in der Mediengebundenheit der Pornographie. In diesem Zusammenhang kann zwischen Aussagen unterschieden werden, die um die Legitimierung der Auseinandersetzung mit der Pornographie als Erkenntnisgegenstand, um die Geschichte der Pornographie sowie um die Aufschlüsselung der einzelnen Medien der Pornographie kreisen.

4.1 Legitimation der Pornographie als Erkenntnisgegenstand

Wenn Faulstich noch 1994 bei der Darlegung der einzelnen Probleme der wissenschaftlichen Auseinandersetzung mit der Pornographie als Erkenntnisgegenstand das Relevanzproblem und die „handfesten Gründe" für eine Behandlung der Pornographie aus wissenschaftlicher Perspektive betont, zeigt sich, dass die Pornographie als Erkenntnisgegenstand keinesfalls prinzipiell durch ihre schiere Existenz, wie 2005 und damit rund 10 Jahre später von Sigel formuliert, selbstevident ist (vgl. Faulstich 1994: 27). Doch selbst Sigels Verweis auf die Existenz der Pornographie als Rechtfertigungsgrund für eine Untersuchung ihrer Geschichte, Bedingungen und Inhalte deutet darauf, dass der wissenschaftlichen Thematisierung der Pornographie auf der Basis eines konkreten und begründeten Erkenntnisinteresses zusätzliche Legitimationsbekundungen vorausgeschickt werden (vgl. Sigel 2005: 2). Obschon die Pornographie, wie das Diskursarchiv demonstriert, die unterschiedlichsten Erkenntnisinteressen zu begründen vermag, bedeutet ihre Kopplung an die Sexualität und insbesondere an eine phantastische Sexualität als Gegenstand ihrer Darstellungen, dass sie in den westlichen Gesellschaften mit einer ebenso großen Vorsicht angegangen wird wie die Sexualität selbst, deren Erforschung sich in den verschiedenen historischen Zeitabschnitten ebenfalls auf unterschiedlichen Legitimationsbegründungen stützte. So konnten Mainusch & Mertner noch festhalten, dass sich Pornographie zwar einer extensiven Popularität erfreue, dass diese Popularität aber keinesfalls darüber hinwegtäuschen dürfe, „daß es aus gutem Grund an Informationen über dieses Phänomen fehlt" (Mainusch & Mertner 1970: 6). Entsprechend zeichnen sich vor allem die frühen Studien der Pornographieforschung in den 1960ern und Anfang der 1970er Jahre, die ihren Fokus zunächst auf die pornographische Literatur richteten, dadurch aus, dass eine Erforschung der Pornographie notwendig erscheint, um sie von literarischen Kunstwerken abzugrenzen. Hintergrund dieses Ansatzes bildet die juristische Lockerung der Zensur pornographischer Literatur auf der Basis der zunehmenden Akzeptanz sexueller Darstellungen im Kontext der Beschreibung menschlicher sozialer Existenz in der Literatur. Während diese Lockerung einerseits die als literarisch hochwertig eingestuften Werke wie *Ulysses* von James Joyce oder auch *The Well of Loneliness* von Maguerite Radclyffe Hall von der Zensur freispricht, schaffen andererseits die Gerichtsurteile zur Freigabe dieser als literarische Kunst attribuierten Schriften zugleich die Grundlage für die Zugänglichkeit pornographischer Literatur. Hier beginnt die Pornographieforschung als wissenschaftliches Unternehmen zur Abgrenzung von Kunst und Pornographie, wobei die Kunst und ihre Absicherung gegen Pornographie die Legitimationsbasis für die Erforschung der literarischen Pornographie abgibt.

Als Basis weiterer Legitimationsstrategien fungiert der in dem Diskurs über Pornographie als diskursives Ereignis dienende Essay von Susan Sontag *Über die pornographische Phantasie* (1967), wenn dort der Pornographie drei relevante Erkenntnisdimensionen zugeschrieben werden, die für eine Erforschung der Pornographie grundlegende Erkenntnisinteressen vorgeben. Sontag differenziert zwischen der Pornographie als Erkenntnisgegenstand der Psychologie mit Blick auf die „landläufigen Vorstellung[en] [...] [der] sexuelle[n] Unzulänglichkeit oder Verderbtheit der Produzenten wie der Konsumenten", als Erkenntnisgegenstand der Soziologie aufgrund der soziokulturellen Implementationen der Pornographie sowie als Erkenntnisgegenstand der Kunstwissenschaft als eine mit eigenen Konventionen ausgestattete literarische Gattung (Sontag 1967: 48). Diese drei Erkenntnisinteressen sowie die Bemühung um die Abgrenzung zur Kunst bilden das grundlegende Fundament der sich anschließenden Erforschung der Pornographie und ihrer als nötig artikulierten zusätzlichen Legitimation.

Der größte Teil der Wirkungsforschung antizipiert in seiner Grundthese einen Schaden für den Pornographierezipienten, um im Anschluss daran die negativen Wirkungen der Pornographie auf den Rezipienten zu untersuchen, wobei hier das Schadensdogma die Legitimationsbasis der Untersuchungen abgibt (u.a. Zillmann 2004, Goldstein & Kant 1973, Final Report of the Attorney General's Commission on Pornography 1986, Donnertstein et al. 1987). Losgelöst von dem Schadensdogma, dafür konzentriert auf die der Existenz eingeschriebenen innerpsychischen, sexuellen Konflikte des Menschen erfährt die Auseinandersetzung mit der Pornographie in den psychoanalytisch ausgerichteten Untersuchungen ihre Legitimation durch den sexuellen Inhalt pornographischer Darstellungen, welcher Vermutungen über die psychischen Strukturen der Pornographieproduzenten ebenso nahelegt wie über die der idealtypischen Rezipienten (u.a. Vinken 1997, Bartes 1980, de Lauretis 1999, Marcus 1966, Flaß-pöhler 2007, Segal 1993).

Außerhalb der Wirkungsforschung scheinen vor allem die soziokulturellen Komponenten der Pornographie, ihre Erforschung zu legitimieren. So wird in diesem Zusammenhang auf Funktionen verwiesen, die die Pornographie für die Gesellschaft übernimmt, auf die verschiedenen, expliziten und impliziten Aussagen der Pornographie mit Blick auf die Sexualität einer Epoche, Kultur und Schicht (bspw. bei Faulstich 1994, Hyde 1969, Gagnon & Simon 2005, Rückert 2000, Pastötter 2003, Flaßpöhler 2007, Williams 1995). Zugleich wird in diesem Kontext aber auch generell auf den festgestellten Tatbestand ihrer Existenz in einer Kultur hingewiesen, die ihre Untersuchung rechtfertigt (u.a. Sigel 2005, Williams 1995, Marcus 1966, Bloch 1967).

Gerade ihre spezifische Existenz als ein auf einem Markt zu handelndes Produkt und ihre Proliferation durch die Medientechnik werden als quantifizierende Legitimationsbegründung sehr häufig angeführt (u.a. Pastötter 2003, O'Toole 1998, Final Report of the Attorney General's Commission on Pornography 1986, Faulstich 1994, Eckert et al. 1990, Zimmermann 1988).

Des Weiteren zeigt sich im Verlauf der Pornographieforschung eine zunehmende Selbstreferentialität wissenschaftlicher Pornographieanalyse, die eine Legitimation neuer Forschung durch den Verweis auf die Mängel und Lücken der vorangegangenen Forschung begründet (z.B. Faulstich 1994, Williams 1995, Rückert 2000, Muhr 2008, Flaßpöhler 2007).

Auffallend ist allerdings, dass seit der Etablierung der Porn Studies in den USA eine über die Begründung des eigenen Forschungsinteresses und seiner Relevanz hinausreichende Legitimationsbegründung in den dort publizierten Studien nicht mehr zu finden ist. Zugleich kann dem Diskursarchiv entnommen werden, dass sich die Legitimationsbemühungen dahingehend verschoben haben, Pornographie an universitären Einrichtungen zum relevanten Gegenstand akademischer Lehrveranstaltungen zu machen (hierzu Etwood-Akers 1999, Austin 1999, Paul 1999, Williams 2004, Ferguson 2004).

4.2 Die Geschichte der Pornographie

> „Descriptions of sex are as old as sex itself. There can be little doubt that talking about sex has been around as long as talking, that writing about sex has been around as long as writing, and that pictures of sex have been around as long as pictures."
> (Final Report of the Attorney General's Commission on Pornography 1986: 9)

Der geschichtliche Ursprung der Pornographie wird mitunter ausgesprochen unterschiedlich gesetzt. Während die Ansätze, die eine Gattungsgeschichte der Pornographie zu rekonstruieren suchen, die Ursprünge in ebendiesen ersten Darstellungen des Sexuellen sehen, betrachten die meisten Ansätze die Pornographie als ein verhältnismäßig neues Genre, das seine Wurzeln in der europäischen Geschichte der Renaissance findet und das sich in seiner Anfangszeit vor allem als ein Genre politischer Kritik am Absolutismus konstituiert hat, wobei sich die Konzentration auf die sexuelle Phantasie erst langsam zu einem Selbstzweck herausschält.

Der gattungsgeschichtliche Ansatz betrachtet die geschichtliche Frühzeit der Menschen und entdeckt dort, dass Handlungen und ihre Darstellungen[58] noch nicht strikt voneinander getrennt sind. Pornographie manifestiert sich in der religiös-kultischen Praxis als Teil der oralen Kultur, als Zeichnungen und Skulpturen (vgl. Faulstich 1994: 40 ff).

Abb. 1: Ausschnitt der Höhlenmalerei von Lascaux

---

[58] Das wäre also genau die Zeit menschlicher Geschichte, in der die ersten Setzungen verbindliche semantische Kategorien bilden, welche zunächst durch Handlungen begründet sein müssten. Die sprachliche Dimension der semantischen Kategorie bildet sich erst langsam heraus, zeigt sich zunächst noch der Handlung inhärent und gewinnt nach und nach an Autonomie gegenüber der Handlungsdimension.

Diese frühe Pornographie lässt sich bis in das Jung-Paläolithikum zurückverfolgen, aus dem verschiedene, sexuell anmutende archäologische Funde stammen wie die Höhlenmalereien von Lascaux oder die Venus von Lespugue (vgl. Bataille 1981: 25 ff). Solche Funde können als Zeichen gewertet werden, „die uns nicht nur durch ihre außergewöhnliche Schönheit fesseln, denn diese Malereien sind oft wunderbar. Daß diese Zeichen für uns eine so beredte Sprache sprechen, beruht nicht zuletzt auf der Tatsache, daß sie uns mannigfache Aufschlüße über sein [des frühen homo sapiens] erotisches Leben liefern" (Bataille 1981: 33).

Gerade aus den frühen Hochkulturen der Menschheit finden sich Dokumente ritueller Begattungen und Orgien überliefert, denen durchaus eine Medienfunktion zugeschrieben werden kann. Hierzu sind sicherlich die verschiedenen Formen der sakralen Prostitution zu rechnen, in denen die Priesterinnen die Erde segnen, indem sie ihren Körper hingeben. So werden den Sumerern gemäß der Aufzeichnungen des Herodot öffentlich-kultische Begattungen attestiert; andere Aufzeichnungen berichten, dass in Babylon der Priesterkönig mit dem schönsten Mädchen des Landes schläft (vgl. Faulstich 1994: 41).

Mit der Zeit der Antike haben sich Darstellungs- und Handlungsdimension des Sexuellen bereits getrennt, dennoch behält die Darstellung des Sexuellen noch immer religiös-kultische Relevanz. In den Festen zu Ehren der Göttin Aphrodite begleiten sexuelle Pantomimen und theatralische Darbietungen und Gesänge die Feierlichkeiten[59] (vgl. Faulstich 1994: 42). Ähnliches ist für die Feste zu Ehren des Gottes Dionysos überliefert (vgl. Bataille 1981: 67 ff; Hecken 1997: 94).

---

[59] Die von Faulstich (1994) vorgeschlagene Betrachtung der Entwicklung der Gattungsgeschichte der Pornographie im Kontext ihrer sich wandelnden Funktionen wird abgelehnt, da eine eindeutige Funktionszuweisung kaum möglich erscheint. Faulstich ordnet der frühzeitlichen Pornographie eine kultische, der antiken eine didaktische, der mittelalterlichen eine manipulative und ideologische Funktion, der Pornographie des Bürgertums eine Protestfunktion zu. Zugleich räumt er ein, dass ab Mitte des 19. Jh. in der Phase der zunehmenden Visualisierung die Funktion der Pornographie noch nicht herausgearbeitet ist und proklamiert bereits den Übergang in eine sechste interaktive Phase der Pornographie, deren Funktion ebenfalls unklar ist. Bereits in der römischen Gesellschaft wurden sexuelle Darstellungen fern der Matrix legitimen Sexualverhaltens zur politischen Subversion eingesetzt (Verstraete 1999). Auch heute noch übernimmt die Pornographie in einigen Kulten als Zusammenlegung der Darstellung und der Auslebung sexueller Phantasien eine wichtige Rolle (Bataille 1994). Zugleich kann die Pornographie auch heute subversiv politisch sein, wie Kipnis (2007) anhand der „Fettpornographie" und des *Hustler* analysiert hat. Als Kulturprodukt einer Gesellschaft kann die Pornographie für diese Gesellschaft unterschiedliche Funktionen haben, darüber hinaus kann die Rezeption selbst gebunden an die Rezeptionssituation und an den konkreten Nutzen der Rezipienten extrem unterschiedliche Funktionen erfüllen. Aber gerade dieser Bereich erscheint bislang so gut wie gar nicht erforscht. Auf die Vielzahl der Funktionen des pornographischen Films im Kontext des *Home Erotic Entertainments* verweist Pastötter (2003), der mit einem noch wesentlich enger gefassten Pornographiebegriff als diese Studie arbeitet.

Aus dieser Zeit sind zahlreiche sexuelle Darstellungen überliefert, die als „kind of proto-pornography" bezeichnet werden können (Verstraete 1999: 535). Dazu gehören zahlreiche Vasenmalereien, Mosaike, Gedichte, Theaterstücke (vgl. Faulstich 1994: 42 ff). Doch auch in dem Alten Testament finden sich mehrere Stellen, die pornographisch anmuten (vgl. Hyde 1969: 50 ff). Basierend auf der Übersetzung des *Handbuch der Archäologie der Kunst* des deutschen Kunsthistorikers Karl Otfried Müller von 1850 und einem ersten Dictionary-Eintrag[60] von 1857, der den Begriff der Pornographie erstmals berücksichtigt, wird der Begriff in einen engen Zusammenhang mit den Fundstücken der Ausgrabungen in Pompeji gebracht (vgl. Kendrick 1996: 11). Insbesondere die Darstellungen sexueller Handlungen an den Wänden eines Bordells sind neben den Schriften Catulls, Aristophanes', Lucians und Ovids bis heute populäre Pornographien der Antike (vgl. Faulstich 1994: 50 f; Hyde 1969: 63 ff).

Das bekannteste Beispiel der Pornographie anderer Kulturen, das in den westlichen Gesellschaften bekannt ist, ist das *Kamasutra* von Vatsayayana, das im 4. Jh. n. Chr. in der Gutpa-Dynastie Indiens entstanden ist (vgl. Morus 1967: 38 ff). Gerade das *Kamasutra* vermittelt, dass pornographische Darstellungen ein spezifischer Ausdruck ihrer Kultur und ihrer Epoche sind und darin sehr unterschiedliche Funktionen übernehmen können. Die erste Übersetzung des *Kamasutra* aus dem Sanskrit ins Englische Ende des 19. Jahrhunderts war entsprechend auch nicht wörtlich transferiert, sondern editiert das Werk nach Maßgaben der Akzeptanz des viktorianischen England und lässt bspw. die Beschreibungen homosexueller Geschlechtsakte aus.

Mit der Durchsetzung der christlichen Sexualmoral wandelt sich die Darstellung des Sexuellen in ihrer bis heute überlieferten Gestaltung. Während die expliziten und derben Darbietungen eher an die mündlichen Praktiken der christlichen Gesellschaften gebunden und kaum überliefert sind, finden sich in der bildenden und literarischen Pornographie eher dezente Darstellungen. Exemplarisch sei an den Minnesang, an die die Sexualmoral verkehrenden Darstellungen der Märtyrergeschichten oder an die Bilder der Hexenverfolgung erinnert (Bataille 1981, Hyde 1969, Guha 1971, Faulstich 1994).

Die Renaissance hingegen markiert einen besonderen Punkt in der Genregeschichte der Pornographie, da die Schriften des Italieners Pietro Aretino gemeinhin als pornographisch anerkannt werden[61] (u.a. Hunt 1993; McNair 1996).

---

[60] Dieser Eintrag differenziert zwei Stränge der Pornographie: die Fundstücke der Ausgrabungen in Pompeji und deren Beschreibung sowie die schriftliche Auseinandersetzung mit der Prostitution (Kendrick 1996).

[61] Daher setzt bspw. die von Hunt herausgegebene Anthologie zur Geschichte der Pornographie (1993) erst mit dem 16. Jahrhundert ein, wenngleich hier die Relevanz der Klassiker der Antike anerkannt wird, die die Schriften Aretinos maßgeblich beeinflusst haben. Als Klassiker zählen sie dort aber dennoch nicht zur Pornographie.

Gekoppelt an die Urbanisierung und die Etablierung des Buchdrucks können sich Märkte bilden, auf denen literarische und bildende Pornographie gehandelt werden. Charakteristisch für die literarische Pornographie ist eine enge Verbindung zwischen philosophischen, politischen und sexuellen Darlegungen, weshalb Pornographie auf dem Index Librorum Prohibitorum der katholischen Kirche unter Philosophie geführt wird. Ihren Höhepunkt findet diese Verbindung von Philosophie und Pornographie in der Zeit der Französischen Revolution, vor allem in Form der Schriften des Marquis de Sade, die bis an die Grenzen dieser Verbindung vordringen (u.a. Faulstich 1994; Hyde 1969; Hunt 1993). Daneben zeichnet sich die bildende Pornographie durch die Umsetzung antiker Themen der Mythologie in Gemälden und Skulpturen sowie durch die Zirkulation expliziter Kupferstiche aus (u.a. Bataille 1981; Faulstich 1994; Hyde 1969). Die Zensur[62] der Pornographie als Versuch, sie zu reglementieren, kann zurückverfolgt werden bis in die römische Antike, als Ovid für seine Schriften aus Rom verbannt wurde. Während die Zensur während der Renaissance zunächst noch im Rahmen der kirchlichen Inquisition erfolgt, gelangt sie mit der Säkularisierung mehr und mehr in den Bereich der weltlichen Legislatur. Mit der Einführung der entsprechenden Gesetze in den unterschiedlichen Ländern westlicher Kulturen können zahlreiche Gerichtsverfahren nachgezeichnet werden, in denen darum gestritten wird, verschiedene literarische Werke als Pornographie festzuschreiben und damit zu diskreditieren (Kendrick 1996).

Der in England entstandene pornographische Roman impliziert seit Mitte des 18. Jahrhunderts eine vornehmliche Ausrichtung auf die Inszenierung sexueller Phantasien und setzt sie erstmals als Selbstzweck (u.a. Hunt 1993; Naumann 1976). Erst mit dem pornographischen Roman und der Alphabetisierung der Bevölkerung Mitte des 19. Jahrhunderts setzt eine immense Diversifikation pornographischer Schriften ein, welche für die verschiedenen, sich etablierenden Märkte unterschiedlicher Zielgruppen pornographische Literatur schafft (u.a. Kendrick 1996; Hunt 1993; McNair 1996). Direkt daran schließt die zunehmende Visualisierung der Pornographie an. Nicht nur dass literarische Pornographie entsprechend mit Zeichnungen bebildert wird und pornographische Journale entstehen, auch wird die Photographie zusehends okkupiert. Es entsteht ein reger Handel mit pornographischen Photos und Ansichtskarten (vgl. Faulstich 1994: 81 ff).

Bereits kurz nach der Erfindung der Kinematographie wird der Film für pornographische Inhalte genutzt. Die noblen Bordelle Paris' verfügen bereits 1905 über Filmprojektoren. Der Pornofilm modernen Verständnisses erweist sich bei näherer Betrachtung allerdings als ein relativ junges Medienangebot, das sich in

---

[62] Auf die Zensur wird in Kap. 6.1 noch näher einzugehen sein.

Spielfilmlänge erst in den 1970ern entwickelt (u.a. Williams 1995; O'Toole 1998).

Es zeigt sich, dass im 20. Jahrhundert eine massive Ausdifferenzierung des pornographischen Medienangebots einsetzt, welche bis dato nicht abgeschlossen ist. Die Betrachtung der medientechnischen Evolution bringt hervor, dass sich pornographische Medieninhalte recht schnell in allen neu entstehenden Medienangeboten finden lassen. So können heute pornographische Telefondienste, Cyberporn, pornographische Computerspiele oder Mangas beobachtet und unterschieden werden. Aber die Ausdifferenzierung beschränkt sich nicht nur auf die Medien. Darüber hinaus entstehen entlang der sexuellen Orientierung und verschiedener sexueller Verhaltensweisen bzw. Präferenzen die Subgenres der Pornographie. Eine systematische Erfassung der pornographischen Subgenres steht bislang aus. In diesem Kontext wird der Fokus des wissenschaftlichen Pornographiediskurses allmählich auf eine Pluralisierung der Pornographie ausgerichtet. So erscheint es sinnvoll, statt von Pornographie eher von Pornographien zu sprechen, die durchaus genrespezifische, verbindende Elemente aufweisen, aber als Subgenres sehr wohl eigenspezifische Elemente besitzen (vgl. Attwood 2002: 101 f). Hinsichtlich der Möglichkeiten interaktiver Pornographie noch vor der Durchsetzung des Internets als weit verbreitetem Kommunikationsangebot konstatiert Faulstich:

„In dem Maße aber Pornografie interaktiver Simulation unterworfen wird, ist die subjektive Zurichtung des pornografischen Produkts gemäß dem Skript im Kopf, gemäß der eigenen sexuellen Phantasie, möglich und nahegelegt. [...] Pornografie scheint demnach noch eine große Zukunft zu haben."   (Faulstich 1994: 111)

4.3 Die pornographischen Medienangebote

Wie in der Geschichte der Pornographie aufgezeigt, überträgt das Genre der Inszenierung der sexuellen Phantasien diese bereits mit der Emergenz in die verschiedenen Medien. In ein wechselseitiges Stützverhältnis gebettet dienen neue Medien der weiteren Ausbreitung der Pornographie, während die Pornographie als spezifisches Medienangebot zur Durchsetzung eines Mediums beiträgt (O'Toole 1999, McNair 2002). Es ist kennzeichnend für die pornographischen Medienangebote, dass ihre technische Entwicklung die Rezeption pornographischen Materials in immer privaterem Rahmen ermöglicht[63] und die

---

[63] Dass dies insbesondere Frauen zugute kommt und hinsichtlich ihrer Produktion und Rezeption eine Ausdifferenzierung von Frauenpornographie privilegiert, haben Juffer (1998) und Rückert (2000) nachgewiesen.

Produktion auch jenseits der Pornoindustrie zulässt (McNair 1996; Attwood 2006).
Nachfolgend wird entsprechend des Sagbarkeitsfelds der bisherigen Forschung die Entwicklung der einzelnen pornographischen Medienangebote vorgestellt, wobei der größte Teil wissenschaftlicher Aufmerksamkeit in der Untersuchung der pornographischen Literatur und des pornographischen Films kumuliert.

4.3.1 Bildende Darstellungen

Erste bildliche Darstellungen des Sexuellen können bis in die Steinzeithöhlenmalereien von Lascaux und bildende Darstellungen bis zu der Venus von Lespugue zurückverfolgt werden, welchen seitens der Pornographieforschung vor allem religiös-kultische Relevanz zugeschrieben werden (Faulstich 1994, Bataille 1981). Die Darstellungen haben im Laufe der Jahrhunderte die verschiedensten sexuellen Handlungen gezeigt und epochen- und kultur-spezifisch sehr eigene Schwerpunkte der Thematisierung, der Ästhetik, der Funktion und der Bedeutung gesetzt.

Abb. 2: Die Venus von Lespugue

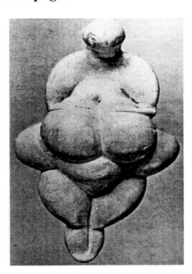

Die Aussagen der Darstellungsdimension verweisen darauf, dass verschiedene pornographische Bilder und Skulpturen sehr unterschiedlicher Kulturen bis heute überliefert werden konnten wie bspw. die Darstellungen des Papyrus 55001 der altägyptischen Kultur (vgl. Faulstich 1994: 41).

Abb. 3: Papyrus 55001

Das im 4. Jh. n. Chr. von Vatsayayana verfasste *Kamasutra* impliziert in seinen verschiedenen Manuskripten eine den Text begleitende Bebilderung des „Leit-fadens der Liebe" (Faulstich 1994: 52; vgl. auch Hyde 1969: 128 ff). Bereits hier zeigt sich, dass Zeichnungen und Bilder häufig als Untermalungen literari-scher Texte fungieren.

Mehr Dimensionsaussagen thematisieren die bildenden Darstellungen der Por-nographie ab der Antike. Ausgehend von dem ersten Terminus-Verständnis von Pornographie als hygienische Schriften über die Prostitution sowie als Artefakte der Ausgrabungen in Pompeji im 19.Jh. offenbart sich bereits die Relevanz der antiken Darstellungen des Sexuellen für das Pornographieverständnis (vgl. Kendrick 1996: 9). Die Darstellungen an den Wänden eines Bordells in Pompeji zeigen verschiedene Kopulationen (vgl. Faulstich 1994: 42). „Vor allem aber griechische Vasen sind immer wieder mit pornografischen Bildern geschmückt wie die wohl am häufigsten zitierte Koitusszene ,a tergo' oder jene rotfigurige attische Vase aus dem 5. Jh. v. Chr., auf der ein Freier der Hetäre an die Brust fasst" (Faulstich 1994: 42). Gebunden sind viele der pornographischen Darstel-lungen der Antike an die Schilderung der Prostitution, an den griechischen Dionysos-Kult bzw. den römischen Priapus-Kult[64] oder an die Illustrierung der amourösen Abenteuer der Götter (Bataille 1981, Beck 1999).

Bildende Darstellungen des Mittelalters zeigen Nacktheit vor allem, vor dem Hintergrund einer Epoche der Lobpreisung von Keuschheit und des Minnesangs, um Abscheu davor zu erregen. Die von der Kirche gebilligten, sexuell konnotierten Darstellungen zeichnen ein Bild der Sexualität vor allem in Verbindung mit dem Teufel und der Hölle, weil sie in der christlichen Moral zum Inbegriff der Sünde avanciert (vgl. Bataille 1981: 85 f). Spätmittelalterliche Bilder untermalen die inquisitorische Praxis, indem Hexen als Gespielinnen Satans, nackt während der Hexenprobe oder in der Folter gezeigt werden (vgl. Faulstich 1994: 67).

Abb. 4: Bouts: Ausschnitt aus dem Gemälde *Die Hölle*

Demgegenüber sahen sich kirchenkritische Karikaturen, die sexuelle Darstellungen einsetzen, um die zölibatären Probleme der christlichen Geistlichkeit zu

---

[64] Als Sohn des Dionysos fand Priapus vor allem in der römischen Kultur als Hausgottheit verbreitete Anhängerschaft. Er wurde vornehmlich durch einen großen Phallus symbolisiert (Beck 1999). Der Mythos besagt, dass der Sohn der Aphrodite und des Dionysos mit einem überdimensionalen Glied geboren wurde, weil die Göttin Hera ob ihrer Eifersucht auf deren Schönheit Aphrodite in den Wehen liegend etwas antat (Marcuse 1984).

visualisieren, schon frühzeitig kirchlicher Zensur gegenüber (vgl. Faulstich 1994: 63 ff). Bataille (1981) erörtert in diesem Zusammenhang die ökonomischen Zwänge der Kunst, da im Mittelalter einzig die Kirche die finanziellen Mittel aufbringen konnte, um Künstler zu beschäftigen, welche ihrerseits mit ihren Bildern ihre Auftraggeber zufriedenstellen wollten.

Das Verhältnis zur Darstellung der Sexualität ändert sich grundlegend in der Renaissance. Dieses veränderte Sexualverständnis schlägt sich maßgeblich auf die künstlerische Gestaltung nieder, indem Nacktheit und Erotik künstlerisch als interessante Themen wieder aufgegriffen werden (vgl. Faulstich 1994: 71). Diese Veränderung geht Hand in Hand mit einer Auflösung der ökonomische Bindung der Künstler an die Kirche, „nämlich von dem Augenblick an, in dem Kunstliebhaber erotische Werke zu kaufen begannen" (Bataille 1981: 88; vgl. auch Liebs 2005: 87). Die Kunstwerke des Übergangs vom Mittelalter zur Renaissance sind noch von einer christlich fundierten Verbindung von Erotik und Sadismus durchzogen, wie insbesondere in den Werken von Albrecht Dürer, Lucas Cranach und Hans Baldung Grien deutlich wird (vgl. Bataille 1981: 89).

Abb. 5: Cranach: *Die Säge*

Eng miteinander verwoben sind in der Renaissance die bildenden Künste und die erneute Rezeption und Popularität der klassischen Schriften der Antike. Dies

findet in den zahlreichen Gemälden und Skulpturen Ausdruck, die antike Mythen aufgreifen und umsetzen (Findlen 1993; Beck 1999). „Figures from pagan
myths provided an endless excuse to depict erotic scenes. While the portrayal of
nude bodies was generally off-limits, depictions of naked satyrs and nymphs
were not" (Beck 1999: 371).
Während die *Sonetti lussuriosi* und die *Ragionamenti* Pietro Aretinos häufig als
Initialschriften der modernen Pornographie[65] gewertet werden, werden die Kupferstiche Maracantonio Raimondis als erste moderne pornographische Abbildungen betrachtet (Findlen 1993, Beck 1999, Hunt 1993). Diese 16 Kupferstiche sollen die Wandgemälde des Maneristen[66] Giulio Romanos übertragen und
zeigen 16 Positionen des Koitus (vgl. Beck 1999: 371 f). Parallel dazu findet
sich Pornographie auch zunehmend auf Alltagsgegenständen abgebildet (vgl.
Faulstich 1994: 72).

Abb. 6: Kupferstich mit Sonett

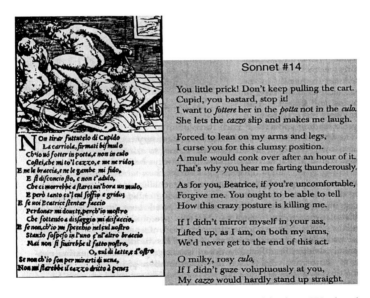

Im 18. Jahrhundert vervielfachen sich die pornographischen Werke der bildenden Kunst sowohl mit Blick auf die thematischen, als auch auf die stilistisch-

---

[65] vgl. hierzu auch die Ausführungen in Kap. 4.2
[66] In Italien ging der Manerismus von Michelangelo aus und in Frankreich vor allem durch die
Schule von Fontainebleau. Bataille hebt die Bedeutung des Manerismus angesichts der in ihm
aufgegriffenen, starken Empfindungen hervor und schwärmt: „Von der gesamten erotischen
Malerei ist die des Manerismus für mein Empfinden die verführerischste. Dabei sind die Werke
des Manerismus heute kaum noch bekannt" (Bataille 1981: 108).

ästhetischen Schwerpunkte der Darstellungen. Während in der Kunst u.a. namhafte Künstler wie Goya die dunkle Seite des Menschen und seiner Erotik aufzugreifen beginnen, bebildern zahlreiche Illustrationen die expandierenden pornographischen literarischen Werke (Beck 1999, Bataille 1981). Die Hochphase pornographischer Gemälde und Zeichnungen ist zwischen dem Ende des 18. Jahrhunderts und dem Ausgang des 19. Jahrhunderts zu verzeichnen. Mit der Erfindung der Photographie verliert die bildende pornographische Darstellung zunehmend an Bedeutung (vgl. Faulstich 1994: 82 ff). Dennoch greift die Kunst auf die pornographische Darstellung noch immer zurück, wenn sie sie als Stilmittel für eigene Zwecke einsetzt. So nutzen die Surrealisten bspw. pornographische Fragmente, um die Sehgewohnheiten in der Kunstrezeption zu durchbrechen und so Emotionen statt der Ratio oder bürgerlicher Ästhetikkonventionen hervorzuheben (vgl. Bataille 1981: 190 ff).

Abb. 7: Baltus: *Die Gitarrenstunde*

4.3.2 Literatur

Die Geschichte der pornographischen Literatur lässt sich zurückverfolgen bis in das antike Griechenland, wo sich erste Niederschriften pornographischer Theaterstücke und Gedichte finden. Zentral gebunden sind diese an die Figur der Hetäre. Insbesondere die attische Komödie impliziert einen sexuell konnotierten Humor. Gekoppelt sind diese Theaterstücke[67] an die religiöse Praxis der Griechen, die diese vornehmlich im Kontext der Dionysos-Feste aufführen und in dem Lachen vor allem Aggressionsabbau erblickten (vgl. Hecken 1997: 94 ff). Die Aufzählung der Liebschaften des Gottes Zeus bspw., die er in dem Gespräch mit seiner Gattin Hera macht, in dem 14 Buch der *Ilias* von Homer muten nicht nur humoristisch, sondern auch sexuell an (vgl. Verstraete 1999: 536).

> „Here, dorthin magst du nachher auch enden die Reise.
> Komm, wir wollen in Lieb' uns vereinigen, sanft gelagert!
> Denn keine hat mein Herz im Busen mit mächtiger Glut mir bewältigt:
> Weder als ich entflammt von Ixions Ehegenossin,
> Einst den Peirithoos zeugt', an Rat den Unsterblichen ähnlich;
> Noch, da ich Danae liebt', Arkrisios reizende Tochter,
> Welche den Perseus gebar, den herrlichsten Kämpfer der Vorzeit;
> Noch auch Phoinix' Tochter, des ferngepriesenen Königs,
> Welche Minos mir gebar und den göttlichen Held Rhadamanthys;
> Noch, da ich Semele liebt'; auch nicht Alkmene von Thebe,
> Welche mir Mutter ward des hochgesinnten Herakles;
> Jene gebar die Freude des Menschengeschlechts, Dionysos;
> Noch, da ich einst die erhabne, die schöngelockte Demeter,
> Oder die herrliche Leto umarmte, oder dich selber:
> Als ich anjetzt dir glühe, durchbrecht von süßem Verlangen!"
> (Homer 2000: 240 f)

Erst mit dem 3. Jh. v. Chr. findet sich in dem Epos *Argonautica* von Apollonius von Rhodos eine Textstelle, die das Sexuelle explizit, aber in dezenter Sprache in den Vordergrund rückt, wenn Medea sich in Jason verliebt (vgl. Verstraete 1999: 536).
Auch das Alte Testament weist einige Stellen auf, die als pornographisch betrachtet werden können. Die Rettung Lots aus Sodom und die sich anschließenden Schwängerung seiner beiden Töchter [3. Mos. 18, 7] oder die Geschichte Onans, der seine Schwägerin schwängern soll und stattdessen einen Koitus In-

---

[67] Allein aus einer Perspektive nach der griechischen Antike werden diese Theaterstücke vornehmlich als Literatur und abstrahiert von der religiösen Praxis, die zu ihrer Aufführung zur damaligen Zeit gehört, betrachtet.

terruptus praktiziert [1. Mos. 38,9], seien als Beispiele genannt. Zudem finden sich auch immer Stellen, die die Prostitution thematisieren wie die Geschichte des salomonischen Urteils [1.Kön. 3, 16] (Hyde 1969; Pareto 1968).

In der römischen Antike wird vornehmlich die Hetäre als Figur sexueller Darstellungen aufgegriffen, die als Protagonistin den Hetärendialog und den Hetärenbrief determiniert (Hyde 1969; Naumann 1976; Hecken 1997). Das expliziteste pornographische Werk der römischen Epoche stellt das *Satyricon* von Petronius dar. Auch hier spielen Hetären eine gewichtige Rolle bei der Darstellung des Sexuellen, wobei Sinnlichkeit die Stellung eines Selbstzwecks einzunehmen beginnt (vgl. Hecken 1997: 111). Auch Catull, Horaz oder Lucian haben entsprechende Schriften verfasst (vgl. Hyde 1969: 56 ff). Zu Ehren des Gottes Priapus sind die *Carmina priapeia* geschrieben, welche sich als eine Kollektion verschiedener pornographischer Gedichte ausweist, die man u.a. Dichtern wie Catull oder Ovid anrechnet (vgl. Marcuse 1984: 32). Als heute bekanntestes römisches, elegisches Werk gilt die *Ars amatoria* von Ovid, das sich durch eine alle Vulgarität vermeidende, sehr zurückhaltende Sprache auszeichnet und die Liebeskunst als kalkulierte Bezähmung Amors in drei Büchern vorstellt.

> „ite per exemplum, genus o mortale, dearum,
> gaudia nec cupidis vestra negate viris.
> ut iam decipiant, quid perditis? onmia constant;
> mille licet sumant, deperit inde nihil.
> conteritur ferrum, silices tenuantur ab usu;
> sufficit et damni pars caret illa metu."
> (Ovid nach v. Albrecht 2005: 112)

Ovid ist der einzig bekannte Autor der Antike, dessen Werke zensiert wurden und der von Kaiser Augustus in die Verbannung geschickt wurde (Hyde 1969; Hecken 1997; Verstraete 1999).

Eingelassen sind diese Werke in ein elaboriertes Geschlechterverhältnis, das die sozial legitimen sexuellen Akte regelt und an dessen Regeln sich die Inhalte der pornographischen Schriften römischer Antike auch orientieren. Verpönt waren demnach neben lesbischen Sexualakten die passive, penetrierte Rolle des Mannes in homosexuellen Analakten, der Oralverkehr, hierbei insbesondere Cunnilingus und die aktive Rolle bei der Fellatio. Diese Akte aufzugreifen, eignet sich für die obszöne Pornographie, da diese auf eine Lächerlichmachung abzielt. Festzuhalten bleibt außerdem, dass der pornographische Diskurs der Römer weitgehend einen Diskurs der herrschenden männlichen Elite darstellt und dass dem Lachen über obszöne Pornographie neben einer aggressiven Funktion vor allem eine Schutzfunktion gegen Unglück und den bösen Blick beigemessen wird (vgl. Verstraete 1999: 540 ff).

Das *Kamasutra* des Gelehrten Vatsayayana aus dem Indien des 4. Jh. n. Chr. berichtet von den verschiedenen Möglichkeiten sexuellen Verhaltens. „Auch der Geschlechtsverkehr mit allem Drum und Dran ist eine Kunst, die man wissenschaftlich studieren muß, um zum vollen Genuß zu gelangen" (Morus 1967: 38). Deshalb beschreibt das *Kamasutra* als Lehrbuch ausführlich verschiedene Formen des Vorspiels, des sexuellen Akts, Möglichkeiten des Einsatzes verschiedener Aphrodisiaka, aber auch soziale Reglementierungen geeigneter Partnerwahl (vgl. Morus 1967: 38 ff).

Abb. 8: Illustration des *Kamasutra*

Ausgehend von der Christianisierung, der in sie eingelassenen Sexualmoral, die in ihrer Negation die Sexualität permanent hervorhebt, und der Kirche als deren autoritäre Institution findet sich im Verhältnis zu den erhaltenen Schriften der

Antike nur noch wenig überlieferte, mittelalterliche pornographische Literatur[68].
Die wenigen erhaltenen Schriften sind antiklerikal (Faulstich 1994) oder es
handelt sich um Witze-, Rätsel- oder Sprüchesammlungen, für die das altengli-
sche *Exeter Book* oder die Sammlung der Augsburger Nonne Klara Hätzlerin
Beispiele wären (Hyde 1969; Guha 1971; Faulstich 1994).

In sublimer Form kreist die Poesie der Minnesänger um eine vergeistigte Erotik,
die aber durch die idealisierte Liebe an eine Frau, statt ausschließlich an Gott,
revolutionär ist (vgl. Hecken 1997: 126 ff). Einige Ausnahmen verzichten allerdings auf die Sublimierung und thematisieren sexuelle Phantasien verhältnismäßig offen. Der erste Troubadour Herzog Guillaume IX. von Aquitanien
schafft eine Dichtung, bestehend aus „zum Teil philosophierende[n] Betrachtungen, zum Teil platte[n] Obszönitäten", von denen bis heute nur wenig erhalten geblieben ist, die allerdings „die Philosophie Don Juans vorwegnahm" (Morus 1967: 123). Aus dieser sinnlichen Orientierung einiger Minnesänge leitet
sich die literaturwissenschaftliche Differenzierung zwischen hoher und niederer
Minne ab:

„Die hohe Minne entspricht einem erzieherischen Ideal, sie soll der Vervollkommnung
des Mannes dienen und aus ihm einen wahren Helden machen. Die niedere Minne ist
mehr auf den Sinnengenuß eingestellt und auch in der Form lockerer, obwohl Dichter
von Genie, wie Walter von der Vogelweide, diese Gattung pflegten oder aus den Quel-
len der niederen Minne geschöpft haben."   (Morus 1967: 124)

Zugleich kann in den im Mittelalter sehr populären Märtyrergeschichten eine
Form verdrehter sadomasochistischer Pornographie[69] gelesen werden, die sich
an die Askesepraxis und die Negation der Sexualität anschließen (Sorgo 1997).
Ähnlich interpretiert werden können auch die Geschichten der keuschen Liebe
von Eheleuten, die gemeinsam in ihrer Liebe zu Gott der Sexualität entsagen
und eine rein vergeistigte Erotik miteinander leben wie die Geschichte der *Zwei
Liebenden in der Auvergne* in der *Historia Francorum* des Chronisten Gregor
von Tours aus dem sechsten Jahrhundert. Gerade durch ihren bewussten Ausschluss schwingt in diesen Darstellungen die sexuelle Phantasie mit (vgl. Hyde
1969: 94 f).

---

[68] Es muss unterstrichen werden, dass im Mittelalter mündlich überlieferte oder schauspielerisch
aufgeführte pornographische Gedichte und Gesänge wesentlich bedeutsamer waren, allerdings
sind diese heute, sofern sie nicht niedergeschrieben wurden, verloren (Faulstich 1994).
[69] Eine solche Lesart wertet auch die Negation als wesentlichen Bestandteil einer semantischen
Kategorie. Negativ und Positiv verweisen lediglich von jeweils einer anderen Seite her auf die
Kategorie. In diesem Sinne sind auch jedes Verbot und jede Zensur an ihr Positiv gebunden,
wobei Tabu und Tabubruch, Zensur und Zensiertes an eine beides umschließende, semantische
Kategorie gekoppelt sind.

Mit dem späten Mittelalter findet sich allerdings „das erste moderne pornographische Werk", das *Il Decamerone* von Giovanni Boccaccio, dessen Entstehungszeitpunkt man zwischen 1348 und 1353 datiert (Hyde 1969: 98). Als eines der ersten gedruckten Bücher wird es 1371 in Venedig erstmals verlegt, und es zirkuliert in einer weit höheren Stückzahl durch die Gesellschaften Europas als die handgeschriebenen Manuskripte früherer pornographischer Werke. Dadurch hat das *Il Decamerone* auch nachfolgende Schriften in Form und Inhalt beeinflusst, wie die *Canterbury Tales* von Geoffrey Chaucer, der sehr humorvoll sexuelle Phantasien in einige der Geschichten einschreibt (vgl. Hyde 1969: 107).

Mit der italienischen Renaissance tritt eine als wesentlich gewertete Figur der pornographischen Geschichte in den späten 1520ern zu Tage. Als einer der ersten Schriftsteller, die ihr Einkommen allein über das Schreiben bestreiten, verfasst Pietro Aretino sehr verschiedene Schriften (vgl. Findlen 1993: 51 f). Die *Sonetti lussuriosi* umfassen 16 Sonette, die die von Marc Antonio Raimondi angefertigten Kupferstiche der 16 Liebesstellungen des Künstlers Giulio Romano untermalen und mit einer voyeuristischen Perspektive beschreiben (u.a. Findlen 1993; Hyde 1969; Morus 1967, Hunt 1993a; Faulstich 1994, Hecken 1997). Aufgrund des Unmuts von Papst Klemens VII., den Aretino mit der Veröffentlichung der *Sonetti* um 1526 herum auf sich zieht, geht er 1527 ins Exil nach Venedig. Charakteristisch für die Renaissance Italiens ist, dass sie massiv durch eine erneute Rezeption klassisch antiker Schriften beeinflusst ist, während sich gleichzeitig in den urbanen Zentren erste Büchermärkte etablieren, die wesentlich anonymer als in vorherigen Jahrhunderten sind und eine Internationalisierung der Bücher in den belesenen Kreisen der europäischen Gesellschaft ermöglichen. Klare Anleihen macht Aretino nicht nur bei Boccaccio, sondern auch bei Lucian und Ovid (vgl. Findlen 1993: 77 f).

> „Komm, lass uns vögeln, Liebste, und zwar gleich,
> Denn dafür ist der Mensch ja doch geschaffen.
> Weil du den Schwanz so liebst wie ich die Fotze,
> Sonst wär' das ganze Leben ja zum Speien.
> Wenn man post mortem vögeln könnte, riefe ich:
> Wir vögeln uns zu Tod, und werden dann
> Mit Eva und Adam weiter vögeln,
> Die sterben mußten wegen ihrem Pech."
> (zitiert nach Faulstich 1994: 71 f.)

Für die weitere Entwicklung der literarischen Pornographie ist allerdings sein Hauptwerk, die *Ragionamenti* von 1539, wesentlich relevanter. Die *Ragionamenti* stehen den Sonetti in der Deutlichkeit ihrer Sprachgestaltung an nichts nach, greifen darüber hinaus den klassischen Hetärendialog als Form auf und betten die sexuellen Darstellungen inhaltlich in einen Initiationsdialog zweier Prostituierte (u.a. Hyde 1969; Findlen 1993). Die *Ragionamenti* sind durchweg antiklerikal und als eine Kritik an der herrschenden sozialen Ordnung zu verstehen.

„[…] Aretino's sonnets and dialogues represented the worst of all possible worlds to the authorities who banned them. By using pornography as a vehicle to attack everything from the humanist educational program to clerical piety to vicissitudes of court life, Aretino exposed the vices of the upper classes to an indiscriminate readership. He further offended the upper-class sense of propriety by putting his pronouncements in the mouth of a whore."

(Findlen 1993: 101)

Daneben erfüllen die *Ragionamenti* aber durchaus eine didaktische Funktion und vermitteln offen Informationen über sexuelle Akte (vgl. Beck 1999: 373). Bereits kurz nach ihrer Veröffentlichung zirkulieren die ersten Plagiate und die ersten an die *Ragionamenti* angelehnten pornographischen Hetärendialoge anderer Autoren auf dem Büchermarkt (vgl. Findlen 1993: 98).
Im Kontext der einsetzenden römischen Inquisition wird 1559 der Index Librorum Prohibitorum von Papst Paul IV erlassen, der pornographische Schriften unter philosophische Schriften subsumiert und zensiert, darunter auch die Sonetti und die *Ragionamenti* Aretinos oder das *Il Decamerone* von Boccaccio (vgl. Findlen 1993: 55 f).
Insbesondere in Frankreich erreichen die pornographischen Hetärendialoge eine privilegierte Position und finden in *L'Ecole des Filles*, die erstmals 1655 erscheint, ihren Höhepunkt. Deren englische Übersetzung *The School of Venus* zeichnet sich dadurch aus, dass die metaphysischen und philosophischen Passagen des Dialogs massiv gekürzt und das Hauptgewicht der sexuellen Darstellungen auf die epischen Passagen verlegt wird, wodurch erste narrative Handlungsstränge eingeführt werden. Jedoch verbleiben diese noch im Rahmen des Gesprächs der Hetären (vgl. Naumann 1976: 35 ff). Die Rezeption der *L'Ecole des Filles* und die mit ihr verbundenen moralischen Probleme im 17. Jahrhundert sind bis heute durch einen Tagebucheintrag des Engländers Samuel Pepys von 1668 anschaulich dokumentiert:

„Thence away to the Strand to my bookseller's, and there stayed an hour and bought that idle, roguish book, L'escholle des Filles; which I have bought in the plain binding (avoiding the buying of it better bound) because I resolve, as soon as I have read it, to burn it, that it may not stand in the list of books, nor among them, to disgrace them if it should be found."

(zitiert nach Hunt 1993a: 20)

Es bleibt festzuhalten, dass die pornographischen Schriften zwischen 1500 und 1800, welche fast alle vornehmlich aus Frankreich und England stammen, zumeist als ein Vehikel der massiven Kritik am Klerus und an den politischen Autoritäten eines Landes fungieren (vgl. Hunt 1993a: 10). Dabei spielt die Anbindung an die Erörterung sekulärer, philosophischer Ansichten in der Artikulation durch die pornographischen Protagonisten eine wesentliche Rolle (vgl. Jacob 1993: 158). Mehrere bedeutende Autoren der Aufklärung wie z.B. Diderot und Voltaire haben auch selbst pornographische Schriften verfasst (vgl. Hunt 1993a: 38). Die Verbindung zwischen Philosophie und Pornographie kulminiert mit der pornographischen Propaganda der Französischen Revolution (vgl. Hunt 1993b: 301) und den Schriften des Marquis de Sade[70]. Dieser instrumentalisiert sexuelle Darstellungen dazu, seine philosophischen Ansichten aufmerksamkeitswirksam zu verbreiten (vgl. Flaßpöhler 2007: 83).

Simultan entwickelt sich ab dem 18. Jahrhundert auch eine Form der pornographischen Literatur, die die Darstellung der sexuellen Phantasie losgelöst von Philosophie und Kritik als Selbstzweck setzt (vgl. Hunt 1993a: 42). Dabei umfasst die pornographische Literatur in dieser Spanne sämtliche verfügbaren Formen der Literatur wie Dramen, Lyrik, Briefromane, Hetärenbiographien (vgl. Naumann 1976 : 70 ff). Für die weitere Entwicklung der Pornographie sowie für die Entwicklung des Romans per se markiert der Roman *Memoirs of a Woman of Pleasure* von John Cleland, der 1748-49 erstmals publiziert wird, einen Meilenstein (vgl. Hunt 1993a: 21). Mit der Entstehung der Novelle und des Romans als literarische Formen, die eine epische Breite ermöglichen, können sich sexuelle Darstellungen verbal voll entfalten. In diesem Sinne fungiert Clelands Roman als der Prototyp der modernen literarischen Pornographie, der auf den bürgerlichen Leser rekurriert und eine introspektive Rezeptionspraxis ermöglicht (vgl. Naumann 1976: 109 ff).

„Die Schaffung des pornographischen Romans ist weniger ein bewußter Akt literarischer Reflexion als die Konsequenz eines gattungsgeschichtlichen Reifungsprozesses, der mit funktionalgeschichtlichen Erfordernissen koinzidiert. Mit anderen Worten: der pornographische Roman erwächst einem literarischen Nährboden, der durch literaturhistorische Prozesse in der Mitte des 18. Jahrhunderts (und durch spezifische sozioliterarische Gegebenheiten in England) bereitet wurde." (Naumann 1976: 165 f)

Die Emergenz des pornographischen Romans geht alsbald über in die extensive Ausdifferenzierung desselben in verschiedene thematische und stilistische Subgenres wie Flaggelationsromane, Haremsromane oder Inzestromane, wobei sich auch ein Markt billiger Pornoheftchen für die unteren Einkommensklassen etab-

---

[70] Auf den Marquis de Sade und seine Schriften wird noch ausführlicher eingegangen in Kap. 6.3.

bis 18 Jh. P als Mittel zum Zweck. Sexuelle Darstellung wird instrumentalisiert
ab 18 Jh. Darstellung sexueller Phantasien als Selbstzweck

liert. War die Rezeption der literarischen Pornographie bis Mitte des 19. Jahrhunderts vornehmlich eine exklusive Beschäftigung der männlichen Elite eines Landes, können nun auch die langsam alphabetisierten Massen Pornographie rezipieren (Naumann 1976; Kendrick 1996; Pease 2000; Storra-Lamarre 2005; Sigel 2005b). Gerade angesichts der zunehmenden Urbanisierung der westlichen Gesellschaften, in denen anonyme Menschenmassen miteinander auf engem Raum leben, können pornographische Schriften nach Marktmechanismen produziert und distribuiert werden. Dies führt dazu, dass sich in den verschiedenen Ländern Ligen gegen die Verbreitung obszöner Schriften und zur Sicherung der Moral formieren. Auf der Basis des paternalistischen Glaubens, für das Wohl der Massen verantwortlich zu sein, wird einerseits die Forderung nach repressiver Legislatur als Basis eines Vorgehens gegen die pornographischen Schriften laut, andererseits gilt es, die Bildung der Massen zu verbessern, damit sie gegenüber der Pornographie weniger empfänglich sind (vgl. Storra-Lamarre 2005: 53). Dies fasst Kendrick wie folgt zusammen:

„Urbanization collaborated with advanced technology and literacy to produce, by the middle of the nineteenth century, a reading public very different from that for which any of our early pornographers wrote their books. It was an anonymous, amorphous public, in which distinctions of sex and class could no longer be relied upon to determine who would read what. It had no taste and no discretion; it liked its amusements strong, and it responded to them with infantile, brutal immediacy. Such, at least, was the image of the new public that haunted the imagination of authoritative commentators, however little it may have corresponded to reality."   (Kendrick 1996: 84)

Basierend darauf werden in den europäischen Ländern, aber auch in den USA Zensurmaßnahmen erlassen. Da die Repression und Zensur pornographischer Literatur als ein universelles Problem aufgefasst wird, findet am 21. und 22. Mai 1908 der Internationale Kongress gegen Pornographie in Paris statt, bei dem als größte Gefahr pornographischer Schriften deren Potential, sexuelles Begehren und Aktivitäten hervorzurufen, genannt wird (vgl. Storra-Lamarre 2005: 60).

Mit Blick auf die Nationalität und kulturelle Differenzierung fällt auf, dass es ganz zentrale Unterschiede in der Darstellung sexueller Phantasien gibt. Während insbesondere England und Frankreich, nach 1880 aber auch die USA eine pornographische Literatur hervorgebracht haben, die Sexualität offen und explizit thematisiert, wird pornographische Literatur in Deutschland lange Zeit ganz ausgeblendet oder sprachlich und inhaltlich indirekt verpackt[71]. Daher finden

---

[71] Dass bspw. sexuelle Obsessionen durchaus ein beständiges Thema deutscher Literatur waren, zeigt eine Analyse der Werke *Die Kindsmörderin* von Heinrich Leopold Wagner, *Die Soldaten*

sich in der deutschen Literatur nur sehr wenige Beispiele expliziter Pornographie, wie *Der Liebhaber der elftausend Frauen* von Althing alias Christian August Fischer, die Sexualität offen zum Gegenstand haben. Sexualität wird vornehmlich metaphorisch und symbolisch als Thema verarbeitet. Explizit sexuelle Schriften werden aus dem Ausland importiert und übersetzt[72] (Jurgensen 1985, Leonard 2005). Selbst Stücke wie *Der Reigen* von Arthur Schnitzler, das zwar symbolisch beständig um die Sexualität kreist, ja nichts anderes zum Thema hat, jedoch sprachlich dezent bleibt, kann gegen Ende des 19. Jahrhunderts in Deutschland nicht erscheinen und wird stattdessen in Österreich verlegt. Schnitzler selbst schrieb während seines Schaffens am *Reigen* in sein Tagebuch: „Etwas Unaufführbares hat es noch nie gegeben" (Schnitzler nach Scheffel 2002: 135).

Das 20. Jahrhundert bringt eine pornographische Literaturlage in unübersichtlicher Vielfalt hervor. Besondere Aufmerksamkeit wird aber insbesondere den französischen Surrealisten zu Beginn des 20. Jahrhunderts zuteil, die an Sade anknüpfen und die sexuelle Phantasie expressiv literarisch verpacken. Ihre Schriften sind beeinflusst durch wissenschaftliche und philosophische Erkenntnisse. Besonders einflussreich erweist sich das Schaffen von Georges Bataille[73], der neben einer philosophischen Theorie der Erotik auch pornographische Werke wie *Die Geschichte des Auges* oder *Meine Mutter* verfasst hat. Zugleich finden sich bei Bataille erste Ansätze eines postmodernen Dekonstruktivismus (Phillips 2005a, Sontag 1967).

Trotz der ausufernden Vielfalt pornographischer Literatur können einige generalisierende Aussagen zu den Merkmalen des pornographischen Romans getroffen werden. Der pornographische Roman kann entweder ähnlich der Komödie aufgebaut sein, dann konstituiert die Handlung den Roman behavioristisch in dem Streben der Figuren nach sexuellen Erlebnissen, oder er kann der Tragödie ähneln und damit die Auflösung einer Figur in ihrem sexuellen Werdegang verfolgen. Die pornographische Handlung unterliegt einem sexuellen Absolutheitsanspruch, wodurch alle Darstellungen von Gefühl oder Ereignis niemals grundlos sind und immer in Verbindung mit ihrer sexuell-funktionalen Relevanz gesehen werden müssen (vgl. Sontag 1967: 73).

---

von Jakob Michael Reinhold Lenz, *Woyzeck* von Georg Büchner und *Götz von Berlingen* von Johann Wolfgang Goethe (Heyer 2005).

[72] Dies kann damit erklärt werden, dass die deutschen Aufklärer und Reformatoren des 18. und 19. Jahrhunderts eher pragmatisch orientiert sind, eine Reformation der sozialen Verhältnisse im Kontext der bestehenden sozialen Ordnung anstreben und eine Auseinandersetzung mit der Kirche in den meisten deutschen Kleinstaaten unnötig erscheint. Insofern werden der Klerus und der Adel nicht vermittels pornographischer Schriften karikiert (Leonard 2005).

[73] Auf Bataille wird im Kontext der Transgression in Kap. 6.3 näher eingegangen.

„Das Universum der pornographischen Phantasie ist ein absolutes Universum. Es hat die Macht, alle Dinge, die sich ihm bieten, in sich aufzunehmen, zu verwandeln und in verwandelter Form wiederzugeben; und es reduziert sich dabei alles auf die einzig gültige Währung des erotischen Imperativs. Alles Handeln wird als eine Folge sexueller Vorgänge begriffen. Daher läßt sich die Weigerung der Pornographie, permanente Unterschiede zwischen den Geschlechtern zu machen oder irgendwelche sexuellen Prioritäten oder sexuellen Tabus gelten zu lassen, ,strukturell' erklären. Die Bisexualität, die Missachtung des Inzest-Tabus und ähnliche charakteristische Züge der pornographischen Literatur dienen dem Zweck der Vervielfachung der Möglichkeiten des sexuellen Austauschs. Im Idealfall sollte es für jeden möglich sein, sexuelle Beziehungen mit jedem anderen anzuknüpfen"

(Sontag 1967: 81)

Entsprechend behält der pornographische Roman eine einmal gewählte Perspektive bei, welche einer rein sexuellen Logik folgt (vgl. Marcus 1966: 206). Hierin generiert die pornographische Fiktion ein phantastisches und utopisches Zeit-Raum-Kontinuum sexueller Lust. Diesen Konnex bezeichnet Marcus (1966) erstmals mit dem Begriff *Pornotopia* als phantastische Möglichkeit einer fiktionalen Existenz des sexuellen Überflusses. Die sexuellen Ereignisse werden aus einer Schlüssellochperspektive geschildert, die den Rezipienten in die Position eines Voyeurs versetzt, der heimlich das sexuelle Treiben der Figuren beobachtet (vgl. Barthes 1980: 27). Generiert wird die Schlüssellochperspektive durch die fokussierte Außenansicht der Figuren und der Handlungen, welche segmentiert beschrieben werden. Hierbei bedient sich die Erzähltechnik einer Episodenstruktur[74] (vgl. Naumann 1986: 313 ff). Auffällig erscheint das Prinzip von Varietät und Redundanz, in welchem das Immergleiche nuanciert verändert als Novum präsentiert wird (vgl. Marcus 1966: 273 f). Dementsprechend tauchen bestimmte Topoi kontinuierlich in heterosexuellen Mainstream-Werken auf. Dazu gehören die Verführung und die Initiation einhergehend mit der Defloration, der Inzest, die Profanisierung des Geheiligten und Wertvollen, die Vorstellung von Omnipotenz und ewiger Lustbereitschaft, homosexuelle Kontakte insbesondere zwischen Frauen, die Flagellation sowie racialized[75] Sex

---

[74] Die Differenzierung und der wechselseitige Bezug von Nummernstruktur und Narrationsstruktur ist bislang für den pornographischen Roman noch nicht untersucht worden, wie es Williams (1995) für die filmische Hardcore-Pornographie getan hat. Einzig im Hinblick auf die literarische Frauenpornographie hat Rückert (2000) eine starke Einbindung der sexuellen Nummern in eine schlüssige Narration nachgewiesen. Danach sind 25% der sexuellen Nummern in frauenpornographischen Romanen für sich selbst stehend, während 75% in die Narration eingelassen sind. Nach Williams (1995) könnte man damit davon ausgehen, dass die Frauenpornographie eher zu integrierten und ausgelösten Pornotopien neigt als zu nicht-integrierten Pornotopien (vgl. hierzu Kap. 4.3.6).

[75] An dieser Stelle wird auf den amerikanischen Begriff des racialized zurückgegriffen, da es im Deutschen kein entsprechendes Äquivalent gibt und die Übersetzung mit „rassenbasiert" oder „interrassisch" aufgrund der deutschen Geschichte noch einmal eine andere Konnotation erhält,

(vgl. Kronhausen & Kronhausen 1967: 198). Gebunden scheint die Redundanz pornographischer Topoi an die Grenzen und Standardisierungen der sexuellen Phantasie und den sprachlichen Optionen, diese in verschriftlichtes, sexuelles Verhalten zu transferieren (vgl. Steiner 1967: 99 f).

„In einem sind pornographische Bücher wie alle andern: darin nämlich, daß sie auf Schrift und Sprache gegründet sind. Hätte die Sprache in ihrem Wortschatz nicht Stücke, die von Haus aus obszön angelegt und gemeint sind, das pornographische Schrifttum wäre seiner besten Mittel beraubt." (Benjamin 1972: 457)

Ausgehend von diesem Zitat Walter Benjamins offenbart sich die Sprache pornographischer Literatur als ihr zentrales Moment, denn zur literarischen Darstellung der sexuellen Phantasie werden spezifische, in der Sprache selbst verankerte Codes[76] operationalisiert. Zur Benennung der Sexualorgane und sexueller Handlungen sind die Umgangssprache, die wissenschaftliche Fachsprache sowie die Vulgärsprache zu differenzieren. Daneben gibt es noch die infantile Sprache sowie interpersonale Sprachcodes, die zwischen Partnern ausgehandelt werden (vgl. Faulstich 1994: 21 ff). Mit Blick auf die konkrete Versprachlichung sexueller Phantasien erweisen sich Metaphern und Symboliken[77] als relevant, welche von der Weckung einer sexuellen Assoziation bis hin zu einer elaborierten Beschreibung des Sexualaktes eingesetzt werden können und sich der unterschiedlichen sprachlichen Codes bedienen können (vgl. Rückert 2000: 193 ff).

Zusammenfassend kann gesagt werden, dass sich der Genrecharakter pornographischer Literatur in erster Linie durch ihr Thema, die Inszenierung sexueller Phantasien, und weit weniger durch ihre Form ergibt (vgl. Naumann 1986: 319).

Sprache als

---

die so nicht intendiert ist. Auf den racialized Sex wird in Kap. 6.3 noch einmal näher eingegangen.

[76] Allerdings erhalten die Codes erst in der konkreten Rezeption ihre Sinnzuschreibung, wie Barthes (1980) hervorhebt.

[77] Im Kontext ihrer Analyse der Frauenpornographie thematisiert Rückert die Schwierigkeiten die Metaphern und Symbole einhellig einer Differenzierung von Erotika und Pornographie zuordnen zu können, wenn diese den sexuellen Akt zwar beschreiben, dies aber in einer distanzierteren Weise als die direkte vulgär- oder umgangssprachliche Benennung (vgl. Rückert 2000). Zugleich belegt diese Studie, dass die Sprache der Pornographie keineswegs immer nach absoluter Direktheit und ihrer eigenen Transzendenz strebt, wie noch von Marcus (1966) und Naumann (1986) vermutet. Vielmehr richtet sich die Sprache der Pornographie nach Zielpublikum, Subgenre und Vermögen des Autors.

4.3.3 Witze, Zoten und Lieder

Angesichts der minimalen Alphabetisierungsrate vor dem 19. Jahrhundert muss den mündlich überlieferten Witzen, Zoten und Liedern eine besondere Relevanz in der pornographischen Unterhaltung der Bevölkerung jenseits der Eliten eingeräumt werden. In diesem Kontext fungierten Bänkelsänger und Spielleute als Mensch-Medien, die eine wesentliche Informations- und Unterhaltungsfunktion übernommen haben. Erotische Gesänge und Zoten wie auch Rätsel waren integraler Bestandteil zahlreicher sozialer Anlässe bspw. der Hochzeitsmähler. Allerdings ist davon bis heute nur sehr wenig überliefert worden (vgl. Faulstich 1994: 69). Ein seltenes Beispiel der Überlieferung von Gedichten und Rätseln stellt das Exeter Book aus dem 12. Jahrhundert dar (vgl. Hyde 1969: 106). Während Faulstich 1994 noch konstatiert[78], dass es kaum mehr gesungene pornographische Lieder auf Tonträgern gibt, kommt Werner 2005 zu dem gegenteiligen Schluss, dass nämlich pornographische Lieder durchaus sehr weit verbreitet sind. Dabei legt Werner (2005) den Fokus auf den Hip Hop als global verbreitetes und sehr populäres Phänomen. Die Pornographiezuschreibung betrifft den Hip Hop Song sowohl im Hinblick auf seine Texte, seine musikalische Gestaltung, seine Live-Darbietungen als auch seine Vermittlung im Musikclip. Zugleich können auch personelle Überschneidungen zwischen Hip Hop Künstlern und der Pornoindustrie auftreten wie im Fall der Zusammenarbeit zur Produktion von Filmen zwischen dem Rapper Snoop Dogg und Pornoproduzent Larry Flint. Bereits seit 1984 herrscht in den USA eine Kennzeichnungspflicht sexuell expliziter Lyrics auf Tonträgern (vgl. Werner 2005: 149 ff).

Im Zentrum medialer Aufmerksamkeit hat vor allem Madonna[79] in den frühen 1990er Jahren mit ihrem Album *Erotica* für skandalöse Furore gesorgt, wobei die Kombination aus gehauchten, anrüchigen Songtexten und den diese entsprechend untermalenden Musikclips den pornographischen Gehalt ausmacht (McNair 1996, 2004).

4.3.4 Theater

> „The task of theatre being the portrayal of human characters and passions, it cannot help presenting the varied phenomena and relationships of human love. Tragedy, that is to say the drama proper, has always favoured the ideal aspects

---

[78] Es bleibt allerdings festzuhalten, dass insbesondere Plattencover und Texte amerikanischer Rock- und Metalbands bereits in den 1980ern immer wieder ob ihres sexuellen Gehalts in den USA für Skandale sorgten wie bspw. das Album *Appetite for Distruction* von Guns N' Roses.

[79] Um sich die Musikclips der Singleauskopplungen *Justify my Love* und *Erotica* auf www.youtube.com ansehen zu können, muss man noch immer bestätigen, volljährig zu sein.

of great emotion; while comedy, and in particular farce, generally deals with lower, sensual, purely sexual side, as witness the plays of Aristophanes, the pantomimes of ancient Rome, the profanised mystery of the Middle Ages, and so on, right to the present day. That was why the Christian Church from the outset condemned the theatre as a whole, including even the most innocent pagan shows, and regarded the theatre as 'the arsenal of prostitution'."

(Bloch 1967: 484)

Zwar wird im Hinblick auf die Medienwirkungsforschung mehrfach auf die lange Tradition der These der Schädlichkeit von Medienangeboten hingewiesen, die ihren Ursprung in den komplementären Ansichten von Platon und Aristoteles über die Auswirkungen des Theaters[80] findet, dennoch wird in der Pornographieforschung kaum auf den Zusammenhang zwischen Pornographie und Theater eingegangen.

Ihren Ursprung findet die Pornographie des Theaters in dem antiken Griechenland (Hyde 1969, Faulstich 1994). Neben den Schauspielen und Aufführungen der Phalluslieder im Kontext dionysischer Riten werden hier erstmals bis heute überlieferte Theaterstücke verfasst, die Sexualität als Thema explizieren (vgl. Hecken 1997: 94 ff). In Anbindung die gesellschaftliche Relevanz der Hetäre behandeln einige der klassischen Komödien das Verhältnis der Hetären und ihrer Liebhaber. Insbesondere die Komödien des Aristophanes gegen Ende des 5. Jh. v. Chr. werden in diesem Kontext erwähnt, wobei für das Stück *Lysistrata* explizit betont wird, dass es „rein sexueller Natur" ist (Hyde 1969: 64).

Im deutschen Mittelalter nehmen sexuelle Darstellungen im Kontext der Fastnachtsfeiern eine gewichtige Rolle ein, wenn die Wanderschauspieler teilweise nackt auf den Marktplätzen der Städte ihre Stücke zum Besten gaben. Als berühmtester Fastnachtdichter gilt der Nürnberger Hans Sachs (vgl. Guha 1971: 51). Ein Beispiel eines Monologs eines damals sehr beliebten Fastnachtstücks besagt:

> „Eines Tages ging ich hin
> und buhlte um die Müllerin.
> Ich fragte sie: wie wär es nun,
> wollt meinen Stecken ihr reintun?
> Zwei Pfaffen aber hatten
> viel größere als ich,
> die taten sie beschatten –
> und sie verschmähte mich"
> (zitiert nach Guha 1971: 51)

---

[80] Hierzu in dem Kapitel über die Medienwirkungsforschung mehr (6.5).

Besondere Berühmtheit erlangt das aus dem 17. Jahrhunderte stammende Theaterstück *Sodom or the Quintessence of Debauchery*, das John Wilmot, dem
zweiten Earl of Rochester[81] , zugeschrieben wird und angeblich sogar von dem
englischen König Charles II und seinen Höflingen aufgeführt worden sein soll
(vgl. Hyde 1969: 192 f). Für das Paris des 18. Jahrhunderts ist überliefert, dass
zahlreiche kleine Theater pornographische Stücke wie *Huren, oder das hurende
Paris* von Baculart d'Arnaud oder *Sirup am Arsch* von Charles Colé aufgeführt
haben (vgl. Hans & Lapouge 1979: 6). „Ein Szenenbild aus einem solchen
‚Liebhabertheater' kann veranschaulichen, wie drastisch das gewesen sein muß:
Beim Tanz sind Brüste und Schamlippen entblößt, der erigierte Penis wird
schon in der Hand gehalten" (Faulstich 1994: 73). Es wird berichtet, dass die
Theater des Ancien Régime mit Extra-Nischen ausgestattet waren, in denen die
von den Theaterinszenierungen angeregten Zuschauer selbst sexuell aktiv werden konnten (vgl. Faulstich 1994: 73 f).

Abb. 9: Szenenbild aus einem „Liebhabertheater"

---

[81] Kendrick (1996) misst den Schriften des Earl of Rochster den Stellenwert bei, dass an den
Reaktionen auf sie erkenntlich wird, wie die jeweilige Sexualmoral und der pornographische
Geschmack einer Epoche in der englischsprachigen Kultur geartet ist. Das Leben und Schaffen
des Earl lieferten die Vorlage für den Spielfilm *The Libertine – Sex, Drugs and Rococo* mit John-
ny Depp in der Hauptrolle.

Ansonsten offeriert die Darstellungsdimension vornehmlich Aussagen über das Theater im Kontext von Zensur- und Regulationsmaßnahmen. Die sexuellen Darstellungen des frühen 17. Jahrhunderts in dem japanischen Kabuki-Theater dürfen ab 1629 nicht mehr von Frauen gespielt werden. Zunächst werden anstelle der Frauen Knaben als Schauspieler eingesetzt, welche aufgrund der päderastischen Färbung der Theaterstücke bald schon durch erwachsene Männer ersetzt werden (vgl. Faulstich 1994: 73). Das erste englische Zensurgesetzt bezieht sich auf das Theater. 1737 wird der Stage Licensing Act erlassen, wonach jedes aufzuführende Theaterstück zunächst durch den Lord Chamberlain genehmigt werden und eine Lizenz erwirken muss (vgl. Kendrick 1996: 100). Gerade in dem viktorianischen England des 19. Jahrhunderts werden nicht nur aktuelle pornographische Werke zensiert, auch bekannte und etablierte Theaterstücke werden neu bewertet und bereinigt, sofern sie den Ansprüchen der Sexualmoral nicht genügen. Das wohl bekannteste Beispiel ist die Bereinigung der gesammelten Werke Shakespeares durch Thomas Bowdler, dessen Name in der englischen Sprache heute synonym mit der sexualmoralischen Bereinigung von Theaterstücken und literarischen Werken gesetzt wird (to bowdlerize a book) (u.a. Hyde 1969, Kendrick 1996).

Die Schwierigkeiten der Aufführung des Stücks *Der Reigen* von Arthur Schnitzler werden als Beispiel für die Prüderie der Weimarer Republik angeführt (Faulstich 1994, Marcuse 1984).

4.3.5 Photographie

Mit der Entdeckung und Etablierung der Photographie wird das Medium auch für die Herstellung pornographischer Darstellungen eingesetzt und begründet ein lukratives Geschäft ihres Verkaufs als Photographien oder als Postkarten. Als bekannte Anekdote wird von Faulstich (1994), Hyde (1969), McNair (1996) und Kendrick (1996) die Geschichte des Londoners Henry Hayler erzählt, der in den 1860ern und 1870ern mit pornographischen Photos seiner Frau und seines Sohnes handelte. Bei einer Hausdurchsuchung konfiszierte die Polizei 130.248 Photographien und rund 5.000 Photoplatten.

Kennzeichnend für die pornographische Photographie ist die Verbundenheit mit einem erotischen Realismus verschiedenster sexueller Akte und Handlungen (vgl. Hyde 1969: 156). „Auch hier war das gesamte Arsenal denkbarer sexueller Handlungen dargestellt, einschließlich Sex zu dritt, den sogenannten Busenfick oder Sex in Verbindung mit Ausscheidungen" (Faulstich 1994: 82).

Abb. 10: Pornographische Photographie

Eine besondere Form der pornographischen Photographie stellt das All-American Pin Up[82] der 1940er dar. Einzig während des Zweiten Weltkriegs wird dem Pin Up als einer Form der Softcore-Pornographie eine wichtige Rolle in der Moralisierung der amerikanischen Truppen seitens des amerikanischen Militärkomplexes zugesprochen (vgl. Kadoudaki 2004: 336). So fasst Kadoudaki die spezielle Verbindung zwischen Pin Up und Militärkomplex in den 1940ern der USA zusammen (Kadoudaki 2004: 338):

„The wartime pinup constitutes a state-initiated, propagandist, mainstream image, while the pre-1940s and the postwar pinups are seen as ‚secular' and ‚civilian' texts: not state-sanctioned, not specifically patriotic, and not specifically American. What disrupts the historical continuity of the pinup as a genre is its aberrant patriotic ideological function during the war, in contrast to the assumed ‘normal' function of pornographic images – the idea being that the latter cannot have ideological uses or implications."

Zwei ideologische Funktionen arbeitet dieser Ansatz heraus: Aufgrund der langen Zeit, die die amerikanischen Soldaten während ihres Einsatzes im Zweiten Weltkrieg im Ausland verbringen, bildet sich die homophobe Befürchtung, dass

---

[82] Neben den photographischen Pin Ups finden sich zudem auch zeichnerische Illustrationen.

die reinen Männergesellschaften homosexuelle Erfahrungen begründen könnten. Neben der Linderung homophober Befürchtungen sollen die Photographien
vor allem von den ausländischen Frauen ablenken (vgl. Kadoudaki 2004: 362).
Mit dem Ende des Krieges findet das Pin Up nur noch in einer enterotisierten
Fassung in der Werbung oder in einer erotischen Fassung in den Herrenmagazi-
nen öffentlich Verwendung.

4.3.6 Film

> „Seit der Erfindung des Kinematographen faszinieren und provozieren die Dar-
> stellungen von phantastischen Welten, von Gewalt, Geschwindigkeit und Se-
> xualität im Film die Anhänger und Gegner dieses Mediums."
>
> (Eckert et al. 1990: 16)

Der Zugang zu der Auseinandersetzung mit dem pornographischen Film kann
über verschiedene Ansätze erfolgen. Basierend auf einer konkreten Fragestellung kann an einzelne Filme oder Subgenres herangegangen werden oder es
kann ein allgemeinerer Genre-Ansatz gewählt werden, der sich dem Pornofilm
über seine geschichtliche Entwicklung nähert. Dies kann geschehen, indem man
den Pornofilm mit stilistischen Entwicklungen und damit auf die konkreten
Inhalte hin perspektiviert, indem man herausragende Einzelwerke analysiert, die
einen idealtypischen Kanon exemplifizieren, oder indem der pornographische
Film im Hinblick auf die Dispositive gesellschaftlicher und medialer Kontexte
untersucht wird (vgl. Faulstich 1994: 36 ff).
Grundlegend muss für die Untersuchung des pornographischen Films festgestellt werden, dass das Untersuchungsmaterial mit dem nicht unerheblichen
Problem behaftet ist, dass diese Filme bis in die 1970er Jahre hinein illegal waren und sowohl der Besitz als auch die Produktion unter Strafe standen, weshalb
viele Filme verloren gegangen sind und keine Informationen über die Produzenten und Darsteller wegen des fehlenden Abspanns vorliegen (vgl. Williams
1995: 96).
Während der historische Ursprung des pornographischen Films für gewöhnlich
in der Erfindung der Kinematographie gesehen wird (Eckert et al. 1990, Seeßlen
1994), kann der Ausgangspunkt der Entwicklung des pornographischen Filmes
auch in photographischen Bewegstudien gesehen werden, die der Erfindung der
Kinematographie unmittelbar vorausgingen. Dabei gilt die Ausgangsthese, dass
der Pornographie ein Interesse an der detaillierten Erforschung des Körpers
zugrunde liegt. Aus einer solchen Sicht erscheint der Schritt von der Untersuchung der Körpermechanik, welche ganz besonders durch das Zoopraxiskop
von Eadweard Muybridge besser als durch das menschliche Auge allein einge-

fangen werden sollte, zu einer pornographischen Konstruktion sexueller Körper in dem neuen Medium Film nicht weit (vgl. Williams 1995: 67).

Aus dieser Verbindung geht eine für die Rezeptionspraxis visuelle Obsession – „frenzy of the visible" – hervor, die eine Lust an der Betrachtung der Körperbewegungen als unvermutetes Nebenprodukt während der Suche nach den Informationen der Körpermechanik installiert. Die Schaulust an der medienvermittelten Körpermechanik ergibt sich erst mit ihrer Rezeption und schreibt sich in die Rezeptionspraxis als Option ein (vgl. Williams 1995: 68 ff). Überdies wird diese visuelle Lust gekennzeichnet von der paradoxen Kombination eines sehr spezifischen Realitätseindrucks und der gleichzeitigen Abwesenheit des dargestellten Objekts der Lust, vornehmlich der Frau – anders als des scheinbar natürlichen und selbstevidenten Mann – in einer fetischisierenden Inszenierung, die damit als imaginärer Signifikant in der Betrachtung etabliert wird. In den Bewegungsstudien spielen der technische Apparat des Zoopraxiskop, das ungeahnte Wahrnehmungen ermöglicht, der psychische Apparat, der diese Wahrnehmungen mit einer Schaulust konnotiert, und der soziale Apparat, der die Objekte der Bewegungsstudien als Objekte inszeniert, zusammen und begründen neue Formen des Wissens und der Lust. Daran schließt sich die Ausbildung von Erwartungsstrukturen an, welche auf Voyeurismus und Fetischismus rekurrieren (vgl. Williams 1995: 73 ff).

„In anderen Worten, mit der Erfindung des Kinos erhielten Fetischismus und Voyeurismus, durch ihre Verbindung mit der positivistischen Suche nach der Wahrheit optischer Phänomene, eine neue Bedeutung und Normalität. Sie stellten nicht länger relativ seltene Perversionen dar, angewandt von Männern, die Schwierigkeiten beim Ausleben ihrer Geschlechtlichkeit haben. Sondern das Kino pflanzte diese Perversionen noch fester ein, indem es sie für technologische und gesellschaftliche ‚Sehweisen' normalisierte."   (Williams 1995: 79)

Somit formieren sich im 19. Jahrhundert neue Beobachtungsregime, die von einer bürgerlich-distanzierten und hierin dem Kantschen Beobachtungspostulat folgenden Beobachterperspektive Abstand nehmen. Durch die Position eines sehenden Subjektes, das individuell seine Beobachtung eines Objektes in dem Beobachtungsvorgang konstruieren muss, konfiguriert sich die Beobachtung in einer Reihe sozialer Praxen und Wissensdomänen. Hierin wird sie nicht länger als eine distanzierte und rationale Betrachtung ausgeführt, sondern als eine komplexe Beziehungskonstellation, „an ensemble of interactions between subject and object, viewer and image, body and machine, and between viewers and their own bodies" (Hite 1999: 552).

Diese neue Konstruktion des Bobachters als sehendes Subjekt und die Einschreibung der Schaulust in die Rezeptionspraxis der Körpermechanik fundiert

die Entwicklung des pornographischen Films, der der Erfindung der Kinematographie folgt und zunächst der Darstellung sexueller Bewegungen verhaftet ist.
Dabei folgt der pornographische Film seit seiner Begründung dem Prinzip des
maximal Sichtbaren, welches sich auf den Pornofilm ausgehend von den technischen Dispositiven und dem Rezeptionsusus in den unterschiedlichen Stadien
seiner Historie je anders auswirkt. Der Imperativ des maximal Sichtbaren lässt
den pornographischen Film nach dem phantasmatischen Wissen des sexuellen
Körpers streben (vgl. Williams 1995: 82 ff).

Seinen Anfang nimmt der pornographische Film in dem Frankreich der Jahr-
hundertwende. Als erster pornographischer Film gilt der verschollene französische Kurzfilm *Le Bain* von 1896, der eine Striptease-Szene gezeigt haben soll
(Eckert et al. 1990; Seeßlen 1994). Bereits 1905 gehört ein Filmprojektor, der
zu dieser Zeit ausgesprochen kostspielig ist, zu der Grundausstattung der noble-
ren Pariser Bordelle. Als Exportprodukte werden die französischen Frühpornos
auch auf dem amerikanischen Markt gehandelt (vgl. Seeßlen 1994: 82). Zu differenzieren sind nach Seeßlen (1994) bei den französischen Pornofilmen der
ersten Stunde drei thematische Ausrichtungen mit dem jeweiligen Fokus auf
Bordelle, Luxus und Alltag. Der erste deutsche Pornofilm ist der Film *Am
Abend* von 1910 (vgl. Williams 1995: 96). Die bekannteste frühe Produktion ist
der amerikanische Film *A Grass Sandwich*, der auch unter dem Titel *A Free
Ride* läuft (u.a. Eckert et al. 1990; Seeßlen 1994).

Die frühen Pornofilme, auch stag films genannt, die kaum länger als 10 Minu-
ten sind, zeichnen sich durch die Implementierung narrativer Strukturen aus und
begründen somit „Formen mehr oder minder avancierten erotischen Handlungs-
films" (Seeßlen 1994: 93). Als einfache, linear gestaltete Erzählstruktur wird
eine minimale Lesbarkeit des Primitivismus konstituiert, welche zahlreiche
Formen der Schaulust anzusprechen vermag. Darauf basierend kann eine fokussierte und beschränkte Lust an einer Erzählung, wie sie der pornographische
Spielfilm bietet, nicht erwartet werden. Vielmehr zeigt sich die Lust an der Erzählung als Resultat der beständigen Entwicklung des pornographischen Films,
in deren Zusammenhang in der Rezeption erst entsprechende Erwartungsstrukturen ausgebildet werden. Der frühe pornographische Film wendet sich noch an
polymorphe Schaulüste jenseits des diegetischen Raums der Erzählung (vgl.
Williams 1995: 97 ff). Zudem binden vor allem die narrativen Formen den Pornofilm über das technische Dispositiv der Zeit hinausgehend an seine Zeit, indem neben dem reinen sexuellen Akt auch noch soziale, zeitspezifische Aspekte
der filmischen Darstellung hinzugefügt werden[83] (vgl. Seeßlen 1994: 93 f).

---

[83] Wenn Seeßlen (1994) behauptet, dass die „reine" Pornographie, bei ihm der sexuelle Akt per
se, in einem Raum frei von Gesellschaft, Kultur und Bedeutung steht und darin absolut indifferent
ist, setzt ihm das in dieser Arbeit vertretene Verständnis der Sexualität entgegen, dass der sexuelle

Die 1920er Jahre der USA gelten als ein Goldenes Zeitalter des frühen pornographischen Films. Die in dieser Zeit produzierten Kurzfilme oszillieren in ihrer Gestaltung zwischen den Polen eines begrenzten narrativen Zusammenhangs und einer Zusammenhanglosigkeit aneinandergereihter sexueller Szenen. Die zusammenhanglosen Kurzfilme offerieren die Darstellung sexueller Handlungen als eine beziehungslose Schau der Genitalien (vgl. Williams 1995: 105). Die Großaufnahmen der Genitalien, mit der Fokussierung der erstmals in aller Deutlichkeit zeigbaren weiblichen Genitalien, konstituieren ein Spektakel, das explizit in Richtung des Zuschauers ausgerichtet ist (vgl. Seeßlen 1994: 128; Williams 1995: 105 f). In dieser Zeit wird der meat shot, der den Geschlechtsakt in der Großaufnahme der Genitalien zeigt, als zentrale Kameraeinstellung der Hardcore-Pornographie etabliert und markiert den Höhepunkt der einzelnen pornographischen Sequenzen. Der meat shot fungiert vor allem als Authentizitätsnachweis, dass der dargestellte Sexualakt tatsächlich durchgeführt worden ist (vgl. Williams 1995: 111 f).

Während in den 1920er Jahren die Rezeptionssituation in Europa weitgehend an die Rezeption in Bordellen gebunden ist, wird der Pornofilm in den USA in teilöffentlichen Vorstellungen in Kinos vorgeführt, wodurch sich ein wechselndes, informelles Publikum konstituiert, das die pornographischen Filme neben Filmen anderer Genre rezipiert und sich entsprechend auch über die Qualität der Filme eine Meinung bildet. Einhergehend mit verschärften Zensurbestimmungen wird der pornographische Film erst in den 1930er Jahren auch in den USA vornehmlich in kleineren Gruppen sogenannter Herrenclubs und männlicher Studentengruppen rezipiert, wodurch die Qualität der Filme nicht länger mit anderen Filmen verglichen wird (vgl. Seeßlen 1994: 132 f). Insgesamt bleibt festzuhalten, dass zu diesem Zeitpunkt die Rezeption des pornographischen Films ein kollektives Geschehen in der Gruppe, vornehmlich in männlicher Zusammensetzung, darstellt. Es kann dabei davon ausgegangen werden, dass die Rezeption in den Herrenclubs einer anderen sozialen Funktion zudienlich war als in den studentischen Gruppen. Basierend auf den bisher gemachten, eigenen sexuellen Erfahrungen und dem sexuellen Wissen weisen die Rezipienten den pornographischen Filmen andere Bedeutungen zu und nutzen sie aus divergierenden Bedürfnissen heraus. So rezipieren die Studenten Pornographie vor und/oder während ihrer ersten sexuellen Erfahrungen mit realen Partnern. Ihnen bietet die Pornographie neben dem Spektakel der genitalen Schau eine Kollektion von Darlegungen heterosexueller Verhaltensweisen und Instruktio-

---

Akt des Menschen niemals sozial indifferent sein kann, sondern immer ein Resultat des sozialen Mechanismus von Setzung und Voraussetzung ist und hierin immer sozial geformt ist. Als Inszenierung der sexuellen Phantasie ist Pornographie immer schon ein Kulturprodukt und niemals sozial indifferent.

nen der Technik sexueller Praktiken. Demgegenüber haben die Rezipienten in den Herrenclubs für gewöhnlich bereits hinreichend sexuelle Erfahrungen sammeln und einen sexuellen Habitus entwickeln können. Sie sehen in den stag filmen vor allem sexuelle Neugier und Wünsche bestätigt. Wichtig für beide Gruppen ist die durch Pornographie vorgestellte Konstruktion von Männlichkeit (vgl. Gagnon & Simon 1970: 117 f). Daher muss davon ausgegangen werden, dass die sexuelle Funktion dieser stag films[84] angesichts der homosozialen, ritualisierten Rezeptionssituation auch viel weniger in der Bereitstellung von masturbations-begleitendem Material liegt, wie heute häufig für den pornographischen Film pauschalisiert unterstellt wird (z.B. MacKinnon 1994, Dworkin 1987), als in einer Stimulation, welcher nach der Filmrezeption außerhalb der rein visuellen Bedingungen des Films in irgendeiner Form genüge getan werden muss (Williams 1995).

Der pornographische Kurzfilm impliziert viele Elemente des Bühnenstriptease in seiner Ausrichtung auf das körperliche Spektakel, wobei allerdings das zentrale Element des Striptease in der pornographischen Verfilmung gerade nicht gegeben ist, dass die Stripperin nämlich zeitgleich mit dem Publikum in einem Raum ist und sich der Betrachtung präsentiert. Diesen technisch begründeten Mangel der Abwesenheit des Lustobjekts muss der pornographische Film entsprechend zu kompensieren trachten, wobei die Kompensation stets an dem Ideal realer sexueller Beziehungen gemessen wird. Daher muss der pornographische Kurzfilm etwas Besonderes bieten. Insofern fungiert die Versicherung der Authentizität des genitalen Spektakels als Kompensation für die räumliche und zeitliche Trennung zwischen den Rezipienten und der beobachteten sexuellen Darbietung (vgl. Williams 1995: 116 f). Mit Blick auf die weitere Entwicklung leitet sich aus der Notwendigkeit der Kompensation das historische Modell der perversen Kompensation ab, wonach mit jedem Stadium der erweiterten Möglichkeiten der genitalen Schau, die sich aus technischer, sozialer und filmisch-struktureller Entwicklung ergeben, eine neue Form der Herausforderung der Schaulust des Rezipienten eingeführt wird. Der historische Querschnitt der Analyse pornographischer Filme zeigt, dass mit jedem Stadium der visuellen

---

[84] Kurzfilme sind auch heute noch erhalten, wobei Williams auf die in vielen Sex Shops gegebenen Videokammern hinweist, in denen einzelne Rezipienten gegen Geldeinwurf solipistisch Filme rezipieren können, die nicht rezipiert werden, bis sie beendet sind, sondern bis die Befriedigung der Männer erfolgt ist. Des Weiteren werden Kurzfilme auch noch immer in Sexkinos als Loops, d.h. als aneinander geschnittene Sequenzen sexueller Handlungen, gezeigt. Beide Varianten zielen gerade nicht mehr auf die Konstitution der Homosozialität wie die Kurzfilme vergangener Zeiten (Wiliams 1995). Dem lässt sich hinzufügen, dass der pornographische Kurzfilm gerade in Zeiten des Internets ein absolutes Revival erlebt, denn die wenigen wirklichen Amateurfilme auf Internetseiten wie www.youporn.com oder www.amateur-blogs.com konstituieren oftmals pornographische Kurzfilme.

Intensivierung die institutionalisierte Lust der vorausgegangenen Stadien grundlegend in Frage gestellt wird. So hat der pornographische Kurzfilm in die etablierte Schaulust aus den Körperbewegungsstudien eine Einpflanzung einer neuer Lust vorgenommen, die zwischen der alten Lust des Bühnenstriptease und der neuen Schaulust, sich voyeuristisch mit der Vorführung sexueller Handlungen zu identifizieren, schwebt. Wesentlich für die Schaulust des Pornokurzfilms ist sein Oszillieren zwischen den Polen der Lust an der Männergemeinschaft in der Rezeptionssituation und der Lust an der Identifikation mit dem männlichen Protagonisten des Films, wobei eine vollständige Identifikation gerade aufgrund der Rezeptionssituation nicht generiert werden kann (vgl. Williams 1995: 119 f). Es kann zusammenfassend für den stag film festgehalten werden:

„Der Sex-Kurzfilm oszilliert zwischen der Unmöglichkeit einer direkten Beziehung des Zuschauers zu dem exhibitionistischen Objekt, das er in Großaufnahme beobachtet, und dem idealen Voyeurismus eines Zuschauers, der ein sexuelles Ereignis beobachtet, in dem ein Ersatz-Mann an seiner Stelle agiert. Zwei Einstellungen sind typisch für dieses Oszillieren: Großaufnahme der entblößten Geschlechtsteile mit gespreizten Beinen, die sich direkt an den Zuschauer wendet und mehr zeigt vom weiblichen Körper als Lustobjekt als jede vorausgehende bildliche oder andere Form der institutionalisierten sexuellen Schau; und der meat shot, der mehr vom ‚genitalen Ereignis' zeigt, als je zuvor für ein Massenpublikum sichtbar wurde (allerdings noch nicht vollständig erzählt wie in den pornographischen Spielfilmen)."   (Williams 1995: 120)

Da bereits 1915 die ersten amerikanischen Erlässe zu einer Zensur pornographischer Filme auf nationaler Ebene erlassen werden, trennt sich die Produktion pornographischer Filme von der der herkömmlichen Filme, wodurch sich ein eigener Markt für Pornokurzfilme konsolidiert. Das führt dazu, dass der pornographische Film lange Zeit technisch extrem rückständig ist, da die Produktion kriminalisiert und unter Strafe gestellt wird (vgl. Seeßlen 1994: 100 f). Entsprechend zeichnen sich die ersten pornographischen Filme der Blütezeit der 1920er durch eine höhere Elaboration technischer und filmischer Umsetzung aus als die Filme, die ab den 1930ern Jahre produziert werden (vgl. Williams 1995: 105 ff). So präsentiert sich der stag film bis in die 1960er Jahre schwarz-weiß als ein Stummfilm oder mit einem mehr oder weniger passenden off-Ton unterlegt (vgl. Seeßlen 1994: 149). Rund 2000 pornographische Kurzfilme werden in den USA zwischen 1920 und 1968 produziert (vgl. Waugh 2004: 127). Allein der französische Pornofilm versucht, ab den 1950ern die Handlung ein wenig auszuarbeiten und billig dem Film eine Tonspur zu (vgl. Seeßlen 1994: 155). Gerade aufgrund dieser Abtrennung der pornographischen Filme von der technischen Entwicklung der restlichen Filme und ihre Bannung in ritualisierte Rezeptionssituationen jenseits der Öffentlichkeit kann sich der pornographische

Kurzfilm in seiner kruden Darstellungsweise und seinem segmentierten Blick auf die Sexualität als ein Diskurs neben dem öffentlichen Diskurs über Sexualität behaupten (vgl. Seeßlen 1994: 120 ff).

Während der pornographische Kurzfilm kriminalisiert im Untergrund rezipiert wird, hat er eine legale Variante als erotische Kinematographie entwickeln können, die auch in öffentlich konzessierten Kinos vorgeführt werden darf. Von diesen erotischen Filmen gehen Ende der 1960er Jahre die Impulse aus, die zu der Entwicklung des pornographischen Spielfilms führen, welche dadurch geschürt wird, dass die Produktion von 16 mm Filmen geringere Produktionskosten verursacht und eine neue Generation der Filmemacher in das Geschäft drängt (vgl. Schaefer 2004: 395 ff).

Zentral für die weitere Entwicklung des pornographischen Films ist die Legalisierung von Nacktheit in Filmen, da 1957 ein Gerichtsentscheid im Zusammenhang mit dem FKK-Film *Garden of Eden* bestimmt, dass in den USA sogenannte Nudies auch in den Kinos gezeigt werden dürfen, sofern diese Nacktheit in ihrer Darstellung nicht sexuell konnotieren (vgl. Seeßlen 1994: 161 ff).

In Europa ist vor allem in den frühen 1960ern der skandinavische Sexfilm von Relevanz, da er als Bindeglied zwischen den Nudies und den sich entwickelnden erotischen Filmen Frankreichs, Englands und Deutschlands, welche mehr mit sexueller Symbolik als mit offener Sexualität hantieren, fungiert. Sie etablieren das Format der Report-Filme, an das die deutschen Report-Filme der 1970er anschließen (vgl. Seeßlen 1994: 170 ff). Der skandinavische Sexfilm kann ab Ende der 1960er Jahre auch Hardcore-Pornographie zeigen, da sich die Zensurbestimmungen[85] dort massiv ändern. So gibt Dänemark als erstes Land 1968 die Pornographie frei und hebt die Zensur auf (vgl. Seeßlen 1994: 204).

Für das Report-Format ist charakteristisch, dass es eine Quasi-Authentizität installiert und in der Nähe zur Yellow-Presse positioniert ist. Hierin erweisen sich vor allem die deutschen aufklärerisch anmutenden Reportfilme der 1970er als cineastisches Äquivalent zum Sex-Klatsch (vgl. Seeßlen 1994: 180 ff). In Deutschland vollzieht sich in den 1970er Jahren nach und nach die Entwicklung vom Aufklärungs- zum pornographischen Spielfilm mit der Einschränkung, dass in den 1970ern die pornographischen Spielfilme vornehmlich aus dem Ausland nach Deutschland importiert werden (vgl. Seeßlen 1994: 184).

In den USA verlief die Entwicklung zu den pornographischen Spielfilmen über drei Entwicklungslinien: die sexploition Filme der späten 1960er, die beaver Filme und die Dokumentarfilme über das sexualliberale Skandinavien. Der

---

[85] Dennoch gilt auch in den skandinavischen Ländern, dass die Pornographie und ihre Produktion an das Sexualstrafrecht gebunden sind.

sexploition Film[86] der späten 1960er thematisiert in seinen Darstellungen Sexualität und Gewalt in billig produzierten B-Movies (vgl. Williams 1995: 138). Er entwickelt das dem Horrorfilm verpflichtete Subgenre der Gouhlies. Insgesamt muss allerdings festgehalten werden, dass diese Filme weniger durch die Sexualität als durch die Gewalt determiniert sind (vgl. Seeßlen 1994: 195). Zentrale Protagonisten des Genres sind der Produzent David F. Friedman, der die *Blood*-Trilogie[87] produziert hat, und der Regisseur Russ Meyer. Die sexploition Filme hatten kaum Probleme mit der amerikanischen Zensur (vgl. Seeßlen 1994: 193 ff).

Die beaver movies erweisen sich als ein mehr oder minder legales Subgenre des stag films, in denen sich Stripperinnen ausziehen und ihre Scham entblößen. Gezeigt wurde der beaver vor allen Dingen in Peep Lokalen, oder er kann über den Mail-Order-Versand direkt an Privatkunden geschickt werden (vgl. Williams 1995: 139). Der split beaver endet in seinen Abschlusseinstellungen mit dem entblößten Schambereich der Stripperin, die ihre Beine und/oder ihre Schamlippen spreizt. Daneben gibt es den action beaver, welcher als Verknüpfung zwischen dem Sexfilm und dem beaver eine beschränkte Handlung in den Film implementiert. So streichelt sich die Stripperin im Schambereich selbst oder eine zweite Frau führt an ihr Cunnilingus aus. Durch die Ausklammerung der Penetration bleibt der action beaver dem legalen Bereich dessen verhaftet, was in konzessionierten Kinos gezeigt werden darf (vgl. Williams 1995: 139; Seeßlen 1994: 201 ff).

Schließlich etablieren sich Dokumentarfilme, die die Pornoproduktion und die Sexualmoral der Skandinavier zum Thema haben. Diese Filme erweisen sich als eine scheinwissenschaftliche Suche nach dem Wissen über die sexuellen Sitten anderer Länder, um Bilder von den skandinavischen Pornoproduktionen liefern zu können (vgl. Williams 1995: 140).

Mit der Entwicklung der 16 mm Film-Technik entstehen in den USA zwischen 1967 und 1972 die ersten pornographischen Spielfilme, deren Etablierung und Durchsetzung mit dem kommerziell erfolgreichen und in den Kinos gespielten *Deep Throat* von 1972 erfolgt (vgl. Schaefer 2004: 371 ff). Als erster pornographischer Spielfilm gilt hingegen der 16 mm Streifen *Mona: The Virgin Nymph* von dem Produzenten Bill Osco (vgl. Seeßlen 1994: 207). Der kommerziell erfolgreiche Pornospielfilm ermöglicht es, dass die Filme das technische und ästhetische Niveau der Filme anderer Genres erreichen. Zudem werden Narrati-

---

[86] Seeßlen (1994) bezeichnet ihn in Abgrenzung zu den Nudies als Roughies, um die Verbindung zwischen Gewalt und Sexualität zu verdeutlichen.
[87] Die Blood-Trilogie besteht aus den Filmen *Blood Feast, Two Thousand Maniacs* und *Color me blood red*, hat heute bei *Horrorfilm*-Fans Kultstatus erreicht und kann via amazon.com als Box geordert werden.

onen in die Filme eingebaut, die eine narrative Einheit von Zeit und Ort konstituieren, und die Pornobranche entwickelt, wie andere Filmbranchen auch, ein eigenes Starsystem (vgl. Seeßlen 1994: 227 ff).

Mit *Deep Throat* vollzieht sich wiederum ein Wechsel in der Schaulust. Genügte es dem stag film die genitale Schau und darauf aufbauend das genitale Ereignis zu exerzieren, ist der frühe pornographische Spielfilm in die Zeit der sexuellen Revolution eingebunden, die den sexuellen Akt nicht mehr per se lustvoll konstruiert, sondern männliche und weibliche Lust trennt und den Orgasmus als zentrales Paradigma der Lust[88] setzt. Daher bedarf der pornographische Spielfilm nicht nur des Beweises, dass der sexuelle Akt, sondern auch dass der orgasmische Abschluss authentisch ist. Daher wird der zuvor nur selten auftauchende money shot[89] zur Konvention des Pornofilms seit den 1970ern: die extrakorporale Ejakulation der männlichen Figur fungiert als Höhepunkt einer sexuellen Szene und überführt die orgasmische Lust in visuelle Authentizität. Allerdings markiert der money shot im Rahmen der konventionellen heterosexuellen Mainstream-Pornographie auch die Grenze der Darstellbarkeit orgasmischer Lust, denn während darin nach gängiger Sexualmeinung durchaus ein Beweis des männlichen Orgasmus[90] zu lesen ist, entzieht sich der weibliche Orgasmus dem Prinzip der maximalen Sichtbarkeit. Die Klitoris und die weibliche Lust werden zwar in dem Pornofilm immer wieder thematisiert, aber ein Einfangen weiblicher Lust durch die Kamera[91] erweist sich als schwer möglich. Daher muss die extrakorporale Ejakulation als Signifikant für das orgasmische Erleben von männlichen und weiblichen Figuren gelesen werden (vgl. Williams 1995: 135 ff). Der money shot kann aber nicht für sich allein stehen, sondern bedarf der Einbettung in eine narrative Abfolge genitaler Ereignisse, deren Höhepunkt er versinnbildlichen kann, wodurch die sexuelle Lust in eine detailliertere Sequenz aus Erektion, wie auch immer gearteter Penetration und Höhepunkt aufgesplittet wird. In diesem Zusammenhang konstituiert sich der typische Ablauf aus Erektion, Penetration und Höhepunkt unter der Einbindung spezifischer Nummern vor dem Höhepunkt. Als Nummern können die Masturbation, heterosexueller Koitus in unterschiedlichen Positionen, lesbische Szene, Oralverkehr, Dreiecksverhältnis, Orgie, sadomasochistische Nummer und

---

[88] Zur Bedeutung des Orgasmus als zentrales Paradigma der Lust vgl. die Ausführungen bei Lewandowski (2001) oder Sigusch (2005)

[89] Der money shot wird so bezeichnet, weil er die teuerste Einstellung einer Pornoproduktion ist und der Schauspieler für diese Einstellung extra bezahlt wird (Williams 1995).

[90] Die Interviews, die Stoller mit Darstellern aus der Pornobranche geführt hat, verweisen darauf, dass die Ejakulation trainierbar und von sexuellem Lusterleben durchaus zu trennen sein kann (Stoller 1991).

[91] Hierher rührt vielleicht der beständige Versuch, die weibliche Ejakulation festzuhalten.

Analverkehr für den heterosexuellen Mainstream-Pornofilm[92] differenziert werden (vgl. Williams 1995: 172 f). Der pornographische Spielfilm kann die sexuellen Nummern entweder für sich allein stehen lassen oder zu einer ausgedehnten Nummer aneinanderreihen (vgl. Crabbe 1988: 54 f).

„In short, then, it requires all the cinematic devices of cutting, dubbing, editing and doubling to create the illusion of a continuous sexual performance. It thus can be seen that, even in this most basic respect, hardcore is as fictional, as dramatise as any other genre of popular cinema."   (Crabbe 1988: 55)

Insbesondere die Beimengung des Tons zu dem pornographischen feature length film erscheint wichtig, weil der Ton im Film das gewichtigere Bild situiert und dadurch realistischer macht. Grundsätzlich verankert der Ton die Figuren und ihre Körper in dem diegetischen Raum-Zeit-Kontinuum der sexuellen Phantasie. Zur Intensivierung von Stimmungen und zur Einführung von Rhythmiken, welche für den Pornofilm wichtig sind, ist der Ton unerlässlich. Angesichts der Schwierigkeiten der Visualisierung weiblicher Lust fungiert vor allem der Ton in Form lautstarken, weiblichen Stöhnens als ihr Indikator. Generell folgt der Pornofilm der Konvention der Nachvertonung angesichts der Schwierigkeiten, den Originalton während der Produktion gedenk der Regieanweisungen, der Ausrichtung der Choreographie auf die Kamera und der Beleuchtung einer Szene aufzunehmen. Deshalb zeichnet sich die Nachvertonung oftmals gerade durch ihre Nicht-Synchronität aus und erweist sich als Durchbrechung des bildlichen Realismus. Besondere Bedeutung muss auch der Musik beigemessen werden, welche als wichtiges formales Charakteristikum die Narrationsstruktur von der Nummernstruktur des Films trennt (vgl. Williams 1995: 167 ff)

„Pornofilme leben von der Vereinfachung, von der Reduktion der sozialen Realität auf ein ,Sexparadies' [...]"   (Eckert et al. 1990: 113)

Während sehr häufig die flachen narrativen Strukturen als Einleitung in die allumfassende Sexualisierung des dargestellten pornographischen Raum-Zeit-Kontinuums thematisiert werden (Eckert et al. 1990, Seeßlen 1995), zeigt ein genauerer Blick[93] auf die pornographischen Narrationen, dass einerseits die pornographische Handlung nicht so offensichtlich eindimensional ist, wie es

---

[92]Die verschiedenen Subgenres der Pornographie verfügen dabei über divergierende Nummernrepertoires (Williams 1993).
[93] Williams (1995) vergleicht zu diesem Zweck die Strukturen der Pornographie mit den Strukturen des Musicals, dessen musikalische Nummern verschiedene Funktionen für die Handlung übernehmen können.

scheinen mag, und andererseits dass im Kontext der Handlung sexuelle Nummern durchaus auch eine narrative Funktion erfüllen. Narration und Nummer durchdringen sich bei dem Pornofilm wechselseitig und ein Teil der Schaulust erwächst aus dem Spannungsverhältnis der unterschiedlichen Diskursregister von Narration und Nummer. So erweist sich die beharrliche Redundanz der pornographischen Nummern und der extrakorporalen Ejakulation als Angebot einer Problemlösung eines von der pornographischen Handlung selbst aufgeworfenen sexuellen Problems, das allerdings auf das sexuelle Problembewusstsein der Rezipienten[94] rekurriert. Denn als eskapistisches Genre mit der Prämisse, dass die Lust am Sex selbstevident ist, führt es zugleich auch sein Negativ mit sich, dass die Lust am Sex fern einer Selbstevidenz gerade problematisch ist. Daher kann die sexuelle Nummer in der pornographischen Handlung als normaler Moment der Lust für Figur und Rezipienten fungieren. Darüber hinaus kann die Nummer selbst einen manifesten sexuellen Konflikt feststellen oder den durch die Narration aufgeworfenen Konflikt symbolisieren und wiederholen. Schließlich kann eine Nummer eine sexuelle Lösung präsentieren, die entweder in der Erzählung oder in anderen Nummern thematisiert worden ist (vgl. Williams 1995: 176 ff).

Damit zeigt sich, dass die Episodenform der pornographischen Erzählweise nicht nur einen dürftigen Vorwand für eine allumfassende Sexualisierung des Alltags liefert, sondern wesentlicher Bestandteil der Lösung der durch den Pornofilm aufgerollten Probleme ist. Insoweit zeigt das Genre Sex, der trotz des optischen Realismus keinesfalls realistisch sein soll, mit verschiedenen Partnern und den daraus resultierenden Lüsten als Problemlösung für zuvor angeschnittene sexuelle Probleme. Hierin konstituiert der Pornofilm verschiedene Formen der pornographischen Utopie, welche in erster Linie in den sexuellen Nummern wurzeln. Die nicht-integrierte Utopie trennt Narration und sexuelle Nummer strikt voneinander, wobei die sexuelle Nummer explizit als Flucht vor der fiktionalen Realität einen utopischen Eigenwert erhält. In dieser Erzählform begründen utopische Nummer und fiktionale Realität einen Gegensatz, in dem eine dauerhafte Lösung des sexuellen Problems nicht gewährleistet werden kann. Diese Form steht dem stag film am nächsten. Davon zu trennen ist die Integration der utopischen Nummer in die Narration, in der die Nummern in die erzählte Wirklichkeit eingebettet werden und sich Lösungen des sexuellen Problems aus dem Zusammenspiel von Narration und Nummer ergeben, wobei das Hauptgewicht der Problemlösung von der sexuellen Nummer getragen wird. Schließlich kann die utopische Nummer in der Narration aufgelöst werden,

---

[94] Es bleibt nämlich festzuhalten, dass ein Film oder ein Genre nur dann dauerhaft erfolgreich Aufmerksamkeit binden und unterhalten kann, wenn „einige der realen Erfahrungen und Bedürfnisse seines Publikums" thematisiert werden (Williams 1995: 205).

wenn die Narration selbst in der sexuellen Utopie platziert ist und die erzählte Wirklichkeit bereits eine Verwirklichung der Utopie darstellt. Nur in dieser Form der pornographischen Erzählung werden pornographische Realität und die sie durchziehenden Nummern weitgehend problemfrei offeriert und bedienen den Traum eines allumfassenden Lustparadieses (vgl. Williams 1995: 210 ff).

Der pornographische Spielfilm ist also in seiner Struktur selbst in seiner heterosexuellen Mainstream-Variante weit weniger undifferenziert, als oftmals thematisiert[95].

Mit seinen Filmen im erotischen Subgenre entwickelt sich der pornographische Spielfilm auch in einem Bereich akzeptierter Ästhetik basierend auf der Ausklammerung der Groß- und Detailaufnahmen der genitalen Schau und des genitalen Ereignisses. Diese Richtung des pornographischen Spielfilms wird durch die weichzeichnerische Verfilmung des Romans *Emmanuelle* installiert, der international sehr erfolgreich ist und zahlreiche Nachfolgeproduktionen begründet (vgl. Seeßlen 1994: 214 ff; Crabbe 1988: 52 f).

Während die Pornokinos, die im Zuge der deutschen Sexualstrafrechtsreform und der Legalisierung der weichen Pornographie nach § 184 StGB[96] für Erwachsene von 1973 errichtet wurden, in den 1970ern einen Boom verzeichnen können, flacht das breite cineastische Interesse an der Rezeption der Pornofilme bereits gegen Ende der 1970er wieder ab (vgl. Seeßlen 1994: 259 ff). Dabei hat das Pornokino der 1970er Jahre den pornographischen Film erstmals auch der Rezeption durch Frauen zugänglich gemacht und allgemeine Optionen einer Kritik an der Pornographie eröffnet (vgl. Crabbe 1988: 54). Pornographie als kulturelles Phänomen verliert in seiner legalen und leichteren Zugänglichkeit seinen Neuheitswert und die Rezeption normalisiert sich (vgl. Seeßlen 1994: 264). Parallel zu den Normalisierungstendenzen in Deutschland erfährt der pornographische Film in den USA massiv Kritik von feministischer Seite, nachdem der Film *Snuff* 1975 damit geworben hat, dass die in ihm dargestellte Vergewaltigung und anschließende Ermordung einer Frau nicht nur inszeniert, sondern tatsächlich geschehen ist und der Film als Dokument von dieser Tat zeugt. Allerdings handelt es sich bei dieser Aussage um eine Marketingstrategie, welche insbesondere von Feministinnen nicht durchschaut wird.

---

[95] Es bleibt allerdings festzuhalten, dass die wenigsten Untersuchungen der Pornographieforschung im Bereich der Medienwirkungsforschung sowohl mit Blick auf die Laborforschung als auch hinsichtlich der psychoanalytischen Richtung überhaupt die konkreten pornographischen Medienangebote, auf die sie sich beziehen, thematisieren geschweige denn in ihrer Struktur analysieren. So bemerkt McNair (1996: 117): „In the many hundreds academic books and essays which have been written about pornography, one rarely encounters descriptions of what pornography looks or reads like."

[96] Auf die Gesetzeslage und die Zensur wird in Kap. 6.1 noch genauerer eingegangen.

„Wenn er je ‚unschuldig' gewesen war, so hatte der pornographische Film jetzt seine Unschuld verloren. Da mochten die Hersteller der Mainstream-Pornographie ihre eigene Produktion noch so sehr sauber und gewaltfrei halten, niemand sprach sich mehr für Pornographie als Mittel des gesellschaftlichen und kulturellen Fortschritts aus."

(Seeßlen 1994: 271)

Wenngleich sich zeigt, dass *Snuff* gar nicht dem Genre des pornographischen Films und stattdessen dem des Horrorfilms zuzuschlagen ist, bedingen die sich anschließenden Diskussionen, dass die Produzenten pornographischer Filme im Hinblick auf die Verbindung von Gewaltdarstellung und sexueller Phantasie ausgesprochen sensibilisiert werden und dass folglich bei Neuproduktionen jenseits des S/M-Genres solche Verbindungen weitgehend vermieden werden (vgl. Williams 1995: 246 f).

Mit der Durchsetzung der Videotechnologie[97] ab Ende der 1970er Jahre verlieren die Pornokinos zusehends an Bedeutung, indessen geht mit der Rezeption auf Video in den eigenen vier Wänden eine beachtliche Veralltäglichung des pornographischen Films einher. Die Pornographierezeption wird durch die Videodistribution durch Sex Shops und Videotheken zu einer privaten Praxis, während simultan die Pornographieproduktion zu einem lohnenden Geschäft wird, weil die Produktionskosten für einen Pornofilm auf Video weitaus geringer als für eine Kinoproduktion sind (vgl. Eckert et al. 1990: 118 ff). In diesem Zusammenhang bildet sich allmählich das Erotic Home Entertainment heraus, wobei die USA als weltgrößter Produzent pornographischer Filme auftreten; Entsprechendes gilt für Deutschland innerhalb von Europa (vgl. Pastötter 2003: 14 f).

Die Videotechnik und dann die Digitaltechnik ermöglichen es, dass sich zahlreiche Subgenres der filmischen Pornographie ausbilden und auf dem Videomarkt bzw. DVD-Markt gehandelt werden können. Neben den Trägermedien Video und DVD erscheint die Distribution des pornographischen Films über das Fernsehen relevant (vgl. Pastötter 2003: 56 ff). In Deutschland ist das Fernsehen dabei an die Jugendschutzbestimmungen gebunden, die in die Landesmediengesetze und Landesrundfunkverträge Eingang gefunden haben. Aus diesem Grund dürfen in Deutschland keine Hardcore-Pornofilme über das Fernsehen ausgestrahlt werden, lediglich in den Nachtstunden dürfen „erotische" Filme gesendet werden (Knoll & Müller 1998).

Zur Erfassung der Ausdifferenzierung des Pornofilms gibt es die unterschiedlichsten Kategorisierungsversuche, die sich entweder an der Rechtslage orientieren oder anhand inhaltlicher Sexualhandlungen Kategorien bilden, daneben können sexuelle Orientierung, beteiligte Personen oder die Zielgruppe des por-

---

[97] In den USA setzt sich das VCR-System und in Deutschland das VHS-System durch.

nographischen Medienangebots die Schematisierung begründen (Eckert et al. 1990, Faulstich 1994, Seeßlen 1994, Williams 1995, Rückert 2000). Basierend auf der Ausdifferenzierung des pornographischen Films entlang sexueller Verhalten, Vorlieben und Orientierungen zeigt sich, dass sich jede neue Nische pornographischer Ausdifferenzierung nur durchsetzen kann, sofern sie Rezipienten an sich binden kann.

Seit den ersten Zeichentrickfilmen gibt es auch schon immer pornographische Zeichentrickfilme, die die sexuelle Phantasie extrem überzeichnen und eine Parodie herkömmlicher Pornofilme darstellen (Faulstich 1994, Seeßlen 1994). Mit Blick auf die Rezeption gilt, „was den einen ‚anmacht', stößt den anderen ab" (Eckert et al. 1990: 106). Daher versucht der Pornofilm, den Rezipienten auf so vielfältige Art anzusprechen und zu interessieren, dass er sehr unterschiedliche Funktionen übernehmen kann, die keinesfalls nur auf die sexuelle Stimulation zu reduzieren sind. Ausgehend von den Erzählstrukturen, die eine Identifikation des Rezipienten mit den Figuren der Handlung ermöglichen, übernimmt der Pornofilm eine Identifikationsfunktion. Daran schließt eine Traumfunktion an, die auf der Schaffung eines narrativen Raumes der Inszenierung sexueller Phantasien beruht. Sofern diese beiden Funktion erfüllt sind, kann sich auch eine sexuelle Funktion mit Konstituierung sexueller Erregung aufbauen. Daneben kann der pornographische Film aber auch eine Entlastungsfunktion erfüllen basierend auf den Elementen, die zu einem Spannungsabbau beim Rezipienten führen. Dass der Pornofilm auch bestimmte Aspekte des sexuellen Wissens vermittelt und darin eine Bildungsfunktion zeigt, ist evident. Schließlich hat der Pornofilm als Medienangebot auch die wesentliche Funktion, den Rezipienten zu amüsieren und zu unterhalten und zeichnet sich darin als Unterhaltungsangebot aus (vgl. Pastötter 2003: 100 ff).

Für das filmische Medienangebot liegen wenige Ansätze zur Untersuchung des Mediensystems vor, das einerseits den Markt des pornographischen Films betrachtet, andererseits aber auch die verschiedenen Handlungsrollen der Produzenten, Distributoren und Verwerter berücksichtigt. Die Produktion pornographischer Filme schlüsselt sich in Amateurproduktionen, Semi-Amateurproduktionen[98] und professionelle Produktionen auf. Entsprechend ist der Darstellerbereich in Amateure und professionelle Pornoschauspieler differenziert, wäh-

---

[98] In diesem Konnex ist vor allem der Gonzo hervorzuheben, der technisch und darstellerisch zwischen amateurhaften und professionellen Produktionen zu platzieren ist. Es handelt sich dabei um einen pornographischen Film, bei dem freischaffende Pornoregisseure, die eine Konstellation von Amateuren, von Amateur und Pornoprofi oder Amateur und sich selbst filmen. Diese Filme werden sehr häufig produziert. Als ein populäres Beispiel kann die *Buttman-Reihe* von John Stagliano alias Buttman genannt werden (vgl. Pastötter 2003; Lorenz 1999).

rend Regisseure und Produzenten ausschließlich professionell arbeiten (vgl. Pastötter 2003: 81 ff).

Die Aufsätze zu dem homosexuellen Pornofilm konzentrieren sich bis dato vornehmlich auf die Analyse der Inhalte, wenngleich darauf hingewiesen wird, dass der schwule Pornofilm seit den 1970ern stets eine Schattenexistenz neben dem heterosexuellen Mainstream-Porno geführt hat. Ins Blickfeld der Öffentlichkeit rückt der schwule Pornofilm erst in den 1980er Jahren mit der Aids-Epidemie. Der lesbische Pornofilm, ebenso wie der weibliche Pornofilm hingegen markieren ein verhältnismäßiges Novum, das erst mit der Videotechnologie evolviert (Williams 1993, 1995; Thomas 1999; Mach 1999; Shortes 1999; Rückert 2000; Cante & Restivo 2004; Butler 2004).

4.3.7 Magazin und Zeitschrift

Pornographische Magazine lassen sich gesichert bis in die späten 1870er Jahre zurückverfolgen. Das Journal *The Pearl* wird zwischen 1879 und 1881 von dem Engländer William Lazenby verlegt und herausgegeben. *The Pearl* umfasst sexuelle Geschichten, Anekdoten Gedichte und Zeichnungen. In einer kleinen Auflage von nur 150 Stück zirkuliert das Magazin in einer kleinen männlichen Elite. Mit einem Preis zwischen 18 und 25 Pfund erweist sich das Magazin als ausgesprochen teures Unterhaltungsangebot. 1882 verlegt Lazenby das Sequel *The Cremorne* mit einer Auflage von 300 Stück (vgl. Colligan 2005: 73 ff). Es kann davon ausgegangen werden, dass es auch unzählige Hefte und Zeitschriften für den Billigmarkt gegeben hat. Da sich aber niemand die Mühe gemacht hat, entsprechendes Material zu archivieren oder zu katalogisieren, ist es komplett in Vergessenheit geraten (vgl. Kendrick 1996: 78).

Die ersten hardcore-pornographischen Magazine mit einer Zusammenführung von Texten und Photos werden 1967 in hoher Auflage aufgrund der Legalisierung pornographischen Materials in Schweden produziert (vgl. McNair 1996: 109).

Als weltweit bekannte Magazine gilt heute die Trias aus *Playboy*, *Penthouse* und *Hustler*, die sich vor allem im Grad der Explizitheit der sexuellen Darstellungen und in ihrer Zielgruppenausrichtung unterscheiden. Während *Playboy* und *Penthouse* weniger explizit sind und sich an ein Mittelschichtenpublikum richten, spricht der mit seinen Darstellungen stets bis an die Grenze der legalen Möglichkeiten gehende *Hustler* bewusst ein Publikum der Arbeiterklasse an (vgl. Hardy 1998: 52 f). Zudem versucht der *Hustler*, sich auch politisch subversiv zu positionieren (vgl. Kipnis 2007: 123 ff).

In Deutschland können pornographische Zeitschriften und Magazine aufgeteilt werden in frei verkäufliche Kiosk-Ware und indizierte, nicht offen ausliegende Ware, die man nur auf Nachfrage erwerben kann[99]. Entscheidend ist dabei der Grad der sexuellen Explizitheit gemäß den Jugendschutzbestimmungen (vgl. Lautmann & Schetsche 1990: 26; Faulstich 1994: 146 ff). Magazine sind durch ihr Zusammenspiel von Texten und Bildern charakterisiert. Typisch sind Bildstrecken oder Einzelbilder sowie Comics, die den Bilderteil dieses pornographischen Medienangebots ausmachen (vgl. Lautmann & Schetsche 1990: 31 f; Faulstich 1994: 146). Gestaltung und Text-Bild-Verhältnis variieren ebenso massiv wie die thematische Ausrichtung der Magazine und Zeitschriften (vgl. Faulstich 1994: 167). Typisch für heterosexuelle Hardcore-Magazine der Mainstreamausrichtung sind Bildstrecken, die sich aus einer Einstiegs-, einer Entkleidungs-, einer Koitussequenz in den verschiedensten Stellungen und dem bildlichen Höhepunkt, der extrakorporalen Ejakulation, zusammensetzen (vgl. Lautmann & Schetsche 1990: 55 ff).

Mit den 1990ern fällt allerdings auf, dass die traditionellen Pornomagazine und -zeitschriften im Allgemeinen an Auflagenstärke verlieren, während sich zugleich das Herrenmagazin durchsetzt, dass eine Kombination aus kaum expliziten Sexbildern und männlichen Interessengebieten anbietet (vgl. Hardy 1998: 52; McNair 2002: 48 f). Die Hochphase der hardcore-pornographischen Zeitschriften und Magazine beläuft sich in den USA auf die Zeitspanne Ende der 1960er bis Mitte der 1980er Jahre (vgl. Swartz 1999: 415).

4.3.8 Comic

Der Begriff des Comics mag mitunter missverständlich sein. Als Kurzform des englischen comical müssen Comics nicht unbedingt komisch oder humorös sein. Zahlreiche Comics thematisieren Krieg, Verbrechen und verschiedenste Gewalttaten gegen Menschen, Tiere, Gegenstände und Institutionen (vgl. Dixon & Dixon 1999: 427 f). Entsprechend findet sich auch die Pornographie ab dem Ende der 1920er von Comic-Zeichnern aufgegriffen (vgl. Faulstich 1994: 93). Grundform des Comics ist der Comic Strip, welcher eine narrative Form einer Bildersequenz darstellt. Diese Sequenz kann die Bilder mit Texten kombinieren

---

[99] Anders in GB, dort können ausschließlich Softcore-Magazine erworben werden, die als Top Shelf Magazines bezeichnet werden. Indizierte Hardcore-Pornographie, welche bei uns nur auf Nachfrage und in Sex Shops erhältlich ist, ist in GB aufgrund strengerer legislativer Maßnahmen verboten (Hardy 1998). Dem entspricht auch der mittlerweile gängige Usus der Pornoindustrie Filme stets in einer Softcore- und Hardcore-Variante zu produzieren, um damit die verschiedene Märkte mit ihren divergierenden Rechtsregulationen beliefern zu können (Holliday 1999).

oder auch auf Textelemente verzichten. Der einzelne Strip kann sich nur aus einem einzigen Bild bis hin zu zig Bildern zusammensetzen. Veröffentlicht werden Pornocomics in regelmäßigen oder unregelmäßigen Intervallen oder auch nur einmalig entweder in extra Heften und Büchern oder als zusätzliches Element in Zeitschriften und Magazinen, schließlich über das Internet. Während prinzipiell Stil und Ästhetik der pornographischen Comics unfassbar vielgestaltig sind, gibt es einige konstitutive Elemente, die der pornographische Comic mit allen anderen Comics als mediale Konventionen textlicher und bildlicher Darstellungen ihres Mediensystems teilt. Hierzu gehört, dass das einzelne Bild als Panel die Handlungen und Ereignisse eines Strips segmentiert und rahmt. Sprech- und Denkblasen geben den Figuren eine über das visuelle hinausgehende Dimension und ermöglichen einen Komplexitätsaufbau in der Handlung. Bewegungsdynamik wird über die speed-lines erzielt. Ferner hat der Comic als eigenständiges Medium eine sehr eigene Variationsbreite graphischer Symbole etabliert wie bspw. das hoch abstehende Haar als visuelle Metapher für den Schrecken einer Figur. Textliche Elemente können in drei Kategorien auftauchen: als narrative Texte, als dialogische Texte oder als Soundeffekte (vgl. Dixon & Dixon 1999: 428 ff).

Abb. 11: Pornocomic

Faulstich zeigt anhand der Untersuchung verschiedener Bespiele pornographischer Comics, dass textliche und bildliche Elemente nebeneinander stehen können, sodass jeweils eines durch das andere begleitet oder zusätzlich untermalt wird. Zudem können Text- und Bildelemente miteinander integriert sein (vgl. Faulstich 1994: 164 ff).

Lange Zeit galt das Medium des Comics als niedere massenkulturelle Unterhaltungsform und wurde entsprechend von dem Kunstbetrieb nur wenig ernst genommen. Dieses Verständnis ändert sich mittlerweile angesichts der Reputation der Comicserie *The Simpsons* und der ubiquitären Präsens von Comicfiguren in Fernsehen und Werbung (vgl. Dixon & Dixon 1999: 429).

Mit Blick auf die Comicrezeption kann festgehalten werden: „Reading a comic strip is an active endeavor. The reader must often move his gaze rapidly back and forth between the text and picture and back again" (Dixon & Dixon 1999: 428). Durch seine Bindung an die Zeichnung steht der Comic außerhalb des Imperativs eines darstellerischen Realismus, was ihm gerade im Bereich pornographischer Darstellungen weitaus mehr Freiheiten einräumt als den visuellen Inszenierungen pornographischer Phantasien in anderen Medien (vgl. Shamoon 2004: 77 f).

Die inhaltlichen Themen der Comicpornographie sind ebenso vielfältig wie ihre gestalterischen Umsetzungen. Insbesondere im Comic erhält sich die Pornographie neben ihrer transgressiv-subversiven Tendenz ihr satirisches Potential, indem sie Normverletzungen humoristisch umsetzt und mit etablierten Vorstellungen spielt. Sonach finden sich von fast allen bekannten Kindercomics entsprechende, pornographische Parodien (vgl. Faulstich 1994: 93 ff). Das sich in den 1960ern in den USA entwickelnde Subgenre der Underground Comix tritt als integraler Bestandteil der amerikanischen Gegenkultur der Studentenbewegung auf und nutzt sexuelle Zeichnungen, um sämtliche bürgerlichen Konventionen zu übertreten und lächerlich zu machen (vgl. Dixon & Dixon 1999: 431).

Angesichts des offensichtlich fiktionalen Charakters der Comics finden sich gerade in diesem Medium Darstellungen, welche in anderen visuellen Medien strafbar oder verpönt wären wie z.B. Pornographien der erwachenden Sexualität von Teenagern, aber auch extreme Formen des Sadomasochismus (vgl. Shamoon 2004: 78 f). Gemäß Faulstich (1994) erweisen sich vor allem sexuelle Überwältigungs- und Vergewaltigungsmythen in ihrer Kopplung an Kontrollverlustphantasien als zentrale inhaltliche Elemente der Konstruktion der pornographischen Comic-Gegenrealität. Demgegenüber betonen Dixon & Dixon: „sex received a variety of treatments ranging from brutal to beautiful and from tasteless to exquisite" (Dixon & Dixon 1999: 431). Dabei kann der Comic die gesamte Bandbreite sexueller Phantasie visuell und textlich transkribieren; die

Grenze der Darstellung wird allein durch die Grenze der Phantasie der Autoren markiert (vgl. Shamoon 2004: 88 f).

In ihrer Untersuchung der japanischen Pornomangas für Frauen, den Ladies Comics, die in Japan eine Gesamtauflage von rund 103 Millionen Exemplaren monatlich erreichen, kommt Shamoon (2004) zu dem Schluss, dass der Erfolg der Ladies Comics einerseits als Beweis weiblicher Schaulust gewertet werden kann und andererseits dass diese Mangas Darstellungs- und Interpretationsmuster entwickelt haben, die sexuelle Lust der Frau wirkungsvoll zu visualisieren.

4.3.9 Telefon

Die telefonvermittelte Pornographie wird in dem vorliegenden Archiv einzig von Faulstich (1994) thematisiert. Dabei differenziert er zwischen den Dail-a-Porn-Diensten und den Live-Phone-Diensten. Die Dail-a-Porn-Dienste zeichnen sich dadurch aus, dass man gegen eine Gebühr eine Nummer anruft, die einen tatsächlichen oder simulierten Sexakt vom Band abspielt. Demgegenüber werden bei den Live-Phone-Diensten[100] dem Anrufer entsprechend seiner Präferenzen gegen 1994 noch übliche Kreditkartenabrechnung „persönlich zugeschnittene Dienstleistungen angeboten" (Faulstich 1994: 199).

Dabei ist die Telefonpornographie auf eine Bewerbung angewiesen, die zumeist über pornographische Bilder in der Pornopresse sowie entsprechende Clips im Fernsehen läuft. Da Faulstichs Studie von 1994 ist, kennzeichnet die Beschreibung dieser Clips diese noch als suggestive Textanzeigen wie „Der heiße Draht zum Gipfel der Lust" (Faulstich 1994: 199).

---

[100] Inwieweit interaktive Telefon-Pornographie, die ja gerade nicht mehr die medienvermittelte Inszenierung der sexuellen Phantasie ist, sondern als eine individuell zugeschnittene Dienstleistung eher dem Bereich auditiv gelebter Sexualität und damit dem Bereich der Prostitution als sexueller Dienstleistung zuzuschreiben ist, wird von Faulstich nicht angeschnitten. Gerade die Interaktivität der Live-Phone-Dienste, aber auch des Cybersex lassen die Grenzen zwischen Pornographie und Sexualität verschwimmen. Hierzu wird sich im Exkurs über den Cybersex Näheres finden.

Abb. 12: Anzeige für einen Dail-a-porn-Dienst

4.3.10 Hörspiel/Hörbuch

Das pornographische Hörspiel wird so gut wie gar nicht thematisiert, wenngleich eine Untersuchung einiger Beispiele Anfang der 1990er[101] Jahre ausweist, dass der größte Anteil des zu Hörenden aus Dialogen sowie sexuell assoziierten Geräuschen besteht, die von Musik begleitet werden. „Insgesamt ist die ästhetische Gestaltung der Pornohörspiele außerordentlich dürftig, selbst gemessen an den niedrigsten Standards kommerzieller Kinderhörspiele [...]" (Faulstich 1994: 194).

---

[101] Mittlerweile kann man die Klassiker der literarischen Pornographie durchaus als qualitativ hochwertiges Hörbuch auf CD finden, was mit Blick auf den Erfolg der Hörspiele und Hörbücher in den letzten Jahren auch nicht weiter verwunderlich ist. So erscheint seit 2007 das Specialinterest-Magazin hörBücher auf dem deutschen Markt.

4.3.11 Computerbasierte Pornographie

4.3.11.1 Computer als Abspielgerät

Die computerbasierte Pornographie wird fast ausschließlich mit Blick auf das Internet angeschnitten. Die Relevanz des Computers als Abspielgerät für damals noch Disketten und CD-ROMs als Trägermedien pornographischer Inhalte wird in der 1994er Studie von Faulstich flüchtig angeschnitten.

4.3.11.2 Internet

Während zahlreiche Studien außerhalb des Pornographiediskurses der Erforschung des Internets als einem interaktiven Raum für die Konstituierung von Cybersex[102] nachgehen, scheint der Cyberporn trotz seiner Aktualität durch die öffentlichen Debatten über seine unendlichen Distributionsoptionen und der damit implementierten Gefahr der Verbreitung von Kinderpornographie verhältnismäßig wenig wissenschaftliche Aufmerksamkeit zu erfahren.

Das Telekommunikationsangebot Internet des world wide web ermöglicht eine ungeahnte Expansion der Distribution pornographischer Bilder, Texte und Filme[103] (vgl. Phillips 2005b: 256). Durch die Kopplung des Internetzugangs an den heimischen Computer[104] in der Aufhebung sozialräumlicher und zeitlicher Grenzen des Zugangs wird die online-Pornographie prinzipiell jederzeit für jede Person abrufbar. Zugleich ermöglicht das Internet einen Zugang zu pornographischem Material in weitgehender Anonymität (vgl. Lewandowski 2003: 300). Selbst bei der Nutzung kostenpflichtiger Internetseiten mit pornographischen Angeboten und der Preisgabe der Identität durch die Kreditkartennummer bedingt die Verlagerung der Kaufsituation aus dem persönlichen Kontakt in die

---

[102] Näheres zum Cybersex und die mit ihm verbundenen Schwierigkeiten der Differenzierung zwischen Pornographie und Sexualität findet sich in dem Exkurs.

[103] Aus dem Broadway-Musical *Avenue Q* lautet der Titel des wohl bekanntesten Songs *The Internet is for Porn*, der die zahlreichen Vorzüge des Internets als globales Kommunikationsmedium hervorhebt, um dann immer wieder sehr humoristisch darauf zu verweisen, dass es in erster Linie der bequemen Distribution von Pornographie genutzt wird. Auf der web 2.0 Plattform youtube können zahlreiche Clips gefunden werden, die den Song adaptieren. Von Figuren aus den online-Spielen *World of Warcraft* oder *Second Life* bis hin zu den fiktionalen Charakteren aus *Star Trek – TNG* oder *House M.D.* wird der Song vorgetragen. Hierzu z.B. http://www.youtube.com/watch?v=zvjCyA66t20 am 10. Dez. 2008.

[104] Mit Blick auf die wireless LAN-Optionen an den unterschiedlichsten Lokalitäten muss hinzugefügt werden, dass die Internetpornographie nicht nur jederzeit, sondern auch überall zugänglich ist.

anonyme online-Sphäre eine Entstigmatisierung, welche sich vor allem weibliche Pornorezipientinnen zunutze machen können (vgl. Attwood 2007: 441 ff). Eine in Norwegen durchgeführte Studie, an der 3400 Internetuser zwischen 18 und 49 Jahren teilnahmen, kommt zu dem Schluss, dass sich rund 34% der User Zugang zu pornographischem Material via Internet verschafft haben. Dabei spielen vor allem sexuelle Orientierung, Geschlecht und Alter als signifikante Variablen eine besondere Rolle (Nilsen et al. 2006).

Das pornographische Internetangebot distribuiert prinzipiell alle in digitalisierbarer Form vorliegenden pornographischen Medienangebote und schafft darüber hinaus auch neue wie die blogs und podcasts (Lewandowski 2003, Wolf 2005). Kategorisiert werden kann das pornographische Internetangebot in spezielle Suchmaschinen, Überblickseiten mit kategorisierenden Galerien sowie auf einzelne Themen spezialisierte Seiten (vgl. Lewandowski 2003: 301 ff).

Zugleich kann davon ausgegangen werden, dass sich die Computerhabung in die Pornographierezeption einschreibt und eine eigene Nutzungslogik[105] kreiert (vgl. Patterson 2004: 105). Besondere Bedeutung kann dem gestalterischen Aspekt der Internetpornographie beigemessen werden, wenn sich User ihre eigenen Pornomediencenter auf ihrem Rechner einrichten (Lewandowski 2003) oder aber aktiv an der Gestaltung der pornographischen Internetmedienangebote partizipieren (Attwood 2007). Da das pornographische Angebot im Internet ungeheuer groß ist, abweichenden Sexualitäten ein Forum der Präsentation bietet und trotz dieser Schaffung von Kontingenz durch die Fixierung auf pornographische Skripte, welche der Pornographie durch ihre thematische Fixierung inhärent sind, vor allem eine Form der Komplexitätsreduktion darstellt, kann die Internetpornographie in der Rezeption einen eigenen Modus begründen, der sich als „click, fuck and forget" Modus erweist (Lewandowski 2003: 326). Integraler Bestandteil der Rezeption von Internetpornographie ist neben der Schaulust vor allem die Lust am virtuellen Cruising, welche sich als eine konstruktivistische Lust an der Suchaktivität zeigt.

„Im Unterschied zu anderen pornographischen Massenmedien erlaubt die Internetpornographie, ob der Möglichkeiten des präzisen Auffindens der gewünschten Inhalte, des ‚cruising' und der Mannigfaltigkeit des Materials die Konstruktion eines eigenen, mehr oder minder individuellen Pornotopias. Sie stärkt und verändert damit die Position des Nutzers in erheblichem Maße. Dass die individuell geschaffenen pornotopischen Welten freilich aus vorgestanztem Material zusammengesetzt sind, ändert daran wenig"
(Lewandowski 2003: 324)

---

[105] Da Patterson (2004) eher Cybersex und weniger Cyberporn meint, wenn er von Internetpornographie spricht, erscheint sein konkreter Ansatz in diesem Kontext nicht brauchbar. Allerdings zeigt sich, dass die Rezeption von Internetpornographie durchaus eigenen Regeln folgt, die es wert wären, näher untersucht zu werden.

Doch Internetpornographie beschränkt sich gerade nicht auf das Suchen und Archivieren fremder pornographischer Angebote, denn die digitale Medientechnik und das Internet ermöglichen auch eine aktive Partizipation an der Produktion und Distribution pornographischen Materials. Hinsichtlich der Partizipation spielen online-communities eine wichtige Rolle, denn in ihnen können pornographische Medienangebote getauscht werden und eigene pornographische Angebote vorgestellt werden. Darüber hinaus können sie ihren eigenen sexuellen Ethos mit alternativen Inhalten und Ästhetiken[106] der Pornographie begründen (vgl. Attwood 2007: 442 ff).

„Until recently, most discussions about online pornography saw it simply in terms of increasing and extending the distribution of existing commercial porn, but new opportunities for sexual production and consumption are becoming clearer. It is now possible to create, distribute and access a much more diverse set of sexual representations than before. Pornographers may operate independently of the established industry in new and alternative ways, while small groups of independent and 'savvy media practitioners' are producing and distributing alternative porn in online arenas for peer-to-peer sharing, sex activists and art networks."   (Attwood 2007: 442)

Diese alternativen pornographischen Angebote zeichnen sich durch ihre Nähe zu Musik, Nachrichten, Kunst, Kultur und Gegen- bzw. Subkultur[107] aus (vgl. Attwood 2007: 444). Insofern kann davon ausgegangen werden, dass Internetporn massiven Einfluss auf die herkömmliche Pornoindustrie ausübt und ausüben wird.

Vornehmlich wird die Internetpornographie allerdings im Hinblick auf die Expansion in der Verbreitung pornographischen Materials thematisiert, wobei in erster Linie potentielle Gefahren der leichten Zugänglichkeit angeschnitten werden. Dabei wird der Fokus einerseits auf die Internetsucht mit Blick auf die suchtfördernde Wirkung pornographischer Inhalte auf den Rezipienten und andererseits auf die Schwierigkeiten der Durchsetzung der Jugendschutzbestimmungen gelegt. Ferner werden in dem Diskursstrang vor allem Aussagen getätigt, die die in Deutschland illegalen Pornographien und hier vornehmlich die Kinderpornographie thematisieren (Mala 2004; Brosius 2005; Van Ngoc & Seikowski 2005; Seikowski 2005a; Altstötter-Gleich 2006).

---

[106] Attwood (2007) gründet ihren Artikel auf einer Untersuchung der Internetangebote www.suicidegirls.com – eine Internetseite, die mittlerweile schon auf MTV USA mit einem eigenen Format promotet wird – und www.nerve.com.
[107] Ein sehr unterhaltsames Beispiel neuerer Internetgemeinschaften, die eine alternative Pornographie offerieren, sind die unzähligen Seiten der Adult Fan Fiction, in denen bekannte Unterhaltungsangebote und ihre Figuren, aber auch Celebrities in pornographische Geschichten eingelassen und ungewandelt werden. So z.B. bei www.ofelvesandmen.com oder www.adultfanfiction.net.

4.3.12 Handy

Mit Blick auf die Medienkonvergenz zwischen Medienangeboten und Tele-kommunikationsangeboten erscheint neben dem Internet durchaus auch das Handy interessant für den wissenschaftlichen Diskurs über Pornographie. Bis-lang ist dieser Zusammenhang zwischen dem Handy als technologische Kon-vergenz verschiedener Medien und der Pornographie ausschließlich im Kontext seiner Bedeutung für den Jugendschutz thematisiert worden, da die Handypor-nographie den Jugendschutz effektiv zu umgehen vermag (vgl. Grimm & Rhein 2007: 45).

Das Handy ermöglicht aufgrund der Integration einer Kamera und entsprechen-der Abspielsoftware, sowohl pornographische Bilder als auch pornographische Videoclips selbst aufzunehmen, wie auch dergleichen auf dem Gerät zu betrach-ten. Zugleich kann deren Distribution via MMS, Bluetooth oder Infrarot an andere Handys erfolgen. Des Weiteren bietet der Anschluss des Handys an den Computer eine Option, pornographische Medienangebote aus dem Internet auf das Handy herunterzuladen oder eigene pornographische Daten hochzuladen und über das Internet zu distribuieren. Die SMS- und die MMS-Funktion des Handys kann ebenso für pornographische Inhalte verwendet werden, wie por-nographische Spiele auf dem Handy installiert und gespielt werden können (vgl. Grimm & Rhein 2007: 46 ff). Die SMS sowie die MMS werden bislang vor-nehmlich unter dem Aspekt beobachtet, dass sich mittels dieser mediengestütz-ten Form der Kommunikation im Vergleich zu der face-to-face-Kommunikation eine niedrigere Hemmschwelle konstituiert, sich einem anderen Menschen ge-genüber sexuell zu äußern (vgl. Grimm & Rhein 2007: 27 f). Überdies kann mittels der Rufnummernunterdrückung sexuelle SMS-Belästigung betrieben werden (vgl. Seikowski 2005a: 151).

Hinsichtlich der Jugendschutzbestimmungen betonen Grimm & Rhein (2007) insbesondere die Trennung zwischen selbstaufgenommenen pornographischen Bildern und Videoclips, die dem Rezipienten persönlich bekannte Personen zeigen, und pornographischen Darstellungen unbekannter Personen auf dem Handy, denn selbstaufgenommene pornographische Clips werden häufig in Kontexten der sozialen Diskreditierung, Erpressung und Exklusion eingesetzt.

4.4 Zwischenfazit

Der thematische Schwerpunkt der der Darstellungsdimension zugehörenden Diskursfragmente liegt in der Analyse der Medienförmigkeit der Pornographie. Zwar abstrahieren auch diese Aussagefelder nicht zur Gänze von den sexuellen Inhalten pornographischer Medienangebote, dennoch schaffen sie es, weitgehend unabhängig von der Interpretation des Dargestellten Medienspezifika herauszuarbeiten.

Abb. 13: Hauptthemen der Aussagefelder in der Darstellungsdimension

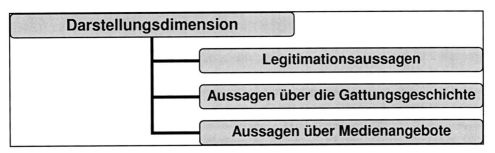

Wie die vorangegangenen Ausführungen gezeigt haben, können als Hauptthemen der Aussagenkomplexe Legitimationsaussagen, Aussagen über die Gattungsgeschichte und Aussagen zu einzelnen pornographischen Medienangebote identifiziert werden. Zentral in der Analyse einzelner pornographischer Medienangebote erweist sich die Ausarbeitung medienspezifischer Ästhetiken und Darstellungsschemata.

Thematisch unterteilt sind die Legitimationsaussagen, die Pornographie als Erkenntnisgegenstand wissenschaftlicher Forschung zu rechtfertigen suchen, in sechs verschiedene Unterthemen.

Tab. 3: Themenfelder der Legitimationsaussagen

Legitimations-aussagen	→ Spezifisches Erkenntnisinteresse → Forschungsdefizite → Psychosoziales Korrelat zu Phantasien und Bedürfnissen → Soziokulturelles Korrelat einer Gesellschaft → Gattungsspezifische Konventionen → Verschiebung der zusätzlichen Legitimationsbemühungen hin zu der Lehre der Porn Studies

Zentrale Unterthemen der Aussagen zu der Gattungsgeschichte konstituieren sich vornehmlich um die Ursprungssetzung der Pornographie und um die Analyse der Pornographie vor dem Hintergrund der jeweiligen Epoche.

Tab. 4: Themenfelder der Gattungsgeschichte der Pornographie

Ursprungsetzung	→ Seit Anbeginn der Kultur → Antike → Renaissance
Einbettung in die soziokulturelle Epoche	→ Anbindung an religiöse Praxis und theologische Sexualthesen → medientechnologische Evolution → Urbanisierung des Lebensraums → Wechselbezug zu der Rezeption anderer Gattungen → Anbindung an die Aufklärung → Zensur → epochen- und kulturspezifische Sexualverhalten und -präferenzen

Schließlich umfassen die Aussagefelder über die Analyse spezifischer pornographischer Medienangebote zwölf unterschiedliche Medientypen und untersuchen diese vornehmlich im Hinblick auf ihre medienspezifischen Darstellungsschemata und Ästhetiken sowie auf Funktion und Emergenz. Je nach Medium treten zudem weitere Unterthemen der Analyse hinzu. Eine tabellarische Übersicht der zentralen Aussagefelder pornographischer Medienangebote in der Darstellungsdimension kann dem Anhang entnommen werden.

Wie die vorangegangenen Darlegungen haben erkennen lassen, bildet das medienvermittelte Genre der Inszenierung der sexuellen Phantasie einen Erkenntnisgegenstand, der in engem Zusammenhang zu der medientechnischen Evolution, vor dem Hintergrund einer eigenen Gattungsgeschichte und unter Berücksichtigung medienspezifischer Darstellungsschemata und Ästhetiken sowie divergierender Funktionen analysiert wird. Doch richtet sich das Erkenntnisinteresse der meisten Diskursbeiträge in dem Pornographiediskurs weniger auf die Medienvermittlung sexueller Phantasien als auf die sexuellen Phantasien selbst. Daher können neben der Darstellungsdimension eine Inhaltsdimension und eine Verschränkungsdimension ausgemacht werden, in denen die dargestellte Sexualität in den Vordergrund rückt.

5. Die Inhaltsdimension: Pornotopia als Interpretationsleistung

„Pornographie hat Sex zum ausschließlichen Inhalt, die Frage nach einem ernsthaften anderen stellt sich nicht." (Snitow 1979: 81)

Die Rezeption von pornographischen Medienangeboten bringt sexuelle Körper, Sexualverhalten in den unterschiedlichsten Variationen, Lust und Begehren zu Tage. Mit Blick auf den wissenschaftlichen Diskurs über Pornographie muss festgestellt werden, dass die Inhalte pornographischer Medienangebote mitunter vollkommen unterschiedlich aufgefasst und eingeordnet werden, wodurch verschiedene Sexualitätsvorstellungen und an sie anknüpfend verschiedene Sexualitätsideologien und -theoreme hervortreten. Da der zentrale Zugang zur Pornographie vornehmlich über die Inhalte der Medienangebote erfolgt, gewinnt in der Inhaltsdimension des Diskurses die Sexualität massiv an Bedeutung, worin sich die Diskursverknüpfung zwischen dem Pornographiediskurs und dem Sexualitätsdiskurs[108] offenbart. Dieser Raum der Verknüpfungspunkte der beiden Spezialdiskurse über Pornographie und Sexualität konstituiert sich durch die Auswahl und Implementierung von Interpretationskategorien, die die wissenschaftliche Auseinandersetzung mit dem Erkenntnisgegenstand Sexualität schafft und in der wissenschaftlichen Selbstreferentialität den wissenschaftlichen Pornographiediskurs als zentrale Elemente mitformieren. In diesem Sinne entwerfen die Interpretationskategorien des Sexualitätsdiskurses die thematischen Strukturen der Aussagenkomplexe über die Inhalte pornographischer Medienangebote. Die Aufschlüsselung des durch Zitation und Referentialität begründeten Hintergrundrauschen des Sexualitätsdiskurses im Pornographiediskurs[109] gibt Aufschluss zu der diskursanalytisch wichtigen Frage, „was die Aussagen bestimmt und die Art, in der sie sich zueinander verhalten und einen Komplex wissenschaftlich gültiger und infolgedessen mittels wissenschaftlicher

---

[108] An dieser Stelle auch nur ansatzweise eine Genealogie sexuellen Wissens in den westlichen Gesellschaften vorstellen zu wollen, erscheint ein unmögliches Unterfangen, wie schon Foucault (vgl. 1978: 101) bemerkt hat – dies um so eher angesichts der Explosion der Diskurse des sprechenden Sexes, die gerade Foucaults Arbeit in der sozialwissenschaftlichen Sexualforschung initiiert hat. Daher beschränkt sich dieses Kapitel auf die für den Pornographiediskurs relevanten Aspekte des wissenschaftlichen Sexualitätsdiskurses, die in der Selbstreferentialität wissenschaftlicher Forschung in den Pornographiediskurs einfließen.

[109] Im Anhang findet sich eine tabellarische Übersicht dieses zweiten Archivs der zentralen Diskursbeiträge des Sexualitätsdiskurses, die als Hintergrundrauschen fungieren, sowie eine Übersicht der Diskursbeiträge, die ergänzend herangezogen wurden, das Hintergrundrauschen des Sexualitätsdiskurses systematisch aufzuschlüsseln und nachzuvollziehen.

Verfahren verifizierbarer oder falsifizierbarer Sätze bilden. Es ist letzten Endes ein Problem der Ordnung, der ‚Politik' der wissenschaftlichen Aussage" (Foucault 1978: 26).

Die Verzahnung zwischen Pornographiediskurs und Sexualitätsdiskurs ergibt sich neben der selbstreferentiellen Zitations- und Referentialitätspraxis der wissenschaftlichen Diskurse auch durch eine Überschneidung der Autoren. Während zahlreiche Autoren ausschließlich in der Zitationspraxis auf den Sexualitätsdiskurs und die von ihm bereitgestellten Interpretationskategorien zurückgreifen, können daneben auch Autoren identifiziert werden, deren sexualwissenschaftlichen Diskursbeiträge Pornographie als eine Form der Erkenntnis über Sexualität neben anderen thematisieren. Diese Diskursbeiträge oszillieren massiv zwischen dem Sexualitätsdiskurs und Pornographiediskurs, da das zentrale Erkenntnisinteresse der Beiträge auf den Sexualitätsdiskurs gerichtet ist. Sie lassen die Verschränkung zwischen Pornographie- und Sexualitätsdiskurs in der Einheit der Autorenfunktion[110] besonders deutlich werden.

Nachfolgend wird die Aufschlüsselung des Hintergrundrauschens des Pornographiediskurses vorgestellt. Hierzu wurde zunächst den Referenzen des Pornographiediskurses nachgegangen. Zum weiteren Verständnis wurden deren Literaturverzeichnissen ergänzende Publikationen entnommen, um das Hintergrundrauschen mit seinen Implikationen zu durchdringen. So hat sich ein zweites, verborgenes Archiv konstituiert, das untersucht wurde, um die „Politik der wissenschaftlichen Aussage" und damit die Struktur des Pornographiediskurses in der synchronen Dimension seiner Sagbarkeiten nachzeichnen zu können.

5.1 Sexualität im Diskurs der Wissenschaft

> „At no point is the belief in the natural and universal human more entrenched than in the study of sexuality."
>
> (Gagnon & Simon 2005: 3)

Sex scheint selbstevident. Für ein Verständnis der ‚natürlichsten Sache der Welt' muss man im Alltagsverständnis keine wissenschaftliche Forschung heranziehen. Doch ergibt bereits die Frage danach, was unter Sex überhaupt zu fassen ist, dass das individuelle Verständnis darüber weit auseinander gehen kann. So ergab eine amerikanische Studie, dass unterschiedliche sexuelle Verhaltensweisen nicht gleichermaßen als sexuell eingeordnet werden. Während 99,5% der Probanden penilvaginalen Geschlechtsverkehr als sexuell einstuften, wurde analer Geschlechtsverkehr von nur 81% sexuellem Verhalten zugeschla-

---

[110] Die Darstellung der Diskursbeiträge mit einer Personalunion der Autoren findet sich im Anhang.

gen. Oralverkehr werteten gerade einmal 40% der Probanden als sexuelles Verhalten. Die individuellen Definitionen sexuellen Verhaltens sind in sich bereits
alles andere als konsistent und sehr häufig motivational bedingt[111] (vgl. Muehlenhard & Peterson 2007: 256 ff). Um sich gegen diese Beliebigkeit abzusichern, fungieren etablierte wissenschaftliche Theorien und Modelle der Sexualität als Hintergrundfolie des wissenschaftlichen Diskurses über Pornographie.
Eingelassen in die selbstreferentiellen Verflechtungen wissenschaftlicher Diskurse fließen verschiedene, im Wissenschaftssystem kursierende Sexualitätsrahmungen in den Spezialdiskurs über Pornographie über den Zugang der In-
haltsinterpretation ein und beeinflussen das Verständnis dessen, was unter
Pornographie zu verstehen ist und welche Funktionen sie erfüllt. So konstituiert
sich der wissenschaftliche Diskurs über Pornographie in einer engen Verschränkung mit dem wissenschaftlichen Diskurs über Sexualität. Die wissenschaftlichen Rahmungen der Sexualität prägen allerdings nicht nur innerhalb
der Selbstrefentialität des Wissenschaftssystems nachhaltig die Sexualitätsvorstellungen. Zusätzlich werden die Sexologieergebnisse als Themen journalisti-
scher Berichterstattung und einer breiten Ratgeberliteratur auch außerhalb des
Wissenschaftssystems diskursiviert, wenn sie den Interdiskurs beeinflussen.
Daher werden nachfolgend die verschiedenen, zwischen einem essentialistischen und einem konstruktivistischen epistemologischen Paradigma oszillieren-
den Rahmungen der Sexualität vorgestellt, um anschließend auf den wichtigen
Bereich von Sexualität und Macht im Kontext wissenschaftlicher Auseinandersetzung einzugehen.

---

[111] Man denke nur an die Clinton-Lewinsky-Affäre und die Aussage des ehemaligen US-
Präsidenten vor Gericht, er habe keinen Sex mit seiner Praktikantin gehabt.

5.2 Zwischen Essentialismus und Konstruktivismus

„Yet social construction theory remains a radical view of sexuality which poses a range of unsettling questions for feminists and other thinkers brought up on essentialist view of sexualities. What is the nature of the relationship between arbitrariness of social construction and the immediacy of our bodily sensations and functions? Is sexuality not a[n] unitary, ongoing phenomenon with an essential core, but something created differently at each time and place? If sexuality is not a transhistorical, transcultural essence whose manifestations are mildly shaped by cultural factors, must we then consider the possibility that desire is not intrinsic but itself constituted or constructed, and if so, by what mechanisms?"

(Vance 1992: 9)

Charakteristisch für die Diskursivierung der Sexualität in den Wissenschaften erscheinen als Extrempole zwei grundlegend verschiedenartige erkenntnistheoretische Paradigmen. Danach wird entweder ein essentialistischer oder ein konstruktivistischer Zugang zu dem Erkenntnisgegenstand Sexualität gesucht, wobei die Essenz der Sexualität zwar verschieden, in der Hauptsache jedoch naturalisierend ausfällt. Der Rückgriff auf das eine oder andere Forschungsparadigma divergiert zudem erheblich in den verschiedenen Disziplinen der Wissenschaft.

Ausgehend von den naturwissenschaftlichen und den psychoanalytischen Diskursen wird der Sexualität eine transhistorische, transkulturelle und universalistische Essenz attestiert, die häufig biologisch-medizinisch begründet ist. Als Form dieser Essenz tritt in den biologisch-medizinischen Diskursen vor allem die materielle Beschaffenheit des Körpers hervor, der in seiner anatomisch-endokrinischen Zusammensetzung im Kampf um das Überleben der Spezies die Determinante sexuellen Erlebens und Verhaltens abgibt. Zentral für die Essenz der Sexualität ist ihre besondere Bedeutung in der geschlechtlichen Fortpflanzung, die das Überleben der Art auf Dauer stellt. In der Erhaltung der menschlichen Spezies wirkt das sexuelle Verhalten als maßgebliche Universalie. Daran knüpft vor allem das bis weit in das 20. Jahrhundert häufig aufgegriffene Triebmodell an, das seine prominenteste Formulierung in der psychoanalytischen Theorie Sigmund Freuds (2004) findet. Dessen Konzept der Libido greift das Modell des endokrinen Systems auf und nimmt es zum Ausgang für die energetische Kapazität der Libido, die kulturell in Richtung der Fortpflanzungsfunktion gelenkt werden muss. Das essentialistische Paradigma wird oftmals für Bestrebungen, die Sexualität zu normieren, herangezogen.

Demgegenüber betrachten vor allem sozialwissenschaftliche Diskurse ihren Erkenntnisgegenstand seit den 1970ern[112] zunehmend durch eine konstruktivistische Brille, die ihnen insbesondere durch Untersuchungen mit einer historischen Perspektive wie die von Michel Foucault (1983) oder Jeffrey Weeks (1985) aufgesetzt wurde. Die Analyse vergangener Formungen und Diskurse lässt die Sexualität nicht länger selbstevident und naturgegeben erscheinen, stattdessen wird diese naturalistische Perspektive selbst als diskursives Produkt verstanden. Sexualität kann nun als historisch und kulturell kontingent gedacht werden, wodurch die wissenschaftlichen Ansätze auf der einen Seite massiv an Komplexität in der Beachtung der Komponenten der Sexualitätskonstruktion gewinnen. Auf der anderen Seite löst sich die konstruktivistische Perspektive erheblich von Normalisierungsbestrebungen. Aufgegriffen durch die Gender Studies und die Queer Theories gewinnt das konstruktivistische Forschungsparadigma in dem sozial- und geisteswissenschaftlichen Verständnis der Sexualität massiv an Bedeutung (Rubin 1984; Vance 1992; Funk & Lenz 2005; Wrede 2000; Lautmann 2002; Hall 2003).

Neben Ansätzen, die die Außenpositionen dieser Paradigmen besetzen, finden sich auch zahlreiche Diskursbeiträge, die zwischen diesen beiden Positionen oszillieren und in der konkreten Sexualität eine Vermittlung zwischen biologischer Essenz und kultureller Ausformung ausmachen. Entsprechend entdeckt man in den unterschiedlichen diskursiven Rahmungen der Sexualität beide Paradigmen und die zwischen ihnen vermittelnden Ansätze wieder.

---

[112] Dass ethnologische Untersuchungen bereits zuvor auf die kulturellen Unterschiede sexuellen Verhaltens hingewiesen haben, sei an dieser Stelle erwähnt. Jedoch haben sie kaum nachhaltigen Einfluss in dem breiten wissenschaftlichen Diskurs über Sexualität hinterlassen, weshalb auf die Frühstudien und ihre Implikationen nicht näher eingegangen wird.

5.3 Rahmungen der Sexualität

5.3.1 Die evolutionäre Rahmung

> „Aber dem ernsten Forscher enthüllt allmählich der Geist der Wahrheit die
> Antwort: Es ist keine Kleinigkeit, worum es sich hier handelt: Vielmehr ist die
> Wichtigkeit der Sache dem Ernst und Eifer des Treibens vollkommen ange-
> messen. Der Endzweck aller Liebeshändel ... ist wirklich wichtiger als alle an-
> deren Zwecke im Menschenleben und daher des tiefen Ernstes, womit ihn jeder
> verfolgt, völlig wert. Das nämlich, was dadurch entschieden wird, ist nichts
> Geringeres als *die Zusammensetzung der nächsten Generation.*"
>
> (Schopenhauer: 143)

Die evolutionäre Rahmung[113] legt ihr Hauptaugenmerk auf den Fortbestand und
die Weiterentwicklung des Lebens, weshalb das Erkenntnisinteresse an der Sexualität vornehmlich auf ihre Fortpflanzungsfunktion gelegt ist. Grundlegend
operiert die Evolution über den Mechanismus natürlicher Selektion, wonach die
Individuen einer Spezies miteinander in einer Umwelt um die Ressourcen und
ökologische Nischen konkurrieren, um die eigenen Grundbedürfnisse befriedigen zu können. Nur diejenigen Individuen vermögen zu überleben, die sich an
ihre Umwelt und deren Veränderungen am besten anpassen und diese nutzen
können. Die Anpassung an die Umwelt hängt allerdings nicht nur von dem konkreten Verhalten der Spezies ab, sondern vor allem von zufälligen genetischen
Variationen und Mutationen (vgl. Birken 1988: 57 ff). Es sind die Gene, die in
der Evolution nach Weitergabe streben, die mittels der Fortpflanzung gewährleistet wird. Daher fungieren die einzelnen Lebewesen in dieser Sexualitätsrahmung schlicht als Agenten ihrer Gene. Differenzieren kann man in der Fortpflanzung zwischen der geschlechtlichen und der ungeschlechtlichen
Reproduktion, welche sich nicht nur auf einzellige Lebewesen beschränkt, sondern auch bei höheren Tieren oder Pflanzen zu finden ist wie z.B. bei einigen
Eidechsenarten. Außerdem gibt es durchaus Spezies, die sich sowohl geschlechtlich als auch ungeschlechtlich fortpflanzen können (vgl. LeVay 1994:
15 f).
Die geschlechtliche Sexualität bildet den natürlichen Grundmechanismus der
Fortpflanzung bei allen Säugetieren. Als Minimalbedingung der geschlechtlichen Fortpflanzung erweist sich der Zugang der beiden Geschlechter zueinander. Daraus leitet sich ab, dass je komplizierter der Zugang der Geschlechter

---

[113] An dieser Stelle kann die Evolutionstheorie nicht in voller Breite mit den mittlerweile sehr
divergierenden Ansätzen vorgestellt werden, sondern nur ein kleiner Überblick über die wichtigs-
ten Aspekte geboten werden. Eine gute Einführung in die Evolutionstheorie liefern Miller (2001)
und Low (2000).

zueinander ist, desto komplexer entwickeln sich auch die Geschlechterbeziehungen (vgl. Fox 1986: 10). Während die Nachkommen der ungeschlechtlichen Fortpflanzung die gleiche Genkombination wie der Elternorganismus aufweisen, sichert die geschlechtliche Reproduktion eine breitere genetische Vielfalt, da das entstandene Individuum eine von seinen Eltern wie von seinen Geschwistern divergierende Genkombination in sich trägt. Durch diese so zufällig entstandene Variationsbreite können in der natürlichen und der sexuellen Selektion vorteilhafte Anlagen evolvieren (vgl. LeVay 1994: 16). Für alle Spezies kann ausgemacht werden, dass männliche Gameten kleiner und beweglicher sind, während die weiblichen Gameten größer sind (vgl. Fox 1986: 10; LeVay 1994: 24).

Charakteristisch für Säugetiere ist darüber hinaus, dass eine beträchtliche Energie ebenfalls in die Brutpflege investiert werden muss, um das Überleben der Nachkommen zu sichern, wozu sich eine breite Formenvariationen brutpflegenden Verhaltens bei den Säugetieren ausgebildet hat (vgl. Fox 1986: 10).

„Was sich über die menschliche Sexualität sagen läßt, entspricht in vielen Punkten den Erwartungen, die wir mit dem Sexualverhalten eines großen, alles fressenden Säugers verbinden, der ein großes Gehirn besitzt, eine lange Reifungsphase benötigt, mit einem gemäßigten Sexualdimorphismus ausgestattet ist und dessen sexuelle Aktivität nicht an Jahreszeiten gebunden ist. Das heißt nun nicht, daß nur ein Verhaltensmuster möglich ist, doch es bestimmt die Grenzen, in denen die Variation sich bewegt."

(Fox 1986: 10 f)

Als wichtigste Form sexuellen Verhaltens, weil der Fortpflanzungsdetermination einzig nachkommend, wird der heterosexuelle Vaginalkoitus gewertet, während andere Formen sexuellen Verhaltens wie homosexuelle Kontakte oder autoerotische Betätigung als fehlgeleitetes, der Evolution abträgliches Verhalten eingestuft werden (vgl. Birken 1988: 62 f). Entsprechend werden insbesondere im ausgehenden 19. und beginnenden 20. Jahrhunderts sexuelle Handlungen, die mit der Heteronormativität nicht in Einklang stehen, als degenerativ klassifiziert. Degenerationen[114] werden entweder als atavistisch, somit als ein Rückschritt auf eine frühere Stufe evolutionärer Entwicklung, oder als die bestehenden Strukturen auflösend konzipiert. Gerade das auflösende Degenerationsmodell impliziert die Vorstellung von Gefahr und Entropie (vgl. Birken 1988: 65 ff).

---

[114] Sexuelle Evolution und Degeneration fungieren als zentrale Elemente der nationalsozialistischen Rassenlehre. Die genetische Degeneration ist der sexuelle Feinbildkonstruktion im Nationalsozialismus inhärent. Vgl. hierzu Runkel (2003) und Becker (2001). Degeneration als Konzept kann also nicht nur für die Normierung von Verhaltensweisen, sondern auch von der Partnerwahl herangezogen werden.

Heutige evolutionstheoretische und soziobiologische Ansätze werten homosexuelles Verhalten nicht länger als degenerativ, sondern vielmehr stellt es Evolutionsforscher vor das Rätsel, wie rein homosexuelles Verhalten in einer sich geschlechtlich reproduzierenden Spezies dauerhaft evolvieren kann. Denn die genetische Veranlagung zu rein homosexuellem Verhalten müsste mit den sie in sich tragenden Exemplaren einer Spezies verschwinden, da sie sich nicht fortpflanzen. Demgegenüber scheint Bisexualität evolutionär kein Problem zu sein, solange das heterosexuelle Verhalten nicht von dem homosexuellen Verhalten verdrängt wird und weiterhin auch Nachwuchs gezeugt wird. So haben die nächsten Verwandten des Menschen, die Bonobos, auch gleichgeschlechtliche Sexualkontakte, die auf das Fortpflanzungsverhalten der Zwergschimpansen keinerlei Einfluss ausüben. Man kann daher davon ausgehen, dass homosexuelles und bisexuelles Verhalten als ein Anhängsel von heterosexuellem Verhalten solange genetisch weitergegeben werden, wie der evolutionäre Nutzen die Kosten übersteigt (vgl. Miller 2001: 248 f).

Davon ausgehend, dass alle Gene prinzipiell nach ihrer Reproduktion streben, schließt sich an die natürliche Auslese mit ihrem „survival of the fittest" die sexuelle Selektion an, denn in der geschlechtlichen Fortpflanzung erhalten nicht alle Gene die gleiche Chance, sich fortzupflanzen. Bereits in der natürlichen Selektion werden diejenigen aussortiert, die an die Lebensumstände ihrer Umwelt nicht ausreichend angepasst sind, dennoch können sich die Anlagen der Survivor nur dann in der Spezies durchsetzen und zu ihrer Evolution beitragen, wenn sie sich auch erfolgreich fortpflanzen. Daher treten die männlichen Exemplare einer Spezies zueinander um die Gunst und Paarungsbereitschaft der Weibchen in Konkurrenz. Diese wählen dann am ehesten die in der Konkurrenz siegreichen Männchen, um ihrem Nachwuchs die besten Überlebenschancen zu sichern (vgl. Low 2000: 19 ff). Neben diesem intrasexuellen Selektionsmechanismus umfasst die sexuelle Selektion auch einen intersexuellen Mechanismus, der dazu führt, dass die Männchen als Fitnessindikatoren aufwändigen Schmuck ausbilden, der ihnen die Aufmerksamkeit und die Attraktion der Weibchen sichert. Hierin fungiert das Wahlverhalten der weiblichen Exemplare einer Spezies als direkter und korrektiver Einfluss auf die Evolution (vgl. Batten 1994: 21 f; Miller 2001: 123 ff).

Für den Menschen kann gar die These aufgestellt werden, dass die ausgesprochen schnelle Evolution des Gehirns zentral durch die sexuelle Evolution bestimmt ist. Allein die natürliche Selektion vermag weder das Größenwachstum menschlicher Gehirne noch deren spät einsetzende Überlebenserfolge oder deren breite Intelligenz und Kreativität zu erklären (vgl. Miller 2001: 27 ff).

„Viele geistige Fähigkeiten des Menschen sind allein auf unsere Spezies beschränkt. Die Evolution ist aber opportunistisch und unparteiisch – sie unterscheidet nicht zwischen den Spezies. Wenn unsere einzigartigen Fähigkeiten durch einen Überlebensvorteil erklärt werden müssen, so können wir immer fragen, warum die Evolution nicht anderen Arten denselben Vorteil zukommen ließ. Adaptionen, die große Überlebensvorteile mit sich bringen, entwickeln sich typischerweise mehrfach in verschiedenen Abstammungslinien; dies bezeichnet man als Konvergenz."   (Miller 2001: 29)

Danach evolviert das menschliche Gehirn in einer verselbständigten sexuellen Selektion als hoch kostspieliger Fitnessindikator, weil gerade die sexuelle Selektion eher auf Divergenz, denn auf Konvergenz zielt. Die Verselbständigung der Evolution des Gehirns basiert darauf, dass es als einmal gesetzter und für attraktiv befundener Fitnessindikator Eingang in die menschliche Spezies gefunden hat und darauf zugleich als selektierender und selektierter Faktor auftritt. Der menschliche Geist emergiert mittels der Partnerwahl als Katalysator seiner selbst (vgl. Miller 2001: 18 ff).

Dass vornehmlich die Männchen einer Spezies miteinander um die Weibchen konkurrieren, basiert einerseits auf dem größeren Engagement, das weibliche Individuen für gewöhnlich der Sicherung und Pflege der Nachkommenschaft angedeihen lassen, und andererseits auf der Beschränkung der Produktion weiblicher Gameten gegenüber männlichen Gameten. Die Fähigkeit eines Männchens, Nachkommen zu zeugen, hängt weniger an der Anzahl seiner Spermien als an der Anzahl der Eier, die es befruchten kann. Demgegenüber ist das Weibchen einer Spezies weitgehend unabhängig von der Anzahl der Männchen, mit denen es sich paart. Es ist allerdings an seine körperlichen Voraussetzungen sowie durch den Aufwand an Zeit und Energie gebunden, die es der Brutpflege zukommen lässt. Daraus lässt sich ableiten, dass die Männchen und die Weibchen einer Spezies prinzipiell unterschiedliche Fortpflanzungsstrategien verfolgen. Männchen streben einen Fortpflanzungserfolg in der Besamung möglichst vieler Weibchen an, während das Weibchen seinen Fortpflanzungserfolg in einer möglichst klugen Auswahl des/der Paarungspartner sucht (vgl. Batten 1994: 30 ff).

Wesentliches Merkmal der Säugetiere ist die Einheit von Mutter und Kind, weil die Jungen lebend geboren und in ihrer ersten Lebensphase von der Mutter gesäugt werden. Variationen sind hinsichtlich des Ausmaßes der Pflege und der Art und Intensität der weiteren Anbindung eines oder mehrerer Männchen an diese Grundeinheit zu beobachten. Der Mensch reproduziert nahezu alle möglichen Variationen der Klasse der Säugetiere. Grundsätzlich gilt bei den Säugetieren, dass je komplexer das Leben der Säuger erscheint, desto wahrscheinlicher wird die Anbindung des Männchen auch nach der Besamung an die Einheit von Mutter und Nachkomme, um weitere Funktionen zur Sicherung des Nachwuchses zu übernehmen wie der Nahrungsbeschaffung oder einer Schutz- und Lehrfunktion (vgl. Fox 1986: 11 f).

In der geschlechtlichen Fortpflanzung nimmt neben der sexuellen Selektion die Verwandtschaftsselektion eine herausragende Stellung ein, wobei in der Sicherung der besten Gene für ihre Nachfahren die Weibchen besonders erfolgreich sind, die sich mit ihnen anverwandten Weibchen zu Gruppen zusammenschließen. Als Gruppe bilden sie einen Genpool, dessen Wahrscheinlichkeit, sich zu reproduzieren, im Zusammenschluss größer erscheint. Bei den Primaten kann beobachtet und von ihnen auf die ersten Homidengruppen geschlossen werden, dass Weibchen und Männchen ganzjährig in Gruppen zusammenleben und sich so im Hinblick auf Schutz und Nahrungsbeschaffung Vorteile verschaffen, während prinzipiell zugleich das Gesetz des entbehrlichen Männchens gilt. Daher müssen sich ganzjährig soziale Rangordnungen etablieren, die die sexuelle Selektion ermöglichen. Es entstehen drei zentrale Gruppierungen innerhalb einer Primatengruppe: die etablierten Männchen, die in der Konkurrenz ihre hohe sexuelle Fitness wiederholt demonstriert haben; die Gruppe der randständigen und heranwachsenden Männchen, die ihre sexuelle Fitness zunächst noch unter Beweis zu stellen haben; die Gruppe der Weibchen und der Jungtiere, wobei sich auch bei den Weibchen eine soziale Rangordnung herausbildet. In den Primatengruppen herrscht in erster Linie die Polygynie vor, wenn sich die ranghohen Männchen besonders häufig mit den Weibchen der Gruppe paaren und so ihre Chancen auf Nachwuchs steigern (vgl. Fox 1986: 16 ff).

Davon ausgehend kann für die Homiden abgeleitet werden, dass weibliche Homiden in der sozialen Gruppe Partnerwerbung und Mutterschaft grundsätzlich vereinbar gestalten mussten, wodurch gerade die Eigenschaften als Mutter als weibliche Fitnessindikatoren ausgebildet wurden, um die etablierten Männer anzulocken. Für Homiden kann auf ein Paarungsmuster der gemäßigten Polygamie geschlossen werden, was bedeutet, dass sich genau die Männer am häufigsten mit den Frauen der Gruppe paarten, die über eine besonders große sexuelle Fitness verfügten, während die Männer mit geringer sexueller Fitness kaum Chancen auf die Fortpflanzung hatten (vgl. Miller 2001: 221 ff). Damit die Gruppe der randständigen und noch nicht etablierten Männer die Dominanz der etablierten Gruppenmänner akzeptiert, bedarf es eines Mechanismus, der dieses System grundiert. Hierzu haben Homiden durch Initiation und Allianz eine Absicherung zur internen Wahrung der Gruppe etabliert. Demzufolge haben die heranwachsenden Männer in Initiationsriten ihre Männlichkeit beweisen müssen, um von den etablierten Männern einen Zugang zur Fortpflanzung bewährt zu bekommen. In Phasen längerer Allianz mit einer Frau konnten sich die Männer dann entsprechend reproduzieren. Da Frauen aber auf das beste Erbgut der Gruppe für ihren Nachwuchs zielen, versuchten sie Strategien zu entwickeln, etablierte Männer längerfristig an sich zu binden, wozu sexuelle Bereitschaft und Sexualverhalten auch jenseits der fruchtbaren Phasen eingesetzt wurde (vgl. Fox 1986: 19 ff).

Die Bereitschaft, eine Partnerschaft einzugehen, basiert bei dem Menschen vor allem auf den drei motivationalen Systemen des allgemeinen sexuellen Verlangens, der Verliebtheit in einen Partner und der Bindung an diesen. Das sexuelle Verlangen motiviert jedwedes Sexualverhalten, während die Verliebtheit dieses sexuelle Verlangen auf einen spezifischen Partner lenkt. Die Bindung sichert schließlich die Dauer der Partnerschaft zur beidseitigen elterlichen Sorge um den Nachwuchs. Dabei besteht angesichts der Negativkorrelation von sexuellem Verlangen und Bindung die Herausforderung für den Menschen darin, die Bedürfnisse nach Sexualität und Bindung simultan aufeinander abzustimmen (vgl. Aspendorf 2006: 130).

Auf diesen grundsätzlichen Mechanismen aufsetzend evoliert die Spezies Mensch den zusätzlichen Mechanismus der Liebe[115], um die sexuelle Bindung zweier Partner zu festigen. Dies ist relevant, damit die Sicherung des Nachwuchses angesichts der sehr langen Brutpflegephase gewährleistet wird (vgl. Schopenhauer: 143). Dabei muss festgestellt werden, dass die Intensität der Liebe allerdings keinen Einfluss auf die Bedeutsamkeit des Nachwuchses ausübt, weshalb der Mechanismus der Liebe keinesfalls allein in der sexuellen Evolution aufgeht, sondern an Eigenqualität durch entsprechende Bedeutungszuweisung gewinnt (vgl. Solo'ev 1985: 152 ff).

„Die Tatsache, dass die Sexualität jedoch im Dienste der Partnerbindung steht, beinhaltet als Voraussetzung ein partnerschaftliches Verhältnis, also Liebe als individualisierte Bindung. Damit ist bereits ausgesprochen, dass flüchtige Beziehungen mit ständig wechselnden Partnern höchstens in der Phase jugendlichen Suchens und Experimentierens als natürlich anzusehen sind, nicht jedoch als Dauerhaltung. Liebe ist individualisierte Partnerbeziehung, und ein ständiger Partnerwechsel widerspricht dem. Sich verlieben heißt, mit einem ganz bestimmten Partner ein Band zu knüpfen. Und dieses Bedürfnis ist Teil unserer Natur."   (Eibl-Eibesfeld 1976: 170)

Charakteristisch ist es, dass dem menschlichen Sexualverhalten ein über die reine instinkthafte Fortpflanzung hinausreichendes Mehr zugeschrieben wird, das aus der sexuellen Evolution der menschlichen Spezies erst hervorgeht und ihr letztlich zugute kommt, indem die sexuelle Selektion differenzierter verläuft (vgl. Miller 2001: 255 ff). Dieses evolutionäre Verständnis der Sexualität als Fortpflanzungsmechanismus prägt sich in das allgemeine Verständnis der Sexu-

---

[115] Der evolutionstheorietische Mechanismus der Liebe sollte eigentlich keinesfalls mit der romantischen Liebe verwechselt werden, da diese ein kontingentes Sozialkonstrukt darstellt, wie bspw. Luhmann (1994) herausgearbeitet hat.

alität ein. So wird neben der Liebe auch die Erotik aus der evolutionären Sexualität abgeleitet:

„Die Erotik ist tätiger Sexus, aber sie hebt den Zweck der Sexualfunktion dadurch auf, daß sie ihn umleitet oder negiert. In der Sexualität dient die Lust der Zeugung; in den erotischen Ritualen ist die Lust ein Zweck an sich oder verfolgt andere Zwecke als die Fortpflanzung.“   (Paz 1997: 15)

5.3.2 Die medizinisch-anatomische Rahmung

„Sexualität wird durch Gene, Nervenstrukturen und Hormone mitbestimmt. Das Zusammenspiel dieser Faktoren mit sozialen Einflüssen lässt beim Menschen, wie bei anderen Primaten ein Verhaltensrepertoire entstehen, dass dem Bereich der Fortpflanzung und Partnerwahl zugrunde liegt.“ (Runkel 2003: 8)

Aus biologischer Sicht erscheinen Partnerwahl, sexueller Akt und Nachwuchspflege als zentrale Aspekte der Sexualität (vgl. Bartels 2006: 119). Während die evolutionäre Rahmung den Fokus auf die Partnerwahl und die Nachwuchspflege legt, konzentriert sich die medizinisch-anatomische Rahmung[116] auf den sexuellen Akt und die für ihn notwendigen körperlichen Bedingungen.
Dabei konzipiert die Medizin ein Modell vom Körper als eines von mentalen und sozialen Einflüssen weitgehend unabhängigen Systems mit eigenen Regeln und Prozessen. Unterteilt wird der Körper in zahlreiche Körpersubsysteme, die für sein Funktionieren exklusive Funktionen übernehmen. Um den sexuellen Akt zu ermöglichen, muss der Körper in dem Zusammenspiel seiner Körpersubsysteme angemessen agieren. Die Parameter funktionaler Angemessenheit werden in der medizinischen Erforschung der chemischen und biologischen Gesetzmäßigkeiten ermittelt. Sexualität erweist sich in diesem Körpermodell als eine Ressource, welche die Individuen durch sexuelles Verhalten ausdrücken, sofern ihr Körper funktionstüchtig arbeitet (vgl. Tiefer 1997: 106).
Für das sexuelle Verhalten des Menschen sind vor allem die Sexualorgane[117] von herausragender Relevanz, da sie sexuelle Aktivitäten und Fortpflanzung ermöglichen. Unterschieden werden können die inneren und die äußeren Sexualorgane. Zu den äußeren Sexualorganen gehören die am Körper sichtbaren

---

[116] Die Komplexität der medizinisch-anatomischen Rahmung kann an dieser Stelle nicht wiedergegeben, sondern lediglich grob reduzierend und vereinfachend dargestellt werden.
[117] Die Sexualorgane werden auch als geschlechtsspezifische, primäre Geschlechtsmerkmale bezeichnet und können von den geschlechtstypischen sekundären und tertiären Merkmalen dadurch abgegrenzt werden, dass sie exklusiv einem Geschlecht zugeordnet werden können (vgl. Dressler & Zink 2002: 174 f).

Strukturen, beim Mann der Penis und der Hodensack und bei der Frau die Schamlippen, die Klitoris und die Vulva. Die inneren Sexualorgane differenzieren sich in die Keimdrüsen, welche zentral für die Produktion von Keimzellen und Sexualhormonen sind, in die Geschlechtswege und die Geschlechtsdrüsen (vgl. Dressler & Zink 2002: 490 f). In ihrer Anlage sind die Sexualorgane in der pränatalen Entwicklung der ersten Lebenswochen zunächst indifferent, bis die Entwicklung des geschlechtlichen Dimorphismus einsetzt. Männliche Föten mit der xy-chromosonalen Paarung nehmen ab der 6. – 7. Schwangerschaftswoche eine geschlechtstypische Entwicklung, bei weiblichen Föten beginnt die geschlechtsspezifische Differenzierung mit der 10. Schwangerschaftswoche (vgl. ebd.: 491; Walter 1978: 4 f). Die volle Ausreifung der Sexualorgane sowie der sekundären und tertiären Geschlechtsmerkmale des Körpers wird mit Abschluss der Pubertät erreicht (vgl. Walter 1978: 174 ff; Dressler & Zink 2002: 174 f). Des Weiteren sind für die sexuelle Erregbarkeit des Menschen die erogenen Zonen von Bedeutung, die in spezifische und unspezifische Zonen differenziert werden können. Als spezifische erogene Zonen werden die Bereiche des menschlichen Körpers gewertet, die an Körperstellen mit hoher Dichte sensorischer Nervenzellen befindlich sind wie den Sexualorganen oder den Lippen. Dagegen werden die unspezifischen erogenen Zonen unabhängig von der Dichte sensorischer Nervenzellen individuell in der sexuellen Sozialisation besetzt (vgl. Dressler & Zink 2002: 605).

Das medizinische Modell menschlichen sexuellen Ausdrucks bildet der Human Sexual Response Cycle (HSRC), der das sexuelle Verhalten gleichermaßen unabhängig von Geschlecht oder sexueller Orientierung allgemeingültig beschreibt. Danach determiniert eine spezifische Abfolge verschiedener neurologischer, vaskulärer und muskulärer körperlicher Ereignisse den Verlauf sexueller Handlungen. Der HSRC wird in der Medizin als Abgleichfolie für das Sexualverhalten und -erleben von Patienten herangezogen. Erstellt wurde der HSRC[118] auf der Grundlage der wissenschaftlichen Studien von William Masters und Virginia Johnson, deren Forschungsergebnisse aus zahlreichen Beobachtungen sexuellen Verhaltens in Laborstudien in den 1960ern publiziert worden sind. Zu unterscheiden sind demnach vier Phasen der sexuellen Erregung, an die sich charakteristische Körperreaktionen anschließen. Die einleitende Erregungsphase ist durch einen Anstieg des Blutdrucks und der Herzfrequenz sowie das Auftreten einer Hautrötung (sex flush) gekennzeichnet. In der weiblichen Anatomie kann zudem die einsetzende Lubrikation, die Öffnung des Scheideneingangs, das Anschwellen der Schamlippen und der Mamillen, eine stärkere Durchblutung der Klitoris sowie die Aufrichtung des Uterus beobachtet werden. Männliche Probanden zeigen in der Erregungsphase eine Erektion des

---

[118] Zur ausführlichen Kritik an dem HSRC vgl. Tiefer (1997: 107 f)

Penis, eine Hodenhebung sowie eine Aussonderung eines Sekrets aus den Bulbourethraldrüsen. An die Erregungsphase schließt sich die durch eine weitere Zunahme von Muskelspannung, Herzfrequenz und Blutdruck gekennzeichnete Plateauphase sexueller Erregung an. Frauen reagieren in dieser Plateauphase u.a. mit einer Brustvergrößerung, dem Anschwellen der kleinen Schamlippen und des äußeren Drittel der Vagina bei gleichzeitig stärkerer Lubrikation und einer Vergrößerung des Uterus um 50 – 100%. Dagegen lässt der männliche Körper seine sexuelle Erregung in der Plateauphase vornehmlich durch Kontraktionen der Rektum- und Analmuskulatur, einer Hodenhebung und Hodenvergrößerung sowie weiterer Sekretionen aus den Bulbourethraldrüsen erkennen. Den Höhepunkt sexueller Erregung markiert die Orgasmusphase, in der intensive Hautrötungen, hohe Herz- und Atemfrequenzen sowie gesteigerte Muskelspannung auftreten. In der Orgasmusphase zeigen weibliche Körper Anzeichen rhythmischer Kontraktionen des unteren Vaginaldrittels und des Uterus, des Weiteren röten sich die großen und kleinen Schamlippen und schwellen an. Das weibliche Orgasmuserleben kann einen Klimax oder mehrere kleinere Orgasmen umfassen. Der männliche Körper betritt die Orgasmusphase mit Kontraktionen der Prostata, der Bläschendrüsen und der Samenleiter. Daneben ziehen sich die Becken- und Urethralmuskulatur in Intervallen zusammen, sodass der Penis das Ejakulat ausstößt. Abschließend kann die Rückbildungsphase beobachtet werden, in der Rötungen und Muskelanspannungen zurückgehen, während sich Blutdruck, Herz- und Atemfrequenz normalisieren. Bei Frauen schwellen zudem die Mamillen, das untere Vaginaldrittel und Schamlippen ab. Zudem kehren Uterus und Klitoris in ihre Ausgangsposition zurück. Als männliche Reaktionen können in der Rückbildungsphase eine individuell unterschiedlich lange Refraktärphase mit geringer sexueller Erregbarkeit und das Abschwellen des Penis beobachtet werden (vgl. Dressler & Zink 2002: 432 f; Bräutigam 1976: 177 ff; Tiefer 1997: 106 f; Kockott 1995: 30 ff).

Mit Blick auf die geschlechtlichen Unterschiede bei dem sexuellen Erregungsablauf zeigt sich, dass zwischen individuellen Frauen die Varianz größer ist als unter Männern. Ferner erscheint die Verlaufskurve sexueller Erregung bei Frauen im Koitus im Ganzen wie in den einzelnen Phasen länger als beim Mann. Der Mann hingegen tritt nach dem Orgasmus in eine absolute Refraktärphase ein, in der eine psychophysiologische Nichterregbarkeit besteht. Die Frau hingegen kann durchaus nach einem erlebten Orgasmus wieder erregt werden und multiple Orgasmen erfahren. Aufgrund der langen Plateauphase der weiblichen sexuellen Erregung erleben viele Frauen auch erst bei wiederholtem Geschlechtsverkehr einen Orgasmus. In der sexuellen Erregung fruchten bei Männern insbesondere visuelle Stimuli, während Frauen eher auf Berührungen und körperliche Kontakte mit einer Lubrikation reagieren (vgl. Bräutigam 1976: 184

ff). In dem HSRC erscheint der menschliche Körper „like a desiring machine, with its erogenous zones aroused for one climatic performance that exclusively defines sexual success" (Bristow 1997: 55).

Während der Vorstellung sexueller Erregung lange Zeit ein hydraulisches Triebmodell zugrunde gelegt wird, wird im Kontext sexualwissenschaftlicher Forschung versucht, sexuelle Motivation in Arousability und Arousal aufzuspalten, um so auf den Vorwurf des Behaviorismus zu reagieren und dem psychischen Erleben einen Platz einzuräumen. Arousability impliziert die inter- und intraindividuell divergierende Bereitschaft, als Folge sexueller Stimulanz sexuell zu reagieren. Diese Erregbarkeit wird determiniert durch die Physiologie des Organismus und durch sexuelle Erfahrungen, wodurch die seit der Kindheit gemachten Lernerfahrungen erheblich zu der sexuellen Erregbarkeit eines Menschen beitragen. Arousal bezieht sich demgegenüber auf das konkrete, in einer sexuellen Situation gegebene Niveau einer sexuellen Stimulation. Gerade die situativ sexuelle Erregung ist maßgeblich von der Erfahrung und der konkreten Situation bestimmt und damit sozial eingefärbt. Die Implementierung von Arousability und Arousal in den Erregungszyklus kann die Gestaltung der vom Koitus abweichenden sexuellen Präferenzen und Gewohnheiten berücksichtigen und die variierende Intensität in der sexuellen Erregungsphase erklären (vgl. Schmidt 1976: 31 ff).

In den vergangenen Jahren erscheint neben dem HSRC vor allem das endokrinische System seitens der Sexualmedizin Aufmerksamkeit auf sich ziehen zu können, zumal sich die Bedeutung der Sexualhormone nicht nur auf die Fortpflanzung und den sexuellen Akt beschränkt. Zahlreiche Organe verfügen gegenüber dem Einfluss von Östrogenen, Gestagenen und Androgenen eine gesteigerte Sensitivität. So fungieren die Sexualhormone als konstitutiver Faktor in der Genese neurologischer Phänomene und der Ätiologie zahlreicher körperlicher und psychischer Erkrankungen (vgl. Kuhl 2002: 1 ff). Das menschliche Gehirn[119] ist nicht nur massiv an dem sexuellen Erleben beteiligt, auch stehen neuronale und hormonelle Prozesse in einem hoch komplexen, wechselseitigen Zusammenhang, der bei den Geschlechtern unterschiedlich anmutet (vgl. LeVay 1994: 103 ff; Miketta & Tebel-Nagy 1996: 73 ff; Brizendine 2007: 129 ff). So schwanken z.B. die weibliche Lustbereitschaft und -fähigkeit im Laufe des monatlichen Testosteronzyklus (vgl. Brizendine 2007: 150).

Zusammenfassend kann festgehalten werden, dass die medizinisch-anatomische Rahmung den sexuellen Körper bis hin in seine Neuronen und Hormone seg-

---

[119] Eine gute Einführung in das „Sexualorgan Gehirn" findet sich bei LeVay (1994). Dass die Genderperspektive auch in die Neurowissenschaften Eingang erhalten hat, zeigt sich an Brizendines (2007) *Das weibliche Gehirn*.

mentiert, zerlegt und atomisiert. Zugleich wird das Sexualverhalten entlang prototypischer Erregungsabschnitte klassifiziert.

5.3.3 Die mythologische Rahmung

„Man könnte als ‚Mythen' jene anonymen Geschichten bezeichnen, die die Ursprünge der Welt, der menschlichen Gesellschaft und der Kultur zu erklären versuchen. Da dies Themen von allgemein menschlichem Interesse sind, überrascht es auch nicht, daß ein so definierter Mythos für jedermann leicht als solcher erkennbar ist, gleichgültig, wie entlegen oder fremdartig die Kultur ist, der er entstammt." (Willis 2006: 13 ff)

Jede Kultur verfügt über ihre eigenen Mythen, von denen sich auch einige um die Sexualität ranken. Geprägt von der christlichen Sexualmoral gehören religös geprägte sexuelle Mythen wie die zahlreichen Hagiographien oder der Mythos des Sündenfalls Adams und Evas und ihrer Vertreibung aus dem Paradies ebenso zu dem Kanon westlicher Mythen wie die unbefleckte Empfängnis der Jungfrau Maria (Sorgo 1997; Bataille 1994).

Noch fundamentaler erweist sich für die Konzeption der Sexualität allerdings ein in dem *Symposion* Platons[120] vorgestellter Mythos. Während die Teilnehmer des beschriebenen Gastmahls beisammen sitzen, stimmen sie ein Lob auf den Gott Eros an, wobei dem Lob des Aristophanes besondere Bedeutung zukommt, weil dieser einen Mythos vom Ursprung der Geschlechter konstituiert, der sich in dem Verständnis sexuellen Begehrens und geschlechtlicher Anziehung häufiger aufgegriffen findet.

So berichtet Aristophanes, dass die menschliche Liebe und das Sexualverhalten ihren Ursprung in einer Zeit fänden, in der das Menschengeschlecht noch als Kugelmenschen auf Erden wandelte. Drei Geschlechter könnten demnach voneinander unterschieden werden, wobei das männliche Geschlecht ein Kind der Sonne, das weibliche ein Kind der Erde und das mannweibliche eine Ausgeburt des Mondes gewesen seien. Da die Kugelmenschen in der doppelten Ausführung ihrer Gliedmaßen an Kraft und Stärke sowie in der doppelten Ausführung ihrer Gesichter an Intellekt den Göttern durchaus ebenbürtig und gefährlich gewesen seien, habe der Göttervater Zeus die Kugelmenschen in der Mitte hal-

---

[120] Auf die Relevanz der Rede des Sokrates in der Begründung ideeller, das Körperliche ausklammernder Liebe für die christliche Konzeption des sündigen Fleisches sowie für die Techniken des Selbst kann an dieser Stelle nicht eingegangen werden. Hierzu aber Näheres bei Foucault (1989a).

biert, um sie so ihrer Kraft zu berauben und zugleich in der Anzahl ehrbezeugender Anhänger zu steigern.

„Nachdem nun die Gestalt entzweigeschnitten war, sehnte jedes sich nach seiner anderen Hälfte, und so kamen sie zusammen, umfassten sich mit den Armen und schlagen sich ineinander, und über dem Begehren zusammenzuwachsen starben sie aus Hunger und sonstiger Fahrlässigkeit, weil sie nichts getrennt voneinander tun wollten. Da erbarmte sich Zeus und gab ihnen ein anderes Mittel an die Hand, indem er ihnen die Schamteile nach vorne verlegte, denn vorher trugen sie auch diese nach außen und erzeugten nicht eines in dem anderen, sondern in die Erde wie die Zikaden."

(Platon o.A.: 30)

Seither sehne sich jeder Mensch nach der ihm abgetrennten Hälfte: eine ehemalige männliche Kugelmenschhälfte sehne sich nach dem ihm fehlenden männlichen Teil, eine weibliche Hälfte suche nach dem sie vervollkommnenden weiblichen Teil und bei den mannweiblichen Kugelmenschen ziehen Männer und Frauen einander an. Der Gott Eros versuche nun, die beiden komplementären Hälften zueinander zu führen, dass sie miteinander die Sehnsucht nach ihrer verlorenen Einheit in ihrer Umarmung stillen können. Hierin wird eine Metaphysik des Begehrens begründet, die verschiedene Ansätze der Sexualitätsrahmung massiv beeinflusst.

5.3.4 Die theologisch-metaphysische Rahmung

„Daß sich an den Begattungstrieb, der nur der Fortpflanzung des Lebens dient, die Liebe schloß, die nach diesem gar nicht fragt – das ist eine ungeheure Erlösung vom Leben. Wie die Kunst es ist, sobald sie sich über das Natürliche erhebt, das Religiöse, sobald es von Furcht und Hoffnung frei wird."

(Simmel 1985: 265)

Die der Liebe beigemessene Relevanz wird nicht nur angesichts der zahlreichen, alljährlichen Weihnachts-Liebes-Komödien ersichtlich, auch in der Soziologie wird konstatiert, dass der Liebe gegenwärtig eine religiöse Qualität zugeschrieben werden kann, denn „Liebe und Religion beinhalten das Schema einer analog aufbauenden Utopie. Sie sind jede für sich *ein Schlüssel aus dem Käfig der Normalität*. Sie öffnen die Normalität auf einen anderen Zustand hin" (Beck & Beck-Gernsheim 2005: 231). Doch die Nähe zwischen Religion und Sexualität wird nicht nur in dem zeitgenössischen Liebesparadigma offensichtlich, in dessen Kontext die Sexualität zu einem wichtigen Indikator für das Funktionieren einer Liebesbeziehung avanciert ist (Giddens 1992; Lewandowski 2004;

Schmidt 2004), auch übernimmt sie selbst als „sexuelle Erotik die Funktionen einer religiösen Erotik" (Benjamin 1985: 112). Daran anknüpfend fällt auf, dass die Säkularisierung zahlreiche Formen spirituellen Erlebens dissoziiert, wodurch die Erfahrungen an Bedeutung gewinnen, die einen scheinbaren Selbstverlust exerzieren. Hierin gewinnt die Erotik einen besonderen Stellenwert, weil sie ermöglicht, sich „zu verlieren" und zugleich als „Teil eines Ganzen zu erleben" – etwas, dass „außer in erotischen Beziehungen kaum noch möglich" ist (Benjamin 1985: 112). Daher werden in der theologisch-metaphysischen Rahmung der Sexualität vor allem besondere Qualitäten beigemessen.

„Alle Formen der orgiastischen Vereinigung besitzen drei Merkmale: Sie sind intensiv, ja sogar gewalttätig; sie erfassen die Gesamtpersönlichkeit, Geist und Körper; und sie sind vorübergehend *und* müssen regelmäßig wiederholt werden." (Fromm 2005: 22 f)

Dass das Religiöse und das Sexuelle einander durchaus sehr nahe stehen, erweist sich als eine zentrale Erkenntnis der Theoretiker um Georges Bataille an dem Pariser Collège de Sociologie um 1940 (vgl. Lautmann 2002: 270). Doch schweben diese westlichen Interpretationen der Sexualität und ihrer semantischen Differenzierung der Erotik keineswegs in einem luftleeren Raum, sondern entstehen in Anknüpfung an antike philosophische Ausführungen und vor dem Hintergrund der christlichen Sexualmoral, die über Jahrhunderte das westliche Sexualverständnis maßgeblich beeinflusst hat. Die christliche Theologie hat der Sexualität[121] nämlich besonders intensive Aufmerksamkeit geschenkt und einen umfassenden Verhaltenskodex sexueller Handlungen aufgestellt, der zumeist als eine zentrale Strömung sexueller Repression[122] gelesen wird und zugleich verschiedene sublime Formen sexuellen Verhaltens evolviert (vgl. Lautmann 2002: 278). Grundlegend kann die christliche Sexualmoral als theoretisches Konstrukt der Theologie gedacht werden, dessen konkrete Befolgung im sexuellen Verhalten für eine religiöse Elite verbindlich und für die Mehrheit der Bevölkerung jedoch vornehmlich als Ideal fungiert hat (Ussel 1977; Hyde 1969, Guha 1971). Trotz des christlichen Askese-Ideals konnte bspw. ein junger Bauer des Mittel-

---

[121] Natürlich entdeckt die christliche Theologie die Sexualität als Gegenstandsbereich der Diskursivierung nicht unabhängig von der Diskursivierung der Sexualität in der Spätantike, vielmehr finden hier Anschlüsse und Umcodierungen statt, auf die an dieser Stelle leider nicht näher eingegangen werden kann. Auch können die Ursprünge der Diskursivierung des sexuellen Selbst hier nur unzureichend angedeutet werden, hierzu mehr bei Foucault (1986, 1989 a und b) und Maasen (1998).

[122] Die christliche Sexualmoral darf keinesfalls ausschließlich einheitlich, starr und unveränderlich gedacht werden, da einerseits die Bibel selbst sehr mannigfaltig hinsichtlich ihrer Standpunkte zur Sexualität ausfällt, (Hyde 1969; Ussel 1977). Andererseits erfährt selbst die katholische Sexualmoral in ihrer Anpassung an die jeweilige Epoche Modifikationen (Ussel 1977; Lautmann 2002).

alters „nicht darauf verzichten, die Fruchtbarkeit seiner künftigen Frau durch außerehelichen Geschlechtsverkehr zu prüfen. Auch in anderen sozialen Schichten waren vor- und außereheliche Beziehungen geradezu institutionalisiert" (Guha 1971: 48).

In ihrer Entstehung knüpft die christliche Sexualtheologie an die jüdische Theologie und deren Sexualmoral an, wobei die Beschränkung der Sexualität auf die Ehe übernommen wird, wenngleich das Judentum noch die Polygamie und die Scheidung erlaubte. Herausgebildet hat sich diese Sexualbeschränkung des Judentums als ein wesentlicher Faktor der Distinktion gegenüber anderen, sexuell permissiven Religionen (vgl. Guha 1971: 40 f). Die ersten expliziten Ausführungen eines christlichen Standpunktes zur Sexualität finden sich in Erwartung des Jüngsten Gerichts bei dem Apostel Paulus, der dem sexuellen Verhalten per se einen Makel als Sünde gegen den Leib anhängt (vgl. Ariès 1986: 51 ff). In seiner Formulierung der Verbote engt er den Bereich des Legitimen so weit ein, dass ausschließlich die unauflösbare Einehe zum einzig legitimen Ort sexueller Betätigung wird. Zunächst als Protestreligion der Unterpreviligierten und Versklavten erscheinen die sexuellen Gepflogenheiten der herrschenden römischen Schichten als Ausdruck heidnischer Götterkulte, gegen die es sich abzugrenzen gilt. Mit ihrer Durchsetzung als Staatsreligion werden sämtliche religiösen Kulte mit einer permissiveren Sexualkonzeption als staatsgefährdend klassifiziert und gleichermaßen verfolgt wie die Christen zuvor in der Christenverfolgung. Mit dem Mittelalter kann eine asketische christliche Ethik konstatiert werden, die von der rigorosen Machtinstanz der Kirche vertreten wird und als Herzstück einen Körper-Seele-Dualismus in sich birgt (vgl. Guha 1971: 43 ff).

Ausgehend von den zwei Naturen[123] menschlichen Seins werden die mit ihm verknüpften quasi-medizinischen Assoziationen auf den Dualismus von Geist bzw. Seele und Körperlichkeit übertragen. Der menschliche Körper ist niedrig und korrumpierbar, wodurch er die Seele immer wieder in Versuchung führt. Doch auch die Seele ist gegen sündige Gedanken nicht gefeit. Der gläubige Christ muss eine Heilung in seinem Glauben an Gott anstreben, um während seiner irdischen Existenz bereits zu seiner eigentlichen, dem Paradies zugeschriebenen Natur einen Zugang zu bekommen und damit von seiner zweiten, unvollkommenen irdischen Natur geheilt zu werden. In einem Gehorsamsakt gegenüber Gott und seinen Geboten muss der Gläubige sich seiner Begierden erwehren und gegen sie ankämpfen (vgl. Maasen 199 ff). Sexuelles Erleben lenkt aber den Gläubigen in seinem Kampf um den Zugang zu seiner wahren Natur maßgeblich ab, zumal es mit seinen in der Gegenwart begründeten Sensa-

---

[123] Nachfolgend wird die von Augustinus begründete Sexualmoral vorgestellt und nicht die manichäische Sexualmoral, die von einem Licht-Finsternis-Dualismus ausgeht. Vgl. hierzu Maasen (1998).

tionserlebnissen eine massive Konkurrenz zur Gottesliebe darstellt. Weil Sexualität dem Menschen seine für die Glaubenstätigkeit wichtige Bewusstseins- und Erkenntnisschärfe zu nehmen vermag, kann sie nur innerhalb der Ehe und ausschließlich zum Zwecke der Fortpflanzung geduldet werden (vgl. Ussel 1977: 21; Runkel 2003: 107 ff). Die Vorstellung des „sündigen Fleisches" beinhaltet die Diskreditierung des Physischen als Kernstück der christlichen Sexualmoral, da seit der Vertreibung des Menschen aus dem Paradies die Erbsünde von einer Generation an die nächste mittels der „Fleischeslust der Eltern" weitergegeben wird (Morus 1967: 92). Der Zeugungsakt wird per se als sündhaft diffamiert und, wie die Ausführungen des heiligen Augustinus besagen, „inter faeces et urinam nascimur" (Ussel 1977: 21 und vgl. Guha: 47).

Als zentrale Konstanten des christlichen Sexualverständnisses fungieren der Primat der Jungfräulichkeit über die Ehe, die Verurteilung des nicht der Fortpflanzung dienenden Geschlechtsverkehrs, die prinzipielle Ablehnung jedweder lustvoller Körperlichkeit, eine Geringschätzung der Frau und ein komplementärer Androzentrismus (Ussel 1977; Guha 1971; Morus 1967; Runkel 2003).

Insbesondere das asketische Ideal der Keuschheit nimmt einen hohen Stellenwert ein, da Seelenfrieden allein durch die vollkommene Enthaltung sexueller Handlungen[124], aber auch zunehmend sexueller Gedanken erreicht werden kann (vgl. Morus 1967: 92 f). Angestrebt werden soll zunächst die Jungfräulichkeit, doch kann die sexuelle Lust nicht von jedem Menschen immerwährend bekämpft werden. Den Schwachen bietet die Ehe einen Rahmen, diese in legitime Bahnen zu lenken. Denn grundsätzlich gilt Unzucht als ein natürliches Laster, das seinen Ursprung in dem sündigen, aber dennoch von Gott geschaffenen Körper findet. Sie kann nur durch die totale Auslöschung allen Begehrens eliminiert werden, wobei dies als ein unmöglich dauerhaft zu bewerkstelligendes Unterfangen betrachtet wird. Das sündige Fleisch kann im Lebens niemals ganz besiegt werden und immer nur asymptotisch niedergerungen werden, weil sich an das Laster der Unzucht nicht nur sexuelle Handlungen mit Anderen oder sich selbst, sondern auch die schwer beherrschbaren sexuellen Phantasien binden. So kann zunächst zwischen der asketischen Übung gegenüber dem Körper und einem immer wichtiger werdenden asketischen Training des Geistes unterschieden werden (vgl. Foucault 1986: 25 ff).

„Und es zeichnen sich zwei Pole ab, die, wohlgemerkt, nicht mit dem Leib und der Seele identisch sind: der Pol des Unwillkürlichen, der die Regungen des Leibes sowie die Wahrnehmungen umfaßt, die aus spontan auftretenden Erinnerungen und Bildern

---

[124] Trotzdem sei darauf hingewiesen, dass die 1139 durch das Zweite Laterankonzil erlassene Zölibatspflicht auf erheblichen Widerstand seitens der Priesterschaft gestoßen ist (vgl. Runkel 2003: 108 ff).

gespeist werden, sich im Geiste ausbreiten und den Willen bedrängen, versuchen und anziehen; und der Pol des Willens selbst, der akzeptiert oder ablehnt, der sich abwendet oder sich fangen läßt, verweilt und einwilligt. Auf der einen Seite also eine Mechanik des Körpers und des Denkens, die sich, die Seele umgebend, mit Unreinheit belädt und bis zur Pollution führen kann; auf der anderen Seite ein Spiel des Denkens mit sich selbst."
(Foucault 1986: 32)

In ihrer elitären Fassung fundiert die Askese der Keuschheit eine Subjektivierung des Menschen, in die er sich auf die Suche nach der Wahrheit seiner selbst begibt und hierfür einen ganzen Kanon an Selbsttechniken der Analyse und Diagnose des eigenen Denkens etabliert (vgl. Foucault 1986: 36 ff).

In der Ausweitung der Selbsttechniken auf alle Gläubigen erfährt die Ehe als einzig legitimer Ort sexuellen Verhaltens eine Zuschreibung als Form regulierter Enthaltsamkeit, die zwar dem prinzipiellen Ideal der Jungfräulichkeit gegenübergesetzt, aber mit der christlichen Lehre und der menschlichen Natur vereinbar ist. So wird nicht nur eine Abgrenzung gegen illegitime Formen sexueller Handlungen aufgestellt, sondern auch eine interne Ordnung, die sich an dem Ausmaß des lustvollen Begehrens der Eheleute bemisst. Selbst in der Ehe erscheint die sexuelle Vereinigung zwischen Mann und Frau einzig zum Zwecke der Zeugung eines Kindes sünden- und schuldfrei, wenngleich Sexualität per definitionem ein Übel darstellt. Sämtliche anderen Sexualhandlungen innerhalb der Ehe begründen eine verzeihliche Schuld, wohingegen sämtliche Sexualhandlungen außerhalb der Ehe Todsünden darstellen (vgl. Maasen 1998: 207 ff). Grundlegend operiert die christliche Ehe als „der legitime Rahmen zu Verwaltung des Übels, zur Disziplinierung der Überschreitung" (Maasen 1998: 222). Kennzeichen der christlichen Selbsttechniken ist aber gerade nicht die Autonomie des Selbst, sondern der libera servius gegenüber Gott, der sich nicht nur in einer Regulierung des Verhaltens, sondern vor allem auch des Willens formiert. Der Wille muss das Begehren in der Enthaltsamkeit des Körpers in der Ehe und des Geistes in der Selbstbeobachtung kontrollieren lernen (vgl. Maasen 1998: 218 f). Allerdings verwirklichen einzig die Heiligen eine Entsagung des Fleisches in der Bewahrung ihrer Jungfräulichkeit und der Bannung sexueller Gedanken, die ihren Heiligenstatus gerade auszeichnen (vgl. Sorgo 1997: 84 ff). Die christliche Sexualmoral strebt idealtypisch eine totale willentliche Kontrolle des sexuellen Geistes und des sexuellen Körpers an, wobei der sinnlichen Erfahrungsqualität des Körpers eine Verhinderung der anzustrebenden, geistlichen Vereinigung mit Gott attestiert wird. In der Gott geweihten Jungfräulichkeit eröffnet sich eine Option der Transzendenz der individuellen Existenz (vgl. Morus 1967: 92 f).

Doch die Transzendenz der individuellen Existenz kann auch gerade in der sexuellen Betätigung und ihrer sinnlichen Erlebnisqualität gesucht werden. In

Anknüpfung an die Antike und deren Verehrung des Eros werden zwei unterschiedliche Ansätze vorgestellt, die die Erotik und den Sexus in ihrer metaphysischen Ausnahmeerscheinung phänomenologisch konzipieren. Die Erotik wird als der Bereich menschlicher Erfahrung verstanden, der es dem Menschen ansatzweise ermöglicht, die Differenz zwischen sich und anderen zu überbrücken und hierein eine Transzendenzerfahrung zu begründen.

Die Konzeption der „Metaphysik des Sexus" von Evola (1962) lehnt sich massiv an den Platonschen Mythos der Androgynen an und konzipiert daraus ableitend eine Theorie des geschlechtlichen Magnetismus in der sexuellen Liebe, auf die sich der Mensch in seinem Streben nach der Einheit von Männlichkeit und Weiblichkeit einlässt.

Ausgehend davon, dass die christliche Sexualmoral die heilige Dimension der Erotik negiert und die materialistische Ausrichtung der Moderne die Erotik verflacht, offenbart sich die heilige Erotik nur noch in Ausnahmesituationen. Sie zeigt sich als der mystische, sakrale oder rituelle Gebrauch der sexuellen Vereinigung in religiösen Zeremonien, wie in dem Tantrismus oder dem Dionysoskult üblich. Ihre Manifestationen findet die heilige Erotik in dem Exoterismus allgemeiner Gebräuche oder dem Esoterismus erotischer Geheimlehren. Die profane Erotik hingegen bestimmt das Liebes- und Sexualleben der meisten Menschen. Die sexuelle Vereinigung erweist sich als ein banaler und vulgärer Akt ohne spirituelle Tiefendimension, in dem allein der Sexus gefeiert und die Frau verehrt wird (vgl. Evola 1962: 12 ff).

Grundlegend wird die Evolutionstheorie von Evola abgelehnt und stattdessen eine Auffassung vertreten, wonach der Mensch nicht das Resultat tierischer Primatenevolution darstellt, sondern gerade die Primaten durch eine degenerative Involution von dem Menschen abstammen. Daran knüpft sich, dass die tierische Sexualität den sexuellen Akt allein auf einen physischen Akt zur Fortpflanzung beschränkt. Die menschliche Sexualität erscheint hingegen eingelassen in die komplexe und umfangreiche Liebe. Die sexuelle Vereinigung stellt hierin den Abschluss und den Höhepunkt der Liebe dar und beschränkt sich nicht auf die Fortpflanzung. Dabei erweist sich die sexuelle Vereinigung als ein traumatisches Erlebnis, in dem zwei Körper durch die magnetische Leidenschaft eins werden (vgl. Evola 1962: 23 ff).

Das treibende Moment hinter der sexuellen Liebe erweist sich als ein spezifischer geschlechterbasierter Magnetismus, der die Geschlechter zusammenführt, um im sexuellen Erleben ontologische Ganzheit erfahren zu können (vgl. Evola 1962: 47 ff).

Von der Rezeption Otto Weinigers (1903), der den Mythos der Androgynen in eine Theorie sexueller Anziehung überführt hat, beeinflusst, stellt die Basis der erotischen Anziehung die Polarität der Geschlechter dar. Das Geschlecht wird von dem Menschen in seiner psychologischen und biologischen Entwicklung in einem vielstufigen Sexuierungsprozess erst ausgeprägt. Zugleich ist aber jedem Menschen ein geschlechtlicher Wesenskern inhärent, der in der Entelechie die äußere Form des Menschen ausprägt. Der erotische Magnetismus läuft über zwei komplementäre Wesenskerne, die zusammengenommen eine vollständige Männlichkeit und eine vollständige Weiblichkeit ergeben. In der sexuellen Vereinigung können diese tiefen Wesenskerne zweier Individuen miteinander verschmelzen und ein Ganzes ergeben (vgl. Evola 1962: 56 ff).

Dabei setzt sich das menschliche Wesen grundsätzlich aus zwei Komponenten zusammen, der sozial geformten Persona und dem tiefen Sein der Seele. Gerade in die Seele ist der Geschlechtskern des Menschen eingelassen. Damit aber die Seele die ontologische Ganzheit erfahren kann, die die Geschlechterpolarität negiert, bedarf es der sexuellen Vereinigung der komplementären Seelen (vgl. Evola 1962: 63 ff).

„Hier haben wir also den Schlüsselpunkt der gesamten Metaphysik des Sexus: ‚Durch Zweiheit zur Einheit'. In der sexuellen Liebe erkennen wir also die universelle Form, in welcher die Menschen unbewußt versuchen, die Zweiheit aufzuheben, existentiell die Grenzen zwischen Ich und Nicht-Ich, die Grenzen zwischen Ich und Du zu überwinden, wobei das Fleisch und das Geschlecht als Instrumente zu einer ekstatischen Annäherung an das Eins-Werden dienen."   (Evola 1962: 83)

Der Glaube an den Fortbestand des menschlichen Selbst in seinen Nachkommen wird kategorisch als Verblendung des Muttermysteriums negiert, denn mit jeder neuen Generation wird das Streben nach dem Einswerden weitergegeben, ohne dass es jenseits des kurzen Augenblicks der sexuellen Vereinigung zweier komplementärer Seelen ansatzweise erreicht werden könnte (vgl. Evola 1962: 87 ff). Nur in der sexuellen Vereinigung mit einer komplementären Seele eröffnet sich dem Menschen die Option auf eine Transzendenz des Seins, wenngleich die meisten Menschen in der pragmatischen Beziehung zu irgendeiner Seele verharren (vgl. Evola 1962: 112 ff).

Davon kann der phänomenologische Ansatz erotischer Kosmologie Batailles (1994) abgegrenzt werden. Dieser erweist sich als eine philosophische Erörterung über das weltverbindende Wesen der Erotik, der stark durch die psychoanalytische Rezeption und deren Konzeption der zwei Grundtriebe Eros und Thanatos sowie der konkurrierenden Lust- und Realitätsprinzipien beeinflusst ist. Auch hier fokussiert das erotische Erleben eine Auflösung des Selbst, allerdings unter weit voraussetzungsreicheren Bedingungen, denn Erotik und das sexuelle Erleben ermöglichen in Opposition zu der Gesellschaft die einzigen Refugien individueller Transzendenz[125].

Mit der Erotik als Gegenstand des philosophischen Diskurses darf dieser nicht auf der Ebene der Vernunft und der wissenschaftlichen Methodik allein verharren und seinen Gegenstand ausschließlich von außen diskursivieren, sondern muss die Ebene der inneren Erfahrung der Erotik in die Reflexionen implizieren. Nur so kann ansatzweise eine Erfassung der Erotik durch den Diskurs, der als Verstandesausdruck der Erotik komplementär gegenübersteht, erfolgen (vgl. Bataille 1994: 34 ff). So kann über die Ausführungen Batailles grundsätzlich festgehalten werden:

> „Was Batailles ‚Erotik' von allen vergleichbaren Theorien der Moderne unterscheidet und ihr zugleich große Authentizität verleiht, ist die Tatsache, daß sie die Erotik eines Erotikers ist, und das heißt in diesem Fall: eines Mannes, der sich in einem Maße von erotischen Obsessionen heimsuchen ließ, daß er mit seinem exzessiv gelebten Leben einsteht für sein exzessives Denken."   (Bergfleth 1994: 317)

Grundsätzlich gilt dabei allerdings, dass sich keine philosophische Erörterung einzig auf die innere Erfahrung stützen darf, vielmehr muss ein wechselseitiger Bezug zwischen unpersönlicher, wissenschaftlicher Methode und innerer Erfahrung hergestellt werden, in dem die Erotik als ein Erfahrungsgegenstand dann angemessen bearbeitet werden kann. Die unpersönliche wissenschaftliche Methode dient der Korrektur einer persönlichen Willkür innerer Erfahrung und analysiert objektivierte Merkmale (vgl. Bataille 1994: 37 f).

Den Ausgangspunkt der Erörterung der Erotik stellt die Unterscheidung zwischen animalischer und menschlicher Sexualität dar. Während die tierische Sexualität instinktgesteuert ist, erscheint die animalische Sexualität zwar einerseits als ein integraler Bestandteil der menschlichen Sexualität, der sich jedoch für den Menschen unerreichbar darstellt. Die menschliche Sexualität kennzeichnet sich gerade durch ihre Durchsetzung mit der Erotik, die den Tieren fremd ist (vgl. Bataille 1981: 25; 1994: 13 f). Prinzipiell erweist sich die Erotik „als das Jasagen zum Leben bis zum Tod" (Bataille 1994: 13). Fundamental ist für die Erotik demnach, dass einzig der Mensch einerseits über ein Todesbewusstsein und andererseits über ein Verlangen nach der Erotik als einem lustvollen Selbstzweck fern des Verstandes verfügt (vgl. Bataille 1981: 21 ff; 1994: 13 f).

In der menschlichen Evolution emergieren drei universelle Bereiche, die dazu führen, dass der Mensch sich von dem Tier abhebt und eine ursprünglich religi-

---

[125] In einem kulturellen Vergleich fällt auf, dass die Vorstellung, dass Sexualität als transzendentale Option in Frage kommt, typisch für die westliche Kultur ist, während andere Kulturen der Sexualität diese Macht nicht zuschreiben. Hierzu z.B. Rival et al. (1998).

ös konnotierte Erotik entwickelt. Um diese Bereiche des Todes, der Arbeit und der Sexualität konstruiert der Mensch universale Verbote. Zentral für die Entwicklung menschlicher Intelligenz und Bewusstseinsfähigkeit wird die Arbeit gesetzt. Arbeit und menschliche Vernunft verweisen aufeinander, denn beides deutet auf ein Bewusstsein, das einen Unterschied zwischen einem Gegenstand vor seiner Bearbeitung und nach seiner Bearbeitung in dem Kampf um das Überleben feststellt und als Ursache die eigene Bearbeitung ausmacht. Insofern fördern die Arbeit und die Instrumentalisierung von Werkzeugen teleologisches Denken und teleologisches Denken hilft in dem Kampf um das Überleben (vgl. Bataille 1981: 30 ff; 1994: 45 ff).

„Indem der Mensch begann, die Materie zu gestalten, lernte er, sie als Mittel zu einem von ihm bestimmten Zweck zu nutzen. Doch verwandelte sich bei diesem Prozeß nicht nur der Stein, den er so aufsplittete, daß er die gewünschte Form annahm. Auch der Mensch selbst verwandelte sich: aus der Arbeit ist das menschliche Wesen geboren, das vernunftbegabte Tier, das wir sind." (Bataille 1981: 43)

Daher hat die Arbeit in dem Konnex der universalen Bereiche menschlicher Existenz eine Vormachtstellung. Die Welt der Arbeit und der durch sie geförderten Vernunft trägt massiv zu der Ausbildung des homo sapiens bei, wobei sich dieser dadurch abhebt, dass er die Natur in ihrem Ursprungszustand negiert und bearbeitet. Als grundlegendes Prinzip der Natur und des Menschen als Teil dieser Natur fungiert der Exzess, welcher eine Bewegung formiert, die immer wieder über sämtliche Grenzen hinausdrängt. So sind Leben und Tod in einem unendlichen Exzess in der Natur immer aufeinander verwiesen. Dies zeichnet sich allerdings als eine Bewegung aus, die als fundamentale Störung der menschlich-vernunftorientierten Ordnung auftritt. Eingelassen in die Dynamik des Exzesses sind der Tod und die entfesselte Sexualität, die gewaltsam in die menschliche Ordnung eindringen und sie durcheinander bringen. Daher müssen grundlegende Verbote erlassen werden, die die Welt der Arbeit vor der Gewaltsamkeit des Todes und der Sexualität[126] schützen und die Gewaltsamkeit in Bereiche außerhalb bannen, wobei sich die Verbote nicht rational, sondern aus

---

[126] Diese Gewaltsamkeit der Sexualität beschreibt Bataille mit der Metapher der Vergewaltigung, welche in der feministischen Rezeption im Kontext der Rezeption von Batailles pornographischer Novelle *Die Geschichte des Auges* (2007) massiv kritisiert wird (Dworkin 1987). Allerdings scheint diese Kritik eher darauf zu fußen, dass die Metaphorik der Batailleschen Sprache sowie die Fiktionalität der Novelle nicht erkannt werden. Es muss jedoch festgehalten werden, dass Bataille die männliche innere Erfahrung der Erotik generalisiert und zu einem allgemeinen kosmologischen Prinzip erklärt, das damit „weibliche Spezifika" erotischer Erfahrungen ausklammert.

Angst vor der Gewaltsamkeit konstituiert haben (vgl. Bataille 1994: 43 ff, auch 59 ff).

Das Wissen um die eigene Sterblichkeit macht einen wesentlichen Unterschied zwischen Menschen und Tieren aus und führt zu der Ausbildung verschiedener Todes- und Bestattungsriten. Diese können als basales Verbot im Hinblick auf den Tod gelesen werden, denn in einer vagen Form muss ein Verbot dem Ritus vorausgehen, damit der Leichnam einen so besonderen Stellenwert erlangt, dass er von anderen Gegenständen zu differenzieren ist. Dabei gilt grundsätzlich, „was wir Tod nennen, ist in erster Linie das Bewusstsein, das wir von ihm haben. Wir nehmen den Übergang wahr vom lebenden Zustand zu dem des Leichnams, das heißt zu dem ängstigenden Gegenstand, den für die Menschen der Leichnam eines anderen Menschen darstellt" (Bataille 1994: 45). Die Gewaltsamkeit des Todes sowie die Angst vor dem Leichnam begründen die menschliche Wertschätzung des Lebens. Zugleich mischt sich eine feierliche und gleichermaßen entsetzliche Faszination hinsichtlich der Gewaltsamkeit und des Todes in das menschliche Bewusstsein. Dieser Kombination aus Faszination und Angst entwächst das universale Verbot um den Tod. Die Bestattung bannt einerseits die Angst vor dem Leichnam, schützt den als nicht indifferenten Gegenstand wahrgenommenen Toten vor Tieren und andererseits stellt sie auch einen Schutz der Lebenden vor der Konfrontation mit der Gewaltsamkeit dar. Innerhalb der Gruppe nimmt das Verbot um den Tod die Form der Untersagung des Mordes an, die kollektiv verbindlich wirkt. Allerdings wirkt dieses Gebot nach außen weniger bindend (vgl. Bataille 1994: 47 ff).

Die sexuelle Lust weist einen ähnlich gewalttätigen Charakter auf wie der Tod, weshalb sie in dem Bereich der Arbeit nicht geschätzt wird, dennoch sucht der Mensch die Erotik ob ihres lustvollen Eigenwerts in sein Leben zu ziehen. Das allgemeine Verbot der Sexualität, das die menschliche Erotik begründet, ergibt sich erst aus dem Bewusstsein um die eigene Sterblichkeit, denn „nur weil wir Menschen sind und weil über unserem Leben der Schatten des Todes liegt, kennen wir die wilde und verzweifelte Gewalt der Erotik" (Bataille 1981: 36). Die Ausbildung des universalen Verbots der Sexualität grenzt den Menschen auf Ewig von seiner inhärenten tierischen Sexualität ab. Das Verbot der sexuellen Betätigung muss abstrakt, universell und allgemein gedacht werden als Bannung der gewaltsamen Sexualität aus der Welt der Arbeit. Dabei kann das allgemeine sexuelle Verbot sehr verschiedene Ausformungen annehmen wie exemplarisch die Form des Inzestverbots oder des Menstrualverbots. Obwohl das abstrakte und universelle Sexualverbot nicht formulierbar ist, kann von seiner Existenz ausgegangen werden, weil in allen dokumentierten Kulturen und Epochen Restriktionen des sexuellen Verhaltens zu finden sind. Die Restriktionen divergieren allerdings mit der Veränderung von Zeit und Ort erheblich[127] (vgl. Bataille: 50 ff).

Da aber der Exzess die basale Dynamik der Natur darstellt, strebt auch der Mensch den Exzess an, indem er die universalen Verbote überschreitet. Die Transgression und die Verbote konstituieren aufgrund der Naturdynamik des Exzesses gewissermaßen einen wechselseitigen Wirkungszusammenhang. Dabei gilt für die Überschreitung, dass sie das Verbot in dem transgressiven Exzess zwar aufhebt, es dabei aber nicht beseitigt. Die universalen Verbote sind nämlich so sehr Bestandteil der menschlichen Existenz und so tief internalisiert, dass die Existenz dieser Verbote dem Menschen einzig in dem Moment ihrer Übertretung zu Bewusstsein kommt, wenn er wieder mit der überwältigenden Angst vor der Gewalttätigkeit konfrontiert wird. Diese Angst konstituiert das Verbot und dessen Fortbestand. Zugleich offeriert die Transgression des Verbots eine Lust-Angst, weil die Transgression des Verbots nur genossen werden kann, wenn bewusst ist, dass das Verbot mit der Transgression nicht aufgehoben und die Gewalttätigkeit nur in der Transgression zu Tage tritt (vgl. Bataille 1994: 39 ff). Das heißt aber auch, dass Verbote nur in ihrer Transgression überhaupt erfassbar sind – und zwar in der Form einer inneren Erfahrung.

Es kann zwischen der einfachen und der unbegrenzten Überschreitung differenziert werden. Die einfache Transgression kennzeichnet sich durch ihre Begrenztheit. Sie offeriert singuläre Erfahrungen der Überschreitung und konstituiert die heilige Welt der Überschreitung, die der profanen Welt der Verbote gegenübersteht. In der Überschreitung wird eine Ökonomie der Verschwendung, eine Huldigung des Exzesses zelebriert, die sich von der Ökonomie der Akkumulation und der Produktion in der profanen Welt strikt abgrenzt. Die unbegrenzte Transgression bekundet eine Ausnahmeerfahrung, die sich als grenzenlose Überschreitung darstellt. Sämtliche Verbote werden temporär in zeremoniellen Festen überschritten, wie es bspw. in den Todesriten der Stammeshäuptlinge bei ozeanischen Völkern der Fall ist. Bataille folgert für die Religion, dass sich in ihr ein beständiger Wechsel zwischen der profanen und heiligen Welt abspielt. Die Religion fordert geradezu die Überschreitung der Verbote (vgl. Bataille 1994: 65 ff).

Der *Wirkungszusammenhang von Verbot und Transgression* konstituiert elementar die Erotik, welche aufgrund ihrer Relevanz in der Forterhaltung der menschlichen Art einen besonderen Stellenwert einnimmt und zugleich als ein wesentliches Spezifikum der Gattung Mensch gewertet wird.

---

[127] Dies kann durchaus bereits als erste Betrachtung der sozialen Konstruiertheit der menschlichen Sexualität gelesen werden. Denn die tierische Sexualität ist dem Menschen seit dem Augenblick verwehrt, in dem er beginnt, symbolische Kategorien zu setzen.

„Die Erotik als Ganzes stellt einen Verstoß gegen die Regel der Verbote dar: sie ist eine menschliche Aktivität. Aber obwohl sie dort beginnt, wo das Tier aufhört, ist das Animalische nicht weniger ihre Grundlage. Die Menschheit wendet sich voll Schrecken von dieser Grundlage ab, hält aber gleichzeitig an ihr fest." (Bataille 1994: 91)

Die Transgression stellt nicht nur das grundlegende Prinzip der Erotik dar, vielmehr zeugt sie als kosmologische Organisationsform von ihrer Organisation allen Lebens. Denn neben dem menschenspezifischen Wirkungszusammenhang von Transgression und Verbot offenbart sich der kosmologische *Wirkungszusammenhang von diskontinuierlicher Existenz und kontinuierlichem Sein*. In ihm enthüllt sich der tiefgreifende Sinn des „heiligen Eros" [128]. Alles Leben ist an eine diskontinuierliche Existenz gebunden, die sich dadurch auszeichnet, dass alle Lebewesen in ihrer Existenz von allen anderen abgeschnitten, isoliert in sich selbst gefangen sind. Das kontinuierliche Sein ist der diskontinuierlichen Existenz verwehrt. In dem Moment der ungeschlechtlichen wie der geschlechtlichen Zeugung wird dem Lebewesen eine tiefe Sehnsucht nach der Kontinuität in seine diskontinuierliche Existenz eingeschrieben (vgl. Bataille 1994: 92 ff). In der ungeschlechtlichen Zeugung zeigt sich diese Einschreibung als der Moment, in dem das Ursprungswesen sich teilt und dabei für immer zugunsten der Existenz zweier neuer Wesen in der Kontinuität vergeht. In der geschlechtlichen Fortpflanzung verschmelzen der männliche und der weibliche Gamet zu einer Einheit. Diese Verschmelzung verweist auf die grundlegende, aber verlorene Kontinuität (vgl. Bataille 1994: 92 ff). Mit der Geburt wird ein jedes Leben an die diskontinuierliche Existenz gebunden, wobei keine Kommunikation die basale Differenz der Diskontinuität zwischen den Wesen überbrücken kann (vgl. Bataille 1994: 15 f).

„Die Wesen, die sich fortpflanzen, sind untereinander verschieden, und die gezeugten Wesen sind untereinander und von jenen verschieden, aus denen sie hervorgegangen sind. Ein jedes Wesen ist von allen anderen verschieden. Seine Geburt, sein Tod und die Ereignisse seines Lebens können für die anderen von Interesse sein, aber unmittelbar ist es nur selbst daran interessiert. Nur es selbst wird geboren. Nur es selbst stirbt. Zwischen dem einem und dem anderen Wesen liegt ein Abgrund, erstreckt sich die Diskontinuität." (Bataille 1994: 15)

Die Unerheblichkeit der Komplexitäts- und Größengrenzen der Lebewesen und Lebensformen offenbart sich als kosmologische Basis allen Lebens, das miteinander die innere Erfahrung einer diskontinuierlichen Existenz und die Sehnsucht nach der verlorenen Kontinuität teilt. Gerade diese gemeinsame innere

---

[128] In einer früheren deutschen Ausgabe wurde *Die Erotik* (1994) unter dem Titel *Der heilige Eros* (1979) herausgegeben.

Erfahrung verbindet den Menschen mit der ihn umgebenden Welt und verweist auf seinen tierischen Ursprung, denn die Zufallsexistenz in der Zwangsisolierung der Diskontinuität ist für alle Lebensformen schwer erträglich (vgl. Bataille 1994: 17 ff).

Der Tod stellt die Grenze dar, die die diskontinuierliche Existenz von dem kontinuierlichen Sein trennt. Der verschwenderische Kreislauf des Lebens macht den Tod zu der grundlegenden Voraussetzung des Lebens, denn das Leben kann nur aus der Zersetzung vorangegangenen Lebens emergieren. Das Leben schließt den Tod damit nur aus, um beständig auf ihn zu verweisen (vgl. Bataille 1994: 55 ff). Dennoch dürfen Tod und die Kontinuität des Seins keinesfalls gleichgesetzt werden. Der Tod stellt lediglich die Grenze dar, die überschritten werden muss, um in die Kontinuität des Seins als Sehnsucht in die Lebewesen einzupflanzen und mit dem eigenen Tod in sie eintauchen zu können (vgl. Bataille 1994: 23 f). Insofern die Menschen, anders als die Tiere, den Tod aber bewusst fürchten und ihn mit dem Verbot belegen, klammern sie sich an ihre diskontinuierliche Existenz und werden gleichermaßen von der Sehnsucht nach der verlorenen Kontinuität heimgesucht (vgl. Bataille 1994: 59 ff).

Neben dem religiösen Opfer eröffnet sich dem Menschen die zentrale Option, diese Sehnsucht zu stillen, in der Erotik, zumal die erotische Erfahrung an den Grundfesten der menschlichen Diskontinuität zu rütteln vermag. Relativierend muss allerdings eingeräumt werden, dass dergleichen erschütternde, erotische Erfahrungen eher die Ausnahme als die Norm der Erotik darstellen (vgl. Bataille 1994: 106 ff).

Drei Formen der Erotik resultieren denn auch aus dem an sich religiösen Streben nach den Kontinutitätserfahrungen in der Diskontinuität. Indem die Erotik versucht, dem Menschen zumindest ein flüchtiges Gefühl der Kontinuität in seiner Vereinzelung zu gewähren, mutet jede dieser drei Formen der Erotik heilig an. Die Erotik der Körper und die Erotik der Herzen sind die Formen der Erotik, die den meisten Menschen offenstehen, da sie grundlegend an die sexuelle Aktivität gebunden sind (vgl. Bataille 1994: 18 ff).

Die sexuelle Aktivität kann für die diskontinuierliche Existenz eine fundamentale Krise begründen, wenn eine Offerte für eine temporäre Erschütterung der Diskontinuität mittels einer gewaltsamen Transgression des Selbstgefühls gemacht wird (vgl. Bataille 1994: 99 ff).

„Besonders in der Sexualität aktiviert das Gefühl der anderen, jenseits des Selbstgefühls, zwischen zweien oder mehreren die Möglichkeit einer Kontinuität, die der ursprünglichen Diskontinuität entgegengesetzt ist. Die anderen gewähren in der Sexualität ununterbrochen die Möglichkeit einer Kontinuität; die anderen stellen eine ununterbrochene Drohung dar, weil sie beabsichtigen, dem nahtlosen Kleid der individuellen Diskontinuität einen Riß zuzufügen." (Bataille 1994: 99)

Die Sexualität zeigt sich gerade nicht als eine Vereinigung zweier Menschen, sondern als ein geteilter Krisenzustand zweier isolierter, diskontinuierlicher Menschen, die sich gemeinsam für eine Erfahrung der Kontinuität öffnen. Die Erotik fungiert dabei als ein wesentlicher Schnittpunkt menschlicher Existenz, weil die flüchtigen, sexuellen Transgressionen von der existentiellen Diskontinuität hinüber zu der Kontinuität des Seins von dem Wissen um den Tod durchtränkt sind. Die erotische Betätigung manifestiert sich als Gewaltsamkeit gegen die Diskontinuität des menschlichen Lebens. Sie strebt nach der Auslöschung der individuellen Persönlichkeit, nach der radikalen Auflösung der Grenzen menschlicher Existenz. Erotische Aktivität zelebriert die Überschreitung des sexuellen Verbots und gefährdet dennoch nicht dessen Existenz. Vielmehr bestätigt die Angst-Lust der Überschreitung das Verbot in seiner Existenz. Da sich die konkreten Ausformungen des universalen Sexualitätsverbots im Laufe der Zeit immer wieder ändern, wandelt sich auch die Gestalt der Erotik basierend auf den konkreten Transgressionen. Hierin positioniert sich die Erotik aber immer gegen die Vernunft[129]. In dem Maß, in dem die Erotik allerdings die Fortpflanzung grundiert, muss der Verstand der Erotik sanktionierte Räume wie die Religion oder die Ehe gewähren (vgl. Bataille 1994: 99 ff). Grundsätzlich erweist sich die Erotik stets als ein religiöses Unterfangen, weil sie auf die Kontinuität, die das durchweg Heilige und Göttliche darstellt, abzielt (vgl. Bataille 1994: 34).

Die *Erotik der Körper* verweist in erster Linie allein auf das körperliche Begehren, dass in der sexuellen Vereinigung gestillt wird. Allerdings impliziert die körperliche Erotik immer das dauerhafte Scheitern des Transfers der Kontinuität in die Diskontinuität, weshalb in der sexuellen Körperaktivität nie mehr als nur ein kurzes Gefühl der Kontinuität erhascht werden kann. Denn die Körper fungieren gerade als Garanten der diskontinuierlichen Existenz des Lebens. In dem reinen körperlichen Begehren manifestiert sich darüber hinaus stets ein zynischer Egoismus, der dem Gefühl kontinuierlichen Seins die Tiefe nimmt (vgl. Bataille 1994: 21).

Die *Erotik der Herzen* ist dagegen weniger an die konkrete Körperlichkeit gebunden, wodurch sie sich freier entfalten und tiefere Gefühlserlebnisse erlauben kann. Zwar geht die Erotik der Herzen aus dem körperlichen Begehren hervor, insofern die Erotiker die gegenseitige körperliche Zuneigung brauchen, um die Zuneigung der Herzen zu stabilisieren. Doch nur in der Erotik der Herzen kann die Leidenschaft evolvieren, die neben der Verschmelzung der Körper auch eine

---

[129] Ausgehend von der Konzeption der sexuellen Verhandlungs- oder Konsensmoral (Schmidt 2004), die das Sexuelle gerade in den Bereich der Ratio einführt, indem sexuelle Handlungen von gleichberechtigten Partnern einvernehmlich ausgehandelt werden, kann gegenwärtig von der Batailleschen Erotik jenseits der ersten Verliebtheit kaum noch die Rede sein.

Verschmelzung der Herzen in dem sexuellen Akt ermöglicht. Die erotische Liebe deutet dem Menschen aber keinesfalls Glückseligkeit, sondern eine tiefe Erschütterung der diskontinuierlichen Existenz, wenn zwei Liebende in ihre diskontinuierliche Existenz einen regelmäßigen Zyklus der Transgression einschreiben. Daraus erwächst aber nicht ein tiefes Gefühl der Zufriedenheit, sondern der Angst im Angesicht des sexuellen Verbots und der Unsicherheit, zumal der absolute Besitz des Anderen unmöglich ist. Die innere Erfahrung der Erotik der Herzen lässt sich nicht auf Dauer stellen. Da die diskontinuierliche Zwangsexistenz des Lebens im Leben aber niemals auflösbar ist, erwächst der Wunsch nach der Selbstauflösung im Anderen und der Tötung des Anderen, um gemeinsam in die Kontinuität des Seins im Tod eingehen zu können. Der Tod und das Todesbewusstsein durchziehen die Gewalttätigkeit der Liebesleidenschaft. Die innere Erfahrung der Erotik der Herzen erweist sich als eine seltene Ausnahmeerfahrung. Die meisten Liebesbeziehungen werden unterhalb der grausamen Liebesleidenschaft der Erotik geführt und erlangen niemals die Intensität der Gewalttätigkeit der Erschütterung diskontinuierlicher Existenz. Selbst die Beziehungen, die die Erotik der Herzen erleben, stellen mit der Zeit eine Verflachung der Intensität fest, sodass sie nicht mehr allzu sehr von anderen Liebesbeziehungen differieren. Sie zeigen sich alsdann als ein Egoismus zu zweit und leben die paarbezogene Diskontinuität. Nur auf der Todeshöhe diskontinuierlicher Existenz vermag die Erotik, ihr heiliges Wesen zu offenbaren, indem sie den Liebenden eine Transparenz der Welt in dem Angesicht des Partners zeigt (vgl. Bataille 1994: 22 ff).

Viel stärker an den religiösen Ursprung der Erotik erinnert die dritte Form der Erotik, die *heilige Erotik*, welche auch als mystische Erotik bezeichnet werden kann. Während die Erotik der Körper und die Erotik der Herzen auf die innere Erfahrung der Erotik durch den anderen abzielen, konzentriert sich die mystische Erotik auf die individuelle mystische Erfahrung der religiösen Praxis. Die innere Erfahrung der Kontinuität des Seins kann der gläubig Suchende in der individuellen Kontemplation erfahren, wenn er seinen Geist für die Kosmologie der Welt öffnet (vgl. Bataille 1994: 25). Die zentrale religiöse Praxis, die den Gläubigen in die Kontinuität des Seins blicken lässt, ist die Opferhandlung. In der Tötung des Opferwesens partizipiert der Gläubige an dem Übergang der geopferten diskontinuierlichen Existenz in das kontinuierliche Sein (vgl. Bataille 1994: 80 ff).

„Es ist überhaupt die Sache des Opfers, Leben und Tod in Übereinstimmung zu bringen: dem Tod verleiht es ein Aufquellen des Lebens, dem Leben die Schwere, den Taumel und das Offenwerden gegenüber dem Tod. Es ist das Leben, vermischt mit dem Tod, aber im selben Augenblick ist der Tod in ihm Zeichen des Lebens, Öffnung ins

Unbegrenzte. Heute steht das Opfer außerhalb unser Erfahrung: wir müssen die Praxis durch Imagination ersetzen." (Bataille 1994: 89)

Untermauert wird daher die Phänomenologie der Ausnahmeerotik von den obszönen und pornographischen Schriften Batailles, von denen ein Teil als *Das obszöne Werk* (2007) publiziert ist.

5.3.5 Die Genderrahmung

„Die Dimension Geschlecht ist nach wie vor grundlegend für alles Verständnis sexueller Vorgänge und sie bildet den lebendigsten Antriebsfaktor im Wandel des Begehrens." (Lautmann 2005: 75 f)

In den westlichen Kulturen ist die Klassifizierung des sexuellen Begehrens in der Ausrichtung auf das Geschlecht des Partners konstitutiv geworden, wobei ausgehend von den biologischen Diskursen die Fortpflanzungsfunktion der Sexualität zu der Privilegierung der Heteronormativität beiträgt. Als zentrale Kategorien der Begehrensausrichtung werden die Hetero-, die Homo- und die Bisexualität unterschieden. Mit der Pluralisierung der sexuellen Lebensformen gewinnt allerdings die Homosexualität zunehmend an Bedeutung, wodurch eine allgemeine Polarität zwischen homosexuellem und heterosexuellem Begehren angenommen wird, die ihren Ursprung in der biologischen Ausstattung oder der Biographie eines Menschen haben soll. Die Festlegung auf eine sexuelle Orientierung erscheint unveränderlich und für die Konstruktion der sexuellen Identität eines Subjekts konstitutiv (vgl. Schmidt 2004: 137 ff). Diese monosexuelle Fixierung lässt Liebe und Sexualität „nicht nach der Seele, nicht nach dem Charakter, Ausstrahlung, Geist, Witz, Sinnlichkeit, Seelenverwandtschaft oder Fremdheit, Faszination" in der Partnerwahl, sondern zunächst nach dem präferierten Geschlecht streben (vgl. Schmidt 2004: 139). Das Gebot der Monosexualität erscheint als zentrale Regel gegenwärtiger Sexualität, an welche sich die Konstitution sexueller Identität anlehnt, um Halt zu gewinnen. Dementsprechend wird Bisexualität nur in Ausnahmefällen überhaupt registriert, um als Restkategorie das polare Konzept der Dichotomie von Hetero- und Homosexualität zu entlasten (vgl. Schmidt 2004: 140 ff). Dabei erweist sich Homosexualität als eine Kategorie gleichgeschlechtlichen Verhaltens, die historisch kontingent erst ab dem ausgehenden 19. Jahrhundert in den Diskursen westlicher Gesellschaften entworfen wird und keinesfalls mit dem gleichgeschlechtlichen

Sexualverhalten anderer Kulturen oder anderer Epochen gleichgesetzt werden darf[130] (vgl. Hall 2003: 3 ff).

Nicht nur hinsichtlich der sexuellen Orientierung fungiert das Geschlecht als eine wichtige Kategorie, die ein Verständnis der Sexualität vermittelt, ferner wird die Geschlechtsperspektive herangezogen, um divergierende Geschlechtersexualitäten zu modellieren. Für den Pornographiediskurs zeigt sich insbesondere die Sexualitätsrahmung der Kulturfeministinnen relevant, die ausgehend von der biologischen Differenz ein Bild gewalttätiger männlicher Sexualität zeichnet, welche die weibliche Sexualität nicht nur unterdrückt, sondern aufgrund der patriarchalischen Gesellschaftsstrukturen vollkommen ihrer selbst entfremdet.

Diese kulturfeministische Position geht davon aus, dass das Patriarchat auf der omnipräsenten Macht des Mannes fußt, welche stets repressiv gegen die Frau gerichtet ist. Basis dieser Macht ist die männliche Subjektposition, die sich als Behauptung eines Selbst darstellt. Zur Pflege und Aufrechterhaltung dieses Selbst setzt die männliche Macht zahlreiche Institutionen ein. Der männliche Wesenskern zeigt sich fordernd und besitzend, indem er von den Frauen eine bedingungslose Unterwerfung fordert und ihnen ein eigenes Selbst abspricht und verwehrt (vgl. Dworkin 1987: 21 f).

„Das männliche Selbst bläht sich in dem Maße auf, in dem der Parasit das Selbst jener aussaugt, die darauf kein Anrecht haben. *Ihm* ist es auf Treu und Glauben von Geburt an gegeben. *Ihr* ist es auf Treu und Glauben von Geburt an genommen. Seines kann nie groß genug sein. Ihres ist immer zu groß, egal wie klein es ist. Als Kind beginnt er damit, das Selbst der Mutter auszusaugen – was immer sie davon hat, es steht nur ihm zu."

(Dworkin 1987: 22)

Die Macht des Mannes findet ihre Begründung in der körperlichen Stärke und äußert sich als Macht gegenüber den Schwächeren, wobei sich die Macht des körperlich Stärkeren mit der Macht des männlichen Selbst verbindet und die Grundlage des Patriarchats bildet. Das Patriarchat wird als Terrorherrschaft und System zur Verbreitung von Angst konzipiert. Symbol dieser Terrorherrschaft ist der männliche Penis als Phallus (vgl. Dworkin 1987: 23 ff). Wesentliches

---

[130] An dieser Stelle kann mit Blick auf den Pornographiediskurs nicht auf die Historie und die interkulturellen Unterschiede der Homosexualitätskonstruktionen eingegangen werden. Eine interessante Anthologie ist herausgegeben von Aldrich (2007). Ein Essay über die Schwierigkeiten der Erforschung der Geschichte der Homosexualität findet sich bei Weeks (1991), hier wird betont, dass das moderne westliche Verständnis der Homosexualität keinesfalls auf alle Kulturen und Epochen zur Klassifizierung gleichgeschlechtlichen Begehrens und Sexualverhaltens übertragen werden kann. Was in den westlichen Kulturen unter Homosexualität gefasst wird, erweist sich als ein historisch kontingentes Klassifizierungskonzept, das in seiner Einwirkung auf die Wahrnehmung und als Identifikationskategorie wesentlich zu der Ausbildung homosexueller Identitäten beiträgt.

Element der männlichen Macht ist das Monopol auf die Benennung und damit auf die Gestaltung der Kultur. Indem das männliche Selbst Signifikanten und Signifikate einander zuordnet, kontrolliert es die Wahrnehmung, weil diese von der patriarchalischen Sprache in der Ausformung der Wahrnehmungskategorien durchdrungen ist. Durch diese Benennungsmacht sichert sich das Patriarchat seine Glaubwürdigkeit und Legitimität. Hierbei definiert das männliche Selbst nach Belieben die Weiblichkeit und setzt diese durch die Einschreibung in die Kultur durch, weil Frauen diese männlich fremdbestimmten Definitionen internalisieren und so ihrer selbst entfremdet werden (vgl. Dworkin 1987: 26 ff). Die ökonomische Ordnung des Patriarchats hält Frauen existentiell-materiell in der Abhängigkeit von Männern und vergegenständlicht sie zu einem Besitz (vgl. Dworkin 1987: 29 ff).

Wesentlich für das männliche Selbst erscheint seine alleinige Macht über die Sexualität, wobei Männer eine potente weibliche Sexualität postulieren, die sie unfreiwillig sexuell mit einer Erektion reagieren lässt. Die Frau wird als der Stimulus hinter der männlichen Erektion modelliert. Allerdings offenbart sich die Frau lediglich als Sexualobjekt des Mannes ohne eigene sexuelle Subjektivität, weil ihr Körper und ihr Geist ihrer eigenen Sexualität beraubt sind und ein sexueller Ausdruck jenseits männlich definierter Formen unmöglich ist. Aufgrund der männlichen Gewalt und Körperkraft wird die Frau auf die Objektrolle fixiert, wobei alle Sexualität auf den genitalen Koitus reduziert wird. Dabei „wird die Sexualität nur durch jene Handlungen definiert, die der Mann mit seinem Penis vollzieht. […] Im männlichen System ist Sex der Penis, der Penis ist sexuelle Macht, sein Einsatz beim Ficken ist Männlichkeit" (Dworkin 1987: 33). Jeder Koitus ist ein Akt der Inbesitznahme der Frau. So erweist sich die sexuelle Macht der Männer als die Grundsubstanz der Kultur (vgl. ebd.). Für die Frau resultiert daraus, dass sie innerhalb des Patriarchats vor die Wahl gestellt wird, mit diesem System zu kollaborieren und sich damit selbst zum Sexualobjekt und verdinglichten Besitz des Mannes zu degradieren oder aber dem sexuellen Begehren zu entsagen (vgl. Dworkin 1987: 244 ff). Zwar ist ihre wahre Natur der Frau im Patriarchat nicht zugänglich, doch wird sie in den kulturfeministischen Ausführungen antagonistisch zu der gewaltsamen Natur des Mannes implizit mitgeführt, weil die patriarchalische Kultur das Instrument „of revenge against the power of nature embodied in the image of the woman" darstellt (Griffin 1982: 13).

Die Vorstellung natürlicher Weiblichkeit findet durchaus auch jenseits kulturfeministischer Ausführungen Rückhalt, fußt sie doch maßgeblich auf den naturwissenschaftlichen Diskursen, die in der evolutionären Sexualitätsrahmung und der medizinisch-anatomischen Sexualitätsrahmung artikuliert werden. Daran schließt nunmehr auch die Neuropsychologie an, die mittels bildgebender

Verfahren wie der Positronenemissionstomographie und der funktionalen Kernspinresonanz strukturelle, funktionelle, chemische und endokrine Unterschiede zwischen den Gehirnen der Geschlechter konstatiert. So wird davon ausgegangen, dass sich das spezifisch weibliche Gehirn massiv auf die neurologisch begründete Realitätskonstruktion der Frauen niederschlägt. Die Konstruktionen des Gehirns können nur vor dem Hintergrund seiner Evolution verstanden werden, wonach der Aufbau des Gehirns und seine neuronalen Verknüpfungen zunächst auf genetischen Erfolg und Überleben ausgerichtet sind (vgl. Brizendine 2007: 11 ff).

Während bis zur 8. Schwangerschaftswoche die Entwicklung des Gehirns bei männlichen und weiblichen Föten gleich verläuft, setzt dann bei männlichen Föten ein Testosteronschub ein, der eine spezifisch männliche Gehirnentwicklung bedingt. So unterscheiden sich schon bei der Geburt die Gehirne männlicher und weiblicher Säuglinge erheblich, wodurch bereits zu diesem Zeitpunkt unterschiedliche neuronale Ausformungen und Verknüpfungen für divergierende Wahrnehmungen über Gehör, Geruch und Geschmack angelegt sind. Daher privilegieren die weiblichen Gehirne die Beobachtung der Gesichtsausdrücke und der emotionalen Färbungen der Umwelt, wodurch der Kontakt zu anderen Menschen mit der Geburt als wichtigster Maßstab weiblicher Realitätskonstruktion operationalisiert wird. Dies wird begründet mit der Evolution und der Relevanz der Beobachtung der Umwelt für das Überleben der Frau (vgl. Brinzendine 2007: 32 ff).

„Es [das weibliche Gehirn] ist das Ergebnis einer jahrtausendelangen genetischen Evolution und hatte früher – und vermutlich auch heute – handfeste Bedeutung für das Überleben. Wer in den Gesichtern und Stimmen lesen kann, weiß, was ein Säugling braucht, und kann auch voraussagen, was ein Mann, der größer und aggressiver ist als die Frau, als nächstes tun wird. Da Frauen kleiner sind, mussten sie sich vermutlich mit ihren Geschlechtsgenossinnen zusammentun, um die Angriffe eines wütenden Höhlenmannes – oder auch mehrerer – abzuwehren. Mädchen sind darauf programmiert, sich um die Erhaltung der zwischenmenschlichen Harmonie zu bemühen. Für das Gehirn geht es dabei um Leben und Tod, auch wenn es im 21. Jahrhundert nicht mehr diese Bedeutung hat." (Brizendine 2007: 45)

Die evolutionäre Basis der Gehirnausformung und -vernetzung bedingt, dass das Liebes- und Sexualverhalten von Männern und Frauen in aller erster Linie auf die Fortpflanzung und die Weitergabe der eigenen Gene zielt. Das weibliche Gehirn vermag innerhalb kürzester Zeit einen potentiellen Partner hinsichtlich seines Gesichts, seines Körperbaus und seiner Bewegungen einzuschätzen und mit Blick auf eine möglichst erfolgreiche Fortpflanzung einen biochemischen Cocktail freizusetzen, der das Gegenüber anziehend und attraktiv erscheinen lässt. Während für langfristige Beziehungen Partner nach materiellem Vermögen und gesellschaftlicher Stellung ausgewählt werden, zielt die Beurteilung der Attraktivität vor allem auf optische Symmetrie des Partners (vgl. Brizendine 2007: 101 ff). So korreliert die weibliche Orgasmushäufigkeit weder mit der romantischen Liebe für einen Partner noch mit dem Beziehungsstatus, jedoch mit der attraktiven Optik des Mannes (vgl. Brizendine 2007: 141). Frauen werden von Männern vornehmlich anhand ihrer Optik auf ihre Fruchtbarkeit hin geprüft. Alter, Gesundheitszustand, Gang, ebenmäßige Gesichtszüge, gesundes Haar, volle Lippen sowie eine kurvige Figur werden von dem männlichen Gehirn als Indikatoren für einen fruchtbaren Östrogenspiegel gewertet (vgl. Brizendine 2007: 108). Es zeigt sich, dass die Tendenz zu romantischen Liebesbeziehungen im Gehirn von Männern wie Frauen fest verdrahtet ist, in ihrer Ausprägung und Intensität jedoch vor allem an die frühkindlichen Erfahrungen der Fürsorge und an die emotionalen Erlebnisse im Laufe der Biographie gebunden ist (vgl. Brizendine 2007: 116). Dabei nimmt das sexuelle Verhalten bei beiden Geschlechtern einen anderen Stellenwert ein. Zwar sind die Verknüpfungen in den Sexualzentren der Gehirne beider Geschlechter ähnlich gezogen, dennoch ist das Areal des männlichen Gehirns, das für Sexualität zuständig ist, fast doppelt so groß wie bei der Frau. So wird die sexuelle Weigerung einer Partnerin von dem männlichen Gehirn als ein zentraler Hinweis darauf aufgefasst, dass seine Partnerin seine Attraktivität in Frage stellt oder sogar einen anderen Sexualpartner hat. Sexuelle Verhalten werden im männlichen Gehirn eng mit der Bindungsqualität vernetzt. Somit fungiert Sex als männliches Äquivalent zu der verbalen Kommunikation, die im weiblichen Gehirn als Maßstab für Billigung und Missbilligung der eigenen Person durch den Partner herangezogen wird (vgl. Brizendine 2007: 151 f).

Das Konzept natürlicher Weiblichkeit wird innerhalb des Feminismus stark kritisiert, zumal hier eine Vermischung der Kategorien Geschlecht und Sexualität erfolgt, die analytisch unscharf ist (vgl. Rubin 1984: 308). Die sich von den Kulturfeministinnen abgrenzenden Positionen innerhalb des Feminismus betonen, dass die Geschlechter durch den kulturellen Einfluss und die Sozialisation einer auf Ungleichheit und Differenz ausgerichteten Gesellschaft divergieren, wobei das kulturelle Geschlecht (Gender) von dem biologische Geschlecht (Sex) unterschieden werden muss (vgl. u.a. Ortner & Whitehead 1981b: 1 ff). Als zentrale Referenz der Geschlechtssystems wird in westlichen Kulturen die Biologie herangezogen, wobei zumeist nicht beachtet wird, dass die Erkenntnisse der biologischen Wissenschaft selbst Resultate eines komplexen historischen soziokulturellen Prozesses sind, zumal die von der Morphologie ausgehende Beschränkung der Geschlechter auf eine Dichotomie angesichts der Vielfalt der menschlichen Morphologie keinesfalls evident und gerechtfertigt erscheint (vgl.

Cucchuiari 1981: 33). Ausgehend von interkulturellen Vergleichen zeigt sich, dass Sexualität und Geschlechtskonstruktion allerdings eng miteinander verbunden sind (vgl. Cucchuiari 1981: 38).

„In the heart of any gender system are notions of what constitutes appropriate sexual expression. This includes not only the mechanics of sexuality and the gender of one's erotic fancy, but the whole complex of objects, symbols, and fantasies that constitute normative or permissive eroticism." (Cucchuiari 1981: 37 f)

Die für die kulturfeministische Position kennzeichnende Verbindung zwischen Sexualität und Gewalt versucht in erster Linie auf die sexuellen Gefahren für Frauen aufmerksam zu machen, sie verweist daher ausschließlich auf Formen der Vergewaltigung, des Missbrauchs, der sexuellen Belästigung und des Inzests und lässt dabei vollkommen außer Acht, dass Sexualität auch Lust bedeutet. Daher betonen die sich vom Kulturfeminismus abgrenzenden Positionen feministischer Theorie, wie bspw. in den Gender Studies, dass sich eine feministische Theorie auch auf den Bereich der sexuellen Lust beziehen muss und so eine Grundlage für die emanzipatorische Erkundung weiblicher Lust erarbeiten kann. Die Erstickung weiblicher Passionen in Formen sexueller Selbstregulierung wird strikt zurückgewiesen, denn die Auflösung der Polarisierung männlicher und weiblicher Sexualität sollte das angestrebte Ziel des Feminismus sein und nicht ein Rückzug auf biologisierende Thesen (vgl. Vance 1992: 3 ff). Basis eines feministischen Zugangs zu sexueller Lust kann nur Toleranz für sexuelle Diversität und Abweichung sein, weil Sexualität als eine soziale Konstruktion und nicht als eine biologische Determinante gewertet werden muss, die ebenso viele verschiedene Formen annehmen kann wie das Konstrukt Geschlecht. Dabei fungieren Sexualität und Geschlecht als wesentliche Vektoren der Machtmatrizen einer Gesellschaft, die soziale Hierarchisierungen konstituieren (vgl. Vance 1992: 8 ff). In dem Maß wie Sexualität sich als kulturelles Konstrukt offenbart, müssen auch die wissenschaftlichen Erkenntnisse über Sexualität als Produkte ebendieser Kultur anerkannt werden, die sich mit Forschungsparadigmen, den wissenschaftsinternen Strukturen und den soziokulturellen Bedingungen der Gesellschaft verändern. Dabei gilt es grundsätzlich zu beachten, dass der Zugang zu der Nutzung der wissenschaftlichen Erkenntnisse wie auch zu der Forschung stark sozial reglementiert ist. Wissenschaft nimmt in den westlichen Kulturen eine herausragende Position in der Vermittlung von Wissen ein und gibt damit zentral das Sozialisationswissen über Sexualität und ihre Bedeutung vor. Auch Medienangebote und Kulturprodukte tragen wesentlich zur Sozialisation von sexuellem Wissen bei, wobei diese vor allem die in der Kultur sozial hoch hierarchisierten Interessen und Belange aufgreifen und artikulieren, während die Belange unterprivilegierter Gruppen sozial invisibilisiert werden. Dabei kann die amerikanische Mainstream-Kultur als weiß, männlich, heterosexuell und der oberen bis mittleren Sozialschicht angehörend gekennzeichnet werden (vgl. Vance 1992: 11 ff). In der individuellen Sozialisation treten die Frauen und Männer aber nicht als passive Decodierer kultureller Symbole auf, die durch diese indoktriniert werden, sondern als aktive Partizipienten, die kulturelle Symbole spielerisch entfremden und kreativ umgestalten können, worin die Option auf eine Veränderung kultureller Strukturen liegt (vgl. Vance 1992: 15 f). Gerade die Sexualität in ihrer Einbindung in die vorherrschende Kultur mit ihren politischen, sozialen, ökonomischen, historischen und biographischen Vektoren der Machtverteilung fordert die feministische Theorie heraus, das konkrete Verhalten und die in der Kultur vorzufindenden Symbole mit der Phantasie zu verknüpfen, um daraus Potential für die Aufbrechung der Machtverhältnisse zu schöpfen und weibliche Lust von ihrem Antagonismus sexueller Gefahr zu lösen (vgl. Vance 1992: 16 ff).

Die Fokussierung auf das Geschlecht als zentrale Kategorie der Wahrnehmungsprägung sexuellen Verhaltens kann als auf der Beziehungsförmigkeit der Sexualität basierend verstanden werden (vgl. Baudrillard 1983: 20).

„Während die Verführung noch einen zeremoniellen und die Liebe noch einen pathetischen Charakter hatte, ist Sexualität nur noch relational und optional. Das Spiel der Zeichen und deren Einsatz geht also von Stufe zu Stufe immer mehr verloren, und zwar zugunsten eines organischen, energetischen und ökonomischen Ablaufs, der auf dem kleinstmöglichen Unterschied, nämlich dem Geschlechtsunterschied, basiert."

(Baudrillard 1983: 20)

Vor dem Hintergrund der Ausweitung des sexuellen Diskurses und der Tilgung der Geheimnisse auf der Suche nach der Wahrheit wird der Geschlechtsunterschied als biologische Wahrheit mystifiziert. Mit Blick auf die Differenzierung von Verführung, Liebe und Sexualität zeigt sich, dass mit der Aufdeckung des scheinbaren Rätsels die Energie und die Intensität des Erlebens abnehmen. In diesem Sinne begründet die Verführung eine Ära des ästhetischen und zeremoniellen Geschlechtsunterschieds, während die Liebe und die Leidenschaft eine Phase der moralischen und pathetischen Geschlechtsdifferenz konstituieren. Dagegen offeriert die Sexualität nur eine Periode eines psychischen, biologischen und politischen Geschlechtsunterschieds. In diesem Gefälle nehmen die rätselhaften Formen beständig ab. Mit der postmodernen Gesellschaft tendiert die Sexualität immer mehr zu der völligen Unterschiedslosigkeit und der Aufgabe jedweden Geheimnisses (vgl. Baudrillard: 21 ff). Daher stellt sich die Frage:

„Woher kommt wohl diese verrückte Vorstellung, daß man das Geheimnis lüften, d.h. die Dinge in ihrer nackten Substanz erfassen kann, nur um zur radikalen Obszönität der Wahrheit und des Realen zu gelangen? Es gibt kein Reales, es hat niemals existiert – nur die Verführung weiß das, und wahrt das Rätsel." (Baudrillard 1983: 24)

Es zeigt sich nämlich, dass mit der Weiblichkeit als soziokulturell konstruiertem Gender auch die Männlichkeit nicht länger als ontologischer Fixpunkt gewertet wird, wodurch die kulturelle Konstruktion der Männlichkeit und ihre Verwebung mit der Sexualität zum Erkenntnisinteresse sozialwissenschaftlicher Untersuchungen werden. Denn mit der Relativierung der Weiblichkeit verliert die Männlichkeit ihren strikten Gegenpart, weil diese Konzepte nur relational zueinander ihre Bedeutung entfalten können (vgl. Nitzschke 1988: 73). In der Veränderung der Geschlechterbeziehungen durch die Emanzipation verlieren die Männlichkeit und ihr kultureller Ausdruck an Selbstevidenz. Männlichkeit muss sich in der Auseinandersetzung mit ihrer Gegenkategorie, der Weiblichkeit, neu erfinden und positionieren (vgl. Senger & Hoffmann 1997: 12 ff).

Entsprechend kann bereits der Begriff Männlichkeit als eine generalisierende Abstraktion aufgefasst werden, die jeweils milieuspezifische Konzepte der Männlichkeit zusammenfasst. Diese Milieuspezifik impliziert unterschiedliche Deutungsmuster von Männlichkeit, wobei bspw. in der Oberschicht ein kollektiv geteiltes Männlichkeitsmuster der fraglosen Gegebenheit männlicher Identität vorherrscht, während vor allem in dem akademischen Milieu unter Einfluss feministischer Theoretisierung eine tiefe Verunsicherung gegenüber männlicher Identität zu konstatieren ist (vgl. Brandes 2005: 244 f). Doch ist erkennbar, dass unterschiedliche Konzepte der Männlichkeit nicht einfach nebeneinander bestehen, sondern miteinander um eine hegemoniale Vormachtstellung zur Definitionsmacht von Männlichkeit konkurrieren. Für die westlichen Industriegesellschaften offenbart sich als hegemoniale Männlichkeit das Modell des transnational agierenden Geschäftsmanns, der als Global Player in seinen Beziehungen relative Loyalitäten und ein abgesenktes Verantwortlichkeitsgefühl entwickelt und das Männlichkeitsbild durch einen gesteigerten Egozentrismus prägt. Einhergehend mit dem sinkenden Verantwortlichkeitsgefühl verliert das patriarchalische Konzept lebenslänglicher Ehe an Bedeutung und die sexuelle Beziehungen gewinnen an egalitärer und partnerschaftlicher Ausrichtung, in deren Kontext der Homosexualität mit größerer Toleranz begegnet werden kann (vgl. Brandes 2005: 245 ff). Mit dem Hinweis auf die Bastionen der traditionellen Männlichkeit in den Bereichen des Militärs und des Fußballs erweist sich die Entwicklung in den einzelnen sozialen Milieus als divergierend. Hierdurch besteht eine Gleichzeitigkeit zwischen dem an das hegemoniale Modell der Männlichkeit angelehnten Anspruch partnerschaftlich-kommunikativer Sexualität und einer globalisierte Ausdifferenzierung von Formen entpersönlichter und entemotionalisierter Sexualität gegenüber Frauen und Kindern in Prostitution und Pornographie (vgl. Brandes 2005: 248 f). Zeitlich parallel können somit „gegenläufige Prozesse des Abbaus und der Zuspitzung ausbeuterischer und brutalisierter patriarchaler Sexualpraktiken" beobachtet werden (Brandes 2005: 249).

In einer diachronen diskursanalytischen Perspektive kann man in Europa einer seit der Aufklärung geknüpften Verbindung von Rationalität und Männlichkeit gewahr werden. Rationalität wird positiv konnotiert und in der Kettung an das Wissen zu der Basis männlicher Überlegenheit in der Gesellschaft stilisiert, weil Frauen rationale Fähigkeiten aberkannt werden. Gefühle und Emotionen dagegen werden als Quelle des Wissens exkludiert und stattdessen mit Schwäche und Weiblichkeit assoziiert. Diese Vernetzungen geschlechtsspezifischer Eigenschaftszuschreibung wirken über die gesellschaftlichen Diskurse in die Subjektkonstitution ein (vgl. Seidler 1995: 82 ff). Im Anklang an den christlichen Körper-Geist-Dualismus wird der Körper in den rational-philosophischen Diskursen der Natur zugeschlagen, während der Geist charakteristisch für den Menschen ist und die Basis der Differenz zwischen dem Menschen und seinen tierischen Vorfahren abgibt. In der rationalen Selbstbeherrschung vermag der Mensch, seine Emotionalität zu beherrschen und hierin der Determinierung durch seine tierischen Triebe zu entgehen. Insbesondere die Sexualität in ihrer Bindung an den Körper und an eine Vielzahl unterschiedlicher Gefühlseindrücke wird in den Diskursen als ein animalischer Überrest evolutionärer Entwicklung betrachtet, doch liegt in der Emotionalität und Intensität sexueller Begierden eine Bedrohung von Rationalität und der aus ihr abgeleiteten Moral begründet (vgl. Seidler 1995: 83 ff). Hinsichtlich der Geschlechtsbeziehungen kann exemplarisch in diesem Zusammenhang eine rationale Basis der sexuellen Interaktion zwischen den Geschlechtern gefordert werden, die in der Ehe ihren legitimen Ausdruck findet:

„Geschlechtsgemeinschaft (*commercium sexuale*) ist der wechselseitige Gebrauch, den ein Mensch von eines anderen Geschlechtsorganen und Vermögen macht (*usus membrorum et facultatum sexualium alterius*), und entweder ein natürlicher (wodurch seines Gleichen erzeugt werden kann) oder ein unnatürlicher Gebrauch, und dieser entweder an einer Person ebendesselben Geschlechts, oder einem Tiere von einer anderen als der Menschen-Gattung; welche Übertretung der Gesetze, unnatürliche Laster (*crimina carnis contra naturam*), die auch unnennbar heißen, als Läsion der Menschheit in unserer eigenen Person durch gar keine Einschränkungen und Annahmen wider die gänzliche Verwerfung gerettet werden können."   (Kant 2004: 125)

In der Klassifizierung der Sexualität als körperliches Bedürfnis wird die Sexualität der Natur zugeordnet und wird daher nicht als willentliche menschliche

Aktivität der bewussten Gestaltung aufgefasst (vgl. Seidler 1995: 91 ff). Emotionalität und Abhängigkeit von anderen Menschen werden als Schwäche verworfen, wobei die Selbstbeherrschung und die Kontrolle über den teleologisch eingesetzten Körper eine Dominanz über die Natur gewährleisten, die als gesellschaftliche Norm mittlerweile nicht nur von Männern, sondern auch von emanzipierten Frauen angestrebt wird. Die rationale, ursprünglich männliche Geschlechtsidentität konstituiert sich durch Selbstbeherrschung und Separation und wird durch emotionale Nähe, Intimität und Abhängigkeit bedroht, weshalb die Konstruktion des männlichen Selbst einen beständigen Kampf mit sich selbst darstellt (vgl. Seidler 1995: 96 ff).

Doch obwohl die Geschlechtsdichotomie durch diese konstruktivistischen Ansätze in ihrem ontologischen Verständnis einer Dekonstruktion zugeführt wird, fungiert sie dennoch als zentrale Kategorie der Wahrnehmungslenkung und der sozialen Komplexitätsreduktion, die gerade durch ihre Aufhebung in der Intersexualität unterminiert wird. Seit den 1950er Jahren werden Individuen, die mit keiner eindeutigen Ausprägung männlicher oder weiblicher Geschlechtsorgane, häufig in Verbindung mit einem ungewöhnlichen Chromosomensatz, mittels medizinischer Eingriffe und Hormontherapien behandelt, um eine eindeutige Geschlechtzugehörigkeit zu konstruieren. Doch zeigen zahlreiche Fallbeispiele von im Kindesalter behandelten Patienten, dass diese Behandlung keinesfalls immer erwünscht ist, weil die Betroffenen im Erwachsenenalter lieber selber über evtl. Eingriffe entschieden hätten. In ihren Interessenverbänden kritisieren die Betroffenen den gesellschaftlichen Imperativ, die Vielgestaltigkeit der Geschlechter in eine dichotome Passform zu pressen und sich einer Vereinheitlichung unterziehen zu müssen (vgl. Schmidt 2004: 125 ff).

Neben den intersexuellen Menschen, deren biologische Körperlichkeit einer eindeutigen Geschlechtszuschreibung widerstrebt, fordern vor allem Transsexuelle die Geschlechterdichotomie heraus, indem sie sich im Alltag als das von ihnen präferierte Geschlecht in der Übernahme von dessen Attribute und dessen Habitus inszenieren. Transsexuelle verweisen deutlich darauf, dass Geschlechtlichkeit immer an Performanz gebunden ist und im Gender Doing sicher gestellt werden muss. Während viele Transsexuelle in der medizinischen Behandlung einen dauerhaften Geschlechtswechsel zur Konstruktion einer Einheit zwischen Körper und Geist anstreben, betonen demgegenüber zahlreiche Mitglieder der Transgender Community, dass Geschlechtsgefühle und Geschlechtsidentitäten unstet und periodisch wechseln, weshalb eine dauerhafte Festlegung von ihnen als politisch auferlegter Druck einer zweigeschlechtlichen Norm abgelehnt wird (vgl. Schmidt 2004: 130 ff).

Im Kontext der postmodernen Pluralisierung legitimer Sexualitätsformen in den westlichen Gesellschaften erscheint neben der Verbindlichkeit von sexuellen

Verhaltenskategorien auch die Verbindlichkeit der Geschlechtskategorien zunehmend brüchig, weil sich in der Verlagerung der wissenschaftlichen Aufmerksamkeit von geschlechtlicher Sexualität auf die individuelle Erfahrung und in dem interkulturellen Vergleich der Geschlechtskonstruktionen die Unzulänglichkeit der Geschlechtskategorien als zentraler Faktor in der Wahrnehmung offenbart (vgl. Sigusch 2005: 158 ff).

„Zu den Paradoxien unserer Kultur gehört, dass wir einerseits nur zwei Geschlechter kennen, andererseits aber, was wir alle ahnen, so viele Geschlechter existieren wie Menschen, weil nur dann von einem Individuum gesprochen werden kann, wenn es einmalig und unverwechselbar ist." (Sigusch 2005: 158 f)

Insofern kann unter Ausklammerung von Machtverhältnissen die Transsexualität als Postgeschlecht ausgerufen werden, um zu verdeutlichen, dass Geschlechtlichkeit, Körperlichkeit und Begehren nicht mehr als eine feste Einheit, sondern voneinander dissoziiert gedacht werden sollten (vgl. Sigusch 2005: 159 ff).

Wie die Ausführungen zu der Weiblichkeit, der mittlerweile keinesfalls selbstevidenten Männlichkeit sowie zu der Transsexualität gezeigt haben, kann das Geschlecht nicht als eine transhistorisch und transkulturell unveränderliche Kategorie aufgefasst werden. Zumal Geschlecht, Sexualität und auch Liebe „im Laufe von gesellschaftlicher Umstrukturierung unterschiedlich aufeinander bezogen und transformiert" werden (Sigusch 2005: 135). Daher hat sich in den 1950ern und den 1960ern zunächst in der Intersexualismusforschung, mit den Gender Studies und den Queer Theories auch im Bereich der Sozialwissenschaften die Differenzierung von Sex als körperlichem Geschlecht, Gender als kulturellem Geschlecht bzw. Geschlechtsrollenverhalten und der Gender Identity als der individuellen Geschlechtsidentität herausgebildet. Klassischerweise werden Gender und Gender Identity als sozial und kulturell beeinflusst und vermittelt angesehen, während das Sex als biologisch fundierter Geschlechtskörper jenseits kultureller Prägung steht (vgl. Sigusch 2005: 136; Funk & Lenz 2005: 32 ff).

Eine Untersuchung der historischen Diskurse über Sexualität offenbart, dass das genderbasierte Frauenbild zwischen dem 17. und dem 19. Jahrhundert eine massive Umcodierung erfahren hat. In den Diskursen des Mittelalters und der Renaissance mutiert die Frau von dem Idealbild der sinnlichen und hypersexuellen Eva zu der sittsamen und sexuell weitgehend empfindungslosen Maria. Mit der zweiten Hälfte des 19. Jahrhunderts gewinnen die medizinischen und biologischen Diskurse an Bedeutung, die die weibliche Sexualität in Komplementarität zu der männlichen modellieren, wobei sich nun die männliche Sexualität durch enorme Triebstärke und sinnliches Begehren auszeichnet, die sowohl für die Männer als auch für die Frauen gefahrvoll sein können. Da Sperma als ein wichtiges Lebenselixier in diesem Modell fungiert und ein Verlust den männlichen Organismus schwächt, werden übermäßiges Sexualverhalten und non-reproduktive Verhaltensweisen wie Homosexualität oder Masturbation als schädlich diskreditiert (vgl. Caplan 1987: 44 ff).

Insbesondere eine historische und kulturvergleichende Perspektive verweist auf Inkonsistenzen in den Geschlechterkonstruktionen. So ist es möglich in der Betrachtung der Diskurse vergangener Epochen nicht nur das Gender als Konstruktion nachzuzeichnen, sondern auch das biologische Sex als ein Konstrukt sozialer Bedeutungen zu entziffern, womit die biologische Grundlage der Sexualität, der geschlechtliche Körper, als unveränderliche Existenzgrundlage der Geschlechtlichkeit in Frage gestellt wird. Der sexuelle Geschlechtskörper scheint keinesfalls so fest in einer physischen Ontologie verankert, wie man gemeinhin glauben mag (Laqueur 1992; Kipnis 2007; Weeks 1986; Lautmann 2002).

Von der Antike bis in die Aufklärung fungiert als dominierende Konzeption des geschlechtlichen Körpers ein Ein-Geschlecht-Modell, wonach Frauen und Männer über die gleichen Genitalien verfügen, die bei Männern nach außen hin sichtbar sind, während das weibliche Äquivalent in den Körper gestülpt ist. Die Vagina wird als innerer Penis, der Uterus als innerer Hodensack und die Eierstöcke als innere Hoden vorgestellt. Bis in das 17. Jahrhundert hinein findet sich weder im Griechischen, Lateinischen oder einer der europäischen Umgangssprachen ein Fachausdruck für die Vagina als komplementäres Geschlechtsorgan für den Penis. Grundsätzlich ordnet dieses Modell die Geschlechter entlang ihres Ausmaßes an metaphysischer Perfektion und ihrer vitalen Hitze, wobei das männliche Geschlecht als Telos gesetzt wird. Das biologische Sex erscheint gegenüber dem Gender untergeordnet, weil das Genus über die Stellung innerhalb der sozialen Ordnung entscheidet, während die körperlichen Geschlechtsattribute demgegenüber über keinen Aussagewert über den sozialen Rang und den Platz in der Gesellschaft verfügen. Dies hat weitreichende Konsequenzen, so bindet sich z.B. im Kontext des Ein-Geschlecht-Modells des sexuellen Körpers die Fortpflanzung an den beidgeschlechtlichen Orgasmus und an die weibliche Lust. Entsprechend werden Frauen als das Geschlecht interpretiert, dessen Vernunft seinen unendlichen Leidenschaften und Lüsten nur wenig entgegenzusetzen hat. Die Sinnlichkeit wird im Ein-Geschlecht-Modell mit der Frau gleichgesetzt, während der Mann die Freundschaft und die Mäßigung signifiziert. Mit dem 18. Jahrhundert wird das weibliche Orgasmuserleben von der Fortpflanzung gelöst und die Frau im Zuge dessen als das Geschlecht ohne intensives sexuelles Lusterleben konstruiert. Im Verlauf der Aufklärung wird das alte Geschlechtskonzept zunehmend durch das Zwei-Geschlechter-Modell ergänzt und ab dem 19. Jahrhundert weitgehend ersetzt. In den gesellschaftlich zirkulierenden Diskursen wird eine in der biologischen Physiologie der Geschlechter beobachtbare Differenz zu dem Ausgangspunkt einer radikalen Umbewertung des weiblichen Geschlechts herangezogen. Von dem biologischen Dimorphismus ausgehend wird eine umfassende Differenzierung zwischen Mann und Frau auf der körperlichen wie geistig-seelischen Ebene vorgenommen, die bis auf die mikroskopische Ebene der Sexualhormone verfolgt wird. In dieser Differenzierung entstehen zwei feststehende, inkommensurable Geschlechter, deren Geschlechtsrollen und deren Lebensbedingungen durch diese biologische Basis fundiert sind, wobei der Biologie und ihrem Körper-Modell eine privilegierte Position als zentrale Erkenntnisgrundlage für die geschlechtliche Ordnung eingeräumt wird (vgl. Laqueur 1992: 15 ff).

Diese Privilegierung des Sexes gegenüber dem Gender kann allerdings nicht mit dem wissenschaftlichen Fortschritt begründet werden, vielmehr fußt sie auf einer epistemologischen und einer politischen Entwicklung, die mit der Aufklärung einsetzt. Seit dem 17. Jahrhundert wird der Körper nicht länger als mikrokosmische Abbildung einer größeren Weltordnung in der wissenschaftlichen Fokussierung auf Analogien und Ähnlichkeiten gewertet, sondern bringt stattdessen Kategorien der Subjektkonstruktion hervor, zu denen die Kategorien Mann und Frau zu zählen sind. Dass diese Kategorien aufgegriffen werden und sich durchsetzen können, deutet auf die sich ändernden politischen Umstände der sozialen Ordnung, denn im Kampf um die Macht werden immer neue Kategorien emergiert, „in denen sich das Subjekt mitsamt den gesellschaftlichen Realitäten konstruiert, innerhalb derer die Menschen leben" (Laqueur 1992: 24). Jeder einzelnen sozialen und politischen Veränderung wird ein Körper-Modell eingeschrieben, das zunehmend die Gestalt des Zwei-Körper-Modells annimmt.

In der Gegenüberstellung des Ein-Geschlecht-Modells und des Zwei-Geschlecht-Modell zeigt sich, dass der männliche Körper in dem Ein-Geschlecht-Modell als erstrebenswerter Telos auftritt, während er in dem Zwei-Geschlecht-Modell als zentrale Bedeutungsschablone gesetzt wird. Aus dieser Gegenüberstellung wird abgeleitet, dass die Beziehung zwischen einem Organ als Zeichen und dem es validierenden Körper willkürlich und keinesfalls universal ist. Der Körper selbst fungiert vielmehr als Zeichen. So wird der männliche Körper zwar als Maßstab gesetzt, gegen den der weibliche Körper signifiziert wird, „aber er ist einer, dessen Status durch seine reuelose historische Unbeständigkeit unterminiert ist" (Laqueur 1992: 37).

Die ontologische Fixierung des biologisch-sexuellen Geschlechtskörpers kann zudem durch eine dekonstruktivistische und diskurstheoretische Analyse unterminiert werden. Eingelassen in den Diskurs und seine produktive Macht wirkt das biologische Sex als eine normative Kategorie, an der sich die Materialität des Geschlechtskörpers entlang konstituiert, womit keinesfalls die Existenz der Materialität des Körpers bestritten wird, vielmehr bringt die Kategorie Sex normativ hervor, was sie zu benennen sucht. Dabei darf der biologische Geschlechtskörper nicht als etwas statisch Gegebenes verstanden werden, sondern als ein beständiger Prozess der sich wiederholenden Performativität ebendieses Geschlechtskörpers. Die Notwendigkeit der fortwährenden Wiederholung deutet darauf, dass der konkrete Körper niemals ganz den Normen der Idealkategorie Sex entsprechen kann und die Materialisierung niemals vollständig abgeschlossen ist. Gerade in der prozessualen Materialisierung des Körpers ergeben sich Inkonsistenzen und Optionen der Re-Materialisierung, die semantische Neudifferenzierungen der Kategorie Sex ermöglichen[131] (vgl. Butler 1997b: 21f). In der heteronormativen Matrix werden die verschiedenen Kategorien des biologischen Geschlechtskörpers und der Sexualität miteinander verwoben und fließen in die Identität des im Diskurs konstituierten Subjekts mit ein. Betont wird im Gegensatz zu der kulturfeministischen Position, dass diese Kategorien aber nicht ineinander aufgehen. Heterosexualität wird durch die Stabilisierung der Geschlechtsnormen massiv gestützt. Zugleich verschränkt sich die Heterosexualität in ihrer normativen Setzung mit den normativen Differenzierungen der Geschlechtskategorie. Damit können Sexualität und Geschlecht als Kategorien in einem dynamischen und hochkomplexen Verhältnis zueinander gedacht werden (vgl. Butler 1997b: 325 ff).

Wenn der Geschlechtskörper nicht länger als ontologische Konstante gewertet wird, eröffnen sich Optionen der Erforschung vorherrschender sexueller Körperkonzepte. So kann für die Bundesrepublik festgestellt werden, dass in West- und Ostdeutschland unterschiedliche weibliche Körperkonzepte vorherrschen, die an die gesellschaftlich zirkulierenden Wahrheiten über Sexualität und Körperlichkeit und an die sexuellen und körperlichen Erfahrungen gebunden sind. So findet sich in Westdeutschland vor allem die Vorstellung des porösen Körpers, in der Natur und Kultur in ein spezifisches Verhältnis zueinander treten. Kultur und Gesellschaft werden als Zwang, Eingriff und Entfremdung gewertet, während der Natur eine Authentizität mit eigener Regelhaftigkeit, Rhythmik und Richtigkeit attestiert wird. Demgegenüber erscheint in dem in Ostdeutschland häufiger vertretenen Körpermodell der Abgrenzung die Natur als Unzulänglichkeit des Körpers und als beherrschbar. Die Aneignung des Körpers in seiner maximalen funktionalen Verfügung erfolgt dagegen mittels aller positiv gewerteten, von der Gesellschaft bereitgestellten Mittel. Mit den unterschiedlichen Körpermodellen korrelieren verschiedene sexuelle Bewertungen der Männlichkeit (vgl. Helfferich 1998: 72 ff).

---

[131] Auf diesen Ansatz wird im Zusammenhang von Sexualität und Macht (Kap. 5.4) noch einmal näher eingegangen.

Die Materialisierung des geschlechtlichen Sexualkörpers wird in der Betrachtung unterschiedlicher Sozialisationen körperlicher Erfahrung offensichtlich. Bereits kleine Kinder reagieren sehr sensibel auf die reflexiven Strukturen der Gesellschaft, indem sie sich auf die unbewusst und bewusst geäußerten Erwartungshaltungen ihrer Eltern und der sie umgebenden Personen einstellen, um sich des Wohlwollens und der Anerkennung ihrer Umwelt zu versichern (vgl. Millhofer 1998: 96).

„Mit anderen Worten: schon kleine Mädchen und Jungen sind Geschlechtswesen. Sie wollen nicht nur für ihr Verhalten gelobt werden, sondern auch sexuell anerkannt, gemocht, beliebt, begehrt sein, eben nicht nur leistungsfähige Persönlichkeiten, sondern attraktive männliche und weibliche Körperwesen. Das zwingt sie zur Anpassung, denn für diese Attraktivität bestehen geschlechtsspezifische ‚Qualitätsnormen‘.“

(Millhofer 1998: 92)

In diesem Kontext internalisieren Jungen und Mädchen bereits sehr früh, welche Erwartungen an ihre Körper gerichtet werden. Mädchen erfahren von klein auf, dass ihr Körper eine Quelle der sexueller Gefahr sein kann und dass sie aufgrund ihres Körpers hilfebedürftig sind. Entsprechend werden Mädchen in Kontrollmaßnahmen eingebunden. Auf die Körper von Jungen wird seitens der Erwachsenen positiver und humorvoller reagiert, wobei ihnen ein größerer körperlicher Bewegungsspielraum eingeräumt wird (vgl. Millhofer 1998: 95).
Hinsichtlich der poststrukturalistischen Gender Studies und der Queer Theories fallen die Bemühungen auf, das binäre Geschlechtersystem zu destabilisieren, indem einerseits die Geschlechter selbst als normative Konzepte enttarnt werden und andererseits das Begehren losgelöst von seiner Ausrichtung in seinem Pluralismus eingefordert wird (vgl. Becker 2007: 54 ff). Doch bleiben die poststrukturalistischen Bemühungen der Dekonstruktion letztlich hinter der Körpererfahrung zurück, weil es ihnen in der Fokussierung auf die Körperkonstitution entlang des Diskurses nur schwer gelingt, geeignete Konzepte für den Geschlechtskörper zu finden, die das volle Erleben des Geschlechtskörpers erfassen können. Aufgrund seiner nonverbalen Erfahrungen und des präverbalen und prädiskursiven Erleben geht der Körper eben nicht vollständig im Diskurs auf. Zwar bedarf der Körper sehr wohl der Bedeutungzuschreibung, doch reichen die körperlichen Erfahrungen über diese verbal-diskursive Ebene hinaus, indem daran eine emotionale Generativität angeschlossen ist, die die Phantasien und die symbolische Ebene durchaus selbst mitgestaltet. Zugleich lässt der poststrukturalistische Diskurs in seinen Versuchen der Dekonstruktion der Geschlechterdifferenz außer acht, dass sich die gesellschaftlichen Kontexte der Konstituierung des Geschlechtssubjekts mit dem globalen Kapitalismus verändern. Die neoliberale Sprache des globalisierten Marktes bemüht sich um Ge-

schlechtsneutralität, um sämtlichen Subjekte als flexible Konsumenten ansprechen zu können (vgl. Becker 2007: 63 ff).

Wobei dies durch die Zielgruppenspezifik und entsprechenden Marketingstrategien von Produkten auf dem globalisierten Markt erheblich eingeschränkt wird. In der Zielgruppenspezifik erscheint das Geschlecht durchaus als relevante Kategorie. Doch treten daneben auch noch andere Kategorien in den Vordergrund wie Bildungsstand, Milieuzugehörigkeit und Einkommen. In der Zusammenführung von Sexualitäts-, Mode- und Leidenschaftsdiskursen, wie sie in den Frauenpornographien, den Frauen-Sex-Artikeln oder Mainstream-Medienangeboten wie *Sex and the City* zu beobachten ist, wird für eine spezifische weiblich-mondäne Zielgruppe in einem weißen, mittelständischen und kreativen Milieu ein zeitgenössisches Ideal der Weiblichkeit als Selbstinszenierung zur Verfügung gestellt. Die enge Verwebung mit dem Konsum macht die Inszenierung der Weiblichkeit zu einer Frage des Geldes und des angemessenen Stils in der Prägung schichtspezifischer Gendernormen (vgl. Attwood 2005: 119 ff).

So kann hinsichtlich der Genderrahmung konkludiert werden:

„Das Geschlecht ist so kontextabhängig wie das Menschsein. Alle Versuche, es aus seinem diskursiven, sozial determinierten Milieu zu isolieren, sind genauso zum Scheitern verurteilt wie die Suche des Philosophen nach einem wirklich wilden Kind oder die Bemühungen zeitgenössischer Anthropologen, das Kulturelle herauszufiltern, so daß ein Residuum des essentiell Menschlichen übrigbleibt."   (Laqueur 1992: 30)

5.3.6 Die psychische Rahmung

„Für den einen ist der blosse Körper, für den anderen die blosse Seele ein Fetisch, die Liebe ein blosser Fetischismus."   (Krafft-Ebing 1984: 18)

In der psychischen Rahmung der Sexualität können eine psychoanalytische und eine psychologisch-empirische Perspektive voneinander unterschieden werden, wobei dem psychoanalytischen Betrachtungswinkel hinsichtlich des Pornographiediskurses größere Prominenz eingeräumt wird.

Die klassische Psychoanalyse geht von einem dem menschlichen Organismus inhärenten Triebmodell aus, das u.a. sexuelle Triebe impliziert, von denen der Geschlechtstrieb als Libido bezeichnet wird. In der Sexualität richtet sich die Libido auf ein Sexualobjekt und veranlasst das Subjekt, eine sexuelle Handlung, das sogenannte Sexualziel, auszuführen (vgl. Freud 2004: 37 f). Triebe werden als „psychische Repräsentanz einer kontinuierlich fließenden, innersomatischen Reizquelle" verstanden, womit der Trieb der Psyche zugeschlagen wird und zur

Abgrenzung vom Körper dient[132] (Freud 2004: 70). Per se haben Triebe keine Eigenqualitäten, diese erlangen sie erst in dem Zusammenspiel ihrer somatischen Quelle und ihrer Ausrichtung. Triebe kommen durch Erregungen von Organen zustande und richten sich auf die Aufhebung dieser Erregung. Diese Erregungen können durch die Reizung von erogenen Zonen entstehen, welche dann einen Partialtrieb aktivieren (vgl. Freud 2004: 70).

Der idealtypischen sexuellen Entwicklung wird sich über die Rekonstruktion der von ihr abweichenden Entwicklungslinien[133] genähert, indem den abweichenden Sexualitäten Kernaussagen über die ursprüngliche und idealtypische Sexualität extrahiert werden (vgl. Lauretis 1999: 10 ff). Die Sexualentwicklung kann einmal in Hinsicht auf das Sexualobjekt und des Weiteren in Bezug auf das Sexualziel fehlgeleitet werden. In der Abweichung hinsichtlich des Sexualobjekts richtet sich die Libido nicht auf eine Person des anderen Geschlechts aus, sondern kann stattdessen eine Person des eigenen Geschlechts, ein Kind oder ein Tier favorisieren. Das homosexuelle Sexualverhalten deutet darauf, dass der Mensch in seiner ursprünglichen Konstitution bisexuell veranlagt ist und sich die Monosexualität erst im Laufe der sexuellen Entwicklung herausschälen muss. Daraus kann allgemein abgeleitet werden, dass die Libido zunächst ungerichtet ist und erst ein Sexualobjekt anvisieren muss. Aus der pädophilen und der sodomitischen Sexualobjektwahl geht hervor, dass es keinesfalls die Art und der Wert des Sexualobjekts per se sind, die diese Ausrichtung determinieren (vgl. Freud 2004: 38 ff). Die gegengeschlechtliche Objektwahl ergibt sich in der normkonformen Sexualentwicklung automatisch aus dem Primaten des einzig angemessenen Sexualziels, dem penilvaginalen Koitus. Im Koitus kann sich die angestaute sexuelle Triebenergie entladen und in der sexuellen Befriedigung eine zeitweilige Ruhe der Libido erreicht werden. Grundlegend binden sich an jeden normalen Koitus auch perverse Sexualelemente, die als intermediäre Sexualziele den Weg zu dem Koitus ebnen. Dabei garantieren sie den Aufbau sexueller Erregung mittels der ihnen eigenen Lust (vgl. Freud 2004: 52 f). Infolgedessen sind zentrale Aspekte der Perversionen bereits in den normierten Koitus implementiert, wenn die sexuellen Handlungen statt der Genitalien andere anatomische Körperregionen anvisieren. Als vom Koitus ablenkende perverse Zielverschiebungen können die Fokussierung auf

---

[132] Die sonstige Verwendung des Triebmodells als hydraulischem Dampfkessel verortet die Triebe wesentlich häufiger als Repräsentanz des Körperlichen und wird über den Körper naturalisiert. Dies findet sich bspw. bei Schopenhauer oder Kant.

[133] Gerade da die Konstruktion der idealtypischen Norm über die von ihr abweichenden, aber in großer Vielzahl beobachtbaren Sexualentwicklungen angegangen wird, kann sich darin das Potential eröffnen, die klassische Psychoanalyse für die Erklärung lesbischen Begehrens heranzuziehen und der Theorie damit wieder ihr subversives Potential zurückzugeben. Hierzu mehr bei Lauretis (1999).

den Mund beim Oralverkehr, den After beim Analverkehr oder andere Körperstellen verstanden werden. In diesem Sinne erweist sich die Fetischisierung
bestimmter Körperstellen als eine weitere Option, von dem penilvaginalen Koitus abzulenken. Eine partielle Fetischisierung des Sexualobjekt kann allerdings
auch in der normalen Liebe ausgemacht werden, weil sich die alleinige Reduktion des Sexualobjekts auf seine Genitalien mit der allgemein verblendeten
Wertschätzung ihm und seinem Körper gegenüber nicht verträgt (vgl. Freud
2004: 52 f). Daneben kann der normale Sexualverlauf auch durch eine Fixierung auf die intermediären Sexualziele gestört werden, wenn das Subjekt statt
der Nutzung der intermediären Sexualziele als Vorspiel für den Koitus diese
zum zentralen Ziel der Sexualhandlung auswählt. Exemplarisch kann der Voyeurismus als eine pathologische Fokussierung der Schaulust gewertet werden.
Das normale Ausmaß an Voyeurismus wird durch natürliche Schranken wie den
Ekel oder die Scham begrenzt, doch pathologische Voyeure substituieren den
Geschlechtsakt durch die Betrachtung der Genitalien, ohne sich an diesen
Schranken zu stören. Perversionen können in aktiver und passiver Ausformung
beobachtet werden, was in dem Sadismus und dem komplementär aufgefassten
Masochismus in der Konzentration auf die Lust am Scherz, die Algolagnie,
ersichtlich wird, wobei die aktive und die passive Ausformung ihren Ursprung
ebenfalls in der normalen Sexualentwicklung finden (vgl. Freud 2004: 58 ff).

„Bei keinem Gesunden dürfte irgendein pervers zu nennender Zusatz zum normalen
Sexualziel fehlen, und diese Allgemeinheit genügt für sich allein, die Unzweckmäßig-
keit der vorwurfsvollen Verwendung des Namens Perversion darzutun."

(Freud 2004: 63)

Zur Lenkung der Libido in eine normale Entwicklung bildet der Mensch bestimmte psychische Kräfte libidinösen Widerwillens wie Ekel oder Scham aus.
Daraus, dass pervertierte Menschen häufig nicht nur eine Perversion, sondern
mehrere entwickeln, lässt sich schließen, dass sich der Sexualtrieb aus mehreren
Partialtrieben zusammensetzt, deren Verschmelzung die Libido erst begründet
(vgl. Freud 2004: 63 ff). Während bei den Perversen der von der Norm abweichende Sexualtrieb voll ausgeprägt ist, kann bei den an Neurosen[134] erkrankten
Personen festgestellt werden, dass sich die Krankheit aufgrund übermäßiger
Sexualtriebverdrängung einstellt und sich ihre Krankheitssymptome ebenfalls
aus der libidinösen Triebenergie speisen. In einer übersteigerten Ausbildung der
psychischen Widerstände gegen die Libido strebt der Neurotiker eine Rückkehr
zu der infantilen Sexualkonstitution an, wobei ihm die Ausbildung der Sym-
ptome als Ausweichmechanismus dienen, sich nicht mit den eigenen perversen

---

[134] Zur Differenzierung von Neurosen und Psychoneurosen vgl. Freud (2007: 115 ff)

Sexualtrieben auseinandersetzen zu müssen (vgl. Freud 2004: 65 ff). So kann konstatiert werden, dass „die Neurose [...] sozusagen das Negativ der Perversion" ist (Freud 2004: 68). Sowohl in der Analyse der Perversionen als auch der Neurosen offenbart sich die Konstitution der Libido aus zahlreichen Partialtrieben. Da die Anlage zur Perversion jedem Menschen inhärent ist, können die Partialtriebe schon bei Kindern in einer geringeren Intensität als bei Erwachsenen angenommen werden (vgl. Freud 2004: 73 f). Den sexuellen Abweichungen wird damit zusammenfassend für die Konstitution der Sexualität entnommen, dass sich erst in der individuellen Entwicklung die Libido auf ein Sexualobjekt und ein Sexualziel festlegt, dass die grundsätzliche Sexualkonstitution des Menschen zunächst bisexuell und polymorph-pervers ist und dass sich die Libido aus zahlreichen Partialtrieben zusammensetzt.

In der normalen sexuellen Entwicklung durchläuft ein Kind drei Stadien seiner Sexuierung, während die meiste Zeit der Kindheit durch eine sexuelle Latenz gekennzeichnet ist, in der das Kind die biologisch angelegten Sexualhemmungen entwickeln muss, um die Libido in angemessene Bahnen zu lenken und hierdurch die sexuelle Triebenergie anderen Zwecken zur Verfügung zu stellen. Dieser Prozess der Verschiebung der Libido von Sexualzwecken hin zu anderen Zwecken bezeichnet man als Sublimierung, die die Basis der kulturellen Tätigkeit eines Menschen darstellt[135] (vgl. Freud 2004: 79 f). So erweist sich die kindliche Sexualität als autoerotisch, indem das Kind eigenmächtig bereits erlebte Lustgefühle an sich selbst zu initiieren trachtet, wobei die frühkindlichen Sexbetätigungen an lebenserhaltende und körperbasierte Lusterlebnisse angelehnt sind und sich von dort aus verselbständigen. Zudem rekurriert die kindliche Sexualität in ihrer polymorph-perversen Ausrichtung auf den erogenen Zonen. Um den Primat der Genitalien in der Sexualorganisation auch ausbilden zu können, erweist sich die kindliche Masturbation als wichtig, um die in den Genitalien verorteten Sensationen auch wirklich anstreben zu wollen und von der polymorph-perversen Ausrichtung der Sexualorganisation abzulassen (vgl. Freud 2004: 82 ff). In seiner Sexuierung durchläuft das Kind zunächst die orale Phase, in der es versucht, sich orale, an das Säugen erinnernde Sensationen zu verschaffen. In der analen Phase entdeckt das Kind durch das Spiel mit der Analmuskulatur während der Ausscheidung die Gegensätzlichkeiten von aktiver und passiver Lust. Aktivität wird in der Kontrolle der Körpermuskulatur erfahren, während sich passive Lüste durch die Sensationen im Afterbereich erleben lassen. Zudem beginnt das kindliche Begehren in dieser Phase seiner Entwicklung Sexualobjekte anzupeilen, die mit Aktivität und Passivität assoziiert werden. Die dritte Phase stellt die genitale Phase dar, in der Kinder aktiv masturbie-

---

[135] Zur Sublimierung und ihren Einfluss auf die Repressionsthese vgl. Kap. 5.4

ren, wobei sich der Primat der Genitalien zum späteren Zweck der Fortpflanzung formiert (vgl. Freud 2004: 98 ff).

„Der Ausgang der Entwicklung bildet das sogenannte normale Sexualleben des Erwachsenen, in welchem der Lusterwerb in den Dienst der Fortpflanzungsfunktion getreten ist und die Partialtriebe unter dem Primat einer einzelnen erogenen Zone eine feste Organisation zur Erreichung des Sexualziels an einem fremden Sexualobjekt gebildet haben." (Freud 2004: 98)

Mit der Pubertät erfährt die infantile Sexualorganisation eine Umstrukturierung, indem sich der bis dato autoerotische Sexualtrieb auf ein Sexualobjekt richtet und statt der Befriedigung der verschiedenen erogenen Zonen die Befriedigung bei dem penilvaginalen Koitus zum Ziel sexueller Aktionen avanciert. Verlief die sexuelle Entwicklung bis zu der Pubertät bei beiden Geschlechtern kongruent, trennt sie sich zu diesem Zeitpunkt (vgl. Freud 2004: 108). Während die Frau zugunsten des genitalen Primaten auf ihre zentrale Lustquelle, die Klitoris, verzichten muss, scheint die Ejakulation des Mannes im Koitus, auch seine größte Lustquelle zu sein (vgl. Freud 2004: 120 f). Damit jedoch der Koitus vollzogen werden kann, bedarf es der sexuellen Erregung, die entweder durch die Reizung einer erogenen Zone oder durch die Vorstellung sexueller Phantasien angestoßen werden kann. Die Stimulanz der erogenen Zonen kann eine Vorlust aufbauen, die zu der sexuellen Endlust in der Ejakulation überleitet. In der Fokussierung auf die Vorlust kann der Primat des Koitus aus den Augen verloren werden, weshalb die Betätigung der Masturbation in der infantilen Sexualität notwendig ist, um den Primat der Genitalen vorzuzeichnen. Eine ausschließliche Fixierung auf die Vorlust kann zu neurotischen Erkrankungen führen (vgl. Freud 2004: 109 ff). Die Wahl des Sexualobjekts lehnt sich entweder an das Sexualobjekt der Kindheit an oder es wird in dem Sexualobjekt nach dem narzisstischen Ich gefahndet (vgl. Freud 2004: 122). Alle Menschen engagieren in ihren sexuellen Phantasien, die sich als der einzige Bereich menschlicher Existenz jenseits aller Realitätsanforderungen[136] erweisen, ihre infantilen Neigungen, die sich alsdann körperlich manifestieren. Sehr häufig handelt es sich bei den sexuellen Phantasien um versteckte inzestuöse Phantasien, deren Überwindung für eine erfolgreiche Sexualentwicklung allerdings von zentraler Relevanz ist (vgl. Freud 2004: 126).

So zeichnet sich das kindliche Begehren durch eine auf den gegengeschlechtlichen Elternpart gerichtete Sexualobjektwahl aus, hernach strebt ein Mädchen nach der Position einer Geliebten des Vaters und ein Junge wähnt sich als Mann

---

[136] Zur Bedeutung der Phantasie, des Lustprinzips und des Realitätsprinzips bei Freud vgl. Kap. 5.4

und Besitzer der Mutter. Diese infantile inzestuöse Objektwahl wird als universell angesehen und mit dem Begriff Ödipuskomplex bezeichnet (vgl. Freud 1992: 151). Den Ödipuskomplex kann das Kind nur durch die Sexualeinschüchterung überwinden, die sich bei Jungen als Kastrationsangst und bei Mädchen als Gewahren einer vollzogenen Kastration äußert. Der Junge entdeckt in seiner genital-phallischen Phase nicht nur die Lustpotentiale seines Penis in der Masturbation, auch muss er feststellen, dass die von ihm angenommene Generalisierung, alle Menschen verfügten gleichermaßen über einen lustspendenden Penis, in dem Anblick einer Vagina zunichte gemacht wird. So wird die Vagina nicht als Sexualorgan sui generis wahrgenommen, sondern als Mangel des Penis. Diese Mangelvorstellung verleiht den Drohungen der Erwachsenen, dass die kindliche Masturbation einzustellen sei, Nachdruck, indem in der Phantasie des Jungen die Angst vor der Kastration auftritt. Da jedoch die infantile Masturbation in erster Linie einer Triebabfuhr der durch den Ödipuskomplex generierten Sexualspannungen dient, kann der Junge seine Kastrationsangst auflösen, indem er, statt sein Begehren auf die Mutter zu richten, sich mit den Eltern, vornehmlich dem Vater, zu identifizieren lernt (vgl. Freud 1992: 152 ff).

„Die Objektbesetzungen werden aufgegeben und durch Identifizierung ersetzt. Die ins Ich introjiziierte Vater- oder Elternautorität bildet dort den Kern des Über-Ichs, welches vom Vater die Strenge entlehnt, sein Inzestverbot perpituiert und so das Ich gegen die Wiederkehr der libidinösen Objektbesetzung versichert. Die dem Ödipuskomplex zugehörigen libidinösen Strebungen werden zum Teil desexualisiert und sublimiert, was wahrscheinlich bei jeder Umsetzung in Identifizierung geschieht, zum Teil zielgehemmt und in zärtliche Regungen verwandelt. Der ganze Prozeß hat einerseits das Genitale gerettet, die Gefahr des Verlusts abgewendet, andererseits es lahmgelegt, seine Funktion aufgehoben."   (Freud 1992: 154)

Auch das Mädchen generalisiert zunächst die Vorstellung seiner Genitalien und muss in der Konfrontation mit dem männlichen Penis erkennen, dass die ihm angedrohten Sexualdrohungen als tatsächlich erfolgte Kastration realisiert worden sind[137]. Denn die Klitoris wird in ihrer Fähigkeit, Lust zu spenden, zunächst als Penis imaginiert. Dies begründet den weiblichen Männlichkeitskomplex, wonach sich das Mädchen als Entschädigung für seine Kastration nach einem Kind sehnt. In seiner ödipalen Phase strebt es nach einem Kind von dem Vater, jedoch mit Nichterfüllung dieses Wunsches muss dieser aufgegeben werden.

---

[137] Zur Kritik an der Übertragung und Generalisierung männlicher Sexualität durch Freud vgl. Britton (2006), Fromm (2005) oder Lauretis (1999). Während Lauretis die Freudsche Psychoanalyse feministisch neu liest und umcodiert, findet sich bei Fromm ein von zwei einander anziehenden Polen zur Vervollkommnung durch individuelle Transzendenz begründetes Modell, das die eigenständige weibliche Sexualität als notwendiges Pendant zur männlichen Sexualität konzipiert.

Dennoch bleiben der Wunsch nach dem Besitz des Penis oder seiner Substitution durch ein Kind in dem weiblichen Unbewussten erhalten „und helfen dazu, das weibliche Wesen für seine spätere geschlechtliche Rolle bereit zu machen" (Freud 1992: 156). Doch es muss eingeräumt werden, dass die psychische Sexualentwicklung des Mädchens und der Frau nur unzureichend verständlich sind (vgl. Freud 1992: 156). Damit bleibt die weibliche Sexualität trotz der Feststellung, dass die „Anatomie das Schicksal" sein soll, für die klassische Psychoanalyse eine terra incognita (Freud 1992: 155).

Als Resultat der sexuellen Entwicklung können mehrere libidinöse Typen voneinander unterschieden werden. Idealtypisch konzentriert sich der erotische Typus vornehmlich auf sein Liebesleben, wodurch ein beträchtliches Quantum seiner Libido dorthin fließt. Insbesondere das Geliebtwerden steht bei ihm im Vordergrund, wobei der Liebesverlust eine beständige Angstquelle darstellt und damit seine stark ausgeprägte Abhängigkeit von seinen Sexualobjekten begründet. Als zweite Kategorie kann der Zwangstypus identifiziert werden, der ein hohes Maß an Selbständigkeit an den Tag legt, dabei aber in seinem Wesen aufgrund der unhinterfragten Internalisierung aller Kulturnormen ausgesprochen konservativ ist. Die ihn beherrschende Angst steht weniger im Zusammenhang mit seinem Liebesobjekt als vielmehr mit seinem Gewissen, das stets drohend über den Zwangstypus wacht. Der narzisstische Typus kanalisiert seine libidinösen Triebe vor allem in die Selbsterhaltung und eigene Interessen. Dabei erweist er sich als sehr selbständig und unabhängig. Sein hohes Maß an Aktivität wird durch übermäßige Aggressivität gespeist, was sich in seinen Beziehungen darin kundtut, dass er das Lieben dem Geliebtwerden vorzieht. Doch diese idealtypischen Kategorien finden in der sozialen Realität nur selten Vertreter, weshalb gemischte Typen wesentlich häufiger zu beobachten sind. Bei dem erotischen Zwangstypen erfährt die Libido des Erotikers eine Einschränkung und der Betreffende zeigt sich sowohl hinsichtlich seiner Anhänglichkeit den Sexualobjekten als auch seinen internalisierten Vorbildern gegenüber als besonders abhängig. Der erotisch-narzisstische Typus kann am häufigsten beobachtet werden. Er gleicht die Gegensätze zwischen Erotik und Narzissmus in sich aus. Als letzter Typus kann der narzisstische Zwangstypus als derjenige aufgeführt werden, der sich in der die Libido sublimierenden Kulturtätigkeit ob seiner Unabhängigkeit und Beachtung der Gesellschaftsnormen besonders hervortut (vgl. Freud 1992: 158 f).

Während diese psychoanalytische Perspektive die weibliche Sexualität als großes Unbekanntes nicht erfassen kann, werden von feministischer Seite[138] darauf

---

[138] Diese feministische Position (Lauretis 1999) lehnt sich an der Lektüre und Umcodierung von Laplanche und Pontalis der Freudschen Theorie an und macht sie für die Erklärung lesbischen

aufbauend die Thesen psychoanalytischer Theorie zur Erklärung von weiblichem Begehren herangezogen und die Bedeutung der Phantasie für das weibliche Begehren hervorgehoben. Phantasie als Bereich menschlicher Existenz, der sich dem Realitätsprinzip verwehren kann, ist semantisch in dem Gegensatz von Illusion und Wirklichkeit begründet und erfährt in der Konstitution des Subjekts eine metapsychologische Bedeutungszuschreibung, weil sich alle Phantasien unabhängig von ihrem Inhalt oder ihrem Bewusstseinsgrad auf Inszenierung des Wunsches ausrichten. Dabei sind vor allem drei Urphantasien von besonderer Relevanz – die Urszene, die Verführung und die Kastration –, in denen eine phantastische Darstellung und Lösung dessen inszeniert wird, was dem Kind im Subjekt Rätsel aufgibt. Die Urszene verweist auf den Ursprung des einzelnen Individuums im elterlichen Geschlechtsverkehr, die Verführung deutet auf die beginnende und spannende Sexuierung des Subjekts und die Kastration signifiziert das Bewusstsein vom Geschlechtsunterschied (vgl. Lauretis 1999: 99 f). Diese Urphantasien geben allerdings nur eine Prästrukturierung der individuellen Phantasie vor, die über die an die Eltern gebundenen Phantasien aktualisiert wird. Insofern sich diese Aktualisierung an die konkreten Eltern heftet, offenbaren sich die Urphantasien einerseits als universell in der Allgemeinheit der drei Kategorien, andererseits aber als an die Biographie eines konkreten Subjekts, das in einer historischen Epoche und in einer kulturellen Symbolik eingebettet ist, verhaftet. In dieser Anbindung der individuellen Phantasie an den Diskurs einer Epoche zeigt sich, dass „die konstitutive Rolle der Phantasie für die Subjektivität sowohl eine strukturelle als auch eine historisch motivierte und spezifizierte ist" (Lauretis 1999: 101). Ihre Subjektivität konstituierende Bedeutung erlangt die Phantasie in der koevolutionierenden, sich ineinander verwebenden Entstehung von Phantasie und Trieb in der Emergenz des kindlichen Autoerotismus. Der kindliche Autoerotismus muss nämlich keinesfalls als eine zu überwindende Stufe sexueller Entwicklung gewertet werden, sondern kann als zentrale Einschreibung einer Disjunktion zwischen Befriedigung eines Bedürfnisses und Wunscherfüllung in die Psyche eines Menschen interpretiert werden, wenn sich die zeitliche Differenz zwischen einem realen Erlebnis der Bedürfnisbefriedigung und seiner halluzinatorischen Erinnerung phantastisch manifestiert. Hierin liegt die Basis aller sexuellen Entwicklung, weil zwischen eine Bedürfnisbefriedigung und ihre phantasierte Repräsentanz ein Zeichen gesetzt wird, das sowohl die Bedürfnisbefriedigung als auch den Mangel der Befriedigung signifiziert. Dieses Zeichen verdoppelt das Bedürfnis, legt damit den Grundstock sexueller Entwicklung und bleibt auch in der gesamten Sexualität eines Menschen sein Leben lang präsent. Der in diesem Moment begründete Autoero-

---

Begehrens dienstbar. An dieser Stelle werden einzig die Aussagen zur Erörterung der Phantasie extrahiert.

tismus erweist sich somit keinesfalls als objektlos, sondern als auf das phantasierte Objekt der Bedürfnisbefriedigung ausgerichtet. In dieser Verbindung der Phantasie, der Triebe und des Autoerotismus werden die Triebe erst durch ihre Repräsentation in der Phantasie sexualisiert, „und deshalb wird das Begehren allein durch die Phantasie aufrechterhalten" (Lauretis 1999: 102). In diesem Prozess individueller, phantastischer Signifizierung gewinnen die einzelnen Körperregionen und die Handlungen, die zur Befriedigung des phantasmatischen Begehrens eingesetzt werden, erst ihre Bedeutung als erogene Zonen und sexuelle Handlungen. Diese Zusammenlegung des Ursprungs der Phantasie in die Zeit des Autoerotismus verdeutlicht, dass es sich bei der Phantasie nicht um ein imaginiertes Objekt handelt, sondern um eine Szene, weil nicht das als Zeichen vorgestellte Objekt oder eben dessen Zeichen im Vordergrund stehen, sondern das phantasierende Subjekt, das selber in der Syntax seiner Phantasie in entpersönlichter Form jede Position der phantastischen Sequenzen einnehmen kann. Durch diese frühzeitige Konstitution der subjekt- und sexualitätkonstituierenden Imagination steht dem Subjekt eine geschlechtsunabhängige Identifizierung mit den unterschiedlichen geschlechtlichen Positionen seiner Phantasie offen, wodurch sich nicht nur generell weibliches Begehren, das für die klassische Psychoanalyse jenseits von Mutterschaft nicht erklärbar ist, sondern auch homosexuelles Begehren analysierbar preisgibt (vgl. Lauretis 1999: 101 ff).

Mit Blick auf die Machtungleichgewichte in allen sozialen Beziehungen kann das Begehren in sexuellen Beziehungen psychoanalytisch auch in einer Übertragung der Hegelschen Herrschafts-Knechtschafts-Analyse sowie der Batailleschen Interpretation ebendieser im Kontext sadomasochistischer Liebesbeziehungen erörtert werden. Sämtliche den sexuellen Beziehungen inhärenten Machtphantasien rekurrieren auf den universalen Widerspruch zwischen Unabhängigkeit und gleichzeitiger Anerkennung durch einen Anderen, wobei dieser Widerspruch bereits in der frühkindlichen Phase der menschlichen Entwicklung in die Individuation implementiert wird. Abgrenzung erweist sich in diesem Kontext als zentrale Erfahrung, sich selbst und andere als eigenständige, getrennte Personen wahrzunehmen, wobei die westlichen Kulturen derzeit zu einer Überbetonung der Grenze zwischen dem Selbst und Anderen neigen und die Gemeinsamkeiten, die für eine Komplettanerkennung des Anderen als eigenständiger Person ebenfalls Anerkennung erfahren müssen, weitgehend ausblenden (vgl. Benjamin 1980: 90 ff). Zahlreichen Liebes- und Sexualbeziehungen zeigt sich ein sadomasochistisches Element als Wesensmerkmal inhärent, das auf das Scheitern des individuellen Abgrenzungsprozesses in der biographischen Entwicklung deutet. Grundsätzlich strebt jedes Kind in seiner Entwicklung nach der Abgrenzung von seinen Bezugspersonen, um sich selbst als ganze Persönlichkeit positionieren zu können. Dennoch bedarf es für die Ausbildung

eines selbständigen Selbstbewusstseins der in der Auseinandersetzung und Interaktion erfahrenen Anerkennung derjenigen Personen, von denen es sich abzugrenzen trachtet. In seinem Begehren verlangt ein Subjekt nach genau dieser
Anerkennung durch das von ihm begehrte Sexualobjekt, wobei jedes Begehren
eine Degradierung des begehrten Subjekts zu einem Objekt der eigenen Handlungen impliziert. Denn das begehrende Subjekt vereinnahmt das begehrte Sexualobjekt und sein Selbstbewusstsein dergestalt, dass es ihm keine volle Anerkennung mehr zollen kann. Allerdings kann jemand ohne volles
Selbstbewusstsein weder das an ihn gerichtete Begehren noch das Selbstbewusstsein des Begehrenden in seiner Gänze anerkennen, woraus sich die
scheinbare Notwendigkeit einer Kontrolle über den Begehrten ergibt. Doch in
dieser Kontrolle seines Begehrensobjekts wird das Begehrenssubjekt vollkommen auf sich selbst zurückgeworfen, da ihm die eigentlich in seinem Begehren
gesuchte Anerkennung des Anderen versagt bleibt. Ein erfolgreicher Abgren-
zungsprozess kann daher nur so verstanden werden, dass ein Subjekt die Spannung zwischen seiner Selbstbehauptung und dem ganzen Selbstbewusstsein des
Anderen zu akzeptieren und zu respektieren aushält (vgl. Benjamin 1990: 93 ff).
Kulturell erscheinen die Position des Begehrenssubjekts männlich und die des
Begehrensobjekts weiblich konnotiert, wenngleich in konkreten Beziehungen
das Verhältnis durchaus geschlechtlich verkehrt sein kann. Diese männliche
Konnotierung des sadistischen Begehrens basiert auf der männlichen Erfahrung,
in dem Individuationsprozess während der Abgrenzung von der in der Kinder-
versorgung noch immer primär engagierten Mutter einzig die Unterschiede
wahrzunehmen, während die Gemeinsamkeiten ausgeblendet werden. Hierin
begründet sich, dass die Mutter als zur Gänze anders, als ein Objekt ohne Iden-
tifizierungspotentiale und damit ohne Selbstbewusstsein wahrgenommen wird.
Aus dieser Ausgrenzung der Mutter aus dem Subjetstatus erwachsen gesellschaftliche Normen, die zunehmend die Grenzen statt der Gemeinsamkeiten
betonen und als Ausdruck des missglückten Prozesses der Abgrenzung mit seinem Konflikt zwischen den parallelen Bedürfnissen nach Autonomie und Anerkennung gewertet werden können. Der sexuellen Erotik kommt in dem Kontext
der auf Grenzen ausgerichteten modernen Gesellschaften aufgrund des Wegfalls
religiöser Rituale der Selbstaufgabe zunehmend die Aufgabe zu, einen Raum
der individuellen Selbstaufgabe und zugleich Selbsterfahrung bereitzustellen
(vgl. Benjamin 1980: 109 ff).
Neben der psychoanalytischen Perspektive kann auch eine psychologisch-
empirische Ausrichtung in dieser Sexualitätsrahmung ausgemacht werden, die
mittels empirischer Analysen ein besseres Verständnis der Verknüpfung von
individuellen Bindungsmustern und Sexualverhalten und deren Bedeutung für
sexuelle Einstellungen und Verhaltensweisen zu erarbeiten anstrebt. Zentral ist

demnach ein bindungstheoretisches Verständnis für die Ausformung der individuell-psychischen sexuellen Prädisposition, da in psychologischen Studien eine Korrelation zwischen Bindung und Sexualität nachgewiesen werden konnte. Grundlage des individuellen Bindungsmusters sind die frühkindlichen Erfahrungen eines Subjekts, in denen es ein affektives Band zwischen sich und seiner Bezugsperson knüpft, das ihm als subjektiv empfundener Schutz gegen Gefahren und Verunsicherungen dient (vgl. Brenk 2005: 12 f). Fundiert ist das menschliche Bindungsverhalten durch die allgemeine evolutionäre biologische Notwendigkeit, die infantilen Säugetiere zunächst zu säugen und vor Gefahren der Umwelt zu schützen. Dazu haben sich komplementär die Bindungssysteme und Fürsorgesysteme herausgebildet, die sicherstellen, dass sich ein Kind an seiner Bezugsperson ausrichtet und sich Eltern ihren Kindern gegenüber fürsorglich zeigen. Dabei ist das Bindungssystem dem Fürsorgesystem vorgelagert, wodurch die als Kind erfahrene Fürsorglichkeit und das dadurch ausgebildete Bindungsmuster erheblich zur Ausbildung der Bereitschaft zur Bindung an Sexualpartner und Kinder beiträgt. Das Bindungssystem fundiert das Sicherheitserleben eines Kindes, das zu seinem Explorationsverhalten und seinem psychischen und physischen Wohlbefinden beiträgt. Begründet wird das individuelle Bindungssystem durch die Fürsorglichkeitsfähigkeiten der Bezugsperson, die den Säugling wahrnehmen, seine Bedürfnisse richtig interpretieren und entsprechend in einer angemessenen Weise reagieren können muss. Dabei zeigt sich, dass Kinder bis zu ihrem 3. Lebensmonat ihre Bedürfnisse noch zielungerichtet an ihre Umwelt richten. Nachdem sie gelernt haben zwischen den Personen zu unterscheiden, fangen Kinder ab dem 7. bis 8. Monat damit an, ihr Verhalten zielgerichtet an ihre Bezugspersonen zu wenden, um sich der Nähe der Bezugspersonen zu versichern. Dabei beginnen sie, die vertrauten Personen in ihrer Abwesenheit zu vermissen. Schließlich müssen Kinder lernen, in der Individuation zwischen ihrem Bindungsbedürfnis und ihren Explorationsbedürfnissen eine Balance zu halten. Diese Balance erweist sich als zentral für die Ausbildung der Persönlichkeitsstrukturen wie auch in dem späteren Beziehungs- und Sexualverhalten (vgl. Brenk 2005: 13 ff). Diese dyadischen Bindungserfahrungen internalisiert das Kind und entwickelt daraus eine interne Repräsentation von Bindung. Hierbei können verschiedene Bindungsmuster voneinander differenziert werden, die zwischen Abhängigkeit und der Vermeidung von Bindungen oszillieren. Das Bindungsmuster wird als elementar für die Ausbildung von Erwartungshaltungen gegenüber der sozialen Umwelt angesehen, zumal es als eine „Art Fundus an Erwartungshaltungen für den Aufbau zukünftiger sozialer Beziehungen" operationalisiert wird (Brenk 2005: 16). Dabei bestimmt das Bindungssystem das Sexualsystem insofern mit, als es vorgibt, wie mit Erfahrungen von Nähe und Distanz, Selbständigkeit und Abhängigkeit, Offenheit und

Vertrauen umgegangen wird. Zudem übt es einen weitreichenden Einfluss auf das Konfliktverhalten von Subjekten aus. Hierdurch durchtränkt das Bindungsverhalten ganz erheblich das Sexualleben mittels der Einwirkung auf das Beziehungsverhalten (vgl. Brenk 2005: 49 ff). So korreliert das entwickelte Bindungsmuster einer Person bspw. mit seiner Masturbationshäufigkeit, mit der Dauer von Sexualpartnerschaften, der sexuellen Zufriedenheit oder der Instrumentalisierung der Sexualität zur Selbstbestätigung (vgl. Brenk 2005: 52 ff).

Daneben geht die Psychologie in der Perspektivierung der Sexualität in dem Rekurs auf die kognitiven Lerntheorie davon aus, dass sexuelles Verhalten und sexuelle Lust zunächst erlernt werden müssen, um von den Individuen angestrebt zu werden. Die neuropsychologische Basis menschlicher Kognition empfindet zunächst die zufälligen Reizungen der Sexualorgane und das nichterwartete Erleben eines Orgasmus als lustvoll und versucht dann, diese Reizungen zur Rekonstruktion des Lusterlebens wiederherzustellen. Hiernach begründet die gemachte und als positiv lustvoll eingestufte Erfahrung den Anreiz, diese Stimulation zu wiederholen und entsprechendes Verhalten an den Tag zu legen, was mit einem Versuch einer Frequenzsteigerung lustvollen Erlebens einhergeht. Geprüft werden diese Thesen der kognitiven Lerntheorie in Laborversuchen mit Tieren, denen im neuronalen Sexualzentrum Elektroden angebracht werden, mit deren Hilfe die Versuchstiere sich selbst stimulieren können. Es war zu beobachten, dass die Versuchstiere diese Selbststimulation einmal erkannt in sich steigernder Frequenz begingen. Generell fällt eine Übertragung von Tierexperimenten auf den Menschen stets schwer, weshalb in diesem Kontext zwar davon ausgegangen werden kann, dass der Mensch sexuelle Stimuli erst als lustvoll erfahren muss, doch kann keinesfalls davon ausgegangen werden, dass einmal kennengelernt eine entsprechende Frequenzsteigerung wie bei den Tieren beobachtet erfolgen wird (vgl. Runkel 2003: 11)

Diese psychoanalytischen und psychologischen Ausführungen können in der Analyse des Verhältnisses von Sexualität und Gewalt zusammengebracht werden. Das innerpsychisch narzisstisch gefärbte sexuelle Erleben eröffnet dem Subjekt die Möglichkeit, frühkindlich erfahrene Niederlagen und Frustrationen in Triumphe umzuwandeln. Da die frühe Kindheit jedoch nicht ausschließlich aus negativen Erfahrungen besteht und darüber hinaus auch positive Erfahrungen wie Nähe-, Zärtlichkeits- und Vertrauenserleben impliziert, kann die Sexualerfahrung dem Subjekt außerdem einen Weg weisen, momenthaft symbolische Erfüllung seiner Sehnsucht nach seiner Vollkommenheit zu erleben. In dem kurzen Augenblicks des Orgasmus widerfährt dem Subjekt ein flüchtiger Augenblick der Selbstevidenz in seinem narzisstischen Hochgefühl. Zugleich wird es von Erinnerungsspuren der vorindividuierten Symbiose mit seiner Bezugsperson durchdrungen. In dem Orgasmus manifestieren sich synchron die polaren Strebungen der individuellen, narzisstischen Selbstevidenz und der das Selbst transzendierenden Verschmelzung mit dem Anderen. Daher ist das sexuelle innerpsychische Erleben von Aspekten der Angstabwehr und der Wunscherfüllung durchzogen, wobei sich in der Angstabwehr mit der narzisstischen Transformation von Niederlagen in Triumphe latent aggressive Potentiale einschreiben können (vgl. Schorsch 1985: 93 ff). Zugleich zeichnet sich das menschliche Sexualleben durch seine grundlegende Bezogenheit auf den Anderen aus, was sogar für die Sexualphantasien in der Masturbation zu konstatieren ist. Hierin kann der wesentliche Unterschied zwischen der instinkthaften animalischen Sexualität und der menschlichen Sexualität ausgemacht werden, weil sich in das sexuelle Erleben stets die seit der frühesten Kindheit mit anderen Menschen gemachten Erfahrungen einnisten, wobei diese frühkindlichen, lust- und leidvollen, beglückenden und schmerzhaften Erfahrungen den Urtypus der Liebes- und Sexualerfahrung abgeben. Aus dem individuellen Geflecht dieser urtypischen Erfahrungen konstituiert sich ein Grundmuster der individuellen sexuellen Präferenz und der sexuellen Erregung als Matrix sexueller Präferenzen. Diese sexuelle Matrix ist in den sexuellen Phantasien am deutlichsten kristallisiert (vgl. Schorsch 1985: 97 ff).

„Was mit dem Beziehungsaspekt, der Orientiertheit des Sexuellen, seiner Bezogenheit auf andere bezeichnet wird, meint die Ausrichtung auf eine solche Matrix, an der reale Personen immer gemessen werden." (Schorsch 1985: 99)

Diese Matrix kann als vollpersonal gedacht werden, indem sie sich stets auf das gesamte Sexualobjekt bezieht. Doch aufgrund seiner Verankerung in dem Gedächtnis frühkindlichen Erlebens erweist sich diese Matrix als ein Phantasma, das zahlreiche idealisierende und irreale, phantastische Elemente beinhaltet. Damit gibt die sexuelle Matrix eine unerfüllbare Vorgabe ab, hinter der die real gelebten Sexualbeziehungen immer zurückbleiben. Diese Diskrepanz zwischen Matrix und realer Sexualbeziehung kann in der Phase der Verliebtheit zwar am ehesten durch die Projektion der Matrix auf das konkrete Sexualobjekt und die gemeinsame Beziehung verdeckt werden, doch erweist sich diese Projektion stets nur als temporär aufrechtzuerhalten. Grundsätzlich kann daher festgehalten werden, dass je starrer sich die sexuelle Matrix gestaltet, desto geringer sind die Chancen, eine Sexualbeziehung dauerhaft zu führen. Das Sexuelle erweist sich in seiner Verhaftung an der sexuellen Matrix als ein wesentlicher Motor in der Aufnahme einer Sexualbeziehung. Doch gerade wegen dieser Verhaftung an der phantasmatischen Matrix kann das Sexuelle nicht als zentrales Element die Gestaltung und die Erhaltung von Liebesbeziehungen sicherstellen. In diese Differenz zwischen der sexuellen Matrix und der realen Sexualbeziehung können sich aggressive Elemente und Strebungen einpflanzen (vgl. Schorsch 1985: 99

ff). Daher kann eine Unterscheidung zwischen dem Sexuellen und der Sexualität sinnvoll sein. Das Sexuelle verweist auf die Zusammenhänge geschlechtlichen Erlebens, in der sich das Individuum seiner Körperlichkeit und seines Erlebens sowie seiner Kreatürlichkeit mittels der Lust rückversichert. Aber das Sexuelle ist momenthaft und verflüchtigt sich schnell wieder, sobald sich es in der Interaktion verfestigen soll. Die Sexualität dagegen offenbart sich genau in den konkreten sexuellen Interaktionen mittels deren Äußerungs- und Erscheinungsformen. Die Sexualität erweist sich als soziale Form des Sexuellen und bleibt stets hinter den an das Sexuelle gerichteten Erwartungen zurück, wobei dem Sexuellen „die vage Versprechung von Ursprünglichkeit, Unmittelbarkeit, Lebendigkeit" inhärent ist, die in der konkreten Sexualität nicht eingelöst werden kann, „da die Kreatürlichkeit in den gesellschaftlichen Überdeckungen aufgesogen ist" (Schorsch 1985: 100).

5.3.7 Die soziokulturelle Rahmung

> „Die menschliche Sexualität ist kein bloßes Naturphänomen, sondern ein soziokultureller Tatbestand. Ihr sexuelles Handeln ist aufgrund der Instinktgebundenheit und Weltoffenheit der Gattung Mensch weitgehend von biologischen Vorgaben entkoppelt und weist dadurch einen prinzipiell weiten Möglichkeitsraum auf, der durch kulturelle Hervorbringung gestaltet werden muss."
>
> (Funk & Lenz 2005: 27 f)

Die soziokulturelle Bedeutung der Sexualität wird ersichtlich, wenn man sich vor Augen führt, dass man den Begriff der Sexualität gerade einmal rund 200 Jahre im Sprachgebrauch nutzt. Erstmals findet der Begriff in dem Titel des Buchs „Von der Sexualität der Pflanzen" des Botanikers August Henschel Verwendung. Dieses Buch entstand vor dem Hintergrund eines wissenschaftlichen Disputs über die Entstehung von Pflanzen und beschreibt die pflanzliche Fortpflanzung analog zu der Fortpflanzung von Tieren. Mit der Übertragung dieses Begriffs auf das menschliche Sexualverhalten wird ein Begriff gewonnen, der in seiner wissenschaftlichen Neutralität zwar das Sprechen über Sex ermöglicht, dabei allerdings seiner biologischen Fundierung in der Fortpflanzung verhaftet bleibt (vgl. Wulf 1985a: 18; Funk & Lenz 2005a: 19). Mit dem Ende des 19. Jahrhunderts wird der Begriff von der medizinisch ausgerichteten Sexualwissenschaft übernommen und zur Kennzeichnung von Begehren und Begehrensausrichtung operationalisiert, indem dem Begriff ein Präfix vorangesetzt wird. Sexualität wird seither in den westlichen Diskursen als ein Begriff zur Signifizierung sehr verschiedener Phänomene herangezogen, die körperlich, psychisch oder medial vermittelt ihre Manifestationen finden (vgl. Bristow 1997: 1 ff).

Mittels einer Analyse britischer Sexualratgeber zwischen 1650 und 1950 kann nachvollzogen werden, wie sich die Kodifizierung der ehelichen Sexualität über die Jahrhunderte gewandelt hat. Die Relevanz der Sexualratgeber erwächst aus der lange Zeit weitgehenden Tabuierung der Sexualität in anderen Texten der Literatur, zugleich beschreiben diese Ratgeber deskriptiv das sexuelle Wissen ihrer Zeit und liefern präskriptive Aussagen über soziale Sexualinhalte und Sexualregulationen (vgl. Hall & Porter 1995: 3 ff). Vor dem Hintergrund, dass die Ehe bis in das 18. Jahrhundert weniger eine Liebes- denn eine ökonomische Gemeinschaft als Raum legitimen Geschlechtsverkehrs darstellte und erst mit der Aufklärung eine massive Umcodierung erfuhr, können mit den volkstümlichen und den wissenschaftspopulistischen Sexualratgebern Produkte für verschiedene Märkte mit unterschiedlichen Zielgruppen voneinander unterschieden werden (vgl. Hall & Porter 1995: 14 ff). In der analysierten volkstümlichen Literatur tritt Sexualverhalten einzig in den Dienst der Fortpflanzung. Der Sexualität wird keinerlei psychische Komponente eingeräumt. Im Sinne des Alten Testamentes wird Fortpflanzung einerseits als ein Befehl Gottes vorgestellt. Andererseits wird das sexuelle Verhalten als Bestandteil der Natur aufgefasst, wobei das größte für Frauen erfahrbare Glück die Mutterschaft darstellt. Insgesamt wird der eheliche Geschlechtsverkehr positiv beschrieben, während dem vorehelichen Geschlechtsverkehr attestiert wird, er führe zu Krankheiten und Sterilität. Das Hauptaugenmerk wird auf das Management der Schwangerschaft gelegt, mit zahlreichen Hinweisen darauf, wie welches Geschlecht am ehesten gezeugt werden kann und woran man in der Schwangerschaft das Geschlecht des Kindes erkennen kann. Problematisiert werden vor allem die Kinderlosigkeit und die Unfruchtbarkeit eines Paares, wobei die Schuld hierfür bei der Frau zu suchen ist, sofern der Mann erektionsfähig ist (vgl. Hall & Porter 1995: 33 ff). Demgegenüber bietet die populärwissenschaftliche Ratgeberliteratur ein breit gefächertes Sammelsurium der verschiedensten Themenfelder von der Schwangerschaft über Untersuchungen der Geschlechtsorgane bis hin zu der Analyse von griechischen Mythen. Besondere Aufmerksamkeit können die Beschreibung von Deformationen der sexuellen Anatomie sowie ausführliche Abhandlungen über Geschlechtskrankheiten auf sich ziehen. Auch in den populärwissenschaftlichen Ratgebern wird Sexualität ausschließlich physisch geschildert. Die Idee psychischer Aspekte in dem Sexualverhalten fehlt vollkommen. Mit dem 18. Jahrhundert gewinnt die Vorstellung der Romantik und der Liebe als Legitimierungsgrund für die Eheschließung an Relevanz, wodurch zunehmend eine adäquate Balance zwischen Liebe und Sexualität zum zentralen Thema der präskriptiven Literatur wird. Liebe wird als stärkste Kraft der Natur angeschnitten, der aber auch irrationale und damit gefährliche Momente innewohnen (vgl. Hall & Porter 1995: 65 ff).

"There were notable differences between upper- and lower-class formulations about sex and reproduction; when examining publications it is necessary to be aware that some authors wrote to save live, others to save souls; some to win scientific fame, others to turn a penny. Sexual discourse in eighteenth-century England was shaped by powerful social pressures and by climates of opinion. [...] Against a swirling, kaleidoscopic background of sexual precepts and practices, sexual writings during the 'long eighteenth century' adopted as their central dogma a belief in the pleasures of procreation – the idea that the sexual drives should be fulfilled and would best find release within conjugal relations in circumstances likely to produce offspring. The virile man and the buxom, fertile woman were celebrated in the corpus of literature of the time."

(Hall & Porter 1995: 125)

Mit dem 19. Jahrhundert wird die Sexualität vermehrt hinsichtlich ihrer bevölkerungspolitischen Konsequenzen in dem demographischen Wandel thematisiert, wobei insbesondere die Gefahren der Überbevölkerung hergehoben werden. Als Lösungsoption für das soziale Problem werden Methoden der Empfängnisverhütung so gut wie gar nicht angesprochen, stattdessen werden sexuelle Abstinenz und sexuelle Zurückhaltung als notwendige Maßnahmen vorgestellt. So wird auch der eheliche Geschlechtsverkehr zunehmend zum Gegenstand ausführlicher Erörterungen (vgl. Hall & Porter 1995: 126 ff). Des Weiteren stellte die Verbreitung der Syphilis und anderer Geschlechtskrankheiten in dem England des 19. Jahrhunderts ein massives soziales Problem dar. So brachte die bis 1857 periodisch durchgeführte Untersuchung des englischen Militärs die Erkenntnis, dass sich ein großer Teil der Soldaten mit Geschlechtskrankheiten infiziert hatte. Entsprechend findet sich in den Ratgebern die Problematik der Geschlechtskrankheiten in den Werken sowohl der unteren als auch der oberen sozialen Schichten aufgegriffen. Vorehelicher und außerehelicher Geschlechtsverkehr werden als Wurzel aller Krankheit ausgemacht, woran sich ein Kreuzzug gegen prostitutive Sexualität anschließt. Parallel etablieren sich immer mehr medizinische Journale, in denen der Sexualität von medizinischen Erkenntnisinteressen aus begegnet wird. Sexualverhalten gewinnt in den Beschreibungen vor allem an Gefahrpotential für die körperliche und geistige Gesundheit, sofern Sexualverhalten übermäßig und außerhalb seiner legitimierten Institution gelebt wird. Als genereller Ratschlag wird zielgruppenunabhängig geäußert, soweit wie möglich abstinent zu leben (vgl. Hall & Porter 1995: 134 ff). Durch die in den 1880ern erfolgte Verknüpfung mit der Evolutionstheorie gewinnt die Sexualität nicht nur an Relevanz für die individuelle Gesundheit, auch die soziale Gesundheit steht durch pathologisches Sexualverhalten auf dem Spiel, während unterdessen durch das Vokabular und die Art der wissenschaftlichen, darwinistischen Ausführungen eine Legitimationsbasis geschaffen wird, sich vermehrt mit der Sexualität als Erkenntnisgegenstand auseinanderzusetzen. Sexualität wird wieder vornehmlich hinsichtlich der Reproduktion wahrgenommen und bindet sich an die Konstruktion komplementärer Geschlechter, deren spezifischer Sexualität nun vermehrt Aufmerksamkeit geschenkt wird. Jedoch zeigt sich, dass die Reproduktion nun nicht mehr vor dem Hintergrund möglichst vieler Nachkommen, sondern weniger, aber qualitativ hochwertiger Nachkommen angegangen wird. Mit dem Fokus auf die Komplementarität der Geschlechtersexualität wird dem Sexualverhalten zunächst in den Ratgebern der oberen, zunehmend aber auch der unteren Schichten neben der Reproduktionsfunktion auch eine symbolische Vereinigungsfunktion zugeschrieben, die sich an das Ideal romantisch begründeter Ehen knüpft. Darin ermöglicht der Geschlechtsverkehr liebenden Eheleuten, die Differenz zwischen ihnen zumindest kurzfristig zu überbrücken (vgl. Hall & Porter 1995: 155 ff). Mit dem 20. Jahrhundert differenziert sich der Ratgebermarkt immer weiter aus und ein einheitlicher Diskurs kann kaum noch ausgemacht werden. Dabei werden einerseits die jüngeren wissenschaftlichen Erkenntnisse aus neu entstehenden Disziplinen wie der Endokrinologie in die wissenschaftspopulistischen Ratgeber implementiert, andererseits gewinnt die individuelle Erfahrung in allen Ratgebern an Relevanz. In diesem Sinne wird nicht mehr von den Gefahren des Sexualverhaltens geschrieben, sondern es werden vor allem die Optionen individuellen Glückserlebens betont, womit die Grundlage einer allgemeinen, schichtübergreifenden Psychologisierung der Sexualität gelegt wird. Die eheliche Beziehung wird nun unter Aspekten ihrer qualitativen Gestaltbarkeit fokussiert, in der der Sexualakt als ein zentrales Medium der Herstellung partnerschaftlicher Intimität fungiert. Ehe und ehelicher Geschlechtsverkehr werden romantisch idealisiert und verklärt (vgl. Hall & Porter 1995: 178 ff). Es offenbart sich somit für eine Phase, in der die Ehe als zentraler Legitimationsraum sexuellen Verhaltens fungiert, dass die Konzeption der Sexualität einerseits mit der Bewertung der Ehe verbunden ist, andererseits darüber hinausreichende Faktoren wie Ökonomie, Schichtzugehörigkeit, Bevölkerungs- und Gesundheitspolitik oder auch Zuschreibungen psychischen Erlebens wichtige Korrelate darstellen.

Bereits an diesen Ausführungen zu der ehelichen Sexualität wird ersichtlich, dass der Sexualität nicht per se Relevanz im individuellen oder sozialen Leben zugesprochen werden kann, sondern dass die Wahrnehmung und die Bedeutungszuschreibung soziogenetisch signifiziert werden muss. Sobald die soziogenetische Signifizierung die Sexualität zu einem relevanten Bereich individuellen Erlebens erhebt, gewinnt sie zudem an ontogenetischer Signifikanz, die das einzelne Individuum seinem sexuellen Erleben beimisst. Die Basis der Signifikanzzuschreibung ergibt sich aus der Intensität und der Quantität der kollektiv und individuell für die Sexualität aufgebrachten Aufmerksamkeit, wobei die soziogenetischen und ontogenetischen Faktoren eng miteinander verwoben sind (vgl. Gagnon & Simon 1987: 70; Simon 1996: 45 f).

Eine Option diesen Signifizierungsprozess in westlichen Gesellschaften einzuordnen, stellt der Ende der 1930er erstmals erschienene theoretische Ansatz des Zivilisationsprozesses dar, in dessen Kontext eine Nachzeichnung der Wandlungen sozialen Verhaltens seit dem Mittelalter erfolgt. Dieser sich als top-down Prozess erweisende Wandel impliziert eine beständige Zunahme des Zwangs zur Selbstregulierung der Gesellschaftsmitglieder, wobei soziogenetische und psycho- bzw. ontogenetische Faktoren in einer Formalisierung des gesellschaftlichen Verhaltens ineinandergreifen. In der bewussten Abgrenzung gegen Verhaltensweisen, die zunächst als animalisch, dann als ungebührend abgelehnt werden, erfolgt eine Diskreditierung der unmittelbaren Affekthingabe, woran sich die Regulierung der Affekte einerseits durch Sitten und Gebräuche, andererseits auch durch die Internalisierung dieser Normen anschließt. In diesem allgemeinen Zusammenhang der Affektkontrolle stellt die Regulierung des Sexualverhaltens einen Teilaspekt dar. So erweist sich in der Analyse des Zivilisationsprozesses das Schlafverhalten als ein Bereich, dem noch im Mittelalter kaum Beachtung außerhalb adliger Familien geschenkt wird, da alle Familienmitglieder oder angestellten Hofmitglieder weder über eigene Schlafgemache noch über spezielle Schlafkleidung verfügen. Zudem kann mit Blick auf die Badesitten des Mittelalters konstatiert werden, dass ein einmal mit Wasser gefüllter Badezuber von allen Familienmitgliedern benutzt wird. Hieran schließt sich eine allgemeine Unbefangenheit gegenüber dem nackten Körper anderer Menschen an, dem noch nicht mit Schamgefühlen begegnet wird. Mit dem 16. Jahrhundert schwindet diese Unbefangenheit langsam und es entwickelt sich von den oberen sozialen Schichten ausgehend eine Sensibilität gegenüber allen Belangen des Körpers, die ein Vorrücken der Schamgrenzen impliziert (vgl. Elias 1997a: 315 ff). Damit ist eine Umcodierung der Bedeutung des nackten Körpers in den Darstellungen der Kunst verbunden, da angesichts der geringeren Selbstverständlichkeit eines nackten Körpers in dem alltäglichen Anblick die künstlerische Inszenierung der Nacktheit „in einem stärkeren Maße als bisher Traumbild und Wunscherfüllung" ist (Elias 1997a: 318). Bis zum 19. Jahrhundert bilden sich zahlreiche, moralisch konnotierte Verhaltenskodizes heraus, die auf einer Verbindung der Umformung des Intimen mit der zum Selbstzwang gewordenen Peinlichkeit rekurrieren. Die Erziehung bedingt nämlich eine immer weiter vorrückende Schamgrenze, weil die Kinder die Peinlichkeits- und Schamgefühle ihrer Eltern internalisieren und als natürlich gegeben hinnehmen, während zugleich soziogenetisch die Affektregulierung immer strengere Sittenvorschriften hervorbringt (vgl. Elias 1997a: 319 ff). Hinsichtlich des sexuellen Verhaltens haben die Erwachsenen noch im Mittelalter entsprechend ihres Sittenkodexes und ihres Schamempfindens auf Kinder weder im Handeln noch in der Kommunikation besondere Rücksicht genommen. Erst in dem Zivilisationsprozess mit seiner zunehmenden affektiven Selbstkontrolle evolviert die soziale Trennung zwischen für Kinder angemessene und unangemessene Lebenserfahrungen. Zentral erweist sich daher die Differenzierung zwischen öffentlichen und privaten Sphären. Sämtliches Sexualverhalten wird aus dem öffentlichen Raum ausgegrenzt und der Privatsphäre zugeschlagen, wobei dem Sexuellen auch in diesem Bereich ein immer kleinerer Auslebungsraum eingeräumt wird. Mit der wachsenden Distanz zwischen Eltern und Kindern in der bürgerlichen Kleinfamilie wird das Sexuelle zunehmend tabuiert und bereits die Kommunikation über das Sexuelle in der Aufklärung der Kinder wird problematisch, wodurch spezifische sprachliche Regeln der Thematisierung des Sexuellen entstehen. Diese gesellschaftliche Trennung und Tabuierung des Sexuellen wird von dem einzelnen Individuum internalisiert und sich selbst als Zwang auferlegt (vgl. Elias 1997a: 330 ff). Mit der bürgerlichen Berufsarbeit entstehen neue Anforderungen an die Affektregulierung, die zu der Ausbildung neuer Selbstzwänge führen, um den Anforderungen des Berufslebens gerecht werden zu können, die insbesondere eine Disziplinierung der Sexualität im Rahmen der Kleinfamilie erfordert. Mit der Kleinfamilie wird eine Sozialisationsinstanz geschaffen, in welcher alle Sexualität in das elterliche Schlafzimmer verbannt werden kann und damit vor der kindlichen Wahrnehmung invisibilisiert wird. Mit dem ausgehenden 19. und dem beginnenden 20. Jahrhundert wird die Kleinfamilie mehr und mehr zu dem zentralen Familienmodell der westlichen Gesellschaften und avanciert zu der zentralen Erziehungsinstanz der Gesellschaftsmitglieder, die hierin einen besonders hohen Standard der Selbstregulierung auferlegt bekommen und introjizieren (vgl. Elias 1997a: 340 ff). Es zeigt sich, dass sämtliche körperlichen Belange in dem Zivilisationsprozess zunächst in den oberen Schichten, dann verbindlich bis in die unteren sozialen Schichten intimisiert werden und in Enklaven eingeschlossen werden, woraus die Teilung des Menschen in Privatmensch und öffentlicher Mensch erwächst (vgl. Elias 1997a: 353 f).

„Die Sexualität, wie alle anderen natürlichen Funktionen des Menschen, ist eine der Erscheinungen, von denen jeder weiß, und die zum Leben jedes Menschen gehören; man hat gesehen, wie sie sich allmählich derart mit soziogenen Scham- und Peinlichkeitsgefühlen beladen, daß selbst das bloße Sprechen von ihnen in Gesellschaft durch eine Fülle von Regelungen und Verboten immer stärker eingeengt wird; die Funktionen selbst, wie jede Erinnerung an sie, werden von den Menschen mehr und mehr voneinander verborgen gehalten. Wo das nicht möglich ist [...] werden Scham, Peinlichkeit, Angst und was immer an Erregungen sich mit den Triebkräften des menschlichen Lebens verbindet, durch ein genau ausgearbeitetes, gesellschaftliches Ritual und durch bestimmte verdeckte, den Schamstandard wahrende Sprechformeln bewältigt. Es scheiden sich mit anderen Worten im Leben des Menschen selbst mit der fortschreitenden Zivilisation immer stärker eine intime oder heimliche und eine öffentliche Sphäre, ein heimliches und ein öffentliches Verhalten voneinander. Und diese Spaltung wird den Menschen so selbstverständlich, sie wird ihnen dermaßen zur zwingenden Gewohnheit, daß sie ihnen selbst kaum noch zu Bewußtsein kommt." (Elias 1997a: 354 f)

Mit der Beobachtung der gegenwärtigen Umbrüche in der Balance zwischen öffentlicher und privater Sphäre in der „Inszenierungs- und Selbstdarstellungsgesellschaft" kann zwar festgestellt werden, dass das Sexuelle in einer Diskursexplosion in allen Bereichen des öffentlichen Lebens thematisiert und keinesfalls mehr in das heimlich Private verdrängt wird. Doch erlaubt eine Modifikation der Formalisierungsthese, in der Omnipräsenz des Sexuellen eine Ausweitung der Selbstregulation zu erkennen, was als Informalisierungsthese klassifiziert wird. Diese Informalisierung zeichnet sich durch eine Verringerung der sexuell-habituellen Distanz zwischen den sozialen Schichten und den Geschlechtern aus, während aber zugleich die Selbstzwänge zunehmen. Bis zu der Mitte des 20. Jahrhundert hat demnach vor allem eine an der Geschlechtlichkeit orientierte Matrix die Lustbalance determiniert, in der die Lustorientierung der männlichen Sexualität und die romantische Liebe der weiblichen Sexualität zugeordnet wird. Diese traditionelle Lustbalance wird in den 1950ern attackiert und mit der Mitte der 1960er Jahre wird sie durch die sexuelle Revolution herausgefordert. Seit der sexuellen Revolution sind vier Phasen der informalen Aushandlung der Lustbalance zu beobachten: zunächst offenbart sich in der sexuellen Revolution selbst eine Phase des Umschwungs. Mit den feministischen Selbstbestimmungsdiskursen eröffnet sich eine Phase der Verschiebung von der Betonung sexueller Liberalisierung und Lustorientierung hin zu sexuellen Gefahren und sexueller Unterdrückung. Daran schließt sich ein kurzes Lustrevival ab Mitte der 1980er Jahre an, welches in den 1990er Jahren abgelöst wird durch eine Zeitspanne der Parallelität von Lustorientierung und Liebesorientierung (vgl. Wouters 1998: 187 ff).
Kennzeichen der ersten Informalisierungsphase ist die Betonung der weiblichen Lust und die generelle Eigenmächtigkeit sexueller Lust, welche von Männern wie Frauen gleichermaßen in der individuellen Bedürfnisbefriedigung angestrebt wird. Dabei oszilliert die Vorstellung der sexuellen Lust zwischen Selbstrefentialität und ihrer Anbindung an Intimität. Gemeinsam ist beiden Geschlechtern eine Legitimation ihrer Lustbestrebungen gegenüber den älteren Generationen und deren Moralkodizes (vgl. Wouters 1998: 190 ff). Mit den Selbstbestimmungsdiskursen der Feministinnen der späten 1970er wird statt der Differenz zwischen den Generationen die Differenz sexuellen Erlebens zwischen den Geschlechtern in den Fokus der Aufmerksamkeit gerückt, wobei die

sexuelle Gewalt gegen Frauen auf der Basis ungleicher Machtverhältnisse in den Missbrauchsdiskursen einen Wechsel von der Lustorientierung hin zu einer Unterdrückung der Lust ankündigt. In diesem Kontext wird die weibliche Sexualität romantisiert und Zärtlichkeit zur zentralen Quelle weiblicher Lust ernannt. In der Unterdrückung sexueller Selbstrefentialität wie auch der Zurückweisung des Mannes wird eine neue Lustbalance ausgehandelt, in deren Zentrum die romantisierte Liebe steht (vgl. Wouters 1998: 192 ff). Mit dem Fortschreiten der Emanzipationsbewegung werden differenzierte Konzeptionen der Machtstrukturen erstellt und Forderungen nach weiblichem Lusterleben laut. Die Entwicklung des Sexualitätsdiskurses und die Diskurse der Emanzipationsbewegungen nähern sich einander an, wodurch der weiblichen Lust Elemente der Selbstreferentialität implementiert werden und sie damit maskulinisiert wird. Im Gegenzug wird die männliche Lust stärker an der Intimität orientiert und femininisiert. In dem Verlauf der späten 1980er Jahren verwischen die Grenzen zwischen maskuliner und feminiler Lustzuschreibung zusehends (vgl. Wouters 1998: 197 ff). Für die Lustbalance der 1990er erweist es sich als charakteristisch, dass sich eine klare Differenz zwischen phantasierter und gelebter Sexualität, insbesondere bei den Frauen, etabliert, wobei weibliche Lust an Bedeutung gewinnt, wie der Markt weiblicher Sexspielzeuge belegt. Reiner Sex um des Sexes willen verliert seine Attraktivität, stattdessen wird sexuelle Lust in die Partnerschaft integriert und als wichtiger Bestandteil der Beziehung zelebriert. Selbstrefentielle Sexualität wird keinesfalls verdammt, aber sie wird auch nicht populär öffentlich aufgegriffen, vielmehr wird ein öffentliches Lustbild gezeichnet, in dem sexuelle Lust und Liebe einander stützen und die zwei Seiten der Beziehungsmedaille ausmachen. Der seit den 1990ern verbreitete Feminismus strebt denn auch keine Separierung von den Männern an, sondern ein harmonisches Leben mit Männern, das zwei gleichberechtigten Partnern ein befriedigendes Beziehungsleben offeriert. Einstige Enklaven selbstrefentieller Lustorientierung in den männlichen Homosexuellenmilieus leben diese zwar noch immer, doch kann verzeichnet werden, dass hier das Streben nach Beziehung und Intimität an Bedeutung gewinnt. Insgesamt zeichnet sich die Informalisierung der vierten Phase durch eine Koexistenz von romantischer Liebe und Lustorientierung aus (vgl. Wouters 1998: 200 ff).

Hinter der Informalisierung tritt ein Mechanismus zu Tage, der als Identifikation mit dem Etablierten beschrieben werden kann. Darin äußert sich eine Angst vor der Lust. Diese Angst lässt sich aus dem erzieherischen Verhältnis zwischen den Generationen ableiten. Aufgrund der Internalisierung der alten Lustbalance der Elterngeneration schreckt die jüngere Generation vor der von ihr erkämpften Freiheit in der Aushandlung einer neuen Lustbalance zurück (vgl. Wouters 1998: 202 f). In diesem Informalisierungsprozess erweisen sich die Phasen der

Liberalisierung und Verschiebung in Richtung Lustorientierung als Formierungen kollektiver Emanzipation, in der die sie anstoßenden Gruppen Druck von unten auf die etablierte Lustbalance ausüben und sozial-sexuell in der Beachtung aufsteigen. Sobald die kollektive Emanzipation mit der Durchsetzung ihrer Ziele an Dynamik verliert, beginnt eine Phase der Anpassung und Resignation, wobei der soziale Druck wieder von oben ausgeübt wird. In den Phasen der Emanzipation werden die Bedürfnisse und Begierden der Individuen in den Vordergrund gerückt, während in den Phasen der Anpassung kollektive Interessen zentral positioniert sind. Diese spiralförmig ablaufenden Emanzipations- und Restriktionsphasen passen sich trotz der scheinbaren Aufhebung der Sexualrestriktionen und des Fortschreitens der Individualisierungsprozesse in den Prozess der Zivilisation ein, weil selbst im Kontext weitgehend egalitärer Beziehungen ein größerer Druck auf dem Einzelnen lastet, ein angemessenes Emotions- und Aushandlungsmanagement seiner Beziehung zu entwickeln. Dabei sind die Sexualisierung der Liebe und die Romantisierung der Sexualität eingelassen in eine stärkere Rationalisierung allen Verhaltens mit der Ausbildung zahlreicher Zwänge zum Selbstzwang (vgl. Wouters 1998: 206 ff).

Eine solche Zunahme der Rationalisierung des Beziehungsmanagements durch Konsensbildung beschreibt das sexualwissenschaftliche Modell der Verhandlungsmoral als zentrales Paradigma gegenwärtiger Beziehungen. Demnach hat sich ausgehend von den Liberalisierungsdiskursen der sexuellen Revolution und den Selbstbestimmungsdiskursen der Emanzipationsbewegung ein neuer idealtypischer Sexualkodex formiert, der den sexuellen Umgang der Geschlechter miteinander kommunikativer, berechenbarer, rational verhandelbar und herrschaftsfreier gestalten soll. Der Fokus verschiebt sich von der alten Sexualmoral der sexuellen Handlungen auf das Zustandekommen des Sexualverhaltens, wobei die Konsensbildung zentral ist (vgl. Schmidt 2004: 10 f). In der Bewertung einzig der Aushandlungsinteraktionen hat die Verhandlungsmoral „klare liberale Züge. Ob hetero- homo- oder bisexuell; ehelich oder außerehelich; mit Liebe oder ohne; genital, oral oder anal; zart oder ruppig; bieder oder raffiniert; sadistisch oder masochistisch – all das ist moralisch ohne Belang. Von Belang ist, dass es ausgehandelt ist" (Schmidt 2004: 11). Die Verhandlungsmoral konstituiert sich als ein sexuelles Grassroots-Phänomen und kann als Ausdruck einer gestiegenen Erwartungshaltung an die Reziprozität sexueller Begegnungen verstanden werden. Infolge der Etablierung der Verhandlungsmoral zeigt sich die Heterosexualität nur noch als ein sexueller Lebensstil neben anderen. Ehemals als pervers diskreditierte Sexualverhalten können sich in der Befolgung der Verhandlungsmoral als legitime sexuelle Lebensstile akkreditieren, während die Sexualverhalten, denen die Voraussetzungen zur Befolgung der Verhandlungsmoral inhärent fehlen, stigmatisiert und konsequenter und unnachsichtiger verfolgt werden als unter der Sexualmoral der Akte (vgl. Schmidt 2004: 12 ff). So schockiert die Pädophile heute besonders stark, weil sie in der Ungleichheit der Sexualpartner und dem implementierten Machtmissbrauch des erwachsenen Sexualpartners gegen die Vorstellungen reziproker, konsensueller Sexualität verstößt (vgl. Schmidt 2004: 97 f). Für den einzelnen Sexualakt kann konstatiert werden, dass Automatiken fester Handlungsabläufe dissoziiert werden, wodurch die Akteure füreinander und für den Sexualakt eine erhöhte Sensibilität hinsichtlich der verbalen und nonverbalen Kommunikationen aufbringen müssen. Hierzu müssen für die sexuelle Interaktion verstärkt Selbstreflexivität und Interaktionsreflexivität ausgebildet werden. Im Kontext der Verhandlungsmoral verändert sich das Verhältnis der Mann-Frau-Sexualität erheblich, denn Frauen können mehr sexuelle Offenheit und Initiative an den Tag legen, während sich Männer eine entspanntere und defensivere Haltung erlauben können (vgl. Schmidt 2004: 14 f). Ihren Niederschlag findet die Verhandlungsmoral in der Umgestaltung des Sexualstrafrechts[139]. Hierin stellt sich die legislative Betonung der sexuellen Selbstbestimmung als eine Implementierung der Fokussierung auf das konsensuelle Zustandekommen sexuell gleichberechtigter Partner dar (vgl. Schmidt 2004: 16).

Ausgelebt wird die sexuelle Verhandlungsmoral in der „pure relationship", womit eine Beziehungsform bezeichnet wird, die in erster Linie ob ihres emotionalen Werts für die beiden Partner eingegangen wird. Mit dem Verlust dieses emotionalen Wohlfahrtsgewinns erodiert die Beziehung und wird gelöst (vgl. Giddens 1992: 58). In ihrer inhaltlichen Gestaltung und ihrer sexuellen Ausrichtung ist die „pure relationship" vollkommen frei, solange beide Partner emotional von ihr profitieren (vgl. Giddens 1992: 61 ff). Damit steht sie aber auf relativ wackeligen Beinen, weil die Beständigkeit von Emotionalität nur schwer auf Dauer zu stellen ist. Ein Element emotionaler Befriedigung stellt das gemeinsame sexuelle Erleben dar, das als plastische Sexualität beliebig gestaltbar ist, solange beide Partner dem etwas Erfüllendes abgewinnen können. Insbesondere in homosexuellen Kreisen zeigt sich die plastische Sexualität bereits verwirklicht, da dort weniger geschlechtsspezifische Machtinterferenzen die Konsensbildung für eine an der Phantasie angelehnte Gestaltung irritieren (vgl. Giddens 1992: 140 ff). In dem Idealtypus der reinen Beziehung glaubt man gar, das Versprechen demokratischer Beziehungsstrukturen durch konsensuelle Intimität auf der Basis gemeinsamer Rechte und Verpflichtungen auszumachen, wenngleich ein Blick auf die gelebten Sexualbeziehungen, insbesondere auf die heterosexu-

---

[139] Inwiefern nicht nur die wissenschaftlich häufig analysierte medizinische Pathologisierung des Sexualverhaltens, sondern auch die strafrechtliche Kriminalisierung zu der Konstruktion gesellschaftlicher Sexualität beiträgt, kann ausführlich bei Klimke & Lautmann (2006) nachgelesen werden.

ellen Beziehungen, verdeutlicht, dass die reine Beziehung noch weit von ihrer allgemeingültigen Realisation entfernt steht (vgl. Giddens 1992: 188 f).

Auf der individuellen Ebene begründet die Loslösung von der Sexualmoral der Akte und die Hinwendung zu einer Sexualmoral des konsensuellen Zustande-kommens sexueller Akte die Option auf sexuelle Bürgerschaft, da die Konsensmoral eine pluralistische Gleichberechtigung zahlreicher sexueller Identitäten ermöglicht, sofern diese dem Primaten des Konsenses nicht widersprechen. Zentral für das Konzept der sexuellen Bürgerschaft sind drei soziale Wandlungen: die Demokratisierung der Beziehungen, die Emergenz neuer Subjektivitäten und schließlich das Entstehen zahlreicher neuer narrativer Strukturen individuellen und kollektiven Lebens. In diesem Sinne kann die sexuelle Bürgerschaft als ein politisches Statement gewertet werden, in dessen Kontext sich Bewegungen aufgrund ihrer sexuellen Identifikation konstituieren und für das Recht auf sexuelle Selbstbestimmung entlang demokratischer Ideale eintreten (vgl. Weeks 1998: 35 ff). Ihre soziale Gewichtung gewinnt die sexuelle Bürgerschaft aufgrund der Relevanzzuschreibung sexuellen Erlebens für die individuelle Selbstverwirklichung in den gegenwärtigen westlichen Gesellschaften (vgl. Weeks 1998: 45 ff).

„Sexual politics, and the claim to sexual citizenship, are not marginal to, but at the heart of contemporary politics because they are centrally concerned with the quality of life."

(Weeks 1998: 48 f)

Trotz aller Relevanzzuschreibung und Idealisierung der Sexualität zeigt ein Blick in die empirische Sexualforschung, dass diese Vorstellung für die gegenwärtigen Sexualbeziehungen sicherlich als sexuelles Ideal konstitutiv ist, doch können die gelebten Beziehungen diesem Ideal kaum gerecht werden. In einer Studie des Hamburger Instituts für Sexualforschung werden die Ergebnisse einer Befragung zu Einstellungen und Verhalten in Partnerschaft und Sexualität dreier Generationen deutscher, großstädtischer Bevölkerung vorgestellt, um die Veränderungen des Beziehungsverhaltens nachzeichnen zu können (vgl. Schmidt et al. 2006: 11 ff). Als zentrale Beziehungsmuster können Singles ohne feste Beziehung, Living apart together als getrennt voneinander lebende Beziehungspartner, Cohabting als auch zusammen lebende, aber nicht verheiratete Beziehungspartner und die Eheleute voneinander unterschieden werden (vgl. Schmidt et al. 2006: 23). Eine zentrale Erkenntnis der Studie betont, dass die Beziehungsneigung und Beziehungsbereitschaft ungebrochen hoch ist, wenngleich sich die Anforderungen an eine Beziehung erheblich gewandelt haben. Denn die Beständigkeit einer Beziehung wird zwar als wichtige Wertvorstellung von den Probanden eingestuft, doch wird als weiteres relevantes Ideal eine hohe Beziehungsqualität bzw. -intensität angestrebt. Das bedeutet, dass die Probanden die Dauerhaftigkeit einer Beziehung bei gleichzeitig hoher emotionaler, intimer und seltener sexueller Qualität fordern. Diese Forderung erwächst aus dem hohen Stellenwert, der einer Beziehung im Hinblick auf die persönliche Zufriedenheit und das individuelle Glück beigemessen wird (vgl. Schmidt et al. 2006: 33). Obwohl in den Medien das Bild des sexuell aktiven Singles propagiert wird, offenbart die Studie diesen medialen Typus als Medienmythos, weil nur rund 5% der Geschlechtsverkehre der letzten vier Wochen auf die ein Viertel der Befragten ausmachenden Single-Probanden fiel. Dabei weisen die Singles zwar mehr Geschlechtspartner auf als die Probanden in festen Beziehungen, dennoch findet der Sex mit den Geschlechtspartnern wesentlich seltener statt (vgl. Schmidt et al. 2006: 74 f). Zugleich hat sich die Masturbation als eigenständige Sexualform etabliert, was an der Koexistenz von partnerschaftlicher Sexualität und Masturbation erkenntlich wird, wobei die Masturbationstätigkeit weder mit der Koitusfrequenz in festen Beziehungen noch mit der Zufriedenheit mit der partnerschaftlichen Sexualität korreliert (vgl. Schmidt et al. 2006: 114 ff). Während der Anspruch an eine Beziehung eine hohe emotionale Intensität auch auf Dauer fordert, korrelieren Beziehungsdauer und Koitusfrequenz negativ miteinander. Nach der Paarbindungsphase nimmt die Häufigkeit des Geschlechtsverkehrs in den ersten sechs Jahren einer Beziehung deutlich ab, um dann die folgenden 20 – 25 Jahre weitgehend konstant zu bleiben. In den unterschiedlichen Phasen der Beziehung messen die Partner dem Sexualverhalten unterschiedliche Bedeutung bei. Dient es in der Paarbindung vor allem der Generierung von Intimität und des Austestens des Zusammenpassens, gilt für etablierte Paare, dass Sexualität für die Eigendefinition als Paar einen wesentlichen Faktor ausmacht und als Marker wechselseitiger Vollanerkennung eingesetzt wird (vgl. Schmidt et al. 2006: 122 ff).

Mit Blick auf das Zusammenspiel von Beziehung und Sexualität können fünf divergierende Implementierungsmuster getrennt werden. Zunächst zeigt sich ein Muster, in welchem die ersten sexuellen Interaktionen von Beziehungspartnern bis nach der Eheschließung verschoben werden. Dieses christlich angelehnte Ideal findet insbesondere in den USA in konservativen Kreisen Anklang, wobei die Hochzeitsnacht als Aktionsraum für erste sexuelle Interaktionen verklärt stilisiert wird. In Deutschland bzw. Europa hat die „Kein-Sex-vor-der-Ehe-Bewegung" kaum Rückhalt. Des Weiteren kann ein Muster identifiziert werden, wonach der sexuellen Interaktion eine hohe Verbindlichkeit attestiert wird und sie an den Kontinuitätsglauben der Paarbeziehung gekoppelt ist. Mit Blick auf die Beziehungskonstituierung wird als drittes Muster die erste sexuelle Interaktion von einem gewissen Bestand einer Beziehung abhängig gemacht. Als viertes Muster erweist sich die Parallelität von sexueller Interaktion und Paarbildung. Schließlich kann die sexuelle Interaktion einer potentiellen

Paarkonstitution vorangestellt sein. Die Partnerschaft selbst erwächst dann der sexuellen Interaktion (vgl. Lenz 2005: 114).

Die Wandlungsprozesse der Sexualitätskonstruktion können auch in Anbindung an die kritische Theorie untersucht werden und entsprechend weit weniger optimistisch eingestuft werden, wenn kommentiert wird:

„Je unablässiger und aufdringlicher das Sexuelle öffentlich inseriert und kommerzialisiert wurde, desto mehr verlor es an Sprengkraft, desto banaler wurde es."

(Sigusch 2005: 8)

Damit löst sich zwar die Mystifizierung der Sexualität weitgehend auf, welche in den westlichen Gesellschaften lange Zeit dominiert hat, doch bleibt eine Fetischisierung der Liebe. Gegenwärtig werden der Liebe, trotz aller gemachten, dem Ideal widersprechenden Erfahrungen, die Qualitäten attestiert, die essentiell dazu beitragen, das individuelle Glücks- und Erfüllungserleben zu ermöglichen. Als Idee gebunden an das Bürgertum und die Durchsetzung des Kapitalismus erweist sich das Liebesideal als Utopie des empathischen Umgangs des Menschen mit anderen Menschen und des empathischen Verhältnisses des Menschen zur Welt (vgl. Sigusch 2005: 12 ff). Allerdings emergiert unter den Bedingungen des Kapitalismus nicht menschliche Empathie, sondern Warenfetischismus, der sich in alle Beziehungen einschreibt, denn „unterm Diktat des Tauschprinzips aber sind die allgemeinen Beziehungen der Menschen wie Beziehungen von Ding zu Ding, von Sache zu Sache" (Sigusch 2005: 14).

Der in den letzten Jahrzehnten beobachtbare Umbewertungsprozess der Sexualität betont seit rund 20 Jahren die materielle und manifeste Befriedigung sexueller Bedürfnisse und blendet die immaterielle und spirituelle Bedürfnisebene aus. In der Fokussierung allein auf körperliche Bedürfnisse muss alle tiefgreifende Befriedigung zurückstecken, weshalb stets neue Begehrlichkeit aufflackert, um kurzfristig gesättigt, nie aber nachhaltig befriedigt zu werden. Hieraus erwächst ein Mechanismus der beständigen Begehrlichkeitsanreizung, in der die Sexualität dissoziiert, zerstreut und diversifiziert wird und der an die etablierten, experimentell-ökonomischen Tausch- und Wissensstrukturen der kapitalistischen Konsumgesellschaften anschließt (vgl. Sigusch 2005: 27 ff).

Die Dissoziation der sexuellen Sphäre zerschlägt die scheinbare Einheit der Sexualität und setzt sie neu zusammen, wobei vier verschiedene Formen beobachtbar sind. Erstens wird durch die Technologisierung die sexuelle Sphäre zunehmend von der reproduktiven Sphäre getrennt. Menschliche Fortpflanzung kann unter den technischen Imperativen der Fortpflanzungsmedizin nicht nur befreit von Sexualität erfolgen. Ferner kann sie auch die komplementäre Angewiesenheit der Geschlechter aufheben, wobei sich völlig neuartige Keimbahn- und Familienrelationen eröffnen. Zentral für die Familienkonstitution erscheint nicht länger die biologische, sondern die soziale Elternschaft. Insbesondere die feministischen Diskurse führen zweitens zu einer Trennung von Sexualität und Geschlecht, in der neben Körpergeschlecht und soziokulturellem Geschlecht die Geschlechtsidentität immer mehr an Bedeutung gewinnt und in der die Beziehungen des Verhältnisses zwischen Mann und Frau problematisiert wird. Drittens streben die Sphäre des sexuellen Erlebens und die Sphäre der körperlichen Reaktion auseinander, was einerseits auf die medizinische Herstellung von Erektionsfähigkeit zurückzuführen ist und andererseits auf die Transformation der Kultur in eine Kultur des Zeichens, in der Sexualerleben und -verhalten ohne reale Körperlichkeit in den medienbasierten Sexualverhalten möglich werden. Schließlich wird die Sphäre der Libido von der Sphäre der Destrudo abgespalten, indem einzig die zärtliche und vereinigende Seite einer konsensuellen Sexualität hervorgehoben wird. Demgegenüber werden die implementierten Machtverhältnisse und Asymmetrien ausgeblendet und nur noch negativ konnotiert in den Gewalt- und Missbrauchsdiskursen thematisiert (vgl. Sigusch 2005: 29 ff).

Neben der Dissoziation kann zudem eine Dispersion sexueller Fragmente beobachtet werden, die sich darin äußert, dass sich die Zerstreuung der freigesetzten sexuellen Fragmente an die Kommerzialisierung und Mediatisierung gegenwärtiger Gesellschaften koppelt. So werden die Individuen zunehmend entwurzelt und anonymisiert, während sie zugleich medial vernetzt und unterhaltsam zerstreut werden. Von Grund auf eingelassen die kapitalistischen Strukturen der Konsumgesellschaft wird in die sexuellen Fragmente der Warencharakter aller Kulturprodukte injiziert, was von der medialen Veröffentlichung der Intimität begleitet wird. Hierin formiert sich ein Imperativ zum öffentlichen Beichtzwang und verbalen Exhibitionismus (vgl. Sigusch 2005: 32 ff).

Außerdem implizieren die gegenwärtigen sexuellen Veränderungsprozesse noch eine Diversifikation der Intimbeziehungen, weil die Entwertung und die Deregulierung der bürgerlich-traditionellen Familie eine Vervielfältigung verschiedenster Beziehungs- und Lebensformen ermöglicht. Daher gewinnen die selbstgewählten und selbst zu erhaltenden Bindungen subkultureller oder freundschaftlicher Art an Relevanz. Insbesondere die Fixierung auf die partnerschaftliche Zweisamkeit kann als Versuch gewertet werden, der Isolation und Einsamkeit zu entgehen. Doch aufgrund der übermäßigen Emotionalisierung und Intimisierung pflanzen sich Abhängigkeiten, Einschränkungen und Destruktionspotentiale in Beziehungen ein (vgl. Sigusch 2005: 35 f).

Die Prozesse der Dissoziation, Dispersion und Diversifikation kennzeichnen die neosexuelle Revolution der Gegenwart, die die Konstruktion von postmodernen Neosexualitäten bedingt, in denen das sinnstiftende Element vor allem auf dem sexuellen Individuum liegt.

„Die neuen Selbstpraktiken wie beispielsweise bisexuelle, transgenderistische, sadomasochistische oder fetischistische sind typische Neosexualitäten, weil das triebhaft Sexuelle im alten Sinn nicht mehr im Vordergrund steht. Sie sind zugleich sexuell und non-
sexuell, weil Selbstwertgefühl, Befriedigung und Homöostase nicht nur aus der
Mystifikation der Triebliebe und dem Phantasma der orgastischen Verschmelzung beim
Geschlechtsverkehr gezogen werden, sondern ebenso oder stärker aus dem Thrill, der
mit der neosexuellen Selbstpreisgabe und der narzisstischen Selbsterfindung einhergeht.
Außerdem oszillieren sie zwischen fest und flüssig, identisch und unidentisch und sind
oft sehr viel passagerer als ihre fixen Vorgänger."   (Sigusch 2005: 36 f)

Doch in den Neosexualitäten kann keine neue Freiheit für das sexuelle Individuum erblickt werden, vielmehr offenbart sich ein Imperativ der Rationalisierung der Sexualität, in dessen Zusammenhang alle Irrationalität durch den
Zwang zur Selbstregulierung und Selbstbeobachtung getilgt wird. Äußere und
direkte moralische Zwänge werden durch ihre vollkommene Internalisierung
ersetzt, wobei sich dem sexuellen Individuum die Aufgabe stellt, „ohne das
Korsett der alten mächtigen Moralinstanzen intime Erlebnisse und Beziehungen
selbstbestimmt und selbstverantwortlich managen zu wollen" (Sigusch 2005:
38).

In diesem Sinne kann mit dem ausgehenden 19. Jahrhundert die Emergenz und
Etablierung einer Ideologie des Begehrens konstatiert werden, die das sexuelle
Begehren als eine prominente Form des Begehrens an privilegierter Stelle positioniert und zu dem Prototypen des Begehrens schlechthin erklärt. Als Konsumenten müssen die Gesellschaftsmitglieder immer neue Begehren und Bedürfnisse entwickeln, nach deren Befriedigung sie zu streben haben, um das
ökonomische System der kapitalistischen Gesellschaften funktionsfähig zu erhalten (vgl. Birken 1988: 22 ff).

Demgegenüber findet sich die Position, dass in der Konsumgesellschaft eben
keine Begehrenskultivierung zu verzeichnen ist, sondern lediglich eine
Wunschorientierung, die den Aufbau von Begehrensstrukturen gerade verhindert. Das Begehren kann sich nur in der Aufschiebung von Befriedigung konstituieren, während die Konsumgesellschaft darauf abzielt, potentiell jeden
Wunsch in dem Moment seiner Formierung zu erfüllen. Konsumption baut
nämlich auf schneller Affektbefriedigung auf. Die Entwicklung von Begehrensstrukturen würde Konsumption und Profitstreben zuwiderlaufen (vgl. Bauman
2003: 12). Kennzeichen gegenwärtiger Sexualbeziehungen ist entsprechend
auch eine Konsumhaltung gegenüber dem Partner, während zugleich die eigene
Befriedigung in den Vordergrund rückt, die in erster Linie in der Verführung
und der Suche nach der individuellen Erregung wurzelt. Daran bindet sich ein
Modell sexueller Körperlichkeit, das nicht länger an Gesundheit gebunden ist,
sondern an Fitness als einem nach oben offenen, unerreichbaren Horizont. In

der Selbstoptimierung ist aber nicht der Vergleich mit anderen zentral, sondern das individuelle Erleben. In dem Fitnesskonzept fungiert das Subjekt simultan als Objekt der eigenen Gestaltbarkeit und Handlungen. Hierin bindet sich das sexuelle Erleben an den beständigen Verweis zukünftiger Erfahrung, weil die Suche nach der ultimativen Sexualerfahrung immer über das gegenwärtige Erleben auf die noch bessere, noch optimiertere Erfahrungen hinausweist (vgl. Bauman 1998: 21 ff).

Der Körper avanciert im Kontext urbaner Lebensräume zu der zentralen Oberfläche individueller Gestaltung und Selbstpräsentation, wobei sich eine sexuelle Signifizierung stets an das Bewusstsein haftet, dass man für andere anonyme Stadtbewohner als potentiell attraktive sexuelle Oberfläche der Beobachtung dient. Eine fetischistische Konzentration auf die Visualität des sexuellen Körpers transformiert den Geschlechtskörper in zu stylende Einzelsegmente der modischen und ästhetischen Inszenierung (vgl. Bech 1998: 215 ff).

Von diesen Ausführungen ausgehend stellt sich die zentrale Frage, wie überhaupt soziogenetische und ontogenetische Bedeutungszuschreibungen im Bereich des Sexuellen zustande kommen. Ein prominentes Modell der sexuellen Signifizierung rekurriert stark auf den symbolischen Interaktionismus der Chicago School of Sociology und überträgt die Scripting Theory auf den Erkenntnisgegenstand der Sexualität, wobei Erkenntnisse der Semiotik und der Psychoanalyse ergänzend hinzugezogen werden. Hiernach können kulturelle Szenarien, interpersonelle Skripte und intrapsychische Skripte differenziert werden, denn die Sexualität „operates under the guidance of an operating syntax, much as language, as a shared code, becomes a precondition for speech. The construction of human behaviour potentially involves scriting on three distinct levels" (Simon 1996: 40). Die kulturellen Szenarien offerieren die soziokulturell vorgegebenen sexuellen Normen für Interaktionen und Handlungen, welche bspw. die angemessenen Objekte, Ziele und wünschenswerten Qualitäten einer Sexualbeziehung zwischen einem Selbst und einem Anderen definieren[140]. Die kulturellen Szenarien konstituieren sich in einem Zusammenspiel aller sozialen Komponenten einer Gesellschaft, wobei sich sehr unterschiedliche Inhalte und Machtbeziehungen ausbilden. An die Mitglieder der Kulturgemeinschaft werden diese Szenarien einerseits über die Medien vermittelt, andererseits nehmen die Erziehungsinstanzen wie die Familie oder die Schule eine herausragende Rolle ein. Dabei bindet sich die persönliche Sexualsozialisation an verschiedene räumliche Settings, die mit Bündeln von Instruktionen gekoppelt sind. Um für das einzelne Individuum handhabbar zu sein, müssen die kulturellen Szenarien in die interpersonelle Interaktion überführt werden, um dann

---

[140] Die kulturellen Skripte sind noch einmal milieu- und altersspezifisch divergierend. Eine Übersichtstabelle alterspezifischen Skriptings findet sich bei Gagnon & Simon (2005: 74 ff).

in der sexuellen Interaktion bestätigt oder gegebenenfalls modifiziert zu werden. Mit der sexuellen Interaktion werden die kulturellen Szenarien auf ihre Kompatibilität mit den individuellen Wünschen und Bedürfnissen unter der Berücksichtigung der erlebten und erwarteten Reaktionen des Sexualpartners überprüft und ausgearbeitet. Dabei entstehen interpersonale Skripte, die zwischen den kulturellen Szenarien und den intrapsychischen Skripten über die konkrete sexuelle Interaktion mit einem Sexualpartner vermitteln. Auf der interpersonellen Ebene gewinnen Kommunikation und Erotik an Relevanz, um Verbindlichkeit für weitere, mitunter noch spezifischere sexuelle Austauschsequenzen schaffen zu können. Allerdings zeigt sich, dass es weitaus mehr Gründe für sexuelles Verhalten gibt, als das konkrete Sexualverhalten Ausdrucksmöglichkeiten zur Verfügung stellt. Infolgedessen vermitteln die intrapsychischen Skripte ihrerseits zwischen den kulturellen Szenarien und den interpersonellen Skripten, indem sie die individuelle Motivation bereitstellen, sich auf eine sexuelle Interaktion einzulassen. Als intrapsychische Skripte können die Sequenzierungen von Bedeutungen aufgefasst werden, die sexuelle Erregung generieren, aufrechterhalten und zum Orgasmus führen können. Hierin werden die Erwartungsstrukturen sexuellen Verhaltens und Erlebens aufgebaut und das individuelle Begehren mit sozialer Bedeutung verbunden (vgl. Gagnon & Simon 2005: 13 ff; Simon 1996: 40 ff; Gagnon & Simon 1987: 70 ff). In konkretem Sexualverhalten können die drei Skript-Ebenen deckungsgleich sein und so den Anschein der Natürlichkeit erwerben, allerdings muss dies keineswegs der Fall sein. Bei dem Auseinanderdriften von kulturellen Szenarien, interpersonellen und intrapsychischen Skripten verliert die augenscheinliche Natürlichkeit der Sexualität ihre Evidenz.

„Wenn eine derart fundamentale Deckungsgleichheit besteht zwischen dem Sexuellen, wie es durch vorherrschende kulturelle Szenarien definiert wird, und dem Sexuellen, wie es subjektiv erfahren wird, dann kann sexuelles Verhalten als essentiell *symbolisch* angesehen werden, d.h. als vollständig abhängig von den geteilten eindeutigen Bedeutungen des Gemeinschaftslebens. [...] Wo es jedoch einen Mangel an Übereinstimmung zwischen den Ebenen der Skriptherstellung gibt, kann das Sexuelle in das eher dunkle Reich des *metaphorischen* Verhaltens verwandelt werden. Dies passiert wahrscheinlich, a) wenn es keinen Zusammenhalt zwischen den verfügbaren kulturellen Szenarien gibt, b) wenn die verfügbaren Szenarien nicht mit bestimmten interpersonellen Kontexten zusammenpassen oder c) als Folge der Variabilitäten individueller Autobiographie, was mit ungewöhnlich starken Fixierungen und Ängsten zu tun haben kann. Unter solchen Unständen kann das Sexuelle zu einem Vehikel für Bedeutungen jenseits der konventionell geteilten werden – der teilweisen Illusion privater Kulturen, die mitten im Herzen der öffentlichen Sexualkultur gedeihen." (Gagnon & Simon 1987: 75)

Entsprechend kann festgehalten werden, dass angesichts des fehlenden Zusammenhalts kultureller Szenarien und der fortschreitenden Individualisierung westlicher Gesellschaften gegenwärtig deren Sexualität metaphorisch gefärbt ist (vgl. Gagnon & Simon 1987: 75; Simon 1996: 46 f).

Die Ausweitung der Individualisierung resultiert aus der Multiplikation und der parallelen Segregation sozialer Rollen, die das Individuum in seinem Leben übernimmt und deren Lenkung und Koordination einerseits die Betätigung eines Selbst verlangt und andererseits diese Selbstbetätigung an ein hohes Maß an Selbstkontrolle bindet. Damit erfordert die individuelle Lenkung der Sexualität ein hohes Maß sexueller Selbstregulierung, unterdessen das sexuelle Selbst in seiner Betätigung als Zentrum seiner sexuellen Urteilskraft und seines Begehrens bestätigt und gestärkt wird (vgl. Gagnon & Simon 1987: 76).

Dieses sexuelle Selbst muss lernen, sein Begehren für sich selbst zu plausibilisieren, wozu in Zeiten des sprechenden Sexes die individuellen Narrationen dienen (vgl. Plummer 1995: 3). Gerade die sexuellen Geschichten verfügen gegenwärtig über eine außergewöhnliche Prominenz und Bindungskraft als persönliche Geschichten des Intimlebens, der Erotik, des Geschlechtlichen und seiner Beziehungen (vgl. Plummer 1995: 8 ff). In ihrer Konstitution sind die sexuellen Geschichten einer Person ebenso an die Bedingungen der Selektion der Elemente dieser Geschichte, an die sprachlichen Komponenten, an die Interaktionen in der Erzählsituation wie auch an die großen Geschichten der Gesellschaft gekoppelt (vgl. Plummer 1995: 23 ff). Wie jede andere soziale Interaktion ist auch die sexuelle Narration in die politischen Prozesse einer Gesellschaft eingelassen und damit von den verschiedensten Machtverhältnissen der Produktion und der Repression durchzogen (vgl. Plummer 1995: 26).

„Power is a process that waves its way through embodied, passionate social life and everything in its wake. Sexual stories live in this flow of power. The power to tell a story, or indeed to not tell a story, under the conditions of ones own choosing, is part of the political process."   (Plummer 1996: 26)

5.3.8 Die systemtheoretische Rahmung

An die soziokulturelle Rahmung knüpft die systemtheoretische Rahmung als eine Sonderform des sozialwissenschaftlichen Spezialdiskurses unmittelbar an, welche aber durch die Anbindung an die konstruktivistische Systemtheorie Niklas Luhmanns[141] als eine Betrachtungsperspektive sui generis gehandhabt wird. Luhmanns Ausführungen zu der Sexualität begründen die weitere systemtheoretische Auseinandersetzung mit der Sexualität.

5.3.8.1 Sexualität als symbiotischer Mechanismus

Als systemtheoretischer Ausgangspunkt wird die Trennung der psychischen[142] und der sozialen Sinnsysteme von den lebenden Systemen gewählt, da diese Systeme füreinander immer nur als Umwelt agieren können[143]. Entsprechend der funktionalen Ausdifferenzierung der Gesellschaft zeigt sich, dass das Subjekt in den unterschiedlichen sozialen Funktionssystemen keine vollständige Berücksichtigung mehr erfahren kann, insofern als dass die Kommunikationen eines sozialen Systems das Subjekt immer nur als einen für den konkreten systemischen Zusammenhang relevanten Teiladressaten berücksichtigen. Dieser Teiladressat stellt sich als kommunikatives, soziales Artefakt dar, das die Adressierung von Kommunikationen erlaubt. Zugleich schließt sich an die Ausdifferenzierung der Gesellschaft auch eine zunehmende kognitive Relevanz des Selbstbezugs in Form einer Differenzierung der eigenen Person und ihrer Umwelt an, „wodurch das Ich zum Focus des Erlebens und die Umwelt relativ konturlos wird. Für die Selbstidentifikation als Grundlage des eigenen Erlebens und Handelns reicht es nicht mehr aus, um die Existenz des eigenen Organismus zu wissen, einen Namen zu haben und durch allgemeine soziale Kategorien wie Alter, Geschlecht, sozialer Status, Beruf fixiert zu sein" (Luhmann 1994: 17). Hierdurch entsteht eine Diskrepanz zwischen der durch die sozialen Systeme realisierbaren Teiladressierungen eines Subjekts und seinem kognitiven Anspruch auf ein elaboriertes Persönlichkeitssystem. Diese Diskrepanz löst das Subjekt durch die Konstituierung eines Nahweltbereichs, in dem es für seine individuelle Erlebnisverarbeitung und Handlungsveranlagung soziale Bestätigung suchen kann. Für die soziale Bestätigung bilden sich im Laufe der gesellschaftlichen Evolution verschiedene sozial beglaubigte Formen der Kommuni-

---

[141] An dieser Stelle muss auf eine Einführung in die Grundsätze der Systemtheorie verzichtet werden. Nachzulesen wäre diese exemplarisch bei Luhmann nach Baecker (2008) oder bei Kneer & Nassehi (2000).

[142] Das psychische System in seiner funktional geschlossenen Autopoiesis entspricht dem Schmidtschen Konzept der kognitiven Autonomie. Prinzipiell gilt also, dass psychische Systeme denken und soziale Systeme kommunizieren und dies jeweils nach der Maßgabe ihrer systemeigenen Autopoiesis, weshalb beide füreinander emergente Umwelten darstellen.

[143] Der die kritische Theorie in die Sexualwissenschaft implementierende Volkmar Sigusch äußert sich denn auch kritisch zu der systemtheoretischen Beschreibung der Gesellschaft, in der die Subjekte nur noch als „gesellschaftliche Altlasten" thematisiert werden (ebd. 1998: 9).

kation aus. Eine Form dieser sozialen Bestätigung stellt das symbolisch generalisierte Kommunikationsmedium Liebe dar, welches garantiert, dass dem Subjekt in einer gemeinsam geschaffenen Privatwelt kommunikative Resonanz
seines Persönlichkeitssystems und seiner Weltsicht zuteil wird, indem die beiden Liebespartner einander eine exklusive Stellung als geliebte Person in dieser
kommunikativen Privatwelt zuweisen. Für eine bestimmte Form der Interaktion
in der Nahwelt erweist sich das symbolisch generalisierte Kommunikationsmedium Liebe damit als „Internalisierung des subjektiv systematisierten Weltbe-
zugs eines anderen; sie verleiht dem, was der andere erlebt oder erleben könnte,
in den Dingen und Ereignissen selbst eine besondere Überzeugungskraft"
(Luhmann 1994: 30). Hierin begründet Liebe Handlungen – also Kommunikationen – in der Nahwelt, welche mit symbolisch expressiver Bedeutung aufgela-
den sind und den Vollzug der Einigkeit der Liebenden in der gemeinsamen Privatwelt darstellen. Die Liebessemantik bildet in ihrer Evolution zur
wechselseitigen Einmaligkeitszuschreibung das Leitsymbol der Passion[144] aus,
welches versinnbildlicht, dass die Liebe jenseits der sozialen Kontrollmecha-
nismen von Moral und Vernunft zu verorten ist.
Jedes psychische System ist aber an die seinen Körper konstituierenden lebenden Systeme gebunden. Der Körper fungiert als Bezugseinheit seiner Verortung
in der sozialen Sphäre bei der Adressatenbildung. Da jedes soziale Kommunikationssystem die Leiblichkeit der Adressen in der Ausbildung seiner spezialisierten funktionalen Mediensemantik berücksichtigen muss, generiert es eine Mit-
symbolisierung des Körperbezugs, welche als symbiotischer Mechanismus
bezeichnet wird. Die liebesbasierte Kommunikation operiert mit dem symbiotischen Mechanismus der Sexualität, welcher durch die Rekurrierung auf reflexive Erwartungen an vollziehbare organische Prozesse die Grundlage für körper-
berücksichtigende Liebeskommunikationen abgibt. Gerade der sexuelle
symbiotische Mechanismus privilegiert den exklusiven Charakter der Liebesbeziehung, indem Nähe und Unmittelbarkeit betont werden und sich der Sinn der
Liebeskommunikation allein zwischen den Liebenden realisiert, wobei die eigene Erlebniswelt über reflexive Strukturen auch dem Partner unterstellt wird. In
der Ausbildung der Reflexivität kommt dem sexuell fundierten Begehren eine
besondere Rolle zu:

„Im körperlichen Zusammenspiel erfährt man, daß man über das eigene Begehren und
dessen Erfüllung auch das Begehren des anderen begehrt und damit auch erfährt, daß

---

[144] Eine Bataillesche Betrachtung der passionierten Liebe steht dieser Vorstellung der Liebe als
Passion diametral gegenüber, insofern die Erotik der Herzen gerade nicht eine Vollanerkennung
des Subjekts kommuniziert, sondern seine Auflösung in dem kosmologischen Prinzip der Kontinuität anstrebt und sich als Option der individuellen Transzendenz aller Zwänge erwehrt.

der andere sich begehrt wünscht. Das schließt aus, ‚Selbstlosigkeit' zur Grundlage und Form eigenen Handelns zu machen; vielmehr wird die Stärke des eigenen Wunsches zum Maß dessen, was man zu geben in der Lage ist. Mit all dem durchbricht die Sexualität den Schematismus von Egoismus/Altruismus ebenso wie Hierarchisierung menschlicher Beziehungen nach dem Schema der Sinnlichkeit/Vernunft." (Luhmann 1994: 33)

An die Sexualität können sich die nonverbalen Kommunikationen der Liebe binden, wobei diese zu wichtigen Indikatoren der Liebeskommunikation unabhängig von logischen Interpretationen werden, indem sie verbal nicht fassbare Kommunikationen abwickeln. Gerade die Option auf die Negation der Sexualität stellt einen zentralen Mechanismus in der Stabilisierung der Liebeskommunikation dar, sofern Sexualität exklusiv an die Liebesbeziehung gebunden wird. Die Sexualität ist als symbiotischer Mechanismus der Liebessemantik in dem Bereich der sozialen Systeme prinzipiell untergeordnet (vgl. Luhmann 1994: 139 ff).

Aufgrund der Polykontexturalität von Ereignissen erfährt die sexuelle Interaktion im Hinblick auf die psychischen Systeme darüber hinaus eine Eigenqualität, da „Sexualität [...] für die Vielzahl lebender Systeme, für psychische Systeme und für soziale Systeme jeweils sehr verschiedenes" bedeutet (Luhmann 1989: 191). In der Beobachtung des eigenen Körpers als Lokalisierungsbasis der Beobachtung der Umwelt kann das psychische System Erkenntnisformen generieren, durch die die Distanz zu seiner Umwelt wahrnehmbar und parallel handhabbar gemacht wird. Sexualität offenbart sich für das kognitive Bewusstsein als eine Beobachtung des eigenen bzw. des fremden Körpers in dem Wissen um die Undurchschaubarkeit des eigenen und des fremden Körpers sowie um die doppelte Kontingenz. Dabei grundiert die Differenz von Körper und Bewusstsein eine Unsicherheit, welche nicht nur die generelle Spannung und Aufregung der Liebe[145] ausmacht, sondern auch die Basis der sexuellen Erregung ob der Anregung der Phantasie im Angesicht von Unsicherheit (vgl. Luhmann 1989: 191 ff).

„Eine aus dieser Differenz kommende Unsicherheit beflügelt die Phantasie. Unsicherheit läßt sich, im Unterschied zu Sicherheit, auf Dauer stellen. Man sieht, daß man nicht sieht, was man nicht sieht, und diese Beobachtung ist für das Bewußtsein viel reizvoller als die platte Ansicht der Dinge. Man denke nur an pornographische Filme [sic!], wo man nichts zu sehen bekommt, was man nicht zu sehen bekommt."

(Luhmann 1989: 194)

---

[145] Liebe zeigt sich also einerseits als ein Medium im Bereich der Kommunikation und andererseits im Bereich der Kognition.

Allgemein beobachtet das psychische System in der Wahrnehmung seine Außenwelt und synchron den eigenen Körper als emergente Bezugsebene, wobei jede Wahrnehmung per se bereits eine interpretierende Wahrnehmung und daher gedächtnis- und kulturabhängig ist. Während in der Kommunikation die Wahrnehmung einen dreistufigen Selektionsprozess durchläuft, indem grundsätzlich Information, Mitteilung und Verstehen als Kenntnis der Differenz von Information und Mitteilung voneinander unterschieden werden, eröffnet Sexualität dem Bewusstsein Optionen der einfachen Wahrnehmung. In der einfachen Wahrnehmung erfolgt ein hohes Maß an Simultanität einer Vielzahl von Differenzierungen, welches durch den an die Sprache gebundenen dreistufigen Selektionsprozess unterbrochen wird. Doch Sexualität und Liebe erheben einen Anspruch auf ein Eigenrecht der kommunikationsfreien Wahrnehmung, welche die Wahrnehmung und das Erleben an den aktuellen Moment bindet und darin die körperbasierte Erfahrung der Evidenz gewährleistet (vgl. Luhmann 1989: 195 ff).

„In der nicht auf Kommunikation spezialisierten Wahrnehmung ist dagegen die Simultanität von Erleben und Erlebnisinhalt unmittelbar evident. Ich würde sogar soweit gehen zu sagen, daß diese Simultanität des Moments, die Gleichzeitigkeit der Ereignisse im System und in ihrer Umwelt, die einzige Form ist, in der ein geschlossenes autopoietisches System die eigene ,Konstruktion' seiner Realität überschreitet und sich selbst mit Kontaktgewißheit und damit mit Einschränkungen versorgen kann"

(Luhmann 1989: 202)

Einzig in den einfachen Erfahrungen offenbart eine Gleichzeitigkeit von Erleben und Erlebnisinhalt dem kognitiven System eine unmittelbare Evidenz, weshalb insbesondere die Körperwahrnehmungen Evidenzerfahrungen vermitteln (vgl. Luhmann 1989: 202). Perspektiviert werden diese sexuellen Körpererfahrungen bei Luhmann allerdings vornehmlich in der Liebessemantik.
Daran anknüpfend zeigen weiterführende, systemtheoretische Überlegungen, dass die Liebessemantik in der ausdifferenzierten Gesellschaft nicht nur eine exklusive Funktion für die Gesellschaft übernimmt, sondern dass sie auch eine Form und stabile Strukturen ausprägt, sodass es ermöglicht wird, von einem dislozierten Intimsystem der Gesellschaft zu sprechen (Fuchs 1999). Der Unterschied zu der Struktur anderer sozialer Systeme der Gesellschaft liegt darin, dass, während die Primärsysteme ihre Autopoiesis in einem großen Netzwerk von Operationen bzw. Kommunikationen betreiben, die Intimsysteme ihre Autopoiesis nicht über ein solches großes Netzwerk realisieren, sondern über „eine Pluralität kleiner Vernetzungen, die gegeneinander geschlossen operieren, aber intern jeweils dieselbe Form von Autopoiesis betreiben. [...] Die Rede von ei-

nem Intimsystem der Gesellschaft wäre die Rede von einer Form, die sich mul-
tiplexartig inszeniert. Das System ist ein Kollektivsingular" (Fuchs 1999: 54 f).
Liebe als symbolisches Kommunikationsmedium des Intimsystems operiert das
Lieben als systemspezifische Handlung über die binäre Codierung „WIR
ZWEI/*und das was sonst noch vorkommt*" (Fuchs 1999: 43). Die dislozierte
Form des Intimsystems ermöglicht eine sehr individuelle Gestaltung der konkreten Ausformungen. Als exklusive Funktion übernimmt das liebesbasierte
Intimsystem die augenscheinliche kommunikative Komplettberücksichtigung
des Anderen in dem WIR ZWEI, welche aber aufgrund der autopoietischen
Geschlossenheit der kognitiven Systeme nur ein kommunikatives Konstrukt
darstellt. Diese binäre Codierung wird in Form von Liebesgeschichten operationalisiert, deren Inhalte für das Intimsystem weniger wichtig sind als die Einhaltung der Form. Die hochunwahrscheinliche Kommunikation des Liebens kann
nur gelingen, weil psychische Systeme in der Koevolution mit den sozialen
Systemen auf Schemata zurückgreifen, welche in dem dreistufigen Selektionsprozess der Wahrnehmung von Kommunikation die Mitteilungsseite zu Lasten
der Informationsseite privilegieren. Die Beschränkung auf zwei Personen im
Intimsystem lässt das Geschlecht außen vor, solange das Lieben entsprechend
realisiert wird. Die Sexualität fungiert grundlegend als symbiotischer Mechanismus, der die körperliche Komplettberücksichtung des Anderen in dem Intimsystem gewährleistet. Gerade in Krisenlagen erweist sich die Sexualität als bedeutsam, denn eine Thematisierung der Sexualität, welche in dem Intimsystem
ansonsten als Referenz auf den Körper selbstverständlich mitläuft, wird als Indikator für eine Krise gewertet (vgl. Fuchs 1999: 45 ff).
Während das Intimsystem lange Zeit für sich selbst steht, bedeutet die Gründung einer Familie die Ausweitung des Intimsystems auf das Familiensystem,
welches dann über die binäre Codierung „WIR/Rest der Welt" läuft, womit das
Intimsystem grundsätzlich als Vorstufe des Familiensystems[146] gesetzt ist
(Fuchs 1999: 83). Die Funktion der Komplettberücksichtigung wird auf das
Familiensystem ausgeweitet. Das Familiensystem der Gesellschaft liegt damit
in eben der dislozierten Form der Intimsysteme vor. Zugleich bleibt das Intimsystem auch in dem Familiensystem erhalten, weil die Sexualität nicht in das
Familiensystem überschrieben wird, sondern exklusiv an die beiden Mitglieder
des Intimsystems gebunden bleibt, wodurch die Sexualität gerade das Differential zwischen dem Intimsystem und dem Familiensystem ausmacht (vgl. Fuchs
1999: 82 ff).

---

[146] Eine solche Implementierung der Liebe und des Intimsystem in die Familie geht freilich an der
sozialen Realität vorbei, in der es einerseits durchaus Zwangsehen gibt und andererseits Kinder
auch außerhalb von Liebesbeziehungen gezeugt und von Alleinerziehenden erzogen und versorgt
werden.

5.3.8.2 Das Sexualitätssystem

Gegen eine solche strikte Verschränkung der Sexualität mit der Liebe und über die Liebe mit der Familie spricht, dass der seit der sexuellen Revolution stattfindende Wandel der Sexualität diese gerade immer mehr aus dem Kontext der Liebe extrahiert, mit einer eigenen Wertigkeit versieht und Sexualität an Selbstreferentialität gewinnt, weshalb allein die sexuelle Lust die zentrale Motivation für sexuelle Handlungen darstellt (vgl. Lewandowski 2004: 97). Insbesondere die Arbeit von Foucault (1983) verweist darauf, dass es sich bei der Sexualität um ein semantisch-diskursives Feld[147] handelt, das im Anschluss an die Luhmannsche Systemtheorie auch als ein Funktionssystem der Gesellschaft beschrieben werden kann (vgl. Lewandowski 2001: 211).
Gebunden an die funktionale Ausdifferenzierung der modernen Gesellschaft etablieren die einzelnen sozialen Systeme Exklusionsmechanismen der Adressierung, wodurch das Subjekt nur noch partiell mit Blick auf seine systemspezifischen Funktionen in ein Sozialsystem einbezogen wird. Hieraus ergeben sich Probleme, zu deren Bearbeitung sich andere soziale Systeme bilden. Die verschiedenen körperprozessierenden Systeme bearbeiten die Probleme der Exklusion des Körpers aus den funktionalen Sozialsystemen, indem sie bestimmte Körperlichkeiten in systemeigenen Operationen konstruieren. Als Beispiele für diese körperprozessierenden Systeme sind das Medizinsystem, das Sportsystem und das vestimentäre System zu nennen, neben die sich im Zuge der Ausdifferenzierung der Gesellschaft auch das Sexualitätssystem gesellt (vgl. Lewandowski 2004: 144 ff).

„Die moderne Gesellschaft behandelt den Körper vielmehr gemäß der ihr eigenen Differenzierungslogik und das kann nichts anderes heißen als: polykontextural. Ähnlich wie sie den Menschen nicht als Einheit behandeln kann, geht es ihr mit dem Körper. Der Körper ist ebenso wie der Mensch also einerseits ein kommunikatives Artefakt und andererseits eines, das nicht auf einheitliche Weise behandelt werden kann. […] Die moderne Gesellschaft kann nicht anders, als Körper als gesellschaftliche Konstrukte zu behandeln und sie darüber hinaus auf verschiedene, jeweils systemrelevante Weise zu

---

[147] Dabei bleibt allerdings dringend festzustellen, dass die Sexualität zwar ein diskursiv semantisches Feld darstellt, aber durch das Sexualitätsdispositiv grundlegend von der Macht durchdrungen ist. Der systemtheoretische Machtbegriff bei Luhmann ist ein grundlegend anderer als bei Foucault, indem Macht als das symbolisch generalisierte Medium des Politiksystems konzipiert ist. Zwar können Ereignisse im Kontext der Polykontexturalität als politisch relevant beobachtet werden, jedoch nur in systemeigenen Operationen des Politiksystems, womit der Macht nicht die produktive, alles durchdringende Kraft zugeschrieben wird, die ihr in der Foucaultschen Diskurstheorie attestiert wird. Ein auf der Luhmannschen Systemtheorie aufsetzendes Sexualitätssystem ist keinesfalls mit dem Sexualitätsdispositiv Foucaultschen Verständnisses zu verwechseln.

konstruieren. Dies drückt der Begriff der Polykontexturalität aus[148]."

(Lewandowski 2004: 146 f)

Jedes körperprozessierende System behandelt den Körper allerdings nur in der Konstruktion je systemspezifischer Körperlichkeit über Kommunikationen, wodurch eine körperliche Vollinklusion auch durch diese Systeme keinesfalls gegeben ist. Körperprozessierende Systeme operieren vermittels Körperkommunikationen. Während die Körper durchaus auch durch einen thematischen Bezug im Rahmen der Informationsseite von Kommunikationen aufgegriffen werden können, wird der Körper in der Körperkommunikation als Medium operationalisiert. Auch in die Körperkommunikationen werden Formen eingeschrieben, die zwischen der Informationsseite und der Mitteilungsseite unterscheiden, wodurch in die Körperkommunikation soziale Bedeutungen eingelassen werden. Bei dieser Transformation des Körpers in ein Zeichensystem und seiner Operationalisierung als Medium geht es ausschließlich um die beobachtbare und konstruierbare Oberfläche des Körpers. Dadurch bindet sich an die Körperkommunikation ein visueller Zwang, der eine direkte oder massenmedial visuell vermittelte Anwesenheit voraussetzt, um den dritten Selektionsprozess des sozialen Verstehens der Differenz von Information und Mitteilung gewährleisten zu können und damit Anschlusskommunikation zu ermöglichen. Jedoch zeigt sich, dass in der Körperkommunikation nicht nur die Informationsseite, sondern auch die Mitteilungsseite ignoriert oder missverstanden werden kann (vgl. Lewandowski 2004: 155 ff).

Die Relevanz der Körperkommunikation ergibt sich aus der Attraktivität des Körpers in der modernen Gesellschaft, mittels Körpererleben Evidenzerfahrungen der Gleichzeitigkeit und der Gegenwart zu offerieren. Dabei ermöglichen Körperkommunikationen eine strukturelle Kopplung von psychischen System und sozialen Systemen in dem Modus der Gleichzeitigkeit über die somatischen Systeme. Ferner koppelt Körperlichkeit das kognitive System mit den lebenden Systemen, aus denen sich der Körper konstituiert, wodurch Erlebnisse der Einheit und der Identität sowie die Konstruktion von Unmittelbarkeit generiert werden.

„Der Massenerfolg körperlicher Betätigungen, sei es Joggen, Freeclimbing, Bodybuilding oder eben Sex, ist eine reine Reaktion auf die durch die moderne Gesellschaft ausgelösten Identitätsverunsicherungen. Wo traditionelle Identitäten fragwürdig und brüchig werden, moderne Funktionssysteme aber keine neuen oder doch nur transitori-

---

[148] Luhmann selbst hat die Polykontexturalität zwar im Kontext der *Wirtschaft der Gesellschaft* (1994) in den Ausführungen zu der Beschaffenheit der Märkte des Wirtschaftssystem thematisiert. Zu einem zentralen Begriff wird die Polykontexturalität allerdings vornehmlich in neueren systemtheoretischen Studien, die an Luhmann anschließen wie hier bei Lewandowski.

sche Identitäten zu kreieren vermögen, also Identitätsbildung zu einer individuellen Aufgabe wird, wird Körperlichkeit als Identitätsgenerator und -ressource attraktiv, vor allem weil körperliche Betätigungen scheinbar unhinterfragbare und selbstverständliche Identitätserlebnisse ermöglichen. Der Körper in Bewegung, der Körper in Betätigung ermöglicht es Bewußtseinssystemen, sich als mit sich eins zu erleben, in ein ereignisförmiges Jenseits der sonst allgegenwärtigen Differenz zu gelangen. Körperliche Betätigung erlaubt die Simulation von Einheit. [...] Der Körper wird in abstrakten Gesellschaften zu einem Garanten der Wirklichkeit, zu einem Anker in dem Meer der Relativität und der Relationen." (Lewandowski 2004: 170)

Ausgehend von der Beobachtung, „daß moderne Sexualitäten wesentlich lustbezogen sind und daß dieser Bezug die Abkopplung von anderen Sozialbereichen impliziert", kann ein soziales System der Sexualität konstruiert werden, das weitgehend über die Körperkommunikationen operationalisiert wird[149] (Lewandowski 2004: 211). Als ein körperprozessierendes System erweist sich das Sexualitätssystem als ein sekundäres Funktionssystem, das seine Funktionen erst aus der funktionalen Differenzierung moderner Gesellschaften ableiten muss. Grundlegend gilt, dass das Sexualitätssystem durch seine Lustzentrierung nicht mehr vornehmlich der Fortpflanzung dient, sondern einen Eigenwert erlangt hat, indem es für die Gesellschaft sexuelle Körperlichkeit konstruiert. Hierin werden die sozialen Systeme der Gesellschaft durch die strukturelle und operative Kopplung des Sexualitätssystems mit den somatischen Systemen an eine spezifische Form der Körperlichkeit[150] zurückgebunden und ihrer somit versichert. Zugleich ist das Sexualitätssystem strukturell mit den psychischen Systemen über das sexuelle Erleben, die sexuellen Phantasien und spezifische Beobachtungsschemata des eigenen und fremder Körper gekoppelt. Dabei wird die Lustzentrierung sowohl in die somatischen Systeme als auch in die kogniti-

---

[149] Obwohl Lewandowski sein Modell des Sexualitätssystems im Anschluss an ein von Luhmann geformtes Verständnis der Systemtheorie formuliert, widerspricht die konkrete Konzeptionierung mitunter den Luhmannschen Ausführungen wie z.B. in dem Verständnis der strukturellen Kopplung oder in der Implementierung einer „operativen Kopplung". Daran kann Kritik an dem Modell des Sexualitätssystems anschließen, da bestimmte Aspekte schlicht systemtheoretisch inkonsistent erscheinen. Allerdings kann an dieser Stelle nur die Rahmung vorgestellt werden, weshalb von einer inhaltlichen Kritik im Sinne einer ausführlichen Erörterung der Systemtheorie Abstand genommen werden muss.

[150] Da aber keines der körperprozessicrenden Systeme eine körperliche Vollinklusion leisten kann, binden alle körperprozessierenden Systeme, also das Medizinsystem, das Sportsystem, das Sexualitätssystem und das vestimentäre System, die sozialen Primärsysteme an die Körperlichkeit zurück, indem sie die körperexkludierenden Systeme abstützen. Hierin zeigt sich, dass keines der körperprozessierenden Systeme die Funktion der Konstruktion der Körperlichkeit zu monopolisieren vermag und sich somit eine exklusive Funktion sichern kann.

ven Systeme[151] eingeschrieben, während die kognitiven Systeme sozial imprägniert werden. Diese Imprägnierung ist besonders wichtig, denn „sexuelle Phantasien und sexuelle Phantasma, die sexuelle Interaktionen entscheidend strukturieren, sind ohne Referenz auf die Ebene des Sozialen und mithin auf die Operationen des Sexualitätssystems nicht verständlich. [...] Sexuelle Begierden, sexuelle Phantasien und Phantasma können nicht unabhängig von der Sexualität der jeweiligen Gesellschaft gedacht werden" (Lewandowski 2004: 232). In der Versorgung der Gesellschaft mit kommunikativer Anschlussfähigkeit durch die Körperkommunikation unter Umgehung der explizit gesprochenen Sprache kann ein wesentlicher Beitrag zur Reduktion sowohl von sozialer als auch von kognitiver Komplexität gesehen werden. Schließlich offeriert das Sexualitätssystem sozialintegrative Aspekte, wenn es vermittels der Optionen auf expressives Handeln ein Sozialprogramm zur Behandlung abweichender Identitäten bereitstellt, die in den primären Funktionssystemen durch deren Beschränkung auf instrumentelles und an den jeweiligen systemspezifischen Prinzipien orientiertem Handeln exkludiert werden (vgl. Lewandowski 2004: 233 ff).

Da das Sexualitätssystem als sekundäres System aber im Verhältnis zu den Primärsystemen eine eher schwache und diffuse Funktionsorientierung ausprägt, erweist es sich für die Ausbildung eines autopoietischen Systems als besonders relevant, eine binäre Codierung, ein symbolisch generalisiertes Kommunikationsmedium und die Differenz von Fremd- und Selbstreferenz hervorzubringen.

„Der binäre Code des Sexualitätssystems wird durch die Differenz von sexuellem Begehren und sexueller Befriedigung gebildet. Die Referenz auf diese Leitunterscheidung generiert sexuelle Lust, findet der Code keine Verwendung, so geht es nicht um sexuelle Lust. Der binäre Code des Sexualitätssystems ist somit Begehren/Befriedigung, während die Unterscheidung von sexueller Lust und ‚nicht Lust' die Differenz von Selbstreferenz und Fremdreferenz darstellt."   (Lewandowski 2004: 203)

Die Innenseite des Sexualitätssystems wird damit durch die sexuelle Lust als Selbstreferenz markiert, während Unlust die Fremdreferenz darstellt und die Umwelt des Systems kennzeichnet. Begehren[152] und Befriedigung stellen aber

---

[151] Grundlegend negiert ein solches Konstrukt des lustzentrierten Sexualitätssystems die Frage, was nicht-sexuell am Sexuellen ist und behauptet eine zunehmende Orientierung an sexueller Lust, wobei andere soziale Bezüge mehr und mehr aus den sozial-sexuellen Kommunikationen ausgeschieden werden. Zumindest auf der Ebene der kognitiven Systeme wird dem vehement widersprochen. Auf der Ebene der Körperkommunikationen bzw. des sexuellen Verhaltens erscheint die hedonistische Lust auch kaum als erklärungstragendes Moment für sämtliche sexuellen Interaktionen. Dies gilt auch unter Berücksichtigung der strukturellen Kopplungen eines Sexualitätssystems mit anderen sozialen Systemen.

[152] Zwar werden das sexuelle Begehren als kommunikatives Konstrukt und die sexuelle Begierde als kognitives Konstrukt voneinander unterschieden, mitunter zeigt sich allerdings, dass diese

keine Erlebnisse oder Zustände der somatischen und kognitiven Systeme dar, sondern sie sind einzig kommunikative Konstrukte. Jede Verwendung des Codes Begehren/Befriedigung generiert kommunikativ das symbolisch generalisierte Kommunikationsmedium sexuelle Lust, weshalb die Kommunikation des Codes die basale Differenz von System und Umwelt sowie die intern darauf aufbauende Differenz von Selbstreferenz und Fremdreferenz reproduziert. Es zeigt sich, dass einzig das sexuelle Begehren im Sexualitätssystem kommunikativ anschlussfähig ist, weil die Befriedigung bereits auf die Realisation sexueller Lust verweist. Gebunden ist die Realisation sexueller Lust an den Orgasmus, der als Differential der Unterscheidung von Begehren und Befriedigung fungiert. Jede sexuelle Referenz auf den Orgasmus erweist sich als eine Referenz auf die binäre Codierung von Begehren/Befriedigung (vgl. Lewandowski 2004: 201 ff). Der Orgasmus wird als ein kognitives und soziales Konstrukt mit einer historischen Bedingtheit und entsprechender Genese modelliert, warum er nicht als ein natürliches Phänomen gewertet werden kann, wenngleich er diskursiv so positioniert ist, dass er als universelles und ahistorisches Körpererleben sozial und kognitiv verankert ist. Durch seine Anbindung an die sexuelle Lust und als Punkt ihrer Realisation wird der Orgasmus als primäres Ziel sexueller Handlungen eingesetzt, das als semantisches Feld sexuelle Höhepunkte plausibilisiert, sexuelles Verhalten strukturiert und die Ausbildung von Erwartungsstrukturen ermöglicht (vgl. Lewandowski 2001: 202 ff). Durch die Operationalisierung von Begehren/Befriedigung über die sexuelle Lust wird die Geschlechterdifferenz zu einem Umweltphänomen des Sexualitätssystems, an das aber im Kontext der Ausbildung sexueller Orientierung als Relation mittels systemeigener Operationen angeschlossen werden kann. Allein die Ausbildung des Codes Begehren/Befriedigung ermöglicht die Ausbildung von Selbstreferentialität und bildet damit die Grundlage der Ausdifferenzierung eines Sexualitätssystems unter Abkopplung von anderen sozialen Bereichen (vgl. Lewandowski 2004: 204 ff).

Deutlich ablesbar ist die Lustzentrierung und zunehmende Selbstreferentialität der Sexualität an dem Wandel der Masturbation, welche ihren Substitutcharakter verloren hat und als eigenständige Sexualform unabhängig von dem Beziehungsstatus anerkannt und ausgeübt wird. Die Masturbation kann zwar aufgrund ihrer kommunikativen Asozialität nicht als Körperkommunikation und damit Operation im Sexualitätssystem gewertet werden, dafür aber „als selbstreferentielle Sexualität reinster Form", weil die Sexualität in der Masturbation „autonomer, stärker selbstbezogen, stärker an der Unterscheidung von Begehren/Befriedigung orientiert und unabhängiger" ist als in anderen Formen der

---

Differenzierung in der Theoretisierung des Sexualitätssystem nicht durchgehalten wird und verwischt, was angesichts der Autopoiesis beider geschlossenen Systeme nicht geschehen dürfte.

Sexualität (Lewandowski 2004: 213). Dennoch ist diese sexuelle Selbstreferenz grundlegend über das Involvement sexueller Phantasien an das Sexualitätssystem rückgebunden und trägt durch ihre Fixierung auf das symbolische generalisierte Kommunikationsmedium massiv zu der systemischen Stabilisierung und Reproduktion bei, obwohl sie keinen körperkommunikativen Beitrag zu der Autopoiesis des Sexualitätssystems leistet. Dies geschieht, indem in der Selbstbefriedigung die kognitiven Systeme imprägniert werden und in eigenen kognitiven Operationen lustbezogene Erwartungsstrukturen ausbilden. Über die Imprägnierung der beteiligten psychischen Systeme bleiben Sexualitätssystem und die Masturbation miteinander gekoppelt. Das Sexualitätssystem steigert seine eigene Selbstrefentialität, indem es die onanistische Form der Selbstreferentialität in sich einkopiert und die Leitunterscheidung sowie die Orgasmusfixierung übernimmt, dem ferner noch die kommunikative Operationsweise des Sozialen hinzufügt (vgl. Lewandowski 2004: 212 ff).

„Selbstbefriedigung macht erfahrbar, daß eine Sexualität möglich ist, die sich ausschließlich um Begehren und Befriedigung, Orgasmus und sexuelle Lust dreht, die von allen anderen Referenzen und Rücksichten befreit ist. [...] Selbstreferentielle sexualitätssystemische Sexualität stellt sich somit als Selbstbefriedigung in sozialer Form dar. [...] Deutlich wird jedenfalls, daß sich die Sexualität der Gesellschaft dem Anspruch auf Lustmaximierung und der Selbstreferentialität orgasmusorientierter Sexualität nicht verschließen kann und sich genau von daher die operative Schließung des Sexualitätssystems und seine Selbstreferenz im Code Begehren/Befriedigung erklären. In diesem Sinne läßt sich tatsächlich sagen, sexualitätssystemische Sexualität wäre Selbstbefriedigung zu mehreren. Entscheidend ist aber, daß sie die sexuelle Selbstreferenz nicht nur in soziale Kontakte integriert, sondern zudem und als Ausdruck davon mit der Möglichkeit der Etablierung von fremdreferentiellen Bezügen ausstattet.“

(Lewandowski 2004: 215 f)

In diesem Theorieentwurf erlangt das Sexualitätssystem erst auf der Basis seiner Selbstreferenz eine operative Schließung und kann mittels selbstreferentieller Körperkommunikationen ein autopoietisches System konstituieren. Hierdurch kann sich die Sexualität der Gesellschaft mehr und mehr der Fremdeinflüsse erwehren und schließlich im Sexualitätssystem allein selbstbezüglich auf sexuelle Lust ausgerichtet sein, weshalb das Sexualitätssystem eine Logik doppelter Indifferenz ausprägen kann. Extern richtet sich die Indifferenz gegen die Umwelt und damit gegen fremde Referenzen. Parallel entwickelt das Sexualitätssystem eine Indifferenz gegenüber den sexuellen Verhaltensweisen[153]. Solange sexuelles Verhalten über die Lustfixierung den binären Code

---

[153] Daher zeigt sich das Sexualitätssystem gegenüber der Perversion indifferent, welche allerdings noch immer im Bereich der Moral eine relevante Kategorie darstellt (Lewandowski 2004).

operationalisiert und Lustmaximierung anstrebt, ist das System den konkreten, sexuellen Handlungen gegenüber gleichgültig. Der gegenwärtig beobachtbare sexuelle Wandel wird dementsprechend als Abbau fremdreferentieller Bezüge, Umstellung auf Selbstreferenz, Umbau der strukturellen Kopplungen und als Ausdifferenzierung eines autopoietischen Sexualitätssystems entziffert (vgl. Lewandowski 2004: 217 ff).

In seiner Struktur ist das Sexualitätssystem durch ein Organisationsdefizit gekennzeichnet, wonach nur in bestimmten Bereichen des Sexualitätssystems organisatorische Strukturen ausgebaut werden. In seiner grundlegenden Form ist es an die einzelnen sexuellen Interaktionssysteme gebunden, weshalb auch bei dem Sexualitätssystem eine dislozierte Struktur vorliegt, die ihre Einheit eher über die interaktive Operationalisierung der binären Codierung gewinnt als über konkrete Strukturen oder eine monopolisierte Funktion. Zu differenzieren sind die nicht-organisierten sexuellen Körperkommunikationen in den Interaktionssystemen von den organisierten Körperkommunikationen in dem Bereich der verschiedenen strukturellen Kopplungen des Sexualitätssystems mit anderen sozialen Systemen. Das grundlegende Organisationsdefizit des Sexualitätssystem resultiert aus der Personennähe auf der Basis teilpersonaler Inklusionsprozesse (vgl. Lewandowski 2004: 222 ff).

Trotz seiner Organisationsdefizite hat das Sexualitätssystem binnensystemische Ausdifferenzierungsmechanismen etabliert, die mit der dislozierten Form in Einklang gebracht werden. So kann sich das System über die Pluralisierung von sexuellen Verhaltensweisen ebenso ausdifferenzieren wie über die Pluralisierung sexueller Kommunikationen mit Sexualität zum Inhalt (vgl. Lewandowski 2004: 243 f).

„Wenn man mit Foucault von einer diskursiven Explosion der Sexualitäten spricht, kann damit nur eine quantitative Zunahme der sexualitätsbezogenen Kommunikationen[154] gemeint sein. Entscheidender scheinen die Pluralisierungen dieser Kommunikationen zu sein. Das Tabu, über das Sexuelle zu sprechen, ist zweifelsohne gefallen, aber die Anreizung sexueller Diskurse und Geständnisse bezeichnet nur eine Seite der Ausdifferenzierung des Sexualitätssystems. Gleichwohl spielt diese semantisch-diskursive Ebene insofern eine entscheidende Rolle, als sie die Ausdifferenzierung des Sexualitätssystems einerseits plausibiliert, andererseits (mit-)trägt. Kommunikation über Sexuali-

---

[154] Welche aber aufgrund des Foucaultschen Machtbegriffs eine völlig andere Wertigkeit haben als in der systemtheoretischen Perspektive. Das Sexualitätsdispositv schreibt die Sexualität in den Körper ein, durchdringt ihn vollkommen und produziert hierdurch die verschiedensten Sexualitäten. Macht und Diskurs sind untrennbar ineinander verwoben. Aber dazu mehr in Kap. 5.4. Grundsätzlich muss deshalb festgehalten werden, dass der Diskursbegriff bei Foucault eine völlig andere Wertigkeit hat als der Kommunikationsbegriff der Systemtheorie nach Luhmann. Zum Diskursbegriff bei Foucault siehe auch Kap. 2.1.1.

tät trägt insofern zur Ausdifferenzierung eines Sexualitätssystems bei, als sie Sexualität als distinkten Sinnbereich markiert. Insofern ließe sich von einer Differenzierung von außen, von einer extern induzierten Ausdifferenzierung eines Sexualitätssystems sprechen. Extern induzierte Ausdifferenzierung kann interne Systembildung und operative Schließung zwar nicht bewerkstelligen; gleichwohl ermöglicht sie sie jedoch, erhöht sowohl ihre Wahrscheinlichkeit als auch ihre Plausibilität." (Lewandowski 2004: 244 f)

So erweist sich die Sexualwissenschaft als eine strukturelle Kopplung zwischen dem Wissenschaftssystem und dem Sexualitätssystem, wobei diese Kopplung über die thematische Fremdreferenz des Wissenschaftssystems realisiert wird. In dieser rein strukturellen Kopplung werden keine sexuellen Körperkommunikationen operationalisiert, sondern nur Wissenschaftsoperationen der Maßgabe des Wissenschaftssystems folgend, indem diese Analysen weder lustvoll noch auf Lust bezogen sind[155] und sich an dem Wissenschaftscode der Wahrheit orientieren. Dennoch erscheint diese strukturelle Kopplung für die Binnendifferenzierung des Sexualitätssystems relevant, weil die Sexualitätswissenschaft die dafür nötigen Selbstbeschreibungssemantiken liefert und legitime Selbstreflexionsräume für sexualitätsbezogene Kommunikationen öffnet. Als Wissenschaft operiert sie jenseits normativer Bewertung allein dem Wahrheitsmedium verpflichtet und versorgt die Gesellschaft mit Wissen über die Sexualität (vgl. Lewandowski 2004: 313 ff). Daneben werden Kommunikationen über Sexualität auch über die strukturelle Kopplung mit dem System der Massenmedien[156] operationalisiert, wenn Sexualität als fremdreferentielles Thema sowohl in den Bereichen Unterhaltung und Nachricht/Bericht als auch im Bereich der Werbung fungiert. Dies bietet sich für die Massenmedien an, da Sexualität stets Aufmerksamkeit zu binden vermag (vgl. Lewandowski 2004: 270 ff).

Gesellschaftlich privilegiert ist die strukturelle Kopplung des Sexualitätssystems mit dem Intimsystem der Gesellschaft, wobei sich diese Kopplung als ein historisches Konstrukt verstehen lässt, das erst mit der Entstehung moderner Individualität evoliert. Es muss angesichts der Ausdifferenzierung des Sexualitätssystems allerdings festgehalten werden, dass die Bindung von Sex an Liebe unter den Bedingungen der funktional ausdifferenzierten Gesellschaft und der sich in ihr entfaltenden Individualität weder notwendig noch zwingend ist. In dieser strukturellen Kopplung irritieren sich die liebesbasierten und die lustzentrierten Kommunikationen wechselseitig zum Aufbau eigener Komplexität und eigener Strukturen. Über die Körperlichkeit der beteiligten Personen wird die strukturelle Kopplung realisiert. Das Komplettberücksichtungspostulat des In-

---

[155] Dem kann zumindest die „Lust an der Wahrheit der Lust" nach Foucault (1983: 74) als Beispiel entgegengehalten werden. Vgl. hierzu die Ausführungen zur scientia sexualis in Kap. 5.4.
[156] Hierauf wird in Kap. 6.10 ausführlich eingegangen.

timsystems zwingt zur Berücksichtung des Körpers, zugleich weitet die Bindung an das Intimsystem die Reichweite des Sexualitätssystems ungemein aus (vgl. Lewandowski 2004: 282 ff).

Mit dem Wirtschaftssystem ist das Sexualitätssystem über die Prostitution gekoppelt – der Bereich, in dem auch die ausgeprägteste formale Organisationsstruktur des Sexualitätssystems beobachtbar ist. Zwar ist die Prostitution in der Gesellschaft stets beobachtbar gewesen, doch mit der funktional ausdifferenzierten Gesellschaft profitiert die Prostitution massiv von der Ausbildung des Sexualitätssystems aufgrund der Abkopplung von moralischen und religiösen Fremdbezügen. An der Grundstruktur der Prostitution, dem Tausch sexueller Handlungen gegen Geld, hat sich indes nichts geändert, wohl aber haben sich die Bedeutung des Geldes und der Sexualität in der Moderne gewandelt. Der prostitutive Akt erweist sich als Duplizierung der Realität, insofern als er im Wirtschaftssystem eine eigene Operation der Zahlung darstellt und in dem Sexualitätssystem eine lustorientierte, sexuelle Dienstleistung, wodurch neben der strukturellen auch eine operative Kopplung generiert wird (vgl. Lewandowski 2004: 249 ff).

„Sie [die strukturelle Kopplung] etabliert damit einen Bereich, in dem eine Form operativer Kopplung zustande kommen kann und zwar derart, daß ein und dasselbe Ereignis operativ in zweifacher Hinsicht angeschlossen werden kann: in wirtschaftlicher und in sexueller Hinsicht. Prostitutive Sexualität läßt sich somit als ein Ineinandergreifen wirtschaftssystemischer und sexualitätssystemischer Operationen beschreiben. Sofern Zahlungen realisiert werden, handelt es sich um wirtschaftssystemische Operationen; sofern das Medium sexueller Lust gebraucht wird, handelt es sich um sexualitätssystemische Operationen." (Lewandowski 2004: 260)

Prostitution umfasst demnach alle ökonomisch codierten sexuellen Kommunikationen und alle sexuell codierten ökonomischen Kommunikationen (vgl. Lewandowski 2004: 260).

Zentral ist das Sexualitätssystem für die Konstruktion der Identität insofern geworden, als dass die Identitätskonstruktion unter den Bedingungen der funktional ausdifferenzierten Gesellschaft zu einer individuellen Aufgabe geworden ist, welche insbesondere in auf teilpersonale Nähe ausgeloteten, sozialen Systemen erfolgt, die expressives Handeln honorierend implizieren. In den stark interaktionsorientierten Sozialsystemen erscheinen die Personen weniger leicht austauschbar. Die Konstruktion einer Sexualidentität erfolgt durch die Bindung an sexuelles Begehren, wenn sexuelles Begehren zu einem Ausdruck einer bestimmten Subjektivität wird. Mittels der sexuellen Akte und des sexuellen Begehren können sich sexuelle Identitäten konstituieren, welche eine besondere Relevanz und Authentizität angesichts der Naturalisierungstendenz orgasmusorientierter Sexualität erhalten. Zugleich erfährt das kognitive System über die Bindung an das Sexualitätssystem die Imprägnierung spezifischer auf die Konstituierung sexueller Identität ausgerichteter Beobachtungs- und Wahrnehmungsschemata. So koevolviert die Ausdifferenzierung des Sexualitätssystems mit der Ausdifferenzierung der spezifischen sexualitätsbasierten Identitätskonzepte, was das Fehlen der sexuellen Identitäten in den traditionalen Gesellschaften erklären kann. Sexuelle Identitäten erweisen sich als sozialer Raum, in dem die Individuen für ihre sexuellen Idiosynkrasien kommunikativen Anschluss und soziale Akzeptanz finden können. Hierdurch wird allerdings auch nur, wie bei allen sozialen Systemen, eine Teilidentität kreiert (vgl. Lewandowski 2004: 291 ff).

5.4 Sexualität und Macht

> „As with other aspects of human behavior, the concrete institutional forms of sexuality at any given time and place are products of human activity. They are imbued with conflicts of interest and political maneuvering, both deliberate and incidental. In that sense, sex is always political."   (Rubin 1982: 267)

Die Untersuchung der Verbindung von Macht und Sexualität positioniert sich mit Beginn der Sexualforschung an eine privilegierte Stelle, wobei insbesondere die Schriften der klassischen Psychoanalyse in der Formulierung der Sublimierungsthese erheblich zu diesem Forschungsinteresse beigetragen haben. So wird dort eine Analogie zwischen der Libidoentwicklung des einzelnen Individuums und der Entwicklung der Kultur gezogen, wenn die kulturelle Entwicklung vornehmlich auf den Triebverzicht rekurriert und die Nichtbefriedigung von Triebbedürfnissen zur grundsätzlichen Basis der Kultur erklärt wird. Der Begriff der Sublimierung kennzeichnet die als spezifisch menschlich gewertete Option, urwüchsige Triebe[157] von ihren ursprünglichen Befriedigungszielen umzuleiten und neuen Zielen zugänglich zu machen (vgl. Freud 2007: 63). Hiernach erweist sich die Sublimierung als „ein besonders hervorstechender Zug der Kulturentwicklung, sie macht es möglich, daß höhere psychische Tätigkeiten, wissenschaftliche, künstlerische, ideologische, eine so bedeutsame Rolle im Kulturleben spielen" (Freud 2007: 63).

---

[157] Wenn an dieser Stelle verallgemeinernd Triebe statt Libido geschrieben wird, soll das der Umcodierung des Libidobegriffs in Freuds Lebenswerk Rücksicht tragen. Während die Libido in den *Drei Abhandlungen zur Sexualtheorie* vornehmlich auf die Sexualtriebe bezogen ist, zeigt sich, dass mit der Einführung der polaren Prinzipien von Eros und Tanatos die Libido viel allgemeiner als Lebenstriebe dem Erosprinzip zugeordnet werden. Zu dem allgemeinen Verständnis der Triebökonomie siehe die Ausführungen in Kapitel 5.3.6.

In der kulturellen Sublimierung greifen zwei Aspekte ineinander. Auf der einen Seite erfordert der Zusammenschluss von Menschen in Gruppen eine regulative Macht, die die Macht des Einzelnen, die sich als die Macht des Stärkeren äußert, begrenzt. Während die Macht des Stärkeren auf die unmittelbare Bedürfnisbefriedigung ebendieses Stärkeren zielt, fordert die regulative Macht von jedem Einzelnen zum Wohl der Gemeinschaft eine Beschränkung ihrer Bedürfnisbefriedigung. Diese regulative Macht begründet ein Recht, „zu dem alle – wenigstens alle Gemeinschaftsfähigen – durch ihre Triebopfer beigetragen haben und das keinen [...] zum Opfer der rohen Gewalt werden läßt" (Freud 2007: 61). Gefordert wird der menschliche Zusammenschluss in Gruppen durch die Notwendigkeiten, der Ananke, der Lebensnot, möglichst effektiv zu begegnen. Für die Bekämpfung der Ananke lernt der Mensch in seiner Evolution die Arbeit zu instrumentalisieren, wobei er in den ersten Familienbänden erfährt, dass Arbeit gemeinschaftlich effektiver verrichtet werden kann (vgl. Freud 2007: 64 f).

Auf der anderen Seite wird davon ausgegangen, dass in der menschlichen Urhorde zunächst der omnipotente Vater die absolute Macht innehielt und hierin über das Monopol über alle Frauen der Gruppe verfügte. In der Begierde nach den Frauen wurde der Urvater von seinen Söhnen überwältigt, die in diesem Revolutionsakt die Erfahrung machten, dass sie in dem Zusammenschluss gegen den Vater stärker waren als einzeln für sich (vgl. Freud 2007: 65 f). Um das sich dem Vatermord anschließende Gemeinleben gegen die Willkürherrschaft eines Einzelnen abzusichern, wurden Tabus und Vorschriften erlassen, während die Erinnerung an den omnipotenten Vater aus den Schuldgefühlen ob seiner Tötung heraus göttlich mystifiziert wurde. Diese ersten Tabus sowie die Verehrung des vergöttlichten Vaters begründen in dieser Theorie die Emergenz menschlicher Kultursetzungen.

„Die Tabuvorschriften waren das erste ‚Recht'. Das Zusammenleben der Menschen war so zweifach begründet durch den Zwang zur Arbeit, den die äußere Not schuf, und durch die Macht der Liebe, die von Seiten des Mannes das Sexualobjekt im Weibe, von Seiten des Weibes das von ihr abgelöste Teilstück des Kindes nicht entbehren wollte. Eros und Ananke sind auch die Eltern der menschlichen Kultur geworden."

(Freud 2007: 66)

Während die Liebe zu dem Sexualobjekt in der Familie durch die stärksten, dem Menschen bekannten Befriedigungserlebnisse, den geschlechtlich-genitalen Sexualakten, durchtränkt ist, muss die für den Zusammenhalt der Gruppe konstitutive zielgehemmte Zärtlichkeit den Trieb von einem Sexualobjekt ablenken, indem der Wert der Befriedigung von dem Geliebtwerden auf das eigene Lieben verschoben wird. So gestalt begründet der in der zielgehemmten Zärtlichkeit[158] sublimierte Trieb die Freundschaft und Zuneigung, welche eine größere Anzahl von Mitgliedern und diese intensiver aneinander zu binden vermag als eine reine Arbeitsinteressengemeinschaft (vgl. Freud 2007: 67). Während die Kultur in ihren Ursprüngen somit gerade an die Liebe gebunden ist, treten Liebe und Kultur mit einem gewissen Entwicklungsgrad zueinander in einen Antagonismus, weil sich die unsublimierte Triebbefriedigung den Erfordernissen der Kultur widersetzt und die Kultur zahlreiche Restriktionen zur Sicherung der Triebsublimierung erschafft. Die Triebe treten gemäß der ihn eigenen Ökonomie nur in begrenzten Quantitäten psychischer Energie auf, die durch eine zweckmäßige Verteilung den verschiedenen Aufgaben zugeführt werden. In der arbeitsteiligen Kultur wird den arbeitenden Männern eine ungeheure Triebsublimierung abverlangt, um der kulturellen Arbeitstätigkeit nachkommen zu können. Diese Triebenergie zieht der Mann von seinem familiären und sexuellen Leben ab, wodurch er mitunter gar seinen „Aufgaben als Ehemann und Vater" entfremdet wird (Freud 2007: 69).

Allgemein wird konstatiert, dass die Kultur in erster Linie den ökonomischen Zwängen menschlicher Existenz verpflicht ist, weil jede kulturelle Tätigkeit von dem Subjekt verlangt, dass es seine Triebenergien von der unmittelbaren Bedürfnisbefriedigung abzieht und in den Dienst dieser Tätigkeit stellt. Insbesondere die Sexualtätigkeit muss sublimiert werden, um die so gewonnene Triebenergie den Kulturtätigkeiten dienstbar zu machen. Doch in dieser gestrengen Sublimierung baut sich eine kulturelle Angst „vor dem Aufstand der Unterdrückten" auf, welche den Ausgangspunkt für die vielfältigen Restriktionen der Sexualmoral darstellt (Freud 2007: 69). Analog zu der sexuellen Entwicklung des Menschen emergiert die Sexualmoral in drei Stadien. Zunächst geben sich die Individuen dem Sexualtrieb ungehindert durch eine Sexualmoral hin und der Sexualtrieb kann sich frei entfalten. Mit der Ausrichtung auf die Fortpflanzungsfunktion können die perversen Anteile der Sexualerregung in die Kulturarbeit umgeleitet werden und eine Sexualmoral untersagt alle Sexualakte bis auf den penilvaginalen Koitus, der der Fortpflanzung dient. Die dritte Stufe der Sexualmoral reglementiert selbst die penilvaginalen Sexualakte, indem sie sie an eine sie legitimierende Institution wie die Ehe bindet. Doch gerade diese dritte Form der Sexualmoral, die konstitutiv für die westlichen Kulturen am

---

[158] Gegen die Vorstellung, dass es sich bei der Zärtlichkeit und der Zuneigung um eine Sublimierung des Sexualtriebs handelt, kann eingewendet werden, dass sie der Nächstenliebe zuzuschlagen ist, welche gerade nicht ausschließlich libidinös gespeist wird, sondern aus dem Streben nach individueller Transzendenz, weil selbst „erotische Anziehung ja auch nicht nur sexuelle Anziehung" ist (Fromm 2005: 48). Vgl. daher zur Kritik an dem Pansexualismus Freuds Fromm (2005) oder auch Gagnon & Simon (2005).

Beginn des 20. Jahrhundert ist, erweist sich nicht nur als Segen für eine besonders fortschrittliche Kultur, sondern auch als Basis der Ätiologie zahlreicher Neurosepatienten, die den Anforderungen der Triebsublimierung nicht gewachsen sind (vgl. Freud 2007: 118 ff).

Die klassische, psychoanalytische Sublimierungsthese nach Freud hat weitreichenden Einfluss hinterlassen, indem sie im Kontext marxistisch-materialistischer Ansätze aufgegriffen und umformuliert wird. Im Rahmen eines dieser Ansätze[159] wird einschränkend darauf verwiesen, dass die Triebe des Menschen keinesfalls eine Universalie darstellen, sondern in ihrer Zeitkontingenz wandelbar und relativ sind. Allerdings brauchen Veränderungsprozesse weit mehr Zeit, als dass die Beobachtungen eines Menschenlebens zu ihrer Erfassung ausreichen (vgl. Reich 1966: 23). Für das Glück des Menschen ist die Harmonie des vegetativen Nervensystems ganz zentral, diese wird aber durch die vorherrschende repressive Sexualmoral und den religiösen Mystizismus massiv gestört. Insbesondere die Sexualtriebe werden durch die zunehmende Mechanisierung der Lebensbereiche negativ beeinflusst. Mit Blick auf die Erkenntnisse der marxistischen Theorie zeigt sich, dass die gesellschaftlichen Produktionsverhältnisse die gesellschaftliche Ideologie begründen, die die Ausformung der Menschwerdung bedingen. So vermittelt die Ideologie in der Formung des Menschen zwischen der abstrakten Ideenwelt und der materiellen und sozialen Ebene, wobei sich sämtliche Wirtschaftsprozesse einer Gesellschaft in den seelisch-psychischen Strukturen der Gesellschaftsmitglieder funktionell einschreiben. Dabei stehen Individuen und Ökonomie in einem wechselseitigen Konstitutionsprozess, in dem die Ökonomie nur auf der Basis der menschlichen, tätigen Triebstruktur möglich wird und zugleich alles menschliche Fühlen, Denken und Handeln auf der Grundlage des wirtschaftlich-ökonomischen Handelns operationalisiert wird (vgl. Reich 1966: 19 ff).

Mit Blick auf die therapeutische Praxis fällt auf, dass in der gegebenen westlichen Kultur des beginnenden 20. Jahrhunderts das sexuelle Befriedigungserleben weitgehend reduziert, mitunter vollkommen eliminiert ist, wobei grundsätzlich konstatiert wird, dass je größer die Schädigung der genitalen Potenz ist, desto unverhältnismäßiger fällt das Verhältnis zwischen Befriedigungsbedürfnis und Befriedigungsfähigkeit aus. Dies zwingt zu einer Steigerung des moralischen Drucks, um die angestauten Triebmengen niederzuringen. Grundsätzlich befindet sich der menschliche Organismus in einer Konfliktsituation zwischen seinen Trieben und der Moral, was sich als Konflikt zwischen dem Ich und der Außenwelt äußert. Zur Lösung dieses Konflikts kämpft der Mensch sowohl

---

[159] Mit Blick auf den Pornographiediskurs wird auf eine Vorstellung der Orgon-Lehre Reichs verzichtet, da diese zwar sehr unterhaltsam, aber für das Repressionsverständnis nicht weiter von Belang ist.

gegen seine eigenen Triebe als auch gegen seine Außenwelt. Zu diesem Zweck zieht sich das Subjekt in sich selbst zurück und verschanzt sich dort. Gerade diese Abkapselung des Menschen erweist sich als erhebliche Einschränkung der gesamten Lebensfähigkeit und Lebenstätigkeit. So wie sich die Abkapselung im Leben des Einzelnen als Resultat der restriktiven Moral manifestiert, schlägt sie sich in dem kollektiven Leben der Menschen nieder. Die zunehmende Individualisierung stellt sonach nichts anderes als einen Ausdruck der Isolierung des Subjekts in sich dar und muss als überwuchernde Neurose verstanden werden. Demgegenüber brauchen die Subjekte, die nach dem Prinzip der Sexualökonomie im Gegensatz zur Sexualmoral leben, nicht den Neurosenaufbau als zentralen Schutzmechanismus zu pflegen. Ihnen würden die Impulse fehlen, die eine moralische Regulierung und Selbstkontrolle erfordern (vgl. Reich 1966: 28 ff). Die Sexualökonomie zeichnet sich dadurch aus, dass das Subjekt nach lustvoller und orgastischer Sexualität strebt und diese auch ausleben möchte, weil beglückende Sexualerlebnisse eine Wiederholung erstrebenswert machen. In der Übernahme des psychoanalytischen Primaten des penilvaginalen Koitus ist der Partner an dem jeweiligen sexuellen Glückserlebnis wesentlich beteiligt, weshalb als Resultat des sexualökonomischen Prinzips monogame Beziehungen auf Liebesbasis entstehen, die so lange Bestand haben, wie eine Grundlage wechselseitiger, erfüllender Bedürfnisbefriedigung gegeben ist. Die Beziehung bricht dann zusammen, wenn sie diese Qualität verliert. Doch kann sich das sexualökonomische Prinzip aufgrund der materiellen und ideologischen Struktur der Gesellschaft nicht verwirklichen, da sowohl die Produktionsverhältnisse als auch die Strukturen der Kleinfamilie eine Realisation des Prinzips verhindern. Diese Nichtverwirklichung der Sexualökonomie erklärt, warum die meisten Menschen ihrem Sexualleben gegenüber indifferent gegenüberstehen und ihm nicht den angemessenen Wert zukommen lassen (vgl. Reich 1966: 31). Der biologisch fundierte Geschlechtsverkehr als natürliche Äußerung des Sexualtriebes im Einlang mit der Sexualökonomie kann keinesfalls als kulturschädlich und destruktiv gewertet werden, womit der These der Sublimierung als notwendige Basis der Kulturbildung vehement widersprochen wird. Die Sublimierung des Geschlechtstriebs ist nur dann nötig, wenn Herrschaft durchgesetzt werden soll, und ist lediglich für patriarchalische, der Herrschaft verpflichtete Kulturen notwendig (vgl. Reich 1966: 38 ff). Das destruktive Potential der Triebe muss gerade als Resultat der Repression verstanden werden, wenn sich neben den natürlichen primären Trieben durch die Einwirkung der Moral auch sekundäre Triebe bilden, die ihrem Wesen nach genau der Regulation bedürfen, die sie zuallererst erschafft. Entstanden ist die Moral in der Urgesellschaft, als aufgrund der Ausbildung ökonomischer Strukturen und Ungleichverteilungen einigen Mitgliedern Macht zufiel, welche von diesen erhalten werden wollte (vgl. Reich 1966: 44 f).

„Sie [die moralische Regulierung] entstand in der Urgesellschaft aus bestimmten Interessen einer sich entwickelnden, ökonomisch mächtig werdenden Oberschicht, die natürlichen, an sich die Sozialität nicht störenden Bedürfnisse zu unterdrücken. Die Berechtigung ihrer Existenz erhielt die zwangsmoralische Regulierung in dem Augenblick, als das, was sie erzeugt hatte, das gesellschaftliche Leben tatsächlich zu gefährden begann."   (Reich 1966: 44)

Aufgrund der zentralen Bedeutung der Sexualität für das Leben des Menschen als Option der erfüllenden und glückseligen Befriedigung versucht die Sexualökonomie, Kultur und menschliche Natur miteinander auszusöhnen. Daher kann das Ziel einer jeden Kulturrevolution nur die Abschaffung jedweder Sexualmoral sein, weil die Sexualökonomie sämtliche absoluten Vorschriften und Normen ablehnt, damit sich die natürliche, menschliche Sexualität entfalten kann. Als zentrales Interesse kann sich nicht länger die Sicherung der Herrschaft einer Gruppe über die anderen erhalten, sondern Lebenswille und Lebenslust aller Mitglieder fungieren als Regulatoren des menschlichen Zusammenlebens (vgl. Reich 1966: 48 f)

Stärker entlang der klassisch psychoanalytischen Konzeption verfährt ein Modell, das die repressive Triebstruktur als Resultat der spezifischen, historischen Strukturen einer Gesellschaft auffasst, wobei Kultur auch hier grundlegend auf der Basis der Triebsublimierung emergiert. Zwar wird eine phylogenetisch-biologische Repression der Triebe als notwendige Basis der Menschwerdung und der Entwicklung des Menschen in dem Kampf mit der Natur erachtet, doch kann daneben noch eine soziologisch kontingente Repression ausgemacht werden, die die Entwicklung der zivilisierten Individuen und Gruppen im Kampf untereinander und mit ihrer Umgebung durch weitere Repressionen antreibt und somit im Kontext des historischen Materialismus interpretiert wird (vgl. Marcuse 1970: 132).

Ausgehend von der psychoanalytischen Differenzierung des auf die unmittelbare Befriedigung ausgerichteten Lustprinzips und des unmittelbare Bedürfnisbefriedigung sublimierenden Realitätsprinzips konstituiert sich das vernünftige Subjekt in der Sublimierung seiner Bedürfnisse, indem es lernt, die Realität zu prüfen und Differenzierungen vorzunehmen, um in dem Kampf ums Überleben bestehen zu können (vgl. Marcuse 1970: 17 ff). Begründet ist die Triebkontrolle in der Ananke, die aus dem Existenzkampf des Menschen hervorgeht, weil die Welt „zu arm ist, um die menschlichen Bedürfnisse ohne ständige Einschränkungen, Verzichte und Verzögerungen zu erfüllen. Mit anderen Worten: jede mögliche Befriedigung erfordert *Arbeit*" (Marcuse 1970: 40). An die Arbeitszeit bindet sich die Notwendigkeit, die Lust und die Triebbefriedigung zu exkludieren. Exakt durch diese zeitweilige Verschiebung der Bedürfnisbefriedigung entsteht die spezifisch menschliche Fähigkeit, biologische Notwendigkeiten in individuelle Bedürfnisse und Wünsche zu transferieren, deren Befriedigung das humane Lustprinzip ausmacht, und so die Natur zu „mediatisieren" (vgl. Marcuse 1970: 42 f).

Doch zeigt ein Blick in die sozialen Strukturen der Gesellschaft, dass der basale Mangel der Ananke durch die Arbeit der Gesellschaftsmitglieder nicht gleichmäßig behoben wird. Vielmehr verteilt die Gesellschaft in ihrer Hierarchisierung die erarbeiteten Mittel weder kollektiv entsprechend der Bedürfnisse, noch zielt sie überhaupt auf die sich entwickelnden Bedürfnisse der Gesellschaftsmitglieder. Durch Verstrickung der Arbeit als Bekämpfung der Ananke und der Rationalität der Herrschaft werden die Interessen der Herrschenden gewahrt. So muss grundlegend zwischen der Herrschaft und der rationalen Machtausübung unterschieden werden, weil jene einzig auf die Interessen einiger Weniger ausgerichtet sind, während diese auf dem Können der Gesellschaftsmitglieder die Arbeitsteilung mit Blick auf die Gemeinschaft verwaltet und fördert (vgl. Marcuse 1970: 40 f).

So wird in das Realitätsprinzip neben der phylogenetischen Triebunterdrückung eine historisch kontingente Form zusätzlicher Unterdrückung eingeschrieben, die in Einklang mit den Formen der sozialen Herrschaft steht und sich in den gesellschaftlichen Institutionen manifestiert (vgl. Marcuse 1970: 42 f). Die Notwendigkeit zu dieser zusätzlichen Unterdrückung erwächst aus der Unvereinbarkeit der unsublimierten Lust mit jeder Form der Herrschaft. Die unsublimierte Lust setzt die Individuen nämlich unmittelbar zueinander in Bezug und schließt die Formen des konventionalisierten, ästhetisierten und moralisierenden Bewusstseins aus. Herrschaft dagegen strebt die Isolierung des Individuums an, um bestehen zu können (vgl. Marcuse 1970: 44).

„Während des gesamten Verlaufs der uns bekannten Kulturgeschichte wurde die von der Lebensnot erzwungene Triebeinschränkung durch Maßnahmen verschärft, die durch die hierarchische Verteilung des Mangels und der Arbeit den Individuen auferlegt wurden; die Interessen der Herrschaft fügten die Organisation der Triebe unter dem Realitätsprinzip zusätzliche Unterdrückung hinzu. Das Lustprinzip wurde nicht nur entthront, weil es dem Fortschritt der Kultur entgegenstand, sondern auch, weil es sich gegen eine Kultur auflehnte, deren Fortschritt Herrschaft und Mühsal verewigt."

(Marcuse 1970: 44)

Als zeitgenössische Ausformung dieser zusätzlichen Unterdrückung kann das Leitungsprinzip der modernen Gesellschaften ausgemacht werden, das die Herrschaft entsprechend der kapitalistischen Ökonomie der Konkurrenz und des

Erwerbs in den sozialen Strukturen verankert. Das Leistungsprinzip fußt auf der zunehmenden Rationalisierung des Realitätsprinzips, in welcher scheinbar die Interessen der Herrschenden und Beherrschten konform laufen, denn „die Kontrolle über die soziale Arbeitsleistung sichert jetzt die Fortdauer der Gesellschaft in vergrößertem Maßstab und unter sich verbessernden Bedingungen" (Marcuse 1970: 49). Dennoch erweisen sich die Beherrschten in der Verrichtung ihrer Arbeit nicht als frei, weil sie sich der unabhängigen Macht der spezialisierten Arbeitsteilung unterwerfen, womit ihre Existenz auf die Funktionserfüllung einer zuvor festgelegten Arbeitsexistenz beschränkt und damit entfremdet wird. Durch die scheinbare Konformität der Bedürfnisse der Beherrschten und Herrschenden invisibilisiert die Entfremdung der Arbeitnehmer (vgl. Marcuse 1970: 49 f). Gewachsen ist die Herrschaft des Menschen über den Menschen in der Evolution der Kultur selbst. Ausgehend von der Urhorde und ihrem kulturstiftenden Vatermord zeigt sich die Herrschaft als zentrales Prinzip der kulturellen Entwicklung, weil die Nachfahren des Urvaters zur Sicherung der Gemeinschaft das alte Herrschaftsprinzip des allmächtigen und in seiner Bedürfnisbefriedigung abgesicherten Vaters durch neue Herrschaftsstrukturen zur Sicherung der Bedürfnisse der Gruppe ersetzt haben. Seither manifestiert sich die historische Dialektik der Herrschaft in den zahlreichen Umbrüchen herrschaftlicher Strukturen, in denen alte durch neue Herrschaftsstrukturen ersetzt werden (vgl. Marcuse 1970: 62 ff). Die Ersetzung des Lustprinzips durch das Realitätsprinzip zeigt sich allerdings nicht nur in der Beobachtung der Kultur, sondern auch in der individuellen Entwicklung des einzelnen, in diese Kultur hineingeborenen Menschen, indem er die Gesetze und Gebote dieser Gesellschaft in seiner Sozialisation erlernt und internalisiert. Dabei internalisiert das Individuum nicht nur das phylogenetische Realitätsprinzip, es „introjiziert seine Herren und deren Befehle in seinen eigenen psychischen Apparat. Der Kampf gegen die Freiheit wiederholt sich in der Seele des Menschen als Selbstunterdrückung des unterdrückten Individuums, und die Selbstunterdrückung wiederum stützt die Herrschaft" (Marcuse 1970: 22). Dennoch schwindet das Lustprinzip in der Individuation nicht, es verbirgt sich vielmehr hinter der Ratio und bleibt als Unbewusstes erhalten. Als einziger, bewusster Teil, der sich dem Diktat der Ratio entzieht, bleibt dem Individuum seine Phantasie als Agent des Lustprinzips erhalten (vgl. Marcuse 1970: 20). Am deutlichsten tritt die herrschaftsorientierte Macht des Rationalitätsprinzips in der Unterwerfung der Sexualtriebe hervor.

„Die gesellschaftliche Organisation des Sexualtriebs belegt praktisch alle Manifestationen, die nicht der Fortpflanzung dienen oder sie vorbereiten, mit dem Tabu der Perversionen. Ohne die strenge Unterdrückung würden sie der Sublimierung entgegenwirken, von der die Entwicklung der Kultur abhängt."   (Marcuse 1970: 53)

In ihrer ursprünglichen Natürlichkeit zeigen sich die Sexualtriebe als polymorph pervers und autoerotisch. Doch das Realitätsprinzip fordert eine Sublimierung der sexuellen Befriedigung unter die Fortpflanzungsfunktion. Zu diesem Zweck wird die autoerotische Ausrichtung in der sexuellen Entwicklung des Individuums auf ein Objekt des anderen Geschlechts umgleitet. Ferner müssen sich die Partialtriebe in ihrer Befriedigung auf die Genitalität als zentralen sexuellen Primaten kanalisieren[160]. Daher werden die Befriedigung der Partialtriebe wie auch die nicht der Fortpflanzung dienende Sexualität als Perversionen gesellschaftlich tabuiert oder sublimiert. Dies hat „eine quantitative und qualitative Einschränkung der Sexualität zur Folge" in der Veränderung des Wesens der Sexualität (Marcuse 1970: 45). Sie kann nun nicht länger als ein autonomes Prinzip den gesamten menschlichen Organismus durchziehen und dergestalt lustvoll polymorph pervers reagieren lassen, sondern wird fragmentiert, spezialisiert und zeitlich eingeschränkt, wobei sie ihren Eigensinn verliert und zu einem teleologischen Mittel degradiert wird. Fortpflanzung erscheint in der ursprünglichen, unsublimierten Sexualität nur als ein Nebenprodukt der Bedürfnisbefriedigung (vgl. Marcuse 1970: 45). Mit der zunehmenden Rationalisierung des Realitätsprinzips spitzt sich die kulturelle Zurichtung der Sexualität immer mehr zu und kulminiert in dem Leistungsprinzip als reine Instrumentalisierung von Körper und Geist für die Erbringung entsprechender Arbeitsleistung. So folgen Arbeitsstruktur und Zurichtung des Körpers einer zweckdienlichen Zentralisierung, in deren Kontext der Körper desexualisiert wird und die Libido einzig in einem beschränkten Teil des Körpers konzentriert wird, wodurch der übrige Körper als Arbeitsinstrument eingesetzt werden kann (vgl. Marcuse 1970: 50 ff). In dieser Zurichtung des Körpers fungiert neben der Perversion auch die Phantasie als Bereich, der die Sexualität als Zweck an sich verteidigt. Die Phantasie als Bereich der freien Entfaltung des Lustprinzips schafft in ihren künstlerischen Ausformungen einen Raum der Verknüpfung sexueller „Perversionen mit den Urbildern völliger Freiheit und Erfüllung" (Marcuse 1970: 54).

Doch diese Zurichtung der Sexualität wird nicht als ewiglich verstanden, weil in einer weiter entwickelten Kultur die Aussöhnung zwischen Lustprinzip und Realitätsprinzip als möglich angesehen wird, wenn gerade ausgehend von den Errungenschaften der rationellen Fähigkeiten des Menschen eine Organisation der Fülle und des Überflusses zur Befriedigung der Existenzbedürfnisse errichtet werden kann, die in Einklang mit dem Lustprinzip steht. Diese kann sich aber nur „bei höchster Reife der Kultur und Zivilisation" konstituieren, „wenn alle Grundbedürfnisse mit einem Minimum an körperlicher und geistiger Ener-

---

[160] Zu diesem psychoanalytischen Verständnis der sexuellen Entwicklung vgl. die Ausführungen in Kap. 5.3.6.

gie, in einem Minimum an Zeit befriedigt werden können" (Marcuse 1970: 193). Zeigt sich die zugerichtete Sexualität innerhalb der Institutionen des Realitätsprinzips befindlich, könnte eine Wandlung der gesellschaftlichen Machtverhältnisse zu einer massiven Freisetzung der Libido führen, die eine „Erotisierung der Gesamtpersönlichkeit" statt einer Genitalfixierung privilegiert (Marcuse 1970: 199). Denn innerhalb der gewandelten Institutionen der Gesellschaft könnte die Lidibo die Bereiche erotisieren, die bis dahin tabuiert sind, während die ungehinderte Sexualität als kulturvernichtende Kraft in ihrer Selbst-Sublimierung abgemildert wird (vgl. Marcuse: 195 ff). Dies ist möglich, weil das menschliche Sexualverhalten nicht gänzlich in der animalischen Sexualität aufgeht, sondern zudem die Erotik impliziert, welche als soziale Erweiterung der Sexualität zu verstehen ist, und der damit „ein der Libido selbst inhärentes Streben nach ‚kulturellem' Ausdruck ohne äußere repressive Modifikationen" innewohnt (Marcuse 1970: 205). Nur unter den Bedingungen der herrschaftsfreien Gesellschaft kann die Sexualität in ihrer ungezügelten Form zu Tage treten, ohne eine Bedrohung für die Kultur darzustellen, weil dann erst „der Organismus nicht als ein Instrument entfremdeter Arbeit existiert, sondern als ein Subjekt der Selbstrealisierung – mit anderen Worten, wenn sozial nützliche Arbeit gleichzeitig auch echte Bedürfnisbefriedigung eines individuellen Bedürfnisses darstellt" (Marcuse 1970: 207).

Das Einsetzen des Leistungsprinzips zur sexuellen Repression erweist als ein Konstrukt der Aufklärung, da im Kontext der Verbürgerlichung westlicher Gesellschaften die Verdrängung des Sexuellen zum Aufstieg des Bürgertums erheblich beitrug. So wird unter Berücksichtung des *Prozess der Zivilisation* die Sexualität ab dem 17. Jahrhundert zunehmend moralisch problematisiert, wobei ihr im Wechsel von der traditionalen Agrar- zur bürgerlichen Gesellschaft eine völlig andere Bedeutung beigemessen wird, indem die positive Einstellung gegenüber der Körperlichkeit verloren geht (vgl. Ussel 1977: 48 ff).

„Weitreichend war auch der Einfluß, den die bürgerliche Einstellung auf die Basis einer prosexuellen Lebensweise hatte: Lust, Körperlichkeit, Freude, Aufwand an Zeit und Energie für das Sexuelle. Der Bürger trachtete vor allem nach der Verwirklichung eines Ideals, das im 19. Jahrhundert als das christliche, sogar als das allgemein menschliche Ideal angesehen wurde, nämlich die Einheit von Sexualität, Ehe, Liebe und Fortpflanzung. Sexualität ohne Ehe wurde bekämpft: freie Liebe, vorehelicher Koitus und außerehelicher Verkehr; ebenso Sexualität ohne Liebe: Prostitution und Selbstbefriedigung; weiterhin Sexualität ohne Fortpflanzung: Homosexualität, infantile Sexualität und Sexualität nach den ‚Wechseljahren'."   (Ussel 1977: 50)

Diese unter dem Begriff der „Repressionshypothese"[161] (Foucault 1983: 17) zusammenfassbaren Ansätze zeichnen einen Zusammenhang zwischen Sexualität und Macht, wonach die Macht Sexualität in erster Linie begrenzt und unterdrückt, um sie anderen Zwecken dienlich zu machen. Sexualität dagegen erscheint als etwas, das eine ursprünglich-natürliche Form hat, deren Entfaltung seitens der Macht verhindert wird. Dieser Operationalisierung eines Weberschen Machtverständnisses kann ein produktives Machtverständnis gegenübergestellt werden, das den Zusammenhang von Sexualität und Macht in der Positivität des Funktionierens der Macht[162] analysiert. Dabei unterdrückt diese produktive Macht Sexualität nicht, sondern bringt sie im Gegenteil in der exklusiven Verbindung zum Wissen erst hervor. Die Zurückweisung eines restriktiven Machtbegriffs, der vornehmlich als juristische Konzeption mit einem restringierenden Gesetz und der Durchsetzung von Herrschaft gleichzusetzen ist, erscheint ganz zentral, will man verstehen, warum Macht überhaupt Akzeptanz erfährt. Diese kann sich die Macht nur sichern, wenn „sie nicht nur als neinsagende Gewalt auf uns lastet, sondern in Wirklichkeit die Körper durchdringt, Dinge produziert, Lust verursacht, Wissen hervorbringt, Diskurse produziert; man muß sie als ein produktives Netz auffassen, das den ganzen sozialen Körper überzieht und nicht so sehr als negative Instanz, deren Funktion in der Unterdrückung besteht" (Foucault 1978: 35). Dabei soll der repressive Gehalt von Macht keinesfalls geleugnet werden, doch geht die Macht in der Repression nicht auf. Vor dem Hintergrund dieser produktiven Macht muss die Repressionshypothese selbst als integraler Bestandteil in einer allgemeinen Ökonomie der Diskurse über Sexualität angesiedelt werden, während sich die Frage nach dem Verhältnis von Macht, Wissen und Lust stellt (vgl. Foucault 1983: 18).

Als zentrale These wird daher formuliert, dass in den westlichen Gesellschaften ab dem 16. Jahrhundert gerade keine Repression der Sexualität, sondern ein Anreizungsprozess festzustellen ist, der zu einer Ausweitung der Diskurse über Sexualität führt. Diese Diskurse pflanzen genau die polymorphen Sexualitäten in die Subjektkonstitution ein, die sie selbst erst artikulieren. Hierin begründet sich der *Wille zum Wissen*, der sogar eine eigene Wissenschaft hervorbringt und der Sexualität mit der Suche nach der sexuellen Wahrheit begegnet (vgl. Foucault 1983: 20). Hierzu konstituiert sich ein Relaissystem, das einerseits einen

---

[161] Eine sehr spannende Zusammenführung der Diskurstheorie und der Psychoanalyse findet sich bei Lauretis (1999), die Sexualität als einen „Nexus wechselseitiger Effekte zwischen psychischer und gesellschaftlicher Realität, der eine ununterbrochene Modifikation im Subjekt als einem Körper-Ich mit sich bringt" (ebd.: 255), konzipiert. Da jedoch diese Ausarbeitung in dem Pornographiediskurs bislang keine Berücksichtigung gefunden hat, wird an dieser Stelle auf eine Ausführung verzichtet, wenngleich sich diese Konzeption als sehr brauchbar für zukünftige Analysen pornographischer Medienangebote erweisen kann.

[162] Zu der Bedeutung des Foucaultschen Machtbegriffs vgl. die Ausführungen in Kap. 2.1.2.

generellen Diskursivierungsimperativ impliziert, andererseits aber auch immer wieder spezifische Schweigegebote und Tabus erlässt, um die Entfaltung der Machtbeziehungen in ihrer vollen Produktivität zu garantieren (vgl. Foucault 1978: 188). In diesem Relaissystem wird dem Sex zunächst ein Geheimnis attestiert und eingeschrieben, das es in den Diskursen zu entziffern gilt (vgl. Foucault 1983: 39 f).

„Die modernen Gesellschaften zeichnen sich nicht dadurch aus, daß sie den Sex ins Dunkel verbannen, sondern daß sie unablässig von ihm sprechen und ihn als das Geheimnis geltend machen."   (Foucault 1983: 40)

Den Ausgangspunkt der Diskursexpansion über Sexualität stellen die Ausweitung des Beichtsakraments auf alle Bevölkerungsschichten und das korrelierende katholische Pastoral seit dem 16. Jahrhundert dar. Bereits zuvor mussten die Beichtenden ihren Beichtvätern zur Vergebung ihrer Sünden ein explizites und vollständiges Geständnis über ihre ausgelebten, sexuellen Akte liefern. Mit dem tridentinischen Konzil wird zwar die Sprache der Beichte sanktioniert und ein Diskretionsgebot eingeführt, dafür erstreckt sich das Geständnis nunmehr auch auf das Seelenleben der Beichtenden, die sexuelle Gedanken und Begehren preisgeben müssen, um die Vergebung ihrer Sünden zu erwirken, wodurch die Introspektion und Interpretation sexueller Gedanken und Begehren zunehmend an Bedeutung gewinnen. Der Geständnisdiskurs der Beichte versucht, sämtliche Aspekte der Sexualität in der Körper-Seele-Verbindung in einem fixierten Vokabular zu erfassen (vgl. Foucault 1983: 24 ff). Hierin etabliert die auf dem Geständnis basierende Beichte einen Imperativ, „nicht nur gesetzeswidriges Handeln zu beichten, sondern aus seinem Begehren, aus seinem gesamten Begehren einen Diskurs zu machen" (Foucault 1983: 26). An Relevanz außerhalb des Beichtstuhls gewinnt die Sexualität mit der Etablierung der Bevölkerungspolitik nach der Aufklärung, welche Sexualität als zentralen Angelpunkt für die Regulierung der Bevölkerung ausmacht und darin die Notwendigkeit begründet, sich mit dem niederen Thema der Sexualität in gesellschaftlich relevanten Diskursen auseinanderzusetzen und Wissen über Sexualität zu akkumulieren (vgl. Foucault 1983: 30 ff).

Hinsichtlich der Konstruktion einer Wahrheit des Sexes können zwei Verfahren voneinander getrennt werden, die eine soziokulturell divergierende Ausformung haben und damit unterschiedliche Verbindungen von Macht, Wissen und Sexualität begründen. Auf der einen Seite kann die ars erotica identifiziert werden, wobei die Wahrheit des Sexes an die Lust selber gekoppelt ist, weil sie über die sexuellen Praktiken und Erfahrungen direkt vermittelt wird. Die Wahrheit des Sexes offenbart sich nur in ihrer Selbstrefentialität, wenn diese Wahrheit an der sexuellen Intensität, Dauer, Qualität und Ausstrahlung auf Körper und Seele bemessen wird. Das so gewonnene Wissen fließt unmittelbar wieder in die sexuelle Tätigkeit mit ein. Weil dieses sexuelle Wissen als besonders kostbar gewertet wird, wird es geheim gehalten und nur in der Initiation durch einen wissenden Wahrer des Sexgeheimnisses weitergegeben. Die Partizipienten wähnen sich als Auserwählte einer geheimen Lehre, die sie verwandelt und ihnen Optionen auf die absolute Körperbeherrschung ebenso eröffnet sowie auf den selbstbestimmten Zugang zu dem Elixier des Lebens in Gestalt des Vergessens von Zeit und Grenzen individueller Existenz während der sexuellen Erfahrung. Auf der anderen Seite hat sich in dem westlichen Kulturkreis eine scientia sexualis mit spezifischen Prozeduren des auf eine Form von Macht-Wissen zielenden Geständnisses etabliert. Dabei nimmt das Geständnis die verschiedensten Gestalten an, die von der ursprünglichen Form der Beichte über Vernehmungs- und Verhörtaktiken bis hin zu Therapeutengesprächen reichen. Das Geständnis kann von dem Subjekt sowohl freiwillig als auch unter Zwang geäußert werden (vgl. Foucault 1983: 61 f). Mit der Bindung der Wahrheit an das Geständnis hat es „sich in das Herz der Verfahren eingeschrieben, durch die die Macht die Individualisierung betreibt" (Foucault 1983: 62). Die Selbstprüfung avanciert zu dem wesentlichen Verfahren der Vergewisserung des Selbst und seines Bewusstseins. Dabei verbinden sich Sexualität und Wahrheit in dem Geständnis durch Erforschung und Preisgabe eines individuellen Geheimnisses. Eingelassen ist das Geständnis stets in ein Diskursritual, in dem das sprechende Subjekt mit dem Objekt der Aussage zusammenfällt und sich unter die Autorität seines Zuhörers unterordnet. Insofern handelt es sich hierbei um ein von Machtverhältnissen eingeschlossenes Diskursritual, weil dieses zumindest die virtuelle Präsenz eines zuhörenden, bewertenden, abschätzenden, strafenden oder vergebenden Interpreten der geäußerten Wahrheit verlangt. Die Wahrheitskonstruktion mittels Diskursivierung impliziert immer Machtstrukturen statt eines souveränen Willens, wie ihn der Initiationsweg der ars erotica beherbergt. Der Wahrheitsdiskurs fordert somit eine Durchbrechung des Schweigens und die Durchsetzung der geforderten und willfährigen Rede (vgl. Foucault 1983: 63 ff).

Das Geständnis begründet bis heute die allgemeine Matrix, die die Produktion des Diskurses über die Wahrheit des Sexes determiniert. In seinen Gestalten bindet sich der Sexualitätsdiskurs in der Säkularisierung an Strategien der Wissensproduktion wie der Pädagogik oder der Medizin, wodurch sich der Diskurs über Sexualität in die verschiedensten sozialen Beziehungen einschreibt und in seiner Diversifikation zahlreiche Motivationen und Wirkungen produziert. Während die christliche Beichte vor allem in unzähligen Einzeldiskursen Sexualität thematisiert, wird mit der Bindung an die gesellschaftlich relevanten Diskurse versucht, ein Archiv zu fixieren und zu erforschen, auf dass die Wahrheit des Sexes nicht mehr flüchtig zu Tage tritt, sondern beständig festgehalten werden und damit eine Akkumulation von Wissen erfolgen kann (vgl. Foucault 1983: 65 ff). Mit dem 19. Jahrhundert überlappen sich die wissenschaftliche Diskursivität und die Prozeduren des Geständnisses, wodurch die Sexologie evolvieren kann. Indem das Geständnisritual den wissenschaftlichen Diskursen durch verschiedene Anpassungsmechanismen dienstbar gemacht wird, positioniert sich die Sexualwissenschaft an eine privilegierte Stelle der scientia sexualis, wenn die Verfahren des verwissenschaftlichen Geständnisses die Wahrheiten des Sexes produzieren. In diesen Diskursen offenbart sich die Sexualität als notweniges Korrelat der scientia sexualis (vgl. Foucault 1983: 68 ff). Als solches wird es als ein von zu entschlüsselnden Bedeutungen durchzogenes Feld vorgestellt, das sich aus unbestimmten Kausalitätsbeziehungen zusammensetzt und einen zentralen Brennpunkt der Subjektkonstitution konstituiert. Das Streben nach der Wahrheit des Sexes erweist sich als ein Aspekt der umfassenden Suche nach dem Wissen vom Subjekt[163]. Dieses Streben folgt den Erfordernissen des privilegiert positionierten, wissenschaftlichen Diskurses, in dem sich immer schon Machtmechanismen immanent widerspiegeln (vgl. Foucault 1983: 71 ff). Insbesondere die Medizin mit ihren Analyse- und Untersuchungsverfahren nimmt in der scientia sexualis ab dem Beginn des 19. Jahrhunderts eine herausragende Stellung ein (vgl. Foucault 1983: 116 ff). In ihrem Bemühen, das sexuelle Verhalten zu normieren, betrachtet sie die Sexualität unter funktionalen, organischen und geistigen Aspekten, um periphere und abweichende Sexualitäten in ihrer Pathologisierung erfassen und klassifizieren zu können (vgl. Foucault 1983: 45 ff).

Doch erweist sich die scientia sexualis in ihrer Fokussierung auf die Wahrheit des Sexes keinesfalls als fern der Lust, denn in dem Maß ihrer Ausdifferenzierung auf der Suche nach der Wahrheit des Sexes können potentiell auch durch sie initiierte innere Lüste vervielfacht, intensiviert oder produziert werden (vgl. Foucault 1983: 74).

„Man sagt häufig, wir seien unfähig gewesen, uns neue Lüste zu ersinnen. Wir haben zumindest eine neue Lust erfunden: die Lust an der Wahrheit der Lust, die Lust sie zu wissen, die anzukleiden, sie zu enthüllen, sich von ihrem Anblick faszinieren zu lassen,

---

[163] Während die auf die Techniken des Selbst ausgerichteten Bände 2 und 3 der *Wahrheit und Sexualität* das Subjekt wesentlich deutlicher in den Mittelpunkt ihres Interesses stellen, impliziert bereits der Band 1 die Subjektkonstitution. Insofern erscheint der Übergang von der Sexualität als Dispositiv der Macht zu einer Kultur des Selbst keinesfalls als ein „Bruch im Denken des Philosophen", wie mitunter angenommen (Lautmann 2002: 252). Vielmehr scheint in erster Linie der Fokus anders ausgerichtet, wodurch das Subjekt einerseits als Machteffekt zu werten ist, andererseits aber innerhalb der es konstituierenden Machtverhältnisse über Gegenmachtpotentiale verfügt. Vgl. hierzu auch Maasen (1998).

sie zu sagen, andere mit ihr zu fangen und zu fesseln, sie im verborgenen mitzuteilen, sie listig aufzuspüren; die spezifische Lust am wahren Diskurs über die Lust."

(Foucault 1983: 74)

Der grundlegende Mechanismus des Sexualitätsdiskurses produziert die Sexualität genau in den Machtverhältnissen, in denen man sie zu durchleuchten, zu erforschen und zu kolonialisieren trachtet, wobei sich die Diskurse über Sexualität in das Sexualitätsdispositiv einfügen und dort verdichten (Foucault 1978: 185). Sexualität ist im Laufe der abendländischen Geschichte eine immer größere Relevanz zugeschrieben worden, sodass sich neben der augenscheinlichen binären Codierung der Sexualitätssemantik von Körper und Geist und der sexuellen Mechanikkonstruktion ein umfassendes sexuelles Rationalitätsfeld etablieren kann, das nach einer eigenen Logik operiert. Hierin reift die Sexualität zu dem „Universalschlüssel, wenn es darum geht zu wissen, wer wir sind", weil die abendländische Geschichte „uns nahezu vollständig – uns, unseren Körper, unsere Seele, unsere Individualität, unsere Geschichte – unter das Zeichen einer Logik der Begierde und des Begehren geraten lassen" hat (Foucault 1983: 80). In dem Sexualitätsdispositiv verbinden sich Macht und Begehren auf außerordentlich komplexe Art und Weise (vgl. Foucault 1983: 83). Dabei erweist sich Sexualität für die gesellschaftlichen Kräfteverhältnisse der Macht als zentraler Aspekt, der für die verschiedensten Manöver operationalisierbar und als Stütz- wie Verbindungspunkt für die unterschiedlichsten Strategien des Taktierens einsetzbar ist (vgl. Foucault 1983: 103). Die scientia sexualis produziert innerhalb dieses Sexualitätsdispositivs mittels der Benennung und Einstufung entpersönlichter Sexualitäten genau diese erst, indem die Klassifizierungen als zentrale Eckpfeiler der Subjektkonstitution herangezogen werden[164]. Ob ihrer besonderen Bedeutungszuschreibung durchdringen die produzierten Sexualitäten den Körper ebenso wie die Charakterstrukturen, wobei durch die Privilegierung der Medizin innerhalb der scientia sexualis eine Ausrichtung auf Gesundheit und Pathologie gelegt wird. Somit verbindet das Sexualitätsdispositiv die produktive Macht mit den Subjektkörpern, wodurch einerseits eine Steigerung der Kontrolle erzielt wird. Andererseits werden der Macht so aber auch sinnliche Qualitäten eingeschrieben, die in der Lust an der Macht, der Kontrollverlust-Lust oder der Lust, gegen die Macht vorzugehen, besonders erkenntlich werden. In der Verknüpfung von Körper und Sex entstehen unaufhörliche Spi-

---

[164] Unter Berücksichtigung der technischen Entwicklungen des Internets drängt sich die Frage auf, inwiefern die Einpflanzung disperser Sexualitäten nunmehr nicht nur von wissenschaftlichen Diskursen, sondern vor allem von Diskursen von Interessengemeinschaften und Selbstdarstellungen vorangetrieben wird. Die wissenschaftlichen Diskurse haben gegenwärtig angesichts der Diskursexplosion des sprechenden Sexes eher Schwierigkeiten, diese überhaupt noch erfassen und klassifizieren zu können.

ralen, in denen sich Lust und Macht ineinander verschränken. Diesen ineinander verschränkten Spiralen entwächst ein Netzwerk der Lust-Mächte, das über zahlreiche Punkte und Beziehungen das gesellschaftliche Subjekt umschließt (vgl. Foucault 1983: 46 ff).

„Nun besitzt diese Macht weder die Form des Gesetzes noch die Wirkungen des Verbots. Sie vollzieht sich statt dessen durch die Vermehrung spezifischer Sexualitäten. Sie setzt der Sexualität keine Grenzen, sondern dehnt ihre verschiedenen Formen aus, indem sie sie auf unbegrenzten Durchdringungslinien verfolgt. Sie schließt sie nicht aus, sondern schließt sie als Spezifizierungsmerkmal der Individuen in den Körper ein. Sie sucht ihr nicht auszuweichen, sondern zieht mit Hilfe von Spiralen, in denen Macht und Lust sich verstärken, ihre Varietät ans Licht; sie errichtet keine Blockade, sondern schafft Orte maximaler Sättigung. Sie produziert und fixiert die sexuelle Disparität. Die moderne Gesellschaft ist pervers, aber nicht trotz ihres Puritanismus oder als Folge ihrer Heuchelei; sie ist wirklich und direkt pervers." (Foucault 1983: 51)

So produziert das Sexualitätsdispositiv divergierende Sexualitäten für verschiedene Alterstufen, Neigungen, Praktiken und Beziehungstypen, wobei diese Sexualitäten stets an die Machtverhältnisse des Sexualitätsdispositiv gebunden sind, indem die spezifischen Lüste der Machtprozeduren in die Körper und Charakterstrukturen der Subjekte eingepflanzt werden (vgl. Foucault 1983: 51 f).
Das Sexualitätsdispositiv setzt in seiner Entwicklung auf den Geständnisprozeduren der christlichen Doktrin auf und übernimmt von ihr die grundlegende Relevanzzuschreibung der Sexualität. In seiner Emergenz und Etablierung seit dem 18. Jahrhundert bedient es sich zahlreicher Strategien, von denen die offensichtlichsten die Pädagogisierung des kindlichen Sexes, die Hysterisierung des weiblichen Körpers, die Psychiatrisierung der perversen Lust und Sozialisierung des Fortpflanzungsverhaltens sind, wobei als zentrale Instanz die Familie von diesen Strategien durchdrungen und als Hauptfaktor der Sexualisierung eingesetzt wird (vgl. Foucault 1983: 111).
Die Pädagogisierung des kindlichen Sexes entfaltet sich darin, dass sich Kinder trotz ihrer Konzeptionierung als vorsexuelle Wesen der sexuellen Betätigung hingeben, die allerdings ungehörig erscheint und für die weitere Entwicklung der Kinder mit Gefahren verbunden sein soll. Ihre konkreteste Formulierung findet diese Strategie des Sexualitätsdispositivs in der Verdammung der Onanie.
Die Hysterisierung des weiblichen Körpers erweist sich als ein dreifacher Verbindungsprozess, in dessen Verlauf der weibliche Körper als zur Gänze von Sexualität durchdrungen analysiert, klassifiziert und disqualifiziert wird. In der Pathologisierung der Hysterie wird der weibliche Körper in das Feld der medizinischen Praktiken integriert und zunächst in Verbindung mit dem Gesellschaftskörper gebracht, weil der weibliche Körper die Fruchtbarkeit der Gesell-

schaft regelt und gewährleisten muss. Daneben wird der weibliche Körper in den Raum der Familie eingesetzt, weil sowohl der weibliche Körper als auch die weibliche Psyche das Funktionieren der mit dem Bürgertum aufgestiegenen Kleinfamilie mittragen. Schließlich bindet sich hieran auch die Relevanz des weiblichen Sexualkörpers für das gesamte Leben der Kinder, weil die Mutter als zentrale Instanz der biologisch-moralischen Entwicklung der Kinder fungiert. In den biologisch-medizinischen Diskursen wird ein sexueller Instinkt zunächst diskursiv freigelegt, um als autonomer, biologischer Instinkt eine normalisierende oder eine abweichende Entwicklung zu nehmen, die das weitere Verhalten eines Subjekts zu erklären vermag. Hierdurch können abweichende Entwicklungen pathologisiert werden und Korrekturtechniken entwickelt und eingesetzt werden. In der Sozialisierung des Fortpflanzungsverhaltens wird der Sex zur gewichtigen Kategorie verschiedener sozialer Machtverhältnisse. In der ökonomischen Sozialisierung wird der Sex als Basis der Fortpflanzung an soziale und steuerliche Maßnahmen gebunden. Mittels der politischen Sozialisierung soll sich das Subjekt in seinem Sexualverhalten in Verantwortlichkeit gegenüber dem gesamten Gesellschaftskörper positionieren. Schließlich deutet die medizinische Sozialisierung des Sexualverhaltens auf die verschiedenen Praktiken der Geburtenkontrolle. Durch diese vier Strategien werden die vier von dem Sexualitätsdispositiv klassifizierten und analysierten Figuren des masturbierenden Kindes, der hysterischen Frau, des perversen Erwachsenen und des familienplanenden Paars erst in die sozialen Machtverhältnisse eingelassen und dort fest verankert (vgl. Foucault 1983: 103 ff). In dieser Verankerung spielt die Institution der Familie, die mit dem Aufstieg des Bürgertums massiv an Relevanz gewinnt, eine herausragende Rolle, weil in der Familie mit ihren zwei von dem Sexualitätsdispositiv durchzogenen Hauptachsen Mann – Frau und Eltern – Kinder die Produktion der Sexualität gewährleistet wird (vgl. Foucault 1983: 107).

Mit der Verschiebung hin zu der Sonderstellung der bürgerlichen Familie verliert das Allianzdispositiv, das bis zu dem 18. Jahrhundert die sexuellen Beziehungen vor allem unter dem Aspekt akzeptabler Sexualbeziehungen und ökonomischer Sicherung reguliert und stabilisiert hat, seine Vormachtstellung zugunsten des Sexualitätsdispositivs. Durch die familiären Strukturen wird in das Sexualitätsdispositiv die Dimension des Juridischen eingelassen und zugleich werden in das Allianzdispositiv die Ökonomie der Lust und die Intensität der Empfindungen injiziert. Dabei überlagert das Sexualitätsdispositiv das Allianzdispositiv lediglich und löst es keinesfalls auf, während die Familie zu dem zentralen gesellschaftlichen Brennpunkt der Sexualität avanciert (vgl. Foucault 1983: 105 ff). Innerhalb der Familie fungieren die Eltern als zentrale Agenten des Sexualitätsdispositivs, um von außen durch Pädagogen, Psychiater und Ärzte gestützt zu werden (vgl. Foucault 1983: 108). Technologisch operationalisiert das Sexualitätsdispositiv in der sexuellen Durchdringung der Familie die Geständnisprozeduren sowie die medizinischen Technologien des Sexes (vgl. Foucault 1983: 118 ff).

Dennoch stellt sich die Frage, warum die Sexualität dergestalt zentral werden kann, dass sie sich in dem Sexualitätsdispositiv zu einer sozial relevanten Achse der Subjektkonstitution verdichtet, zumal bereits die mittelalterliche Obacht bezüglich des sündigen Fleisches der Sexualität zentrale Bedeutung beimisst. Diese Verdichtung kann keinesfalls aus den Diskursen über Sexualität oder den sexuellen Praktiken allein hervorgehen, vielmehr kann diese nur durch eine Veränderung der sozialen Macht erklärt werden, die wesentlich für die Grundierung des Sexualitätsdispositivs ist. Mit der Auflösung des Ancien Régime verliert die souveräne Macht mit ihrem Recht der Entscheidung über Leben und Tod zunehmend an Relevanz und stattdessen fördern die tiefgreifenden Transformationen der Machtmechanismen eine wesentlich komplexere Macht zu Tage, die das Zugriffsrecht auf Leben und Tod zwar noch impliziert, aber weitaus mehr umfasst. Diese moderne Macht zielt auf die Hervorbringung, das Wachstum und die Ordnung von Kräften, sie will gerade nicht hemmen, beugen oder vernichten. Als Hauptaufgabe widmet sich die moderne, von einem personifizierten Souverän unabhängige Macht auf die Sicherung, Mehrung und Verwaltung von Leben (vgl. Foucault 1983: 131 ff). Diese seit dem 17. Jahrhundert emergierte Bio-Macht operationalisiert ihre Aufgabe sowohl über die Disziplinierung der politischen Anatomie des menschlichen Körpers als auch über eine regulierende Kontrolle der Bio-Politik der Bevölkerung (vgl. Foucault 1983: 134 ff). Gerade in den wissenschaftlichen Diskursen über Sexualität werden diese beiden Machttechniken zu einer Theorie verknüpft, die in dem Sexualitätsdispositiv eine Vormachtsstellung einnimmt, wobei die Regulierung keinesfalls ausschließlich über Verbote und Unterdrückung erfolgen kann, sondern in erster Linie über theoretisch begründete und damit legitimierte Normierungen. Das bedeutet aber nicht, dass die Bio-Macht nicht über repressives Potential verfügt, dieses bleibt weiterhin integraler, aber nicht mehr zentraler Aspekt der Macht (vgl. Foucault 1983: 136 ff). Die Organisation des Lebens „in einem Bereich von Wert und Nutzen" verlangt, dass die Bio-Macht „die Subjekte an der Norm" ausrichtet, „indem sie sie um diese herum anordnet", womit die sich die moderne „Normierungsgesellschaft" als „der historische Effekt einer auf das Leben gerichteten Machtechnologie" aufdecken lässt (Foucault 1983: 139). Und für diese Bio-Macht erweist sich die Sexualität als ein zentraler Mechanismus der Normierung und Regulierung des Lebens, denn der „Sex eröffnet den Zugang sowohl zum Leben des Körpers wie zum Leben der Gattung. Er dient als Matrix der Disziplinen und als Prinzip der Regulierung" (Foucault 1983: 141).

„Allgemein wird also der Sex am Kreuzpunkt von ‚Körper' und ‚Bevölkerung' zur zentralen Zielscheibe für eine Macht, deren Organisation eher auf der Verwaltung des Lebens als auf der Drohung mit dem Tode beruht."   (Foucault 1983: 142)

Doch genau durch die Konstruktion und die Instrumentalisierung des Sexes innerhalb des historisch gewachsenen Sexualitätsdispositivs zeigt sich, dass der Sex nicht als eine urwüchsige und natürliche Essenz innerhalb des Menschen gedacht werden kann. In den vier Strategien des Sexualitätsdispositivs wird Sex jeweils vollkommen divergierend diskursiviert. Aus diesen verschiedenen Diskursen konstituiert sich langsam eine umfassende Theorie des Sexes, in der Sex zu dem universalen Signifikanten aufgrund seiner paradoxen Struktur, die ihm die verschiedenen Diskurse attestieren, avanciert. Der Sex ist demnach gleichzeitig Mangel und gegebene Anatomie, Funktion und Latenz, Trieb und Sinn. Doch genau hierdurch kann die prinzipielle Beziehung des Subjekts zur Macht auch umgekehrt imaginiert werden, sodass die Sexualität nicht der Macht geschuldet ist, sondern gerade als Moment der Subversion fungiert, welches von der Macht beständig bedroht wird (vgl. Foucault 1983: 147 ff).

Damit wird der Sex als „das spekulativste, das idealste, das innerlichste Element in einem Sexualitätsdispositiv" in den Dienst der Macht zur Einschreibung der Sexualität in den Körper genommen (Foucault 1983: 149). Der Sex als der Punkt im Sexualitätsdispositiv, von dem aus das Subjekt „Zugang zu seiner Selbsterkenntnis", „zur Totalität seines Körpers" und „zu seiner Identität" erlangen soll, wird zu dem zentralen, imaginären Dreh- und Angelpunkt des Begehrens, das die Konstitution des Subjekts durchwirkt. Denn „ihn zu haben, zu ihm Zugang zu haben, ihn zu entdecken, ihn diskursiv zu artikulieren, seine Wahrheit zu formulieren", das wird zum Imperativ in der Subjektkonstitution (Foucault 1983: 150 f). Eine mächtige Entgegenstrebung zum und Umcodierung des Sexualitätsdispositiv kann daher auch nicht von dem Sex und seinem Begehren ausgehen, weil das Sex-Begehren nur eine Illusion, aber eine zentrale Illusion, des Sexualitätsdispositiv darstellt, die zu der Verstrickung des sexuellen Selbst in die es konstituierenden Machtstrategien beiträgt (vgl. Foucault 1983: 151).

„Man muß sich von der Instanz des Sexes frei machen, will man die Mechanismen der Sexualität taktisch umkehren, um die Körper, die Lüste, die Wissen in ihrer Vielschichtigkeit und Widerstandsfähigkeit gegen die Zugriffe der Macht auszuspielen. Gegen das Sexualitätsdispositiv kann der Stützpunkt des Gegenangriffs nicht das Sex-Begehren sein, sondern die Körper[165] und die Lüste."   (Foucault 1983: 151)

---

[165] Einschränkend verweist Foucault allerdings selbst auf die materielle Durchdringung auch des Körpers ohne eine Beeinflussung des Bewusstseins (Foucault 1978: 108 ff). Dics weist einerseits in eine Richtung, die Butler (1997b) weiter verfolgt, andererseits kann hierin eine Nähe zum

Diesem Ansatz der diskursiven Einschreibung der Sexualität durch das Sexualitätsdispositiv wird von feministischer Seite oftmals vorgeworfen, er sei androzentrisch in der Konzeption der Sexualität, weil er die Machtdifferenzen übersehe, die sich an die Geschlechtlichkeit binden. Trotzdem beeinflusst seine Rezeption die feministische Theoriebildung erheblich, wobei er aufgegriffen und mit Blick auf das geschlechtliche Sexualsubjekt modifiziert wird. Ausgehend von dem konstruktivistisch-diskurstheoretischen Ansatz produktiver Macht werden deren Kapazitäten nicht nur bei der Hervorbringung positiver Strukturen, sondern auch restriktiver Strukturen betont. Daneben wird zu einer Vorsicht gegenüber diskursiven Generalisierungen gemahnt, da in unterschiedlichen sozialen Milieus durchaus divergierende Einschreibungsprozesse gelten. Zudem muss in der Operationalisierung eines diskurstheoretischen Ansatzes immer bedacht werden, dass die analysierten Begriffe sowie die für die Analyse verwendeten Begriffe historisch stets in bestimmte Kontexte eingebettet und über die Zeit in ihrer Zuschreibung und Konnotation wandelbar sind (vgl. Rubin 1984: 278). Dennoch erweist sich die Diskurstheorie für den Feminismus und die Gender Studies in der Aufbrechung der Biologisierung und Normalisierung der Sexualität als brauchbarer Ansatz, wenn die kulturelle Konstruiertheit der Geschlechtskategorie sowie die Machtimplikationen der Sexualitätskonstruktion aufgedeckt und untersucht werden sollen (vgl. Rubin 1984: 276). Sexualität fungiert ganz wesentlich als ein Nexus der Beziehungen der Geschlechter, weil ein großer Teil der Unterdrückung der Frau durch Sexualität entsteht und durch diese übermittelt wird. Dennoch dürfen die distinkten Kategorien von Sexualität und Geschlecht keinesfalls synonym gesetzt, wie in der kulturfeministischen Position oftmals geschehen, und miteinander verwechselt werden, nur weil sie sich aneinander anlehnen (vgl. Rubin 1984: 308).

In der Analyse der Machtdifferenzen in der Sexualitätskonstruktion zeigen sich neben der Biologisierung der Sexualität „at least five other ideological formations whose grip is so strong that to fail to discuss them is to remain enmeshed within them. These are sex negativity, the fallacy of misplaced scale, the hierarchical valuation of sex acts, the domino theory of sexual peril, and the lack of a concept of benign sexual variation" (Rubin 1984: 278).

Die Bewertung des Sexes als gefährlich und negativ per se hat in den westlichen Kulturen eine lange Tradition und findet in der christlichen Sexualmoral ihre erste explizite Ausformulierung. Da der Körper dem Geist generell als unterlegen gewertet wird und vor allem die Genitalien eine negative Konnotierung erfahren, steht die Sexualität unter dem Generalverdacht der Schuld. An diese

---

Habitus-Konzept Bourdieus (1987) gesehen werden, in welchem auch der Körper habituell durchdrungen ist und der körperliche Habitus für soziale Aufsteiger stets besonders schwer, wenn überhaupt an die neue Sozialklasse anzugleichen ist.

Negativbewertung des Sexes bindet sich eine Täuschung über die Relevanz sexuellen Verhaltens und Erlebens. Mit der christlichen Sexualmoral avanciert die Sexualität zu der zentralen Grundlage für die Bewertung menschlichen Verhaltens und wird als unverhältnismäßig relevant signifiziert. In dieser Tradition nimmt die Regulierung des sexuellen Verhaltens eine privilegierte Stellung in der Wahrnehmung und der Rechtsprechung ein (vgl. Rubin 1984: 278). Doch nicht alle Sexualakte werden gleichermaßen legitimiert, stattdessen werden sexuelle Handlungen anhand eines hierarchischen Wertesystems beurteilt, das das heterosexuelle und auf die Fortpflanzung ausgerichtete Verhalten innerhalb der Ehe an die Spitze stellt. Unverheiratete, heterosexuelle Paare sowie alleinlebende Heterosexuelle folgen in der Hierarchisierung, wobei für die heterosexuellen Singles gilt, dass autoerotische Verhaltensweisen vornehmlich als Substitut für einen fehlenden Partner eingestuft werden. Langjährige homosexuelle Partnerschaften erfahren mittlerweile im Kontext der Hierarchisierung mehr Anerkennung, wenngleich homosexuelles Sexualverhalten keinesfalls gleichermaßen positiv bewertet wird wie heterosexuelles. Homosexuelles Sexualverhalten, das außerhalb von festen Partnerschaften hedonistisch oder promisk gelebt wird, verzeichnet dagegen keinerlei Anerkennung. Auf den unteren Stufen der sexuellen Hierarchisierung finden sich Normabweichler wie Transsexuelle, Transvestiten, Sadomasochisten, Fetischisten und die Angestellten der Sexindustrie, während vor allem diejenigen, die die sexuellen Generationsgrenzen missachten[166], sozial massiv stigmatisiert und sozial benachteiligt werden. Während die christlichen Diskurse der Regulierung des Sexualverhaltens zunehmend an Verbindlichkeit verlieren, gewinnen die normierenden Diskurse der Medizin und der Psychiatrie immer mehr an Autorität, wobei als Normierungsbasis die individuell mentale und emotionale Gesundheit herangezogen wird (vgl. Rubin 1984: 279 f). Dabei wird in der Phantasie stets eine Schutzgrenze zwischen dem legitimierten und dem abgelehnten Sexualverhalten errichtet. In historischer Perspektive offenbart sich die Kontingenz der Sexualverhalten, indem immer mehr ehemals verdammte Sexualhandlungen seit der sexuellen Liberalisierung in Richtung dieser Grenze vorrücken und nun eher ambivalent, denn schlicht negativ bewertet werden. Dennoch dient diese Grenzziehung der Sicherung der kulturell dominanten Position der vorherrschenden Gruppen und der Diskreditierung sexuell unterprivilegierter Gruppen (vgl. Rubin 1984: 281 f). Da Wandel ein zentrales Element menschlicher Kultur darstellt, muss Abweichung als fundamentale Notwendigkeit menschlicher Existenz angesehen werden. Allerdings kann in dem Bereich der Sexualität festgestellt werden, dass kaum Toleranz gegenüber Andersartigkeiten vorherrscht, denn zumeist werden

---

[166] Zur Bedeutung der Pädosexualität im Kontext der gegenwärtig vorherrschenden Konsensmoral siehe auch Kap. 5.3.7.

heterosexuelle Erfahrungen und Präferenzen als universales System sexuellen Erlebens generalisiert, das bei jedem Menschen gleich funktionierend unterstellt wird. Doch nur auf der Basis von Toleranz und Akzeptanz von Abweichung kann diese frei kommuniziert werden und so einen positiven sozialen Status erstreiten (vgl. Rubin 1984: 283).

Während dieses Konzept von einer ideologischen Machtverteilung ausgeht, die vor allem eine Heteronormativität generiert, werden die Kategorien von Geschlecht und Sexualität strikt voneinander getrennt. Demgegenüber betont die Theoretisierung der heteronormativen Matrix die Verwebung der Geschlechts- und Sexualitätskategorien in der diskursiven Konstituierung nicht nur des kulturellen Geschlechts, sondern vor allem auch des sexuellen Geschlechtskörpers. Dies geschieht, um die in der Theorie der Einschreibung der Sexualität konstatierte Eigenmächtigkeit des Geschlechtskörpers grundsätzlich in Frage zu stellen. Damit wird der Körper in seiner Konstitution selbst an den Diskurs und die Macht gebunden.

Demnach kann der geschlechtliche Sexualkörper als normatives Ideal theoretisiert werden, das als Teil einer regulierenden Praxis zur Materialisierung des Körpers fungiert. Die Materialisierung des Geschlechtskörpers erweist sich hierin als Effekt der produktiven Macht. Insofern es sich bei dem biologischen Geschlecht des Körpers um ein Ideal handelt, kann seine Verwirklichung niemals vollständig generiert werden. Daher vollzieht sich die Materialisierung des Geschlechtskörpers in einem unaufhörlichen Prozess der performativen Wiederholung (vgl. Butler 1997b: 21). Performativität zeichnet sich als eine wiederholende und zitierende Praxis aus, durch die der Diskurs seine Machtwirkungen entfaltet, indem er hervorbringt, was er benennt. So „sind es die regulierenden Normen des ‚biologischen Geschlechts', die in performativer Wirkungsweise die Materialität der Körper konstituieren und es, spezifischer noch, das biologische Geschlecht des Körpers, die sexuelle Differenz im Dienste der Konsolidierung des heterosexuellen Imperativs materialisieren" (Butler 1997b: 22). Die Materialisierung des Körpers ist so eng mit den Normen seiner Konstitution verwoben, dass eine Trennung zwischen Sex und Gender hinfällig erscheint. Denn der Körper kann nicht länger als die naturgegebene Oberfläche gedacht werden, die von dem Gender überzogen wird und performativ in Szene gesetzt wird. Da sich das biologische Geschlecht in dieser Perspektive bereits selbst als soziales Konstrukt der beständigen Performativität zu erkennen gibt, kann es unmöglich als der natürliche, fast schon eigenwertlose Untergrund sozialer Einschreibung fungieren (vgl. Butler 1997b: 25).

„Wenn auf das ‚biologische Geschlecht' *Bezug* genommen wird als etwas, das dem sozialen Geschlecht vorgängig ist, wird es selbst zum *Postulat*, zu einer *Konstruktion*, die in der Sprache als das offeriert wird, was der Sprache und der Konstruktion vorhergeht. Dieses biologische Geschlecht, von dem postuliert wird, es sei der Konstruktion vorgängig, wird jedoch nur aufgrund seines Postuliert-Seins zur Wirkung des gleichen Postulierens, zur Konstruktion der Konstruktion. Falls das soziale Geschlecht die soziale Konstruktion des biologischen Geschlechts ist und falls es zu diesem ‚biologischen Geschlecht' *außer auf dem Wege seiner Konstruktion keinen Zugang* gibt, dann sieht es nicht nur so aus, daß das biologische Geschlecht vom sozialen absorbiert wird, sondern daß das ‚biologische Geschlecht' zu so etwas wie einer Fiktion, vielleicht auch einer *Phantasie* wird, die rückwirkend an einem vorsprachlichen Ort angelegt wird, zu dem es keinen unmittelbaren Zugang gibt." (Butler 1997b: 26 f; Hervorh. A.-J.M.)

Das Sex stellt eine der wesentlichen Kategorien dar, entlang derer die performative Materialisierung des Körpers erfolgt. Als ein beständiger Prozess der Zitation erzeugt die Materialisierung die Oberfläche, die Stabilität und die Grenzen der Materie des Körpers (vgl. Butler 1997b: 32). Die biologische Geschlechtszuschreibung fungiert als eine derart zentrale Kategorie in der Konstitution des Subjekts, dass sie als eine der Normen fungiert, die ein kulturell intelligibles Leben erst ermöglicht (vgl. Butler 1997b: 22). So steht dem Subjekt kein anderer Weg zu der Materie des Körpers zur Verfügung als über die Bezugnahme, wobei allerdings jede Bezugnahme auf den Körper bereits wieder eine weitere Formierung des Körpers darstellt. Jede Bezugnahme impliziert eine Signifikation, die aber niemals auf etwas außerhalb bestehender Signifikationen zu referieren vermag (vgl. Butler 1997b: 35). Sämtliche Nicht-Signifikationen werden als Negativ im Diskurs, der sie in seinen Setzungen selektiv verwirft, immer schon mitgeführt, um als Außer-Diskursives die Grenze des Diskurses zu markieren. Der Diskurs kann sich in seiner konstruktiven Kraft und seiner produktiven Macht nur bilden, wenn er selektiert[167]. Diese Selektionen werden als außerordentlich machtvoll verstanden, weil sich hierin die Normativität des Diskurses äußert, die mitunter gar gewaltsam anmuten kann, denn das Ausgrenzen in der Selektion „vermag nur zu konstruieren, indem es auslöscht" (Butler 1997b: 35). Gebunden ist die Macht des Diskurses an die Begehren konstruierende Identifikation mit dem biologischen Geschlecht mittels regulierender Schemata, wodurch sich letztlich erst das Ich des Subjekts herausbildet. Diese kontingenten und über die Zeit wandelbaren sozialen Schemata sind die Kriterien, die in dem Identifikationsprozess mit der imaginären Morphologie des Körpers ebendiesen produzieren, reglementieren und ausformen (vgl. Butler 1997b: 36 f).
Dabei fungiert die Geschlechtskategorie als ein Vektor neben anderen in der heterosexuellen Matrix der Normen. Sexualität und Geschlecht vernetzen sich in dieser und tragen wesentlich zur Konturierung des Körpers bei, indem sich

---

[167] Das Selektionsprinzip des Diskurses bei Butler (1997b) ist dem Kontingenzmanagement Schmidts (1993) durchaus sehr ähnlich, wenn auch weniger deutlich herausgearbeitet. Die Anbindung an die Macht ist natürlich etwas, das Schmidt zu umgehen versucht.

das Subjekt in der heteronormativen Matrix in dem beständigen Oszillieren zwischen Materialität und Imaginärem konstituiert. Dabei träg das Phantasma des Geschlechts wesentlich zur Ausrichtung des sexuellen Begehrens angesichts seiner Ausrichtung auf den Phallus bei, der klassisch männlich mit dem Penis assoziiert und signifiziert ist. Der Phallus als ein privilegierter Signifikant kann aber nur in der Performativität seine Privilegien konstituieren, wobei gerade die wiederholende Zitierpraxis die Optionen auf die dekonstruktive Signifikation des Phallus eröffnet (vgl. Butler 1997b: 110 ff). So können in der Wiederholung nicht nur andere Körperteile als der Penis, sondern auch die verschiedensten Fetische als diskursive performative Äußerungen die Position des Phallus einnehmen. Der Phallus ist keinesfalls strukturalistisch gebunden, er kann vielmehr in der Zirkulation des Diskurses von dem Geschlecht gelöst werden und das privilegierte Band zwischen Begehren und Geschlecht durchtrennen. Dennoch bleibt letztlich auch jede alternative Signifikation dem normativen Band verhaftet, das sie verwirft, weil es als Verwerfung mitgeführt wird und zugleich als Hintergrund in der konkreten Signifikation invisibilisiert ist (vgl. Butler 1997b: 129 ff). Infolge der alternierenden Anlässe symbolischer Signifizierung wird offensichtlich, dass der Phallus unabhängig von der männlichen Anatomie existiert und entsprechend als Signifikant des Begehrens aus der Heteronormativität verschoben werden kann. Dennoch wird die Heteronormativität durch vereinzelte Verschiebungen keinesfalls aufgelöst[168] (vgl. Butler 1997b: 131). Zentral für die heteronormative Matrix erscheint damit nicht nur die Geschlechtszugehörigkeit des sich innerhalb des Diskurses konstituierenden Subjektkörpers, sondern zudem die Geschlechtszugehörigkeit des Partners bzw. die Ausrichtung des sexuellen Begehrens.

Eine Erweiterung des diskurstheoretischen Ansatzes zur Rekonstruktion der Beziehungen von Macht und Sexualität führt Foucault selbst ein, indem er in den Folgebänden zum *Wille[n] zum Wissen* versucht, das sich innerhalb der Beziehungen von Sexwissen und Machtverhältnissen als „Begehrensmensch" konstituierende Subjekt in den Mittelpunkt seiner Analysen zu stellen und damit eine Genealogie des Begehrens zu beginnen[169] (Foucault 1989a: 13). In diesem Zusammenhang wird gerade das Begehren des Subjekts zu einem sinnstiftenden

---

[168] Trotz aller „neosexuellen" Vielfalt erweist es sich doch als erstaunlich, dass Sex noch immer weitgehend mit dem penilvaginalen Koitus identifiziert wird (Jackson 1984; Muehlenhard & Peterson 2007)

[169] Diese Genealogie des Begehrens sollte noch mehrere Bände neben *Der Gebrauch der Lüste* und *Die Sorge um sich* umfassen, allerdings konnte der geplante vierte Band der Sexualität und Wahrheit-Reihe *Die Geständnisse des Fleisches* aufgrund von Foucaults Tod nicht mehr erscheinen. Zudem muss zu der Genealogie des Begehrens hinzugefügt werden, dass es sich in der Konzentration auf das homosexuelle und das päderastische Begehren in erster Linie um eine Genealogie männlichen Begehrens handelt.

Element der sexuellen Selbstanerkennung (vgl. Foucault 1989a: 11). Während die „vielfältigen Beziehungen", die „offenen Strategien" und die „rationalen Techniken" der Macht im Sexualitätsdispositiv das Erkenntnisinteresse des *Wille zum Wissen* ausmachen, treten nun „die Formen und die Modalitäten" in den Vordergrund, „durch die sich das Individuum als Subjekt konstituiert und erkennt" (Foucault 1989a: 12). So zielt diese Verschiebung des Forschungsinteresses auf eine Rekonstruktion der Geschichte der Sexualität, die die Erfahrung als Korrelat von Wissensbereichen, Normativitätstypen und Subjektivitätsformen anvisiert. Der Sexualität wird so neben den Hauptachsen der Wissens- und Machtsysteme noch mit den Künsten der Existenz eine moralisch ausgerichtete Achse hinzugefügt, die die Formen, in denen sich die Individuen als Subjekte der Sexualität anerkennen können und müssen, impliziert (vgl. Foucault 1989a: 9 ff). Die Künste der Existenz fassen die Selbsttechniken zusammen, die als „gewußte und gewollte Praktiken zu verstehen [sind], mit denen sich die Menschen nicht nur die Regeln ihres Verhaltens festlegen, sondern sich selber zu transformieren, sich zu einem besonderen Sein zu modifizieren und aus ihrem Leben ein Werk zu machen suchen, das gewisse ästhetische Werte trägt und gewissen Stilkriterien entspricht" (Foucault 1989a: 18).

In der Analyse griechischer und griechisch-römischer antiker präskriptiver Texte können Selbsttechniken herausgeschält werden, die das Subjekt durch die Vermittlung von Selbsttechniken dazu in die Lage versetzen sollen, sich mit sich selbst auseinander zu setzen, das eigene Verhalten zu hinterfragen und umzugestalten, um sich als ein moralisches Subjekt zu konstituieren (vgl. Foucault 1989a: 20 f). Dabei verbindet sich die sexuelle Erfahrung des Subjekts vor allem mit einem Bündel von Beziehungen, in denen es sich selbst als Begehrensmensch zu beobachten, hinterfragen und konstituieren lernt. Als zentrale Beziehungen treten hervor: die Beziehungen zum eigenen Körper als Frage nach der Gesundheit und dem Spiel von Leben und Tod; die Beziehungen zum anderen Geschlecht, in deren Kontext die Gattin als privilegierte Partnerin in der Institution der Familie und des ökonomischen Bundes fungiert; die Beziehungen zum eigenen Geschlecht, woran sich das Interesse an wählbaren Partnern und die Anpassung sozialer und sexueller Rollen anschließt; schließlich das Verhältnis zur Wahrheit, in dem sich das Subjekt mit seinen geistigen Fähigkeiten und den Bedingungen auseinandersetzt, um einen Zugang zu der Wahrheit des Sexes zu erlangen (vgl. Foucault 1989a: 34).

In diesen Beziehungen muss sich das Subjekt als Moralsubjekt konstituieren, indem es zwischen dem vorgegeben Moralcode seiner historischen Kultur und seinem konkreten Moralverhalten auf der Basis dieser Moralcodes vermittelt. Dabei können sich verschiedene Variationen aufzeigen lassen, die auf vier Konstruktionspfeilern aufsetzen und diese divergierend zueinander in Bezug setzen.

Als erster Eckpfeiler fungiert die ethische Substanz, womit die Art der moralischen Selbstkonstruktion in der Bewertung einzelner Moralcodes gemeint ist. Die Unterwerfungsweise zielt daneben auf die Art und die Intensität, mit der sich ein Subjekt moralisch positioniert. Als dritte Ebene kann die ethische Arbeit bestimmt werden, wobei die Gestaltung des moralischen Lebensstils im Vordergrund steht. Schließlich verweist die moralische Teleologie auf die Einbettung des einzelnen Moralverhaltens in die gesamte moralische Lebensführung, welche die moralische Existenz und Seinsweise des Moralsubjekts kennzeichnet (vgl. Foucault 1989a: 36 ff). Jedes moralische Verhalten führt alle vier analytisch getrennten Ebenen mit sich, wobei es sich einerseits als ein Verhältnis der es begründenden Wirklichkeit darstellt und andererseits in einem engen Verhältnis zu den diskursiven Moralcodes steht, auf die es sich bezieht. Daher kann konstatiert werden, dass es keine moralische Handlung geben kann, „die sich nicht auf die Einheit einer moralischen Lebensführung bezieht; keine moralische Lebensführung, die nicht die Konstitution als Moralsubjekt erfordert; keine Konstitution des Moralsubjekts ohne ‚Subjektivierungsweisen' und ohne ‚Asketik' oder Selbstpraktiken, die es stützen" (Foucault 1989a: 40).

Kennzeichnend für die Ethik der Antike ist es, dass sie statt feste Verhaltenskodices zu erlassen und Moralcodes zu fixieren, Selbstpraktiken und Askesetechniken favorisiert, wodurch der Akzent auf das Verhältnis zu sich selbst gelegt ist. In diesem Kontext avanciert die Sexualität zu einem Bereich moralischer Reflexionen, durch die sich das Subjekt als Moralsubjekt erfährt. Sexualität erweist sich somit als ein Bereich, der stets Gegenstand der *Sorge um sich* und des *Gebrauch[s] der Lüste* darstellt, wie die Nachzeichnung ihrer Veränderung in den ethischen Diskurse von den griechischen hin zu der römischen Kultur nahelegt.

Diese Vermittlung von Moral, Machtverhältnissen und Wissen im Begehrensmenschen führt in den abendländischen Gesellschaften in der Zusammenführung des christlichen Dispositivs der Sünde, in dem die Kämpfe zur Entsagung des unkeuschen Selbst geführt werden, und des Sexualitätsdispositiv, in dem wissenschaftliche Bemühungen eine Perfektionierung des sexuellen Selbst anstreben, zu der Ausbildung therapierbarer, sexueller Subjekte (vgl. Maasen 1998: 10). Sexualität, Therapeutisierung und Subjekt verweben miteinander in der beständigen Selbstbeobachtung und dem Imperativ zur Selbstoffenbarung, wodurch sie aufeinander verweisen und sich gegenseitig konstituierend einfordern (vgl. Maasen 1998: 23). Dabei zeigt sich, dass die Konstitution eines sexuellen Selbstes als Problem erst aus genau den spezifischen Praktiken hervorgeht, mit denen ihnen begegnet wird. Es erweist sich als zentraler Zirkelschluss, dass die beständige Selbstbeobachtung und die sich an sie anschließende Therapeutisierung zur Selbstvollendung der eigenen Sexualität immer nur unzureichend das preisgegebene Begehren zu dechiffrieren und zu therapieren vermögen, indem in der Problematisierung des sexuellen Selbst ein Imperativ zur beständigen Selbstüberbietung verankert wird. Deshalb werden immer verfeinertere Methoden und immer größere Aufmerksamkeit bei deren Anwendung notwendig, die gleichermaßen die Norm des Begehrens steigern und damit das Scheitern individueller, sexueller Selbstvollendung wahrscheinlicher machen (vgl. Maasen 1998: 35). Die Vervollkommnung des sexuellen Subjekts erweist sich als unmöglich dauerhaft zu realisierendes Unterfangen.

Dennoch bindet sich auch an das unvollendbare sexuelle Selbst die Option der sexuellen Identitätsbildung, die auf die Sichtbarmachung der Grenzen von öffentlich und privat rekurrieren und hierin das Private als zentrales Identifikationsmerkmal in der Öffentlichkeit platzieren (vgl. Weeks 1995: 226). Weil das sexuelle Selbst immer den konkreten Machtverhältnissen einer Gesellschaft entwächst, öffnen gerade die von der Norm abweichenden sexuellen Identitäten den Blick auf neue Formen des Begehrens und alternative Gestaltungsmöglichkeiten (vgl. Weeks 1995: 225). In dem Zusammenschluss zu sexuellen Sozialbewegungen, deren Basis die Identifikation mit einer sexuellen Identität darstellt, avanciert das sexuelle Selbst zu dem Ausgangspunkt kollektiv geteilter Teilidentität. Daran schließt sich nicht nur ein Gefühl kollektiver Zugehörigkeit, sondern auch Optionen gemeinsamen Lebensstils an, welche die normativen Lebensmuster massiv herausfordern können. Dies subversive Potential der sexuellen Identität baut sich auf, wenn gemeinschaftlich für die Transgression bestehender Normen eingestanden wird und zugleich für eine Integration der sexuellen Identität in die vorhandene Legislatur durch eine ausgeweitete Umformulierung vorhandener Rechtsdefinitionen gekämpft wird (vgl. Weeks 1995: 227 ff). Das abweichende sexuelle Selbst zeigt sich als Effekt der Machtverhältnisse, aus denen es hervorgegangen ist, wobei es zugleich in dem sozialen Zusammenschluss, der Sichtbarmachung von Alternativen und dem Kampf um Anerkennung für eine Änderung genau dieser Machtverhältnisse eintreten kann.

5.5 Pornotopia als Interpretation dargestellter Sexualität

„Die pornographische Selbstverwirklichung ist antiwissenschaftlich, nicht jedoch unlogisch. Im Rahmen bestimmter Voraussetzungen herrscht ein durchaus logisches Bezugsverhältnis. Pornographie ist ein sinnliches System, eine Mathematik der Gefühle, die Logik der erotischen Phantasie."

(Jurgensen 1985: 14)

Während sich die Darstellungsdimension des Pornographiediskurses vornehmlich auf die Geschichte der Pornographie und die einzelnen pornographischen

Medienangebote erstreckt, deutet die Inhaltsdimension auf die Sexualität, welche in der Pornographie dargestellt wird. Diese ausführlichen Darlegungen der wissenschaftlichen Rahmungen des Sexualitätsdiskurses begründen sich darin, dass der zentrale Zugang wissenschaftlicher Untersuchungen zu den pornographischen Medienangeboten über die Inhalte gesucht wird. Dabei kann eine weitreichende Verschränkung zwischen dem wissenschaftlichen Diskurs über Pornographie und dem über Sexualität konstatiert werden, weil in der wissenschaftlichen Selbstrefentialität für den Pornographiediskurs gilt, dass die Interpretationen seiner Inhalte durch die Kategorien der Sagbarkeiten des Sexualitätsdiskurses determiniert sind[170].

Dabei zeigt sich, dass die Komplexität der Sexualitätskonstruktion mit den den pornographischen Medieninhalten attestierten Sexualitätsdarstellungen korreliert. Sexualität verliert in den dem Konstruktivismus zugeneigten Modellen und Theorien zunehmend an naturbasierter Selbstevidenz. Die Komplexität der Sexualitätskonzeption nimmt mit dem Anteil der konstruktivistischen Elemente eines Modells oder einer Theorie zu, bis Sexualität in den sozialwissenschaftlichen Diskursen schließlich selbst zur Gänze als soziales Konstrukt aufgefasst wird. Dabei ist der Komplexitätszuwachs durch die zahlreichen die Sexualität konstituierenden Variablen vorgeben. Daraus leiten die Interpretationen pornographischer Medieninhalte ab, dass die Inszenierung der sexuellen Phantasie ebenfalls nicht als selbstverständlich angesehen werden kann. In diesem Zusammenhang gewinnt die Auseinandersetzung mit der Pornographie zunehmend an Rationalität. Insbesondere die Genderrahmung, die soziokulturelle Rahmung, die psychische Rahmung und die Analysen des Zusammenhangs von Macht und Sexualität haben nachhaltig die Interpretationen Pornotopias beeinflusst, wobei vor allem der sexuelle Geschlechtskörper und die psychische Bedeutung der Sexualität herangezogen werden. Die Interpretation pornographischer Medieninhalte oszilliert zwischen einer weiteren Gestalt des sprechenden Sexes bis hin zu kommerziellem Schund, je nachdem, welche Bedeutung der Sexualität beigemessen wird, was nicht zuletzt der gelegentlichen Personalunion der Autorenschaft in den beiden wissenschaftlichen Diskursen verschuldet ist. Sexualwissenschaftliche Forschung impliziert in ihrem Forschungsinteresse sämtliche Formen der Sexualität und des sexuellen Ausdrucks, also auch der Inszenierungen sexueller Phantasie.

---

[170] Eine tabellarische Übersicht der thematischen Interpretationskategorien des Sexualitätsdiskurses findet sich im Anhang.

Tab. 5: Sexualitätsrahmungen und ihr Niederschlag in der Pornographie-interpretation

Sexualitätsdiskurs	Verschränkungsdimension
Medizinisch-anatomische Rahmung	- Pornographie als Inszenierungsinstanz des sexuellen Körpers
Theologisch-metaphysische Rahmung	- Pornographie als Inszenierungsinstanz des sexuellen Körpers - Pornographie und Transgression - Sexuelle Repression und Zensur der Pornographie
Genderrahmung	- Pornographie als Inszenierungsinstanz des sexuellen Körpers - Sexuelle Repression und Zensur der Pornographie - Pornographie und Transgression - Pornographie als Kommerzialisierung der Sexualität - Pornographie und Geschlecht
Psychische Rahmung	- Pornographie und Transgression - Die Wirkungen der Pornographie - Pornographie und Wahrheit eines sexuellen Phantasmas
Soziokulturelle Rahmung	- Sexuelle Repression und Zensur der Pornographie - Pornographie als Inszenierungsinstanz des sexuellen Körpers - Pornographie und Transgression - Pornographie versus Erotika - Pornographie und Geschlecht - Pornofikation der Gesellschaft - Pornographie als Ausdruck sexueller Identität - Pornographie als Kommerzialisierung der Sexualität - Pornographie als Wahrheit eines sexuellen Phantasmas
Systemtheoretische Rahmung	- Pornographie als strukturelle Kopplung
Sexualität und Macht	- Sexuelle Repression und Zensur der Pornographie - Pornographie als Inszenierungsinstanz des sexuellen Körpers - Pornographie und Transgression - Pornographie versus Erotika - Pornographie und Geschlecht - Pornofikation der Gesellschaft - Pornographie als Ausdruck sexueller Identität - Pornographie als Kommerzialisierung der Sexualität - Pornographie als Wahrheit eines sexuellen Phantasmas

In den zentralen Diskursverschränkungen, die dem Pornographiediskurs extrahiert werden können, wird Sexualität im Verhältnis zu ihrer legislativen Regulierung, zu der Inszenierung des sexuellen Körpers, zu ihrem subversiven Potential der Tabutransgression, zu dem Geschlecht oder hinsichtlich ihrer Wirkungen in der Mediendarstellung als Interpretationsraster bemüht. Zudem wird Pornographie als Ausdrucksmittel sexueller Identität verstanden. Vor dem Hintergrund kapitalistisch agierender Gesellschaften wird die Pornographie als eine mögliche Form der sexuellen Kommerzialisierung betrachtet. Wesentliche Bedeutung kommt der Foucaultschen Sexualitätstheorie zu, wenn die sexuelle Diskursexplosion zum Ausgang genommen wird, pornographische Inszenierungen in einer privilegierten Position zu sexuellen Phantasmen zu werten und hierin einen weiteren Aspekt des Willen zum Wissen nicht nur über reales Verhalten, sondern auch über das Phantastische zu erblicken. In den Bemühungen, Pornographie gegen andere Formen der Darstellung des Sexuellen abzugrenzen, offenbaren sich kulturelle Zuschreibungsprozesse der Angemessenheit und der Komplexität sexueller Darstellungen. In der Betrachtung der Pornographie als einer strukturellen Kopplung erweist sie sich als Resultat der Evolution eines selbstreferentiellen Sexualitätssystems. Schließlich kann die Pornofikation der Gesellschaft in der Striptease-Kultur als ein Versuch aufgefasst werden, das Mediensystem, Sexualitätsdarstellungen und die kommerzielle Pop-Kultur der kapitalistischen Gesellschaft in einem Theorieansatz miteinander vernetzt zu modellieren.

Exkurs: Cybersex – zwischen Sexualität und Pornographie

Während die Differenzierung zwischen Darstellungs- und Inhaltsdimension pornographischer Medienangebote in den klassischen Massenmedien weitgehend einfach erscheint, binden sich an das Internet als Kommunikationsmedium einige weitreichende Schwierigkeiten, die damit zusammenhängen, dass zwischen Internetpornographie und Cybersex mitunter nur unzureichend differenziert wird. Cybersex kann als der Bereich der Internetkommunikation verstanden werden, in dem die klare Differenz zwischen den beiden Dimensionen verwischt, wobei ähnliches durchaus für die Live Dail-a-Porn-Dienste oder für privaten Telefonsex konstatiert werden kann. Unter Cybersex soll verstanden werden:

„Cybersex is a subcategory of online sexual activities and refers to two or more people engaging in a mutual sexual talk while online for sexual pleasure. It is possible to place this activity somewhere in between accessing erotica and partner seeking activities as it may serve as sexual fantasies as well as practice, preparation, and rehearsal for an offline encounter." (Daneback 2006: 7)

Bereits diese Definition des Cybersex als wechselseitige, mindestens zwei User involvierende online-Kommunikation zum Zweck sexueller Lust verortet ihn zwischen der online-Suche nach pornographischen Medienangeboten und der computergestützten Partnersuche, wobei der konkrete Nutzen in Abhängigkeit von dem jeweiligen User steht. Anders als bei sexuellen Interaktionen in real life benötigt man für das Zustandekommen des Cybersex einen online-fähigen Rechner wie auch eine Internetverbindung, um miteinander verkehren zu können. Die konkrete Sexualkommunikation kann dann entweder in Chaträumen oder via Instant Message Software vonstatten gehen. Zwischen die Sexualpartner sind Computer und Internet geschaltet. Genau diese Mediengebundenheit einer interaktiven sexuellen Handlung verführt mitunter dazu, zwischen pornographischen online Angeboten und Cybersex nur unzureichend zu differenzieren.

Doch auch für die Cybersexforschung ergeben sich hieraus weitreichende theoretische Konsequenzen. Entsprechend implementiert die Cybersexforschung ein Verständnis onlinebasierter Sexualität, in dem die Sexualität in dem Vorgang der Datenübertragung aufgelöst wird und in dessen Kontext die Entkörperlichung der Sexualität zu dem wesentlichen Merkmal des Cybersex avanciert. Hierin wird vor allem die Reduktion der sinnlichen Kanäle in dem Cybersex hervorgehoben, was dann entweder kulturpessimistisch beklagt oder fortschritts-orientiert begrüßt wird[171]. Insgesamt wird die Kommunikation des Cybersex aber vor allem an der face-to-face-Kommunikation gemessen, wobei der Cybersex allein auf die kommunikativen Inhalte im virtuellen Raum beschränkt wird. Doch während der virtuelle Raum durchaus eine Entkörperlichung ermöglicht, muss bedacht werden, dass der Computer und sein Standort im realen Raum existieren und darin die Anwesenheit und die Materialität des realen Körpers als notwendige Referenz für die virtuelle Identität fungieren (vgl. Dekker 2003: 286 ff). Während die meisten theoretischen Modelle des Cybersex diesen vor allem hinsichtlich geistig-seelischer Erfahrungen im virtuellen Raum konzipieren und die körperliche Erfahrung des Users ausklammern, sollte der realweltliche Körper keineswegs als biologischer Apparat jenseits einer eigenmächtigen Erfahrungsebene verstanden werden. Insofern man den Körper als einen Träger inkorporierten sexuellen Wissens auffasst und ihm Erfahrungsqualitäten attestiert, fungiert der real materialisierte Körper auch in der sexuellen online Kommunikation als Erlebnisbasis in einem komplexen wechselseitigen Erfahrungsprozess mit der geistig-seelischen Ebene (vgl. Dekker 2003: 294 ff). Dass der chatbasierte Cybersex für User durchaus sehr attraktiv sein kann, belegt eine schwedische Studie der Universität Göteborg. Rund ein Drittel der rund 2000 männlichen und weiblichen Probanden, deren Fragebögen vollständig ausgefüllt waren, gab in der Befragung an, sich im Cybersex zu betätigen. Danach bietet der Cybersex seinen Partizipienten die Möglichkeit, sich in sexuellen Aktivitäten zu engagieren, in denen neue sexuelle Rollen ausprobiert werden können, wobei sich ein Versuchsfeld sexueller Identitäten eröffnet. Das hohe Level der Anonymität im Internet bedingt Optionen auf kurzfristige sexuelle Kontakte zu völlig fremden Personen, ohne dass die User weitreichende soziale Konsequenzen befürchten müssen. Exemplarisch bringen die Ergebnisse der schwedischen Studie zu Tage, dass sich Männer, die sich selbst als heterosexuell identifizieren, im Cybersex anderen Männern sexuell nähern (vgl. Daneback 2006: 322 ff).

---

[171] Die Cybersexforschung bringt mitunter sehr utopische Modelle technisch gestützter Sexualität hervor, in denen sich der Mensch und seine Sexualität tatsächlich vollkommen auflösen. Hierbei handelt es sich eher um Fiktionen und Phantasien, wie die des „Begehren des Cyborg" (Angerer 1998), die dem Genre Science Fiction zuzuordnen wären, als um an dem tatsächlichen Cybersex als Chatkommunikation angelehnte Forschung.

6. Die Verschränkungsdimension: Wovon der Sex in der Pornographie spricht

Der wissenschaftliche Zugang zu der Pornographie erfolgt neben der Fokussierung auf die Darstellungsdimension vornehmlich über die Interpretation der Inhalte pornographischer Medienangebote. So werden dem Spezialdiskurs über Sexualität wesentliche Interpretationskategorien entnommen, die auf die pornographischen Medieninhalte appliziert werden.

Abb. 14: Interpretationskategorien im Raum der Diskursverschränkung

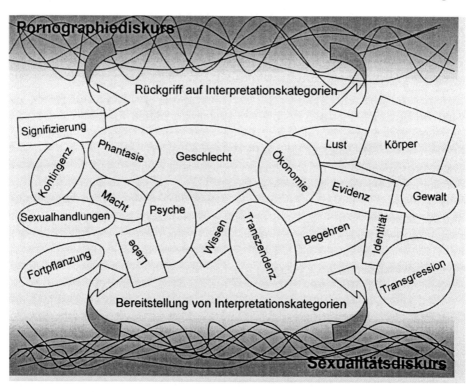

Eingelassen sind diese zentralen Interpretationskategorien in sexualwissenschaftliche Modelle und Theoreme der Sexualität, welche die Strukturen der Sagbarkeiten über Sexualität thematisch strukturieren. In der Vermittlung zwischen Pornographiediskurs und Sexualitätsdiskurs über diese thematischen Interpretationskategorien treten elf verschiedene Punkte diskursiver Verschränkungen hervor, die das Sagbarkeitsfeld des Spezialdiskurses über Pornographie maßgeblich abstecken. Besonders viele Diskursfragmente thematisieren die Zensur, die Wirkung pornographischer Medienangebote sowie die Darstellung der Geschlechter in der Pornographie. Doch aufgrund der Vielschichtigkeit der Diskursbeiträge durchziehen häufig mehrere Diskursverschränkungen mit verschiedenen Fragmenten einen Beitrag, wodurch sich die Komplexität dieses Diskursstrangs konstituiert.

Nachfolgend werden die elf Diskursverschränkungen idealtypisch destilliert vorgestellt, wobei bereits deutlich wird, wie dicht die einzelnen Diskursverschränkungen ineinander verwoben sind, um das engmaschige Netz wissenschaftlichen Pornographieverständnisses zu knüpfen.

6.1 Die sexuelle Regulation und die Zensur der Pornographie

> „Offensichtlich ist die ästhetische Dimension nicht in der Lage, einem Realitätsprinzip Gültigkeit zu verleihen. Gleich der Phantasie, die ihren wesentlichen seelischen Ausdruck darstellt, ist der Bereich der Ästhetik vorzüglich ‚unrealistisch', sie hat sich um den Preis, in der Realität wirkungslos zu ein, ihre Freiheit vom Realitätsprinzip bewahrt." (Marcuse 1970: 171)

Die Verschränkung von der Zensur der Pornographie und der Notwendigkeit der Regulation der Sexualität wird sowohl als Basis der Forderung nach Zensur im Zuge von Pornographieforschung angeführt als auch als Erklärungsmuster für die Existenz der Zensur pornographischer Schriften herangezogen. So kann formuliert werden, dass sich in den Diskursen über die Zensur der Pornographie „die *zentralen Themen der Sexualkontrolle* ein Stelldichein" geben (Lautmann & Schetsche 1990: 16).

Zurückverfolgt werden können Zensurbemühungen bis in die Antike, denn Platon liefert in seiner Abhandlung zur Republik bereits die ersten Auseinandersetzungen für Erlasse einer Reglementierung von geschriebenen, bildlichen und dramatischen Formen der Darstellung. Mit diesen Ausführungen fundiert Platon den Grundstock der Argumentation für die Notwendigkeit einer Reglementierung und Zensur von Medienangeboten (vgl. Kendrick 1996: 35 f). Erstmals Anwendung findet die Zensur, als Ovid, der Autor der Ars armatoria (2005), von Kaiser Augustus aufgrund seiner erotischen, aber auch politkritischen Schriften lebenslänglich aus Rom verbannt wird und seine Schriften verboten werden (vgl. Verstraete 1999: 538 f). Grundsätzlich gilt vor der Erfindung des Buchdrucks, dass die Person des Autors und sein Werk so eng miteinander verbunden sind, dass die Unterdrückung des Einen auch die Unterdrückung des

Anderen impliziert[172], denn erst einmal gedruckt gilt: „a writer's words acquired a life independent of his and much larger; only neglect can kill a printed book" (Kendrick 1996: 96).

Da jedoch die Fähigkeit des Lesens sowie die Zirkulation der handgeschriebenen Manuskripte auf einen kleinen elitären Kreis beschränkt sind und mit der Durchsetzung der christlichen Sexualmoral pornographische Schriften seltener als in der Antike verfasst werden, ergibt sich für die autoritäre Machtinstitution der Katholischen Kirche erst mit der Erfindung des Buchdrucks und der Etablierung von Büchermärkten in den urbanen Lebensräumen der Renaissance die Notwenigkeit, eine Zensur der Pornographie anzustreben. Gekoppelt ist die Zensur der Pornographie dabei maßgeblich an die erstarkte literarische und bildende Gestaltung sexueller Darstellungen in Verbindung mit antiklerikalen, philosophischen Abhandlungen im Zuge einer erneuten Rezeption der auf den Buchmärkten erhältlichen, antiken Klassiker. Daher wird von Papst Paul IV der Index Librorum Prohibitorum im Jahr 1559 erlassen, auf dem die verbotenen philosophischen Schriften gelistet sind. Unter diese fällt zu diesem Zeitpunkt auch noch die Pornographie aufgrund ihrer engen Verbindung zur antiklerikalen Philosophie (Hyde 1969; Findlen 1993). Die Extraktion der primär auf die Schilderung der sexuellen Phantasien ausgerichteten Darstellung in der pornographischen Novelle, die ihren Ursprung 1748/49 in Cleland's *Memoirs of a Woman of Pleasure* findet, begründet die Emergenz der Vorstellung rein unzüchtiger Schriften, welche zu der Entstehung zahlreicher Ligen gegen Sittenverfall und Unmoral im 19. Jahrhundert führt. So gründet sich in England 1802 die Society for the Supression of Vice, die 159 Anklagen gegen die Verkäufer und Produzenten obszöner Schriften zwischen dem Jahr ihrer Gründung und 1857 einreicht und bis auf fünf alle gewinnt (Hyde 1969; Kendrick 1996).

Gerade durch das Zusammenspiel des pornographischen Marktes, das die pornographischen Inhalte dem Regulativ von Angebot und Nachfrage unterwirft, und den Bemühungen um eine Zensur mit der Begründung ihrer Schädlichkeit für die Sitten und die Moral verändert sich das Genre der Pornographie zu einer komplexen Expression westlicher Kultur[173]. Die unterstellte Verbindung zur

---

[172] Wenngleich die Tatsache, dass Ovids *Ars amatoria* (2005) noch heute rezipiert wird, davon zeugt, dass die Worte schon immer ein von ihren Autoren unabhängiges Eigenleben geführt haben. Exemplarisch jenseits der Pornographie sei an das Neue Testament und die Geschichte Jesu erinnert. Die Geschichte Jesu wird vor ihrer Niederschrift lange Zeit mündlich weitergegeben und übersteht selbst die Christenverfolgung. Insofern kann dies nicht allein an den Buchdruck gebunden werden.

[173] An dieser Stelle sei noch einmal darauf hingewiesen, dass auch andere Kulturen ihre sexuellen Phantasien medial ausdrücken und ausgedrückt haben. Dies kann in dieser Arbeit aber nicht berücksichtigt werden, sofern sich in dem untersuchten Archiv keine Diskursfragmente dazu finden.

Unmoral aber macht die Pornographie für die Rezipienten attraktiv, denn sie offeriert nicht nur moralische Transgression, sondern auch sexuelle Informationen, die in anerkannten Schriften ausgelassen werden (Hunt 1993a; Sigel 2005a). Zugleich zeigen zahlreiche Gerichtsverfahren um zensierte literarische Werke, dass die Zensur das öffentliche Interesse an einem Werk oftmals erst weckt, weshalb zahlreiche der zunächst zensierten und dann durch richterliche Freisprüche frei zirkulierende literarischen Schriften, von Gustave Flauberts *Madame Bovary* bis hin zu Henry Miller *Wendekreis des Krebses* oder D.H. Lawrences *Lady Chatterleys Liebhaber* zu Bestsellern geworden sind (Kendrick 1996).

Zu beobachten ist, dass die Problematisierung der Pornographie eng mit der Problematisierung der Masturbation verknüpft ist (Laqueur 2008). Die Masturbation erweist sich bei näherer Betrachtung als ein soziales Konstrukt mit einer eigenen Archäologie[174]. Kann sie über Jahrhunderte hinweg nur sehr wenig Aufmerksamkeit akkumulieren, durchläuft sie innerhalb relativ kurzer Zeit ab dem 18. Jahrhundert eine ungeheure Themenkarriere. Initiiert wird die Problematisierung durch das von John Marten um 1712 verfasste Traktat *Onania; or, the Heinous Sin of Self Pollution, and all its Frightful Consequences, in both SEXES Considered, with Spiritual and Physical Advice to those who have already injured themselves by this abominable practice. And seasonable Admonition to the Youth of the Nation of Both SEXES*. Die Masturbation wird zu dem Zeitpunkt diskursiv anvisiert, als das Thema des modernen begehrenden Subjekts an Relevanz in der Ökonomie und der Literatur gewinnt. Im Kontext der gesellschaftlichen Emergenz des Kapitalismus und der bürgerlichen Gesellschaft erfahren Phantasie, Einsamkeit und Übermaß eine Umcodierung in ihrer gesellschaftlichen Bewertung. In diesem Konnex avanciert die Masturbation zu einem Symbol für Phantasie, private Heimlichkeiten und Einsamkeit, exzessives Übermaß und Suchtverhalten. Speziell an die Masturbation bindet sich die Rezeption der Pornographie, denn der Verzicht auf Masturbation erweist sich als zentrale Herausforderung der Rezeption (vgl. Laqueur 2008: 179 ff).

„Das einsame Laster zeigte, wohin Literatur sowohl als Gewohnheit – als Schreiben und häufiger als private Lektüre – wie auch inhaltlich führen konnte, wenn sie nicht zivilisiert wurde. Pornografie war das Zeichen unkontrollierter Inhalte, die Selbstbefriedi-

---

[174] Ausgehend von dem sozialen Konstrukt der Onanie, einer sexuellen Praxis, in der das Subjekt sein Verhältnis zur Gesellschaft erkennen lässt, wird diese sexuelle Selbstbetätigung in die Masturbation transformiert. Im Kontext der Psychoanalyse wird die Masturbation als natürlicher Bestandteil der sexuellen Entwicklung aufgefasst, welche es aber hinter sich zu lassen gilt. Schließlich wird die moderne Selbstbefriedigung zu einer wichtigen Erfahrung der Wertschätzung der eigenen Person und der Selbsterkenntnis (Lacqueur 2008).

gung das Indiz für zu weit getriebene Selbstbezogenheit, Fantasie und Einsamkeit."

(Laqueur 2008: 285)

Hinter den Bestrebungen der Zensur verbirgt sich psychologisierend einerseits schichtspezifisch eine paternalistische Furcht vor den Massen und andererseits individuell die Angst des Antipornographen, mit von ihm ausgeblendeten Aspekten der Sexualität konfrontiert zu werden.

Zeigt sich die Pornographie bis zur Mitte des 19. Jahrhunderts als ein Medienangebot, das vornehmlich in den elitären, männlichen Kreisen der westlichen Gesellschaften zirkuliert, etablieren sich langsam im Kontext der zunehmenden Alphabetisierung Märkte für Massenpornographie, die entsprechendes Material großen Teilen der Bevölkerung zugänglich machen. Dem ungebildeten und ungeübten Umgang mit pornographischen Medienangeboten wird zugesprochen, die Macht zu haben, den Geist des Rezipienten, der entweder als weiblich, jugendlich oder als ungebildete Masse phantasiert wird, zu korrumpieren und ihn zu unsittlichem Verhalten zu verleiten (Michelson 1966; Gorsen 1987; Kendrick 1996).

Parallel wird die Forderung nach der Zensur durch Antipornographen laut, die eingebunden in die jeweilige sexuelle Moral einer Epoche in der Pornographie eine unsoziale Sexualität repräsentiert sehen, die sie als so verwerflich werten, dass sie verboten werden soll. In den kritisierten Darstellungen der Pornographie wird der Antipornograph mit von ihm verleugneten und unterdrückten Aspekten seiner eigenen Sexualität konfrontiert. Um dieser Konfrontation zu entgehen, investiert er in ein Engagement der Forderung nach der Zensur des pornographischen Materials (vgl. Guha 1971: 203 ff; Klein 1999: 145). Synchron wird die Pornographie oftmals selbst als ein notwendiges Ventil oder Korrelat der sexuellen Reglementierung gewertet, da sie genau den sexuellen Phantasien einen Ausdruck verleiht, die in der Gesellschaft verboten, tabuiert oder nicht positiv konnotiert sind (vgl. Faulstich 1994: 264 ff).

Als Optionen der Zensur stehen den autorisierten Instanzen zwei Strategien offen: einmal können sie Restriktionen erlassen, die sich auf das pornographische Material selbst beziehen. Dazu zählen Verbote der konkreten Pornographie, welche entsprechend nicht hergestellt werden darf. Der Gesetzgeber ist dann dazu aufgefordert, explizit zu diesen Schriften Stellung zu nehmen und dieses Verbot unanfechtbar normativ zu artikulieren, wobei auf Sitten und Sexualverhalten rekurriert wird. Diese, zu schützen und zu garantieren, hat sich der Staat zur Aufgabe gemacht, während deren Übertretungen folglich tabuiert und sanktioniert werden. Daneben kann der Staat aber auch Restriktionen erlassen, die sich nicht auf die Inhalte der Pornographie beziehen, sondern auf deren Distribution und Platzierung in der Öffentlichkeit. Diese Maßnahmen zielen darauf, dass pornographische Medienangebote nur in separaten Bereichen ausgestellt und verkauft werden, sodass das pornographische Material aus dem öffentlichen Sichtfeld verbannt ist. Diese Art der Restriktion bindet sich an den Jugendschutz, da die Jugend vor der Konfrontation mit Pornographie geschützt werden muss (vgl. Pareto 1968: 43 ff). Wenngleich festgehalten werden kann, dass ein Schaden der Jugend durch die Rezeption der Pornographie, der die Zensurbestimmungen zur eingeschränkten Distribution pornographischer Medienangebote nötig macht, zunächst eine Unterstellung ist, für die keine empirischen Beweise vorliegen[175]:

„Bei Minderjährigen wäre die schädliche Wirkung und deren Beschaffenheit erst einmal festzustellen: neurotische Defekte, Phobien, Konversionshysterien oder was immer sonst. Die Weckung des ohnehin meist schon vorhandenen Interesses an Sexuellem kann als schädlich nicht diffamiert werden, es sei denn, man wäre radikal genug, den Sexus schlechthin zu verdammen – eine Haltung, die heute schwerlich viel Liebe fände, und vor der die Sittlichkeitsapostel sich zu hüten pflegen"   (Adorno 1962: 35)

Die Zensur pornographischer Medienangebote ist in Deutschland in das Sexualstrafrecht eingelassen, das das Sexualverhalten in erlaubte und strafbare sexuelle Handlungen unterteilt. Zugleich zeigt das deutsche Strafrecht eine Kombination beider Strategien der Zensur.
Grundlegend wurde im Mittelalter nur zwischen sehr wenigen Delikten mit Sexualitätsbezug differenziert. Erst nach der Aufklärung und der aus ihr resultierenden Rechtsprechung werden kategorisierende Pönalisierungen des sexuellen Verhaltens angeordnet. In Preußen werden erste Edikte gegen politisch und religiös missliebige Bücher und Zeitschriften im 18. Jahrhundert erlassen, die gegen die Sitte oder die moralische Ordnung verstoßen, wozu neben anderen auch pornographische Schriften zu zählen sind. Im Zuge der Märzrevolution gibt es im deutschen Reich zwischen 1848 und 1851 kurzfristig eine Phase relativer legislativer Liberalisierung gegenüber Büchern, welche aber bereits 1851 mit dem preußischen §151 StGB beendet wird. Der Paragraph §151 PrStGB bevollmächtigt die Polizei, gegen indizierte unzüchtige Schriften, Abbildungen oder Darstellungen mittels ihrer Konfiszierung vorzugehen und ihre Distributoren zu verhaften, die dann angeklagt zu einer Geld- oder Haftstrafe verurteilt

---

[175] Da der Schaden als de facto gegeben gesetzt wird, schließt sich für die Wirkungsforschung eine weitere Untersuchung dieser jugendlichen und kindlichen Rezeption von Pornographie aus forschungsethischen Gründen aus. Dennoch verweisen die wenigen Befragungen zu tatsächlichem Rezeptionsverhalten von Pornographierezipienten darauf, dass gerade vor Erwachen der Pubertät die ersten Rezeptionen erfolgen. Vgl. hierzu auch Kap. 6.5. Interessanter erscheinen hingegen die Erkenntnisse zur sexuellen Mediensozialisation von Kindern und Jungendlichen, hierzu Bausch; Sting (2005), und zur Verbreitung von Handy-Pornographie bei Jugendlichen, hierzu Grimm & Rhein (2007).

werden können (vgl. Lautmann & Schetsche 1990: 139 ff ; Leonard 2005: 27 ff).

Merkmalhaft für die indizierten Schriften bis in die 1890er ist allerdings, dass es sich weniger um hardcore-pornographische Schriften handelt als vielmehr um galante Novellen, die durchaus sexuelle Phantasieinszenierungen implizieren, deren anstößiger Charakter dennoch eher in einer Hinterfragung der sich etablierenden bürgerlichen Ordnung steckt als in der Fokussierung auf das Sexuelle. Es fällt daher auf, dass Romane wie die *Memoiren des Casanova* oder *Der Liebhaber von elftausend Frauen* von Althing wegen ihrer Beschreibung eines Lebensstils außerhalb der bürgerlichen Ordnung zensiert werden, während explizite Darstellungen des Sexuellen erst ab den 1880ern verstärkt indiziert werden. Parallel wandelt sich das Begründungsmoment für die Notwenigkeit der Zensur. Hat bis zu dem Gesetz von 1851 als Begründung die Sicherung der sozialen Ordnung und ihrer allgemeinen Werte gedient, wandelt sich dies zugunsten einer Ausrichtung auf das Wohl und den Schutz des Individuums, das in der Rezeption Gefahr läuft, korrumpiert zu werden (vgl. Leonard 2005: 28 ff). Das Strafgesetzbuch des Kaiserreichs übernimmt 1871 den §151 PrStGB im Wortlaut (vgl. Lautmann & Schetsche: 140).

Um 1900 verschärft sich die Pornographie-Reglementierung in Deutschland durch den Erlass der Lex Heinze mit einer Modifizierung des Sexualstrafrechts. Die Lex Heinze basiert auf Debatten über Jugendschutz und Volksbildung sowie auf kriminologischen Überlegungen bezüglich des Zusammenhangs zwischen unsittlichen Schriften und dem Begehen strafbarer Handlungen bei Jugendlichen. So stehen nun neben der Distribution auch die Produktion und die Lagerung der Pornographie unter Strafe. Zugleich wird der Begriff der Unzüchtigkeit auf den Gebrauch von Verhütungsmitteln ausgedehnt. Die explizite Betonung, dass der Verkauf und das Überlassen unzüchtiger Ware an Jugendliche unter 16 Jahren strafbar sind, zeigt an, dass der Jugendschutz als distinkter Bereich von besonderer Bedeutung Eingang in die Rechtsprechung erhält. Unter §184a StGB des Kaiserreichs wird ein normatives Zensurkonstrukt eingeführt, wenn auch Materialien zensiert werden können, die zwar keine Unzucht darstellen, aber trotzdem das Schamgefühl verletzen (vgl. Lautmann & Schetsche 1990: 141).

Die Weimarer Republik inkludiert in das Reichslichtspielgesetz den Jugendschutzgedanken, da alle öffentlich vorgeführten Filme zunächst durch eine Vorzensur müssen, in der festgestellt werden muss, ob der Film für jugendliche Rezipienten freigegeben werden kann, sodass diese keinen Schaden in ihrer geistigen, sittlichen oder gesundheitlichen Entwicklung nehmen. Zudem tritt 1926 das Gesetz zur Bewahrung der Jugend vor Schund- und Schmutzschriften in Kraft. Mit der Machtübernahme durch die Nationalsozialisten werden alle

Medienangebote durch das neue Reichslichtspielgesetz und das Reichskammer-
kulturgesetz gleichgeschaltet, wodurch gesonderte Jugendschutzgesetze über-
flüssig erscheinen. In der NS-Zeit wird öffentlich einzig das distribuiert, was
den nationalsozialistischen Idealen und Strategien entspricht. So zeigt sich, dass
ab 1933 stärker gegen pornographisches Material, das im Mai 1933 auch öffentlich verbrannt wird, vorgegangen wird (vgl. Lautmann & Schetsche 1990: 142
ff).

Nach dem Ende des Zweiten Weltkriegs wird die Reglementierung der Pornographie zunächst nur über die unverändert aus dem Weimarer Strafgesetzbuch
übernommenen §184 und §184a StGB operationalisiert. Hinzu kommt ab 1949
die Freiwillige Selbstkontrolle für Kino Filme (FSK), welche die Eignung von
Kinofilmen für Kinder und Jugendliche kontrolliert. 1951 wird von dem Bun-
destag ein Gesetz zum Schutz der Jugend in der Öffentlichkeit erlassen und
1953 das Gesetz über die Verbreitung jugendgefährdender Schriften, an welches sich 1954 die Einrichtung der Bundesprüfstelle für jugendgefährdende
Schriften anschließt. Diese über das Indizierungsprinzip operierende Stelle hat
bis in die 1970er vornehmlich nur Material indiziert, das sexuelle Inhalte hat
(vgl. Lautmann & Schetsche 1990: 144 ff).

Im Kontext einer umfassenden Sexualstrafrechtsänderung, welche das Sexualstrafrecht den sittlichen und sexuellen Anschauungen und Handlungen anpassen
soll, wird in §184 StGB die Reglementierung der Pornographie 1973 komplett
geändert, wobei der bis dato verwendete Begriff der unzüchtigen Schriften
durch den Begriff der Pornographie ersetzt wird (u.a. Lautmann & Schetsche
1990; Faulstich 1994; Pastötter 2003). Eine bestimmte Art der Pornographie,
welche als weiche Pornographie bezeichnet wird, ist nunmehr für erwachsene
Rezipienten unter Auflagen bezüglich der Distribution und des Verkaufs freigegeben. Die weiche Pornographie darf allerdings nicht für Jugendliche zugänglich distribuiert und verkauft werden. Der Jugendschutz, ausgehend von einer
Feststellung der Gefahr für die Entwicklung der Jugendlichen durch die Pornographierezeption, ist somit fest in den Gesetzen zur Sicherung der sexuellen
Selbstbestimmung des Strafgesetzbuch der Bundesrepublik Deutschland verankert. So besagt §184 StGB über die Verbreitung pornographischer Schriften
zunächst:

1) Wer pornographische Schriften
1.   einer Person unter achtzehn Jahren anbietet, überlässt oder zugänglich macht,
2.   an einem Ort, der Person unter achtzehn Jahren zugänglich ist oder von ihnen
        eingesehen werden kann, ausstellt, anschlägt, vorführt oder sonst zugänglich
        macht,
3.   im Einzelhandel außerhalb von Geschäftsräumen, in Kiosken oder anderen
        Verkaufsstellen, die der Kunde nicht zu betreten pflegt, im Versandhandel oder

in gewerblichen Leihbüchereien oder Lesezirkeln einem anderen anbietet oder überlässt,

3a. im Wege gewerblicher Vermietung oder vergleichbarer gewerblicher Gewährung des Gebrauchs, ausgenommen in Ladengeschäften, die Personen unter achtzehn Jahren nicht zugänglich sind und von ihnen nicht eingesehen werden können, einem anderen anbietet oder überlässt,

4. im Wege des Versandhandels einzuführen unternimmt,

5. öffentlich an einem Ort, der Personen unter achtzehn Jahren zugänglich ist oder von ihnen eingesehen werden kann, oder durch Verbreiten von Schriften außerhalb des Geschäftsverkehrs mit dem einschlägigen Handel anbietet, ankündigt oder anpreist,

6. an einen anderen gelangen lässt, ohne von diesem dazu aufgefordert zu sein,

7. in einer öffentlichen Filmvorführung gegen ein Entgelt zeigt, das ganz oder überwiegend für diese Vorführung verlangt wird,

8. herstellt, bezieht, liefert, vorrätig hält oder einzuführen unternimmt, um sie oder aus ihnen gewonnene Stücke im Sinne der Nummern 1 bis 7 zu verwenden oder einem anderen eine solche Verwendung ermöglicht, oder

9. auszuführen unternimmt, um sie oder aus ihnen gewonnene Stücke im Ausland unter Verstoß gegen die dort geltenden Strafvorschriften zu verbreiten oder öffentlich zugänglich zu machen oder eine solche Verwendung zu ermöglichen wird mit Freiheitsstrafe bis zu einem Jahr oder mit Geldstrafe bestraft.

2) Absatz 1 Nr. 1 ist nicht anzuwenden, wenn der zur Sorge für die Person Berechtigte handelt; dies gilt nicht, wenn der Sorgeberechtigte durch das Anbieten, Überlassen oder Zugänglichmachen seine Erziehungspflicht gröblich verletzt. Ansatz 1 Nr. 3a gilt nicht, wenn die Handlung im geschäftlichen Verkehr mit gewerblichen Entleihern erfolgt[176].

Hier zeigt sich, dass sich die staatlichen Restriktionen nicht auf den Inhalt, sondern auf die Platzierung der Pornographie in der Öffentlichkeit sowie ihre Distribution konzentrieren. Es stellt sich die Frage, was der Gesetzgeber unter pornographischen Schriften überhaupt versteht, da dies in §184 StGB selbst nicht angesprochen wird. Unter pornographischen Schriften werden in der deutschen Rechtsprechung solche Medienangebote verstanden, die Sexualität unter der Ausklammerung aller sonstigen Bezüge darstellen und die diese Darstellungen

---

[176] Da sich im Kontext der Rechtsänderungen bezüglich der Straftaten gegen die sexuelle Selbstbestimmung im Jahr 2003 einige Änderungen ergeben haben, die Auswirkungen auf die Formulierung von § 184 StGB haben, finden sich an dieser Stelle die neuen Rechtslagen, welche in dem Archiv nicht explizit berücksichtigt worden sind. Die Diskursfragmente, die § 184 zitieren, sind noch vor der Rechtsänderung geäußert worden. Nachfolgende Diskursfragmente, die zum Thema Kinderpornographie abgesetzt worden sind, rekurrieren zwar auf den veränderten §184b StGB, zitieren ihn aber nicht. Daher sind die nachfolgenden Angaben des Paragraphen 184 des Strafgesetzbuches aufgrund von Aktualitätsbestrebungen zur Berücksichtung des § 184b statt des Archivs dem online-Zugriff des Strafgesetzbuchs am 17. Feb. 2008 entnommen unter http://www.strafgesetzbuch-stgb.de/_buch/stgb.htm

ausschließlich oder überwiegend auf die Erregung eines sexuellen Reizes beim Rezipienten abzielen lassen. Des Weiteren ist für Pornographie nach Maßgabe des Gesetzgebers die grob aufdringliche, übersteigerte und anreißerische Art der Darstellung der sexuellen Vorgänge charakteristisch. Schließlich ist dem pornographischen Medienangebot ein transgressives Moment eigen, denn es überschreitet in seinen Inhalten die durch die allgemeinen, gesellschaftlichen Wertvorstellungen gezogenen Grenzen des sexuellen Anstands eindeutig (vgl. Brosius 2005: 35 ff; Altstötter-Gleich 2006: 7). Damit versucht die gesetzliche Vorstellung der Pornographie, in erster Linie die Hardcore-Pornographie zu erfassen und deren Distribution und Verkauf zu reglementieren, da sich diese Kriterien der pornographischen Schriften um die Explizitheit, die unterstellte Wirkung und das Verhältnis der Darstellung zur Realität positionieren. Die Komplexität der Pornographie als Genre wird hierin ausgespart.

Weiter differenziert die gegenwärtige Gesetzgebung entlang der Inhalte der pornographischen Medienangebote zwischen der für Erwachsene erlaubten, weichen Pornographie und der harten Pornographie, deren Produktion und Distribution generell verboten und damit strafbar sind. Beurteilt wird, ob die dargestellten, sexuellen Handlungen mit dem übrigen Sexualstrafrecht konform gehen oder ob sie ohnehin verboten sind, weshalb das pornographische Material nicht distribuiert werden darf. Der harten Pornographie werden sexuelle Gewalt, Sodomie[177] und Pädophilie zugeschlagen. Es findet sich in §184a StGB zur Verbreitung gewalt- oder tierpornographischer Schriften:

Wer pornographische Schriften, die Gewalttätigkeit oder sexuelle Handlungen von Menschen mit Tieren zum Gegenstand haben,
1.   verbreitet,
2.   öffentlich ausstellt, anschlägt, vorführt oder sonst zugänglich macht oder herstellt, bezieht, liefert, vorrätig hält, anbietet, ankündigt, anpreist, einzuführen oder
3.   auszuführen unternimmt, um sie oder aus ihnen gewonnene Stücke im Sinne der Nummern 1 und 2 zu verwenden oder einem anderen eine solche Verwendung zu ermöglichen,
wird mit Freiheitsstrafe bis zu drei Jahren oder mit Geldstrafe bestraft.

Während bis 2003 noch die pädophile Pornographie gemeinsam mit der sodomitischen und der Gewaltpornographie in §184 als harte Pornographie abgehandelt wird, ändert sich die Bedeutung der pädophilen Pornographie erheblich im Zuge der legislativen Änderungen zur sexuellen Selbstbestimmung, da auch

---

[177] Eine merkwürdige Besonderheit in der deutschen Rechtsprechung, denn der sodomitische Akt wird in dem Sexualstrafrecht nicht weiter behandelt, wodurch er nicht unter Strafe steht. Allerdings sind die Produktion und Distribution sodomitischer Pornographie verboten.

der Missbrauch von Kindern gesellschaftlich stärker geächtet wird. Aufgrund der offensichtlichen Machtmissverhältnisse zwischen den Beteiligten verstößt die Pädophilie gegen die gegenwärtig vorherrschende, sexuelle Verhandlungsmoral[178], die zwei gleichberechtigte Partner voraussetzt, die selbstbestimmt ihre sexuellen Interaktionen miteinander aushandeln. Gerade sexuelle Verhaltensweisen, welche die Verhandlungsmoral umgehen und Machtunterschiede in ihrem Zustandekommen ausnutzen, werden durch die Implementierung der Verhandlungsmoral in das deutsche Sexualstrafrecht strafbar und pönalisiert (vgl. Schmidt 2004: 16).

Speziell im Kontext der prinzipiell immerwährenden Verfügbarkeit pornographischer Materialien durch das Internet wird die Gefahr der Distribution von kinderpornographischen Materialien immer wieder thematisiert. So wird die Gefahr einerseits für die Entwicklung der Kinder, die für die Herstellung visueller Pornographie missbraucht[179] werden, gesehen; andererseits wird eine Gefährdung für Rezipienten der pädophilen Pornographie angenommen. Indem sich Pädophile in online-Netzwerken zusammenschließen, einander in ihrer Neigung stärken, sexuelle Korrektive besser in der Beschränkung auf eine Pädophilen-Netzwerkkommunikation ausblenden können und kinderpornographisches Material miteinander tauschen, können sie in einen Suchtkreislauf geraten, in welchem sie ihre pädophilen Neigungen über eine immer häufiger werdende Rezeption kinderpornographischen Materials ausleben, oder sie könnten sogar veranlasst werden, ihre Neigungen außerhalb der Rezeption auszuleben[180] (vgl. Van Ngoc & Seikowski 2005: 138 ff).

Entsprechend haben die deutschen Bundeskriminalämter Abteilungen eingerichtet, die der kriminellen Verbreitung von pornographischen Inhalten im In-

---

[178] Es bleibt natürlich festzuhalten, dass es sich bei der Verhandlungsmoral um ein Idealkonstrukt handelt, da selbst zwischen erwachsenen Partnern in Sexualbeziehungen keinesfalls von einem ökonomischen, emotionalen und/oder sozialen Machtgleichgewicht ausgegangen werden kann (Schmidt 2004).

[179] Kindesmissbrauch ist nach dem § 176 StGB strafbar und wird mit einer Haftstrafe von sechs Monaten bis zu zehn Jahren geahndet. Grundlegend erscheint jede sexuelle Handlung gegen Kinder als Missbrauch. Als Kinder gelten alle Personen unter 14 Jahren, ab 14 Jahren wird den Personen ein sexuelles Selbstbestimmungsrecht zugebilligt. Wichtig ist dabei, dass dieses sich auf das sexuelle Verhalten zwischen Gleichaltrigen erstreckt. Denn unter § 182 StGB wird geregelt, dass der sexuelle Missbrauch von Jugendlichen unter 16 Jahren durch Personen über 18 Jahren mit bis zu fünf Jahren Gefängnisstrafe oder einer Geldstrafe zu bestrafen ist.

[180] Kindesmissbrauch ist nach dem § 176 StGB strafbar und wird mit einer Haftstrafe von sechs Monaten bis zu zehn Jahren geahndet. Grundlegend erscheint jede sexuelle Handlung gegen Kinder als Missbrauch. Als Kinder gelten alle Personen unter 14 Jahren, ab 14 Jahren wird den Personen ein sexuelles Selbstbestimmungsrecht zugebilligt. Wichtig ist dabei, dass dieses sich auf das sexuelle Verhalten zwischen Gleichaltrigen erstreckt. Denn unter § 182 StGB wird geregelt, dass der sexuelle Missbrauch von Jugendlichen unter 16 Jahren durch Personen über 18 Jahren mit bis zu fünf Jahren Gefängnisstrafe oder einer Geldstrafe zu bestrafen ist.

ternet nachgehen, wobei der Verfolgung der Produktion und Distribution von kinderpornographischem Material absolute Priorität eingeräumt wird (Van Ngoc & Seikowski 2005; Mala 2004). Die Rechtsgrundlage für die Verfolgung der Kinderpornographie liefert §184b StGB über Verbreitung, Erwerb und Besitz kinderpornographischer Schriften:

1) Wer pornographische Schriften, die den sexuellen Missbrauch von Kindern zum Gegenstand haben (kinderpornographische Schriften),
1.   verbreitet,
2.   öffentlich herstellt, anschlägt, vorführt oder sonst zugänglich macht oder
3.   herstellt, bezieht, liefert, vorrätig hält, anbietet, ankündigt, anpreist, einzuführen oder auszuführen unternimmt, um sie oder aus ihnen gewonnene Stücke im Sinne der Nummer 1 und 2 zu verwenden oder einem anderen eine solche Verwendung zu ermöglichen,
wird mit einer Freiheitsstrafe von drei Monaten bis zu fünf Jahren bestraft.

2) Ebenso wird bestraft, wer es unternimmt, einem anderen den Besitz von kinderpornographischen Schriften zu verschaffen, die ein tatsächliches oder wirkliches Geschehen wiedergeben.

3) In den Fällen des Ansatzes 1 oder des Absatzes 2 ist auf Freiheitsstrafe von sechs Monaten bis zu zehn Jahren zu erkennen, wenn der Täter gewerbsmäßig oder als Mitglied einer Bande handelt, die sich zur fortgesetzten Begehung solcher Taten verbunden hat, und die kinderpornographische Schriften ein tatsächliches oder wirklichkeitsnahes Geschehen wiedergeben.

4) Wer es unternimmt, sich den Besitz von kinderpornographischen Schriften zu verschaffen, die ein tatsächliches oder wirklichkeitsnahes Geschehen wiedergeben, wird mit Freiheitsstrafe bis zu zwei Jahren oder mit Geldstrafe bestraft. Ebenso bestraft wird, wer die in Satz 1 bezeichneten Schriften besitzt.

5) Die Absätze 2 und 4 gelten nicht für Handlungen, die ausschließlich der Erfüllung rechtmäßiger dienstlicher oder beruflicher Pflichten dienen.

6) In den Fällen des Ansatzes 3 ist § 73d anzuwenden. Gegenstände, die auf eine Straftat nach Absatz 2 oder Absatz 4 bezieht, werden eingezogen. § 74a ist anzuwenden[181].

Wie erkenntlich erfährt die Kinderpornographie in der deutschen Rechtsprechung eine gesonderte Position innerhalb der harten Pornographie, weil nicht nur ihre Produktion und Distribution untersagt sind, sondern daneben auch ihr Erwerb und ihr Besitz unter Strafe stehen. Trotz der vehementen Thematisie-

---

[181] Dieser Absatz regelt die Konfiszierung des Materials durch die Polizei.

rung der Gefahr einer massiven Distribution kinderpornographischer Schriften über das Internet haben mehrere Forscher, die sich mit der Internetpornographie auseinandergesetzt haben, konstatiert, dass Kinderpornographie im Internet nur schwer auffindbar ist. So z.B. Schetsche:

„Entgegen allen Gerüchten wimmelt das Netz aber auch nicht von solchen Darstellungen. Nach meiner Erfahrung ist es eher sehr unwahrscheinlich, dort Kinderpornographie zu entdecken, wenn man(n) nicht systematisch und nachdrücklich danach forscht."

(Schetsche 1998: 147)

Gemäß dem Jugendschutz dürfen pornographische Medienangebote auch nicht über den Rundfunk oder die Medien- und Teledienste ausgestrahlt werden. Für Telekommunikationsangebote gilt allerdings, dass sie pornographische Darstellungen dann senden dürfen, wenn diese Darstellungen nur erwachsenen Personen zugänglich sind. Schwierig erscheint dies insbesondere mit Blick auf das Internet, da dort die Zugangsbeschränkung häufig nur aus einem Bestätigungsclick besteht, mit dem man beglaubigt, bereits das 18. Lebensjahr vollendet zu haben. Die Basis dieser Reglementierung findet sich in §184c StGB geregelt:

Nach den §§ 184 bis 184b wird auch bestraft, wer eine pornographische Darbietung durch Rundfunk, Medien- oder Teledienste verbreitet. In den Fällen des § 184 Abs. 1 ist Satz 1 bei einer Verbreitung durch Medien- oder Teledienste nicht anzuwenden, wenn durch technische oder sonstige Vorkehrungen sichergestellt ist, dass die pornographischen Darbietung Personen unter achtzehn Jahren nicht zugänglich ist.

Daneben implizieren der Rundfunkstaatsvertrag und der Jugendmedienschutz-Staatsvertrag, dass pornographische Medienangebote, welche dem Pornographieverständnis des Staates entsprechen, für Kinder und Jugendliche in den Medien nicht zugänglich sein sollen. Darüber hinaus ist der Jugendschutz auch trotz der Änderungen von §184 StGB zusätzlich weiterhin durch das Jugendschutzgesetz abgesichert. Die Indizierung der Pornographie wird von Bundesprüfstelle für jugendgefährdende Schriften gewährleistet (Knoll & Müller 1998; Altstötter-Gleich 2006).
Die rechtliche Situation der Pornographie sieht in den USA grundlegend anders aus[182], da die Rechtsprechung weniger auf den Jugendschutz zielt, sondern vielmehr auf die Vermeidung von Obszönität. Grundsätzlich erstrecken sich die

---

[182] Für eine historische Nachzeichnung der Rechtsprechung bezüglich der Pornographie in den USA waren in erster Linie zahlreiche Gerichtsverfahren von Relevanz, hierzu vgl. Kendrick (1996).

Debatten um die Zensur der Pornographie auf das First Amendment[183], das grundsätzlich freie Meinungs- und Presseäußerungen garantiert. Davon ist Obszönität hingegen ausgenommen, zu der die Pornographie gezählt wird. Obszönes Material kann zensiert werden. Ob pornographisches Material zensiert wird, hängt von der Auslegung und der Interpretation von Obszönität ab. Die Definition der Obszönität unterliegt im Laufe der amerikanischen Geschichte massiven Umbewertungen. Seit dem Gerichtsverfahren Miller vs. California wird ein Medienangebot der Obszönität zugeschlagen, wenn es die durch den Miller-Test aufgestellten Kriterien der Obszönität erfüllt (u.a. Kendrick 1996; Diamond 1999; Pastötter 2003).

„According to *Miller*, material is obscene if *all* three of the following conditions are met:
1.   The average person, applying contemporary community standards, would find that the work, taken as a whole, appeals to the prurient interest; and
2.   The work depicts or describes, in a patently offensive way, sexual conduct specifically defined by the applicable state law; and
3.   The work, taken as a whole, lacks serious literary, artistic, political, or scientific value."
(Final Report of the Attorney General's Commission on Pornography 1986: 17 f)

Mit dem Miller-Test verlagert sich die Verfolgung der Obszönität von der Ebene der Bundesregierung zu den einzelnen Bundesstaaten. Ausgehend von den unterschiedlichen Gesetzeslagen in den Bundesstaaten zeigt sich der Markt für pornographisches Material in den USA sehr heterogen: was in dem einen Bundesstaat erhältlich ist, kann in dem nächsten verboten sein (vgl. Kipnis 2007: 67). Da das Internet einen weitgehend uneingeschränkten Fundus pornographischen Materials liefert, versucht die US-Regierung 1996 in dem Communications Decency Act das Internet über die Verantwortlichkeit der Provider bei der Distribution von pornographischem Material im Sinne des Jugendschutzes zu reglementieren. Allerdings wird dieses Gesetz durch einen Zusammenschluss mehrerer amerikanischer Organisationen in dem Verfahren Reno vs. American Civil Liberties Union, et al. gerichtlich in Frage gestellt, sodass im Juni 1997 Richter John Paul Stevens das Internet unter Schutz des First Amendment stellt und das Gesetz kippt (Rohde 1999; Heins 1999).

Als zentrale Argumentationsstrategie hinter Zensurbestrebungen steht allgemein der Verweis auf die gefahrvollen Wirkungen der Pornographie. Dabei werden insbesondere die Ergebnisse der Medienwirkungsforschung von den amerikanischen Kommissionen gedeutet, die 1970 und 1986 von den Regierungen der

---

[183] Dabei handelt es sich um den ersten Zusatz zu der amerikanischen Konstitution, der dem Grundgesetz ähnlich ist und die Grundrechte der Bürger der USA festlegt.

USA eingesetzt worden sind, um sich mit dem Stand wissenschaftlicher Erkenntnisse zu beschäftigen und auf dieser Grundlage Empfehlungen für die Legislatur auszusprechen. Auffällig ist, dass die Empfehlungen der Kommissionen jeweils dem sexualpolitischen Klima der Zeit entsprechen. Die Kommission von 1970 kommt zu dem Schluss, dass eine eindeutige Kausalität einer Gefahr pornographischer Rezeption nicht feststellbar ist und empfiehlt:

„Im Grundsatz spricht sich die Kommission gegen Eingriffe des Gesetzgebers in die Rechte Erwachsener aus, sich Darstellungen mit eindeutig sexuellem Inhalt (Erotica) zu beschaffen, zu lesen oder zu betrachten. Andererseits empfiehlt sie die gesetzliche Einschränkung des Verkaufs solcher Darstellungen an Minderjährige ohne Einwilligung der Eltern. Gegen die unfreiwillige Konfrontation mit derartigen Darstellungen durch Postversand oder öffentliche Zurschaustellung empfiehlt die Kommission ebenfalls gesetzliche Vorschriften"   (Der Pornographie-Report 1971: 169)

Während diese Kommission weitgehend die wissenschaftlichen Ergebnisse in Augenschein nimmt, einer auf wissenschaftlichen Kriterien beruhenden Kritik ihrer Methoden aussetzt und daraus ableitend ihre Empfehlung formuliert, zeigen sich die Ausführungen der Kommission von 1986 weniger an wissenschaftlichen Erkenntnissen orientiert, als an der Setzung eines Schadensdogmas interessiert, durch dessen paradigmatische Brille die durchgeführten wissenschaftlichen Studien betrachtet werden. So operationalisiert diese Kommission einen Schadensbegriff, der zwischen primärem, eindeutig nachweisbarem Schaden der konkreten Rezeption von Pornographie und sekundärem, nur schlecht nachweisbarem Schaden, der sich verspätet aus der Rezeption von Pornographie ableiten lässt, unterscheidet (vgl. Final Report of the Attorney General's Commission on Pornography 1986: 31 ff). Daher liegt der Empfehlung der 1986er Kommission zugrunde, dass sie „therefore reject the suggestion that a causal link must be proved ‚conclusively' before we can identify a harm" (Final Report of the Attorney General's Commission on Pornography 1986: 33). Entsprechend wird das pornographische Material auch jenseits wissenschaftlicher Beweise als gefahrvoll eingestuft. Eine solche Unterstellung von Schaden und Gefahr durch die Rezeption von Pornographie kann sich auf sehr verschiedene Bereiche erstrecken. Zumeist werden ein Schaden für die Ehe als Institution, eine Verletzung des Schamgefühls, eine Entfremdung von der liebevollen Sexualität, eine Entwürdigung des Menschen, eine Degradierung der Frau und die Gefahr für die Jugend beklagt (vgl. Lautmann & Schetsche 1990: 171 ff). Allerdings haben beide Kommissionen keine legislativen Konsequenzen nach sich gezogen.

In den USA wie in Deutschland haben Feministinnen Gesetzesvorschläge zur Änderung der Gesetzeslage bezüglich der Pornographierechtsprechung vorge-

tragen, dabei bezieht sich die deutsche, 1988 von der Zeitschrift EMMA initiierte PorNO-Kampagne auf die von den amerikanischen Feministinnen Catharina
MacKinnon und Andrea Dworkin vorgeschlagenen Gesetzesänderungen.
Grundsätzlich geht es hierbei nicht um ein Verbot der Pornographie, sondern
um die Option für Frauen, die sich durch die pornographischen Medienangebote
angegriffen sehen, vor Gericht Schadensersatz einklagen zu können. Während
der Gesetzesvorschlag in Kanada in die Gesetzgebung integriert worden ist, ist
er in Deutschland abgelehnt worden. Ferner findet sich in den USA der Vor-
schlag, rechtlich pornofreie Zonen einzurichten, was bis dato allerdings nicht
durchgesetzt worden ist (u.a. MacKinnon 1994; Cornell 1997; Rückert 2000,
Pastötter 2003).
Welch weit reichenden Einfluss die legislativen Regelungen bezüglich der Ausbildung und Ausformung der Pornoindustrie haben können, zeigen die Beispiele
Großbritanniens, der Ukraine und Ungarns. In Großbritannien findet sich eine
im europäischen Verhältnis strenge Zensurbestimmung, die den legislativen
Rahmen legitimer Pornographie auf Softcore-Pornographie verengt, weshalb
sich dort die Pornoindustrie ausschließlich in diesem Rahmen bewegt. Entsprechend werden weniger explizite Pornofilme und Pornomagazine speziell für den
britischen Markt hergestellt oder so modifiziert, dass sie dort verkauft werden
können (vgl. Hardy 1998: 50 ff; Smith 2005: 149 ff). Dass mittlerweile rund ein
viertel aller Pornofilme in Ungarn produziert wird, basiert auf einer sehr permissiven Gesetzgebung, die die Pornoindustrie nach dem Zusammenbruch der
Sowjet Union als Stütze der Marktwirtschaft gestärkt hat. Zwar wird seit einigen Jahren nach einer recht niedrigen Besteuerung in den Anfangsjahren eine
Zusatzsteuer von 25% für pornographische Produktionen erhoben, dennoch
erweisen sich die Produktionskosten für Pornofilme in Ungarn als verhältnismäßig niedrig. Dabei ist die Produktion von Pornofilmen in Ungarn nicht kriminalisiert (vgl. Slade & Szoverfy 2005: 180 ff). Anders als in Ungarn verhält
es sich in der Ukraine, die nach dem Zusammenbruch der Sowjet Union auf die
Flutwelle pornographischer Medienangebote mit einer strengen Gesetzgebung
reagiert. Hier sind Produktion und Distribution von Pornographie kriminalisiert.
Demgegenüber sind die Herstellung und Verbreitung erotischer Medienangebote erlaubt. Diese Differenzierung erlaubter Erotik und verbotener Pornographie
läuft auf die Unterscheidung von Softcore- und Hardcore-Darstellungen hinaus,
bindet sich aber über die Benennung an Erwartungshaltungen der Rezipienten[184]
(vgl. Romanets 2005: 206 ff).
Grundlegend verbirgt sich hinter den Reglementierungen der Pornographie die
Vorstellung, dass Sexualität in irgendeiner Form reglementiert werden muss,
weil die unreglementierte Sexualität gefährlich ist. Hierbei korreliert die Reg-

---

[184] Zu der Abgrenzung der Pornographie gegen andere Darstellungen des Sexuellen vgl. Kap. 6.9.

lementierung der Sexualität mit der Negation des sexuellen Körpers in der christlichen Sexualmoral, mit der Repressionshypothese der bürgerlichen Sexualmoral, dem Sublimierungsmodell der Psychoanalyse, dem Modell gewalttätiger männlicher Sexualität und gegenwärtig vor allem der sexuellen Verhandlungsmoral. Aus dem jeweiligen Konzept leiten sich die konkreten Begründungen und Formen ab, das Sexualverhalten und mit ihm die Pornographie als Inszenierung der sexuellen Phantasie einzuschränken. Dabei stützt sich die Relevanzzuschreibung der Zensur massiv an der Betonung des transgressiven Charakters der Pornographie und ihrer Inversion des idealistischen Körper-Geist-Dualismus ab.

Festgehalten werden muss, dass die Erforschung der Pornographie selbst erst aus der legislativen Liberalisierung der Zensur pornographischer Medienangebote erwächst. Die ersten Studien in den USA schließen an das 1957er Gerichtsverfahren Roth vs. U.S. an, in dessen Nachhall mehr und mehr vormals verbotene literarische pornographische Werke von der Zensur befreit werden. Die Analyse dieser Werke sowie die Kommentierung der Zensur der Pornographie begründet die wissenschaftliche Auseinandersetzung mit der Pornographie (u.a. Sontag 1967; Adorno 1963; Marcus 1966; Moravia 1965; Goodman 1961; Haag 1967). Daher finden sich auch gegenwärtig keine Studien über die Kinderpornographie, die jenseits von juristischen Erwägungen oder Interviews mit Pädophilen bezüglich ihrer Gewohnheiten in der Pornographierezeption anzusiedeln sind.

Des Weiteren lässt sich eine Verschiebung der Zensurkritik in Richtung wissenschaftlicher Selbstreferentialität beobachten, wenn nicht nur die Zensur des pornographischen Materials thematisiert wird, sondern auch die Konsequenzen der Zensur und der Einfuhrbestimmungen eines Landes für die Erforschung der Pornographie durch die Wissenschaft. Es gestaltet sich mitunter durchaus schwierig, pornographisches Material aus dem Ausland via Postweg für Forschungszwecke zu ordern, insofern können die Wissenschaftler mitunter zu einem Objekt staatlicher Polizeimaßnahmen werden und das Forschungsmaterial zum Objekt staatlicher Konfiszierung (Sigel 2005a; Rückert 2000). Daneben sehen sich Wissenschaftler den Anfeindungen von Kollegen ausgesetzt, die eine Lehre der wissenschaftlichen Auseinandersetzung mit der Pornographie zu unterbinden suchen, wodurch es innerwissenschaftlich zu Untersagungen seitens des Universitätsrektorats kommen kann, ebenso wie pornographisch konnotierte Schriften aus dem Curriculum von Schulen gestrichen werden (Elwood-Akers 1999; Paul 1999).

Schließlich könnte man auch mit Walter Benjamin polemisch fordern: „Daher verlangen wir: Staatsmonopol für alle Pornographie. Sozialisierung dieser beträchtlichen Stromkraft" (Benjamin 1972: 458).

6.2 Pornographie als Inszenierungsinstanz des sexuellen Körpers

„Das Fleischliche ohne Bezug zum Geist und das Geistige ohne ‚Verunreini-
gung' durch fleischliche Gelüste sind christliche Vorstellungen der dualistisch
geprägten Erotik des Christentums."   (Sorgo 1997: 18)

Dass Pornographie in ihrer Konzeption der pornotopischen Welt den zentralen
Fokus auf die Inszenierung des sexuellen Körpers legt, gehört zu den grundsätzlichen Aussagen des Diskursstrangs. Die Betonung liegt dann darauf, dass im
gesellschaftlichen Alltag die Sexualität und implizit damit der sexuelle Körper
verdrängt und sublimiert werden müssen, wodurch sich Pornographie als Refu-
gium von Beidem konstituiert. Begründet ist die Repression des Sexuellen entweder durch die Sublimierungsthese, den Zivilisationsprozess oder die christliche Sexualmoral. Über eine kurze Erwähnung des Körpers in diesem Kontext
gehen diese generalisierenden Ausführungen nicht hinaus. Einige Diskursfragmente fokussieren hingegen eine Perspektive auf spezifische Aspekte sexueller
Körperlichkeit.
Eine Konkretisierung kann in der Theoretisierung einer Inversion des christlichen Körper-Geist-Dualismus beobachtet werden. Grundsätzlich wird dem
Körper als Behältnis der unsterblichen Seele in der christlichen Lehre eine zentrale Position eingeräumt, weil sich zahlreiche Gesetze und Reglementierungen
um ihn ranken (vgl. Sorgo 1997: 36). In Anlehnung an den Stoizismus und den
Gnostizismus erweist sich die christliche Hervorhebung des Geistes und die
Besorgnis um potentielle Schwächen des Körpers als Fortsetzung antiker Vorstellungen (vgl. Latour 1999: 167 f). Spezifisch christlich ist allerdings die Vorstellung der Sexualität als per se sündhaft, was sich als Resultat des Konzepts
der Erbsünde werten lassen kann. Da die Keuschheit lediglich eine asketische
Lebensweise einer elitären Minderheit fundiert und sich sexuelles Verhalten per
se nicht unterbinden lässt, wird Sexualität umgestaltet zu einer rein teleologischen Konzeption, die sie einzig zu Zwecken der Fortpflanzung in der Ehe gestattet. Außerhalb wird sie zu einer Todsünde stilisiert, die den Geist nicht nur
negativ beeinträchtigt, sondern die unsterbliche Seele der ewigen Verdammnis
anheimfallen lässt. Insofern avanciert die Sexualität im christlichen Abendland
zu dem Beweis der menschlichen Versklavung durch den Körper. Dennoch
kann die christliche Lehre den Körper nicht vollkommen ausblenden. So erlangt
der sinnliche Körper in den christlichen Martyrien einen Platz, wobei der Fokus
auf die Strafung und das Leid des Körpers zur Läuterung der Seele gelegt wird
und die körperliche Lust durch Schmerzen ersetzt wird. In komplementärer
Anlehnung an die christlichen Hagiographien, welche den leidenden Körper

inszenieren, konstruieren die Pornographien ein Bild lustvoller Körper (vgl. Sorgo 1997: 11 ff).

„Für die ausgegrenzte, aber nie ausgemerzte Fleischeslust mußte der gesicherte Bereich der Pornographie geschaffen werden, deren Theorie sich ans Martyrium anlehnt: Wenn das Opfer des Leibes das ewige Leben der Seele bestätigte, so müsse die Verleugnung der unsterblichen Seele den Leib und seine irdischen Lüste bestätigen. Eben diese Verleugnung der Spiritualität ist die Voraussetzung der abendländischen Pornographie als Genre."

(Sorgo 1997: 17)

Die Erotik des christlichen Abendlandes zeigt sich massiv beeinflusst von der schwarzen Wollust der christlichen Martyrien. Die Pornographien importieren aus den Märtyrergeschichten verschiedene Tropen, die sie verkehren wie bspw. die Verführung. Die mit der Frau assoziierte Verführung erweist sich für die männlichen Heiligen als eine zentrale Prüfung auf ihrem Weg zu Gott, auf dem sie der sexuellen Lust und den Körpern schöner Frauen mit der Kraft ihres Geistes widerstehen müssen. In der Lossagung von körperlichen Bedürfnissen und Lüsten, welche in dem Martyrium durch Leiden ersetzt werden, formiert sich die Gewissheit auf das Jenseits. Die Implementierung der elitären Askese ermöglicht die sinnliche Anregung des Körpers einzig in seiner Zerstörung, welche im Gegenzug den Geist erhebt. Alles Begehren des Heiligen richtet sich unter der Folter seines Martyriums auf die Zusammenkunft mit Gott im Jenseits aus. Die Pornographie dagegen greift die Verführung auf und weist ihr die Bedeutung eines sexuellen Initiationsritus zu, der die Figur auf den Pfad der sexuellen Lust führt. Das Paradies der pornographischen Figur verwirklicht sich bereits in Pornotopia, wo sich ein Begehren wegen der sofortigen Befriedigung aller Lüste gar nicht erst formieren kann (vgl. Sorgo 1997: 101 ff). Eine ähnlich inversive Analogie kann zwischen dem gefolterten Körper des Märtyrers und des vor Lust vergehenden Körpers der pornographischen Figur gezogen werden. Als Inbegriff der Inversion hagiographischer Geschichten werden die Schriften Sades[185] gewertet (vgl. Sorgo 1997: 146 ff). Grundsätzlich bleiben damit sowohl die Hagiographien als auch die Pornographien der Logik des christlichen Körper-Geist-Dualismus verhaftet.

Ein solches Verständnis der Pornographie als völlige Inversion des christlichen Körper-Geist-Dualismus erscheint vor dem Hintergrund der konstruktivistischen Ansätze zu eindimensional. Selbst die Inszenierung des sexuellen Kör-

---

[185] Mitunter scheint es, als würden die Schriften Sades als Inbegriff der Pornographie schlechthin generalisiert, während seine Schriften gerade aufgrund ihrer philosophischen Implikationen auch als antipornographisch gewertet werden, wenn sich das Pornographieverständnis einzig in einer Zuschreibung einer Erregungsfunktion erschöpft.

pers in der filmischen Loop-Pornographie[186] impliziert weit mehr Elemente als eine Inversion der christlichen Normen, da die Herstellung von Körperlichkeit[187] per se eine hochkomplexe, soziale Konstruktionsleistung darstellt.

So zeigt eine genauere Untersuchung der Sadeschen Werke, dass die Negation des christlichen Körper-Geist-Dualismus die Basis einer radikalmaterialistischen Philosophie begründet, die der Gedankenströmung der Aufklärung verhaftet ist (Bataille 1994; Flaßpöhler 2007; Adorno & Horkheimer 2004). So zelebrieren die libertinen Figuren Sades eine Orgie der Transgression, in der sie ihre Körper in Lustmaschinen transferieren, die die Quelle ihrer Erkenntnis darstellen. Lust und Vernunft werden aufeinander verwiesen und an den Körper als zentrale Erkenntnisinstanz gebunden. Zur Genese ihrer Lust instrumentalisieren die Libertins die Körper ihrer Opfer. Denn in der Zerstörung des Körpers des Anderen erfahren die Libertins die für sie zentrale Zerstörungslust. So verbinden sich die Libertins mit genau der Welt, von der sie in deren Negation glauben, sich losgesagt zu haben, indem der Körper des Opfers als zentrales Medium der Grenzen und Gebote der kulturellen Welt operationalisiert wird (vgl. Flaßpöhler 2007: 125 ff). Zugleich findet sich bei Sade die Arithmetik sexueller Stellungen begründet, in der sich sexuelle Körper zueinander verhalten können (Steiner 1967; Marcus 1966; Naumann 1976). Deren Begrenzung wird mitunter als Ausgang für die Kritik pornographsicher Werke herangezogen, wenn sie von obszöner Kunst abgegrenzt werden sollen (Steiner 1967; Marcus 1966).

„In short: given the physiological and nervous complexion of the human body, the number of ways in which orgasm can be achieved or arrested, the total modes of intercourse, are fundamentally finite. The mathematics of sex stop somewhere in the region of *soixante-neuf*; there are no transcendental series." (Steiner 1967: 97 f)

Speziell die Pornographie des 17. und 18. Jahrhunderts, deren Höhepunkt die Schriften des Marquis darstellen, weist in ihrer Kritik an dem Klerus eine enge Verbindung mit der materialistischen Philosophie auf. Kennzeichen des Materialismus ist es gerade, nicht den Geist als oberstes Prinzip menschlicher Existenz zu werten, sondern die Bedeutung der Materie und des Körpers hervorzuheben. Die philosophische Strömung dieser Zeit wandelt sich von einem Aristoteles verdankten naturalistischen Naturverständnis zu einem mechanistischen Materialismus, in dessen Kontext die biologischen Körper und Formen zerlegt, seg-

---

[186] Als Loops bezeichnet man den recycelten Zusammenschnitt sexueller Szenen eines Themas aus verschiedenen anderen pornographischen Filmen. Hierbei wird auf eine verknüpfende Narration ganz verzichtet.
[187] Vgl. hierzu auch die Ausführungen zum sexuellen Körper in Kap. 5.3.7

mentiert und atomisiert werden. Die Pornographie spiegelt diese Veränderung in der Darstellung der sexuellen Körper wider. Zugleich manifestiert sich in dieser Wandlung des Bildes sexueller Körper die Schaffung des urbanen Lebensraums, der seinen Bewohnern eine von traditionellen Zwängen freiere Lebensumgebung offeriert und in dem sich die Bewohner anonymisiert und zunehmend individualisiert begegnen. Der Körper avanciert in den Städten zu einer erotisierten Naturoberfläche, die zunehmend als Konstruktionsmaterie sozialer Bedeutungseinschreibung an Relevanz gewinnt (vgl. Jacob 1993: 157 ff).

„In this way, modern mass pornography has its truth value. It mirrors the rise of the particular modern life spaces of the city [...] and the sentiments, experiences and fantasies connected to living there. Pornography often mirrors this directly in its content: very much is about meeting strangers and having sex in public places [...]."

(Bech 1998: 225)

In der naturalistischen Phase pornographischer Körperkonstruktion werden Beobachtungen aus dem Tierreich auf den Menschen übertragen, wobei die männliche Sexualität und der männliche Körper als Norm gesetzt werden. Demgegenüber werden in den materialistischen Schriften, die sich an die Innovation der pornographischen Novelle koppeln, die Vorstellungen eines physikalischen Universums auf die Sexualität übertragen. Die menschlichen Körper werden segmentiert und atomisiert und in Bewegung gesetzt. Die Bewegung der Körperfragmente bestimmt das Sein des Menschen. Hierin gewinnt der weibliche Körper an Autonomie und beansprucht eine eigene sexuelle Wirklichkeit für sich. Da der pornographische Diskurs allerdings ein von Männern für Männer geschaffener Diskurs ist, werden die weiblichen Körper in komplementärer Bewegungsgesetzlichkeit zu den männlichen Körpern imaginiert (vgl. Jacobs 1993: 164 ff). Mit der Französischen Revolution verlieren die pornographischen Schriften zusehends an Bindung zur Formulierung des philosophischen Diskurses (Norberg 1993; Hunt 1993b).

In der Betrachtung von visuellen Pornographien fällt auf, dass Pornographie in der Transgression ästhetischer Konventionen den alltäglichen Körpern und den von der herrschenden Körperästhetik stark abweichenden Körpern einen Platz der Darstellung und der Inszenierung lustvoller Sexualität offeriert (Faulstich 1994; Kipnis 2007; Attwood 2006, Gorsen 1987). Wenngleich allerdings einschränkend eingeräumt werden muss, dass mit der Etablierung der Pornoindustrie als erfolgreichem Wirtschaftszweig, der sich an der Nachfrage seiner Kunden ausrichtet, gerade in der filmischen, heterosexuellen Mainstream-Pornographie das gängige Schönheitsideal vornehmlich für die Körper weiblicher Darstellerinnen durchaus verbindlich ist (Lautmann & Schetsche 1990; Hardy 1998;

Williams 1995). Die Ästhetisierung pornographischer Darstellungen wird vor allem in den Subgenres nach eigenen Maßgaben vorangetrieben (Williams 1993; Rückert 2000; Mach 1999). Exemplarisch zeigt sich an der Analyse der Fettpornographie, dass hier der massiv übergewichtige Körper entgegen den gegenwärtigen Imperativen des Schlankheits- und Gesundheitsideals der westlichen Kultur als schön und in eigener ästhetischer Inszenierung gefeiert wird. Hierin kann eine Absicherung des übergewichtigen Körpers gegen die universelle Forderung nach Schlankheit gesehen werden, da mit dem dicken Körper kulturell sonst eher Krankheit, niederer sozialer Status und Verlust der Selbstkontrolle assoziiert werden. Die Fettpornographie dagegen entwirft eine Ästhetikstrategie sexueller Attraktivität und sexuellen Enthusiasmus', in der sich der lustvollen, sexuellen Erfahrung dicker Körper vergewissert wird. Die Erotik des Fetts wird durch diese Form der Pornographie, die in Softcore- und Hardcore-Varianten ausdifferenziert ist, kulturell überhaupt erst ersichtlich (vgl. Kipnis 2007: 94 ff).

Das Beispiel der Fettpornographie verweist auch auf die Fetischisierung und Fragmentierung der sexuellen Körper in der pornographischen Darstellung, welche sich gegen die idealisierende Ganzheitserotik des bürgerlichen Schönheitsideals wendet (vgl. Gorsen 1987: 57 ff).

„Die bürgerliche Abwertung der fetischistischen Teilperspektive begleitet die Ablösung des parasitären, asozialen Sexualideals, nach dem – wie im Rokoko – der bis zur Untätigkeit träge, passive und darin luxuriöse Lustkörper für schön galt, durch ein Leitbild, das den sexuell schönen und anmutigen Leib in Funktion auf seine Tätigkeit, nämlich als Arbeitskraft begreift. Von dieser Norm her bestimmt sich der Kanon der bürgerlichen Indizierung für sexuell entfremdetes Verhalten und für ein pornographisch verselbständigtes Interesse an einzelnen Körperteilen wie dem Hintern." (Gorsen 1987: 63)

Gerade an die Forderung nach der produktiven Arbeitskraft des Menschen knüpft die Vorstellung eines desensibilisierten Rezipientenkörpers, dessen Desensibilisierung eine bestimmte Form der Pornographie fordert, die sich in der Fragmentierung und Fetischisierung des weiblichen Körpers manifestiert (Soble 1986). Die Produktionsbedingungen der kapitalistischen Gesellschaft formen den Körper ihrer Arbeitnehmer und entfremden sie ihrer selbst. Die Fetischisierung der Warenform schlägt sich nicht nur in der Produktion, sondern auch in der Konsumption nieder und begründet die Desensibilisierung der männlichen Körper in der Sphäre der Produktion. Daneben wird die Desensibilisierung des Körpers durch die gesellschaftlichen Superstrukturen wie Bildung, Familie, Religion etc. vorangetrieben. Da der Körper des Rezipienten von einer Quelle polymorpher Lüste und Genüsse in ein standardisiertes Instrument produktiver

Arbeitskraft[188] gewandelt wird , werden die Sinne trainiert, die zur Steigerung der Produktion erfolgreich eingesetzt werden können, während die dem eher abträglichen Sinne desensibilisiert werden. Insbesondere der Sehsinn wird so produktionsbedingt überdeterminiert, hingegen werden Geruchs-, Tast- und Geschmackssinn unterdrückt. Einzig der Penis ist von dieser Desensibilisierung ausgenommen, weshalb der Penis zum Primaten sexuellen Verhaltens avanciert (vgl. Soble 1986: 67 ff). Die Einschränkung auf den Sehsinn und das Genital macht insbesondere die visuelle Pornographie für die desensibilisierten Rezipientenkörper attraktiv, weshalb in der visuellen Pornographie die Performance des männlichen Penis entsprechend inszeniert wird (vgl. Soble 1986: 75 ff).

„In leaving only the penis sensitive, desensitization provides what must appear to the consumer to be a natural link between visual pornography and genital masturbation."

(Soble 1986: 77)

Die inhaltliche Gestaltung der visuellen Pornographie folgt entsprechend auch der Desensibilisierung des Rezipientenkörpers, indem Stellungswechsel und Personalwechsel als wesentliche Elemente der Inszenierung fungieren. Zugleich wird der Performance des Penis in den Detailaufnahmen der Erektion, des meat shot und extrakorporalen Ejakulation genüge getan (vgl. Soble 1986: 91 ff).
Mit Blick auf den sich etablierenden Zensurdiskus des 19. Jahrhunderts wird der Körper des Arbeiters als nur wenig in dessen Kontrolle befindlich und mit einer Eigenmacht ausgestattet in den Diskursen der Bourgeoise thematisiert. Dem Körper der Arbeiterschaft wird ein sexuelles Geheimnis eingeschrieben, das zugunsten bürgerlicher Erkenntnisinteressen entschlüsselt und aufgedeckt werden kann. Doch gerade der sexuelle Aspekt des arbeitenden Körpers bedarf der sozialen Kontrolle. Die Darstellungen sexueller Körper in den pornographischen Diskursen werden im Verlauf des 18. Jahrhunderts seitens der Bourgeoise immer mehr den Rezeptionsgewohnheiten der Arbeiterschaft zugeschrieben. Daraus leitet sich eine entsprechende Zensurforderung ab. Zumal die sexuellen Darstellungen, die bürgerlichen Anklang finden, sich nun stärker an experimentelle Formen ästhetischer Darstellung knüpfen und sich als obszöne Kunst emanzipieren. Die strikte Abgrenzung obszöner Kunst gegenüber der Pornographie instrumentalisiert die Form der Ästhetik, um einen Distinktionsmechanismus zu kreieren (vgl. Pease 2000: 63 ff).

---

[188] Soble (1986) wendet sich zwar bewusst gegen die These einer naturalisierten Sexualität und sieht deren konkrete Gestaltung aus den Gegebenheiten erwachsen, implementiert allerdings mit der Entfremdungsthese die Vorstellung eines essentialistischen Körpers.

„By taking the pornographic discourse and formally controlling it within the confines of one's aesthetically, and hence ideologically, stylized art, an artist could be said to be making sex and the sexualized body safe for the middle class and the realm of high art."
(Pease 2000: 63 f)

In der Differenzierung pornographischer Medienangebote von Kunst wird die potentielle sexuelle Erregung des Rezipientenkörpers als zentrales Moment der Distinktion gewertet. Ausgehend von dem Kantschen Distanzgebot soll Kunst den menschlichen Körper transzendieren, wohingegen die Pornographie das Potential besitzt, dass sich der Rezipient seines eigenen sexuelles Körpers in der Auseinandersetzung mit den dargestellten, sexuellen Körpern vergegenwärtigt. Kunstwerke, die sexuelle Themen aufgreifen und mit den Konventionen der Pornographie spielen, werden strikt von Pornographie getrennt, denn die Künstlerintention ziele auf den Geist des Rezipienten, nicht vornehmlich auf seinen Körper (u.a. Pease 2000; Hite 1999; Gorsen 1987; Mainusch & Mertner 1970). Der Niederschlag pornographischer Rezeption in der körperlichen Erregung der Rezipienten erweist sich als ein wichtiges Diskursfragment, das sehr unterschiedlich bewertet wird. So kann der pornographische Film den Körpergenres, wie dem Horrorfilm oder dem Musical, zugeschrieben werden, die einerseits den Körper ihrer Figuren in den Mittelpunkt stellen, andererseits zudem dem Körper des Rezipienten Affekte entlocken wollen (vgl. Williams 1995: 7). Doch diese Affekte werden mit Blick auf ihre Nutzung durch die Rezipienten mitunter sehr unterschiedlich eingeschätzt. Es zeigt sich, dass die Bewertung der Masturbation als sexuelle Handlung zentral bestimmt, wie sexuelle Erregung durch Pornographierezeption eingeordnet wird. Mit der Umcodierung der Masturbation als eigenwertige, positiv konnotierte sexuelle Handlung werden Pornographie und ihr Niederschlag am Rezipientenkörper nicht mehr als sündhaft oder reale sexuelle Kontakte substituierend betrachtet, sondern gewinnen einen positiven Eigenwert (Laqueur 2008; Dodsen 1999).

Demgegenüber thematisiert die kulturfeministische Perspektive die Pornographie in erster Linie als eine Theorie sexueller Gewalt, welche die Basis der Praxis sexuellen Missbrauchs und der Vergewaltigung darstellt, indem eine Konditionierung des männlichen Rezipienten in der die Pornographierezeption begleitenden Selbstbefriedigung erfolgt. Männer betrachten demnach insbesondere in der visuellen Pornographie die gefolterten, gequälten und misshandelten Körper von Frauen und würden dadurch sexuell am eigenen Körper erregt (u.a. Bremme 1990; Dworkin 1987; MacKinnon 1994).

Wesentlich positiver wertet die therapeutische Perspektive den Einsatz pornographischer Medienangebote. In der Auseinandersetzung mit den sexuellen Körpern der Figuren können Patienten einen Zugang zu ihrem eigenen sexuellen Körper entdecken und psychisch vorhandene Schamgefühle und Ängste abbauen lernen. Darin eröffnet die Rezeption von Pornographie einen Weg, eine Brücke zwischen Psyche und Körper zu schlagen (Rubinoff 1972; Dodsen 1999; Hartley 1999):

„Of the many tools currently in use to assist people who have embarked on the long journey toward wholeness, one that has been largely overlooked is the deliberate, therapeutic use of sexually explicit imagery (i.e. 'porn') to help people recognize (so as to unlearn) negative conditioning. Sexual matters are commonly shrouded in shame, secrecy, guilt and denial. There are few, if any, socially sanctioned venues where a curious person can just LOOK at the naked human body let alone watch others engaged in sex, whether it's to satisfy curiosity, aid understanding or develop self-confidence."

(Hartley 1999: 203 f)

6.3 Das subversive Potential der Pornographie durch Transgressionen

> „Oh Juliette, lebe so wie ich glücklich im Verbrechen, denn ich begehe viele, meine Teure, gewöhne Dich daran, und du wirst nicht mehr leben können, ohne welche zu begehen; dann werden alle menschlichen Gesetze und Übereinkünfte dir lächerlich erscheinen, du wirst aus allen Tugenden Laster machen und alle Laster werden dir zur Tugend werden."

(Juliette oder Die Wonnen des Lasters; Sade 2006: 753)

Eine ausgesprochen wichtige und häufig vorkommende Diskursverschränkung betont das subversive Potential der Pornographie, das sie aus beständigen Transgressionen sozialer Tabus und Normen gewinnt, weil sich Pornotopia dem Realitätsprinzip und seinen Einschränkungen verwehrt. In diesem Kontext kann Pornographie als instutionalisierter Tabubruch verstanden werden, der als notwendiges Korrelat der durch die Gesellschaft gesetzten Tabus agiert, zumal jede Diskursivierung des sexuell Tabuierten bereits eine Transgression darstellt (Faulstich 1994; Pastötter 2003; Foucault 1983).

„Wenn der Sex unterdrückt wird, wenn er dem Verbot, der Nichtexistenz und dem Schweigen ausgeliefert ist, so hat schon die einfache Tatsache, vom Sex und seiner Unterdrückung zu sprechen, etwas von einer entschlossenen Überschreitung."

(Foucault 1983: 14)

Das Prinzip der Transgression[189] fußt auf dem Wirkungszusammenhang von Verbot und Überschreitung. Hierin wird ein Verbot bzw. Tabu sozial verbindlich gesetzt. Während das Tabu in dem sozialen Alltag invisibilisiert ist, tritt es in der Erfahrung seiner Transgression offen zu Tage. In dem Augenblick der Übertretung wird das Tabu zwar aufgehoben, ohne allerdings beseitigt zu werden. Vielmehr offenbart die Transgression das Tabu und bestätigt es damit (Bataille 1994).

Als zentraler Ausgangspunkt pornographischer Transgressionen werden die philosophischen Schriften der Renaissance gewertet. Aretino, als Begründer der pornographischen Tradition betrachtet, steckt zunächst mit den *Sonetti lussuriosi* das Feld pornographischer Sprache ab. In absoluter Konventionsverletzung untermalen seine Ausführungen die 16 Kupferstiche der verschiedenen sexuellen Handlungen in einer expliziten Vulgärsprache (Findlen 1993). Die sozial mit einem niederen sozialen Status assoziierte Vulgärsprache gewinnt ihre Energie aus der Demaskierung der Dinge und naturalisiert durch ihre Direktheit beschriebene Transgressionen. Gerade durch ihre sonstige Bannung aus dem öffentlichen Diskurs gewinnt die Vulgärsprache an transgressiver Potenz (Frappier-Mazur 1993; Faulstich 1994; Kronhausen & Kronhausen 1967; Marcus 1966). Aretinos Darlegungen erscheinen daher eine Herausforderung der bis dato vertretenen, durch Horaz begründeten Vorstellung, dass Bilder lebendiger als Schriften seien. Mithin offerieren die *Sonetti* erste literarische Hardcore-Pornographie, die mittels sprachkonventioneller Transgressionen einen Skandal auslöst, der Aretino die Verbannung aus Rom einträgt. In seinem Exil in Venedig schafft er mit den *Ragionamenti* das Fundament philosophischer Pornographie, die in Anklang an die antiken pornographischen Schriften den Hetärendialog zur Form wählt, und philosophische Kritik an der Kirche und den Aristokraten durch die einer Prostituierten in den Mund gelegten Worte übt. In ihrer Außensicht auf die gesellschaftlichen Konventionen berichtet die Hure von den Tabubrüchen der Kleriker und der Aristokraten, die in der Öffentlichkeit die von ihnen selbst missachteten Tabus setzen und deren Einhaltung sie von Untergebenen einfordern. Dieser Hetärendialog führt satirische Kritik und die in den *Sonetti* begründete, explizit sexuelle Imagination zusammen und legt damit den Bereich pornographischer Schriften der Aufklärung aus (vgl. Findlen 1993: 74 ff).

„The erotic and obscene writings of the sixteenth century set stage for the more widespread diffusion of pornography in the seventeenth and eighteenth centuries by charting the terrain in which pornography was formulated, and by setting the parameters of its

---

[189] Die ausführlichste Beschreibung der Transgression findet sich in der Batailleschen *Erotik* (1994). Vgl. hierzu Kap. 5.3.4.

subject and the techniques of presentation. Voyeuristic, subversive and highly philoso-
phical, pornography quickly became the preferred medium through which to vent one's
outrage about the ills of society while, at the same time, making a tidy profit."

(Findlen 1993: 107)

Die Figur der Prostituierten spielt in der Pornographie der Aufklärung eine tra-
gende Rolle, denn die Hure stellt eine konstante Figur dieser Epoche dar und
fungiert als Barometer neuer Einstellungen gegenüber den politischen, geschlechtlichen und sexuellen Hierarchien dieser Zeit. Ihre Popularität verdankt
sich die Figur der Prostituierten dem Umstand, das mit ihr sexuelle Begegnungen beschrieben werden können, ohne eine Geschichte der Begründung dieser
sexuellen Begegnungen konstruieren zu müssen. Bis zum Ende des 18. Jahrhunderts dominiert die Figur der libertinen Hure die Hetärenschriften. Sie zeigt
sich als erfolgreiche, geschäftstüchtige Frau, die das Schicksal der Prostituierten
freiwillig wählt, um gesellschaftlich aufzusteigen und ihre Lüste ausleben zu
können. Dabei ist es das Kennzeichen der libertinen Hure, dass sie philosophisch umfassend im Materialismus gebildet ist und mit ihren theoretischen
Ausführungen ihre männlichen Kunden belehrt. Während das Bild ihrer adligen
und bürgerlichen Klienten eher ambivalent ist, indem mächtige und erfolgreiche
Männer durchaus bewundert und nur gelegentlich kritisiert werden, werden ihre
klerikalen Kunden als Heuchler einer Doppelmoral enttarnt und sehr negativ
dargestellt. Die libertine Hure diskreditiert den Entwurf weiblicher Tugend und
Sittsamkeit als Phantasma fern der weiblichen Natur. Insofern stellt sie zwar
einerseits einen Ausdruck eines männlichen Diskurses über männliche, sexuelle
Phantasien dar, aber sie fordert andererseits die Ideale einer angemessenen Stellung weiblicher Bildung und weiblichen Sexualverhaltens heraus. Dabei predigt
sie unablässig die der kirchlichen Lehre entgegenstehende materialistische Philosophie. Erst mit den Schriften Restif de la Betronnes ändert sich das Bild der
Prostituierten, die nun angepasst an das philosophische Konstrukt weiblicher
Tugend Rousseauces auftritt und damit ihr transgressives Potential verliert. Als
Inbegriff der Sittsamkeit zwingen sie widrige Umstände in die Prostitution. Sie
findet an der Prostitution keinen Gefallen, sondern leidet unter ihr. Bildung wird
durch Demut und Tugendhaftigkeit ersetzt, wobei die sittsame Nutte niemals
sozial aufsteigt, sondern an dem Leben als Straßenprostituierte zu Grunde geht.
Mit der französischen Revolution verliert die Figur der Prostituierten an Profil
und wird zu einem Indikator der Verderbtheit, denn der Besuch bei ihr weist die
sie besuchende Figur nunmehr ausschließlich als Transgressor der bürgerlichen
Liebes- und Sexualmoral aus (vgl. Norberg 1993: 225 ff).
Den Höhepunkt der offen politischen Färbung pornographischer Transgression
markieren die pornographischen Schriften und Flugblätter der französischen
Revolution. Sämtliche hochrangigen Mitglieder des Ancien Régime werden

durch pornographische Schriften und Flugblätter öffentlich sexuell diskreditiert. Hierin fungiert die Pornographie als ein Stützfaktor der Französischen Revolution, die hilft öffentlichkeitswirksam die Legitimität des Ancien Régime als politisches und soziales System zu unterminieren. Insbesondere die Mitglieder der höfischen Aristokratie, allen voran Marie Antoinette, werden massiv mittels Pornographie attackiert (vgl. Hunt 1993b: 301 ff).

Die Grenzen der pornographischen Transgression werden zu der Zeit der Französischen Revolution durch die Schriften des Marquis de Sade ausgelotet, der die politische Philosophie des Materialismus und des Utilitarismus[190] bis zum Äußersten erkundet. Während er die Tugend und die Moral der Sittsamkeit in dem Leidensweg der Figur Justine verwirft, die stets nur das Opfer der Transgressionen anderer ist, folgt ihre Schwester, die libertine Hure Juliette, dem Pfad der Transgression bis an dessen Ende. Sade entwirft eine materialistische Philosophie der äußersten Transgression, indem sämtliche Tabus und Verbote bewusst negiert werden und ihre Übertretung als körperliche Wollust und intellektuelle Leistung zelebriert wird. Seine libertinen Figuren entwirft Sade als Wegweiser einer Moral der Selbstvollendung in der Negation des Anderen (Bataille 1994; 1981; Flaßpöhler 2007; Adorno & Horkheimer 2004; Pavesich 1999; Madigan 1999, Ferguson 2004).

„Justine, die gute der beiden Schwestern, ist eine Märtyrerin des Sittengesetzes. Juliette freilich zieht die Konsequenz, die das Bürgertum vermeiden wollte: sie dämonisiert den Katholizismus als jüngste Mythologie und mit ihm die Zivilisation überhaupt. Die Energien, die aufs Sakrament bezogen waren, bleiben dem Sakrileg zugewandt. Diese Verkehrung aber wird auf Gemeinschaft schlechthin übertragen. In all dem verfährt Juliette keineswegs fanatisch wie der Katholizismus mit den Inkas, sie besorgt nur aufgeklärt, geschäftig den Betrieb des Sakrilegs, das auch den Katholiken von archaischen Zeiten her noch im Blute lag. Die urgeschichtlichen Verhaltensweisen, auf welche Zivilisation ein Tabu gelegt, hatten, unter dem Stigma der Bestialität in destruktive transformiert, ein unterirdisches Dasein geführt. Juliette betätigt sie nicht als natürliche, sondern als die tabuierten. Sie kompensiert das Werturteil gegen sie, das unbegründet war, weil alle Werturteile unbegründet sind, durch seinen Gegensatz."

(Adorno & Horkheimer 2004: 101)

Während sich der Libertin in der Negation des Anderen, des Sozialen, als äußerster Transgression selbst zu vollenden trachtet, tritt in dieser Negation gerade

---

[190] Pornographische Inhalte können aber nur bis zu einem gewissen Grad als utilitaristische Struktur aufgefasst werden. In Bret Easton Ellis *American Psycho* lösen sich die utilitaristischen Strukturen in der Beliebigkeit auf, mit der die Figur des Protagonisten jedem Impuls in seinem Streben individueller Nutzenmaximierung nachgibt (Ferguson 2004). Zwar wurde *American Psycho* lange als pornographisch in den USA indiziert, dennoch stellt sich hier ähnlich wie bei dem Film *Snuff* die Frage, inwiefern sich die Zensoren der Konventionen des Genres überhaupt bewusst sind.

die Bindung der Transgression an das soziale Gebot hervor. Denn die Figuren brauchen für ihre Selbstvollendung gerade den Anderen und das Soziale, um deren Grenzen überschreiten zu können. Daraus resultiert eine Abhängigkeit von den Geboten selbst in ihrer Verwerfung. Allein die Kenntnis und das Wissen um das Gebot binden jede Überschreitung unlösbar an das Gebot. Insbesondere das Werk Sades verweist auf das Bewusstsein des Tabus, welches sich als ein kalkulierendes, auf die Selbsterhaltung und Selbstvollendung ausgerichtetes Denken in dessen Negation manifestiert (Bataille 1994; 1981; Flaßpöhler 2007; Adorno & Horkheimer 2004; Pavesich 1999; Madigan 1999, Ferguson 2004).

Als pornographischer Transgressor findet neben Aretino und dem Meister der Transgression, dem Marquis de Sade, nur noch Bataille explizite Erwähnung, da seine pornographischen Schriften (2007) mit Tabus wie dem Inzesttabu oder dem Lustmord in literarisch herausragender Weise spielen und diese Schriften zudem von seinem theoretischen Werk (1981; 1994/1979) gestützt werden. In der *Erotik* (1994) arbeitet Bataille das Prinzip der Transgression vor allem auch in Auseinandersetzung mit den Schriften Sades heraus (Sontag 1967; Williams 2004b). In der Auseinandersetzung mit Batailles *Geschichte des Auges* (2007) wird die Transgression des Lustmords seitens kulturfeministischer Rezeption auch massiv kritisiert (Dworkin 1987).

In der Tradition der politischen Pornographie wähnen sich die Comicstrips und Bilderstrecken des Herrenmagazins *Hustler* von Herausgeber Larry Flynt, der bereits mehrfach verklagt worden ist. Die Rechtsstreitigkeiten Flynts haben in den USA maßgeblich zur Formung der Parameter des Erlaubten in der politischen Rede beigetragen. Die Pornographie des *Hustler* wird als politische Satire eingesetzt und durchbricht soziale und sexuelle Hierarchien (vgl. Kipnis 2007: 123 ff).

„The 1988 Rehnquist Supreme Court decision against Moral Majoritarian Jerry Falwell's $45-million suit against Larry Flint and Hustler (for a merciless pornographic antireligious parody) was the biggest victory for freedom of press in years; its sweeping protection of pornographic satire also, perhaps unwittingly, reconfirmed pornography's historic role as political speech." (Kipnis 2007: 124)

Der *Hustler* setzt auf eine Darstellungsstrategie, in der Vulgarität und Nacktheit gegen etablierte politische Machtinhaber und Machtinstanzen geführt werden. Auch Klassendistinktionen und die in den USA etablierte, konservative Religiosität werden regelmäßig durch pornographische Darstellungen angegriffen. Das Magazin positioniert sich bewusst gegen herrschende Normen und Konventionen und verpflichtet sich der politisch gewerteten Aufgabe, Doppelmoral als Heuchelei zu enttarnen (vgl. Kipnis 2007: 136 ff).

Ein bereits durch die frühen pornographischen Schriften etabliertes Thema pornographischer Transgression ist der Inzest, welcher außerhalb der Pornographie lange Zeit kaum thematisiert wurde (vgl. Kronhausen & Kronhausen 1967: 174 ff). Das Inzestverbot wird mitunter als ein alle Kulturen verbindendes Verbot angenommen, wenngleich es in seiner konkreten Ausgestaltung variiert. Es reguliert die Aufteilung der Frauen innerhalb der männlichen Gemeinschaft (Bataille 1994; Freud 1992). Dass Inzest trotz seiner Tabuierung als Teil sexueller Phantasien verankert ist, zeigt die Redundanz des Themas vor allem in pornographischen Büchern. Der Inzest wird in den Schriften häufig aus der Perspektive eines Jugendlichen beschrieben, der seinen Eltern, Geschwistern oder sonstigen nächsten Anverwandten gegenüber ein sexuelles Begehren hegt. Der sexuelle Akt zwischen dem Jugendlichen und seinem Verwandten erweist sich für beide als äußerst lustvoll, wobei die Altersunterschiede durch den Sex nicht aufgehoben, sondern gerade betont werden. Daher wird dem inzestuösen Akt zugleich ein massiv pädophiler Charakter eingeschrieben, wodurch die Transgression als besonders weitgehend verstanden werden kann, da ein Akt zwei Tabus überschreitet (Kronhausen & Kronhausen 1967; Sigel 2005b).

Ein in dem englischen Sprachraum analysiertes wichtiges Fragment pornographischer Transgression stellen Dispositionen verschiedener Hautfarben und Ethnien dar. Die Sexualität[191] zwischen unterschiedlichen Rassen und Ethnien wird lange Zeit in dem öffentlichen Diskurs nicht thematisiert. Dennoch findet sich ein ganzer Bereich pornographischer Schriften ab dem 19. Jahrhundert, die die Hautfarbe erotisieren. Mittlerweile ist der Bereich der „racialized sexuality" ein etablierter Zweig pornographischer Filme[192]. Diese Vorliebe der Inszenierung von Personen unterschiedlicher Hautfarbe in sexuellen Aktionen spielt in den USA[193] mit dem aus dem System der Sklavenhaltung abgeleiteten Tabu rassischer Reinheit und den sich daraus entwickelnden Stereotypen, die nicht nur in der Pornographie, sondern auch in anderen Kulturgütern ihren Niederschlag finden (Tsang 1999; Williams 2004b; Hoang 2004; Colligan 2005).

„If we are willing to acknowledge that interracial lust evolves out of the taboos initially imposed by the white master, but which now serve to eroticize a field of sexuality that is no longer his sole province, then we begin to recognize the validity of varieties of

---

[191] Dieser Bereich erweist sich gerade in der deutschen Geschichte als sensibles Thema. So hat der Nationalsozialismus ja gerade eine Lehre der Rassenreinheit aufgestellt, in der Sexualität ausgesprochen wichtig ist (Becker 2001). Leider findet sich im deutschsprachigen Raum zu der Verbindung deutscher Pornographie und Rasse keine Untersuchung.
[192] Auch Internetangebote betonen sehr häufig die Hautfarbe der Protagonisten.
[193] Mit Blick auf deutsche Pornographieangebote der racilized sexuality sei auf die Darstellungen asiatischen Exotismus hingewiesen (Seeßlen 1994; Lautmann & Schetsche 1990).

commodification in contemporary visual culture, and not only in much-discussed, high art incarnation."

(Williams 2004b: 282)

Zwar werden in den pornographischen Medienangeboten die Rassenschranken überschritten, dennoch bleiben die Tabus erhalten, indem vor allem etablierte Stereotype und Vorurteile weißen, mittelständischen Bürgertums inszeniert werden wie der hypersexuelle schwarze Mann oder die exotische asiatische Liebesdienerin (Tsang 1999; Williams 2004b; Hoang 2004; Colligan 2005).

Mit der Ausdifferenzierung der Pornographie in den verschiedenen Medien und den unterschiedlichen Subgenres steigert sich mit ihrer Quantität auch das subversive Potential pornographischer Inszenierungen. Diese operationalisieren die „Dynamik der Perversion" (Williams 1993: 134 f) und offerieren Darstellungen, die den Imperativ einer Koitusfixierung heterosexueller Lust (Adorno 1963) massiv herausfordern.

Als Beispiel eines Subgenres[194] mit eigener subversiver Spezifik sei als populäres Genre die transsexuelle Pornographie genannt. Es fokussiert insbesondere präoperative Shemales, die als „Frauen mit Penis" die heteronormative Ordnung in Frage stellen, indem sie mit Männern wie Frauen verkehren. Zugleich verwischen sie als phallische Frauen die scheinbar sicheren Grenzen des biologischen Geschlechts (Kipnis 2007; Philips 2005b). Doch bereits die transvestive Pornographie bedroht allein mit der Inszenierung einer Person in der Kleidung des anderen Geschlechts die Dichotomie der Geschlechter, weshalb diese Form der Pornographie z.B. in dem US-Bundesstaat Wisconsin verboten ist, selbst wenn keinerlei sexuelle Handlungen dargestellt werden (vgl. Kipnis 2007: 66 ff).

Zentrales Element der pornographischen Subversion ist der Ausschluss sexueller Phantasien aus dem öffentlichen Raum und seine Verankerung in der Privatsphäre. Weshalb Pornographie per se ein Tabu bricht, versteckte Phantasien und im Privaten gehaltenes Verhalten an den Tag zu bringen (Williams 1993; 1995; 2004b; Pastötter 2003). Dies wird nicht immer positiv gewertet:

„The new pornographers subvert this last, vital privacy; they do our imagining for us. They take away the words that were of the night and shout them out over the rooftops, making them hollow. The images of our love-making, the stammerings we resort to in intimacy, come prepackaged."

(Steiner 1967: 107)

Speziell die Amateurpornographien des Internets bieten Raum für transgressive Elemente, weil sie in relativer Unabhängigkeit von der Pornoindustrie produ-

---

[194] Daneben finden sich Untersuchungen, die die Transgressionen an Einzelbeispielen pornographischer Medienangebote herausarbeiten, zur Frauen-, Schwulen-, Fett-, Lesbenpornographie, zu der S/M-Pornographie und zu den subversiven Tendenzen der Ladies Comics in Japan.

ziert werden und private Sexualpraktiken von Menschen jenseits der gängigen Schönheitsnormen vorstellen (vgl. Attwood 2007: 142 ff).

Insofern Pornographie also die verschiedensten sozialen und sexuellen Tabus überschreitet, welche in dem sozialen Alltag invisibilisiert sind, macht sie diese Tabus erst bewusst. Dabei bietet sie Alternativen zu den von ihr überschrittenen Tabus an, die je nach der Einbindung und Gestaltung des konkreten Medienangebots von philosophischen Abhandlungen bis hin zu der reinen Sexualisierung des Alltags reichen können, in jedem Fall aber mit der sexuellen Phantasie auf die tabuierte Sphäre antworten. Hierin offenbaren pornographische Medienangebote ihr subversives Potential.

Angeschlossen an zentrale Ängste sind Tabus irrational verankert und dienen vornehmlich der Angstabwehr (Bataille 1994). Daher verweisen die Transgressionen der Pornographie zugleich auf grundlegende soziale Ängste. Daraus leiten sich dann auch die Argumente ab, die gegen die Pornographie und als Begründung ihrer Zensur zu Felde gezogen werden. Angefangen dabei, dass die ästhetischen Verstöße der Pornographie fern aller ästhetischen Regeln das Hässliche zelebrieren, darüber gehend, dass die Pornographie in der Propagierung eines promisken Lebensstils ohne Liebesfundierung die Ehe als gesellschaftliche Institution gefährdet und den Rezipienten seiner Liebesfähigkeit entfremdet, bis dahin führend, dass die pornographische Sexualität in ihrer Missachtung aller sozialen Grenzen entwürdigend ist, wurzeln die Argumente gegen die Pornographie gerade in ihren Verstößen gegen soziale Konventionen und fest verankerte Tabus (vgl. Lautmann & Schetsche 1990: 171 ff). Exemplarisch kann die Loslösung sexueller Lust und ihrer Befriedigung von der sie legitimierenden Liebe wie folgt kritisiert werden:

„Der [pornographische] Geist besteht in der absoluten Verherrlichung des Ich, seiner Bedürfnisse und seiner Genüsse und in der ebenso absoluten Mißachtung der anderen Menschen. Er ist überall im pornographischen Schrifttum zu spüren. Vergewaltigung, Ehebruch, Inzest sind lediglich die – bereits konventionell anmutenden – Demonstrationsmittel für eine zukünftige Welt, in deren Wörterbüchern Begriffe wie Partnerschaft, Opfer, Solidarität, Gemeinschaft und noch viele mehr fehlen."

(Mainusch & Mertner 1970: 158 f)

Es wird offensichtlich, dass Pornotopia zwar transgressiv die Verbote und die sozialen Tabus der sozialen Wirklichkeit außer Kraft setzt, sie aber dadurch in der sozialen Wirklichkeit gerade nicht aufhebt. Zudem setzt sich Pornotopia durch die Fokussierung auf die Inszenierung sexueller Phantasien eigene Grenzen und damit eigene Tabus, die aber stets nur an dem konkreten Medienangebot nachvollzogen werden können. Diese Beschränkung der Subversion durch Pornographie gilt ganz besonders angesichts der nach Gewinnmaximierung strebenden Pornoindustrie, welche eher kulturelle Normen adaptiert, statt gegen sie zu rebellieren (Willemsen 1997; Marcus 1967; Gorsen 1987; Sloterdijk 1983).

Auch hinsichtlich der Rezeption von Pornographie tritt ein Tabu offen zu Tage, das sich in der Rechtsprechung niederschlägt, nämlich dass Kinder und Jugendliche in der Rezeption der pornographischen Darstellungen einen bislang empirisch nicht nachgewiesen Schaden nehmen, weil Pornographie den Kindern und Jugendlichen kein korrektes Bild gelebter Sexualität, sondern ein verzerrtes Pornotopia vermittelt. Die kindliche Pornographierezeption kann als ein massiver Verstoß gegen das Gebot kindlicher Asexualität verstanden werden (Adorno 1963; Pareto 1968; Lautmann & Schetsche 1990). Trotz dieses Tabus zeigen die wenigen Befragungen tatsächlicher Rezipienten, dass der Kontakt zur Pornographie vor und mit dem Einsetzen der Pubertät bewusst gesucht wird und dass das Material zwar als didaktisches Material – vor allen Dingen aber als sozialer Kommunikationsanlass in der Peer Group – operationalisiert wird. Pornotopia wird von den Rezipienten aber mit den ersten Sexualerfahrungen als nicht lebbar für das eigene Sexualverhalten verworfen (Hardy 1998).

Eine paternalistische Grundhaltung gegenüber dem transgressiven Potential der Pornographie kann daraus abgeleitet werden, dass eine angemessene Decodierung Pornotopias als Fiktion nicht jedem Rezipienten gleichermaßen zugesprochen wird. Gerade in dem Bereich sexueller Tabubrüche wird das von dem aufgeklärten Bürgertum stigmatisiert und verfolgt, was in der sozialen Hierarchie als unten stehend, unaufgeklärt und unvernünftig assoziiert wird (Adorno 1963; Kendrick 1996; Michelson 1967; Gorsen 1987; Kipnis 2007).

Wenngleich die Masturbation sich als sexuelle Praxis mittlerweile emanzipiert und als Ausdruck der Selbsterfahrung behauptet hat, wird der instrumentalisierte Gebrauch pornographischer Medienangebote als phantasieanregende Vorlage mitunter scharf kritisiert. Hierin offenbaren sich einerseits Vorbehalte gegenüber der Masturbation als sexueller Handlung, die aus der Jahrhunderte andauernden Tabuierung dieser Handlung resultieren; andererseits zeugt die Ablehnung der sexuellen Anregung durch die Rezeption von einer dem Kantschen Distanzgebot verhafteten Rezeptionsvorstellung. Danach verweist die onanistische Handlung auf eine mangelnde Distanz zwischen dem Rezipienten und dem von ihm Beobachteten (Laqueur 2008; Pease 2000; Mainusch & Mertner 1970, Pastötter 2003).

In ihrer Darstellung Pornotopias instrumentalisiert die Pornographie massiv Transgressionen, um sexuelle Phantasien mediengerecht aufzubereiten. Diese Transgressionen implizieren ästhetische und inhaltliche Überschreitungen ebenso wie Verletzungen einer als angemessen erachteten Rezeptionsweise. Insofern kann der Einsatz von Tabubrüchen Pornographie als ein genau kalkuliertes, intellektuelles Unterfangen enttarnen, denn das Bewusstsein um die Kultur und die in ihr verankerten Tabus fungiert als Grundvoraussetzung für den institutionalisierten Tabubruch. In diesem Projekt trägt Pornographie zu der Bewusstwerdung kultureller Ängste und Schamgefühle bei, indem genau die Bereiche der Kultur artikuliert werden, die in den übrigen öffentlichen Diskursen verschwiegen werden (vgl. Kipnis 2007: 161 ff).

„A culture's pornography becomes, in effect, a precise map of that culture's borders: pornography begins at the edge of the culture's decorum. Carefully tracing that edge, like an anthropologist mapping a culture's system of taboos and myths, gives you a detailed blueprint of a culture's anxieties, investments, contradictions. And a culture's borders, whether geographical or psychological, are inevitably political questions – as mapmakers and geographers are increasingly aware." (Kipnis 2007: 164)

Es zeigt sich also, dass das subversive Potential der Pornographie stets nur aus der Transgression der sozialen Tabus hervorgehen kann, die in einer Gesellschaft verankert sind. Insofern verhält sich Pornographie als ein „outlaw discourse", der die bestehenden Hierarchien carnevalesque in der Transgression verkehrt, ohne dafür gesellschaftliche Achtung zu erlangen (Attwood 2002: 97). Pornographie fungiert damit als ein wesentlicher Ausdruck der Kultur, die sie hervorbringt. Darin zielt sie auf das subversive Potential der Darstellung sexueller Phantasien, nicht aber zwangsläufig auf die Transzendenz oder Veränderung ebendieser Kultur. So beinhaltet sie in dieser Beschränkung zwar das subversive Potential aller Phantasien, aber „it cannot supply a vision of either transcends or transvalues what passes current reality" (Marcus 1966: 233), es sei denn, der sexuellen Phantasie werden politische und philosophische Elemente in der konkreten Gestaltung des Medienangebots beigefügt.

6.4 Pornographie und das Geschlecht

„In diesem Krieg kämpfen Männer gegen Frauen; Kriegsschauplatz sind die USA. [...] In diesem Krieg sind die Zuhälter, nämlich die, die Pornos produzieren, sozusagen die SS: eine elitäre, sadistische, militärisch organisierte Vorhut. Sie betreiben ein wirkungsvolles und expandierendes System von Ausbeutung und Missbrauch, in dem Frauen und Kinder als minderwertige Kreaturen terrorisiert werden."   (Dworkin 1986: 81 f)

Als eine der zentralen Diskursverschränkungen durchzieht die Geschlechterperspektive[195] und die Konstruktion der sexuellen Geschlechtlichkeit den gesamten Diskursstrang, dabei wird diese Perspektive sicherlich in erster Linie von den Auseinandersetzungen kulturfeministischer Autorinnen mit pornographischen Medienangeboten bestimmt[196]. Dennoch beschränkt sich das Sagbarkeitsfeld rund um das Geschlecht keinesfalls auf diese stark moralisierend geprägten Beiträge, sondern umfasst darüber hinaus auch Aspekte der weiblichen und insbesondere der lesbischen Pornographie. Die schwule Pornographie wird hinsichtlich ihrer Konstruktion homosexueller Männlichkeit ebenso beleuchtet, wie der Rezipient und sein Geschlecht in den Vordergrund rücken.

Die kulturfeministische Position übt an der Pornographie massiv Kritik. Ausgangspunkt dieser Kritik ist die Veröffentlichung des Films *Snuff*[197] in den USA, wodurch die zentrale Fokussierung auf einen Zusammenhang von Pornographie und Gewalt vorgegeben wird[198]. Als zentrale Marketingstrategie werben

---

[195] Die verschiedenen theoretischen Implikationen dieser Verschränkung finden sich in Kap. 5.3.5.

[196] Eine dezidierte Auseinandersetzung mit den Positionen der kulturfeministischen Pornographiekritik findet sich bei Rückert (2000) und Faulstich (1994). An dieser Stelle geht es lediglich darum aufzuzeigen, welche Aussagen überhaupt möglich sind, weshalb die kulturfeministische Position weitgehend zusammengefasst betrachtet wird. Der Gegenüberstellung von der kulturfeministischen Perspektive und „liberalfeministischer" Perspektive bei Muhr (2008) kann so nicht zugestimmt werden, da hier Besonderheiten des deutschen und des amerikanischen Feminismus, die wissenssoziologisch durchaus von Relevanz sind, unberücksichtigt bleiben.

[197] Zu dem Film *Snuff* vgl. die Ausführungen in Kap. 4.3.6. Snuff-Filme gehören in den Kontext der urban legends.

[198] Kulturfeministinnen wie auch Wirkungsforscher proklamieren bis in die 1990er einen massiven Zuwachs gewaltpornographischer Medienangebote, die jedoch einer Marktbeobachtung nicht standhalten kann (vgl. Donnerstein et al. 1987:86 ff). Allerdings wird eingeräumt, dass der Gewaltgehalt pornographischer Medienangebote drastisch sinkt mit der feministischen Kritik. Problematisch erscheinen in diesem Kontext vor allem zwei Aspekte: erstens werden weder von Kulturfeministinnen noch von Wirkungsforschern die Inhalte pornographischen Materials eingehend untersucht – eine Ausnahme bildet Dworkin, die allerdings heterosexuellen Koitus per se mit Vergewaltigung gleichsetzt. Zweitens wird die Vielfalt pornographischer Medienangebote mit ihren jeweiligen Medienspezifika überhaupt je zur Kenntnis genommen. Man kann sich des Ein-

die Macher dieses Films damit, dass der zum Ende des Films gezeigte Sexualmord wirklich für die Produktion dieses Filmes begangen wurde. Von den Por-
nogegnerinnen wird dieser denn auch als tatsächlich begangener und filmisch
dokumentierter Sexualmord gewertet, wobei die Unkenntnis der Pornographie-
Gegnerinnen, zwischen Konventionen des Horrorfilms und denen der Pornographie zu differenzieren, besticht (Williams 1995; Rückert 2000). Daran
schließt sich eine Anti-Pornographie-Konzeption an, die in den sexuellen Inhalten der pornographischen Medienangebote vornehmlich die Objektivierung der
weiblichen Figuren erblickt und die sexuellen Handlungen als Gewalthandlungen gegen Frauen, also Vergewaltigungen, klassifiziert (u.a. Bremme 1990;
Dworkin 1987, 1986; Kappeler 1988; Griffin 1982; Brownmiller 1975; Sorgo
1997). Daraus leitet sich auch das Verständnis ab, dass Pornographie die Theorie und Vergewaltigung die Praxis sei (Brownmiller 1975). Die Frau wird ausschließlich als ein Opfer männlicher Gewalthandlungen anvisiert und dieses
Szenario kennzeichnet sämtliche pornographischen Darstellungen. Speziell die
photographische und die filmische Pornographie bedürfen in ihrer Produktion
tatsächlicher Frauen, die im Produktionsprozess sexuelle Gewalt erleiden müssen (u.a. Dworkin 1986; 1987; Bremme 1990; Browmiller 1975; Hans & Lapouge 1979).

„Echte Frauen werden gefesselt, gestreckt, aufgehängt, gefickt. Gruppenvergewaltigun-
gen unterzogen, ausgepeitscht, geschlagen und betteln um mehr. In den Fotografien und
Filmen werden echte Frauen als *porneia* benützt und echte Frauen als *porneia* abgebildet." (Dworkin 1987: 243)

Die Partizipation der Frauen an den Pornoproduktionen erfolgt aus ökonomischer Not und Zwang. Dies leitet die kulturfeministische Position daraus ab,
dass Pornographie fest in dem patriarchalischen System verankert ist, das Frau-
en per se zu Opfern männlicher Macht degradiert. Wesentlicher Bestandteil
dieses Systems männlicher Machtstrukturen ist es, Frauen körperlich zu unterdrücken und in der finanziellen Abhängigkeit von Männern zu halten. Frauen
prostituieren sich in der Produktion von Pornophotos und -filmen (u.a. Rick
1988; Dworkin 1987; Bremme 1990; Hans & Lapouge 1979; MacKinnon
1994). In den pornographischen Medienangeboten werden Frauen vergegenständlicht und dem Diktat des ausschließlich männlichen Voyeurismus ausgesetzt, wobei die betrachtende Perspektive des männlichen Voyeur-Rezipienten
die Erniedrigung des weiblichen Opfers determiniert (u.a. Dworkin 1986; 1987;
Bremme 1990; Hans & Lapouge 1978; Lederer 1980; Kappeler 1988). Charak-

---

drucks nicht erwehren, dass eine Auseinandersetzung mit dem konkreten Erkenntnisgegenstand
kaum je erfolgt ist. Vgl. hierzu Williams (1995) und Goehler & Hauch (1988).

teristisch für die kulturfeministische Position ist es, die pornographische Darstellung mit tatsächlicher Sexualität gleichzusetzen, weshalb Pornographie nicht nur eine Inszenierung sexueller Phantasien darstellt, sondern als Dokumentation gelebter Sexualität betrachtet wird (u.a. Dworkin 1986; 1987; MacKinnon 1994; Kappeler 1988; Griffin 1982). Selbst wenn zunächst von einer Differenz zwischen Darstellung und Dargestelltem ausgegangen wird, wird diese Differenz im Laufe der Argumentation durch die Rückbindung an das Patriarchat aufgegeben. Denn Pornographie und Patriarchat beeinflussen einander wechselseitig.

„Die am weitesten verbreitete Verleugnung ist, daß Pornographie ‚Fantasie' sei. Was heißen soll, daß sie unwirklich ist oder nur eine innere Wirklichkeit. Für wen? Die Frauen in ihr mögen sich selbst dissoziieren, um zu überleben, aber es geschieht ihren Körpern. Der Pornograph gebraucht die Frauen selbst regelmäßig selbst und bringt sein Geschäft nicht beim Fantasieren zu einem Ende. Der Konsument masturbiert dazu, spielt es im Kopf und auf den Körpern der Frauen nach, die er trifft oder mit denen er Sex hat, lebt es an Frauen und Kindern um ihn herum aus. Sind die Opfer der Snuff-Filme zu Tode fantasiert worden?"   (MacKinnon 1994: 27)

Geschützt wird diese Misshandlung von Frauen durch den patriarchalischen Staat, der Pornographie legalisiert und damit die Gewalthandlungen gegen Frauen unterstützt. Allerdings erweisen sich pornographische Darstellungen nur als offensichtlichste Form der Gewalt gegen Frauen, die in den patriarchalischen Gesellschaften allgegenwärtig ist (Dworkin 1987; MacKinnon 1994; Bremme 1990; Sorgo 1997). Die gesamte Kultur wird demnach als sexistischer Ausdruck patriarchalischer Macht gegen Frauen betrachtet, die Frauen an kultureller Gestaltung exkludiert, indem die Zuordnung von Signifikant zu Signifikat einzig den Männern vorbehalten ist (u.a. Dworkin 1987; Kappeler 1988; Bremme 1990; Lederer 1980). So wird festgestellt:

„Die Geschichte der Darstellung ist die Geschichte des männlichen Geschlechts, das sich für sich selbst darstellt. Die Macht des Benennens gehört den Männern. Darstellung ist weniger ein Mittel zur Darstellung eines Objekts durch Nachahmung als ein Mittel zur Selbstdarstellung aufgrund der Autorenschaft: ein Ausdruck der Subjektivität. Die Kultur, wie wir sie kennen, ist das Selbstbild des Patriarchats."   (Kappeler 1988: 62)

In ihrer gesamten Sozialisation in diese Kultur eingebunden können Frauen nicht umhin, die männlichen Konstrukte der Weiblichkeit zu internalisieren. Daher bleiben Frauen hinsichtlich ihres Sexuallebens lediglich die Optionen, die Misshandlungen der Männer mehr oder minder zuwilligend über sich ergehen zu lassen oder der Heterosexualität abzuschwören. Frauen werden ihrer eigenen Sexualität entfremdet, zu der sie in der patriarchalischen Kultur auch niemals Zugang erlangen können (u.a. Brownmiller 1975; Dworkin 1986; 1987; MacKinnon 1994; Kappeler 1988; Cornell 1997).

Pornographie trägt die Frauenverachtung des Patriarchats einerseits offen zur Schau, andererseits begründet sie die Genese sexueller Gewalt gegen Frauen, indem sie in der Masturbation des Rezipienten diesen konditioniert, dessen Gewaltbereitschaft gegen Frauen aktiviert und damit die patriarchalischen Strukturen festigt (u.a. Griffin 1982; MacKinnon 1994; Dworkin 1987).

„Pornographie ist die Anstiftung zur Frauenverachtung, Gefühllosigkeit und wirklicher Gewalt."   (Mikich 1988: 28)

Zusammenfassend wird in der kulturfeministischen Perspektive[199] einerseits Pornographie auf der Basis einer naturalisierend vorgestellten, gewalttätigen, männlichen Sexualität und einer dieser entgegen gesetzten, bis dato entfremdeten, weiblichen Sexualität als deutlichster Ausdruck der real existierenden Machtverhältnisse gewertet. Andererseits initiiert die Pornographie nachahmendes Verhalten und führt so zu sexueller Gewalt[200] im Patriarchat. Zudem stützt sich die kulturfeministische Perspektive auf Ergebnisse der empirischen Wirkungsforschung, nach denen die Rezeption der Pornographie zu einer nachteiligen Einstellungsänderung gegenüber Frauen und zu einer trivialisierenden Bewertung der Vergewaltigung führt (u.a Zillmann 2004; Donnerstein et al. 1987; Selg 1986). Daraus werden die Forderungen nach einer Gesetzesänderung im Umgang mit pornographischen Medienangeboten abgeleitet, die nicht explizit auf eine Zensur der Pornographie zielen, sondern darauf, sie entweder rechtlich wie Hassrede und sexuelle Belästigung zu behandeln und so sich angegriffen fühlenden Frauen die Option auf Schadensersatzklagen einzuräumen[201] (MacKinnon 1994) oder in gemäßigter Form Pornographie nur in speziellen Zonen zu vertreiben, damit Frauen ihr nicht unwillentlich ausgesetzt werden (Cornell 1997). Unter Berücksichtigung der kulturfeministischen Konzeption der Pornographie als Anleitung zur Vergewaltigung lässt sich in der weiteren Auseinan-

---

[199] An dieser Stelle kann nur angemerkt werden, dass der kulturfeministische Diskurs über Pornographie in erster Linie eine bewegungspolitische Debatte darstellt, die versucht, die amerikanische Frauenbewegung auf ein gemeinsames Ziel einzuschwören und eine Aufsplittung zu verhindern. Doch gerade der Diskurs über die Pornographie hat zur weiteren Ausdifferenzierung der Frauenbewegung in mehrere Fraktionen geführt. Hierzu näheres bei Willis (1975), Vance (1992a), Rubin (1984), Bovenschen (1997), Strossen (1999) oder Merryman (1999).

[200] Die Verknüpfung von Gewalt und Pornographie findet sich ebenfalls in der empirischen Wirkungsforschung. Für die kulturfeministische Position kann hinzugefügt werden, dass eine Kenntnisnahme und ausführliche Auseinandersetzung mit den Inhalten pornographischer Medienangebote so gut wie nie vorkommt.

[201] Dieser Ansatz wird von der deutschen PorNO-Kampagne der Zeitschrift EMMA aufgegriffen. Der Gesetzesentwurf der EMMA findet sich bei Frings im Wortlaut (1988: 10 f).

dersetzung mit konkreten pornographischen Medienangeboten die Frage ableiten:

„Doch was ist eigentlich diese Pornographie, die lügt und Schaden anrichtet und so offen die Selbstachtung und Sicherheit der Frauen verletzt? Es ist die leicht zum Sündenbock zu stempelnde, deviante Sexualität des ‚Anderen', keineswegs ein Beispiel männlicher Macht über Frauen."   (Williams 1995: 18)

Der kulturfeministischen Position wird in der innerfeministischen Auseinandersetzung entgegengehalten, dass eine legislative Reglementierung der Pornographie der Zensur Tür und Tor öffnet, worunter dann auch feministische Künstlerinnen zu leiden hätten, die von der patriarchalischen Norm abweichende Kunst schaffen (u.a. Vance 1992a; Rubin 1984). Zudem muss mit Blick auf die Geschichte der Zensur pornographischer Medienangebote und ihre Umstrittenheit innerhalb der Männerwelt konstatiert werden, dass Pornographie nicht in der Position ist, als zentrales Vehikel der Konstitution des Patriarchats zu fungieren (Sigel 2005a; Segal 1993). Daneben wird insbesondere das biologistische Verständnis der Kulturfeministinnen angegriffen, die in Anbetracht der sozialen Konstruiertheit der Geschlechterunterschiede statt eine Gleichstellung der Geschlechter anzustreben, gerade eine Gleichstellung unterminieren. Das Geschlecht als eine soziale Konstruktion getrennt von der Sexualität aufzufassen, führt dann zu einer anderen Betrachtungsweise pornographischer Medienangebote, die als „kompensatorische Phantasien" fungieren, „die fortlaufend den Riß zwischen sich und der sozialen Wirklichkeit reproduzieren", weil Pornographie in erster Linie „der Text der Unwirklichkeit des Geschlechts ist, der Text der unmöglichen Normen, denen es unterworfen ist und angesichts derer es beständig scheitert" (Butler 1997: 110). Weil Pornographie unentwegt ein phantasmatisches Bild sexueller Körper in ihrer Geschlechtlichkeit als gegebene Geschlechter offeriert, determiniert Pornographie eben nicht die soziale Wirklichkeit der Frau, sondern muss als Korrelat der phantasierten Willensmacht männlicher Rezipienten gegenüber sich lustvoll ergebenden Frauen gelesen werden. Pornographie trägt als Inszenierung eines Phantasmas stets ihre Unrealisierbarkeit mit sich. Daraus leitet sich Vorstellung der Pornographie als eine „Kartographie der unrealisierbaren Positionen des Geschlechts" ab, von der die phantastischen Vorstellungen des Geschlechts ablesbar sind (Butler 1997: 107 ff).

Insbesondere die abweichenden Pornographien praktizieren Transgressionen der hierarchischen Geschlechterdichotomie und lassen die soziale Konstruiertheit des Geschlechts in ihrer Herausforderung offen zu Tage treten. Visuell am deutlichsten wird die Verwischung der Geschlechter in der photographischen und filmischen Pornographie präoperativer Shemales. Durch die Einnahme von

Hormonen mit Brüsten ausgestattet und in dem Aussehen und ihrer Herrichtung einer Frau gleichend wird der Fokus der sexuellen Darstellungen immer wieder auf den Penis der Transsexuellen gerichtet. Während die transvestive Pornographie zwar das Gender in Frage stellt (Kipnis 2007), das Sex aber unangetastet als sichere Determinante des Geschlechts nicht überschreitet, durchkreuzt die Pornographie der Frauen mit Penis selbst das Sex als Garant der Geschlechtszugehörigkeit (Philips 2005b).

Obschon es eher geläufig ist, den Phallus mit dem Penis der männlichen Figuren gleichzusetzen, wird der Phallus in der lesbischen Pornographie ganz von dem männlichen Glied gelöst und auch nicht auf die Verwendung eines Dildos reduziert. Seit Mitte der 1980er hat sich die filmische Lesbenpornographie einen Markt erobert. Gebunden an die Gleichgeschlechtlichkeit in der Objektwahl löst sich die Suche nach dem signifikanten Anderen keineswegs auf, darin bindet sich der Phallus als Signifikant für Macht und Unterschied vor allem an die Position der Butch in der Dyade von femme/butch. Die Butch unterwandert die Vorstellung der biologistisch gedachten Fixierung des Phallus auf den männlichen Penis. Hervorzuheben bleibt jedoch, dass die lesbische Pornographie keinesfalls mit der lesbischen Nummer der heterosexuellen Mainstream-Pornographie verwechselt werden darf, da diese sich speziell an den Vorstellungen der vornehmlich männlichen Rezipienten orientiert. Als Garant lesbischer Lust fungiert die Figur der Butch, die in der heterosexuellen Mainstream-Pornographie komplett ausgeblendet wird (vgl. Williams 1993: 252 ff; Butler 2004: 169).

Die schwule Pornographie konzentriert sich demgegenüber durchaus auf eine Inszenierung von Männlichkeit, allerdings nach Maßgabe homosexueller Werte. Der in der heterosexuellen Mainstream-Pornographie fast obligatorische money shot, dem neben seiner Funktion als Authentizitätsnachweis vor allem die Signifizierung phallischer Macht attestiert wird, evolviert zuerst als Stilelement in der schwulen Pornographie. Dort wird mit der phallischen Macht vor allem gespielt, indem die Positionen des Penetrierenden und des Penetrierten[202] getauscht werden und die Zuschreibung des Besitzes des Phallus variiert. Die schwule Pornographie inszeniert eine Form politisierter, sexueller, männlicher Identität (Williams 1993; Tsang 1999; Huang 1999; Cante & Restivo 2004).

Die Unterwerfung des Mannes unter weibliche Dominanz ist ein Thema, das die sadomasochistische Pornographie ebenso ausgiebig zelebriert wie die Unterwerfung der Frau unter eine Frau oder einen Mann. Die Vorstellung fixer Geschlechterpolarität wird in der reinen Inszenierung von sadomasochistischen

---

[202] Dass sich in diesen Wechsel auch noch andere Machtachsen einbinden, zeigen Untersuchungen homosexueller Pornographie, die den Fokus auf die Rasse der Figuren und die Zielgruppe des jeweiligen Produkts legen (Mach 1999; Tsang 1999; Huang 2004).

Unterwerfungsphantasien zugunsten komplexer Ritualisierungen von Lust und Dominanz aufgegeben, indem schlicht die genitale Sexualität als Lustquelle verworfen wird (Williams 1993; 1995; Shortes 1999).

Statt der Einschränkung der Pornographie bietet somit eher ihre Diversifikation das Potential, die sexuelle Geschlechterhierarchie zu hinterfragen und neue Offerten der Geschlechtskonstruktion in Betracht zu ziehen (Williams 1993; McClintock 1993).

Eine bis Ende der 1980er Jahre vertretene These, sieht die Pornographie ausschließlich für männliche Rezipienten attraktiv, während Frauen komplementär ihre eigene Form der Pornographie in den Liebes-Romantik-Medienangeboten rezipieren (Assiter 1988; Zimmermann 1988; Soble 1986; Snitow 1979; Willis 1975). Demnach kommt die Inszenierung einer selbstverleugnerischen Liebesgeschichte, in der eine Unterwerfung der weiblichen Subjektivität durch ihre Ausrichtung auf den männlichen Protagonisten erotisiert wird und sich die Protagonistin ganz ihrem Auserwählten hingibt, der sozialisierten, masochistischzerstückelten Sexualität der Frauen in der westlichen Kultur eher entgegen als die Pornographie. Hierin findet sich die Inszenierung weiblicher Sexualphantasien dargestellt (Soble 1986; Snitow 1979; Willis 1975; Assiter 1988).

Gerade die Vorstellung, dass Pornographie ausschließlich einen männlichen Diskurs von Männern für Männer darstellt, kann durch die Etablierung und die Analyse der Frauenpornographie zurückgewiesen werden (Williams 1995; Juffer 1998; Rückert 2000; 2004; Attwood 2006; 2007).

„Der Pornographie-Markt ist heute ebenso versessen darauf, Frauen als Konsumentinnen anzusprechen, wie er sie früher als Konsumobjekte verpacken wollte. Das Ergebnis ist eine bemerkenswerte Demokratisierung, vielleicht die erstaunlichste Entwicklung dieses Genres, dessen jüngere Geschichte schon eine Expansion über den Kreis des ursprünglichen Publikums, der gentlemen, hinaus aufweist." (Williams 1995: 292)

So emergiert die Frauenpornographie als eigenständiges Subgenre der Pornographie einerseits aufgrund der Unzufriedenheit pornoschaffender Frauen mit den bestehenden pornographischen Medienangeboten und andererseits aufgrund der leichteren Zugänglichkeit pornographischen Materials in dem allgemeinen Buchhandel, aber auch in speziellen Frauen-Sex-Shops[203]. Die Domestizierung pornographischer Medienangebote erscheint maßgeblich daran beteiligt, dass weibliche Rezipienten in heimischer Atmosphäre einen Zugang zur Pornographie finden. In diesem Prozess stellt das Internet einen wichtigen Distributor weiblicher Pornographien dar, die zielgruppenspezifisch verschiedene Frauen-

---

[203] Gerade für die USA stellt sich auch der in Deutschland untersagte Versandhandel als wichtige Domestizierung der Distribution dar, die Pornographie für Frauen attraktiv macht (Juffer 1998).

gruppen mit unterschiedlichen Ästhetisierungsstrategien zu erreichen vermögen (Williams 1995; Juffer 1998; Rückert 2000; 2004; Attwood 2006; 2007). Da Zeichnungen einen Spielraum für die Inszenierung weiblicher Sexualphantasien jenseits des Zwangs zum Realismus anderer visueller Medien einräumen, erweisen sich die Ladies Comics in Japan als eine geeignete Form der Frauenpornographie, die weibliche Lust zu visualisieren (Shamoon 2004). Eine Analyse frauenpornographischer Medienangebot bringt ganz allgemein zu Tage, dass frauenpornographische Medienangebote eine dezentere Darstellungsweise anstreben, indem sie inhaltliche Tabubrüche in Konformität mit ästhetischen Normen darstellen (Rückert 2000; Attwood 2007).

Mit der Entdeckung der Frauen als zahlungskräftige Zielgruppe etabliert sich aber nicht nur die Frauenpornographie mit ihrer Differenzierung hetero- und homosexueller Medienangebote, sondern auch der Markt für heterosexuelle Paarpornographie, der die weiblichen Ästhetisierungsstrategien aufnimmt. Insofern sämtliche pornographischen Medienangebote einem Genre zuzurechnen sind, zeigt sich, dass Entwicklungen eines Subgenres auf das gesamte Genre zurückwirken können, sofern sie sich am Markt als erfolgreich herausgestellt haben (Williams 1993).

Geht die kulturfeministische Position von einer Fixierung der Identifikation aus, wonach sich die männlichen Rezipienten mit den männlichen Figuren der Pornographie identifizieren und Frauen sich in der weiblichen Figur wiedererkennen, findet sich demgegenüber die Betonung, dass die Identifikation variabel ist, weshalb männliche Rezipienten sich ebenfalls in weibliche Figuren hineinversetzen. Doch auch Frauen steht damit ein Zugang zu heterosexueller Mainstream-Pornographie offen[204] (u.a. Wilcox 1999; Day 1988; Williams 1995; Lewandowski 2003; Poluda-Korte 1988; Kipnis 2007; Segal 1993a).

Mit Blick auf das Verständnis des heterosexuellen Mainstream-Pornotopias zeigt sich, dass die Ikonographie der weiblichen Figur und ihres Körpers einen zentralen Zugang zur Interpretation darstellt, denn „women cannot help moving, and men cannot help being moved" (Burgess 1968: 5). Die Omnipotenz der männlichen Figuren und die lüsterne immerwährende Wollust weiblicher Figuren werden als charakteristisch für die Konstitution Pornotopias hervorgehoben (u.a. Marcus 1967; Faulstich 1994; Williams 1995; Kronhausen & Kronhausen 1967; Crabbe 1988; Vinken 1997a; Trumbach 1993). Dabei ermöglicht die weibliche Figur in ihrer Permissivität, verborgene homoerotische Lüste zu phantasieren, indem sie als Medium zwischen potenten Männern sexuelle Lust vermittelt (Marcus 1966; McClintock 1993; Colligan 2005).

Die heterosexuelle Mainstream-Pornographie, die in erster Linie als Medienprodukt für eine männliche Zielgruppe konzipiert ist, versucht die sexuelle Lust

---

[204] Zum Identifikationsprozess in der Pornographierezeption vgl. Kap. 6.5.2.

der Figuren als reziprok darzustellen, um männliches Begehren als von einer authentischen, weiblichen Lust erwidert imaginieren zu können. Die Vorstellung weiblicher Lust erweist sich allerdings keineswegs als authentisch weiblich, sondern als das komplementäre Gegenstück der imaginierten männlichen Lust. Insbesondere der pornographische Hardcore-Film, der in seiner Darstellungsweise des Imperativs des maximal Sichtbaren auf eine Authentifizierung reziproker weiblicher Lust zielt, scheitert aber beständig an ebendieser Inszenierung weiblicher Lust (u.a. Faulstich 1994; Rückert 2000; Williams 1993; 1995; Lewandowski 2003).

„For, whilst the erection and ejaculation of the hardcore actor signifies his apparently real arousal, the actress can only signify her pleasure by sound and gesture. Unlike the former, the latter response can be fakes. This creates anxiety in the viewer about what real feminine pleasure looks like and then about whether the actress is a good 'faker' or a 'real sensualist'." (Crabbe 1988: 58 f)

Zentral für die Ausarbeitung des „Diskurses weiblicher Wollust" (Faulstich 1994: 209), ist die Initiation der weiblichen Figur in das Reich der sexuellen Lust durch ihre Verführung. Hieraus leitet sich die Dichotomie weiblicher Figuren als Jungfrauen oder als lüsterne Partizipienten in dem sexuellen Geschehen ab. Die Initiation der Jungfrau verweist auf die Negation des christlichen Keuschheitskults (u.a. Bremme 1990; Sigel 2005b; Marcus 1967; Kronhausen & Kronhausen 1967; Sorgo 1997). Insofern die moderne Pornographie bis zur Emergenz der Novelle an die Form der Hetärendialoge und der Hetärenbriefe gebunden war, erweist sich die Figur der Prostituierten als eine Konstante pornographischer Inszenierungen, deren sexuelle Abenteuer beschrieben werden können, ohne eine extensive Begründung sexuelles Verhaltens ausarbeiten zu müssen. Dabei oszilliert die Figur der Prostitution zwischen ihrer Konstruktion als libertine Hure, die das bürgerliche Verständnis weiblicher Tugendhaftigkeit torpediert, und der tugendsamen Zwangsprostituierten, die in Einklang mit dem sittsamen, bürgerlichen Frauenverständnis von der Grausamkeit des Lebens und ihrer Mitfiguren zu der Existenz als Straßendirne gezwungen wird und daran zugrunde geht (Norberg 1993). Prinzipiell erweist sich die Pornographie als das zentrale Genre in der westlichen Kultur, in dem die Suche der weiblichen Figuren nach der Erfüllung ihrer sexuellen Lust und nach sexueller Selbstverwirklichung nicht bestraft, sondern unterstützt und erfolgreich abgeschlossen wird (Williams 1995; 1993).

Die Utopie der komplementären Wechselseitigkeit sexueller Lust der Geschlechter deutet gerade auf ihre Nicht-Verwirklichung jenseits der sexuellen Phantasien. Pornographie stellt insofern im Anschluss an den Mythos der Androgynen[205] die Artikulation eines tiefgreifenden menschlichen Bedürfnisses dar (vgl. Faulstich 1994: 264 ff):

„Pornografie ist in diesem Sinne letztlich Ausdruck einer Utopie: der Utopie von der Einheit des Menschen, d.h. zu allererst von Mann und Frau bzw. von Mann und Mann sowie von Frau und Frau, dann aber auch von Körper und Geist, von Individuum und Gesellschaft. Die Verbreitung und Nutzung von Pornografie signalisiert nichts weiter als die Verbreitung der menschlichen Sehnsucht nach Harmonie und Ganzheit. Pornografie fungiert als einziger Statthalter jener utopischen Heilheit der menschlichen Natur, die ansonsten in unserer Kultur verschwunden ist […]."   (Faulstich 1994: 269)

6.5 Die Wirkungen der Pornographie

Die Frage nach den Wirkungen von Medienangeboten findet ihren Ursprung bereits in der griechischen Antike. Ausgehend davon, dass die Fiktionalität von Mythen einen Zugang zu tieferen Schichten des menschlichen Geistes erlangt, als es die Vernunft vermag, fordert Platon eine Reglementierung unwahrer Mythen. Die geistige Region, die mittels eines Gemäldes oder eines Dramas angesprochen wird, erscheint niedriger als die Vernunft, aber gerade hierin liegt die Macht und Kraft der Reaktionen auf solche Darstellungen. Als mimetische Abbildungen lenken die Darstellungen jenseits der ewigen Idee die Aufmerksamkeit des Rezipienten von der sozialen Wirklichkeit weg und erhitzen die Gemüter. Doch diese soziale Wirklichkeit selbst ist schon nichts anderes als ein Schatten der ontologischen Welt[206]. Die Gegenposition wird von Aristoteles vertreten, der den Darstellungen durchaus die von Platon angeprangerte Macht einräumt, diese aber als einen positiven Einfluss versteht. Denn sie bieten einen Raum für Erfahrungen ganz eigener Art, die eine kathartische Läuterung mit sich bringen (Kendrick 1996; Krebs 1994; Kranz 2004).

„The vaguely defined region of emotion and fantasy that both Plato and Aristotle saw as the site where art took effect has shrunk down, in discussions about pornography, to a zone of ‚sexuality' – apparently more specific but no better understood, and endowed with the same blind susceptibility attributed to it by the Greeks."   (Kendrick 1996: 40)

Die der Pornographie unterstellten Wirkungen, welche vornehmlich als Gefahren betrachtet werden, werden stets in den Forderungen der Zensur pornographischer Medienangebote als Begründung angeführt. Entsprechend sind die

---

[205] Zum Mythos der Androgynen vgl. Kap. 5.3.3
[206] Bereits in der Antike bei Platon liegt also die Frage nach der Vermittlung zwischen Ontologie und Wirklichkeitskonstruktion begründet. Hierzu Ausführlicheres bei Kranz (2006).

Ergebnisse der Medienwirkungsforschung von zentraler Relevanz für die legislative Argumentation. Dabei wird in den legislativen Debatten ausschließlich die Forschungsrichtung der empirischen Medienwirkungsforschung berücksichtigt. In der Durchsicht des Archivs ist festzustellen, dass die proklamierte Gefahr der Pornographie in erster Linie den Anderen droht. Hierin ähnelt die Wirkungsforschung grundlegend den moralisierenden Diskursen über Pornographie im 19. Jahrhundert, als durch die „ehrenwerten Gentlemen" eine schädliche Wirkung bei der Rezeption von Pornographie für andere Personen, andere Milieus und Personengruppen ausgemacht wird.

Doch das Archiv offeriert daneben zwei weitere Zweige der Wirkungsforschung, die ausgehend von einem psychoanalytischen bzw. einem performativen Forschungsparadigma die Tiefenstruktur der Pornographie fokussieren und deren Einflüsse auf einen idealtypischen Rezipienten nachzeichnen.

6.5.1 Die empirisch gemessenen Wirkungen der Pornographie auf den sexuellen Rezipienten

> „Es scheint ganz einfach – und ist doch unendlich kompliziert: das Problem der Pornographie und der Streit um ihre Wirkung. Einfach erscheint es deshalb, weil das Problem eines der elementarsten Bedürfnisse des menschlichen Organismus berührt, an dessen simplen naturgegebenen Ansprüchen nicht zu deuteln ist – den Sex; kompliziert deshalb, weil die Darstellung dieses Bedürfnisses in Wort und Schrift eines der umstrittensten Themen liefert, an dessen Behandlung in Kultur und Gesellschaft sich seit Jahrhunderten die Gemüter erhitzen – den Gefahren seiner Wirkung."   (Heuermann & Kuzina 1995: 107)

Das grundsätzliche Kennzeichen der Wirkungsforschung, die sich um eine Aufdeckung der Wirkungen der Pornographie in ihrer Rezeption bemüht, ist, dass sie von einer Gefahr ausgeht, die sie zu erfassen oder zu widerlegen sucht. Bis auf wenige Ausnahmen (Eckert et al. 1990; Ertel 1990; Hardy 1998) fragt die pornographieinteressierte Wirkungsforschung nicht nach dem wirklichen Rezeptionsverhalten von Pornographierezipienten, sondern abstrahiert von dem konkreten Nutzungsverhalten auf Effekte, die das pornographische Material auf den Rezipienten ausüben könnte. Diese Forschungstradition wird vornehmlich in den USA durchgeführt, da sie dort durch die 1970er Kommission massiv mitfinanziert worden ist und seither in einem selbstreferentiellen Zirkel durch die mit jeder neuen Studie neu aufgeworfenen Fragen mit der Forderung nach weiterer Forschung schließt (vgl. Lautmann & Schetsche 1990: 111 ff).

Als Forschungsdesigns können drei Grundformen voneinander unterschieden werden. Die Feldstudie führt Befragungen ausgewählter größerer Samples durch und versucht, Informationen über das reale sexuelle Verhalten und das Pornographierezeptionsverhalten zu sammeln und daraus Korrelationen abzuleiten. Bei Befragungen ergeben sich leicht Probleme, ein geeignetes Erhebungsinstrument auszuarbeiten und/oder eine geeignete Stichprobe zu rekrutieren, weshalb dieses Forschungsdesign sehr zeitaufwendig ist. Zudem erfassen Interviews die von den Interviewees gemachten Aussagen, aber diese können durch ungenaue Erinnerungen und/oder Angaben oder bewusste Täuschung verfälscht sein. Gerade in dem sensitiven Bereich des Sexualverhaltens ist die Einkalkulation der sozialen Erwünschtheit bei der Beantwortung der Fragen zu berücksichtigen. Schließlich zeigt sich, dass die abgefragten Narrationen[207] im Bereich des Sexuellen von Subjekten unterschiedlich besetzt und instrumentalisiert sind, sodass gerade hier die Bereitschaft zu einer Teilnahme an einer Befragung höchst unterschiedlichen Zwecken dient, die in dem Forschungsdesign der Befragung meist gar nicht berücksichtigt sind. Mit der Befragung können zunächst „nur" Korrelationen gemessen werden. Diese angemessen zu interpretieren erweist sich allerdings angesichts der Option intervenierender, aber unbekannter Variablen als schwierig, weshalb statistische Kausalzusammenhänge kaum abgeleitet werden können. Zudem sind die Erkenntnisse aus Befragungen schwer generalisierbar, wenn sie auf andere Bevölkerungsgruppen übertragen werden sollen (Simon 1999; Der Pornographie-Report 1971; Selg 1986).

Eine Untergruppe der Befragung stellen klinische Studien und Einzelfallstudien dar, die methodisch ebenfalls in Interviewform auf den Aussagen pathologisch klassifizierter Gruppen oder einzelner Opfer in Missbrauchsfällen aufbauen, um Zusammenhänge zwischen Gewalt und Pornographierezeption zu konstruieren. Daher gelten hier prinzipiell die gleichen Methodeneinschränkungen wie bei der Feldstudie, wenngleich der Problematik der sexuellen Narration größere Beachtung geschenkt werden muss (Plummer 1995; Simon 1999; Der Pornographie-

---

[207] Dass die von Individuen erzählten sexuellen Selbst-Narrationen nicht nur durch die Wissenschaft erfasst werden, sondern dass diese auch ganz wesentlich zu ihrer Konstitution beiträgt, darauf weist in einer soziologischen Untersuchung Plummer (1995). Gerade im Kontext der wissenschaftlichen Erforschung abweichenden sexuellen Verhaltens erweist sich die Artikulation der sexuellen Erzählungen des Interviewees als ein nicht unerheblicher Beitrag in der Konstruktion seines sexuellen Selbst. Das Interview als Methode ist angewiesen auf die Artikulation von Narrationen, um selbst wissenschaftliche Narrationen schaffen zu können. Kennzeichnend für diese Narrationen ist eben nicht, dass diese als Abstraktionen von dem konkreten Subjekt verstanden werden können. Vielmehr handelt es sich um konkrete Erzählungen von einem in das Machtfeld seiner Existenz eingelassenen Subjekt. Daher dürfen sich die Soziologie und das sozialwissenschaftliche Interview nicht auf der Ebene der reinen Textanalyse ausruhen: „[...] it insists that story production and consumption is an empirical social process involving a stream of joint actions in local contexts themselves bound into wider negotiated social worlds. Texts are connected to lives, actions, contexts and society. It is not a question of 'hyperrealities' and 'simulacra' but of practical activities, daily doings and contested truths" (Plummer 1995: 24).

Report 1971; Selg 1986). Exemplarisch kann das grobe Untersuchungsdesign einer Studie angeführt werden, in der die Interviews von vier Personengruppen miteinander verglichen werden, um anhand der Aussagen bezüglich ihrer Pornographierezeption darauf schließen zu können, ob und wie gefährlich die Rezeption von Pornographie für die Psychosexualität, das Sexualverhalten und damit für die Gesellschaft ist. Personen mit antisozialem Verhalten wie Pädophile und Vergewaltiger umfassten die erste Gruppe. Die zweite Gruppe setzte sich aus Intensivrezipienten der Pornographie zusammen. Die dritte Gruppe konstituierte sich aus Personen mit abweichendem sexuellem Verhalten. Diesen drei Gruppen wurde eine Kontrollgruppe gegenübergesetzt (Goldstein & Kant 1973).

Daneben können Statistikvergleiche als zweiter Forschungszweig der Medienwirkungsforschung betrachtet werden. Hierbei werden entweder retrospektiv die zuvor erhobenen Merkmale verschiedener Gruppen im Hinblick auf ihre Pornographierezeption und abweichendes oder kriminelles Verhaltens miteinander verglichen. Als zentrale Schwierigkeit erweist sich der geringe Aussagewert dieser Studien aufgrund der nur begrenzten Vergleichbarkeit der verschiedenen Gruppen. Zudem müssen die Statistiken zuvor durch Interviews überhaupt erst generiert werden, wodurch die Methodenproblematik der Befragung greift. Eine andere Richtung vergleicht die Kriminalstatistiken eines Landes mit den Statistiken über die Verfügbarkeit pornographischen Materials und zieht daraus Schlüsse über deren Korrelation, wobei vornehmlich eine Kausalitätskorrelation postuliert wird. Allerdings muss gefragt werden, wie die Statistiken zustande gekommen sind, welchen Bereich der Pornographiedebatte die Statistiken abdecken und welche Daten ergänzend einzubeziehen sind. Die gemachten Aussagen über Kausalitäten sind daher mit Vorsicht zu betrachten (Simon 1999; Der Pornographie-Report 1971; Selg 1986). So werden bspw. ausgehend von der Zunahme der Verfügbarkeit von Pornographie in Japan dessen Kriminalstatistiken zwischen 1972 und 1995 darauf hingehend analysiert, ob sich die Zahl der Sexualverbrechen mit der Ausweitung der Pornographie verändert, in welchen Bevölkerungsschichten sie sich besonders verändert und wie sich die Jugendsexualverbrechen ändern (Diamond 1999).

Den weitaus größten Teil der Wirkungsforschung decken die experimentellen Untersuchungen ab. Dabei werden unter kontrollierten, experimentellen Laborbedingungen Probanden mit verschiedenen Stimuli konfrontiert. Deren Wirkungen werden durch Überwachung physiologischer und neurologischer Reaktionen, anschließender Befragungen oder Anschlussexperimente, in denen das Verhalten der Rezipienten beobachtet wird, gemessen (Simon 1999; Der Pornographie-Report 1971; Selg 1986). Neuere Ansätze dieser Art berücksichtigen die Kritik, dass in den Experimenten nur kurzfristige Reaktionen gemessen werden können, indem sie ein Untersuchungsparadigma schaffen, welches eine wiederholte Exposition der Probanden und eine zeitversetzte Erfassung der Wirkungen operationalisiert (Zillmann 2004). Diese Modifikation des Forschungsdesigns ändert allerdings nichts an der grundsätzlichen Kritik an kontrollierten Experimenten, dass die Ergebnisse von Laborstudien nicht auf reales Rezeptionsverhalten[208] übertragbar sind und dass das Verhalten der vornehmlich studentischen Probanden nicht generalisiert werden darf (Lautmann & Schetsche 1990; Simon 1999; Der Pornographie-Report 1971; Ertel 1990). Zudem wird mittlerweile von der in den 1970ern und 1980ern vertretenen These Abstand genommen, dass der pornographische Markt von einer Schwämme gewaltimplizierender Pornographie überflutet wird. Hierdurch wird nunmehr der Bondage- und der S/M-Pornographie zugestanden, dass es sich bei diesen Darstellungen um eine Inszenierung konsensueller Sexualrituale und nicht um Formen sexueller Gewalt handelt (Donnerstein et al. 1987; Zillmann 2004). Zwar werden im Hinblick auf die Pornographie auch positive Wirkungen wie die Überwindung von sexuellen Verklemmungen und Schuldgefühlen, Therapeutisierung sexueller Lustlosigkeit oder eine Bereicherung des verfügbaren Repertoires sexueller Praktiken angenommen, da es sich die experimentelle Wirkungsforschung allerdings zur Aufgabe gemacht hat, Gefahren aufzudecken, finden sich keine Studien zu den positiven Wirkungen der Pornographie in den USA (Zillmann 2004):

„Die Wirkungsforschung hat sich vielmehr auf den Nachweis schädlicher Wirkungen der Pornografierezeption und deren Widerlegung konzentriert. Da keine systematischen Forschungsergebnisse über das Auftreten positiver Wirkungen vorliegen, bleiben solche Effekte Gegenstand von Vermutungen und Spekulationen." (Zillmann 2004: 571)

Als theoretische Basis führen einige dieser Untersuchungen die Theorie der Exemplifikation an, wonach Pornographie Einfluss auf die Wahrnehmung von und die sie begleitenden Einstellungen zur Sexualität ausüben kann. Daneben fußen einige Untersuchungen auf der Theorie des sozialen Lernens nach Bandura, die besagt, dass beobachtetes Verhalten einerseits kognitiv hinsichtlich seiner Konsequenzen nach dem Lustprinzip abgewogen wird und andererseits affektiv konditionierend mit bestimmten Lustmomenten verbunden wird. Dies führt zu einer Nachahmung des in der Pornographie beobachteten sexuellen

---

[208] Bei Lautmann & Schetsche (1990) findet sich ein Überblick über die Verzerrung der Rezeptionssituation im Labor, welche grundlegend von der Rezeptionssituation im sozialen Alltag abweicht. Problematisch erweist sich, dass die Rezeption der Laborsituation einer Rezeption im Alltag gegenübergestellt wird, die selbst sehr voraussetzungsreich ist und in erster Linie auf Unterstellung beruht. Es muss festgehalten werden, dass die Rezeptionssituation pornographischer Medienangebote bis heute empirisch unerforscht ist.

Verhaltens. Schließlich geht das Theorem des sozialen Vergleichs davon aus, dass der Rezipient von Pornographie seine gelebte Sexualität mit der dargestellten pornographischen Sexualität vergleicht und darüber frustriert, was ihn entweder zu einer Änderung seines sexuellen Verhaltens oder zu einer Steigerung seiner sexuellen Unzufriedenheit veranlasst (Selg 1986; Zillmann 2004).

Ausgehend von diesen theoretischen Grundannahmen haben die Studien sehr unterschiedliche Ergebnisse konstatiert. Dazu gehört, dass sich in der wiederholten Rezeption von Pornographie ein Sättigungseffekt einstellt, d.h. dass die in der Messung der genitalen Schwellung erfasste, spezifische, sexuelle Erregung zu Beginn der Konfrontation mit pornographischem Material stark ausgeprägt ist und nach mehrmaliger Rezeption zu einer schwachen Reaktion zurückgeht. Gleiches gilt für emotionale Aktivierungen in der wiederholten Pornographierezeption. Schließlich tritt Langeweile bei gleichbleibendem pornographischem Material ein. Der sich so ergebende Sättigungseffekt der Pornographierezeption führt zu der Suche nach immer neuen, sexuell anregenden Materialien, wodurch eine Spirale der Eskalation pornographischer Stimuli eintritt, die abweichendes und paraphiles Sexualverhalten begründen und verfestigen können. Daneben übt die Pornographierezeption Einfluss auf die Wahrnehmung von und Einstellung zur Sexualität aus, wenn die Verbreitung und die Häufigkeit sexueller Praktiken überschätzt wird, Promiskuität und vor- und außerehelicher Geschlechtsverkehr weiter verbreitet und positiver bewertet werden, in bestehenden Beziehungen weniger Vertrauen und Ehrlichkeit wahrgenommen wird, sowie die Verdrängung sexueller Bedürfnisse als gesundheitsschädlich eingestuft wird. Zudem fördert die Rezeption von Pornographie die sexuelle Gefühllosigkeit gegenüber Frauen. Vergewaltigung und Kindesmissbrauch werden trivialisiert. Männer imaginieren nach der Rezeption gewaltimplizierender Pornographie eher die Vergewaltigung einer Frau. Ferner reduziert die Rezeption von Pornographie den Wunsch, eine Familie zu gründen (Selg 1986; Zillmann 2004; Brosius 2005).

Dass diese Studien sehr einflussreich sind, zeigt sich daran, dass nicht nur experimentelle Studien diese Thesen der Wirkungsforschung aufgreifen. So wurde z.B. in einer inhaltsanalytischen Untersuchung verschiedener Softcore-Filme und Hardcore-Filme davon ausgegangen, dass sich die Darstellung Pornotopias im Sinne der Kultivierung einer verzerrten Wahrnehmung von Sexualität negativ auf die Rezipienten auswirkt, die wiederholt dem Material ausgesetzt sind (Brosius 2005).

„Zusammenfassend können Lustbetontheit, Beliebigkeit und Öffentlichkeit als die Grundprinzipien identifiziert werden, nach denen die Inszenierung von Sexualität in sexbezogenen Produktionen erfolgt. […] Im theoretischen Kontext des Kultivierungsansatzes muss davon ausgegangen werden, dass beide Genres ein verzerrtes Bild menschlicher Sexualität liefern." (Brosius 2005: 49)

Allerdings zeigen sich die Ergebnisse solcher Studien keinesfalls so konsistent wie von den Wirkungsforschern dargestellt. Abweichende Untersuchungsergebnisse werden so interpretiert, dass sie in den Kontext der Ausgangsthese, dass Pornographie negative Konsequenzen hat, eingeordnet werden können. Vollkommen abweichende Studien, die sogar positive Konsequenzen erheben, werden nicht berücksichtigt (Lautmann & Schetsche 1990; Ertel 1990; Faulstich 1994, Diamond 1999; Simon 1999). Grundlegend fußt diese Form der experimentellen Wirkungsforschung auf drei zentralen basisthesischen Implikationen: Erstens die menschliche Sexualität folgt dem Triebmodell und manifestiert sich selbstevident, weshalb eine Auseinandersetzung mit der Konstituierung des Sexuellen wegfallen kann. Zweitens werden Gewalt und Sexualität als miteinander verwobener Teil der menschlichen Natur betrachtet (Hardy 1998; Simon 1999). Drittens wird die aktive Konstruktionsleistung in der Rezeption ausgeblendet und stattdessen ein mal mehr, mal weniger elaboriertes Stimulus-Response-Modell operationalisiert (Lautmann & Schetsche 1990; Hardy 1998). Daraus leitet sich auch ein sehr konstantes Forschungsdesign der Studien der „amerikanischen Porno-Psychologie" ab (Lautmann & Schetsche 1990: 114):

„Die unabhängige Variable ist ein obszönes Objekt, das von einem Individuum wahrgenommen wird. Als intervenierende Variable werden einige wenige Merkmale der Rezeption geprüft (vor allem das Geschlecht des Konsumenten und die bei ihm vorhandene Aggressivität). Die unabhängige Variable bilden solche Einstellungs- oder Verhaltensänderungen beim Rezipienten, die einer geschlechterpolitischen oder sexualästhetischen Wertung zugänglich sind – in allen erdenklichen Variationen (vor allem hinsichtlich negativ wertbarer Folgen wie vermehrte Aggressivität, Akzeptanz von Gewalt gegenüber Frauen bzw. Voraussetzungen solcher Gewalt wie Frauenbild, Vergewaltigungsmythen)." (Lautmann & Schetsche 1990)

Wenngleich diese Art der empirischen Wirkungsforschung auch den Löwenanteil ausmacht, kann doch auf einige Gegenpositionen verwiesen werden, die sich der Rezeption von Pornographie unter anderen Vorzeichen annehmen, indem sie den Fokus auf den realen Gebrauch und Nutzen der Rezipienten legen. Interpretiert werden kann diese Nutzenperspektive im großen Kontext der Ausweitung utilitaristischer Strukturen in der Entwicklung der kapitalistischen Gesellschaft. Danach zeigt sich Pornographie nur als ein weiteres Phänomen, das den Individuen einen speziellen Nutzen darlegt. Im Kontext ihrer Einbindung in die soziokulturelle Ordnung wird Pornographie als eine der zentralen Strategien gewertet, die es ermöglichen, dass Individuen nicht länger nach ihren Eigentumsverhältnissen bewertet werden, sondern nach der Plausibilität ihrer Handlungen im Streben nach der Verwirklichung eines größtmöglichen Nutzen. In der Rezeption pornographischen Materials können sich Rezipienten in ihren sexuellen und rezeptiven Handlungen zur Gesellschaft positionieren und sich vergleichen (Ferguson 2004).

„Both pornography and utilitarian social structures of a perfectly respectable cast are concrete transcendentals: they provide an overarching microworld within which everyone my be evaluated hierarchically and in which there is no appeal."

(Ferguson 2004: 27)

Daher sollen diese nutzenorientierten Studien nachfolgend etwas ausführlicher vorgestellt werden:
Eine repräsentativ angelegte Langzeitstudie[209] (Ertel 1990) zur Wirkung von Pornographie in der BRD berücksichtigt die Kritik an der „amerikanischen Porno-Psychologie". Daher verknüpft sie zwei Forschungsmethoden: einerseits findet sich eine Befragung zu Sexualität, Partnerbeziehung und zur Rezeption pornographischer Video- und Kinofilme. Die Befragung umfasst eine Stichprobe von 5.963 Personen. Andererseits erfolgt eine psychophysiologische Untersuchung, die auf eine Erfassung der psychosozialen Wirkungen pornographischer Rezeption zielt und an der 2.304 Probanden partizipieren. Das Forschungsprogramm reduziert sich allerdings nicht auf den Komplex der Pornographierezeption, sondern betrachtet diesen eingelassen in den Großbereich der Sexualität, der Partnerbeziehung und des psychosozialen Umfelds der Rezipienten. Dabei „werden pornographische Medien und der Einfluß ihres Konsums auf Sexualität und Partnerschaft nicht als isolierter Untersuchungsgegenstand betrachtet, sondern im Zusammenhang mit anderen modernen Massenmedien gesehen. Bei den Untersuchungsdesigns wurde Wert auf Realitätsnähe und nichtobstruktive Messungen gelegt" (Ertel 1990: 25). Die Befragung impliziert die Durchführung von Pre- und Nachtests, die erwiesen haben, dass durch die Einbettung der Fragen zur Pornographierezeption in einen größeren Gesamtkontext partnerschaftlicher Sexualität diesen Fragen durch die Inter-

---

[209] Gegen diese Studie erheben sich ab Sep. 2008 erhebliche Zweifel ob ihrer korrekten Durchführung und Auswertung im Kontext der gegen das Institut für Rationelle Psychologie und den Leiter des Instituts und dieser Studie Henner Ertel erhobenen Vorwürfe des Betrugs. Ein Verfahren gegen Ertel wegen Falschführung eines akademischen Titels läuft derzeit (Okt. 2008). Allerdings muss eingeräumt werden, dass diese Studie nicht nur in den Ausführungen des Brockhaus zum Begriff Pornographie Berücksichtigung gefunden hat, sondern darüber hinaus konstitutiver Diskursbeitrag des deutschen wissenschaftlichen Diskurses über Pornographie ist. Fast alle nach 1990 veröffentlichten deutschen Studien greifen auf die Ergebnisse Ertels zurück.

viewees eine andere Bedeutung beigemessen wird und daher eher beantwortet werden. Der Befragungszeitraum erstreckte sich über einen Zeitspanne von 20 Wochen von April bis August 1988. Die Probanden beantworteten in sechs Fragebögen 516 Einzelfragen. Die psychophysiologische Untersuchung wurde zwischen Juni und November 1988 durchgeführt, die begleitet wurde von einer parallelen Befragung durch sechs Fragebögen mit insgesamt 465 Einzelfragen. Anders als bei anderen Experimenten verlagerte diese Studie den Ort der Rezeption aus dem Labor in die soziale Umwelt des Rezipienten. Die psychophysiologischen Daten wurden mittels eines portablen Messgeräts erfasst, in dessen Handhabung die Probanden unterwiesen wurden (vgl. Ertel 1990: 32 ff).

Da die Ergebnisse der Befragung ausgehend von der Anzahl der Fragen ausgesprochen umfangreich sind, werden hier knapp einige wenige vorgestellt, die wichtig erscheinen und/oder im Kontrast zur amerikanischen Porno-Psychologie stehen (vgl. Ertel 1990: 60ff). Gemäß den Ergebnissen der Befragung kann zwischen der jeden 2. bis 3. Tag stattfindenden, sehr häufigen Nutzung, der regelmäßigen, ca. einmal wöchentlichen Nutzung, der gelegentlichen, ca. einmal im Monat genutzten Rezeption, der unregelmäßigen Rezeption alle zwei bis drei Monate, der seltenen, ein- bis dreimal im Jahr genutzten Rezeption und der Kaum- bzw. Nichtnutzung, die noch seltener zu Informationszwecken erfolgt, unterschieden werden. Bei Männern wie bei Frauen ist die Kaumnutzung am häufigsten mit 28% der männlichen und 55% der weiblichen Probanden, gefolgt von der Gruppe der gelegentlichen Rezipienten mit 22% der männlichen und 19% der weiblichen Rezipienten. Sehr häufig wird Pornographie von 7% der Männer und 3% der Frauen rezipiert. Gerade Frauen rezipieren Pornographie zu 74% auf Initiative des Partners, während nur 10% der Männer auf Initiative des Partners zu Pornographie greifen. Entsprechend rezipieren Männer Pornographie eher aus Gründen des Eigennutzes und Frauen aus partnerschaftlicher Motivation. Rund 90% der Pornographierezipienten beschränkt sich auf die Rezeption von Mainstream-Pornographie. Dagegen haben rund 8 – 10% der Befragten Extrempornographie aus Neugier rezipiert. Davon haben rund 8% wiederholt Extrempornographie rezipiert. Rund 5 – 6% dieser rezipierten Extrempornographie konnte als harte und damit gemäß §184 StGB verbotene Pornographie identifiziert werden. Die restlichen 94 – 95% der Extrempornographie gehören eher in den Bereich des devianten und paraphilen Sexualverhaltens, dem ein hoher erotischer Exotismus von den Rezipienten bescheinigt wird. Zwar geben die Interviewees an, dass pornographische Szenarien der symbolischen und rituellen Gewalt, der Kontrolle und der Dominanz sie erregen, aber eine Umsetzung gleichen Verhaltens lehnen beide Geschlechter meistens ab. 43% der männlichen und 53% der weiblichen Befragten erkennen in den pornographischen Szenarien keinerlei Realitätsgehalt, wobei aller-

dings die zunehmende Rezeptionshäufigkeit damit korreliert, dass beide Geschlechter der Pornographie einen subjektiv empfundenen Realitätsgehalt bei-
messen. Ein kleiner Teil der Probanden schreibt der Pornographie durchaus
einen gewissen Realitätsgehalt zu und diese Probanden finden sich am häufigsten in der Gruppe der Intensivrezipienten, was aber nicht zu der Behauptung
einer Kausalität und der Formulierung der These verleitet,

„daß ein intensiver Konsum dazu führt, daß pornographische Szenarios eher ein gewis-
ser Realitätsgrad zugesprochen wird. Es kann genauso gut heißen, daß Personen, die
bereits eine realitätsfremde Sicht weiblicher und männlicher Sexualität haben, sich von
der Pornographie besonders angesprochen fühlen und zu Intensivkonsumenten werden.
Und nicht zuletzt – dies ist der wahrscheinlichste Fall – können zwischen beiden Phä-
nomenen komplexe Wechselwirkungen und Rückkopplungsprozesse bestehen."

(Ertel 1990: 92 f)

Dennoch bleibt festzuhalten, dass die meisten Probanden den fiktionalen Charakter der Pornographie sehr wohl durchschauen und gerade in dem Entwurf
einer sexuellen Gegenrealität der Wert der Pornographie für die Rezipienten
liegt.
Die psychophysiologische Untersuchung ergibt ganz allgemein, dass die Unterschiede der Reaktion auf pornographisches Material interindividuell größer
ausfallen als zwischen den Geschlechtern. Zudem kann die Konstituierung einer
auf dem Sättigungseffekt aufsetzenden Pornospirale nicht bestätigt werden.
Weder können Auswirkungen auf das sexuelle Verhalten noch auf sexuelle
Einstellungen konstatiert werden, wodurch die These, dass Pornographie zur
Nachahmung sexuellen Verhaltens verleitet, abgelehnt wird. Zudem werden
explizit aggressive Inhalte von den Probanden abgelehnt (vgl. Ertel 1990: 222
ff).
Einen diskursanalytischen Ansatz (Hardy 1998) wählt eine britische Studie, in
der Pornographie als ein weiterer Diskurs über Sexualität gewertet wird und
darauf aufbauend Softcore-Pornomagazine als Fragmente des pornographischen
Diskurses analysiert werden, wobei gefragt wird, ob der pornographische Diskurs einen ideologischen Einfluss auf den Rezipienten ausübt. Grundannahme
ist, dass sich der pornographische Diskurs durch das Zusammenspiel von Autor
des Diskursbeitrags, Diskursinhalt und Bedeutungszuweisung des Rezipienten
konstituiert. An die Position des Autors knüpfen sich bestimmte Intentionen,
Absichten und Zwecke des Diskurses. Der Inhalt des Diskurses gibt Aufschluss
über sein Objekt, welches in dem pornographischen Diskurs als Darstellungen

der Beziehung von Mann und Frau[210] gesetzt wird. Der Rezipient fungiert als Interpret des Diskurses und ist die wichtigste Instanz in dem Diskurs, insofern jedwede Wirkung und jeder Effekt des pornographischen Diskurses allein durch die Bedeutungszuschreibung des Rezipienten zustande kommt. Zur Analyse des pornographischen Diskurses wird ein zweistufiges Methodenmodell gewählt. Zunächst werden pornographische Texte des Männermagazin *Men only* vermittels einer interpretativen Textanalyse auf die Autorenintention und den Inhalt hin analysiert. Dann werden ausgewählte Diskursfragmente in einem zweiten Schritt 24 Probanden zwischen 20 und 40 Jahren vorgelegt, die sich als Pornographierezipienten bekennen und über ihre Reaktionen, Ansichten und ihre Interpretationen in einem qualitativen Leitfadeninterview befragt werden. Das Interview selbst ist in zwei Teile differenziert. Zunächst werden den Probanden Fragen zu Einstellungen zu und bisherigen Erfahrungen mit Pornographie gestellt. Der zweite Teil ist als Übung angelegt, in welcher die Probanden die vorgelegten Diskursfragmente analysieren sollen.

Die Auswertung der Befragung der Rezipienten ergibt, dass zunächst gelegentliche Nutzer von ehemaligen und gegenwärtigen Nutzern unterschieden werden können (vgl. Hardy 1998: 98 ff). Des Weiteren zeigt sich, dass Pornographie im Verlauf der persönlichen Narration drei Phasen konstituiert, in denen das Material je einen anderen Stellenwert im Leben der Männer hat und jeweils anders genutzt wird. Die Probanden der Studie lokalisieren ihre pornographische Rezeption grundlegend in dem biographischen Kontext ihrer persönlichen Narration. Die Phase der gelegentlichen Rezeption in einem sozialen Gebrauch und gelegentlichem Einsatz betrifft die Zeit vor der Adoleszenz, in der Pornographie mit der Peer Group gemeinsam rezipiert wird. Dies kommt einer Initiationsphase vor der Etablierung eines sexuellen Gebrauchs pornographischen Materials gleich. Daran schließt sich die Phase der konditionierten Rezeption mit einem privaten und sexuellen Gebrauch an, wobei der Einsatz pornographischen Materials aufgrund einer gefühlten Ambivalenz gegenüber der verdinglichten Frau angesichts eigener Erfahrungen mit Frauen in sexuellen Beziehungen bedingungsreich ist. Diese Nutzung entwickelt sich mit der Adoleszenz und Pornographie wird als Masturbationsvorlage instrumentalisiert. Diese elastische Phase zwischen der Adoleszenz und dem Erwachsenenalter markiert die Vorstufe

---

[210] Diese Setzung ist stark beeinflusst von der feministischen Kritik der Objektivierung der Frau in der pornographischen Darstellung, woraus sich weitreichende Konsequenzen für die Textanalyse ergeben. Denn als das Schlüsselmoment der Autorenintention erkennt Hardy die objektivierte Darstellung der Frau als männliches Konstrukt in einem männlichen Diskurs. Daher überraschen die Probanden der Studie deren Autor, indem sie neben der Verdinglichung der Frau in einzelnen Szenen eine Subjektivität der weiblichen Protagonistin im Kontext des narrativen Verlaufs ausmachen. Der narrative Verlauf und die Bedeutung der pornographischen Handlung waren von dem Autor in der Fokussierung auf das Verdinglichungsparadigma nicht bedacht worden.

entweder für die weitgehende Abkehr einer Rezeption pornographischen Materials oder für eine versöhnte Rezeption mit sexuellem und/oder sozialem Gebrauch. Pornographie wird in diesem versöhnten Gebrauch in die Partnerschaft integriert oder es wird eine Aufspaltung von partnerschaftlicher Sexualität und pornographisch inspirierter Masturbation akzeptiert (vgl. Hardy 1998: 102 ff).

Nach einer tiefenpsychologischen Analyse des Identifikationsprozesses gemäß Herbert Meads Modell der inneren Interaktion des Selbst in der pornographischen Rezeption kann die Frage beantwortet werden, inwieweit die Ideologie des pornographischen Diskurses in den persönlichen Diskurs der Rezipienten hineinreicht[211]. Dabei werden drei Typen divergierenden Decodierens unterschieden. Rezipienten können den pornographischen Diskurs unkritisch im Sinne der Autorenintention decodieren. Dabei werden die ideologischen Strukturen des Diskurses naturalisierend durch die soziale Heteronormativität[212] gestützt. Zwar zeigt sich die eigene Sexualität von der Darstellung des pornographischen Diskurses nicht widergespiegelt, allerdings antizipieren diese Rezipienten, dass andere Personen sicherlich pornographische Sexualität leben. Die zweite Gruppe decodiert sehr reflexiv und kommt genau zu gegenteiligen Schlüssen, indem der pornographische Diskurs als ein männliches diskursives Konstrukt identifiziert wird, das hinsichtlich des sexuellen Realitätsgehalts abzulehnen ist und dessen Bild der sexuellen Frau eine Fehlinterpretation darstellt. Dieser Rezeptionstypus koinzidiert vor allem mit alternativen sexuellen Erfahrungen in bestehenden Beziehungen und einer Abnahme oder Ablehnung des Gebrauchs pornographischen Materials. Die meisten der Rezipienten waren allerdings einer dritten Gruppe vermittelnden Decodierens zuzurechnen, bei der sowohl intendierte als auch oppositionelle Aspekte in die Decodierung einfließen, während der Rezipient seine persönliche Decodierung angesichts dieser erkannten Widersprüche aushandelt. Das pornographische Geschehen wird als plausibel im Kontext einer generalisierten pornographischen Ideologie der Frau erachtet und die Rezeption kann sexuellen Zwecken zugeführt werden. Zugleich werden aber die sexuellen Erfahrungen mit der eigenen Partnerin sowie die bekannten weiblichen Personen aus dem sozialen Umfeld der Rezipienten strikt gegen die pornographische Ideologie der submissiv-permissiven Frau abgegrenzt (vgl. Hardy 1998: 133 ff). Diese Untersuchung folgt grundlegend dem Motto:

„In short, what is important is not what pornography makes of the consumer but what he makes of it." (Hardy 1998: 133)

---

[211] Schwierig ist natürlich, dass die auf der Textanalyse basierende Autorenintention zum Maßstab der Unterteilung wird.
[212] Vgl. hierzu die Ausführungen zu Macht und Sexualität in Kap. 5.4.

Allerdings zeigen sich durchaus Schwierigkeiten durch die Setzung des feministischen Objektivierungsparadigmas als zentrale Autorenintention.

In der Untersuchung abweichenden Nutzungsverhaltens in der Videorezeption von Horror- und Hardcore-Pornofilmen untersucht eine deutsche Studie (Eckert et al. 1990) die Perspektive der Rezipienten, indem ethnographische Feldbeobachtungen, Tiefeninterviews und Gruppendiskussionen zu einem Forschungsdesign zusammengeführt werden. Zunächst werden die Titel der Horror- und Pornofilme sowie die Ausleihstatistiken analysiert. Dem folgen Tiefeninterviews und Gruppendiskussionen mit den Rezipienten dieser Filme. Grundlegend wird von der aktiven Rolle des Rezipienten in der Mediennutzung ausgegangen und ein Stimulus-Response-Modell der Medienwirkungen abgelehnt.

Basierend auf den Befragungen der Rezipienten werden drei Gruppen der pornographischen Aneignung und des Erlebens der Rezeption differenziert (vgl. Eckert et al. 1990: 121 ff). Die Gruppe der Fremden umfasst diejenigen Rezipienten, die Pornographie ohne eine Ausbildung von spezifischen Erwartungen und Vorstellungen gelegentlich nutzen, um sich Eindrücke der pornographischen Szenarien zu verschaffen. Ihnen geht es um die Befriedigung einer diffusen Neugier. Das pornographische Material wird für die Rezeption entsprechend unsystematisch, nicht auf pornographisches Wissen rekurrierend ausgewählt. Die Bindung an die Pornographie erweist sich als lose. Eine weitergehende Bereitschaft zu einer Spezialisierung pornographischen Wissens resultiert aus den Erfahrungen, die mit der Pornographie in der Rezeption gesammelt werden und kognitiv und affektiv gewichtet werden.

Die Gruppe der Touristen hat ihre Erfahrungen mit der Pornographie affektiv und kognitiv so positiv gewichtet, dass sie sich auf eine häufigere Rezeption einlässt und sich ein spezifisches Wissen über pornographisches Material aneignet, um die Rezeption selektiver ausrichten zu können. Auf der Basis eines ausgeprägten Basiswissens werden pornographische Hardcore-Videos genutzt, um in der Betrachtung eine Schaulust zu erleben und sexuelle Stimulation zu suchen. Zentral ist die Transformation von Alltäglichkeit in das Phantasma der Allgegenwart sexueller Interaktionen im Pornotopia, das gerade als Fiktion seinen Reiz gewinnt, die eigene sexuelle Phantasie anzuregen. Männliche Touristen betonen eher die visuellen Aspekte des pornographischen Rezeptionserlebnisses, während weibliche Rezipientinnen dieser Gruppe emotionale Aspekte betonen. Neben der Anregung der Phantasietätigkeit instrumentalisieren Pornotouristen das Material durchaus zur Anregung sexueller Aktivität in der Masturbation oder der partnerschaftlichen sexuellen Interaktion. Zudem berichten die Rezipienten von der positiven Konsequenz, aufgrund der gemeinsamen pornographischen Rezeption in Partnerschaften sexuelle Wünsche eher artikulieren zu können. Insbesondere in dieser Rezipientengruppe finden sich zahlreiche Personen, die Pornographie masturbationsbegleitend in Ermangelung eines Partners einsetzen, wodurch der Pornographie bei diesen Rezipienten eine Surrogatfunktion zufällt (vgl. Eckert et al. 1990: 126 ff).

Als dritte Gruppe werden die Buffs identifiziert, bei denen es sich um regelmäßige Rezipienten pornographischen Materials handelt. Diese Rezipienten sprechen ihrem Sexualleben eine große Relevanz zu, wobei die Pornographie aktiv in das Sexualleben der Rezipienten integriert wird, um Anregungen für die Ausgestaltung zu sammeln und die Erlebnisintensität des eigenen Sexuallebens steigern zu können. Neben pornographischen Videofilmen rezipieren sie auch andere pornographische Medienangebote. Diese Rezipienten eignen sich darüber hinaus ein breites Fachwissen über Videopornographie an und greifen auch auf Metamedien zur Information über Schauspieler, Hintergründe von Produktion etc. zurück. Die Selektion des pornographischen Materials erfolgt themenzentriert entlang eigener sexueller Präferenzen, denn das pornographische Material muss in Einklang mit den eigenen sexuellen Vorlieben gebracht werden. Trotz der regelmäßigen Rezeption sind sich auch diese Rezipienten der Fiktionalität pornographischer Darstellungen völlig bewusst und nehmen auch negative Aspekte von Produktionen zur Kenntnis. Da das Sexualleben der Buffs mit ihren Partnern für sie einen wichtigen Bereich persönlicher Experimentierlust und Phantasie ausmacht, wird Pornographie zur Attraktivitätssteigerung und zur Absicherung der Partnerschaft instrumentalisiert (vgl. Eckert et al. 1990: 132 ff).

Diese letzten drei Studien haben die Perspektive auf die Nutzung der Pornographie durch die Rezipienten verschoben und formulieren keine Kausalaussagen pornographischer Wirkung.

6.5.2 Die psychologische Tiefenstruktur der Pornographie und der idealtypische sexuelle Rezipient

> „Pornography, especially in its visual form, tries to say something about sex with sex: signifier and signified seem fused in a relationship of pure presence and it this which makes the meaning of pornography obvious. However, as has been shown, the meaning of pornography is far from obvious and closer examination reveals that sex operates only as a signifier, while what signified remains unclear."
> (Day 1988: 88)

Neben der empirischen Wirkungsforschung findet sich eine Linie der Wirkungsforschung, die die tiefenpsychologische Wirkung der Pornographie auf einen idealtypischen Rezipienten untersucht, der als männlich gewertet wird. In enger Korrelation zu den Arbeiten Sigmund Freuds, Jaques Lacans und Jessica

Benjamins zeigen sich wiederkehrende Tropen, die die Rezeption von Pornographie anhand der verborgenen Bedürfnisse des Menschen in der westlichen Kultur zu erklären suchen. Diese Erklärungsmodelle betrachten die Darstellung und Signifikation des Sexuellen in der Pornographie nicht allein als Signifikate des Sexuellen, sondern sehen dahinter vielmehr eine Vielzahl anderer Signifikate versteckt.

Da in dem Diskursstrang häufig eine Korrelation zwischen der Pornographie und der sexuellen Phantasie gezogen wird, erfährt diese Verbindung in der Analyse der Tiefenstruktur besondere Aufmerksamkeit. Die Phantasie gestaltet sich als innerpsychischer Raum, in dem das Realitätsprinzip ausgeschaltet ist und das Subjekt die phantastische Realität beliebig gestalten kann. Für die sexuelle Phantasie gilt allerdings, dass die Phantasiekonstruktionen, die das Subjekt aufbaut, als weniger beliebig aufgefasst werden. Vielmehr wird die sexuelle Phantasie als durch die Erfahrungen seiner Biographie und seiner Sozialisation vorgezeichnet aufgefasst.

So stehen die sexuelle Phantasie und mit ihr Pornotopia dem Realitätsprinzip entgegen, indem sie sich dem Lustprinzip verschreiben und eine Sublimierung sexueller Vorstellungen negieren. Sexuelle Lust wird gelebt, nicht verschoben imaginiert. Hierin präsentieren sich die sexuelle Phantasie und die Pornographie als das für den Rezipienten notwendige Korrelat zur Sublimierung und Repression der sexuellen Lüste in der sozialen Realität. Begründet ist die soziale Sublimierung der Sexualität entweder aufgrund der Verschiedenartigkeit männlicher und weiblicher Lust oder aufgrund der Notwendigkeit für das Funktionieren der Kultur. Gerade durch die Optionen der pornotopischen Entsublimierung in der Gedankenwelt kann die Sublimierung des Verhaltens gewahrt bleiben (u.a. Goodman 1961; Marcus 1966; Gorsen 1987; Faulstich 1994; Kipnis 2007)[213].

Eine weitere Perspektive sieht in den in der Pornographie aufgegriffenen sexuellen Phantasien die Option, erfahrene Traumata zu verarbeiten, indem diese in siegreiche Erfahrungen übersetzt werden (u.a. Stoller 1979; Kipnis 2007; Segal 1993a; Cowie 1993; Soble 1986). Welcher Art diese Traumata sind, variiert. So verweisen die Darstellungen der Pornographie auf das frühkindliche Oszillieren zwischen kindlicher Abhängigkeit von der phallischen Mutter und den Unabhängigkeitsbestrebungen der eigenen Individuation. Die sexuelle Phantasie der Pornographie offeriert dem Rezipient, die in dem Abnabelungsprozess erfahrenen Entsagungen durch die phallische Mutter in positive sexuelle Erlebnisse zu transferieren (u.a. Stoller 1979; Poluda-Korte 1988; Griffin 1982).

Die Figur der phallischen Mutter stellt sich als menschliches Phantasma heraus, das sich gerade nur durch seine Abwesenheit in der sozialen Realität unbewusst

---

[213] Diese Argumentationslinie verweist auf den Zensurdiskurs. Vgl. Kap. 6.1.

zu verankern vermag. Denn in der menschlichen Entwicklung imaginiert sich das Kind in einer symbiotischen Dyade mit seiner Mutter, die in ihrer Verfügungsgewalt über das Kind und sein Leben omnipotent anmutet. Allerdings stellt das Kind mit dem Einsetzen seiner Individuation fest, dass die Mutter aufgrund eigener, über sie hinausweisender Begehren nicht omnipotent ist. Da das mütterliche Begehren auf den Vater gerichtet ist, der allerdings außerhalb der symbiotischen Dyade platziert ist, betrachtet das Kind den Vater nunmehr als omnipotent, weil er das Begehren der Mutter auf sich zu ziehen vermag. Dieses Begehren erspäht das Kind in der Betrachtung der elterlichen Urszene, wenn es den elterlichen Geschlechtsverkehr aus einer heimlichen Beobachterperspektive betrachtet. Den Unterschied zwischen der Mutter und dem Vater glaubt das Kind, in dem Penis des Vaters zu erkennen, weil der Penis der Mutter mangelt. Mit der Zerstörung der symbiotischen Dyade beginnt für das Kind das Streben nach seiner Individuation und seiner Unabhängigkeit von der Mutter, die nicht länger als phallisch imaginiert wird. Die Individuation wird in erster Linie über eine Identifikation mit dem phallischen Vater angestrebt. Jungen und Mädchen verfügen allerdings aufgrund ihres Geschlechts über andere Identifikationsmechanismen. Kann der Junge sich eher mit dem Vater identifizieren, gelingt dem Mädchen diese Identifikation aufgrund des Mangels des Penis weniger gut. Hingegen kann das Mädchen sich auch weiterhin tendenziell mit der Mutter identifizieren und später die Position der Mutter selbst einnehmen. Der Junge bleibt von der phallischen Mutter auf immer getrennt. Die Figur der phallischen Mutter schreibt sich beiden Geschlechtern als Phantasma in das Unbewusstsein ein. Eine pessimistische Lesweise sieht die weiblichen Figuren der Pornographie das frühkindliche Begehren des männlichen Rezipienten nach der phallischen Mutter signifizieren. Da die phallische Mutter aber über die Pornographie unerreichbar ist, muss jede Befriedigung des Begehrens durch Pornographie, wie durch alle sexuelle Phantasie, dauerhaft scheitern[214] (Stoller 1979; Day 1988; Poluda-Korte 1988; Cornell 1997; Colligan 2005). Der Rezipient der Pornographie betrachtet das sexuelle Geschehen zudem durch eine voyeuristische Schlüssellochperspektive, wodurch die frühkindliche Urszene des sexuellen Ausschlusses des Kindes aus der elterlichen Dyade in der Beobachtung der Eltern assoziiert wird (u.a. Stoller 1979; Naumann 1976).

Eine weitere Argumentationslinie sieht von der Fokussierung auf einzig kindliche Traumata ab und erweitert sie um die Erfahrungen des Erwachsenenalters. Ausgehend davon, dass es in dem Leben eines jeden Mannes zumindest eine Frau gibt, die er begehrt hat, die sein Begehren aber nicht erwidert hat, offerie-

---

[214] Diese Perspektive kann auch als Argumentationslinie herangezogen werden, um die Motivation des produktiven Schaffen der Pornoproduzenten jenseits ökonomischer Beweggründe zu erklären (Marcus 1966).

ren sexuelle Phantasien und Pornographie, diese Schmach in einen sexuellen Erfolg zu überführen[215]. Die weiblichen Figuren der Pornographie signifizieren die begehrte/n, aber unerreichte/n Frau/en, die in der pornographischen Darstellung das Begehren des Rezipienten erwidert/n (Stoller 1991).

Durch die Konstruktion der pornotopischen Phantasie können sich männlichen Rezipienten ihrer Männlichkeit, ihrer Subjektivität und ihres persönlichen Machtbereichs versichern, welche in der sozialen Welt durch die Einbindung in das kapitalistische System (Soble 1986; Borenstein 2005) ebenso in Frage gestellt sind wie durch das Nebeneinander der Geschlechter (Day 1988; Segal 1993a; Hardy 1998; Lewandowski 2003; Böhnisch 2005). Dabei deuten sich in der heterosexuellen Mainstream-Pornographie die Ängste und Unsicherheiten des männlichen Rezipienten gerade durch ihre systematische Ausblendung und Überspielung an.

„The use of pornography is an attempt to recoup in the domain of sexual fantasy what is denied to men in production and politics; in these sense the use of pornography in capitalism provides substitute gratification. Pornographic fantasy gives men the opportunity, which they otherwise rarely have, to order the world and conduct its events according to their individual tastes. In the fantasy world permitted by pornography men can be safely selfish and totalitarian. The illusion of omnipotence is a relief from the estranged conditions of their lives and, with a little rationalization, can make existence in that real world, in which they have substantially less power, bearable. Men use pornography as compensation for their dire lack of power; pornography is therefore not so much an expression of male power as it is an expression of their lack of power."

(Soble 1986: 81 f)

Dass die Tiefenstruktur in diesem Kontext durchaus national gefärbte Dimensionen annimmt, zeigt eine Analyse der russischen Pornographie, die die Symbole und die Ideologie konservativer, nationalistischer Kräfte aufnimmt, um einen Kult idealisierter russisch-nationaler Männlichkeit um die männlichen Figuren aufzubauen. Hierin fungiert die russische Pornographie massiv als Selbstbestätigung ihrer männlichen Rezipienten, um die in dem Zusammenbruch der Sowjet Union empfundene, nationale Demütigung in Nationalstolz zu transformieren (vgl. Borenstein 2005: 238 ff).

Eine zentrale Angst des männlichen Rezipienten, die in der psychologischen Tiefenstruktur der Pornographie artikuliert wird, ist die Kastrationsangst, die durch die Fetischisierung und der auf ihr aufsetzenden Ikonographisierung des weiblichen Körpers verdrängt wird (Williams 1995; Soble 1986). Zugleich offenbart die strikte Vermeidung homosexueller Kontakte zwischen Männern die Homophobie der westlichen Kultur. Dennoch erscheint die Homoerotik beistän-

---

[215] Zu einem solchen Schluss kommt ein Interviewpartner von Stoller (1991).

dig latent vorhanden. Daher fungieren in der Pornographie Frauen als Medium eines sexuellen Kontakts zwischen Männern (Marcus 1966; McClintock 1993; Williams 1995; Colligan 2005).

Da die Pornographie in erster Linie von diesen Diskursfragmenten als ein rein männlicher Diskurs entworfen wird, spiegelt er auch ausschließlich männliche Sexualphantasien. Der männliche Rezipient bedient sich der Pornographie, um sein Begehren nach der Frau durch diese erwidert zu wissen und über das weibliche Begehren zu lernen. Insofern versucht die Pornographie zwar ein Bild der reziproken Lust zu zeichnen, wenn die männliche Figur einer lüsternen weiblichen Figur begegnet, scheitert aber daran, die Andersartigkeit weiblicher Lust und weiblichen Begehrens zu erfassen. Weil Pornographie von Männern für Männer geschaffen wird, begegnet der männliche Rezipient stets nur seinem eigenen Begehren (Day 1988; Williams 1995; Lewandowski 2003).

Hieran schließt die Konstruktion einer voyeuristischen, aber nur auf sich selbst gerichteten Rezipientenperspektive an. Gerade die filmische Pornographie bietet dem Rezipienten eine voyeuristische Perspektive, die ihm aber letztlich nur sein eigenes Begehren in einem sexuellen Ereignis zu zeigen vermag[216] (Day 1988; Williams 1995). Daher gilt in der Pornographie, „the voyeur sees himself made strange" (Day 1988: 89).

Wichtig in der Konfrontation des Rezipienten mit der Pornographie ist vor allem der Identifikationsprozess. Gehen insbesondere die kulturfeministischen Ansätze der Sex Wars davon aus, dass der männliche Rezipient sich ausschließlich mit dem männlichen Protagonisten identifiziert (u.a. Dworkin 1987; Lederer 1980; Morgan 1980; Bremme 1990), betonen neuere Ansätze die Flexibilität und die Komplexität des Identifikationsprozesses. Zentral ist, dass in der Identifikation sämtliche Positionen durch das Subjekt besetzt werden. Die Identifikation wird entweder in einer Gleichzeitigkeit der Positionseinnahme oder in einem beständigen Oszillieren zwischen den Positionen vorgestellt. Dies ermöglicht einerseits, dass Männer die männliche wie die weibliche Position einnehmen müssen, um die Vorstellung reziproker Lust imaginieren zu können. Andererseits erwächst aus dieser Vorstellung, dass auch Frauen die Pornographierezeption lustvoll erleben können. Ferner offeriert die flexible pornographische Identifikation subversive Identifikationspotentiale in der Rezeption der von der heterosexuellen Norm abweichenden Pornomedienangebote (u.a. Williams 1993; 1995; 2004b; Poluda-Korte 1988; Kipnis 2007; Segal 1993a; McClintock 1993; Day 1988; Attwood 2007).

---

[216] Eine besondere Identifikationsfigur bietet in der pornographischen Narration daher der immer wieder auftauchende iVoyeur, der dem Rezipienten seine Position vor Augen führt (Pease 2000).

Gerade die kulturfeministischen Ansätze übertragen die Freudsche und die La-
cansche Phalluskonzeption[217] auf die Pornographie und sehen in der Pornographie den Phallus mit dem Penis gleichgesetzt und hierin eine beständige Bestätigung der männlichen Macht und des Patriarchats (u.a. Morgan 1980; Dworkin
1987; MacKinnon 1994; Bremme 1990; Kappeler 1988). Demgegenüber betonen insbesondere die Analysen der Frauenpornographie und der pornographischen Subgenres, dass der Phallus zwar als vollkommen abstrakt zu denkender
Signifikant der Macht in den pornographischen Darstellungen zu finden ist, aber
keinesfalls mit dem Penis gleichgesetzt werden darf (u.a. Williams 1993; 1995;
2004a; 2004b; Rückert 2000; Segal 1993a; Cante 2004; Butler 2004).

„Wir tun daher gut, uns daran zu erinnern, daß der Phallus grundsätzlich nicht real [ist]
und das[s] ihn niemand besitzt. In der psychoanalytischen Theorie ist er der Träger der
Illusion der Zeugungskraft, die Kontrollinstanz jeder Bedeutung, der Glaube an die
integrale Einheit des Selbst, die niemand in der Realität erreichen kann, die aber jeder
anstrebt. Der Penis dagegen ist ein Organ, das die Männer wirklich besitzen. Harte
Pornographie[218] ist nicht deshalb phallisch, weil sie Penisse zeigt; sie ist phallisch, weil
sie mit ihrer Zurschaustellung des Penis behauptet, einen adäquaten Ausdruck für die
Wahrheit ‚des Sex' zu kennen und zu besitzen – als wäre der Sex so sehr Eins wie der
Phallus es von sich annimmt."   (Williams 1995: 335)

In der lesbischen Pornographie bspw. wird der Dildo zwar durchaus als Phallus-
symbol eingesetzt, in seinem Einsatz allerdings subkulturintern vollkommen
anders konnotiert als in dem heterosexuellen Gebrauch (Williams 1993; Butler
2004). Die S/M-Pornographie sieht von einer Inszenierung genitaler Sexualität
völlig ab und dennoch manifestiert sich der Phallus in den verschiedensten Signifikanten (Williams 1993; 1995; Shortes 1999).
Die psychologische Tiefenstruktur der Pornographie und die mit ihr korrelie-
renden sexuellen Phantasien des Rezipienten weisen somit über ein Stimulus-
Response-Modell weit hinaus und lassen Bedürfnisstrukturen jenseits einer
Erektion bzw. Lubrikation erahnen. Da es sich bei der Pornographie um ein
Medienangebot handelt, dessen ökonomischer Erfolg darauf verweist, dass die
sexuelle Phantasie der Massen hier einen kulturellen Ausdruck findet, kann
konkludiert werden:

„[...] pornography is revealing, and what it reveals isn't just a lot of naked people
sweating on each other. It exposes the culture to itself. Pornography is the royal road to
the cultural psyche."   ....(Kipnis 2007: 162)

---

[217] Vgl. hierzu die Ausführungen in Kap. 5.3.6.
[218] Harte Pornographie referiert hier nicht auf die deutsche Unterscheidung zwischen legaler
weicher und illegaler harter Pornographie, sondern auf die Hardcore-Pornographie.

6.5.3 Pornographie als performative Wirkungsmacht

> „Die performative Kraft richtet sich nicht auf die Konstruktion von Wirklichkeit, sondern erschöpft sich in der autoerotischen Erregung, die gerade durch die Unrealisierbarkeit des Dargestellten hervorgerufen wird. Das Phantasmatische der Darstellung kann die soziale Wirklichkeit nicht konstruieren, weil es sonst sich selbst ad absurdum führen würde." (Flaßpöhler 2007: 73)

Die Betrachtung einer performativen Wirkungsmacht rekurriert auf den potentiellen Niederschlag der Pornographie auf die sexuelle, körperliche Erregung des Rezipienten und nimmt sie zum Ausgang, eine Wirkung auf den idealtypischen Rezipienten anzunehmen.

Eine kulturfeministische Position (MacKinnon 1994) betrachtet die Wirkungsmacht der visuellen Pornographie als einen performativen Sprechakt in Anlehnung an die Sprechakttheorie von John L. Austin. Die Konzeption der Pornographie als performativer Sprechakt soll es legislativ ermöglichen, sie als sexuelle Belästigung und diskriminierende Rede gegen Frauen zu etablieren, um so Frauen eine Option auf Schadensersatzklagen gegen die Pornoindustrie einzuräumen. Hintergrund diesen Ansatzes ist die amerikanische Rechtlage, in der die Pornographie nach Maßgabe des First Amendment und der von der Meinungsfreiheit ausgenommenen Obszönität[219] behandelt wird.

Die Austinsche Sprechakttheorie analysiert die Kommunikation hinsichtlich der Differenz der sprachlichen, auf der Unterscheidung von Signifikant und Signifikat beruhenden Benennung einerseits und andererseits derjenigen Handlungen, die kraft einer Äußerung getätigt werden wie z.B. einem richterlichen Urteil. In dem Zusammenhang der Benennung und ihres gleichzeitigen Vollzugs baut sich die performative Wirkungsmacht von Sprechakten auf (vgl. Butler 1997: 92 f).

Die visuelle Pornographie wird insofern als ein wirkungsmächtiger performativer Sprechakt aufgefasst, als dass sie das in ihr Dargestellte in die soziale Wirklichkeit zu übersetzen fähig ist, worin ihr Zusammenhang zwischen Benennung und Vollzug als gegeben gewertet wird. Grundlegend wird die pornotopische Darstellung als Missbrauch von Frauen beurteilt, der sich in der sozialen Realität der idealtypischen, männlichen Rezipienten manifestiert, indem diese durch die visuelle Pornographie in der sexuellen Praxis der Masturbation konditioniert werden und eine Nachahmung der pornotopischen Darstellung anstreben (MacKinnon 1994).

---

[219] Vgl. hierzu die Ausführungen in Kap. 6.1.

„Mit Pornographie masturbieren Männer auf Frauen, die entblößt, erniedrigt, verletzt, verstümmelt, zerteilt, gefesselt, geknebelt, gefoltert und getötet werden. In den visuellen Materialien erleben sie das Geschehen, indem sie sehen, wie es geschieht. Was hier wichtig ist, ist nicht, daß diese Materialien Bilder sind, sondern daß sie Teil einer sexuellen Handlung sind. Die Frauen existieren in zwei Dimensionen, aber die Männer haben mit ihnen Sex in ihren dreidimensionalen Körpern, nicht nur in ihren Köpfen."

(MacKinnon 1994: 20)

Zentral ist die Vorstellung, dass Frauen für die Produktion visueller Pornographie zwangsläufig missbraucht werden. Insofern benennt und vollzieht die visuelle Pornographie schon allein mit ihrer Produktion einen performativen Sprechakt, indem sie die Ungleichheit von Männern und Frauen in der patriarchalischen Gesellschaft ausnutzend eine soziale Realität der Frau als Sexualobjekt und des Mannes als in der freien Verfügungsgewalt über das Sexualobjekt befindend konstruiert. Die Darstellungen der Pornofilme müssen davon ausgehend als Hassrede verstanden werden (vgl. MacKinnon 1994: 22 ff). Da Pornographie über die Masturbation die männliche Kognition umgeht und den Rezipienten auf eine Hassrede hin konditioniert, gilt, dass so „wie die Sexualität Rede wird, wird Rede zu Sexualität" (MacKinnon 1994: 27).

Die visuelle Pornographie gewinnt in ihrer konditionierenden Wirkungsmacht an Kraft, indem sie die Ideologie der sexuellen Ungleichheit der Geschlechter zitiert. Diese Ideologie fußt auf der realen Machtverteilung in der Gesellschaft, die Frauen benachteiligt und zu Objekten degradiert. Daran zeigt sich, dass Pornographie in erster Linie die soziale Ungleichheit der Geschlechter propagiert und als performativer Sprechakt in die soziale Realität übersetzt (vgl. MacKinnon 1994: 77 ff). In der Abwägung zwischen der Redefreiheit und dem Recht auf Gleichheit darf die visuelle Pornographie daher nicht unter meinungsfreiheitlichen Gesichtspunkten beurteilt, sondern müsste als Frauen diskriminierende Hassrede für auf dem Recht nach Gleichheit fußenden Schadensersatzklagen legislativ gehandhabt werden (vgl. MacKinnon 1994: 88ff).

Eine solche Betrachtung der Wirkungsmacht der Pornographie übersieht, dass die pornographischen Filmdarstellungen Inszenierungen sexueller Phantasien sind und nicht mit der sexuellen Wirklichkeit gleichgesetzt werden dürfen[220]. Zugleich kann die Annahme einer Konditionierung männlicher Rezipienten empirisch nicht bestätigt werden. Da in diesem Ansatz die pornographische Konditionierung in erster Linie über die masturbatorische Praxis eingeübt wird, muss auf die Schwierigkeit verwiesen werden, die Sexualität mit einer Eigenmacht jenseits aller Kognition vorzustellen.

---

[220] Dies kann auch für die filmische homemade Amateurpornographie konstatiert werden, da die bloße Anwesenheit der Kamera und das Bewusstsein ihrer Anwesenheit das sexuelle Verhalten in der Ausrichtung auf die Kamera beeinflussen. Hierzu vgl. Hillyer (2004).

Ein weiterer Ansatz (Flaßpöhler 2007) konzipiert die performative Wirkungsmacht vermittels des Involvements des Rezipienten in der Imagination Pornotopias. Mit Blick auf die performative Wirkungsmacht der psychologischen Tiefenstruktur der Pornographie können verschiedene Involvierungspotentiale bei dem pornographischen Text und dem pornographischen Film konstatiert werden, in deren Kontext der Rezipient unterschiedlich von dem pornographischen Medium eingebunden wird. Grundlegend davon ausgehend, dass Pornographie auf die Hardcore-Pornographie beschränkt ist und einzig durch die Darstellung sexueller Transgressionen der Erregung des Rezipienten dient, wird der Rezipient des pornographischen Films, anders als der Rezipient des pornographisches Textes, um seine imaginative Konstitutionsleistung in der Rezeption gebracht. Denn das Medium der Schrift fordert von dem Rezipienten eine aktive Konstitutionsleistung, während der Film den Rezipienten in eine Position der Betrachtung des scheinbar realen Sexus bringt, welche insbesondere bei dem pornographischen Film in der Auslassung aller narrativen Leerstellen passiv erscheint (vgl. Flaßpöhler 2007: 184 ff).

„Genauer: Der Film, insbesondere der Pornofilm, lässt die Vorstellungskraft als solche obsolet werden, weil er nicht wie die Schrift arbiträr funktioniert, sondern den Referenten tatsächlich abzubilden, zu *repräsentieren* scheint." (Flaßpöhler 2007: 187)

Da in der Sprache Signifikant und Signifikat nicht universell aneinander gebunden sind, sondern in ihrer Nutzung konstruiert, dabei vornehmlich auf der Basis von Zitaten rekonstruiert werden, ist der Rezipient beim Lesen von Werken die vermittelnde Instanz zwischen beidem. Die imaginative Kraft der Rezeption zwingt den Leser in eine Komplizenschaft mit dem Autor des pornographischen Textes, indem der Rezipient an dem Entwurf der pornographischen Transgression in seiner Imagination partizipiert. Hierin baut sich in dem Rezipienten eine Angst-Lust auf, die aus der Transgression von Verboten erwächst. Gemäß Freud sei aber das menschliche Begehren jenseits aller Kontrolle und berge damit durch seine Omnipräsenz und zeitgleiche Unbestimmbarkeit eine existenzielle Bedrohung. Die performative Kraft des pornographischen Textes basiert gerade auf der Konstitution der Lust-Angst, in der das Subjekt den unbestimmbaren Konturen seines eigenen Begehrens ins Angesicht schaut. Demgegenüber verlagert der Rezipient der filmischen Pornographie die Transgression nach außen, betrachtet sie nur aus einer sicheren Distanz als Voyeur und partizipiert nicht an ihr. Der Rezipient des Pornofilms flieht die Angst, weil die Lust-Angst durch das sichere Prinzip der maximalen Sichtbarkeit ersetzt wird. In der Visualisierung wird dem Begehren seine prinzipielle Unbestimmbarkeit genommen. Die Sichtbarkeit schaffende Apparatur des filmischen Mediums repräsentiert zwar das scheinbar Reale in einer Inszenierung für die Kamera, aber zugleich transformiert sie das angstgenerierende Reale in etwas sexuell Stimulierendes, das der Rezipient in der Bedienung der Apparatur vollkommen zu kontrollieren vermag, ohne dabei aber jemals wahre Befriedigung erleben zu können (vgl. Flaßpöhler 2007: 198 ff).

„Weil der Pornofilm das Reale notwendig verfehlen muss, kann er nie dauerhaft befriedigen: Der Pornokonsument hofft unentwegt, wenn nicht in diesem, so doch im nächsten Film das Reale zu entdecken – und deshalb geht er nicht mit einem, sondern mit fünf Filmen aus der Videothek." (Flaßpöhler 2007: 213)

In Anlehnung an Wolfgang Iser wird zwischen der Vorstellung und der Wahrnehmung[221] differenziert. Die Schrift und der pornographische Text mit ihr verweisen in den Bereich der Vorstellungsbilder, an deren Kreation der Rezipient in dem Moment des Lesens teilhat, indem er sie in der Zusammenführung der Zeichenkomplexe des Textes und deren Decodierung selbst schafft. Der Rezipient des Textes kann sich in den Wechselwirkungen zwischen dem Text und seinen Vorstellungsbildern nicht mehr distanzieren, woraus sich die Lust-Angst in der Rezeption pornographischer Transgressionstexte generiert. Dagegen beschränkt der pornographische Film die Imaginationsleistung des Rezipienten durch die close-up-Aufnahmen und Verweigerung einer Narration bis auf ein Minimum. Darin setzt sich das Visuelle an die Stelle der Lust-Angst. Die voyeuristische Fetisch-Lust des maximal Sichtbaren nimmt dem beobachteten, sexuellen Akt das Potential, Kastrationsängste zu evozieren (vgl. Flaßpöhler 2007: 210 ff).

Dabei erscheint der Rezipient nicht als das Subjekt der sexuellen Inszenierung, obwohl die Perspektive der Darstellung auf ihn zugeschnitten ist. Der Rezipient des pornographischen Filmes wird zum Objekt der geschossartigen Filmbilder, welche den Eindruck vermitteln, das Sexuelle in seiner Gänze zu offenbaren. Durch Kameraführung und Schnitt wird der Rezipient in ein Wechselspiel von Nähe und Distanz der beobachteten Bilder platziert, das sich mittels der Sichtbarkeit an seinem sexuell erregten Körper niederschlägt. Die generierte Lust zeigt jedoch keine Spuren der Angst-Lust, sondern nur die unmittelbare Erregung des Sichtbaren. Spuren der Angst kontrolliert der Filmrezipient durch die begleitende masturbatorische Praxis (vgl. Flaßpöhler 2007: 231).

„Der Auto-Erotiker beherrscht das pornographische Reale, indem er sich erregt, seinen Phallus aufrichten lässt, anstatt Angst zu bekommen. Möglich ist dies, weil das Reale durch die Apparatur auf Abstand gehalten, domestiziert wird. Letztendlich zeigt der

---

[221] Eine solche Trennung der Perspektive von Vorstellung und Wahrnehmung findet sich durchaus auch in der Differenzierung der erotischen Kunst und der Pornographie bei Gorsen (1987).

Pornofilm also nur das, was wir für das Reale halten – denn während es sich in der Realität der Kontrolle geradezu entzieht, kann es innerhalb des Pornofilms sogar vor- und zurückgespult werden beziehungsweise ganz ausgeschaltet werden."

(Flaßpöhler 2007: 237)

Eine solche Betrachtung der performativen Wirkungsmacht der Pornographie reduziert die Rezeption des pornographischen Films auf ein Stimulus-Response-Modell, in dessen Kontext der Identifikationsprozess auf eine reine Wahrnehmmung mit in ihr ablaufenden körperlichen Erregungsmomenten minimiert wird, und verwehrt synchron dem pornographischen Film in seiner Beschränkung auf platte Abbilder eine psychologische Tiefenstruktur.

6.6 Pornographie als Ausdruck der sexuellen Identität

„Diese Unsicherheit, zu existieren, und daher auch die Zwangsvorstellung, den Beweis unserer Existenz, der Objektivität unserer Existenz liefern zu müssen und diesen Bereich gerade auch am Körper gelten zu machen, gilt heute mehr für uns als das eigentlich sexuelle Wissen und Verlangen. Wenn Sexualität grundlegend ein ins Spielbringen der eigenen Identität ist und ein Versuch, sie zu verlieren, dann sind wir genau genommen schon nicht mehr in der Lage, uns dem noch zu widmen, weil es uns schon genug Anstrengung kostet, unsere eigene Identität zu erreichen und auszuweisen, um die Energie zu finden, darüber hinauszustreben. Was uns vor allem wichtig ist, ist der Beweis unserer Existenz, selbst wenn sie keinen anderen Sinn hat als eben den."

(Baudrillard 1985: 397)

In dem Maß, in dem die sexuelle Identität[222] nicht länger als eine biologische Determinante, sondern als ein Bereich individueller Performanz und Entscheidung[223] aufgefasst wird, verwebt sich langsam eine bis dato eher relativ sehr selten aufzufindende Diskursverschränkung in den Diskursstrang. Diese betrachtet die Pornographie als eine Option des sexuellen Selbst zur Artikulation seiner sexuellen Identität.

Gerade für sexuelle Minoritäten erscheint die medienwirksame Politisierung der sexuellen Identität dringend notwendig für die Schaffung von Akzeptanz und die Aufweichung der heteronormativen Matrix. Entsprechend transformieren diese Gruppen die Diskursivierung des Sexes zu einem notwendigen Politikum, wodurch sexuelle Darstellungen aus der privaten Sphäre der Schlafzimmerkulisse immer stärker in die Räume öffentlicher Aufmerksamkeit gerückt werden.

---

[222] Zur soziologischen Kritik an dem Konzept sexueller Identität vgl. Lautmann (2002: 175 ff).
[223] vgl. hierzu Kap. 5.3.7.

Die sexuelle Identität wird zu einem zentralen Ausdruck moderner Kunst und künstlerischer Selbstinszenierung. In diesem Kontext entstehen zudem zahlreiche Subgenres der Pornographie, die die sexuellen Lüste und das Sexualverhalten dieser Minoritäten aufgreifen und inszenieren (Williams 1993; 2004a).

„All these examples of sexual pleasures – once deemed ob/scene, now insistently on/scene – have in common in their diversity, the fact that the sexual fantasies of 'perverse others' now take their place as authoritative subjectivities, as provoking sexual agents seeking different pleasures from those presented in mainstream representations as the norm."   (Williams 1993: 234)

Insofern die Sexualität zu einem zentralen Thema menschlicher Identitätsfindung avanciert und für das Wohlbefinden mitverantwortlich gedacht wird, multiplizieren sich die Diskurse, die Konzepte sexueller Identität vorstellen (Williams 2004a; 1993). Als Beispiele identitätsstiftender filmischer Pornographie wurden die homosexuelle Pornographie, die S/M-Pornographie und die bisexuelle Pornographie analysiert (Williams 1993; 1995). Zwar erweist sich die heteronormative Matrix noch immer als verbindliche Norm in der Identitätskonstruktion, doch gerade abweichende Pornographien tragen zu der Diversifikation sexueller Identitäten bei, indem sie sexuellen Minoritäten ein Medium zur Darstellung ihrer Lüste anbieten (vgl. Williams 1993: 239 ff).

Daran anknüpfend lässt die Analyse des Zusammenhangs zwischen Autobiographien und Pornographie darauf schließen, dass in der deutschen Schwulenbewegung des ausgehenden 20. Jahrhunderts die schwule Autobiographie erheblich zu der Konstruktion und Plausibilisierung der homosexuellen Identität beiträgt. Diese Autobiographien richten sich per defintionem auf die sexuelle Identität ihres Autors aus. Die homosexuelle Identität bedarf der Sicherung durch ihre Diskursivierung, da sie durch die heterosexuelle Norm nicht als per se gegeben gesetzt ist. Hierin stellen pornographische Elemente einen integralen und konstitutiven Bestandteil schwuler Autobiographien dar. So resultiert aus der Untersuchung dreier Biographien das Verständnis, dass das Pornographische als zentrale Authentifizierungsstrategie in der Konstruktion eines authentischen und emanzipierten schwulen Selbstbildes fungiert (vgl. Ingenschay 1997: 24 ff).

Ähnlich verhält es sich mit den Selbstportraits von Transvestiten in transsexuellen Magazinen. Die von den Transvestiten eingereichten Selbstportraits zeichnen eine transvestive Sexualidentität durch die alleinige Ausrichtung auf diesen Teil der Sexualität (vgl. Kipnis 2007: 78 ff).

Ein weiterer Aspekt der pornographischen Selbstinszenierung thematisiert die Imagekonstruktion von Pornostars, die ihr Image in Übereinstimmung mit den Pornofilmen und ihren homepages aufbauen. Für den Erfolg im Pornogeschäft ist es wichtig, das Star-Image so zu konstruieren, dass die Persona als sexuell lustvoll übereinstimmend mit der privaten Identität der Darsteller und somit authentisch wirkt. Die Partizipation an den Pornoproduktionen soll als Befriedigung authentischer, sexueller Bedürfnisse der Stars erscheinen, um sich als lustvolle Identitäten am Markt zu platzieren und sich damit ihrer Fans zu versichern (Pastötter 2003; Attwood 2007, Huang 2004; Lehman 1999).

Mit Blick auf die Möglichkeiten des Internets fällt auf, dass einerseits sexuelle Communities durch den Rückhalt eines gemeinsamen Diskurses zu der Festigung sexueller Identitäten erhebliches beitragen. Andererseits bedarf die Partizipation in solchen Communities einer entsprechend medialisierten Selbstdarstellung, welche in entsprechenden Foren gestaltet werden muss. Dabei zielt die sexuelle Selbstinszenierung auf das Begehren, sein wahres Selbst vorzustellen, und fetischisiert hierin das Reale, während gleichzeitig die Performance des Realen und die Maskerade des Rollenverhaltens in der Selbstdarstellung offenbart werden (vgl. Attwood 2007: 452 f).

Dass schließlich nicht nur die Subjekte die Pornographie als Selbstausdruck ihrer sexuellen Identität instrumentalisieren, sondern auch nationale, sexuelle Identitäten pornographisch kommuniziert werden, lässt sich aus der Analyse russischer Pornographie ableiten. Die russische Mainstream-Pornographie inszeniert einen Kult idealisierter Männlichkeit, welcher an militärische Symbole und militärischen Drill russischer Stereotypie anknüpft. Pornographie in Russland bedeutet daher in erster Linie „the depiction of sexualized bodies to explore a national idea" (Borenstein 2005: 236).

6.7 Die Kommerzialisierung der Sexualität in der Pornographie

> „In gleichem Maße wie die Sexualisierung aller Waren auf pornographische Reize zurückgreift, um noch verführerischer zu wirken, trägt sie zur Sozialisierung der spezifisch pornographischen Erfahrung bei. Die fetischistische, narzißtische und voyeuristische Perspektive wird den Konsumenten immer vertrauter werden und für die konsequentesten Opfer ihre Schrecken schließlich ganz verloren haben."　　　　　　　　　　　　　　　　(Gorsen 1987: 82)

Bereits die Etablierung des pornographischen Diskurses in der Oberschicht der Renaissance bindet sich an die Emergenz eines über Marktgesetze operierenden Buchmarktes. Als einer der ersten freischaffenden Schriftsteller arbeitet Pietro Aretino nicht vornehmlich für einen Mäzen, sondern verdient sich seinen Lohn durch die Veröffentlichung seiner Schriften. Die 1539 publizierten Ragionamenti erweisen sich als ein erster Bestseller auf dem in den urbanen Zentren Italiens entstandenen Büchermarkt und etablieren den Hetärendialog als dominante Form pornographischer Schriften für die nächsten 200 Jahre, bis die pornographische Novelle als zentrale Form der pornographischen Literatur auftritt (Hunt 1993a; Findlen 1993; Hyde 1969).

Bis zur Mitte des 19. Jahrhunderts wird Pornographie vornehmlich als ein Diskurs der wohlhabenden Schicht gedacht angesichts der niedrigen Alphabetisierungsrate und der Vorherrschaft literarischer Pornographie. Jedoch mit steigender Alphabetisierung der Massen und der Etablierung der Photographie diversifiziert sich der pornographische Markt, wobei schichtspezifische Teilmärkte entstehen (Kendrick 1996; Hyde 1969; Faulstich 1994; Sigel 2005a). Während sich die Pornographie der wohlhabenden Klassen stärker an der Kunst orientiert und als obszöne Kunst legitimiert wird (Kendrick 1996; Marcuse 1984; Hyde 1969, Gorsen 1987; Soble 1986) oder aber in geschlossenen Kreisen in sehr kleiner Auflage zu horrenden Preisen gehandelt wird (Colligan 2005), gerät die Pornographie der Massen in Verruf, diese zu korrumpieren. Daher formiert sich die Forderung nach der Reglementierung pornographischen Materials. Ein sozial distinguierender Gebrauch pornographischer Medienangebote kann zumindest bis Ende der 1980er aufrechterhalten werden, sofern die Korrelation von sozialem Status und Rezeptionshäufigkeit als Indikator gewertet wird. Denn in einer repräsentativen Befragung in der alten BRD kann noch 1988 festgestellt werden, dass Rezipienten unterer sozialer Einkommensschichten insgesamt häufiger zu pornographischen Medienangeboten greifen als Rezipienten höherer Einkommensschichten. Einzig die pornographische Literatur, die erotischen Klassikern zugeschlagen wird, wird häufiger in höheren sozialen Einkommensschichten rezipiert als in den unteren sozialen Schichten (vgl. Ertel 1990: 66 ff).

„Die höhere Quote von Nichtbenutzern und die geringere Anzahl von Intensivkonsumenten bei den Probanden aus der oberen Sozialschicht bzw. Einkommensklasse sind wahrscheinlich darauf zurückzuführen, daß die pornographischen Standardprodukte den in dieser Gruppe vorherrschenden formalen und ästhetischen Minimalanforderungen nur selten genügen. Darauf deutet jedenfalls eine schichtspezifische Aufschlüsselung der Ablehnungsmotive und über die subjektive Einschätzung hin." (Ertel 1990: 67)

Im Kontext der konsumorientierten westlichen Gesellschaften hat sich ein durch Anbot und Nachfrage regulierter Markt pornographischer Medienangebote gebildet, auf dem die Pornoproduzenten sich erfolgreich und nach Gewinnmaximierung strebend positionieren müssen (Pastötter 2003; Grimme 1986; Faulstich 1994; Böhnisch 2005). Dabei orientieren sich die Produzenten an den Verkaufszahlen ihrer Produkte, um erfolgreiche Pornoangebote in leichter Varietät reproduzieren zu können und neue Nischen und Märkte erschließen zu können. Entsprechend muss der Markt pornographischer Medienangebote bereits als Konglomerat verschiedener Teilmärkte vorgestellt werden (Pastötter 2003; Faulstich 1994; Lautmann & Schetsche 1990; Guha 1971; Williams 1993; Rückert 2000; Attwood 2007).

Diese pornographischen Teilmärkte können unterschiedlich konzipiert werden. Eine an der Legislatur orientierte Konzeption (Lautmann & Schetsche 1990) betrachtet als wichtige Determinante der Ausbildung von Pornographiemärkten die Gesetzgebung, die pornographische Medienangebote hinsichtlich ihrer Inhalte und ihrer Herstellung, Distribution, Rezeption und ihrer Verwertung reglementiert[224]. Eine Ausdifferenzierung deutscher pornographischer Teilmärkte kann entlang der verschiedenen Distributionsoptionen von pornographischen Zeitschriften und Heften dann wie folgt gedacht werden: der Kioskmarkt offeriert Softcore-Pornographien, die an Kiosken, Tankstellen etc. ausstellbar und frei verkäuflich sind. Der Unter-dem-Ladentisch-Markt offeriert volljährigen Kunden auf explizite Nachfrage als jugendgefährdend indizierte Pornohefte, die aufgrund ihrer Indizierung nicht öffentlich ausgestellt und frei verkauft werden dürfen. Demgegenüber kann der Pornoshop-Markt auch indizierte Pornomagazine ausstellen, weil der Zutritt zu diesen Geschäften erst mit der Volljährigkeit gestattet ist. Dort kann das gesamte Sortiment weicher Pornographie erstanden werden – sowohl hinsichtlich unterschiedlicher Medien als auch unterschiedlicher inhaltlicher Ausrichtung. Schließlich können auf dem Schwarzmarkt harte pornographische Medienangebote gekauft werden, die nach §184 StGB illegal und damit strafbar sind. Dies umfasst die Gewaltpornographie und die sodomitische Pornographie, deren Herstellung und Distribution unter Strafe stehen, ebenso wie pädophile Pornographie, deren Produktion, Verbreitung und Besitz nach §184b StGB strafbar sind. Für die Konstituierung des Schwarzmarktes gilt, dass es einen solchen illegalen Markt solange gibt, wie eine entsprechende Nachfrage besteht, deren Kaufpotential abgeschöpft werden kann. Diese legislativ orientierte Differenzierung unterschiedlicher Teilmärkte hat allerdings keinen Aussagewert bezüglich des soziosexuellen Gehalts der pornographischen Medienangebote (vgl. Lautmann & Schetsche 1990: 25 ff).

Eine weitere Option der Teilmarktbetrachtung fokussiert die unterschiedlichen Mediensysteme. Hierbei müssten dann die medienspezifischen Produktionsbedingungen ebenso berücksichtigt werden wie die systemspezifischen Handlungsrollen, was bislang ausschließlich in rudimentärer Form angedeutet ist (vgl. Faulstich 1994: 211 ff).

„Der Videomarkt ist nicht identisch mit dem Comic-Markt, und Pornoromane haben mit pornografischen Computerspielen keinerlei Marktüberschneidungen. Eine Besonderheit

---

[224] Vgl. hierzu die Ausführungen über den Einfluss der Gesetzgebung auf die Pornoindustrie in Großbritannien, Ungarn und der Ukraine in Kap. 6.1.

bei pornografischen Teilmärkten ist freilich, daß infolge der Tabuisierung von Sexualität und ihrer Darstellung und mit Blick auf die juristischen Gegebenheiten Zahlen und
Fakten nicht nur aus kommerziellen Interessen, sondern auch noch aus anderen Gründen zurückgehalten werden, also in keinerlei Hinsicht angemessen präzise und fundiert
zur Verfügung stehen." (Faulstich 1994: 211)

Schließlich können die einzelnen Mediensysteme intern pornographische Teil-
märkte entlang einer Subgenrebildung ausdifferenzieren. So folgt die filmische
Frauenpornographie anderen Marktgesetzen als die filmische heterosexuelle
Mainstream-Pornographie. Zentral erscheint im Kontext der Frauenpornographie nicht nur eine andere Ästhetisierungsstrategie der inhaltlichen Präsentation,
sondern auch eine an den Bedürfnissen weiblicher Kundinnen ausgerichtete
Distribution, welche die Pornographie spezifisch in den USA postalisch, in den
USA und in Deutschland über Frauen-Sex-Shops vertreibt (Juffer 1996; Rückert
2000, 2004). Mit Blick auf das Internet zeigt sich, dass gerade dieser Distributi-
onsweg weibliche Pornographie fördert und Frauen einen ihnen angenehmen
Zugang zu pornographischen Medienangeboten bietet (vgl. Attwood 2007: 445
ff).
Soweit möglich, zeigt ein Blick auf die Verkaufs- und Verleihzahlen pornographischer DVDs, dass der deutsche Markt für die Produzenten des filmischen
Home Erotic Entertainment[225] besonders attraktiv ist, weil die deutschen Porno-
kunden in Europa den nachfragekräftigsten Markt konstituieren[226] und sich damit weltweit auf Platz zwei befinden. Nur die amerikanischen Pornorezipienten
kaufen und leihen noch mehr Porno-DVDs (vgl. Pastötter 2003: 9).
Im Bereich pornographischer Medienangebote haben sich die gleichen Hand-
lungsbereiche herausgebildet wie in allen anderen Medienbereichen. So können
pornographische Produktion, Distribution, Rezeption und Verwertung voneinan-
ander unterschieden werden, in denen sich professionelle Handlungsrollen herausgebildet haben (Pastötter 2003; Faulstich 1994; Rückert 2000, 2004; Grimme 1986).

---

[225] Das Home Erotic Entertainment bezeichnet die filmische, für die Video- und DVD-
Heimrezeption produzierte Pornographie. Vgl. hierzu Pastötter (2003)
[226] Es wäre spannend, eine aktuelle Studie hierzu durchzuführen, die den Einfluss des Internets
und seiner zahlreichen neuen Angebote kostenloser Pornoangebote im web 2.0 auf die Pornoindustrie berücksichtig. Vgl. hierzu auch den Spiegel online Artikel vom 12. Januar 2008
http://www.spiegel.de/netzwelt/web/0,1518,528255,00.html; Zugriff am 17. Apr. 2008. Darin
wird von dramatischen Umsatzverlusten der amerikanischen Pornoindustrie berichtet.

Abb. 15: Schematischer Abriss der Pornobranche in Deutschland Anfang der 1990er Jahre

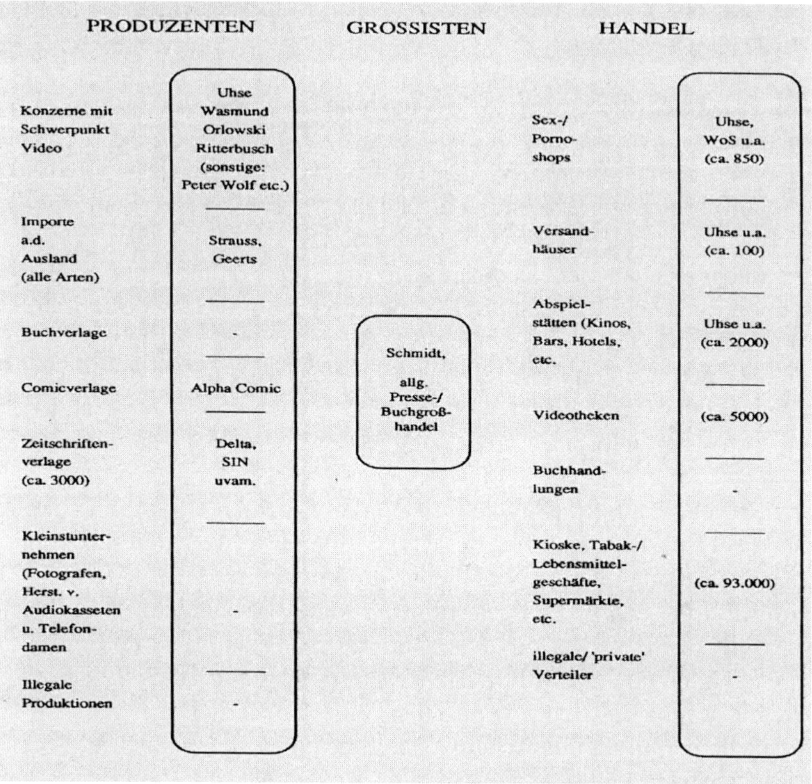

PRODUZENTEN		GROSSISTEN	HANDEL	
Konzerne mit Schwerpunkt Video	Uhse Wasmund Orlowski Ritterbusch (sonstige: Peter Wolf etc.)		Sex-/ Porno-shops	Uhse, WoS u.a. (ca. 850)
Importe a.d. Ausland (alle Arten)	Strauss, Geerts		Versand-häuser	Uhse u.a. (ca. 100)
Buchverlage	-		Abspiel-stätten (Kinos, Bars, Hotels, etc.	Uhse u.a. (ca. 2000)
Comicverlage	Alpha Comic	Schmidt, allg. Presse-/ Buchgroß-handel	Videotheken	(ca. 5000)
Zeitschriften-verlage (ca. 3000)	Delta, SIN uvam.		Buchhand-lungen	-
Kleinstunter-nehmen (Fotografen, Herst. v. Audiokasseten u. Telefon-damen	-		Kioske, Tabak-/ Lebensmittel-geschäfte, Supermärkte, etc.	(ca. 93.000)
Illegale Produktionen	-		illegale/ 'private' Verteiler	-

Zwar liegt bis dato eine elaborierte wissenschaftliche Auseinandersetzung mit der Pornoindustrie im deutschsprachigen Raum noch nicht vor[227], doch finden sich durchaus einige begrenzte, wenngleich auch veraltete Ausführungen zu der Pornoindustrie.

Die deutsche Produktionslandschaft filmischer Pornoangebote formt sich aus zahlreichen kleinen Produktionsfirmen und einigen wenigen größeren Firmen wie Magma, Videorama oder ZBF (vgl. Pastötter 2003: 81). Ausgehend von den Erkenntnissen zur amerikanischen Pornoindustrie kann zwischen den Amateurproduktionen, den professionellen Produktionen und den semiprofessionel-

---

[227] Es wird zwar auf eine unveröffentlichte Dissertation von Sharon Abbott in den USA verwiesen (Pastötter 2003), die allerdings trotz intensiver Bemühungen nicht auftreibbar war. In Anlehnung an die Chicago School of Sociology untersucht Abbott die Pornoindustrie auf der Basis von Interviews mit Produzenten und Darstellern handlungstheoretisch als Organisation.

len Produktionen differenziert werden. Das Gros der jährlich rund 10.000 US-amerikanischen Produktionen kann dem Amateurbereich zugerechnet werden und ist durch niedrige Produktionsstandards gekennzeichnet. Das Amateurmaterial wird an Verleihfirmen für 100 – 200 $ oder durchschnittlich 2 $ pro Minute Filmmaterial verkauft. Den kostenintensivsten Bereich der Vermarktung der Amateurpornographie stellt oftmals die Gestaltung und Produktion eines Cover für die DVD-Hülle dar, da diese zentral die Aufmerksamkeit des Rezipienten in der Kauf- bzw. Leihsituation auf das konkrete Medienangebot lenkt (vgl. Pastötter 2003: 82 f). Die professionellen Produktionsfirmen der filmischen Pornographie sind durchaus vergleichbar mit mittelständischen Unternehmen anderer Wirtschaftszweige. Entsprechend verläuft die Organisation über hierarchische Strukturen und ausdifferenzierte professionalisierte Handlungsrollen. Das primäre Ziel der Firmen ist eine erfolgreiche Positionierung als Marke am Markt. Daher sind diese Firmen an bestimmte Qualitätsstandards gebunden. Zur größtmöglichen Gewinnmaximierung werden bei der Mietung einer Location pro Drehtag meist zwei bis drei Filme abgedreht (vgl. Pastötter 2003: 86 ff). Zugleich werden die meisten Filme in einer Hardcore- und einer Softcore-Variante produziert, um damit verschiedene nationale und bundesstaatliche Märkte beliefern zu können (Faulstich 1994; Rückert 2004; Pastötter 2003). In den Bereich der semiprofessionellen filmischen Pornographie fallen vornehmlich die Gonzos, welche von freiberuflichen oder unter exklusivem Vertrag stehenden Regisseuren entweder nur mit Amateurdarstellern oder der Kombination von Amateurdarstellern und professionellen Darstellern gedreht werden (Pastötter 2003; Lorenz 1999; Lehman 1999). Zudem werden die Szenen bereits produzierter Filme als Loops und Compilations neu zusammengeschnitten und als neues Pornoangebot auf den Markt geworfen (Pastötter 2003; Faulstich 1994; Seeßlen 1994). Der größte Teil der filmischen Pornographie erweist sich als kostengünstig hergestellte Massenware, während die professionellen Produktionsfirmen zudem einige Prestigefilme drehen, die sehr aufwendig und kostenintensiv produziert werden (vgl. Rückert 2004: 136). In dem Bereich der filmischen Pornographie für Frauen haben sich seit Mitte der 1980er eigene Produktionsfirmen gegründet wie die deutsche Firma femme fatal von Melanie Crupa oder die amerikanische Pionierfirma der Frauenpornographie femme productions von Candida Royalle (Rückert 2000, 2004; Williams 1995, 1993; Juffer 1996).

Mitte der 1990er kann neben der Trias der internationalen Herrenmagazine *Playboy*, *Penthouse* und *Hustler* für den Bereich der Pornopresse eine Konzentration einiger erfolgreicher Verlage wie dem Delta Verlag aus Gaggenau oder der SPN Zeitschriften-Verlags-GmbH festgestellt werden (vgl. Faulstich 1994: 217). In dem Bereich der literarischen Frauenpornographie erweist sich der konkursbuch Verlag von Claudia Gehrke als zentraler Herausgeber entsprechender Schriften (Rückert 2000; 2004). Gerade in Großbritannien findet sich aufgrund der engen legislativen Rahmenbedingungen ein Oligopol der publizierenden Verlage pornographischer Zeitschriften. Neben der internationalen Trias der Herrenmagazine werden sämtliche Pornozeitschriften von den Verlagshäusern von David Sullivan, Paul Raymond oder Russel Gary herausgegeben (Hardy 1998; Smith 2005).

Weltweit erfolgreich operiert das Unternehmen Beate Uhse-Roterbund, das sich aus den Beate Uhse Läden, den Dr.-Müller Läden, dem Beate Uhse Versandhaus und dem Bereich Beate Uhse Video zusammensetzt (vgl. Faulstich 1994: 219). Dabei erweist sich das Unternehmen, welches als Ehehygiene Geschäft begonnen hat, mittlerweile als Weltmarkt führendes Unternehmen in dem Bereich erotischen Großhandels (vgl. Faulstich 1994: 216 f; Pastötter 2003: 66 ff). Gerade in den USA kann der Professionalisierungsstandard bei den filmischen Pornoproduktionen als sehr hoch gewertet werden, zumal die erwarteten Abläufe heterosexueller Mainstream-Produktionen von den Darstellern dergestalt internalisiert sind, dass die Regisseure weitgehend auf die die Erektion der Schauspieler störenden Regieanweisungen verzichten können. Das Ende einer Sexszene wird markiert durch standardisierte Handlungsabläufe, um den nahenden Orgasmus darzustellen. Die extrakorporale Ejakulation markiert den Authentizitätsbeweis sexueller Lust, wenngleich durchaus auch die Einstellung des internal money shot mit der abschließenden Einstellung des cream pie – einer Kameraeinstellung, die das Ejakulat beim Austreten aus den Körperöffnungen filmt – gedreht wird (vgl. Pastötter 2003: 87 f).

„Gegen Ende der Sexszene beschleunigen und verstärken die Darsteller ihre Atmung, ihr Stöhnen und die Bewegungen, um so anzudeuten, daß sich der Höhepunkt nähert, da andere Anzeichen in der Regel nicht darauf hindeuten: Ein Hinweis darauf, daß Pornodarsteller tatsächlich ‚schauspielern' und nicht im selben Sinn erregt sind, wie ein Paar, das tatsächlich Begehren und Verlangen empfindet." (Pastötter 2003: 88)

Die filmische Pornobranche kann als ein Arbeitsmarkt verstanden werden, der einige große Stars hervorbringt, während die Masse der Schauspieler keinen großen Bekanntheitsstatus erlangt. Den Stars der A-List wird ein ausgesprochenes sexuelles Talent attestiert und sie verfügen über einen hohen Bekanntheitsgrad. Die Balance zwischen der Etablierung und Pflege der eigenen Popularität und der Vorsicht vor Überpräsenz zu halten, erscheint als zentrale Strategie, den eigenen Marktwert zu steigern. Grundsätzlich verdienen weibliche Darsteller mehr als männliche (vgl. Pastötter 2003: 89 ff). Als zentrale Motivation, in der Pornobranche tätig zu werden, nennen Darsteller neben der Auslebung eigener sexueller Präferenzen, speziell der Befriedigung des eigenen Exhibitionismus, vor allem die gute Bezahlung, die jedoch von den Darstellern mit den Produzenten selbst ausgehandelt werden muss (Stoller 1991; Mondi 1990, Pastötter 2003). Als Teil des Filmbiz impliziert die Pornobranche durchaus auch einen gewissen Glamour, der sich bei Galaevents der Branche auf dem roten Teppich niederschlägt. So zelebrieren die Stars einmal jährlich die Verleihung der AVN Awards, die auch als Porno-Oscars bezeichnet die prestigeträchtigen Produktionen und besten Schauspieler auszeichnen (vgl. Pastötter 2003: 92). In Deutschland werden auf der jährlichen Erotikmesse Venus ebenfalls Awards für herausragende Produktionen verliehen (vgl. Rückert 2004: 137).

Die Verwertung pornographischer Medienangebote in anderen Bereichen der massenmedialen Kommunikation kann im Fall von Regelverstößen gegen die legislativen Rahmenbedingungen in dem journalistischen System in Form von Berichterstattung erfolgen. Dies kann insbesondere für den Bereich der Kinderpornographie konstatiert werden (Mirkin 1999; Sonenschein 1999). Daneben finden sich Meta-Medienangebote, die filmische Pornoangebote thematisieren und über Pornoproduktionen und Pornodarsteller informieren (Lautmann & Schetsche 1990; Rückert 2004). Als Beispiel sei an das Unterhaltungsformat Wa(h)re Liebe erinnert, das der deutsche Fernsehsender VOX von 1994 bis 2004 ausgestrahlt hat (vgl. Rückert 2004: 148). Innerhalb der filmischen Pornoindustrie werden ferner erfolgreiche literarische Pornobücher verfilmt (Faulstich 1994; Seeßlen 1994). Ein massives Recycling pornographischer Filmszenen findet in den sogenannten Loops statt. Szenen anderer Filme werden thematisch zusammenhängend, aber ohne eine Narration zu einem neuen Medienangebot zusammengeschnitten. Insbesondere aus den Filmen von erfolgreichen Pornostars oder bekannten Pornoreihen werden außerdem Compilations – quasi als „Best of" – zusammengestellt (Faulstich 1994; Pastötter 2003).

Durch die Evolution der Medientechnik sinken die Kosten für filmische Pornoproduktionen kontinuierlich, sodass sich der Ausstoß und der Umsatz der Pornoindustrie massiv vervielfacht haben. Gerade die Suche nach Marktnischen impliziert die Diversifikation und Ausdifferenzierung pornographischer Subgenres (O' Toole 1998; Pastötter 2003).

„Die treibende Kraft hinter dieser Diversifizierung sind aber weniger etwaige neu entdeckte Spielarten der Sexualität als das Bedürfnis, die Grenzen des mit bestimmten Mitteln Machbaren immer weiter hinauszuschieben und gleichzeitig für eigene Produktionen eine Nische zu finden."   (Pastötter 2003: 126)

Die Etablierung des Internets und der online-Technologien führt nicht nur hinsichtlich der inhaltlichen Gestaltung von pornographischen Medienangeboten zu einer Veränderung zur Erschließung neuer Zielgruppen, auch verändern neue Internetgemeinschaften, in denen pornographisches Material kostenlos durch die Praxis des File Sharing distribuiert wird, grundlegend die ökonomischen Grundlagen der etablierten Pornoindustrie. Zugleich eröffnen sich im Internet neue Abschöpfungsräume kommerzieller Pornographie. Unterschiedliche kommerzielle Seiten offerieren ihren Mitgliedern gegen eine Mitgliedsgebühr Zugang zu sehr unterschiedlichen pornographischen Medienangeboten, wobei sich neben der kommerziellen Distribution pornographischer Medienangebote auch spezielle sexuelle Gemeinschaften konstituieren, die einerseits sexuelle Selbstdarstellungen der Mitgliederprofile erfordern und andererseits Optionen auf Cybersex eröffnen (vgl. Attwood 2007: 442 ff).

Eine weitere zentrale Perspektive dieser Diskursverschränkung visiert eine Erklärung und die daraus abzuleitende Bewertung der kommerziellen Darstellung sexueller Phantasien an.

Insofern die kapitalistischen Gesellschaften Geld[228] zur Konstitution der Märkte in den Tauschbeziehungen zwischen Produzenten und Konsumenten einsetzen, verlieren moralische Bedenken bezüglich der zu tauschenden Waren an Verbindlichkeit. Daher kann marktwirtschaftliches Denken und Handeln auch eine Etablierung der Pornoindustrie legitimieren (vgl. Pastötter 2003: 125 f).

Kennzeichnend für Geld ist, dass es sich dabei um eine von traditionellen Verbindlichkeiten abstrahierende utilitaristische Struktur handelt, die als zentrale, utilitaristische Struktur maßgeblich an der Emergenz der modernen Gesellschaft partizipiert. Mit der Aufklärung etablieren sich allerdings zahlreiche weitere utilitaristische Strukturen, die zur Ablösung des aristokratischen Systems in den westlichen Gesellschaften beigetragen haben. In diesem Kontext erweist sich die Pornographie in ihren Inhalten und den Optionen der Bezugnahme für die Rezipienten als eine dieser utilitaristischen Strukturen, die die Emergenz und die Gestaltung der kapitalistischen Demokratien vorantreibt (Ferguson 2004).

Mit Blick auf die kulturfeministischen Auseinandersetzungen mit der Pornographie wird u.a die ökonomische Ungleichheit der Geschlechter in den westlichen Gesellschaften grundlegend zur Voraussetzung für die Produktion von pornographischen Medienangeboten stilisiert. Vor allem filmische Pornographie verdankt ihre Produktion der finanziellen Not der Frauen. Diese werden zu der sexuellen, mit der Prostitution gleichgesetzten Darstellung gezwungen (u.a. Bremme 1990; MacKinnon 1994; Dworkin 1987; Kappeler 1988; Hans & Lapouge 1979).

---

[228] Zwei völlig verschiedene theoretische Modelle der Abstraktion von moralischer Verbindlichkeit in dem Medium Geld finden sich bei Simmel (1989), der Geld in erster Linie als ein Mechanismus der Steigerung von Relationalität und sozialer Distanz in und hierin als einen wesentlichen Motor sozialer Dynamik und Entwicklung begreift, und bei Luhmann (1994), dessen systemtheoretische Perspektive Geld als symbolisch generalisiertes Kommunikationsmedium des Wirtschaftssystems auffasst, über das die Kommunikationen entlang des Systemcodes Zahlung/Nicht-Zahlung operationalisiert werden.

Eine kulturkritische Bewertung der Pornographie und der sie produzierenden Industrie sieht die in den westlichen Gesellschaften verkümmerten, sexuellen Bedürfnisse der Rezipienten durch die Kommerzialisierung der Sexualität befriedigt (Guha 1971; Marcus 1967; Michelson 1966; Steiner 1967). Dafür schafft die Mainstream-Pornographie ein leichtverdauliches Pornotopia als Ausdruck „der sexuellen Not und Verkümmerung. Sie zeigt, daß die Menschen der Konsumgesellschaft sexuell zu kurz kommen, daß sie im Grunde mit ihrer Sexualität nichts anzufangen wissen, trotz erheblicher Ausweitung der Freizeit und einer im Vergleich zu früheren Zeiten weitaus attraktiveren Privatsphäre. Das massenhafte Bedürfnis nach leicht verdaulichem Sex-Konsum mit den Augen offenbart gerade einen Mangel, keinesfalls eine Übersättigung" (Guha 1971: 213). Dieser Mangel wird allerdings durch die Pornographie nicht wirklich beseitigt, sondern nur surrogathaft kompensiert (Guha 1971; Marcus 1967; Michelson 1966; Steiner 1967; Gorsen 1987; Soble 1986).

Zurückgeführt werden kann dieser Mangel sexueller Erfüllung auf die Produktionsverhältnisse des Kapitalismus. Weil die Warenförmigkeit der Produkte nicht nur im Produktionsprozess auf die Arbeiter einwirkt und deren Körper nach Maßgabe einer Arbeitseffizienzsteigerung formt, sondern darüber hinaus auch in dem Konsum von Waren auf den Arbeiter einwirkt, pervertiert das sexuelle Empfindungsvermögen. Sexualität wird als Stütze des Kapitalismus instrumentalisiert, indem sie für die durch die Arbeit bedingte Entfremdung eine wichtige Ausgleichsfunktion übernimmt, die aber nicht in den sexuellen Bedürfnissen selbst ruht. Sexualität und mit ihr sexuelle Phantasien müssen die Machtlosigkeit des Einzelnen in seiner Einbindung in das kapitalistische System kompensieren (Soble 1986). Durch die geschlechterspezifische Trennung der Männer in der Produktion und der Frau in der Reproduktion evolvieren zwei komplementäre geschlechtliche Sexualitäten, die durch entsprechende Theorien naturalisiert werden. Die Sexualität des Mannes zeichnet sich durch eine Desensibilisierung aus, die sich in der komplementären Zerstückelung der weiblichen Sexualität widerspiegelt. Diese Zerstückelung manifestiert sich auf der physiologischen Ebene in der Fetischisierung des weiblichen Körpers, auf der linguistischen Ebene in der diskursiven Disqualifikation des Weiblichen und auf der visuell-medialen Ebene in der Zerstückelung der Frau in den bildlichen und filmischen Medienangeboten. In der weiblichen Sozialisation werden diese Zerstückelungen internalisiert, woraus die weibliche Selbstzerstückelung resultiert (vgl. Soble 1986: 55 ff). Da pornographische Medienangebote sexuelle Phantasien inszenieren, korrelieren die pornographischen Medienangebote des Kapitalismus mit den pervertierten sexuellen Phantasien der Subjekte dieses Systems. Gerade die Machtlosigkeit des Arbeiters in seiner Produktionsstätte schlägt sich in den Inhalten der Pornographie nieder, indem sie dem Rezipienten in erster Linie eine Machtphantasie darbieten (vgl. Soble 1986: 78 ff).

„Pornography allows men to gain a sense of control. In this fantasy world the consumer of pornography is the boss [...]."   (Soble 1986: 80)

Entsprechend kann der Rezipient der Pornographie ein Konstrukt klassischer Männlichkeit beobachten, das es ihm ermöglicht, im realen Leben der weiblichen Forderung nach einer liberalen Männlichkeit nachzugeben und zugleich unter kapitalistischen Bedingungen arbeitskonform zu funktionieren (vgl. Soble 1986: 83 f). Komplementär finden weibliche Rezipienten ihre sexuellen Phantasien in den Liebesgeschichten widergespiegelt, die als eine Bestätigung ihrer prinzipiell holistischen Empfindungsfähigkeit und ihrer auf die Bedürfnisse der desensibilisierten und fetischisierenden männlichen Sexualität ausgerichteten Selbstzerstückelung fungieren (vgl. Soble 1986: 95 ff). Während die grundlegende Funktion der Pornographie als Darstellung sexueller Phantasien in allen gesellschaftlichen Systemen stets zu finden ist, erscheint die westliche Pornographie sowohl hinsichtlich ihrer Inhalte als auch ihrer Warenförmigkeit als ein Ausdruck des westlichen Kapitalismus (vgl. Soble 1986: 103 ff).
Speziell die Warenförmigkeit der Pornographie in den westlichen Gesellschaften enttarnt sie als integralen Bestandteil der Kulturindustrie (Gorsen 1987), welche gerade nicht zu der Emanzipation der Rezipienten beiträgt, weil sie sich der ästhetischen Sublimierung verweigert.

„Die Kulturindustrie sublimiert nicht, sondern unterdrückt. Indem sie das Begehrte immer wieder exponiert, den Busen im Sweater und den nackten Oberkörper des sportlichen Helden, stachelt sie bloß die unsublimierte Vorlust auf, die durch die Gewohnheit der Versagung längst zur masochistischen verstümmelt ist. Keine erotische Situation, die nicht mit Anspielung und Aufreizung den bestimmten Hinweis vereinigte, daß es nie und nimmer so weit kommen darf."   (Adorno & Horkheimer 2004:148)

Pornographie verweist in der Kulturindustrie nur am offensichtlichsten auf die Sexualisierung der Warenästhetik. Auch Werbung und Produktdesign mühen sich parallel zu dem bloßen Schein des Sexuellen in der Pornographie, ihre Konsumangebote in einen sexuellen Schein zu gewanden. Denn in der Konsumgesellschaft konvergieren die Sexualästhetik und Warenästhetik, wobei der Konsum zu der zentralen sexuellen Ersatzbefriedigung avanciert. Waren akkumulieren eine neue, sinnliche Qualität, die sie für den Konsum der Massen attraktiv macht, während sich zugleich die sexuellen Bedürfnisse der Massen ihrem Konsumverhalten anpassen: sie lernen den sexuellen Schein schätzen (vgl.

Gorsen 1986: 80 ff). Die sozioökonomische Ausbeutung der Sexualität trägt maßgeblich zu dem Bestand der Konsumgesellschaft bei:

„Die deformierte, an scheinhaften Genuß gewöhnte spezifische Bedürfnisstruktur des Pornographen ist mit anderen Worten im Industriekapitalismus ein Bestandteil der allgemeinen normativen Bedürfnisstruktur im Konsum geworden. Das Spezifische der Pornographie, ihr Surrogatcharakter, wird zum Spezifischen aller Waren, die in eine Sexualform sich kleiden und den Schein zu Markte tragen."   (Gorsen 1986: 82)

Insofern kann nicht nur die Rezeption von pornographischen Medienangeboten Lust generieren, auch der Kauf und der Besitz der pornographischen Medienangebote vermag, dem Rezipienten eine bestimmte Konsumlust zu verschaffen (vgl. Melendez 2004: 406).

6.8 Der Wille zum Wissen eines sexuellen Phantasmas

„Despite a growing body of work that submits pornography to the same type of textual analysis as other film genres, a temptation to assume a greater social truth in porn still persists. This tends to grant the pornographic text a privileged access to reality – a claim to represent presence, or truth, as if for the first time, despite out tacit knowledge of the intertextual or generic qualities enabling us to recognize it as porn"   (Hillyer 2004: 64)

Die Pornographie als Zugang zu einem sexuellen Phantasma zu werten, der exklusiv Wissen über die sexuellen Phantasien und damit zu einer besonderen Form sexueller Wahrheit eröffnet, ist nicht unumstritten. Die kulturfeministische Auseinandersetzung mit der Pornographie lehnt die These ab, dass Pornographie die Inszenierung sexueller Phantasien ist. Stattdessen wird Pornographie als Ausdruck der realen Machtverhältnisse zwischen Männern und Frauen begriffen, auf die sie auch in der Anleitung zur Vergewaltigung zurückwirkt. Damit wird hier Pornographie als Option, einen Blick auf eine besondere Wahrheit sexueller Phantasien werfen zu können, explizit abgelehnt, weil Pornographie ja bereits die soziale Wirklichkeit der Unterdrückung der Frau dokumentiert.

Anders jedoch bei einigen der Untersuchungen, die Pornographie als Ausdruck sexueller Phantasien auffassen. Pornographie wird in dieser Diskursverschränkung als ein Bestandteil der ausufernden Diskursivierung des Sexes verstanden,

die immer neue Diskurse über Sexualität anreizt (Michelson 1966[229] ; Foucault 1978; Williams 1993; 1994; 2004; Butler 1997; Vinken 1997a; 1997b).
So wächst mit den wissenschaftlichen Untersuchungen und Erkenntnissen über Sexualität auch die Erkenntnis sexuellen Wissens, die sich ihres Zeichens dann in den verschiedenen Darstellungen über Sexualität niederschlägt, da diese versuchen, dem Komplexitätszuwachs gerecht zu werden. Diese Evolution sexuellen Wissens findet somit ebenfalls in den pornographischen Medienangeboten ihren Widerhall, was durch einen Vergleich der pornographischen Novellen *Memoirs of a Woman of Pleasure* und *The Story of O* ersichtlich wird[230]. Während die Symbolik, die Thematik und die Ästhetik der *Memoirs* noch verhältnismäßig simpel erscheinen, spiegelt *The Story of O* die Komplexität und Abstraktion der modernen Gesellschaft sowie ihr Wissen um die Sexualität wider (vgl. Michelson 1966: 66 ff).
Eine andere, an Foucaults *Wille zum Wissen* (1983) orientierte Lesweise pornographischer Medienangebote erkennt in ihnen den sprechenden Sex als „wohl das wichtigste Einzelphänomen" (Williams 1995: 24). Denn in der Pornographie tritt neben dem Begehren nach Lust vor allem das Begehren nach dem Wissen von der Lust offen zu Tage. Pornographie erweist sich demnach als eine der vielen Formen des von Foucault diagnostizierten Lust-Wissens über Sexualität (vgl. Williams 1995: 24 ff). Zentral tritt allerdings in der Analyse der Pornographie hervor, dass das phantasmatische Wissen über Sexualität weit offensichtlicher eine phantasmatische Wahrheit über die Geschlechterphantasien anbietet als über die sexuelle Lust per se, weil es stets um die Inszenierung geschlechtsgebundener sexueller Lust geht (u.a. Williams 1995; 1993; 2004b; Vinken 1997a; 1997b; Butler 1997; Hyllier 2004; Shamoon 2004). Pornographie offeriert ihren Rezipienten die phantasmatische Wahrheit der Evidenz sexueller Körper (vgl. Vinken 1997a: 16 ff). Da aber Geschlecht und sexueller Körper in den westlichen Gesellschaften eng miteinander verwoben sind, kann konstatiert werden, dass Pornographie das Wissen der „immergleichen Geschlechtsidentität" konstruiert, welche das Phantasma sexuellen Geschlechts als „Mythen einer Wahrheit" präsentiert (Vinken 1997b: 9). Foucault selbst verweist auf die Verbindung des wahren Diskurses mit der sexuellen Lust, welche seit dem Mittelalter in den zahlreichen Geständnisformen der abendländischen Gesellschaften kultiviert wird (vgl. Foucault 1978: 98). In diesem Kontext er-

---

[229] Insbesondere der Ansatz von Michelson (1966) erscheint bemerkenswert, weil er noch vor Foucaults *Wille zum Wissen* (1983) publiziert wurde und diesen in Ansätzen zu antizipieren scheint. Jüngere Diskursfragmente dieser Verschränkung sind maßgeblich von Williams (1995) und ihrer Rezeption Foucaults beeinflusst.
[230] Genau diese Komplexitätsdifferenz veranlasst Sontag (1967) zu der Differenzierung der zwei Aufbauformen pornographischer Literatur. Vgl. hierzu Kap. 4.3.2

scheinen die erotischen Medienangebote seit der Französischen Revolution, „ihre Effekte nicht mehr nur in der Heftigkeit oder Ausgefallenheit der Szenen [...] zu suchen, sondern in der leidenschaftlichen Erforschung einer bestimmten Wahrheit der Lust: eine Erotik der Wahrheit, eine Verbindung von Wahrheit und Intensität [...]" (Foucault 1978: 97). Pornographie kann demnach als eine Projektion der allgemeinen Diskursivierung des Sexes verstanden werden, als eine Form des sprechenden Sexes (vgl. Foucault 1983: 27 f.).

Die unterschiedlichen Subgenres und Medienformen bedienen sich dabei äußerst unterschiedlicher Strategien, ein Bild sexueller, geschlechtsgebundener Lust zu zeichnen (Williams 1993; 1995). Dabei versucht die filmische heterosexuelle Mainstream-Pornographie eine Vorstellung reziproker sexueller Lust einzufangen, die sich darin zeigen soll, „dass vor und mit dem Höhepunkt des Mannes im obligatorischen Cumshot auch die in alle möglichen Öffnungen penetrierte Frau (mehrfach) die höchste Lust empfunden hat und gekommen ist" (Metelmann 2005b: 41). Während die filmische, heterosexuelle Mainstream-Pornographie dem Imperativ der maximalen Sichtbarkeit in der Authentifizierung sexueller Lust folgt, scheitert sie deshalb maßgeblich daran, weibliche Lust adäquat visuell erfassen zu können (Williams 1993; 1995; Vinken 1997a; 1997b; Butler 1997). Daher konzentriert sich die Mainstream-Pornographie vermehrt auf die Darstellung des Analverkehrs als eines Garanten weiblicher Sexuallust. Dahinter verbirgt sich die Vorstellung, dass der Vaginalsex als das signifikante Andere für männliche Rezipienten nicht wirklich voll erfassbar ist. Demgegenüber wird die Lust am Analsex als nicht so leicht fakebar imaginiert, weil Analsex von der Frau auch wirklich gewollt sein muss. Deshalb offenbaren sich hierin ihre wahre Persönlichkeit und ihre wahre sexuelle Lust. Da aber die Bereitschaft der Pornodarstellerinnen zu Analsex in erster Linie eine Frage der entsprechenden finanziellen Entlohnung ist, führt auch diese Inszenierungsstrategie weiblicher Lust letztlich ihre eigene Dekonstruktion mit sich (vgl. Metelmann 2005b: 41 f.).

In der Auseinandersetzung mit dieser Vorstellung der Pornographie als Zugang zu einer phantasmatischen Wahrheit des Sexes und des Geschlechts wird diese Position auch explizit abgelehnt, weil die Diskursivierung des Sexes an der Konstitution einer Scientia Sexualis[231] interessiert ist und nicht an sexueller

---

[231] Foucault spricht zwar von der Konstitution der Scientia Sexualis bei der Einpflanzung der Sexualität in den Menschen, welche in der westlichen Gesellschaft bestimmend für die Konstruktion sexuellen Wissens ist. Diese darf jedoch m. E. keinesfalls nur auf die Wissenschaft begrenzt werden, sondern sollte mit einer bestimmten Herangehensweise gleichgesetzt werden, deren Herzstück die wissenschaftlichen Diskurse über Sexualität sind. Die allgemeine Diskursivierung des Sexes im Abendland reiht sich in der Ausrichtung auf Wissen in die *Ordnung der Dinge* ein, zugleich ebnet sie aber auch den Weg für die produktive Macht der Einpflanzung der Sexualität, vgl. hierzu auch Kap. 5.4. Gerade mit Blick auf die Bände 2 und 3 des *Wille zum Wissen* und

Erregung. Die Sexualität thematisierende Wissenschaft vermeidet gerade jede Form der sexuellen Erregung und schreibt stattdessen ihre Wahrheit in den Körper ein. Pornographie dagegen entfaltet in der Rezeption in erster Linie sexuelle Erregung durch eine detailgetreue Darstellung des Geschlechtsakts. Gerade diese unfassbare Detailinszenierung lässt die Pornographie nicht als Wissen einer Wahrheit erscheinen, sondern als Utopie. Pornographie will den Rezipienten in eine Lustmaschine transformieren, die sich jenseits von Wissensstrukturen der sexuellen Erregung hingibt (Flaßpöhler 2007).

Zu dieser Kritik sollte festgehalten werden, dass Pornographie nicht auf die Funktion sexueller Erregung reduziert werden kann. Pornographie erfüllt neben zahlreichen individuell anderen auch stets eine Informationsfunktion (Pastötter 2003; Sigel 2005). Ferner impliziert auch jede Utopie als Nicht-Wirklichkeit in ihrem fiktionalen Gehalt eine Wahrheit des Nicht-Gegebenen – und zu einem umfassenden Wissen der Sexualität gehört auch die Kenntnis dessen, was nicht möglich, aber erträumt wird. Daher kann man dieser Kritik an der Vorstellung der Pornographie als Zugang zu einer Wahrheit entgegenhalten:

„[...] pornography illustrates the wealth of desires woven into the fabric of European history: desires about empire, about nation, about self and other, about plenty and dearth, about mechanization, democracy, wandering, stability, offspring, pain, pleasure, and politics. Pornography loads these longings onto the fragile frame of the human body to detail the petty and grandiose pleasures wrought from sex. Released from constraint, desire continues to beckon, allowing polymorphous perversity to transmutate into new cultural forms; yet pornography also seems to illustrate the banality, the search for novelty, and the constant search for sensation in a consumer age. The attraction, adoption and revulsion toward pornography illustrate the allures and crises of sexuality in the contemporary world." (Sigel 2005a: 23 f)

---

unter Berücksichtigung der Interviews Foucaults wird klar, dass sich die Diskursivierung des Sexes gerade nicht nur auf die Wissenschaft beschränkt, sondern letztlich in der Verschränkung von Macht, Wissen und Wahrheit vielfältig zu der Konstruktion sexueller Selbste beiträgt. Oder wie er selbst ausführt, dass es sich bei der Scientia Sexualis um einen Wissenstypus handelt, „wo das Analysierte weniger die Lust als vielmehr das Verlangen ist; [...] wo der lange Prozeß nicht eine Vermehrung der Lüsten zum Ziel hat, sondern eine Veränderung des Subjekts" darstellt (Foucault 1978: 100). Hierzu ergänzend Maasens an Foucault angelehnte Dissertation über die Konstitution des sexuellen Selbst (1998).

6.9 Pornographie – aus- und abgegrenzt

„Was für den einen Pornographie ist, mag für den anderen das Gelächter eines
Genies sein." (Lawrence 1971: 17)

Der Begriff der Pornographie wird selten denotativ verwendet, zumeist schwin-
gen die verschiedensten Konnotationen mit, von der Gewalt gegen Frauen über
die Stütze des kapitalistischen Systems bis hin zu der Masturbationsvorlage.
Daher versucht eine Diskursverschränkung, Pornographie als Kategorie von
anderen Formen der sexuellen Darstellung abzugrenzen. Die Differenzierung
erfolgt entweder gegen die Obszönität[232] oder gegen die Kunst. Strategisch werden die Differenzierungen über eine Betrachtung des Inhalts, eine Analyse der
Gestaltung und die Betonung unterschiedlicher Wirkungen auf den Rezipienten
konstruiert.
Wenngleich Obszönität und Pornographie mitunter in den Diskursivierungen
synonym genutzt werden (Marcuse 1984; Hyde 1969), versuchen andere Diskursfragmente genau hier eine Trennlinie einzuziehen (Gorsen 1987, 1990;
Mainusch & Mertner 1970). Obszönität wird demnach betrachtet als ein Korrelat der in einer Gesellschaft vorherrschenden Moral, die die Konstitution der
kulturspezifischen Scham und Sittlichkeit hervorbringt. Diese Schamgefühle
und Sittlichkeitsempfindungen mittels der Transgression moralischer Normen
zu verletzen ist das erklärte Ziel der Obszönität. Ihre Form nimmt die Obszönität in direkten und eindeutigen Aussagen an. Demgegenüber wird die Pornographie als eine Darstellung des Sexuellen durch ihre Ausrichtung auf eine sexuelle
Erregung ihrer Rezipienten charakterisiert. Grundsätzlich kann sich die Pornographie in ihrer inhaltlichen Dimension der Obszönität annehmen und diese
zum Zwecke der sexuellen Erregung instrumentalisieren, sie kann aber auch
einzig sexuell stimulieren wollen (Mainusch & Mertner 1970; Gorsen 1987;
Pease 2000).

„Der Pornographiebegriff bezeichnet einen anthropologischen Bezug auf die stimulierte
bzw. stimulierbare Sexualität des Menschen. Die Pornographie hat ein anthropologisches Substrat. Der Obszönitätsbegriff bezeichnet einen ethischen Bezug auf das ver-
letzte bzw. verletzbare Scham- und Sittlichkeitsempfinden des Menschen. Obszönität
hat ein ethisches Substrat. Obszönität im weiteren Sinne: die obszöne Pornographie hat
ein ethisches und ein anthropologisches Substrat. Sie bezieht sich auf die stimulierbare

---

[232] Eingeleitet wird diese Differenzierung durch die amerikanische Rechtsprechung, welche Pornographie unter der Obszönitätsregelung von dem Schutz der freien Rede im First Amendment
ausnehmen kann. Erste wissenschaftliche Auseinandersetzungen haben daher auch gerade versucht, die Bedeutung zuvor als obszön zensierter Schriften herauszuarbeiten (Marcus 1966; Marcuse 1984; Sontag 1967; Kronhausen & Kronhausen 1967).

Sexualität und das verletzbare Sittlichkeitsempfinden des Menschen."
(Gorsen 1987: 37)

Einstmals in der philosophischen Pornographie eng miteinander verwoben hat sich das anthropologische Substrat der Pornographie gegenüber der Obszönität immer mehr zu einem Selbstzweck verselbständigt und ist in der Kulturindustrie zumeist allein für sich stehend zu finden. Die reine Pornographie zeichnet sich daher in erster Linie durch eine sexuelle Oberflächenreizung des Rezipienten aus, die weitgehend schamindifferent geprägt ist (Gorsen 1987; Mainusch & Mertner 1970; Pease 2000).

Gerade mit Blick auf eine Differenzierung zwischen Pornographie und Kunst erscheint die Wirkung auf den Rezipienten zentral. Die philosophische Kunstästhetik der Aufklärung, deren bedeutsamster Vertreter Immanuel Kant ist, postuliert die rationale Distanz zwischen dem Betrachter eines Kunstobjekts und dem Kunstobjekt. Die Kunst transzendiert den Körper des Rezipienten und zielt keinesfalls auf seine sexuelle Stimulation (Gorsen 1987; Pease 2000; Hite 1999). Ausgehend von diesem Verständnis künstlerischer Werke schließen die sexuelle Erregung anstrebende Pornographie und die Kunst einander kategorisch aus.

Obschon sich dieses Kunstverständnis mit dem ausgehenden 19. und dem beginnenden 20. Jahrhundert ändert und die körperliche Reaktion auf ein Kunstwerk als integraler Bestandteil einer einheitlichen Kunsterfahrung aufgefasst wird, bleibt das Verhältnis von Pornographie und Kunst antithetisch. Die moderne Kunst vermag zwar die Pornographie zu inkorporieren und mit ihren Konventionen zu spielen, sie macht dies allerdings allein, um künstlerische Zwecke zu verfolgen und darin letztlich eine Transzendenz anzustreben (Pease 2000; Gorsen 1987).

Als problematisch erweist sich bei der Konstruktion dieser Abgrenzung der Pornographie von der Kunst über ihre Wirkungsabsicht, dass die Wirkung eines konkreten Medienangebots keinesfalls mit der intendierten Wirkung seines Produzenten übereinstimmen muss. So hebt bspw. die Literaturwissenschaft mit der Theoretisierung des postmodernen Rezeptionsmodus des Dekonstruktivismus hervor, dass die Rezipienten literarischer Werke nicht unbedingt stringent ein Werk rezipieren, sondern für sie interessante Stellen isoliert lesen. Hierdurch wird die künstlerisch intendierte Bedeutung einer Sexstelle in einem literarischen Werk durch den Rezipienten aufgebrochen und eigenen Zwecken zugeführt (Pease 2000; Hecken 1997).

Statt über die Wirkung kann die Differenzierung auch über die Inhalte der sexuellen Darstellung aufgebaut werden. Hierzu dient die Unterscheidung von dem der Kunst zugeschlagenen erotischen Realismus und das für sich stehenden Pornotopia. Der erotische Realismus erfasst das menschliche Leben in der Gesamtbreite seiner Facetten. Hierin kann die sexuelle Erfahrung keinesfalls ausgeklammert werden und muss in Kunstwerke übersetzt werden. Demgegenüber negiert das Pornotopia die Vielfalt menschlicher Erfahrungen und beschränkt sich in seiner Darstellung allein auf das Sexuelle (vgl. Kronhausen & Kronhausen 1967: 25 ff). Eine andere Differenzierung zwischen Pornographie und Erotika setzt bei der Funktion des Tabus in der Darstellung an. Das soziale Tabu wird in der pornographischen Darstellung durch die explizite Darstellung des Sexuellen herausgefordert, wobei die pornographische Narration kaum das Spiel mit dem Tabu implementiert. Hingegen werden soziale Tabus und die durch sie verursachten psychischen und sozialen Spannungen in die erotischen Handlungen eingeschrieben (vgl. Williams 2004b: 275 ff).

„If pornography is the realm where nothing impedes the immediate enactment of easily achieved and multiple forms of sexual pleasure, then erotic forms of pornography are those in which the taboos and prohibitions limiting pleasure, at least vestigially, in force often are in order to enhance the desire that empowers them. Eroticism in pornography thus depends on the continued awareness of the taboo." (Williams 2004b: 275)

Die Differenzierung von Pornographie und Pornorotik knüpft an ein solches Verständnis an und bindet es zugleich an feministische Betrachtungen der Pornographie. Denn Pronorotik veranstaltet ein transgressives Spiel mit den verschiedensten Tabus in expliziten Sexualdarstellungen. Pornographie dagegen zeigt sich als platte Inszenierung misogyner, sexueller Männerphantasien (vgl. Romanets 2005: 215 ff).
Die inhaltliche Differenzierung des erotischen Realismus und der Pornographie greift ferner die feministische Vorstellung der die reziproke Zärtlichkeit weiblicher Sexualität betonenden guten Erotika und der die männliche Sexualität zelebrierenden, Frauen zu Sexobjekten degradierenden Pornographie auf (vgl. Steinem 1978: 37 f). Dass sich hinter dieser feministischen Vorstellung eine idealisierte Idee romantischer, weiblicher Sexualität und eine Verdammung der männlichen Sexualität verbergen, ist offensichtlich.
Eine weitere Strategie der Differenzierung fokussiert die Gestaltung und ästhetische Präsentation sexueller Inhalte. Dabei kann zwischen einer niederen, ästhetisch direkten und wenig anspruchsvollen Umsetzung sexueller Inhalte und einer künstlerisch hochwertigen Gestaltung sexueller Inhalte unterschieden werden. Erotika werden in diesem Zusammenhang als eine künstlerisch anspruchsvolle Form der Pornographie gewertet, während die Massenproduktionen als niedere Pornographie ohne Esprit und künstlerische Qualität vorgestellt werden (Sontag 1967; Bloch 1967; Hecken 1997). Hinsichtlich der literarischen Kunst und der literarischen Pornographie zeigt sich demnach exemplarisch:

„Zwar bleibt die Differenz zwischen Kunst und Pornographie auch heute fast immer erhalten, aber dabei handelt es sich letzten Endes nicht mehr um den Unterschied zwischen Dezenz und Obszönität, sondern um den Unterschied sprachlich geglückter und klischeehafter Form." (Hecken 1997: 9)

Eine solche Beurteilung nach der ästhetischen Gestaltung der Medienangebote übersieht, dass die Beurteilung ästhetischer Kriterien an den Habitus des Rezipienten gebunden ist und als ein zentrales soziales Distinktionsmoment funktioniert. Die Kompetenz der Kunstbeurteilung erwirbt der Rezipient mit dem ihm zugänglichen kulturellen Kapital in seiner Sozialisation (vgl. Bourdieu 1987: 64 ff).

Weniger darauf bedacht, Pornographie von der Kunst als von anderen Darstellungen des Sexuellen abzugrenzen kann anhand der Explizitheit der Darstellung zwischen erotischer, sexueller und pornographischer Darstellung differenziert werden. Die erotische Darstellung kennzeichnet sich dadurch, dass sie Sexualität weder explizit noch fiktional wirklich darstellt. Die Sexualität wird im erotischen Bereich nur angedeutet und in ihrer Ausführung ausgespart. In den sexuellen Medienangeboten werden indessen die sexuellen Handlungen sehr wohl explizit, nicht aber detailliert dargestellt. Die sexuellen Handlungen werden stark gerafft und lediglich simuliert. Die Pornographie dagegen offenbart dem Rezipienten sexuelle Handlungen im Detail, welche nicht nur simuliert, sondern in der Fiktion wirklich stattfinden. Die Pornographie bietet ein umfassendes Bild sexueller Handlungsabläufe (vgl. Faulstich 1994: 33). Schwierig erweist sich die Betonung der fiktionalen Wirklichkeit als zentrales Pornographiekriterium neben der expliziten Detailliertheit und der szenischen Narration. Fiktionale Wirklichkeit als Nicht-Simulation sexueller Handlungen lässt sich zwar für photographische und filmische Medienangebote konstatieren. Eine Überprüfung fiktionaler Wirklichkeit in bildenden, auditiven und literarischen Medienangeboten erscheint schlechterdings jedoch nur schwerlich möglich[233].

Die Setzung der Pornographie als semantische Kategorie in ihrer Definition und Abgrenzung gegen andere Bereiche verweist darauf, dass diese Definitionsversuche die Pornographie eher hervorbringen, als dass sie das Bezeichnete näher erläutern. In diesen Abgrenzungsversuchen emergiert die Pornographie hinsichtlich ihrer Bedeutung, Signifikation und ihres Status genau durch das, wovon sie abzugrenzen ist (vgl. Attwood 2002: 94 ff). Da die semantischen Kategorien der Kunst und der Pornographie in den westlichen Gesellschaften fest etabliert sind, haben sich auch semantische Differenzierungen ausgebildet, an welche sich Bedeutungszuschreibungen und Erwartungsstrukturen koppeln. Die

---

[233] Zu den Schwierigkeiten der Operationalsierung dieser Differenzierung in einer empirischen Studie vgl. auch Rückert (2000).

zentrale Differenz zwischen Kunst und Pornographie soll daher nicht in der konkreten Darstellung des Sexuellen gesucht werden, sondern in den unterschiedlichen Erwartungshaltungen, mit denen ihre Rezipienten an sie herantreten. So macht sich die moderne Kunst das Spiel mit diesen Erwartungshaltungen zu eigen und gewinnt daraus ihr transzendentales Moment (vgl. Kipnis 2007: 73 f). In diesem Sinne kann Andy Warhols Film *Blow Job* als ein solches Spiel mit der Erwartungshaltung der Rezipienten verstanden werden (vgl. Osterweil 2004: 431).

Es kann konstatiert werden, dass zwar sämtliche Kulturen explizite Sexualdarstellungen anfertigen, Pornographie aber als eine ästhetische und juristische Kategorie aufgefasst werden muss, die sich spezifisch in den westlichen Kulturen ausgebildet hat (Pastötter 2003; Hunt 1993; Findlen 1993; Kendrick 1996). Angelehnt an die Erwartungshaltungen der Rezipienten kann ferner aufgrund von inhaltlichen Thematisierungen sexueller Darstellungen auch normativ zwischen neutraler Sexographie, positiver Erotographie und negativer Pornographie differenziert werden (Selg 1986).

„Wir werden das Etikett ‚Pornographie' daher zweckmäßiger auf solche Materialien einzuengen versuchen, an denen in leidlicher Übereinstimmung Kritik (zum Beispiel im Sinne des Jugendschutzes) geübt werden kann. Wo andererseits Materialien, die von sinnlicher Liebe und Sexualität handeln, positiv (oder zumindest ‚unentschieden') bewertet werden, können wir von Erotographie sprechen (Eros: griech. Gott der Liebe). Wenn wir uns neutral äußern und weder negative (wie bei der Pornographie) noch positive Assoziationen (wie eventuell bei der Erotographie) auslösen möchten, brauchen wir einen neutralen Oberbegriff; als solcher könnte ‚Sexographie' – Schreiben über Sexualität im weitesten Sinne, Schreiben über das Lebensprinzip des Geschlechtlichen – dienen."
(Selg 1986: 29)

Um negativ attribuiert und damit der Pornographie zugeschlagen zu werden, können sexuelle Darstellungen entweder inhaltlich ein Pornotopia vorstellen, das sexuelles Verhalten von sonstigen menschlichen Erfahrungen abstrahiert vermittelt. Es können sexuelle Darstellungen sein, die Gewalt und Brutalität mit Sexualität vermengen. Oder es können schließlich Konventionsverstöße thematisiert werden, die gegen die sozialen Sittlichkeitsempfindungen verstoßen.

Eine solche Differenzierung erweist sich angesichts habitualisierter Bedeutungszuschreibungen der Rezipienten als ausgesprochen problematisch, setzt es doch kollektiv einheitliche Bedeutungszuschreibungen voraus. Zugleich verweist diese Differenzierung auf ein bürgerlich-moralisches Sexualitätsverständnis, dass Sexualität in erster Linie in Verbindung mit Liebe gebilligt sieht. Die selbstreferentielle Thematisierung sexuellen Verhaltens in Medien erfährt so automatisch eine Abwertung.

6.10 Die Pornographie als strukturelle Kopplung

Eine sehr voraussetzungsreiche Diskursivierung erfährt die Pornographie in einem systemtheoretischen Ansatz. Im Anschluss an die Beschreibung der Sexualität der Gesellschaft als ein körperprozessierendes soziales System gemäß Luhmannscher Systemtheorie kann die moderne Pornographie als die offensichtlichste Form der strukturellen Kopplung zwischen dem Sexualitätssystem[234] und dem System der Massenmedien konzipiert werden, wobei im Bereich der Pornographie gleich mehrere strukturelle Kopplungen aktiv werden (Lewandowski 2004).

Insofern Pornographie ökonomisch motiviert produziert und distribuiert wird und vornehmlich das symbolische Kommunikationsmedium Geld involviert ist, offenbart sich eine strukturelle Kopplung zwischen dem Wirtschaftssystem und dem Sexualitätssystem. Daneben können in der Pornographie durchaus auch ästhetische Aspekte spezifischer, pornographischer Kommunikationen von Relevanz sein, worin man eine strukturelle Kopplung des Sexualitätssystems mit dem Kunstsystem erkennen kann. Eine historische Perspektive erlaubt zu bemerken, dass sexuelle Darstellungen lange Zeit der bildenden und literarischen Kunst als Legitimationsdiskurs bedurften. Gegenwärtig erweist sich die Pornographie vornehmlich als eine strukturelle Kopplung zwischen dem Sexualitätssystem und dem System der Massenmedien[235] (vgl. Lewandowski 2004: 270 ff).

„Die historische Entwicklung der Pornographie ließe sich als Wandel der strukturellen Kopplungen von Sexualität wie folgt skizzieren: Zunächst erscheint die Darstellung von Sexualität wesentlich an Kunst gebunden zu sein, um sich zunehmend von dieser zu lösen und stärker zu einem ökonomischen Faktor zu werden und schließlich eine enge Bindung an massenmediale Phänomene zu entwickeln. Für die Entwicklung der moder-

---

[234] Vgl. hierzu zunächst die Ausführungen in Kap. 5.3.8

[235] Die Bindung der Pornographie ausschließlich an Massenmedien greift zu kurz, denn Pornographie kann auch im privaten Bereich jenseits der Massenmedien für den Eigenbedarf produziert werden. Massenmedien sind nach Luhmann (2004: 10 f) „alle Einrichtungen der Gesellschaft", „die sich zur Verbreitung von Kommunikation technischer Mittel der Vervielfältigung bedienen. […] die Massenproduktion von Manuskripten nach Diktat wie in mittelalterlichen Schreibwerkstätten soll nicht genügen und ebenso wenig die öffentliche Zugänglichkeit des Raumes, in dem die Kommunikation stattfindet – also nicht: Vorträge, Theateraufführungen, Ausstellungen, Konzerte, wohl aber eine Verbreitung solcher Aufführungen über Filme oder Disketten." Während die private audiovisuelle Pornographie durchaus ihren Weg in das Internet und damit in die Öffentlichkeit finden kann, kann sie auch einzig im Privaten rezipiert werden. Noch deutlicher mag dies für literarische Pornographie in klassischen Tagebüchern – damit jenseits der blogs – gelten, die kaum jemand je zu Gesicht bekommt. Noch immer gibt es pornographisches Theater. Die medienvermittelte Pornographie als Inszenierung sexueller Phantasie findet auch jenseits der Massenmedien Verwendung.

nen Pornographie sind – neben der Herausbildung von Sexualität als distinktem Sinnbereich – vor allem die Entwicklung massenmedialer Verbreitungsformen und die mit der
Ausdifferenzierung des modernen Wirtschaftssystem einhergehende Erfahrung relevant,
daß sexuelle Kommunikationen ökonomisch rentabel sein können. Neben allen weiteren
und weitaus wichtigeren durch den Buchdruck angestoßenen gesellschaftlichen Wand-
lungsprozessen führt der Buchdruck auch dazu, daß sich Sexualität nun massenhaft von
interaktionsbasierten sexuellen Akten und Handlungen ablösen kann."

(Lewandowski 2004: 271)

Grundsätzlich gilt, dass das System der Massenmedien, das nach Luhmann
(2004) in die drei Programmbereiche Unterhaltung, Nachrichten/Bericht und
Werbung unterteilt ist, sich die Sexualität in der strukturellen Kopplung mit
dem Sexualitätssystem als fremdreferentielles Thema in eigenen Operationen
dienstbar macht, weil die thematische Behandlung der Sexualität mit einer relativ hohen Wahrscheinlichkeit die Aufmerksamkeit der Rezipienten zu binden
vermag. Das Sexualitätssystem instrumentalisiert die Komplexität und die
Strukturen der Massenmedien und kann so sexuelle Kommunikationen auswei-
ten und Reflexionsleistungen von den Massenmedien abfragen. Parallel nutzt
das System der Massenmedien das Sexualitätssystem durch den Rückgriff auf
die durch es ausgeprägten Implementierungsstrukturen und Aufmerksamkeits-
muster kognitiver Systeme. Hinsichtlich der technischen Medienevolution zeigt
sich, dass das Sexualitätssystem massiv von den technischen Neuerungen der
Massenmedien profitiert, während es zeitgleich gerade deren Entwicklungen
vorantreibt, wie insbesondere die Videotechnologie deutlich gemacht hat. Diese
hat einerseits Pornographie leicht verfügbar und zuhause rezipierbar gemacht
und das Interesse der Rezipienten an der Rezeption pornographischer Videos
hat erheblich zu der Durchsetzung und Verbreitung dieser Medientechnologie
beigetragen (vgl. Lewandowski 2004: 276 ff).
Pornographie erweist sich in dieser strukturellen Kopplung als auffälligste
Form. Da es sich um eine strukturelle Kopplung von Sozialsystemen handelt,
steuert die Pornographie keine Operationen zu psychischen Systemen bei, sondern zu den rekursiven Netzwerken sexualitätssystemischer Körperkommunikationen[236] einerseits und zu den massenmedialsystemischen Kommunikationen

---

[236] Angesichts der Ausführungen der PornodarstellerInnen in Stoller (1991) und in Dane (1990)
erscheint es allerdings mehr als fragwürdig, ob in der Produktion von filmischer Pornographie
überhaupt eine Lustorientierung zu konstatieren ist. Auch eine reine Lustorientierung in der Rezeption von Pornographie scheint mehr als fragwürdig. Aber gerade die Operationalisierung des
binären Codes Begehren/Befriedigung über das symbolisch generalisierte Kommunikationsmedium der sexuellen Lust in der Körperkommunikation wäre ja grundlegende Voraussetzung für
sexuelle Körperkommunikation. In der Literatur kann Körperkommunikation zwar thematisiert
werden, aber auf keinen Fall realisiert werden. Hier könnte eine sexuelle Handlung höchstens in
Form von Masturbation erfolgen, welche aber ja gerade nicht als Operation im Sexualitätssystem

andererseits. Dabei profitieren die Massenmedien in ihrer Ausbreitung und den Optionen der Bindung von Aufmerksamkeit von der Darstellung der Sexualität als Thema und Inhalt, während sich das Sexualitätssystem durch massenmediale Behandlung weiter intern ausdifferenzieren und extern differenzieren kann. In diesem Kontext zeigt sich, dass die moderne Pornographie ein Effekt der strukturellen Kopplung beider Systeme ist, bei welcher nicht nur Sexualität thematisiert wird, sondern Sexualität einzig zum Inhalt wird. Die moderne Pornographie lässt sich „gerade und explizit als Darstellung von Sexualität unter Ausschließung anderer sozialer Referenzen ansehen. In einem gewissen Sinne stellt Pornographie die Autonomie des Sexualitätssystems in expliziter Weise[237] dar " (Lewandowski 2004: 277). Dabei verfehlt die moderne Pornographie allerdings die gesamte Bandbreite sexueller Körperkommunikationen aufgrund ihrer nur partiellen inhaltlichen Erfassung einzig selbstreferentieller Sexualität unter Ausklammerung der Alltagssexualität und ihrer strukturellen Kopplungen an das System der Massenmedien und das Wirtschaftssystem. Hierin legt Pornographie nicht eine umfassende Selbstbeschreibung des Sexualitätssystems vor, sondern kann als Ausdruck der operativen Schließung und damit der Beschränkung sowie der Steigerungslogik systemeigener Operationen des Sexualitätssystems gelesen werden. Insofern Pornographie die Sexualität losgelöst von lustfremden Referenzen thematisiert, offeriert sie eine Form der Selbstbeschreibung des Sexualitätssystems. Jedoch erweist sich diese Selbstbeschreibung als Resultat der Kopplung mit anderen Funktionssystemen, wodurch „die pornographische Darstellung anderen Funktionsimperativen" als nur der reinen Lust unterworfen ist (Lewandowski 2004: 194).

Dadurch haben moderne pornographische Medienangebote mindestens zwei Referenzsysteme, indem sie sowohl massenmediale Kommunikationen als auch sexuelle Körperkommunikationen realisieren und dadurch in beiden Systemen anschlussfähig sind. Damit begründet sie nicht nur eine strukturelle, sondern auch eine operative Kopplung (vgl. Lewandowski 2004: 270 ff).

---

verstanden wird. Obwohl dieser Ansatz moderne Pornographie „Bilder, Filme, Texte oder Internetangebote" umfassen sieht, wird an dieser Stelle deutlich, dass in erster Linie nur visuelle Pornographie berücksichtig worden ist, welche völlig anderen Maßgaben folgt als literarische oder auditive Pornographie (Lewandowski 2004: 276). Besonders deutlich wird diese verengte Betrachtung, wenn die Identifikationsofferten der Pornographie in ihrer Rezeption mit der Romanliteratur verglichen werden, ohne zu berücksichtigen, dass Pornographie selber ein Genre der Romanliteratur ausmacht: „Im Hinblick auf diese Identifikationsfunktion [...] sind Pornographie und Sport durchaus der Romanliteratur vergleichbar" (Lewandowski 2004: 191).

[237] Wie mehrfach bereits erwähnt, kann nicht davon ausgegangen werden, dass es „reine Pornographie" geben kann, die nur auf einer reinen, wie auch immer gearteten sexuellen Essenz fern sonstiger sozialer Bezüge rekurriert. Eine solche Vorstellung negiert das Nicht-Sexuelle am Sexuellen. Dies gilt auch für die hier zur Pornographie generalisierten Hardcore-Pornographie.

Zentral für die Pornographie, wie für alle Kommunikationen über Sexualität, ist die Imprägnierung psychischer Systeme, da das Sexualitätssystem seine strukturellen Kopplungen mit kognitiven Systemen neben der konkreten interaktiven sexuellen Körperkommunikation vor allem über die strukturelle Kopplung mit den Massenmedien realisiert.

„Die strukturelle Kopplung von Pornographie und psychischen Systemen geschieht über sexuelle Phantasien. Sexuelle Phantasien lassen sich nicht ausschließlich als idiosynkratische Produkte psychischer Systeme verstehen, sondern sind Effekte der Imprägnierung psychischer Systeme durch soziale Systeme. Dies zeigt sich u.a. in der sozialen Typisierbarkeit sexueller Phantasien. [...] Die Pornographie versorgt, könnte man sagen, sexuelle Phantasien mit kommunikativer Anschlussfähigkeit. Sie stellt eine Sprache für die Ausbildung und Kommunikation sexueller Phantasien bereit und trägt damit sowohl zur Diversifikation ebenso wie zur Vereinheitlichung sexueller Phantasien bei. Sie liefert zugleich auch sexuelle Skripte und erzeugt darüber hinaus so etwas wie ein Gedächtnis des Sexualitätssystems[238]." (Lewandowski 2004: 278)

Charakteristisch für die Rezeption von Pornographie ist eine Aktualisierung von auf die Sexualität ausgerichteten Aufmerksamkeitsmustern, wobei für den Rezipienten sexuelle Körperkommunikationen beobachtbar sind, während der Körper des Rezipienten weitgehend ruhig gestellt ist[239]. In einer Analogie zum Sport eröffnet die Pornographie eine Beobachtung sexuell interagierender Körper, die eine Identifikation mit den gezeigten Körpern ermöglicht. In der Identifikation mit dem Beobachteten übt das kognitive System des Rezipienten Beobachtungsschemata ein, die es auch in der Selbstbeobachtung engagiert[240]. Dabei können sowohl am beobachteten wie auch am beobachtenden Körper Wirkungen registriert werden, besonders dann, wenn die Pornographierezeption als sexuell erregend erlebt wird. Die sexuelle Erregung konstruiert für die beteiligten somatischen Systeme und für das kognitive System eine sexuelle Körperlichkeit, weshalb die Rezeption von Pornographie die strukturelle Kopplung zwischen sozialen und kognitiven Systemen, aber auch zwischen den somati-

---

[238] Von der Pornographie auf die Sexualität einer Gesellschaft schließen zu wollen ist schlechterdings nicht möglich, es kann lediglich auf die medial inszenierbaren Aspekte sexueller Phantasie geschlossen werden. Dass die sexuelle Phantasie viel weiter reicht, als Kommunikation und Verhalten erlauben zu realisieren, darauf verweisen Gagnon & Simon (2005).

[239] Dass der Rezipient mit auditiver Pornographie auf seinem mp3-Player Sport treiben kann oder in gemeinsamer partnerschaftlicher Rezeption selber sexuellen Körperkommunikationen nachgehen kann, sei hier nur kurz angemerkt.

[240] Damit schließt dieser Ansatz an die Wirkungsforschung an, die konstatiert, dass Rezipienten ihr eigenes Sexualverhalten mit der Pornographie vergleichen und daran messen würden. Vgl. hierzu auch Kap. 6.5.

schen und den kognitiven Systemen reaktualisiert (vgl. Lewandowski 2004: 191 ff).

Pornographie offeriert in ihrer Reduktion auf sexuelle Körperkommunikationen eine Reduktion von Komplexität und konstruiert einfache, unterkomplexe Kausalzusammenhänge. Diese können allerdings auch leicht zur Langeweile in der Pornographierezeption führen.

> „Im Falle der massenmedialen Darstellung sexueller Interaktionen entfällt [...] die Ungewißheit über den Ausgang [...]. Dieses Defizit an Ungewißheit suchen pornographische Darstellungen im allgemeinen durch Variantenreichtum zu überspielen. Da jedoch Unterkomplexität eine wichtige Ressource für die Mobilisierung des Interesses an Pornographie darstellt, kann Variation entweder nur über eine Multiplikation der in Interaktion gezeigten Personen oder aber über eine Darstellung multipler sexueller Praktiken und Stellungen erzeugt werden. Beiden sind jedoch Grenzen gezogen. Auf dieses Dilemma reagiert die pornographische Industrie mit einer Ausdifferenzierung verschiedener Segmente."
> (Lewandowski 2004: 192)

Pornotopia zeichnet sich damit als Bereich massenmedial distribuierter, sexueller Körperkommunikationen in der Multiplikation sexueller Personenkonstellationen und Verhalten in unterschiedlichen Segmenten aus. Diese Multiplikationen sexueller Körperkommunikationen von beobachtbaren Personen in verschiedenen pornographischen Segmenten begründet Schemata, die in der Rezeption auf die sexuellen Phantasien zurückwirken, wobei ausgehend von dem sexuellen Begehren des Sexualitätssystems die Körper der Rezipienten engagiert werden und zugleich die sexuellen Begierden seines kognitiven Systems aktualisiert und imprägniert werden. Insofern erweist sich Pornographie als ein Teil des gesellschaftlichen Programms, „mit dem moderne Gesellschaften Körperlichkeit behandeln" (Lewandowski 2004: 193).

6.11 Die Pornofikation der Gesellschaft

> „The lines drawn between porn and other forms of sexual representation also seem much less clear than they did in the past; mainstream representation has become more explicit and 'perverse' and imagery and language, which would have been classed as pornographic not very long ago, have become part and parcel of popular culture."
> (Attwood 2002: 94)

Die bisher vorgestellten Diskursverschränkungen haben vor allem auf die Beeinflussung der pornographischen Inhalte durch die soziokulturellen Kontexte der Gesellschaft gezielt oder haben eine Verbindung zwischen Pornographie und Subjekt untersucht. Dagegen geht die Diskursverschränkung der Pornofikation (McNair 1996 und 2002; Attwood 2002 und 2006), auch als Porno-Pop bezeichnet (Metelmann 2005), von den Wechselwirkungen eines selbstreferentiellen Gesellschaftssystems und der Pornographie aus, wobei das postmoderne Spiel der Gesellschaft mit dem medienvermittelten Genre der Pornographie vornehmlich über andere Medienangebote läuft und dieses in die zeitgenössische Popkultur aufgrund der kapitalistischen Fundierung der Gesellschaft integriert[241]. Dieser Ansatz verschränkt die Verschränkungsmomente des Spezialdiskurses über die Kommerzialisierung des Sexes mit der Wahrheit des Sexes und dem Diskurs über die Massenmedien.

Als theoretische Ausgangsprämisse der Pornofikation[242] der Gesellschaft fungiert in Anlehnung an Foucaults *Wille zum Wissen* (1983), dass eine Diskursivierung der Sexualität vorherrscht, die seit der sexuellen Revolution massiv zunimmt und die Medienlandschaft der Gesellschaft, welche als kapitalistisch und postmodern gekennzeichnet ist, zunehmend in eine „Striptease Culture" transformiert. Dabei gehen zwei Medientendenzen miteinander Hand in Hand: auf der einen Seite kann eine Sexualisierung der öffentlichen, durch die Massenmedien konstituierten Sphäre konstatiert werden, wonach zunehmend sexuelle Geständnisse, Selbstoffenbarungen und Selbstinszenierungen integraler Bestandteil der medienvermittelten Wirklichkeit sind. Insbesondere in den Unterhaltungsformaten wie Talkshows, Reality TV Shows sowie im Internet, aber auch in den Ratschlagkolumnen der Zeitschriften und Magazine gestehen Bürger öffentlich ihre sexuellen Geheimnisse und Gelüste. Diese Geständnisse bekommen gar Nachrichtenwert und einen noch höheren Unterhaltungswert, wenn sie von den Stars der Gesellschaft geäußert werden (vgl. McNair 2002: 88 ff). Die Sexualisierung der öffentlichen Sphäre weist in die Richtung einer sexuellen Anthropologie.

Auf der anderen Seite kann die Pornofikation der Gesellschaft beobachtet werden. Pornographie legt in ihrer drastischen Darstellung der Sexualität ein zentrales Moment der Emergenz der Striptease Culture offen, weil Pornographie als Abgrenzungskategorie für die massenmedial legitimierte Darstellung der Sexua-

---

[241] „Die Ausklammerung und Unterdrückung des Sexuellen in der Mainstream-Kultur, die also der Kultur der Pornographie unabdingbar, als Korrelat, bedarf, wird vom ideologischen Tabu des Triebverzichts und der ökonomischen Reglementierung der Triebbefriedigung (nur in erlaubten Bahnen, speziell in der Ehe) erzwungen" (Faulstich 1994: 265). Einer solchen Vorstellung der Ausklammerung der Pornographie aus der Mainstream-Kultur steht dieser Ansatz diametral gegenüber.

[242] Da McNair (1996; 2002) grundlegend von einer Definition der Pornographie ausgeht, die Pornographie als sexuell explizites Material zur sexuellen Erregung auffasst, kann er einerseits die Trennung der Pornographie vom Porno-Chic aufstellen und zugleich die Sexualisierung der öffentlichen Sphäre von der Pornographie getrennt halten.

lität auftritt. Parallel ist die Pornographieentwicklung ein Katalysator für die breitere Sexualisierung der Mainstream-Kultur (vgl. McNair 2006: 12) Grundlegend eingebunden sind die Sexualisierung der öffentlichen Sphäre und die Pornofikation der Gesellschaft in die gesamtgesellschaftliche Etablierung einer Postmoderne, in der die Darstellungen des Sexuellen von ihren Rezipienten prinzipiell vollkommen andersartig decodiert werden können als noch in der Moderne.

„[...] ‚postmodern' is a useful adjective to describe a climate in which images of sex and gender are being invested with new significance; in which significant dichotomies, such as ‚low' and ‚high' culture, ‚pornography' and ‚erotica', ‚passive feminism' and ‚active masculine', are being challenged; in which established worldviews and ways of seeing – feminism in particular – are undergoing internal fragmentation and restructuring." (McNair 1996: 2)

Die Emergenz der Pornofikation fußt auf fünf Gründen. Prinzipiell gebunden ist sie an die sexuelle Revolution und der sich aus ihr ergebenden verhältnismäßigen Liberalität gegenüber sexuellen Identitäten und Praktiken, an welche sich neue Formen der Beziehung und Familie anschließen. Einen weiteren Faktor stellt die mit der 1968er Generation einsetzende Verbreitung des Feminismus dar, welcher die sexuelle Sphäre politisiert und für die Gleichstellung der Frauen in allen politischen, sozialen und kulturellen Belangen kämpft. An diese beiden Faktoren knüpft die exponentiale Ausweitung der Diskursivierung der Sexualität an, indem die sexuelle und die geschlechtliche Identität diskursiv zur Disposition gestellt werden. Dabei kommt der Schwulenbewegung und ihrem Kampf um soziale Anerkennung und Entkriminalisierung ihres Sexualverhaltens eine besondere Bedeutung zu. Die 1980er markieren einen weiteren Einschnitt in der bisherigen Trennung von privat zu haltender Sexualität und legitimen Themen des öffentlichen Diskurses, weil die HIV/AIDS-Pandemie das Thema der Sexualität zunehmend in die öffentlichen Diskurse drängt. Die Gefahren der Krankheit erzwingen eine Konsolidierung sexueller Einstellungen und Verhaltensweisen, weshalb bislang tabuierte Themen wie schwuler und bisexueller Sex, Promiskuität und Analsex öffentlich angesprochen werden, um eine neue sexuelle Correctness des Safer Sex etablieren zu können. Außerdem ist eine erstarkte massenmediale Präsenz sexualkonservativer Kräfte zu verzeichnen, die Kontroversen rund um sexuelle Themen aufbauen. Das Zusammenspiel dieser Faktoren nährt ein kulturelles Klima, in welchem die Darstellung und Thematisierung der Sexualität öffentlich explizit und ausführlich erfolgen kann (vgl. McNair 1996: 9 ff). Ausgehend von der sexuellen Revolution verändern sich die sozialen Beziehungen mit weitreichenden sozialen und ökonomischen Konsequenzen innerhalb des Kapitalismus. Die Kultur[243] und die in sie gebetteten Massenmedien tragen wesentlich zur Diskursivierung dieser Veränderungen bei und diese wirkt ihrerseits auf die soziale, politische und ökonomische Sphäre zurück. Sämtliche Güter, Dienstleistungen und Waren der kapitalistischen Gesellschaft sind hochgradig ideologisch besetzt, insofern sie intentional produziert werden und auf die Lebenswelt der Gesellschaft verweisen. Jedoch eröffnen kulturelle Güter, Dienstleistungen und Waren auch die Optionen ihrer gegenideologischen Widerrede. Daher führen sie stets ihre reaktionäre Zustimmung, aber auch ihren subversiven Widerspruch mit sich. Hinsichtlich der medial thematisierten Sexualität fällt ein Zirkelschluss zwischen einer medienreflektierten und zugleich medienbasierten Änderung von Einstellungen gegenüber der Sexualität und des Geschlechts ins Gewicht (vgl. McNair 2002: 9 ff).

In diesem Konnex ist die Pornographie gemäß ihrer Legalisierung im Zuge der sexuellen Revolution ein integraler Bestandteil der die Medientechnologien nutzenden Unterhaltungsindustrie geworden, die in nicht unerheblichem Maße zur ökonomischen und soziokulturellen Stabilisierung des Kapitalismus in den westlichen Gesellschaften beiträgt. Eingelassen in ein globales Mediensystem wird die Pornographie als ein Angebot sexueller Diskursivierung neben unzähligen anderen offeriert, wobei dieses Mediensystem weniger auf politische Kontrolle als auf Kommerzialisierung rekurriert und so unter Berufung auf die Marktgesetze eine pluralistische, sexuelle Darstellung favorisieren kann. Dies trägt massiv zu einer Demokratisierung sexueller Begehren bei, indem eine Proliferation des Zugangs zu der Gestaltung und Bedeutungszuweisung sexueller Darstellungen ermöglicht wird (vgl. McNair 2002: 37 ff).

Zentraler Ausgangspunkt für die Pornofikation der Gesellschaft ist die Ausweitung der Pornosphäre, die neben der Domestizierung der Rezeption und Produktion pornographischer Medienangebote – wodurch beides im Zuge der medientechnischen Entwicklung prinzipiell für jedermann ermöglicht wird – die pornographischen Medienangebote selbst umfasst. Ausgeweitet werden kann die Pornosphäre durch die Etablierung von Meta-Diskursen über die Pornographie, welche in den Wissenschaften, die Pornographie im Hinblick auf Inhalte, Funktionen und Strukturen analysieren, und in anderen Medienangeboten, die sich thematisch in irgendeiner Form auf die Pornographie beziehen, geführt

---

[243] Hinter diesem Kulturbegriff steht natürlich ein anderes Kulturverständnis, als das dieser Arbeit zugrunde gelegte Verständnis nach Schmidt (2003). Kultur erstreckt sich hier eher auf die Sitten, Konventionen und Kulturerzeugnisse einer Gesellschaft, der gegenüber die Ökonomie und die Politik einen übergeordneten Bereich konstituieren.

werden. Das gesamte Ausmaß aller pornographischen Medienangebote umfasst also die Pornosphäre[244].

Inhaltlich baut die Pornographie nicht nur auf soziokulturelle Transgressionen bestehender Tabus auf, sondern vor allem auf den Strukturen des sexuellen Begehrens der Rezipienten, welches seinerseits massiv durch die psychologische Dimension seiner individuellen Sexualität, der Wahl seines sexuellen Objekts sowie durch sein präferiertes sexuelles Verhalten strukturiert wird. Daraus lässt sich der pornographische Geschmack ableiten, dem dann verschiedene pornographische Medienangebote auf dem Pornomarkt entsprechen können (vgl. McNair 2002: 42 ff).

„Pornography becomes a medium for the reflection and articulation of these desires when they are articulated by sexual communities with financial and cultural resources to constitute a market, whether legal or underground, and occupy a subsector of the pornosphere."
                                                                    (McNair 2002: 43)

Eine historische Perspektive offenbart, dass sich mit der sexuellen Revolution und den Veränderungen der soziosexuellen Beziehungen auch die Inhalte der Pornographie gewandelt haben, wobei die konkreten Formen und Bedeutungen pornographischer Inhalte als Resultate eines Aushandlungsprozesses zwischen den Werten und Zielen der Pornoproduzenten einerseits und dem Begehren und der Kaufkraft der Rezipienten andererseits zu verstehen sind (vgl. McNair 2002: 47).

Im Zuge der Etablierung und zunehmenden Ausweitung der Pornosphäre bildet die Pornographie mit Blick auf ihre Inhalte und Rezeption spezifische Konventionen aus, die in dem Maß kulturell bekannt sind, wie sich die Pornosphäre ausgeweitet hat. Eingebettet in die entstigmatisierenden Meta-Diskurse der Wissenschaft, die Pornographie als legitimen Erkenntnisgegenstand immer mehr als ein Unterhaltungsangebot neben anderen behandeln, wird Pornographie zunehmend für andere Medienangebote als Thema interessant, während die Konventionen der Pornographie spielerisch von der Kunst aufgegriffen und eigenen Zwecken zugeführt werden (vgl. McNair 1996: 117 ff).

„The codes of pornography, in particular, have been borrowed by many artists, who can assume that their audiences understand and decode them meaningfully. In recycling these images and codes, artists play with their established meanings, and seek to encourage new meanings to emerge from the material."
                                                                    (McNair 1996: 139)

---

[244] Insofern ist die Pornosphäre durchaus kongruent zu dem pornographischen Medienangebot zu lesen, das auf dem Schmidtschen Medienkompaktbegriff fußt.

Über die Kunst infiltrieren die Ikonographie und Codes der Pornographie nach und nach die Popkultur, wozu renommierte Künstler und kulturelle Figuren und Formationen von den Surrealisten bis zu zeitgenössischen Ikonen des Pop beitragen, wie bspw. Madonna im Popbereich, David Lynch im cineastischen Arthouse oder Performance-Künstler wie Jeff Koons (vgl. McNair 1996: 137 ff). Durch dieses Beziehungsgeflecht von Pornographie, Kunst und Popkultur kann sich der Porno-Chic konstituieren, der die zunehmende Pornofikation der Mainstream-Kultur seit Ende der 1980er Jahre bezeichnet (vgl. McNair 2002: 61 ff).

Der Porno-Chic instrumentalisiert und modifiziert die Konventionen der Pornographie bei der Darstellung des Sexuellen für die verschiedensten Zwecke, ohne sie komplett zu übernehmen. Zu beobachten ist der Porno-Chic vor allem in der Mode, der Werbung, der Unterhaltungsindustrie und der Kunst. Während für die frühen 1970ern bereits einmal ein Porno-Chic diagnostiziert werden kann, bezieht sich dieser frühe Porno-Chic tatsächlich auf die Rezeption der Pornographie als ein legitimes Unterhaltungsangebot, welches zum Chic avanciert. Dabei wird der Pornographie ein Platz am Rand der Mainstream-Kultur eingeräumt, der sie noch weit genug außerhalb stehen lässt, damit ihr transgressives Potential nicht aufgesogen wird. Die massive Kritik der Feministinnen beendet diese erste Phase des Porno-Chic. Demgegenüber bezieht sich der Porno-Chic der Postmoderne nicht auf die konkrete Pornographie, sondern auf das selbstreferentielle Spiel der Popkultur und der Medien mit der Pornographie, wodurch die Konventionen der Pornographie von ihrer direkten und transgressiven Natur getrennt werden und in sophistizierte Darstellungen transformiert werden. Der Porno-Chic der Gegenwart zeichnet sich durch eine unterhaltende und nicht verstörende Rezeptionspraxis aus. Dabei sind Pornographie einerseits und Porno-Chic als das selbstreferentielle Spiel mit Fragmenten der Pornographie andererseits strikt voneinander zu trennen (vgl. McNair 2002: 62 ff).

> „Porno-chic is not porn, then, but the representation of porn in non-pornographic art and culture; the pastiche and parody of, the homage to and investigation of porn; the postmodern transformation of porn into mainstream cultural artefact for a variety of purposes including, as we shall see, advertising, art, comedy and education."
>
> (McNair 2002: 61)

Grundsätzlich können zwei Stränge des Porno-Chic voneinander differenziert werden. So finden sich auf der einen Seite Darstellungen, die mit den Konventionen der Pornographie spielen und in ihrer Ästhetik und Narration auf sie verweisen. Diese Darstellungen werden zwar nicht als pornographisch aufgefasst und klassifiziert, ähneln der Pornographie aber durchaus. Exemplarisch können die Inszenierungen Madonnas genannt werden, die im Kontext ihrer

Musikvideos verschiedene Elemente der Pornographie aufgreift und in massen-kompatible Produkte transformiert (vgl. McNair 2002: 65 ff; 1996: 158 ff). Auf der anderen Seite stehen die Darstellungen, die Pornographie zu ihrem zentralen Thema in den unterschiedlichsten diskursiven Modi machen. So haben mehrere Hollywood-Filme die Pornoindustrie thematisiert wie *The People vs. Larry Flynt*[245], *Boogie Nights*[246] oder *8mm*[247] (vgl. McNair 2002: 70 ff).

Insbesondere die Werbeindustrie und die Modephotographie greifen auf den Porno-Chic zurück, um Aufmerksamkeit für ihre Produkte akkumulieren und entsprechend diese absetzen zu können. Grundsätzlich erscheint die konkrete Implementierung des Porno-Chic in ein Medienangebot aber immer als eine Gradwanderung entlang legitimer Darstellungsmuster, die durchaus auch selbst ins Pornographische kippen können (vgl. McNair 2002: 76 ff).

Die Pornofikation der Gesellschaft kann als Indikator für die ökonomische Be-deutung der Pornographie betrachtet werden, während sie zudem auch eine neue Form der warenförmigen Gestaltung und Diskursivierung des Sexes darstellt, die über das selbstreferentielle Mediensystem via Porno-Chic neue Zielgruppen rekrutieren (vgl. McNair 1996: 138 ff; ebd. 2002: 87).

Auf dem Verständnis der Pornofikation der Gesellschaft aufbauend können somit distinkte Analysen durchgeführt werden. So verweist die Pornofikation nicht zwangsläufig auf eine Demokratisierung des Begehrens, denn nicht allen sexuellen Begehren werden in den westlichen Kulturen gleichermaßen Zugang zu der Gestaltung von Medienangeboten im kulturellen Mainstream gewährt. Als zentrale Faktoren sind soziale Klasse, Rasse und Geschlecht bestimmend, wenn es um die Gestaltung der Mainstream-Kultur geht.

Exemplarisch kann die Analyse des Classy Sex (Attwood 2006) aufzeigen, wie der Porn-Chic für die Präsentation einer hedonistischen Sexualität dienstbar gemacht wird, die in ihrer Emergenz an den sozialen Aufstieg eines bourgeoi-sen Milieus gebunden ist, deren Mitglieder vornehmlich aus der beruflichen Sphäre der Präsentation und Repräsentation in Marketing, Werbung, im Mode-bereich sowie in den Medien stammen. Sex wird hier in erster Linie als Spaß verstanden und massiven Ästhetisierungsstrategien unterworfen. Diese Form des Porno-Chic entwirft ein Bild glamouröser Sexyness, die am deutlichsten in der Fernsehserie *Sex and the City* zutage tritt (vgl. Attwood 2006: 84 ff).

---

[245] Der Film, der in Deutschland unter dem Titel *Larry Flynt – Die nackte Wahrheit* (1998) lief, thematisiert die Kämpfe, die *Hustler* Herausgeber Larry Flint im Namen der Meinungsfreiheit vor Gericht ausgefochten hat.

[246] Boogie Nights (1997) erzählt die Geschichte des Pornostars Dirk Diggler, der in den 1970ern und 1980ern Star der amerikanischen Pornoszene ist. Anleihen für die Figur des Dirk Diggler werden bei dem Pornostar John Holmes gemacht.

[247] In 8mm (1999) wird das Thema des Snuff-Films aufgenommen.

„This sophisticated from of presentation makes use of aesthetic distinctions in order to create access for an audience that has traditionally been excluded from the consumption of sexually explicit material. In the process, a whole series of signifers is linked to connote a new liberated, contemporary sexuality for women; sex is stylish, a source of physical pleasure, a means of creating identity, a form of body work, self-expression, a quest for individual fulfilment."   (Attwood 2006: 86)

Durchzogen ist dieser Entwurf hedonistischer Sexualität aber mit Klassentrennungen und Klassenunterschieden, die gebunden an einen speziellen konsum- und luxusorientierten Lifestyle erkenntlich sind. Zugleich wirkt der Porno-Chic dieses Milieus auf die Pornographie und die Pornoindustrie zurück, welche entsprechende Ästhetisierungsstrategien aufgreift, um neue Zielgruppen akquirieren zu können, wodurch neue Formen der domestizierten Pornographie entstehen. Diese inkludieren das angesprochene Milieu und exkludieren synchron andere Rezipientengruppen (vgl. Attwood 2006: 86).
Sehr ähnlich ist das Konzept des Porno-Pop, wenngleich in seiner theoretischen Ausarbeitung weniger elaboriert, dafür stärker auf Beispielanalysen des Porno-Pop ausgerichtet.

„Porno-Pop, verstanden als kulturelle Konstellation, verstärkt die durch die Lust- und ‚Genieße!'-Imperative spätestens seit Anfang der Neunziger angestoßene Überbetonung des Körpers. Die pornografische Fiktion, dass es Sex ‚einfach gibt', diffundiert in die breitere pokulturelle Öffentlichkeit und wird zu einer fixen Idee, einem Phantasma des Mainstream-Imaginären. Dies ist trügerisch, denn die Fiktion ist und bleibt Fiktion, das Phantasma eine im Reich des Symbolischen uneinholbare Vorstellung."
(Metelmann 2005b: 50)

Dabei tritt das Pornographische aus den Räumen des Tabus, wird aufgegriffen und zu Porno-Pop-Formaten umgestaltet, sodass der sexuelle Akt in seiner angedeuteten Darstellung beständig omnipräsent ist (vgl. Metelmann 2005a: 7 ff). Kennzeichnend für das Porno-Pop-Format sind drei Elemente. Zunächst offeriert es die von der Pornographie entliehene Fiktion, dass es Sex „einfach gibt" und formiert dadurch das ultimative Phantasma der Konsumgesellschaft, welche ihre Produkte, insbesondere über die Strategie des sex sells, dem Konsum feilbietet. Daneben kennzeichnet das Fake den Porno-Pop, denn obwohl der fiktionale Charakter der Pornographie per se bekannt ist, wird in dem Porno-Pop-Format diese Fiktionalität durch die Verbindung von Konsum, Warenwelt und sexuellem Konsum verkleidet. Schließlich bindet die Sortierung individuelle und kollektive Vorstellungen sowie den Körper an die zentrale Dichotomie von Sextätigkeit und Sexuntätigkeit (vgl. Metelmann 2005b: 50 ff).

„War der Bruch des Tabus ein zentraler Bestandteil der Pornografie als aufklärerisches Programm und Genre, negiert das Porno-Pop-Format Grenze und Überschreitung, indem es die Wahrnehmung nach Maßgaben des dauernd ‚einfach' vollzogenen Aktes einrichtet, der aber nie ‚echt' vollzogen wird. Es ist dieses Spiel mit den Oberflächen der bildmedialen Welt, die auf Identifikation und nicht mehr auf literarisch geschulte Imagination zielen, in dem die Grenzverletzung, das Eindringen nicht mehr tabuisierte Durchdringung der Oberfläche ist, sondern zur Strukturformel der Oberfläche selbst wird."

(Metelmann 2005b: 54)

Als zentrale Beispiele des Porno-Pop können der fortwährend unter Pornographieverdacht stehende Hip Hop oder die sexualisierten Darbietungen von Sängerinnen wie Britney Spears, Christina Aguilera oder Peaches betrachtet werden (Flaßpöhler 2005; Werner 2005). In der Literatur spielen vor allem Autoren wie Michel Houllebecq oder Vladimir Sorokin mit der Pornographie in ihren Werken (Obermayer 2005; Metelmann 2005b).

7. Pornographie im Diskurs der Wissenschaft: Zwischen „sprechendem Sex" und Medienvermittlung

Nach den vorangegangenen Ausführungen kann die Frage danach beantwortet werden, was weshalb in dem wissenschaftlichen Pornographiediskurs sagbar ist. Wie verdeutlicht worden ist, konstituiert sich der wissenschaftliche Pornographiediskurs idealtypisch in den drei Diskursdimensionen der Darstellung, des Inhalts und der Verschränkung von Darstellung und Inhalt.

Abb. 16: Drei Dimensionen des Pornographiediskurses

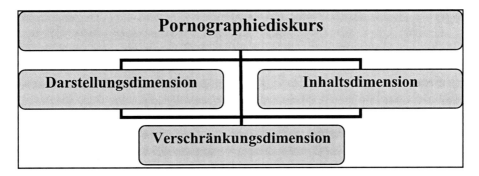

Die Darstellungsdimension behandelt die Pornographie unter dem Aspekt der medienspezifischen Vermittlung, wobei drei Aussagenfelder identifiziert werden können. Zunächst werden die Legitimationsaussagen isoliert, die besonders zu Beginn der Diskurskonstitution in den 1960ern über die Begründungen eines Forschungsinteresses hinausreichen. Mit Etablierung des Pornographiediskurses und Ausbildung der Porn Studies in den USA seit den 1990ern fällt auf, dass sich die Legitimationsaussagen in Richtung Notwendigkeit von Lehrtätigkeit an Universitäten verschieben. Der Pornographie muss nicht länger ein über sie hinausreichendes Erkenntnisinteresse attestiert werden, während allerdings die Lehre zusätzlicher Legitimationsaussagen bedarf. Daneben findet sich ein Aussagenkomplex über die Geschichte des Genres, der je nach Ansatz den Ursprung pornographischer Medienangebote in die Frühzeit menschlicher Kulturtätigkeit oder in die italienische Renaissance verlegt. Bis in die viktorianische Epoche läuft die Beschreibung der Geschichte des Genres weitgehend parallel zu der Analyse pornographischer Literatur. Mit der technisch-evolutionären Medienausdifferenzierung beginnt auch die Fokussierung auf einzelne, spezifische pornographische Medienangebote. Insbesondere die Literatur und die filmische Pornographie können bis dato viel wissenschaftliche Aufmerksamkeit

auf sich ziehen. Es zeichnet sich allerdings ab, dass die Darstellungsdimension
nur relativ sporadisch ins Zentrum wissenschaftlicher Forschung gestellt wird.
Während die auf die Isolation von Idealtypen konzentrierte, diskursanalytische
Betrachtung die Darstellungsdimension weitgehend von inhaltlichen Aspekten
getrennt vorzustellen sucht, indem die analysierten Besonderheiten der Sprache,
der Kameraführung, der medienspezifischen Kategorienbildung oder technische
Entwicklungen hervorgehoben werden, fällt auf, dass sich auch in die Darstellungsdimension immer wieder inhaltliche Aussagen einfädeln.
In der Inhaltsdimension offenbart sich, dass die Inhalte pornographischer Medienangebote ausschließlich vor dem Hintergrund eines weiteren wissenschaftlichen Diskurses mit dem Schwerpunkt auf wissenschaftliche Erkenntnisse über
Sexualität angegangen und entschlüsselt werden. Das wissenschaftliche Verständnis Pornotopias kann damit als eine Interpretationsleistung verstanden
werden, die zentrale Aussagenkomplexe des wissenschaftlichen Sexualitätsdiskurses in den Pornographiediskurs injiziert. Die gewichtigsten Rahmungen des
Sexualitätsdiskurses sowie die Analyse der Verbindungen von Macht und Sexualität erhalten so Eingang in den Pornographiediskurs, wobei die jeweilige Verhaftung des Sexualitätskonzepts an ein essentialistisches oder konstruktivistisches Paradigma weitreichende Konsequenzen für das Verständnis und die
Bewertung Pornotopias hat.

Abb. 17: Pornotopia als Interpretationsleistung

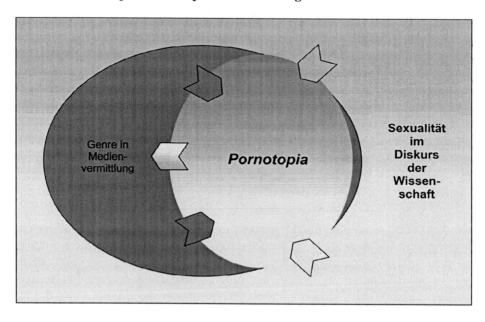

Wenngleich sich die Interpretation pornographischer Medieninhalte an privilegierter Stelle in dem Pornographiediskurs positioniert, geht dieser keinesfalls in der Interpretation Pornotopias auf, was durch die Darstellungsdimension bedingt ist. Als medienvermitteltes Genre der Inszenierung sexueller Phantasien oszilliert die Interpretation Pornotopias zwischen der Fokussierung auf den sexuellen Inhalt und der Einschreibung medienspezifischer Aspekte.

Über den interpretationsbasierten Zugang zu den pornographischen Medieninhalten verschränken sich der Pornographie- und der Sexualitätsdiskurs miteinander. So kann beobachtet werden, dass nur ein einziger Diskursbeitrag des Archivs davon absieht, sich analytisch in irgendeiner Form auf die pornographischen Inhalte zu stützen, indem Pornographie als eine dynamische Zuschreibungskategorie politischer Auseinandersetzungen in einer historischen Perspektive angegangen wird (Kendrick 1996). Gerade dieser Diskursbeitrag belegt, dass Pornographieforschung auch ganz von den sexuellen Inhalten oder dem Bezug auf den Sexualitätsdiskurs und seine Interpretationskategorien und Aussagenkomplexe absehen kann. Als zentrale Verschränkungen konnten elf Verknüpfungspunkte identifiziert werden, die in ihrer Anbindung an den Sexualitätsdiskurs durch Pornotopia verlaufen.

Abb. 18: Diskursverschränkungen über Pornotopia

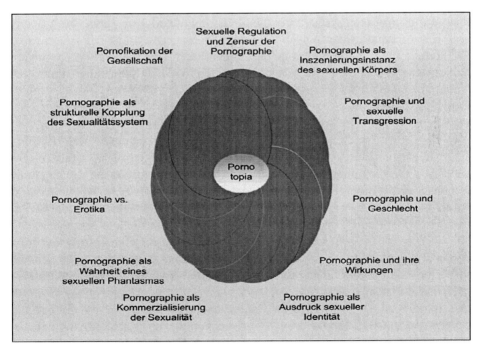

Die Verschränkung zwischen der sexuellen Regulation und der Zensur der Pornographie bindet die Zirkulation pornographischer Medienanhalte an das deutsche Sexualstrafrecht, das einerseits in die Distribution eingreift und andererseits die Inhalte entlang ihrer strafrechtlich eingestuften Legitimität in erlaubte, weiche und verbotene, harte Pornographie klassifiziert. Hinter dem gegenwärtigen Stand des Sexualstrafrechts steht die sexuelle Verhandlungsmoral, welche ein Modell der soziokulturellen Sexualitätsrahmung darstellt. Zugleich bindet sich die strafrechtliche Regulation im Allgemeinen an die Verstrebungen von Macht und Sexualität.

In der pornographischen Inszenierung sexueller Körper findet sich sowohl eine Inversion des christlichen Körper-Geist-Dualismus, als auch das Konzept der hochkomplexen Konstruktion von Körperlichkeit aufgegriffen. Dabei wird der Fokus entweder auf die dargestellten Körper der pornographischen Figuren richtet, oder es werden die körperlichen Reaktionen der Rezipienten auf pornographische Medienangebote thematisiert.

Besonders viele Aussagen kumulieren in der Analyse der durch die Pornographie begangenen Tabubrüche. Hieran schließt das subversive Potential pornographischer Medienangebote an, das je unterschiedlich eingestuft wird. Insofern Pornographie öffentlich die verschiedensten Transgressionen beschreitet, welche von ästhetischen Verstößen in der formalen und inhaltlichen Gestaltung bis hin zu politischen Überschreitungen reichen und in deren Kontext Sade, Bataille und Aretino als Transgressoren explizit Erwähnung finden, bindet sich daran eine Hervorhebung ihrer subversiven Kraft. Ausgehend von einer Einordnung der Pornographie in die Kulturindustrie büßt sie erheblich an subversivem Gehalt ein und ordnet sich stattdessen dem Potpourri leicht konsumier- und rezipierbarer Massenkulturprodukte unter.

In der Verschränkung zwischen Pornographie und Geschlecht fordert zunächst vor allem die kulturfeministische Position viel Aufmerksamkeit, die Pornographie als Theorie zur Praxis männlich-sexueller Gewalt konzipiert. Pornographische Medienangebote werden theoretisch aufgegriffen und in den kulturfeministischen Selbstbestimmungsdiskursen als Angriffsfläche zur Platzierung feministischer Forderungen instrumentalisiert. Während diese Position einen naturalistischen Ansatz männlicher und weiblicher Sexualität bemüht, wird daneben zudem eine konstruktivistische Perspektive sexueller Geschlechtlichkeit ausgemacht. Hierin wird Pornographie zunächst als eine Instanz verstanden, die verschiedene Formen der sexuellen Männlichkeit und Weiblichkeit inszeniert und darüber hinaus spezielle Darstellungsweisen für die geschlechtsspezifische Lust engagiert.

Die Wirkungen pornographischer Medienangebote rekurrieren auf die psychische Sexualitätsrahmung wie auch auf die komplexen Machtzuschreibungen, welche der Sexualität per se attestiert werden. In diesem Sinne impliziert auch die medienvermittelte Darstellung von Sexualität irgendeine Form der Wirkungsmacht auf den Rezipienten. Daneben kann sich im Gegenzug durch den Rückgriff auf eine aktive Rezipientenposition die Frage eröffnen, wozu der Rezipient kraft seiner Vorstellungskraft und seiner Bedürfnisse die Pornographie konkret nutzt und einsetzt. Aussagen um diesen Themenkomplex sind in der empirischen Wirkungsforschung versammelt. Zudem konnten Aussagen isoliert werden, die auf einer psychoanalytisch begründeten Perspektive aufsetzen und die psychologische Tiefenstruktur pornographischer Medienangebote analysieren, um so die in der Pornographie verankerten Bedürfnisbefriedigungen und deren Relevanz für einen idealtypischen Rezipienten aufzuschlüsseln. Schließlich findet sich in dem Pornographiediskurs eine dritte Wirkungskonzeption, die nach der performativen Wirkungsmacht pornographischer Medienangebote fahndet.

Die Verschränkung mit dem theoretischen Modell sexueller Identität untersucht, ob und wie Pornographie von unterschiedlichen sexuellen Identitäten als Form der sexuellen Selbstdarstellung eingesetzt wird.

Die Kommerzialisierung der Sexualität in der Pornographie zielt zunächst auf eine kulturkritische Analyse der Vermarktung der Sexualität durch die Pornographie. Des Weiteren können Aussagen ausgemacht werden, die die Marktgesetze pornographischer Medienangebote anvisieren. Ferner fällt der Aussagenkomplex über die ökonomisch orientierte Pornoindustrie in diesen Kontext.

In Anlehnung an die von Foucault (1983; 1978) konstatierte Diskursexplosion über Sexualität, in der Sexualität und Wahrheit miteinander verknüpft werden, kann eine weitere Diskursverschränkung isoliert werden, die in der Pornographie den Ausdruck einer sexuell phantasmatischen Wahrheit erblickt. Besondere Betonung sollte eine der ersten Untersuchungen pornographischer Medienangebote erfahren, die bereits vor Foucaults *Wille zum Wissen* (1983) auf die Verbindung zwischen Wissen und Sexualität hingewiesen hat, welche sich in den Inhalten der Pornographie wiederfindet (Michelson 1968).

In den Versuchen, Pornographie von anderen Medienangeboten mit sexuellen Inhalten abzugrenzen, treten neben sozialen Distinktionsmechanismen vor allem Zuschreibungsprozesse zu Tage, die sich an die Darstellungsform oder an die Inhalte der Pornographie heften.

Die Analyse der Pornographie als strukturelle Kopplung basiert auf dem systemtheoretischen Modell eines Sexualitätssystems der modernen Gesellschaft. Pornographie kann danach als strukturelle Kopplung zwischen dem System der Massenmedien und dem Sexualitätssystem beschrieben werden.

Als letzte Diskursverschränkung tritt das Theorem der Pornofikation der postmodernen westlichen Gesellschaften auf, in dessen Kontext sehr verschiedene

Aussagen zur Kommerzialisierung der Sexualität sowie soziokulturellen und massenmedialen Selbstreferentialität aufgegriffen und zusammengeführt werden.

Auf der einen Seite finden sich somit Aussagenkomplexe, die die Darstellungsdimension anvisieren, während sich auf der anderen Seite wissenschaftliche Aussagen über Sexualität finden, die über die Interpretation pornographischer Medieninhalte Eingang in den Pornographiediskurs finden. Aus dieser Zusammenbringung von Darstellungs- und Inhaltsdimension erwächst die Diskursverschränkung als dritte Dimension, dabei sind die Darstellungs- und die Vermittlungsdimension explizit, die Inhaltsdimension lediglich implizit erschließbar.

Visualisiert kann man sich im Herzen des wissenschaftlichen Pornographiediskurses die Interpretation pornographischer Medieninhalte vorstellen, während die Medienvermittlung den Pornographiediskurs umschließt und damit nicht vollkommen in dem Sexualitätsdiskurs aufgehen lässt. Zugleich fungiert der zwischen Essentialismus und Konstruktivismus oszillierende wissenschaftliche Diskurs über Sexualität als Hintergrundfolie, die sich indirekt in den zentralen, inhaltlich orientierten Zugang zu den pornographischen Medienangeboten einwebt.

Abb. 19: Pornographie im Diskurs der Wissenschaft

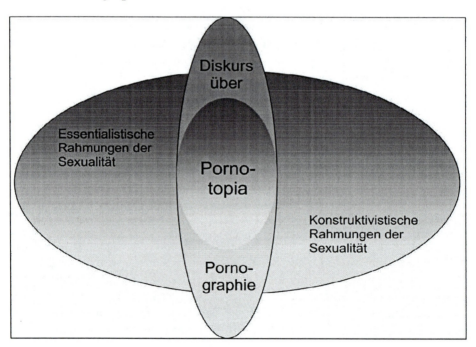

8. Schlussbemerkung

Wie an der Etablierung der Porn Studies ablesbar ist, kann Pornographie als legitimer und ausgesprochen informativer Erkenntnisgegenstand gewertet werden, weshalb eine Aussage wie „pornography is not a matter for scientific treatment" (Elliott 1965: 75) lediglich der Anfangsphase wissenschaftlicher Pornographieforschung zuzuordnen ist. Trotzdem kann die analytische Auseinandersetzung mit der Pornographie in Deutschland nur sehr wenig wissenschaftliche Aufmerksamkeit akkumulieren. Daher bleibt abschließend die Frage nach den sinnvollen Anschlussoptionen kommunikationswissenschaftlicher Forschung zu beantworten, nachdem die vorangegangen Ausführungen die Sagbarkeitsfelder des wissenschaftlichen Pornographiediskurses dargelegt haben. Die Kommunikationswissenschaft begreift sich selbst als die Wissenschaft, die „als theoretisch und empirisch arbeitende Sozialwissenschaft mit interdisziplinären Bezügen" Probleme „der Kommunikationspraxis durch angewandte Forschung" angeht (Selbstverständnisausschuss der DGPuK 2008: 1). Dabei liegt der kommunikationswissenschaftliche Schwerpunkt zwar eher in den Bereichen der Journalistik, der PR- und Werbeforschung als in der Unterhaltungsforschung, doch bietet die Kommunikationswissenschaft genau das theoretische und methodologische Untersuchungsinstrumentarium, den wissenschaftlichen Pornographiediskurs aufzugreifen und an entscheidenden Stellen weiterzubringen. Da sich der Pornographiediskurs aufgrund seiner Darstellungsdimension von dem allgemeinen wissenschaftlichen Diskurs über Sexualität abhebt, begründet ebendiese Medienvermittlung den privilegierten Zugang kommunikationswissenschaftlicher Forschung.

Als Schematisierung der möglichen Ansatzpunkte kommunikationswissenschaftlicher Forschung bietet sich eine Übertragung der von Siegfried Weischenberg geprägten Zwiebelmetapher des Systems Journalismus (Weischenberg 1994) auf die Untersuchung pornographischer Medienangebote an. So können auch für pornographische Medienangebote die einzelnen Schichten der Zwiebel als hierarchisch angeordnete Faktoren gedacht werden, die die Entstehung eines pornographischen Medienangebots beeinflussen und zugleich divergierende Ansatzpunkte kommunikationswissenschaftlicher Forschung konstituieren. Dabei fällt ins Gewicht, dass es durchaus Anschlussoptionen kommunikationswissenschaftlicher Forschung gibt, die Pornographie weitgehend ungeachtet einer Verschränkung mit dem wissenschaftlichen Sexualitätsdiskurs untersuchen können. In der Konzentration auf die Verbindung von medientechnischer Evolution und ihrer Adaption in der Produktion von Pornographie, in der Untersuchung des Verhältnisses von Zensur und Porno-

graphie sowie in der organisationssoziologischen Analyse der Organisationsstrukturen pornographischer Produktion und Distribution kann auf den Rückgriff anderer wissenschaftlicher Disziplinen zur Fundierung eines wissenschaftlichen Sexualitätsverständnis weitgehend verzichtet werden. Wie das
Diskursarchiv gezeigt hat, steht Forschung in diesen Bereichen für den deutschsprachigen Raum nahezu gänzlich aus.

**Abb. 20: Das Genre Pornographie und die Anschlussoptionen kommunika-
tionswissenschaftlicher Forschung**

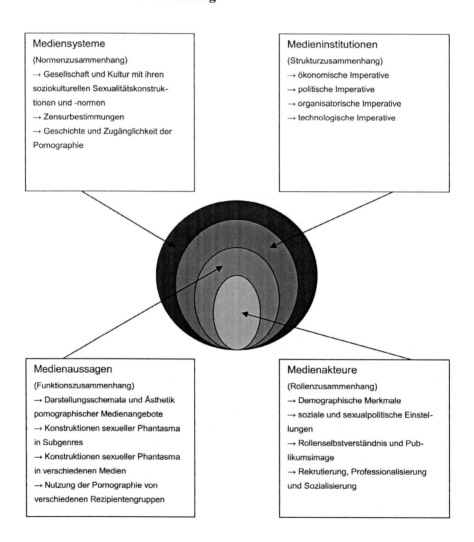

Mediensysteme

(Normenzusammenhang)

→ Gesellschaft und Kultur mit ihren
soziokulturellen Sexualitätskonstruktionen und -normen

→ Zensurbestimmungen

→ Geschichte und Zugänglichkeit der
Pornographie

Medieninstitutionen

(Strukturzusammenhang)

→ ökonomische Imperative

→ politische Imperative

→ organisatorische Imperative

→ technologische Imperative

Medienaussagen

(Funktionszusammenhang)

→ Darstellungsschemata und Ästhetik
pornographischer Medienangebote

→ Konstruktionen sexueller Phantasma
in Subgenres

→ Konstruktionen sexueller Phantasma
in verschiedenen Medien

→ Nutzung der Pornographie von
verschiedenen Rezipientengruppen

Medienakteure

(Rollenzusammenhang)

→ Demographische Merkmale

→ soziale und sexualpolitische Einstellungen

→ Rollenselbstverständnis und Pub-
likumsimage

→ Rekrutierung, Professionalisierung
und Sozialisierung

Demgegenüber gilt, dass ein interdisziplinärer Zugang gewählt werden muss, sobald die Inhalte pornographischer Medienangebote zentrale Relevanz im Erkenntnisinteresse gewinnen oder das Verhältnis sexueller Normen einer Gesellschaft und ihrer pornographischen Medienangebote untersucht werden soll. Ein solcher Zugang ermöglicht es, ein über das Alltagsverständnis hinausreichendes, wissenschaftliches Bewusstsein von Sexualität zu begründen und vorzustellen. Parallel konstituieren, verfestigen und vergrößern sich in dieser Selbstreferentialität interdisziplinärer wissenschaftlicher Diskurse die Synopsen der Diskursverschränkung von wissenschaftlichem Pornographie- und Sexualitätsdiskurs. Als wichtigste Disziplinen kann die kommunikationswissenschaftliche Forschung die Soziologie, die Psychologie und die Psychoanalyse in Abhängigkeit von dem konkreten Forschungsinteresse heranziehen, wobei auch die Theorien und Modelle der Gender Studies und der Queer Theories Hilfestellung leisten können.

Die äußere Schale bildet den Normenzusammenhang, welcher pornographische Medienangebote als zentrale gesellschaftliche Rahmenbedingungen umschließt. Hierzu gehören die Sexualitätskonstruktionen und -normen einer Gesellschaft ebenso wie die Zensurbestimmungen, die in der historischen Perspektive nachgezeichnet oder gegenwärtig aufgeschlüsselt werden können. So stellt sich die Frage nach dem Verhältnis zwischen kulturellen Sexualnormen und Zensur der Pornographie in einer Epoche. Welche Strategien der Zensur wurden und werden wann gewählt? Welche Begründungen der Zensur von Pornographie werden wann angeführt? Welche Bedeutung hat der Jugendschutz in den unterschiedlichen Kulturen?

Als nächste Schale offenbaren sich die Zwänge der Medieninstitutionen, in denen pornographische Medienangebote zustande kommen. Liegt der Fokus kommunikationswissenschaftlichen Interesses auf dem Strukturzusammenhang pornographischer Medienangebote, werden vor allem die jeweils medienspezifischen ökonomischen, organisatorischen und technologischen Imperative anvisiert. Gerade vor dem Hintergrund des desaströsen Desiderats organisationssoziologischer Erkenntnisse über die Strukturen der Pornoindustrie, sowie mit Blick auf die Veränderung der Produktionsbedingungen pornographischer Medienangebote durch Digitaltechnik und Internetdistribution, wird deutlich, dass sich hier ein Forschungsbereich auftut, der bislang vollkommen negligiert worden ist. Welche Strukturen vertikal und horizontal gegliederter Arbeitsprozesse gibt es? Wie divergieren diese Strukturen zwischen den einzelnen Medien? Wie ändern sich die Strukturen im Kontext zunehmender Digitalisierung? Die Eigendynamik internetbasierter Pornographie verändert grundlegend die Bedingungen pornographischer Medienproduktion. Zahlreiche Rezipienten können sich als Produzenten betätigen und damit nicht nur die Ästhetik ihrer pornographischen Medienangebote selbst bestimmen, sondern diese auch kostenlos über das Internet an andere Rezipienten distribuieren. Welche ökonomischen Abschöpfungspotentiale eröffnet das Internet? Wie verändern sich die ökonomischen Imperative für etablierte Produzenten pornographischer Medienangebote angesichts der beständigen und oftmals kostenlosen Zugänglichkeit von Pornographie im Internet? Daneben bildet das Internet auch das Forum für die Emergenz eigener Formen der Medienkonvergenz, wie das Beispiel des Ende 2007, Anfang 2008 durch das Netz kursierenden koprophilen Filmausschnitts *2 girls 1 cup* zeigt. Mittlerweile kann der Clip nicht nur einen eigenen wikipedia-Eintrag[248] verbuchen, sondern liegt ferner zahlreichen youtube-Videos[249] zugrunde, in denen User sich selbst bei der Rezeption des Filmausschnitts gefilmt haben, oder in denen sie die koprophilen Handlungen selbst persifliert haben.

Während in den Schalen des Normen-, des Struktur- und des Rollenzusammenhangs eher eine produzentenorientierte Perspektive für Anschlussoptionen kommunikationswissenschaftlicher Forschung eingenommen wird, stellt der Funktionszusammenhang die konkreten pornographischen Medienangebote selbst in den Mittelpunkt des Erkenntnisinteresses. Mit Blick auf die Darstellungsschemata und Ästhetiken pornographischer Medienangebote fällt auf, dass sich besonders die kommunikationswissenschaftlichen Methoden der Inhalts- und Diskursanalyse eignen, diese Spezifika der Medienvermittlung empirisch herauszuarbeiten. Von Faulstich zwar bereits vor gut 15 Jahren aufgeworfen, gilt noch immer:

„Wissenschaftliche Forschungen zu den diversen Problemfeldern der Pornografie, angefangen bei ihrer Geschichte in der Antike, bis hin zu den Instanzen und Bereichen des Marktes, sind stark lückenhaft, tendenziös oder fehlen gänzlich. Das betrifft insbesondere den zentralen Bereich der Ästhetik: die Bauformen pornografischen Erzählens und Darstellens in allen Medien."
(Faulstich 1994: 245)

Mit Blick auf den Anknüpfungspunkt sexueller Identität kommt die Problematik der inhaltlichen Gestaltung pornographischer Medienangebote für unterschiedliche Zielgruppen zu Bewusstsein: Welche pornographischen Inhalte können für welche Zielgruppe identifiziert werden? Wie sind diese spezifischen pornographischen Inhalte gestaltet? Eine umfassende Bestandsaufnahme pornographischer Subgenres und ihrer Besonderheiten und Schemata sowie der das gesamte Genre verbindenden Gemeinsamkeiten steht bislang noch aus. Unter dem Beg-

---

[248] http://en.wikipedia.org/wiki/2_Girls_1_Cup Zugriff am 27. Aug. 2008
[249] z. B. http://de.youtube.com/watch?v=nOn1htjSZic Zugriff am 27. Aug. 2008,
http://de.youtube.com/watch?v=wxp3zqIqO68 Zugriff am 27. Aug. 2008 oder
http://de.youtube.com/watch?v=Wqpq3tpy9Ug Zugriff am 27. Aug. 2008

riff der Pornographie wird trotz ihrer immensen Ausdifferenzierung weitgehend noch immer die heterosexuelle Mainstream-Pornographie, zumeist in einer hardcore-pornographischen Inszenierung für eine männliche Zielgruppe generalisiert. Erste Analysen beginnen darüber hinaus gehend, auch weitere Formen der Pornographie zu untersuchen.

Einen bislang unberücksichtigten Bereich gibt die Intermedialität ab, zumal es noch aussteht, die Einschreibung der unterschiedlichen Medienvermittlung für einen pornographischen Plot herauszuarbeiten. Klassiker der literarischen Pornographie wurden häufig als Vorlagen für Zeichnungen und Illustrationen herangezogen, wurden verfilmt und werden mittlerweile auch als Hörbücher aufgenommen. Wie gestaltet sich ein und dieselbe pornographische Narration in den unterschiedlichen Medien? Wie ändert ein pornographischer Stoff seine Gestaltung, seinen Schwerpunkt und seine Ästhetik, wenn er von unterschiedlichen Medien aufgegriffen wird? Welche Formen der Lust schreiben sich in diese unterschiedlichen Medienangebote ein?

Wie die Darstellungsdimension des wissenschaftlichen Pornographiediskurses gezeigt hat, wird das Internet vor allem hinsichtlich seiner Distributionspotentiale thematisch aufgegriffen. Gerade hinsichtlich der sexuellen Verhandlungsmoral, die ihren Fokus auf das Zustandekommen sexueller Interaktionen legt, kann davon ausgegangen werden, dass Psychologie, Soziologie und Pädagogik sich der Internetpornographie vornehmlich über Probleme der Jugendschutzbestimmungen, über die Gefahren der Verbreitung pädophiler Medienangebote in „Pädonetzwerken" und über Optionen suchtfördernden Rezeptionsverhaltens annähern werden, während andere Aspekte der Internetpornographie wie ihre Ästhetik und Darstellungsschemata eher unberücksichtigt bleiben. An dieser Stelle kann kommunikationswissenschaftliche Forschung einsetzen und besagte Probleme als Erkenntnisgegenstand aufgreifen. Außerdem kann sie versuchen, nicht nur einen kategorisierenden Überblick über bestehende pornographische Internetangebote zu schaffen, sondern auch die Besonderheiten der Anforderungen und die Situation computerbasierter Pornographierezeption aufzuschlüsseln. Wie schreibt sich die aktive Suche nach interessanten Pornographieangeboten in die Rezeption ein? Wie handhaben die unterschiedlichen Cybersexportale das Spiel mit pornographischen Konventionen? Welche Bedeutung gewinnt die Pornographie in den verschiedenen Formen der sexuellen Selbstdarstellung? Welche Grenzen und Transgressionen evolvieren in welchen Foren? Zahlreiche Internetseiten bieten ihren Usern Optionen, sich aktiv an der Gestaltung der Seite zu beteiligen. Exemplarisch sei neben den web 2.0 Amateurpornographieportalen an die zahlreichen Seiten erinnert, auf denen Fans ihre Fanfiction veröffentlichen, die nicht selten pornographisch ist. Welcher Art sind die Pornographien der Internetseiten, deren User aktiv Gestaltungsbeiträge beisteuern? In welchem Verhältnis stehen Amateurpornographien und professionelle Pornographie zueinander? Welche geschlechtsspezifischen Differenzierungen können sowohl hinsichtlich der konkreten Medienangebote als auch der sie darbietenden Internetseiten identifiziert werden? Verändert sich das Verhältnis zwischen Pornographie und ihrer kulturellen Anbindung mit der Internetdistribution und wenn ja, wie? Wie färben national-kulturelle Spezifika auf die pornographischen Medienangebote ab? Wie zeigen sich innerhalb einer Kultur milieuspezifische Distinktionsmerkmale der pornographischen Medienangebote?

Wie die Erörterungen in der Darstellungsdimension und dem Exkurs verdeutlicht haben, kann zwischen Cyberporn und Cybersex durch den Faktor der Interaktivität differenziert werden. Wie schreibt sich die Computerhandhabung in die sexuelle Kommunikation des Cybersex ein? Ausgehend von den geschriebenen Texten, wo liegen die Unterschiede zu pornographischen Texten? Wie werden die Konventionen der pornographischen Literatur aufgegriffen und verarbeitet? Welchen Stellenwert gewinnt die wechselseitige Beobachtung der User in digitalen visuellen Chatoptionen? Welche Darstellungs- und Inszenierungspraktiken binden sich daran?

Genau an dieser Stelle wird offenbar, dass die Archivbeiträge Anknüpfungspunkte zwischen pornographischen Medienangeboten und Alltagsdiskursen nur marginal anschneiden, wie die Ausführungen zum den Medienangeboten Witz, Zote und Lieder zeigen. Wo können Anschlüsse zwischen Alltagsdiskursen und mediensystemischen Diskursen identifiziert werden? In welchem Verhältnis stehen beispielsweise Toilettensprüche und Graffitis zur Pornographie? Während die Verbalpornographie für die Telephonpornographie durchaus angerissen wird, drängt sich die Frage nach dem Verhältnis zwischen literarischer Pornographie und Verbalerotik in gelebter Sexualität auf.

Dieser Punkt verweist besonders deutlich auf das „‚Herzstück' der Kommunikationswissenschaft", die Medienwirkungsforschung (Schmidt & Zurstiege 2007: 76). Wie die Analyse des Pornographiediskurses und die Ausführungen zu dem Verschränkungspunkt pornographischer Wirkungen gezeigt haben, bedarf es dringend weiterführender Wirkungsforschung, die sich einerseits von dem Schadensdogma pornographischer Rezeption emanzipiert und andererseits das bislang verwendete Stimulus-Response-Modell hinter sich lässt, um den Rezipienten in seiner aktiven Position zu berücksichtigen. In diesem Kontext erscheint es nicht nur relevant, dass zukünftige Wirkungsforschung den Fokus von der Verbindung zwischen Gewalt und Pornographie löst, um dem Gros pornographischer Medienangebote auch entsprechend gerecht zu werden. Darüber hinaus muss eine Verschiebung der Perspektive zu der tatsächlichen Mediennutzung erfolgen. Bis dato nähern sich lediglich die Studien von Eckert et.

al (1990), Ertel (1990) und Hardy (1998), der als einziger in einem Mehrmethodendesign auch das pornographische Material einer diskursanalytischen Untersuchung unterzieht, mittels einer rezeptionsorientierten Perspektive, wobei zahlreiche Probleme unberücksichtigt bleiben. Wer nutzt Pornographie wofür? Welche Funktionen pornographischer Medienangebote können aus ihrer tatsächlichen Nutzung abgeleitet werden? Wie oft nutzen Rezipienten Pornographie? Welche pornographischen Medienangebote werden aus welcher Motivation rezipiert? Wo liegen die Unterschiede des Nutzens bei unterschiedlichen Medienangeboten? Welche Rezeptionssituationen können ausgemacht werden? Die öffentlichen Diskurse über die Expansion pornographischer Distribution durch das Internet deuten darauf, dass sich die Rezeptionsbedingungen der Pornographie grundlegend verändert haben. Rezipienten können nun, wann immer sie wollen, pornographische Medienangebote ihrer Wahl im Netz suchen und rezipieren. Daraus leitet sich die Frage nach der tatsächlichen Pornographienutzung in Zeiten globaler Vernetzung, Digitalisierung und Medialisierung ab. Zudem eröffnet der Perspektivenwechsel auf die Rezeptionsforschung das Forschungsfeld der Wechselwirkungen zwischen den verschiedenen Zielgruppen und ihren spezifischen Bedeutungszuschreibungen zu unterschiedlichen Aspekten pornographischer Medienangebote. Denn gerade unter Berücksichtigung der Diskursverschränkung der Abgrenzung der Pornographie gegenüber anderen sexuellen Darstellungen drängt sich die Problematisierung dessen auf, was überhaupt für wen pornographisch ist. Wo werden die Grenzen zwischen Pornographie und Erotika gezogen? Welche Bedeutung hat die Kategorie der Pornographie für den Rezipienten? Wird zwischen Hardcore-Pornographie, Softcore-Pornographie und Erotika in der Nutzung überhaupt differenziert? Welche Bedeutungen attestieren die Rezipienten welchen pornographischen Medienangeboten? Welche Unterschiede der Bedeutungszuweisung gibt es bei den Geschlechtern oder in unterschiedlichen sozialen Milieus? Da die Kommunikationswissenschaft sowohl die Medienwirkungsforschung als auch die Rezeptionsforschung impliziert, kann sie Erhebliches leisten, einige der aufgeworfenen Fragen zu beantworten.
Schließlich fokussiert die innerste Schale den Rollenzusammenhang pornographischer Medienangebote und perspektiviert damit den Berufszweig der Pornoindustrie. Welche Berufe offeriert die Pornoindustrie? Wer ergreift aus welcher Motivation welchen Beruf? Wie ändert sich das Rollenselbstverständnis von Pornographen je nach Medium? Wie hängen das Image eines Pornographen und seine demographischen Merkmale und seine Einstellungen zusammen? Welche Fähigkeiten eröffnen in welchem Medium einen privilegierten Zugang zu einer erfolgreichen Karriere? Welche Professionalisierungsgrade können unterschieden werden? Mit Blick auf die im Internet florierenden Amateurpornographien

eröffnet sich ein Forschungsfeld, das eng mit der Rezeptionsforschung verwoben ist. Was bewegt Rezipienten dazu, eigene Pornographien zu produzieren und im Internet zu distribuieren? Wie werden diese Amateurpornographen von professioneller Pornographie beeinflusst und inspiriert? Welche Bedeutung messen sie der Pornographie in ihrem Leben zu? Welche Funktionen erfüllt die Produktion von Pornographie für Amateurpornographen?

Pornographie mag im allgemeinen Bewusstsein ein nur wenig aussagekräftiges Genre profaner Unterhaltung darstellen, doch steht sie stets in einem weitreichenden kulturellen und individuellen Kontext, in dem sie als subversive Kraft bestehende Tabus herauszufordern oder als Verblendungsinstanz konsumorientierter Gesellschaften das kapitalistische System zu stabilisieren vermag. Sie wird als Option theoretisiert, erlittene Traumata zu verarbeiten, Frauen unter männlicher Knechtschaft zu halten oder die Sphären von Privatheit und Öffentlichkeit zu sprengen. Als medial vermitteltes Genre der Inszenierung sexueller Phantasien ermöglicht die Analyse der Pornographie, in eine soziokulturelle sowie individuell-biographisch tief verankerte Form des sprechenden Sexes zu blicken.

Literaturverzeichnis

Abramson, Allen (1995): Beyond the Samoan controversy in anthropology: a history of sexuality in the eastern interior of Fiji. In: Caplan, Pat (Hrsg.) (1995): The cultural construction of sexuality. London / New York. S. 193 – 216.

Adorno, Theodor W. (1963): Sexualtabus heute. In: Böckmann, Walter (Hrsg.) (1966): Die Verfälschung der Erotik in der Literatur. Wahn und Wirklichkeit einer Moral. Gertenbach. S. 29 – 39.

Albrecht, Thomas (1999): Same and Other Victorians. In: Elias, James; et al. (Hrsg.) (1999): Porn 101. Eroticism, Pornography, and the First Amendment. New York. S. 545 – 550.

Aldrich, Robert (2007a): Die Geschichte der Homosexualität. In: Aldrich, Robert (2007): Gleich und anders. Eine globale Geschichte der Homosexualität. Hamburg. S. 7 – 28.

Aldrich, Robert (2007): Gleich und anders. Eine globale Geschichte der Homosexualität. Hamburg.

Altstötter-Gleich, Christine (2006): Pornographie und neue Medien. Eine Studie zum Umgang Jugendlicher mit sexuellen Inhalten im Internet. Mainz.

Anahita, Sine (2006): Same-Sex Marriage in Cultural and Historical Context: A Guide for Beginning Journalists. In: Campbell, Shannon; Castañeda, Laura (Hrsg.) (2006): News and Sexuality. Media Portraits of Diversity. London. S. 213 – 233.

Anderson, Ray (1999): The Pornography Question: Main Event or Sideshow? In: Elias, James; et al. (Hrsg.) (1999): Porn 101. Eroticism, Pornography, and the First Amendment. New York. S. 219 – 222.

Angerer, Marie-Luise (1998): Das Begehren des Cyborg. In: Schmidt, Gunter; Strauß, Bernhard (Hrsg.)(1998): Sexualität und Spätmoderne. Über den kulturellen Wandel der Sexualität. Stuttgart. S. 159 – 165.

Ardener, Shirley (1995): A note on gender iconography: the vagina. In: Caplan, Pat (Hrsg.) (1995): The cultural construction of sexuality. London / New York. S. 113 – 142.

Ariès, Philippe (1986a): Paulus und das Fleisch. In: Ariès, Philippe; Béjin, André (Hrsg.) (1986): Die Masken des Begehrens und die Metamorphosen der Sinnlichkeit. Zur Geschichte der Sexualität im Abendland. Frankfurt am Main. S. 51 – 54.

Ariès, Philippe (1986b): Überlegungen zur Geschichte der Homosexualität. In: Ariès, Philippe; Béjin, André (Hrsg.) (1986): Die Masken des Begehrens und die Metamorphosen der Sinnlichkeit. Zur Geschichte der Sexualität im Abendland. Frankfurt am Main. S. 80 – 96.

Ariès, Philippe; Béjin, André (Hrsg.) (1986): Die Masken des Begehrens und die Metamorphosen der Sinnlichkeit. Zur Geschichte der Sexualität im Abendland. Frankfurt am Main.

Arune, Willow (2006): Transgender Images in the Media. In: Campbell, Shannon; Castañeda, Laura (Hrsg.) (2006): News and Sexuality. Media Portraits of Diversity. London. S. 111 – 133.

Ashley, David; Renchkovsky Ashley, Barbara (1986): Sexualität als Gewalt. Der pornographische Körper als Waffe der Intimität. In: Schmerl, Christiane; Soine, Stefanie; Stein-Hilbers, Marlene; Wrede, Brigitta (Hrsg.) (2000): Sexuelle Szenen. Inszenierungen von Geschlecht und Sexualität in der modernen Gesellschaft. Opladen. S. 116 – 138.

Aspendorf, Jens B. (2006): Bindungsstil und Sexualität. In: Sexuologie. 2006. Nr. 2 – 4. S. 130 – 138.

Assiter, Alison (1988): Romance Fiction: Porn for Women? In: Day, Gary; Bloom, Clive (Hrsg.) (1988): Perspectives on Pornography. Sexuality in Film and Literature. London. S. 101 – 109.

Attorney General's Commission on Pornography (1986): Final Report. Nashville, Tennessee.

Attwood, Feona (2002): Reading Porn: The Paradigm Shift in Pornography Research. In: Sexualities. 2002. Nr. 1. S. 91 – 105.

Attwood, Feona (2005): Mode und Leidenschaft. Frauen und die Vermarktung von Sex. In: Zeitschrift für Sexualforschung. 2006. Nr. 2. S. 118 – 132.

Attwood, Feona (2006): Sexed Up: Theorizing the Sexualization of Culture. In: Sexualities. 2006. Nr. 1. S. 77 – 94.

Attwood, Feona (2007): No Money Shot? Commerce, Pornography and New Sex Taste Cultures. In: Sexualities. 2007. Nr. 4. S. 441 – 456.

Austin, David F. (1999): (Sexual) Quotation Without (Sexual) Harassment? Educational Use in the University Classroom. In: Elias, James; et al. (Hrsg.)(1999): Porn 101. Eroticism, Pornography, and the First Amendment. New York. S. 301 – 331.

Bahr-Jendges, Jutta (1988): Gesetze gegen Pornografie im männlichen Staat? In: Gehrke, Claudia (1988): Frauen und Pornografie. Tübingen. S. 86 – 100.

Balzer, Philipp; Rippe, Klaus Peter (Hrsg.) (2000): Philosophie und Sex. Zeitgenössische Beiträge. München.

Bamler, Vera (2005): SzenenWechsel: Heterosexualität alter Frauen und Männer. In: Funk, Heide; Lenz, Karl (Hrsg.): Sexualitäten. Diskurse und Handlungsmuster im Wandel. München. S. 253 – 274.

Band, Lucy; Mort, Frank (1997): Thinking Sex Historically. In: Segal, Lynne (Hrsg.) (1997): New Sexual Agendas. New York. S. 17 – 31.

Bartels, Andreas (2006): Neurobiologische Grundlagen der Partnerwahl und der Liebe. In: Sexuologie. 2006. Nr. 2 – 4. S. 118 – 129.

Barthes, Roland (1980): Die Lust am Text. Frankfurt am Main.

Bataille, Georges (1963): Der heilige Eros. Frankfurt am Main.

Bataille, Georges (1981): Die Tränen des Eros. München.

Bataille, Georges (1994): Die Erotik. München.

Bataille, Georges (2007): Das obszöne Werk. Hamburg.

Battan, Mary (1992): Natürlich Damenwahl. Die Paarungsstrategien in der Natur. Köln.

Baudrillard, Jean (1983): Laßt Euch nicht verführen! Berlin.

Baudrillard, Jean (1985): Die Rituale der Transparenz. In: Wulf, Christoph (Hrsg.) (1985): Lust und Liebe. Wandlungen der Sexualität. München. S. 395 – 410.

Bauman, Zygmunt (1998): Über den postmodernen Gebrauch der Sexualität. In: Schmidt, Gunter; Strauß, Bernhard (Hrsg.)(1998): Sexualität und Spätmoderne. Über den kulturellen Wandel der Sexualität. Stuttgart. S. 17 – 35.

Bauman, Zygmunt (2003): Liquid Love. On the Frailty of Human Bonds. Bodmin.

Bausch, Constance; Sting, Stephan (2005): Mediensozialisation und Telesexualität. Zur mediengestützten Aneignung von Sexualität und Geschlecht bei Kindern. In: Funk, Heide; Lenz, Karl (Hrsg.): Sexualitäten. Diskurse und Handlungsmuster im Wandel. München. S. 333 – 342.

Bech, Henning (1998): Citysex: Representing Lust in Public. In: Featherstone, Mike (Hrsg.) (1999): Love and Eroticism. London. S. 215 – 242.

Beck, Marianna (1999): The Pornographic Tradition: Formative Influences in Sixteenth- to Nineteenth-Century European Literature. In: Elias, James; et al. (Hrsg.)(1999): Porn 101. Eroticism, Pornography, and the First Amendment. New York. S. 369 – 368.

Beck, Ulrich; Beck-Gehrsheim, Elisabeth (2005): Das ganz normale Chaos der Liebe. Frankfurt am Main.

Becker, Sophinette (2001): Zur Funktion der Sexualität im Nationalsozialismus. In: Zeitschrift für Sexualforschung. Nr. 2. S. 130 – 145.

Becker, Sophinette (2007): Poststrukturalismus und Geschlecht: Ein Blick zurück. In: Zeitschrift für Sexualforschung. 2007. Nr. 1. S. 52 – 68.

Beemyn, Brett Genny (2007): Nord- und Südamerika: Von der Kolonialzeit bis zum 20. Jahrhundert. In: Aldrich, Robert (2007) (Hers.): Gleich und anders. Eine globale Geschichte der Homosexualität. Hamburg. S. 145 – 166.

Bell, Jamel Santa Cruze (2006): Framing the AIDS Epidemic: From 'Homo' genous Deviance to Widespread Panic. In: Campbell, Shannon; Castañeda, Laura (Hrsg.) (2006): News and Sexuality. Media Portraits of Diversity. London. S. 95 – 109.

Benjamin, Jessica (1980): Herrschaft – Knechtschaft: die Phantasie von der erotischen Unterwerfung. In: Snitow, Ann; Stansell, Christine; Thompson, Sharon (Hrsg.) (1985): Die Politik des Begehren. Sexualität, Pornographie und neuer Puritanismus in den USA. Berlin. S. 89 – 117.

Benjamin, Walter (1972): Gesammelte Schriften. Band 4.1. Frankfurt am Main.

Berger, Klaus R. (1999): Pornographie. Verlust der Scham. Lage.

Bergfleth, Gerd (1994): Leidenschaft und Weltinnigkeit. Zu Batailles Erotik der Entgrenzung. In: Bataille, Georges (1994): Die Erotik. München. S. 315 – 396.

Bernard, Cheryl; Schlaffer, Edit (1997): Wer sozialisiert die Jungen? Biographische Brüche und Zwang zur Männlichkeit. In: Blum, Mechthild; Schützeichel, Harald (Hrsg.) (1997): Mannsbilder. Entwicklung und Umbruch männlicher Identität. Freiburg. S. 70 – 86.

Birken, Lawrence (1988): Consuming Desire. Sexual Science and the Emergence of a Culture of Abundance, 1871 – 1914.New York.

Bloch, Ivan (1967): Sexual Life in England. London.

Bloom, Clive (1988): Grinding with the Bachelors: Pornography in a Machine Age. In: Day, Gary; Bloom, Clive (Hrsg.) (1988): Perspectives on Pornography. Sexuality in Film and Literature. London. S. 9 – 25.

Blum, Mechthild; Schützeichel, Harald (Hrsg.) (1997): Mannsbilder. Entwicklung und Umbruch männlicher Identität. Freiburg.

Böckmann, Walter (Hrsg.) (1966): Die Verfälschung der Erotik in der Literatur. Wahn und Wirklichkeit einer Moral. Gertenbach.

Böhme, Hartmut (2006): Fetischismus und Kultur. Eine andere Theorie der Moderne. Hamburg.

Böhnisch, Lothar (2005a): Das Projekt Sexualwissenschaft. Eine historische Retrospektive. In: Funk, Heide; Lenz, Karl (Hrsg.): Sexualitäten. Diskurse und Handlungsmuster im Wandel. München. S. 55 – 67.

Böhnisch, Lothar (2005b): Pornographie zwischen männlicher Bedürftigkeit und Konsum. In: Funk, Heide; Lenz, Karl (Hrsg.): Sexualitäten. Diskurse und Handlungsmuster im Wandel. München. S. 299 – 309.

Böllinger, Lorenz (2000): Sexualität und Strafrecht. In: Zeitschrift für Sexualforschung. 2000. Nr. 2. S. 139 – 153.

Borenstein, Eliot (2005): Stripping the Nation Bare: Russian Pornography and the Insistence of Meaning. In: Sigel, Lisa Z. (Hrsg.) (2005): International Exposure. Perspectives on Modern European Pornography, 1800 – 2000. London/New Jersey. S. 232 – 254.

Bourdieu, Pierre (1987): Die feinen Unterschiede. Kritik der gesellschaftlichen Urteilskraft. Frankfurt am Main.

Bovenschen, Silvia (1997): Auf falsche Fragen gibt es keine richtigen Antworten. Anmerkungen zur Pornographie-Kampagne. In: Vinken, Barbara (Hrsg.) (1997): Die nackte Wahrheit. Zur Pornographie und zur Rolle des Obszönen in der Gegenwart. München. S. 50 – 65.

Brandes, Holger (2005): „Männer denken immer nur an das Eine...". Mythos und Realität männlicher Sexualität. In: Funk, Heide; Lenz, Karl (Hrsg.): Sexualitäten. Diskurse und Handlungsmuster im Wandel. München. S. 235 – 252.

Bräutigam, Walter (1977): Sexualmedizin im Grundriß. Eine Einführung in Klinik, Theorie und Therapie sexueller Störungen. Stuttgart.

Bremme, Bettina (1990): Sexualität im Zerrspiegel. Die Debatte um Pornographie. Münster.

Brenk, Katja (2005): Bindung und Sexualität. Zum Zusammenhang zwischen Bindung im Erwachsenenalter und sexuellen Einstellungs- und Verhaltensweisen. Marburg.

Bristow, Joseph (1997): Sexuality. New York.

Britton, Patti (1999): Women Who Make Porn: The Influence of Gender on the Content and Approach of Porn Videos. In: Elias, James; et al. (Hrsg.)(1999): Porn 101. Eroticism, Pornography, and the First Amendment. New York. S. 211 – 218.

Britton, Ronald (2006): Sexualität, Tod und Über-Ich. Psychoanalytische Erfahrungen. Stuttgart.

Brizendine, Louann (2007): Das weibliche Gehirn. Warum Frauen anders sind als Männer. Hamburg.

Brosius, Hans-Bernd (2005): Die medial vermittelte soziale Realität in Pornographie und Erotikangeboten. In: Seikowski, Kurt (Hrsg.) (2005): Sexualität und Neue Medien. Lengerich. S. 34 – 53.

Brownmiller, Susan (1975): Excerpt on Pornography from Against our Will: Men, Women and Rape. In. Lederer, Laura (Hrsg.) (1980): Take back the Night. Women on Pornography. New York. S. 30 – 34.

Buchholz, Kai (2007a): Liebe oder Sex? In: Buchholz, Kai (Hrsg) (2007): Liebe. Ein philosophisches Lesebuch. München. S. 129 – 130.   Mab ich

Buchholz, Kai (Hrsg) (2007): Liebe. Ein philosophisches Lesebuch. München

Brosius, Hans-Bernd (2005): Die medial vermittelte soziale Realität in Pornographie und Erotikangeboten. In: Seikowski, Kurt (Hrsg.) (2005): Sexualität und Neue Medien. Lengerich. S. 34 – 53.

Brownmiller, Susan (1975): Excerpt on Pornography from Against our Will: Men, Women and Rape. In. Lederer, Laura (Hrsg.) (1980): Take back the Night. Women on Pornography. New York. S. 30 – 34.

Butler, Judith (1997b): Körper von Gewicht. Die diskursiven Grenzen des Geschlechts. Frankfurt am Main.

Campbell, Shannon; Castañeda, Laura (Hrsg.) (2006): News and Sexuality. Media Portraits of Diversity. London.

Cante, Rich; Restivo, Angelo (2004): The Cultural-Aesthetic Specificities of All-male Moving-Image Pornography. In: Williams, Linda (Hrsg.) (2004): Porn Studies. Durham. S. 142 – 166.

Capezzoli, Carmen (1983): Keine Brandung muss mehr rauschen. Das Thema Sexualität kommt bei unseren Dichtern nicht vor. Alle Worte scheinen sie an die Pornografie, die Sex-Protokolle und die empirische Wissenschaft verloren zu haben. In: Sigusch, Volkmar; Klein, Ingrid; Gremliza, Herrmann L. (Hrsg.) (1985): Sexualität konkret. Sammelband 2. Frankfurt am Main. S. 637 – 643.

Caplan, Pat (1987): Kulturen konstruieren Sexualitäten. In: Schmerl, Christiane; Soine, Stefanie; Stein-Hilbers, Marlene; Wrede, Brigitta (Hrsg.) (2000): Sexuelle Szenen. Inszenierungen von Geschlecht und Sexualität in der modernen Gesellschaft. Opladen. S. 44 – 69.

Caplan, Pat (1995a): Introduction In: Caplan, Pat (Hrsg.) (1995): The cultural construction of sexuality. London / New York. S. 1 – 30.

Caplan, Pat (1995b): Celibacy as a solution? Mahatma Gandhi and Brahmacharya. In: Caplan, Pat (Hrsg.) (1995): The cultural construction of sexuality. London / New York. S. 271 – 295.

Caplan, Pat (Hrsg.) (1995): The cultural construction of sexuality. London / New York.

Carse, Alisa L. (1995): Pornographie und Bürgerrechte. In: Balzer, Philipp; Rippe, Klaus Peter (Hrsg.) (2000): Philosophie und Sex. Zeitgenössische Beiträge. München. S. 167 – 210.

Carton, Adrian (2007): Lust und gleichgeschlechtliche Liebe in Asien. In: Aldrich, Robert (2007) (Hers.): Gleich und anders. Eine globale Geschichte der Homosexualität. Hamburg. S. 303 – 332.

Clement, Ulrich (1981): Bürgerliche Verbesserung der Liebe. In: Sigusch, Volkmar; Klein, Ingrid; Gremliza, Herrmann L. (Hrsg.) (1985): Sexualität konkret. Sammelband 2. Frankfurt am Main. S. 312 – 319.

Collier, Jane F.; Rosaldo, Michelle Z. (1981): Politics and gender in simple societies. In: Ortner, Sherry B.; Whitehead, Harriet (Hrsg.) (1981): Sexual

Meanings. The cultural construction of gender and sexuality. Cambridge. S. 275 – 329.

Colligan, Colette (2005) : Anti-Abolition Writes Obscenity : The English Vice, Transatlantic Slavery, and England's Obscene Print Culture. In: Sigel, Lisa Z. (Hrsg.) (2005): International Exposure. Perspectives on Modern European Pornography, 1800 – 2000. London/New Jersey. S. 67 – 99.

Condray, Kathleen (2003): Today, a Woman is Superfluous Everywhere: Working Women in the Texts of Women Writers of the Journal Jugend through the Third Reich. In: Lubich, Frederick A.; Schulman, Peter (Hrsg.) (2003): The Marketing of Eros. Performance, Sexuality, Consumer Culture. München. S. 123 – 137.

Conroy, Thomas M. (2006): The 'Moral' Right Versus the 'Queer' Left: Claims-Making by Religious Conservatives and Gay Activists at the 1992 Republican Convention and Beyond. In: Campbell, Shannon; Castañeda, Laura (Hrsg.) (2006): News and Sexuality. Media Portraits of Diversity. London. S. 135 – 157.

Corduff, Yolanda (1999): Censorship by Any Other Name. In: Elias, James; et al. (Hrsg.)(1999): Porn 101. Eroticism, Pornography, and the First Amendment. New York. S. 156 – 159.

Cornell, Drucilla (1997): Die Versuchung der Pornographie. Frankfurt am Main.

Cowie, Elizabeth (1993): Pornography and fantasy: Psychoanalytic perspectives. In: Segal, Lynne; McIntosh, Mary (Hrsg.) (1993): Sex Exposed. Sexuality and the Pornography Debate. New Brunswick, N.J. S. 132 – 152.

Crabbe, Anthony (1988): Feature-length Sex Films. In: Day, Gary; Bloom, Clive (Hrsg.) (1988): Perspectives on Pornography. Sexuality in Film and Literature. London. S. 44 – 66.

Cucchuiari, Salvatore (1981): The gender revolution and the transition from bisexual horde to patrilocal band: the origins of gender hierarchy. In: Ortner, Sherry B.; Whitehead, Harriet (Hrsg.) (1981): Sexual Meanings. The cultural construction of gender and sexuality. Cambridge. S. 31 – 79.

Dane, Eva (1990): Versäumnisse und Verhinderungen: Liberalisierung zwischen Befreiung und Vergewaltigung. In: Dane, Eva; Schmidt, Renate (Hrsg.) (1990): Frauen & Männer und Pornographie. Ansichten – Absichten – Einsichten. Frankfurt a. Main. S. 29 – 40.

 Dane, Eva; Schmidt, Renate (Hrsg.) (1990): Frauen & Männer und Pornographie. Ansichten – Absichten – Einsichten. Frankfurt a. Main.

Daneback, Kristian (2006): Love and sexuality on the internet. Västra Frölunda.

Dannecker, Martin (1980): Leidenschaft hat keinen Ort. Zu Sexualität und Moral. In: Sigusch, Volkmar; Klein, Ingrid; Gremliza, Herrmann L. (Hrsg.) (1985): Sexualität konkret. Sammelband 2. Frankfurt am Main.S. 45 – 52.

Dannecker, Martin (1987): Das Drama der Sexualität. Frankfurt am Main.

Day, Gary (1988): Looking at Women: Notes toward a Theory of Porn. In: Day, Gary; Bloom, Clive (Hrsg.) (1988): Perspectives on Pornography. Sexuality in Film and Literature. London. S. 83 – 100.

Day, Gary; Bloom, Clive (Hrsg.) (1988): Perspectives on Pornography. Sexuality in Film and Literature. London.

DeJean, Joan (1993): The Politics of Pornography: L'Ecole des Fille. In: Hunt, Lynn (Hrsg.) (1993): The Invention of Pornography. Obscenity and the Origins of Modernity, 1500 – 1800. New York. S. 109 – 124.

Dekker, Arne (2003): Sexualität und Beziehungen in realen und virtuellen Räumen. In: Zeitschrift für Sexualforschung. 2003. Nr. 4. S. 285 – 298.

Der Pornographie-Report. Untersuchung der „Kommission für Obszönität und Pornographie" des amerikanischen Kongresses (1971). Reinbeck bei Hamburg.

Descartes, René (1996): Die Leidenschaften der Seele. In: Buchholz, Kai (Hrsg) (2007): Liebe. Ein philosophisches Lesebuch. München. S. 49 – 60.

Deschner, Karlheinz (1980): Verdammte Unzucht. Wie und wann das Christentum zum Feind der Lust wurde. In: Sigusch, Volkmar; Klein, Ingrid; Gremliza, Herrmann L. (Hrsg.) (1985): Sexualität konkret. Sammelband 2. Frankfurt am Main. S. 196 – 201.

Diamond, Milton (1999): The Effects of Pornography: An International Perspective. In: Elias, James; et al. (Hrsg.)(1999): Porn 101. Eroticism, Pornography, and the First Amendment. New York. S. 223 – 260.

Dicks, Joachim (2005): Am Ende aller Unterschiede. Gedanken nach 100 Millionen Jahren Porn. In: Metelmann, Jörg (Hrsg) (2005): Porno-Pop. Sex in der Oberflächenwelt. Würzburg. S. 101 – 103.

Dixon, Dwight; Dixon, Joan K. (1999): A Serious Look at the Amazing Phenomenon of Erotic Books. In: Elias, James; et al. (Hrsg.)(1999): Porn 101. Eroticism, Pornography, and the First Amendment. New York. S. 427 – 436.

Donati, Paolo (2006): Die Rahmenanalyse politischer Diskurse. In: Keller, Reiner; Hirseland, Andreas; Schneider, Werner; Viehöver, Willy (Hrsg.) (2006): Handbuch sozialwissenschaftliche Diskursanalyse. Band 1: Theorien und Methoden. Wiesbaden. S. 147 – 178.

Donnerstein, Edward; et al. (1987): The Question of Pornography. Research Findings and Policy Implications. New York / London.

Douglas, Mary (1973): Natural Symbols. Explorations in Cosmology. New York.

Draper, Alizon; MacCormack, Carol P. (1995): Social and cognitive aspects of female sexuality in Jamaica. In: Caplan, Pat (Hrsg.) (1995): The cultural construction of sexuality. London / New York. S. 143 – 165.

Dressler, Stephan; Zink, Christoph (2002): Pschyrembel®. Wöterbuch Sexualität. Berlin.

Duerr, Hans Peter (1994): Intimität. Der Mythos vom Zivilisationsprozeß. Frankfurt am Main.

Duve, Freimut (1990): Die Freiheit des Marktes – die Freiheit der Aufklärung. In: Dane, Eva; Schmidt, Renate (Hrsg.) (1990): Frauen & Männer und Pornographie. Ansichten – Absichten – Einsichten. Frankfurt a. Main. S. 53 – 56.

Dworkin, Andrea (1986): Brief aus einem Kriegsgebiet. In: Frings, Matthias (Hrsg.) (1988): Fleisch und Blut. Über Pornographie. Hamburg. S. 81 – 102.

Dworkin, Andrea (1987): Pornographie. Männer beherrschen Frauen. Köln.

Eckert, Roland; Vogelsang, Waldemar; Wetzstein, Thomas A.; Winter, Rainer (1990): Grauen und Lust – Die Inszenierung der Affekte. Pfaffenweiler.

Eerikäinen, Hannu (2003): Was ist das Sexuelle am Cybersex? Über das Begehren nach Organen ohne Körper? In: Zeitschrift für Sexualforschung. 2003. Nr. 4. S. 328 – 361.

Eibl-Eibesfeld, Irenäus (1976): Bindung, Liebe, Sexualität. In: Buchholz, Kai (Hrsg) (2007): Liebe. Ein philosophisches Lesebuch. München. S. 162 – 171.

Eichenberg, Christiane; Döring, Nicola (2006): Sexuelle Selbstdarstellung im Internet. Ergebnisse einer Inhaltsanalyse und explorativen Befragung zu privaten Websides. In: Zeitschrift für Sexualforschung. 2006. Nr. 19. S. 133 – 153.

Elias, James; et al. (Hrsg.)(1999): Porn 101. Eroticism, Pornography, and the First Amendment. New York.

Elias, Norbert (1997): Über den Prozeß der Zivilisation. Soziogenetische und psychogenetische Untersuchungen. Wandlungen des Verhaltens in den weltlichen Oberschichten des Abendlandes. Band 1. Frankfurt am Main.

Elias, Norbert (1997): Über den Prozeß der Zivilsation. Soziogenetische und psychogenetische Untersuchungen. Wandlungen der Gesellschaft. Entwurf einer Theorie der Zivilisation. Band 2. Frankfurt am Main.

Elliott, George P. (1965): Against Pornography. In: Hughes, Douglas A. (Hrsg.) (1970): Perspectives on Pornography. London. S. 72 – 95.

Elwood-Akers, Virginia (1999): Porn Wars on Campus. In: Elias, James; et al. (Hrsg.)(1999): Porn 101. Eroticism, Pornography, and the First Amendment. New York. S. 297 – 301

Engelfried, Constance (2005): Boy meets Girl. Männliche Sexualitäten zwischen Anerkennung und Abwertung. In: Funk, Heide; Lenz, Karl (Hrsg.): Sexualitäten. Diskurse und Handlungsmuster im Wandel. München. S. 311 – 331.

Ernst, Jan-Peter et al. (1975): Reaktionen auf sexuell-aggressive Filme. In: Schorsch, Eberhard; Schmidt, Gunter (Hrsg.) (1975): Ergebnisse zur Sexualforschung. Arbeiten aus dem Hamburger Institut für Sexualforschung. Frankfurt am Main. S. 272 – 298.

Ertel, Henner (1990): Erotika und Pornographie. Repräsentative Befragung und psychophysiologische Langzeitstudie zu Konsum und Wirkung. München.

Evola, Julius (1962): Metaphysik des Sexus. Stuttgart.

Farrell, Daniel M. (1989): Über Eifersucht und Neid. In: Balzer, Philipp; Rippe, Klaus Peter (Hrsg.) (2000): Philosophie und Sex. Zeitgenössische Beiträge. München. S. 113 – 146.

Faulstich, Werner (1994): Die Kultur der Pornografie. Kleine Einführung in Geschichte, Medien, Ästhetik, Markt und Bedeutung. Bardowick.

Featherstone, Mike (1999a): Love and Eroticism: An Introduction. In: Featherstone, Mike (Hrsg.) (1999): Love and Eroticism. London. S. 1 – 18.

Featherstone, Mike (Hrsg.) (1999): Love and Eroticism. London.

Ferguson, Frances (2004): Pornography, the Theory. What Utilitarianism Did to Action. Chicago

Fiedler, Theodore (2003): Beyond the Pleasure Principle: Rilke's Presentation of Love and Sexuality. In: Lubich, Frederick A.; Schulman, Peter (Hrsg.) (2003): The Marketing of Eros. Performance, Sexuality, Consumer Culture. München.S. 19 – 44.

Final Report of the Attorney General's Commission on Pornography (1986). Nashville, Tennessee.

Findlen, Paula (1993): Humanism, Politics and Pornography in Renaissance Italy. In: Hunt, Lynn (Hrsg.) (1993): The Invention of Pornography. Obscenity and the Origins of Modernity, 1500 – 1800. New York. S. 49 – 108.

Fithian, Marilyn A. (1999): Importance of Knowledge as an Expert Witness. In: Elias, James; et al. (Hrsg.)(1999): Porn 101. Eroticism, Pornography, and the First Amendment. New York. S. 117 – 136.

Flandrin, Jean-Louis (1986): Das Geschlechtsleben der Eheleute in der alten Gesellschaft: Von der kirchlichen Lehre zum realen Verhalten. In: Ariès, Philippe; Béjin, André (Hrsg.) (1986): Die Masken des Begehrens und die Metamorphosen der Sinnlichkeit. Zur Geschichte der Sexualität im Abendland. Frankfurt am Main. S. 147 – 164.

Flaßpöhler, Svenja (2005): Shake your tits! Porno-Pop als Chance. In: Metelmann, Jörg (Hrsg) (2005): Porno-Pop. Sex in der Oberflächenwelt. Würzburg. S. 183 – 193.

Flaßpöhler, Svenja (2007): Der Wille zur Lust. Pornographie und das moderne Subjekt. Frankfurt am Main. *hab ich*

Fleishman, Stanley (1999): Art, Literature, and Obscenity in the United States Supreme Court. In: Elias, James; et al. (Hrsg.)(1999): Porn 101. Eroticism, Pornography, and the First Amendment. New York. S. 65 – 75.

Foucault, Michel (1978): Dispositive der Macht. Über Sexualität, Wissen und Wahrheit. Berlin.

Foucault, Michel (1981): Die Archäologie des Wissens. Frankfurt am Main.

Foucault, Michel (1983): Der Wille zum Wissen. Sexualität und Wahrheit 1. Frankfurt am Main. *Hab ich*

Foucault, Michel (1986): Der Kampf um die Keuschheit. In: Ariès, Philippe; Béjin, André (Hrsg.) (1986): Die Masken des Begehrens und die Metamorphosen der Sinnlichkeit. Zur Geschichte der Sexualität im Abendland. Frankfurt am Main. S. 25 – 39.

Foucault, Michel (1989): Der Gebrauch der Lüste. Sexualität und Wahrheit 2. Frankfurt am Main.

Foucault, Michel (1989): Die Sorge um sich. Sexualität und Wahrheit 3. Frankfurt am Main.

Foucault, Michel (2007): Die Ordnung des Diskurses. Frankfurt am Main.

Fox, Robin (1986): Bedingungen der sexuellen Evolution. In: Ariès, Philippe; Béjin, André (Hrsg.) (1986): Die Masken des Begehrens und die Metamorphosen der Sinnlichkeit. Zur Geschichte der Sexualität im Abendland. Frankfurt am Main. S. 9 – 24.

Frappier-Mazur, Lucienne (1993): Truth and the Obscene Word in Eighteenth-Century French Pornography. In: Hunt, Lynn (Hrsg.) (1993): The Invention of Pornography. Obscenity and the Origins of Modernity, 1500 – 1800. New York. S. 203 – 221.

Freud, Siegmund (2007): Das Unbehagen in der Kultur. Und andere kulturtheoretische Schriften. Frankfurt am Main.

Freud, Siegmund (2004): Drei Abhandlungen zur Sexualtheorie. Frankfurt am Main.

Freud, Siegmund (1992): Beiträge zur Psychologie des Liebeslebens. Und andere Schriften. Frankfurt am Main.

Fried, Shana (2003): Film, Language, Sexuality and the Universal: A Comparison of H.D.'s Film Criticism with Adrienne Rich's Poem 'Shooting Script'. In: Lubich, Frederick A.; Schulman, Peter (Hrsg.) (2003): The Marketing of Eros. Performance, Sexuality, Consumer Culture. München. S. 151 – 159.

Frings, Matthias (1988a): Alles im Griff. In: Frings, Matthias (Hrsg.) (1988): Fleisch und Blut. Über Pornographie. Hamburg. S. 29 – 50.

Frings, Matthias (Hrsg.) (1988): Fleisch und Blut. Über Pornographie. Hamburg.

Fromm, Erich (2005): Die Kunst des Liebens. Berlin.

Früchtel, Frank; Stahl, Christian (2000): Zwei plus X – postmoderne Partnerschaftsmodelle. In: Schmerl, Christiane; Soine, Stefanie; Stein-Hilbers, Marlene; Wrede, Brigitta (Hrsg.) (2000): Sexuelle Szenen. Inszenierungen von Geschlecht und Sexualität in der modernen Gesellschaft. Opladen. S. 250 – 267.

Fuchs, Peter (1999): Liebe, Sex und solche Sachen. Zur Konstruktion modernem Intimsysteme. Konstanz.

Funk, Heide (2005a): Lesbische Lebensformen und Sexualität. In: Funk, Heide; Lenz, Karl (Hrsg.): Sexualitäten. Diskurse und Handlungsmuster im Wandel. München. S. 151 – 160.

Funk, Heide (2005b): Sexuelle Erfahrungen von Frauen. Befreiungen und neue Beschränkungen. In: Funk, Heide; Lenz, Karl (Hrsg.): Sexualitäten. Diskurse und Handlungsmuster im Wandel. München. S. 213 – 234.

Funk, Heide; Lenz, Karl (2005a): Sexualitäten: Entgrenzung und soziale Problemfelder. Eine Einführung. In: Funk, Heide; Lenz, Karl (Hrsg.): Sexualitäten. Diskurse und Handlungsmuster im Wandel. München. S. 7 – 54.

Funk, Heide; Lenz, Karl (Hrsg.) (2005): Sexualitäten. Diskurse und Handlungsmuster im Wandel. München.

Gagnon, John H.; Simon, Willam (1987): Wie funktionieren sexuelle Skripte? In: Schmerl, Christiane; Soine, Stefanie; Stein-Hilbers, Marlene; Wrede, Brigitta (Hrsg.) (2000): Sexuelle Szenen. Inszenierungen von Geschlecht und Sexualität in der modernen Gesellschaft. Opladen. S. 70 – 95.

Gagnon, John H.; Simon, William (1970): Sexuelle Außenseiter. Kollektive Formen sexueller Abweichung. Hamburg.

Gagnon, John H; Simon, William (2005): Sexual Conduct. The Social Sources of Human Sexuality. London.

Galoppe, Raúl A. (2003): Nobody is Perfect : From Some Like It Hot to Lacan's Sexuation Theory: Gender Confusion as the Trademark for Sexual Revolution in the Twentieth Century. In: Lubich, Frederick A.; Schulman, Peter (Hrsg.) (2003): The Marketing of Eros. Performance, Sexuality, Consumer Culture. München. S. 138 – 150.

Gamm, Gerhard (1999): Vernunft und Eros. Der blinde Fleck in der Philosophie. In: Hetzel, Andreas; Wiechens, Peter (Hrsg) (1999): Georges Bataille. Vorreden zur Überschreitung. Würzburg. S. 41 – 56.

Gehrke, Claudia (1985): Pornografie und Schaulust – Über die Kommerzialisierung des weiblichen Körpers. In: Wulf, Christoph (Hrsg.) (1985): Lust und Liebe. Wandlungen der Sexualität. München. S. 348 – 366.

Gehrke, Claudia (Hrsg.) (1988): Frauen und Pornografie. Tübingen.   .

Gehrke, Claudia (1988a): Frauen und Pornographie. In: Gehrke, Claudia (Hrsg.) (1988): Frauen und Pornografie. Tübingen. S. 6 – 33.

Gehrke, Claudia (2005): Rotkäppchen und die Pornografie. In: Metelmann, Jörg (Hrsg) (2005): Porno-Pop. Sex in der Oberflächenwelt. Würzburg. S. 33 – 39.

Geiger, Ruth-Esther (1980): ‚Die gehören alle ordentlich durchgefickt.' In: Sigusch, Volkmar; Klein, Ingrid; Gremliza, Herrmann L. (Hrsg.) (1985): Sexualität konkret. Sammelband 2. Frankfurt am Main. S. 191 – 195.

Gerhard, Marlis (1988): Bildverbot und Bildersturm. In: Gehrke, Claudia (Hrsg.) (1988): Frauen und Pornografie. Tübingen. S. 170 – 173.

Gerli, Jake (2004): The Gay Sex Clerk: Chuck Vincent's Straight Pornography. In: Williams, Linda (Hrsg.) (2004): Porn Studies. Durham. S. 198 – 220.

Gibson, Rhonda (2006b): From Zero to 24-7: Images of Sexual Minorities on Television. In: Campbell, Shannon; Castañeda, Laura (Hrsg.) (2006): News and Sexuality. Media Portraits of Diversity. London. S. 257 – 277.

Gibson, Rhonda (2006a): Media Coverage of the U.S. Ban on Gays in the Military. In: Campbell, Shannon; Castañeda, Laura (Hrsg.) (2006): News and Sexuality. Media Portraits of Diversity. London. S. 191 – 211.

Giddens, Anthony (1992): The Transformation of Intimacy. Sexuality, Love and Eroticism in Modern Societies. Stanford.

Goddard, Victoria (1995): Honour and shame: the control of women´s sexuality and group identity in Naples. In: Caplan, Pat (Hrsg.) (1995): The cultural construction of sexuality. London / New York. S. 166 – 192.

Goehler, Adrienne; Hauch, Margret (1988): Der Porno im eigenen Kopf – Bruchstücke eines Unbehagens. In: Gehrke, Claudia (Hrsg.) (1988): Frauen und Pornographie. Tübingen. S. 106 – 113.

Goerlich, Thomas M. (2005); Grimm, Thilo: Cam-Chat-Erfahrungen – User berichten (individuelle Befragung von 48 Frauen und Männern im Alter von 18 bis 55 Jahren. In: Seikowski, Kurt (Hrsg.) (2005): Sexualität und Neue Medien. Lengerich.) S. 122 – 132.

Goldman, Alan (1991) : Reiner Sex. In: Balzer, Philipp; Rippe, Klaus Peter (Hrsg.) (2000): Philosophie und Sex. Zeitgenössische Beiträge. München. S. 61 – 90.

Goldstein, Michael J.; Kant, Harold S. (1973): Pornography and Sexual Deviance. A Report of the Legal and Behavioral Institute Beverly Hills, California. Los Angeles.

Goodman, Paul (1961): Pornography, Art and Censorship. In: Hughes, Douglas A. (Hrsg.) (1970): Perspectives on Pornography. London. S. 42 – 60.

Gordon, Terri (2003): Salome Returns with a Venegeance: Liliana Cavani's The Night Porter. In: Lubich, Frederick A.; Schulman, Peter (Hrsg.) (2003): The Marketing of Eros. Performance, Sexuality, Consumer Culture. München. S. 160 – 177.

Goreau, Angeline (1986): Zwei Engländerinnen des 17. Jahrhunderts. Anmerkungen zu einer Anatomie der weiblichen Lust. In: Ariès, Philippe; Béjin, André (Hrsg.) (1986): Die Masken des Begehrens und die Metamorphosen der Sinnlichkeit. Zur Geschichte der Sexualität im Abendland. Frankfurt am Main. S. 130 – 146.

Gorsen, Peter (1981): Werden wir wieder moralisch? Das Sexuelle in der Kunst: Entweder einziges oder kein Thema. S. 336 – 338.

Gorsen, Peter (1987): Sexualästhetik. Grenzformen der Sinnlichkeit im 20. Jahrhundert. Reinbek bei Hamburg.

Gorsen, Peter (1990): Die Eingrenzung der Kunstfreiheit durch neue Pornographie- und Erotikdefinitionen. Die Kollision zwischen erotischer Kunst und der feministischen Pornographie-Indikation. In: Dane, Eva; Schmidt, Renate (Hrsg.) (1990): Frauen & Männer und Pornographie. Ansichten – Absichten – Einsichten. Frankfurt a. Main. S. 57 – 68.

Gowing, Laura (2007): Lesbierinnen und ihre ‚Halbschwestern' im Europa der frühen Neuzeit, 1500 – 1800. In: Aldrich, Robert (2007) (Hers.): Gleich und anders. Eine globale Geschichte der Homosexualität. Hamburg. S. 125 – 144.

Graupner, Helmuth (2005): Das 17-jährige Kind. Jüngste europarechtliche Rahmenbedingungen für Sexualität in den Neuen Medien. In Seikowski, Kurt (Hrsg.) (2005): Sexualität und Neue Medien. Lengerich. S. 54 – 79.

Green, Richard (1999): Pornography: The Expert Witness. In: Elias, James; et al. (Hrsg.)(1999): Porn 101. Eroticism, Pornography, and the First Amendment. New York. S.105 – 116.

Gregory, Paul (1991) : Wider die feste Zweierbeziehung. In: Balzer, Philipp; Rippe, Klaus Peter (Hrsg.) (2000): Philosophie und Sex. Zeitgenössische Beiträge. München. S. 100 – 112.

Gremliza, Hermann L.; Klein, Ingrid; Sigusch, Volkmar (Hrsg.) (1985): Sexualität konkret. Band 2. Frankfurt am Main.

Griffin, Susan (1982): Pornography and Silence. Culture's Revenge against Nature. New York.

Griffitt, William (1999): Pornography as a Research Tool: Exploring Fundamental Issues in Human Sexuality. In: Elias, James; et al. (Hrsg.)(1999): Porn 101. Eroticism, Pornography, and the First Amendment. New York. S. 279 – 283.

Grimm, Petra; Rhein, Stefanie (2007): Slapping, Bullying, Snuffing! Zur Problematik von gewalthaltigen und pornografischen Videoclips auf Mobiltelefonen von Jugendlichen. Berlin.

Grimme, Mathias T.J. (Hrsg.) (1988): Käufliche Träume. Erfahrungen mit Pornografie. Hamburg.

Gudat, Anne; Seitz, Ricarda (2005): Zwischen Aufregung und Erregung: Pornografie und Emotionen. In: Schmidt, Siegfried J. (Hrsg.) (2005): Medien und Emotionen. Münster. S. 203 – 240.

Guha, Anton-Andreas (1971): Sexualität und Pornographie. Die organisierte Entmündigung. Frankfurt am Main.

Haag, Ernest van den (1967): The Case for Pornography is Case for Censorship and Vice Versa. In: Hughes, Douglas A. (Hrsg.) (1970): Perspectives on Pornography. London. S. 122 – 130.

Haeberle, Erwin J. (2005): dtv-Atlas Sexualität. München.

Hafferkamp, Jack (1999): Un-Banning Books: How the Courts of the United States Came to Extend First Amendment Guarantees to Include Pornography. In: Elias, James; et al. (Hrsg.)(1999): Porn 101. Eroticism, Pornography, and the First Amendment. New York. S. 369 – 413.

Hall, Donald E. (2003): Queer Theories. New York.

Hall, Lesley; Porter, Roy (1995): The Facts of Life. The Creation of Sexual Knowledge in Britain, 1650 – 1950. London / New Haven.

Hans, Marie-Françoise; Lapouge, Gilles (Hrsg.) (1979) : Die Frauen – Pornographie und Erotik. Interviews. Darmstadt.

Hardy, Simon (1998): The Reader, The Author, His Woman and Her Lover. Soft-Core Pornography and Heterosexual Man. London.

Hark, Sabine (2006): Feministische Theorie – Diskurs – Dekonstruktion. Produktive Verknüpfungen. In: Keller, Reiner; Hirseland, Andreas; Schneider, Werner; Viehöver, Willy (Hrsg.) (2006): Handbuch sozialwissenschaftliche Diskursanalyse. Band 1: Theorien und Methoden. Wiesbaden. S. 357 – 376.

Hart, Thomas (2005): Medienwelten 2010. In: Seikowski, Kurt (Hrsg.) (2005): Sexualität und Neue Medien. Lengerich. S. 11 – 33.

Hartley, Nina (1999): Using Porn to Bridge the Mind-Body Gap. In: Elias, James; et al. (Hrsg.)(1999): Porn 101. Eroticism, Pornography, and the First Amendment. New York. S. 203 – 206.

Harvey, Philip D. (1999): How a Familiy-Planning Experiment Became a Sex-Products Business. In: Elias, James; et al. (Hrsg.)(1999): Porn 101. Eroticism, Pornography, and the First Amendment. New York. S. 53 – 64.

Hatab, Lawrence J. (2003): Two Cheers for Sexual Liberation: Uses and Abuses of Nietzsche. In: Lubich, Frederick A.; Schulman, Peter (Hrsg.) (2003): The

Marketing of Eros. Performance, Sexuality, Consumer Culture. München. S. 45 – 54.

Hecken, Thomas (1997): Gestalten des Eros. Die schöne Literatur und der sexuelle Akt. Opladen.

Hegel, Friedrich W.F. (2005): Phänomenologie des Geistes. Paderborn.

Hegener, Wolfgang (1998): Zur Kritik der politischen Technologie. Aspekte der Disziplinargeschichte des geschlechtlichen Körper. In: Schmidt, Gunter; Strauß, Bernhard (Hrsg.)(1998): Sexualität und Spätmoderne. Über den kulturellen Wandel der Sexualität. Stuttgart. S. 55 – 70.

Heins, Marjorie (1999): Reno v. American Civil Liberties Union: The 1996 Communications Decency Act. In: Elias, James; et al. (Hrsg.)(1999): Porn 101. Eroticism, Pornography, and the First Amendment. New York. S. 92 – 104.

Hekma, Gert (2007): Die schwul-lesbische Welt: 1980 bis zur Gegenwart. In: Aldrich, Robert (2007) (Hers.): Gleich und anders. Eine globale Geschichte der Homosexualität. Hamburg S. 333 – 363.

Helfferich, Cornelia (1998): Weibliche Körperkonzepte. Nebenergebnisse einer Studie zu Sexualität und Kontrazeption. In: Schmidt, Gunter; Strauß, Bernhard (Hrsg.)(1998): Sexualität und Spätmoderne. Über den kulturellen Wandel der Sexualität. Stuttgart. S. 71 – 85.

Hentschel, Linda (2005): Das Kommen der Bilder. Jacques Derridas Gastfreundschaft für Schurken visuell gedacht. In: Metelmann, Jörg (Hrsg) (2005): Porno-Pop. Sex in der Oberflächenwelt. Würzburg. S. 61 – 73.

Hergemöller, Bend-Ulrich (2007): Das Mittelalter. In: Aldrich, Robert (2007): Gleich und anders. Eine globale Geschichte der Homosexualität. Hamburg. S. 57 – 78.

Herrmann, Horst (2001): Liebesbeziehungen – Lebensentwürfe. Eine Soziologie der Partnerschaft. Münster.

Hetzel, Andreas; Wiechens, Peter (Hrsg) (1999): Georges Bataille. Vorreden zur Überschreitung. Würzburg.

Heuermann, Hartmut; Kuzina, Matthias (1995): Gefährliche Musen. Medienmacht und Medienmißbrauch. Stuttgart.

Heyer, Katrin (2005): Sexuelle Obsessionen. Die Darstellung der Geschlechterverhältnisse in ausgewählten Dramen von Goethe bis Büchner. Marburg.

Hillyer, Minette (2004): Sex in Suburban: Porn, Home Movies, and the Live Action Performance of Love in Pam and Tommy Lee: Hardcore and Uncensored. In: Williams, Linda (Hrsg.) (2004): Porn Studies. Durham. S. 50 – 76.

Hite, Christian (1999): The Pornography of Proximity: From the Nineteenth-Century Stereo-scope to the Present. In: Elias, James; et al. (Hrsg.)(1999): Porn 101. Eroticism, Pornography, and the First Amendment. New York. S. 551 – 556.

Hoang, Nguyen Tan (2004): The Resurrection of Brandon Lee: The Making of a Gay Asian American Porn Star. In: Williams, Linda (Hrsg.) (2004): Porn Studies. Durham. S. 223 – 270.

Hofstadler, Beate, Kröbitz, Ulrike (1996): Stielaugen oder scheue Blicke. Psychoanalytische Erhebungen zum Verhältnis von Frauen und Pornographie. Frankfurt am Main.

Holliday, Jim (1999): A History of Modern Pornographic Film and Video. In: Elias, James; et al. (Hrsg.)(1999): Porn 101. Eroticism, Pornography, and the First Amendment. New York. S. 341 – 351.

Hollstein, Walter (1997): Macht und Ohnmacht der Männer. In: Blum, Mechthild; Schützeichel, Harald (Hrsg.) (1997): Mannsbilder. Entwicklung und Umbruch männlicher Identität. Freiburg. S. 87 – 98.

Horkheimer, Max; Adorno, Theodor W. (2004): Dialektik der Aufklärung. Philosophische Fragmente. Frankfurt am Main.

Hughes, Douglas A. (Hrsg.) (1970): Perspectives on Pornography. London.

Hülshoff, Thomas (2001): Emotionen. Eine Einführung für beratende, therapeutische, pädagogische und soziale Berufe. München.

Hume, David (o. A.): Gegenstand und Ursachen von Liebe und Hass. In: Buchholz, Kai (Hrsg) (2007): Liebe. Ein philosophisches Lesebuch. München. S. 77 – 84.

Hunt, Lynn (1993a): Obscenity and the Origins of Modernity, 1500 – 1800. In: Hunt, Lynn (Hrsg.) (1993): The Invention of Pornography. Obscenity and the Origins of Modernity, 1500 – 1800. New York. S. 9 – 45.

Hunt, Lynn (1993b): Pornography and the French Revolution. In: Hunt, Lynn (Hrsg.) (1993): The Invention of Pornography. Obscenity and the Origins of Modernity, 1500 – 1800. New York. S. 301 – 339.

Hunt, Lynn (Hrsg.) (1993): The Invention of Pornography. Obscenity and the Origins of Modernity, 1500 – 1800. New York.

Hupperts, Charles (2007): Homosexualität in der Antike. In: Aldrich, Robert (2007): Gleich und anders. Eine globale Geschichte der Homosexualität. Hamburg. S. 29 – 56.

Hyde, Montgomery (1964): Geschichte der Pornographie. Eine wissenschaftliche Studie. Stuttgart.

Hyman, Stanley Edgar (1966): In Defense of Pornography. In: Hughes, Douglas A. (Hrsg.) (1970): Perspectives on Pornography. London. S. 35 – 41.

Ingenschay, Dieter (1997): Nackt Schweine, nasse Prinzen. Der Zusammenhang von Autobiographie und Pornographie in der zeitgenössischen deutschen Schwulenbewegung. In: Vinken, Barbara (Hrsg.) (1997): Die nackte Wahrheit. Zur Pornographie und zur Rolle des Obszönen in der Gegenwart. München. S. 23 – 49.

Jackson, Margaret (1984): Sexualwissenschaften und die Universalisierung männlicher Sexualität. Von Ellis über Kinsey zu Masters & Johnson. In: Schmerl, Christiane; Soine, Stefanie; Stein-Hilbers, Marlene; Wrede, Brigitta (Hrsg.) (2000): Sexuelle Szenen. Inszenierungen von Geschlecht und Sexualität in der modernen Gesellschaft. Opladen. S. 99 – 115.

Jackson, Margaret (1995): `Facts of life´ or the eroticisation of women´s op-
pression? Sexology and the social construction of heterosexuality. In: Caplan,
Pat (Hrsg.) (1995): The cultural construction of sexuality. London / New York.
S. 52 – 81.

Jacob, Margaret C. (1993): The Materialist World of Pornography. In: Hunt,
Lynn (Hrsg.) (1993): The Invention of Pornography. Obscenity and the Origins
of Modernity, 1500 – 1800. New York. S. 157 – 202.

Jäger, Margarete; Jäger, Siegfried (2007): Deutungskämpfe. Theorie und Praxis
Kritischer Diskursanalyse. Wiesbaden.

Jäger, Siegfried (2004): Kritische Diskursanalyse. Münster.

Jäger, Siegfried (2006): Diskurs und Wissen. Theoretische und methodische
Aspekte einer Kritischen Diskurs- und Dispositivanalyse. In: Keller, Reiner;
Hirseland, Andreas; Schneider, Werner; Viehöver, Willy (Hrsg.) (2006): Hand-
buch sozialwissenschaftliche Diskursanalyse. Band 1: Theorien und Methoden.
Wiesbaden. S. 83 – 114.

John, Maria St. (2004): How to do things with the Starr Report: Pornography,
Performance, and the President's Penis. In: Williams, Linda (Hrsg.) (2004):
Porn Studies. Durham. S. 27 – 49.

Johnen, Wilhelm (1997): Der Mann und seine Einsamkeitsnummer. In: Blum,
Mechthild; Schützeichel, Harald (Hrsg.) (1997): Mannsbilder. Entwicklung und
Umbruch männlicher Identität. Freiburg. S. 9 – 11.

Jong, Marc J.W. de (2006): From Invisibility to Subversion: Lesbian and Gay
Representation in the U.S. News Media During the 1950s. In: Campbell, Shan-
non; Castañeda, Laura (Hrsg.) (2006): News and Sexuality. Media Portraits of
Diversity. London. S. 37 – 52.

Joseph, Burton (1999): My Years Defending Playboy. In: Elias, James; et al.
(Hrsg.)(1999): Porn 101. Eroticism, Pornography, and the First Amendment.
New York. S. 76 – 82.

Juffer, Jane (1998): At Home with Pornography: Women, Sexuality and Every-
day Live. New York.

Jurgensen, Manfred (1985): Beschwörung und Erlösung. Zur literarischen Pornographie. Bern.

Kakoudaki, Despina (2004): Pinup: The American Secret Weapon in World War II. In: Williams, Linda (Hrsg.) (2004): Porn Studies. Durham. S. 335 – 369.

Kampfer, Dietmar (1985): Bildfolter. Von der gestörten Liebe zur reibungslosen Sexualität. In: Wulf, Christoph (Hrsg.) (1985): Lust und Liebe. Wandlungen der Sexualität. München. S. 381 – 394.

Kant, Immanuel (2004): Die Metaphysik der Sitten. Stuttgart

Kappeler, Susanne (1988): Pornographie – Die Macht der Darstellung. München.

Keller, Reiner (2006): Wissenssoziologische Diskursanalyse. In: Keller, Reiner; Hirseland, Andreas; Schneider, Werner; Viehöver, Willy (Hrsg.) (2006): Handbuch sozialwissenschaftliche Diskursanalyse. Band 1: Theorien und Methoden. Wiesbaden. S. 115 – 146.

Keller, Reiner et. al. (2006): Zur Aktualität sozialwissenschaftlicher Diskursanalyse – Eine Einführung. In: Keller, Reiner; Hirseland, Andreas; Schneider, Werner; Viehöver, Willy (Hrsg.) (2006): Handbuch sozialwissenschaftliche Diskursanalyse. Band 1: Theorien und Methoden. Wiesbaden. S. 7 – 30.

Keller, Reiner; Hirseland, Andreas; Schneider, Werner; Viehöver, Willy (Hrsg.) (2006): Handbuch sozialwissenschaftliche Diskursanalyse. Band 1: Theorien und Methoden. Wiesbaden.

Kendrick, Walter (1996): The Secret Museum. Pornography in Modern Culture. London

Kentler, Helmut (1980): Pädophilie – Tabus und Vortabus. In: Sigusch, Volkmar; Klein, Ingrid; Gremliza, Herrmann L. (Hrsg.) (1985): Sexualität konkret. Sammelband 2. Frankfurt am Main. S. 74 – 79.

Kinsey, Alfred; Pomeroy, Wardell B.; Martin, Clyde E. (1970): Das sexuelle Verhalten des Mannes. Frankfurt am Main.

Kinsey, Alfred; Pomeroy, Wardell B.; Martin, Clyde E.; Gebhard, Paul H. (1970): Das sexuelle Verhalten der Frau. Frankfurt am Main.

Kipnis, Laura (2007): Bound and Gagged. Pornography and the Politics of Fantasy in America. Durham.

Klein, Marty (1999): Censorship and the Fear of Sexuality. In: Elias, James; et al. (Hrsg.)(1999): Porn 101. Eroticism, Pornography, and the First Amendment. New York. S. 145 – 155.

Klimke, Daniela; Lautmann, Rüdiger (2006): Die neoliberale Ethik und der Geist des Sexualstrafrechts. In. Zeitschrift für Sexualforschung. 2006. Nr. 2. S. 97 – 117.

Kneer, Georg; Nassehi, Armin (2000): Niklas Luhmanns Theorie sozialer Systeme. Eine Einführung. Stuttgart.

Knoll, Joachim H.; Müller, Andreas (1998): Sexualität und Pornographie: jugendliche Medienwelt. Eine Expertise im Auftrag der BZgA. Köln.

Koch, Gertrud (1997): Netzhautsex – Sehen als Akt. In: Vinken, Barbara (Hrsg.) (1997): Die nackte Wahrheit. Zur Pornographie und zur Rolle des Obszönen in der Gegenwart. München. S. 115 – 128.

Kockott, Götz (1995): Die Sexualität des Menschen. München.

Koschorke, Albrecht (1997): Die zwei Körper der Frau. In: Vinken, Barbara (Hrsg.) (1997): Die nackte Wahrheit. Zur Pornographie und zur Rolle des Obszönen in der Gegenwart. München. S. 66 – 91.

Krafft-Ebing, Richard von (1984): Psychopathia sexualis. München.

Kranz, Walter (2006): Die griechische Philosophie. Köln.

Krebs, Dagmar (1994): Gewalt und Pornographie im Fernsehen – Verführung oder Therapie? In: Merten, Klaus; Schmidt, Siegfried J.; Weischenberg, Siegfried (Hrsg.): Die Wirklichkeit der Medien. Eine Einführung in die Kommunikationswissenschaft. Opladen. S. 352 – 376.

Kronhausen, Eberhard; Kronhausen, Phyllis (1967): Pornography and The Law. The Psychology of Erotic Realism and Pornography. London.

Küchenhoff, Joachim (1998): Öffentlichkeit und Körpererfahrung. In: Schmidt, Gunter; Strauß, Bernhard (Hrsg.)(1998): Sexualität und Spätmoderne. Über den kulturellen Wandel der Sexualität. Stuttgart. S. 39 – 54.

Kuhl, Herbert (2002): Sexualhormone und Psyche. Grundlagen, Symptomatik, Erkrankungen, Therapie. Stuttgart.

Lamnek, Siegfried (2005): Prostitution, Frauenhandel und Sextourismus. In: Funk, Heide; Lenz, Karl (Hrsg.): Sexualitäten. Diskurse und Handlungsmuster im Wandel. München. S. 275 – 297.

Laqueur, Thomas (1992): Auf den Leib geschrieben. Die Inszenierung der Geschlechter von der Antike bis Freud. Frankfurt am Main.

Laqueur, Thomas W. (2008): Eine einsame Lust. Eine Kulturgeschichte der Selbstbefriedigung. Berlin.

Lareau, Alan (2003): Ich wär so gern ein Sex-Appeal: Images of Femininity on the Weimar Cabaret Stage. In: Lubich, Frederick A.; Schulman, Peter (Hrsg.) (2003): The Marketing of Eros. Performance, Sexuality, Consumer Culture. München. S. 78 – 96.

Latour, Miss Charlie (1999): Sex, Pornography, and Religion: From Sodom to Corinth to the San Fernando Valley. In: Elias, James; et al. (Hrsg.)(1999): Porn 101. Eroticism, Pornography, and the First Amendment. New York. S. 166 – 173.

Lauretis, Teresa de (1999): Die andere Szene. Psychoanalyse und lesbische Sexualität. Frankfurt am Main.

Lautmann, Rüdiger (1990): Ein anderes Verhältnis zur Sexualität. In: Dane, Eva; Schmidt, Renate (Hrsg.) (1990): Frauen & Männer und Pornographie. Ansichten – Absichten – Einsichten. Frankfurt a. Main. S. 263 – 267.

Lautmann, Rüdiger (2002): Soziologie der Sexualität. Erotischer Körper, intimes Handeln und Sexualkultur. München.

Lautmann, Rüdiger (2005): Die Pluralisierung des Begehrens. In: Funk, Heide; Lenz, Karl (Hrsg.): Sexualitäten. Diskurse und Handlungsmuster im Wandel. München. S. 69 – 88.

Lautmann, Rüdiger; Schetsche, Michael (1990): Das pornographische Begehren. Frankfurt am Main.

Lawrence, D. H. (1971): Pornographie und Obszönität und andere Essays über Liebe, Sex und Emanzipation. Zürich.

Lederer, Laura (Hrsg.) (1980): Take back the Night. Women on Pornography. New York.

Lehman, Peter (1999): Ed Powers and the Fantasy of Documenting Sex. In: Elias, James; et al. (Hrsg.)(1999): Porn 101. Eroticism, Pornography, and the First Amendment. New York. S. 359 – 368.

Lenssen, Margit; Stolzenberg, Elke (Hrsg.) (1997): Schaulust. Erotik und Pornographie in den Medien. Opladen

Lenz, Karl (2005): Wie Paare sexuell werden. Wandlungstendenzen und Geschlechterunterschiede. In: Funk, Heide; Lenz, Karl (Hrsg.): Sexualitäten. Diskurse und Handlungsmuster im Wandel. München. S. 115 – 149.

Leonard, Sarah (2005): Wanderers, Entertainers, and Seducers. Making Sense of Obscenity Law in the German States, 1830 – 1851. In: Sigel, Lisa Z. (Hrsg.) (2005): International Exposure. Perspectives on Modern European Pornography, 1800 – 2000. London/New Jersey. S. 27 – 47.

Lewandowski, Seven (2001): Über Persistenz und soziale Funktion des Orgasmus(paradigmas). In: Zeitschrift für Sexualforschung. 2001. Nr. 3. S. 193 – 213.

Lewandowski, Sven (2003): Internetpornographie. In: Zeitschrift für Sexualforschung. 2003. Nr. 4. S. 299 – 327.

Lewandowski, Sven (2004): Sexualität in den Zeiten funktionaler Differenzierung. Eine systemtheoretische Analyse. Bielefeld.

LeVay, Simon (1994): Keimzellen der Lust. Die Natur der menschlichen Sexualität. Heidelberg.

Liebs, Holger (2005): Spul mal vor, Alter. Navigationshilfen in Babylon: Die Kunst als Global Positioning System im Feld der Pornografie. In: Metelmann, Jörg (Hrsg) (2005): Porno-Pop. Sex in der Oberflächenwelt. Würzburg. S. 87 – 95.

Longino, Helen E. (1979): Pornography, Oppression, and Freedom. Lederer, Laura (Hrsg.) (1980): Take back the Night. Women on Pornography. New York. S.40 – 54.

Lorenz, Jay Kent (1999): Going Gonzo! The American Flaneur, the Eastern European On/Scene, and the Pleasures of Implausibility. In: Elias, James; et al. (Hrsg.)(1999): Porn 101. Eroticism, Pornography, and the First Amendment. New York. S. 352 – 358.

Low, Bobbi S. (2000): Why Sex matters. A Darwinian Look at Human Behavior. Princeton.

Lubich, Frederick A. (2003): The Sexual Revolution of the Twentieth Century. In: Lubich, Frederick A.; Schulman, Peter (Hrsg.) (2003): The Marketing of Eros. Performance, Sexuality, Consumer Culture. München. S. 12 – 18.

Lubich, Frederick A.; Schulman, Peter (Hrsg.) (2003): The Marketing of Eros. Performance, Sexuality, Consumer Culture. München.

Luhmann, Niklas (2008): Einführung in die Systemtheorie. Heidelberg. hrsg. von Baecker, Dirk.

Luhmann, Niklas (2004): Die Realität der Massenmedien. Wiesbaden.

Luhmann, Niklas (1989): Wahrnehmung und Kommunikation sexueller Interessen. In: Luhmann, Niklas (1995): Soziologische Aufklärung 6. Die Soziologie und der Mensch. Opladen. S. 189 – 203.

Luhmann, Niklas (1994): Die Wirtschaft der Gesellschaft. Frankfurt am Main.

Luhmann, Niklas (1994): Liebe als Passion. Zur Codierung von Intimität. Frankfurt am Main.

Maasen, Sabine (1998): Genealogie der Unmoral. Zur Therapeutisierung sexueller Selbste. Frankfurt am Main.

Mach, Henry (1999): Gay Porn/Queer Erotica. In: Elias, James; et al. (Hrsg.)(1999): Porn 101. Eroticism, Pornography, and the First Amendment. New York. S. 457 – 464.

MacKinnon, Cathrine A. (1994): Nur Worte. Frankfurt am Main.

Madigan, Timothy J. (1999): Should We Read de Sade? In: Elias, James; et al. (Hrsg.)(1999): Porn 101. Eroticism, Pornography, and the First Amendment. New York. S. 574 – 578.

Mainusch, Herbert; Mertner, Edgar (1970): Pornotopia. Das Obszöne und die Pornographie in der literarischen Landschaft. Frankfurt am Main.

Mala, Matthias (2004): Cybersex. Lust und Frust im Internet. München.

Mangold, Roland; Vorderer, Peter; Bente, Gary (Hrsg) (2004): Lehrbuch der Medienpsychologie. Göttingen.

Marcus, Steven (1966): The other Victorians. A Study of Sexuality and Pornography in Mid-Nineteenth-Century England. London.

Marcuse, Herbert (1970): Triebstruktur und Gesellschaft. Frankfurt am Main.

Marcuse, Ludwig (1984): Obszön. Geschichte einer Entrüstung. Zürich.

Mascher, Konstantin (2005): Homosexualität unter Männern und die Bedrohung durch AIDS. In: Funk, Heide; Lenz, Karl (Hrsg.): Sexualitäten. Diskurse und Handlungsmuster im Wandel. München. S. 161 – 173.

McClintock, Anne (1993): Gonad the Barbarian and the Venus Flytrap: Portraying the female and the male orgasm. In: Segal, Lynne; McIntosh, Mary (Hrsg.) (1993): Sex Exposed. Sexuality and the Pornography Debate. New Brunswick, N.J. S. 111 – 131.

McNair, Brian (1996): Mediated Sex. Pornography and Postmodern Culture. London.

McNair, Brian (2002): Striptease Culture. Sex, Media and the Democratization of Desire. London.

Melendez, Franklin (2004): Video Pornography, Visual Pleasure, and the Return of the Sublime. In: Williams, Linda (Hrsg.) (2004): Porn Studies. Durham. S. 401 – 427.

Menken, Kevin (2006): Life as a Drag Ball: Gay Men and Lesbians in the Media, 1920 – 1942. In: Campbell, Shannon; Castañeda, Laura (Hrsg.) (2006): News and Sexuality. Media Portraits of Diversity. London. S. 21 – 35.

Mercury, Maureen (1999): America Unchained: Tattoos, Piercings, and Porn. In: Elias, James; et al. (Hrsg.)(1999): Porn 101. Eroticism, Pornography, and the First Amendment. New York. S. 174 – 184.

Merryman, Molly (1999): Removing Sex from Sex: Mainstream Feminism's Incomplete Dialogue. In: Elias, James; et al. (Hrsg.)(1999): Porn 101. Eroticism, Pornography, and the First Amendment. New York. S. 185 – 191.

Merten, Klaus; Schmidt, Siegfried J.; Weischenberg, Siegfried (Hrsg.) (1994): Die Wirklichkeit der Medien. Eine Einführung in die Kommunikationswissenschaft. Opladen.

Metelmann, Jörg (2005a): Porno-Pop. Sex in der Oberflächenwelt. Einleitung. In: Metelmann, Jörg (Hrsg) (2005): Porno-Pop. Sex in der Oberflächenwelt. Würzburg. S. 7 – 12.

Metelmann, Jörg (2005b): Flesh for Fantasy. Das Porno-Pop-Format. In: Metelmann, Jörg (Hrsg) (2005): Porno-Pop. Sex in der Oberflächenwelt. Würzburg. S. 41 – 58.

Metelmann, Jörg (Hrsg) (2005): Porno-Pop. Sex in der Oberflächenwelt. Würzburg.

Meyer, Adolf-Ernst (1981): Märchen für Onanisten Opium für Impotente. Pornos preisen immer Paarungen – und sind doch nur Wichsvorlagen. Eine Analyse der systematischen Verlogenheit. In: Sigusch, Volkmar; Klein, Ingrid; Gremliza, Herrmann L. (Hrsg.) (1985): Sexualität konkret. Sammelband 2. Frankfurt am Main. S. 322 – 327.

Michael, Robert T.; et al. (1994): Sexwende. Liebe in den 90ern – Der Report. München.

Michelson, Peter (1966): An Apology for Pornography. In: Hughes, Douglas A. (Hrsg.) (1970): Perspectives on Pornography. London. S. 61 – 71.

Mijnhardt, Wijnand W. (1993): Politics and Pornography in the Seventeenth- and Eighteenth-Century Dutch Republic. In: Hunt, Lynn (Hrsg.) (1993): The Invention of Pornography. Obscenity and the Origins of Modernity, 1500 – 1800. New York. S. 283 – 300.

Miketta, Gaby; Tebel-Nagy, Claudia (1996): Liebe & Sex. Über die Biochemie leidenschaftlicher Gefühle. Stuttgart.

Mikich, Sonia (1988): Von Löchern und Stielen. In: Frings, Matthias (Hrsg.) (1988): Fleisch und Blut. Über Pornographie. Hamburg. S. 13 – 28.

Miller, Geoffrey F. (2001): Die sexuelle Evolution. Partnerwahl und die Entstehung des Geistes. Heidelberg/Berlin.

Millhofer, Petra (1998): Geschlechtsrollenübernahme und sexuelle Sozialisation im Übergang zur Pubertät. Theoretische Verständigung und empirische Ergebnisse. In: Schmidt, Gunter; Strauß, Bernhard (Hrsg.)(1998): Sexualität und Spätmoderne. Über den kulturellen Wandel der Sexualität. Stuttgart. S. 89 – 102.

Mills, Sara (2007): Der Diskurs. Begriff, Theorie, Praxis. Tübingen.

Mirkin, Harris (1999): The Forbidden Image: Child Pornography and the First Amendment. In: Elias, James; et al. (Hrsg.)(1999): Porn 101. Eroticism, Pornography, and the First Amendment. New York. S. 501 – 519.

Mizejewski, Linda (2003): Showgirls, the Historical Backstage and Blonde Venus. In: Lubich, Frederick A.; Schulman, Peter (Hrsg.) (2003): The Marketing of Eros. Performance, Sexuality, Consumer Culture. München. S. 70 – 77.

Möller, Berith (2005): Körperlichkeit, Selbstwert und Sexualität in der weiblichen Adoleszenz. In: Funk, Heide; Lenz, Karl (Hrsg.): Sexualitäten. Diskurse und Handlungsmuster im Wandel. München. S. 175 – 194.

Mondi, Biggy (1990): (K)ein Job wie jeder andere. Bericht aus der Praxis einer Pornodarstellerin. In Dane, Eva; Schmidt, Renate (Hrsg.) (1990): Frauen & Männer und Pornographie. Ansichten – Absichten – Einsichten. Frankfurt a. Main. S. 103 – 109.

Monet, Veronica (1999): What is Feminist Porn? In: Elias, James; et al. (Hrsg.)(1999): Porn 101. Eroticism, Pornography, and the First Amendment. New York. S. 207 – 210.

Moravia, Alberto (1965): Eroticism in Literature. In: Hughes, Douglas A. (Hrsg.) (1970): Perspectives on Pornography. London. S. 1 – 3.

Morus/Richard Lewinsohn (1967): Eine Weltgeschichte der Sexualität. Hamburg.

Muehlenhard, Charlene L.; Peterson, Zoë D. (2007): What is Sex and Why Does It Matter? A Motivational Approach to Exploring Individuals' Definition of Sex. In: Journal of Sex Research. 2007. Nr. 3. S. 256 – 268.

Muhr, Thomas (2008): Probleme der Pornographieforschung. Hamburg.

Nagel, Thomas (1991): Sexuelle Perversion. In: Balzer, Philipp; Rippe, Klaus Peter (Hrsg.) (2000): Philosophie und Sex. Zeitgenössische Beiträge. München. S. 25 – 45.

Naumann, Peter (1976): Keyhole und Candle. John Clelands ‚Memoirs of a Woman of Pleasure' und die Entstehung des pornographischen Romans in England. Heidelberg.

Nelson, Nici (1995): ′Selling her kiosk′: Kikuyu notions of sexuality and sex for sale in Mathare Valley, Kenya. In: Caplan, Pat (Hrsg.) (1995): The cultural construction of sexuality. London / New York. S. 217 – 239.

Niemann, Norbert (2005): Adenauer im Sex-Shop. Notizen zum Thema ‚Pornografie und neuste Öffentlichkeit'. In: Metelmann, Jörg (Hrsg) (2005): Porno-Pop. Sex in der Oberflächenwelt. Würzburg. S. 27 – 31.

Nietzsche, Friedrich (1988): Zur Genealogie der Moral: Eine Streitschrift. Ditzingen.

Nietzschke, Bernd (1997): Die Ohnmacht der Väter – die Allmacht der Mütter. Historische, soziologische und psychoanalytische Anmerkungen zum Wandel des Männerbildes. In: Blum, Mechthild; Schützeichel, Harald (Hrsg.) (1997): Mannsbilder. Entwicklung und Umbruch männlicher Identität. Freiburg. S. 53 – 69.

Nilsen, Toril Sørheim; Stigum, Hein; Træen, Bente (2006): Use of Pornography in Traditional Media and on the Internet in Norway. In: Journal of Sex Research. 2006. Nr. 245 – 254.

Nitzschke, Bernd (1988): Sexualität und Männlichkeit. Zwischen Symbiosewunsch und Gewalt. Hamburg.

Norberg, Kathryn (1993): The Libertine Whore: Prostitution in French Pornography from Margot to Juliette. In: Hunt, Lynn (Hrsg.) (1993): The Invention of Pornography. Obscenity and the Origins of Modernity, 1500 – 1800. New York. S. 225 – 252.

O'Toole, Laurence (1998): Pornocopia. Porn, Sex, Technology and Desire. London.

O'Toole, Laurence (1999): The Experience of Pornography. In: Elias, James; et al. (Hrsg.)(1999): Porn 101. Eroticism, Pornography, and the First Amendment. New York. S. 284 – 296.

Obermayer, Brigitte (2005): Man f... nur mit dem Herzen gut. Pornografien der Liebe bei Vladimir Sorokin. In: Metelmann, Jörg (Hrsg) (2005): Porno-Pop. Sex in der Oberflächenwelt. Würzburg. S. 105 – 123.

Ortner, Sherry B.; Whitehead, Harriet (1981a): Introduction: Accounting for sexual meanings. In: Ortner, Sherry B.; Whitehead, Harriet (Hrsg.) (1981): Sexual Meanings. The cultural construction of gender and sexuality. Cambridge. S. 1 – 27.

Ortner, Sherry B.; Whitehead, Harriet (Hrsg.) (1981): Sexual Meanings. The cultural construction of gender and sexuality. Cambridge.

Osterweil, Ara (2004): Andy Warhol's Blow Job: Toward the Recognition of a Pornographic Avantgarde. In: Williams, Linda (Hrsg.) (2004): Porn Studies. Durham. S. 431 – 460.

Ott, Cornelia (2000): Zum Verhältnis von Geschlecht und Sexualität unter machttheoretischen Gesichtspunkten. In: Schmerl, Christiane; Soine, Stefanie; Stein-Hilbers, Marlene; Wrede, Brigitta (Hrsg.) (2000): Sexuelle Szenen. Inszenierungen von Geschlecht und Sexualität in der modernen Gesellschaft. Opladen. S. 183 – 193.

Otto, Herbert A. (1999): A Short History of Sex Toys with an Extrapolation for the New Century. In: Elias, James; et al. (Hrsg.)(1999): Porn 101. Eroticism, Pornography, and the First Amendment. New York. S. 437 – 446.

Ovid (2005): Ars amatoria. Liebeskunst. Ditzingen.

Pannes, Beate (1997): Männerliteratur mit Sex und Seele. In: Blum, Mechthild; Schützeichel, Harald (Hrsg.) (1997): Mannsbilder. Entwicklung und Umbruch männlicher Identität. Freiburg. S. 18 – 23.

Pareto, Vilfredo (1968): Der Tugendmythos und die unmoralische Literatur. Neuwied/Berlin.

Pastötter, Jakob (2003): Erotic Home Entertainment und Zivilisationsprozess. Analyse des postindustriellen Phänomens Hardcore-Pornographie. Wiesbaden.

Patanè, Vincenzo (2007): Homosexualität in Nahen und Mittleren Osten und in Nordafrika. In: Aldrich, Robert (2007) (Hers.): Gleich und anders. Eine globale Geschichte der Homosexualität. Hamburg. S. 271 – 302.

Patten, Fiona (1999): Sex Fights Back: How to Succeed in Politics Without Being Elected. In: Elias, James; et al. (Hrsg.)(1999): Porn 101. Eroticism, Pornography, and the First Amendment. New York. S. 160 – 165.

Patterson, Zabet (2004): Going Online: Consuming Pornography in Digital Era. In: Williams, Linda (Hrsg.) (2004): Porn Studies. Durham. S. 104 – 123.

Paul, Bill (1999): Intention versus Interpretation: Personal Experiences with the Radical Right (Pornography Didn't Make Me Do It … the Christian Coalition

Did). In: Elias, James; et al. (Hrsg.)(1999): Porn 101. Eroticism, Pornography, and the First Amendment. New York. S. 332 – 340.

Pavesich, Vida (1999): The Marquis de Sade's Juliette: Libertinism, Female Agency, and Pornography. In: Elias, James; et al. (Hrsg.)(1999): Porn 101. Eroticism, Pornography, and the First Amendment. New York. S. 557 – 573.

Pawek, Karl (1981): Der Fernseh-Koitus Interruptus. Die Fernseh-Herren und ihre ‚saubere' Leinwand: Schlüpfrigkeiten statt Sexualität, Frauen sind Objekte, Onanie gibt's nicht, anschwellen tut nur die Musik. In: Sigusch, Volkmar; Klein, Ingrid; Gremliza, Herrmann L. (Hrsg.) (1985): Sexualität konkret. Sammelband 2. Frankfurt am Main. S. 375 – 382.

Paz, Octavio (1997): Die doppelte Flamme. Liebe und Erotik. Frankfurt am Main.

Pearson, Kim (2006): Small Murders: Rethinking. News Coverage of Hate Crimes Against GLBT People. In: Campbell, Shannon; Castañeda, Laura (Hrsg.) (2006): News and Sexuality. Media Portraits of Diversity. London. S. 159 – 188.

Pease, Allison (2000): Modernism, Mass Culture, and the Aesthetics of Obscenity. Cambridge.

Penley, Canstance (2004): Crackers and Whackers: The White Trashing of Porn. In: Williams, Linda (Hrsg.) (2004): Porn Studies. Durham. S. 309 – 331.

Petron (2006): Satyricon. Ditzingen.

Phillips, John (2005a): Old Wine in New Bottles? Literary Pornography in the Twentieth-Century France. In: Sigel, Lisa Z. (Hrsg.) (2005): International Exposure. Perspectives on Modern European Pornography, 1800 – 2000. London/New Jersey. S. 125 – 145.

Phillips, John (2005b): Walking on the Wild Side: Shemale Internet Pornography. In: Sigel, Lisa Z. (Hrsg.) (2005): International Exposure. Perspectives on Modern European Pornography, 1800 – 2000. London/New Jersey. S. 255 – 274.

Phillips, William (1967): Writing about Sex. In: Hughes, Douglas A. (Hrsg.) (1970): Perspectives on Pornography. London. S. 197 – 211.

Pilgrim, Volker Elis (1988): Pornographie ist Hexenverfolgung mit anderen Mitteln. In: Frings, Matthias (Hrsg.) (1988): Fleisch und Blut. Über Pornographie. Hamburg. S. 119 – 126.

Piwitt, Peter (1981): Trautes Heim Porno zu zwein. Das neue deutsche Wunschkonzert: Tagträume, Zahlungsverkehr und Liberalismus. In: Sigusch, Volkmar; Klein, Ingrid; Gremliza, Herrmann L. (Hrsg.) (1985): Sexualität konkret. Sammelband 2. Frankfurt am Main. S. 339 – 350.

Platon (o. A.): Das Gastmahl. In: Buchholz, Kai (Hrsg) (2007): Liebe. Ein philosophisches Lesebuch. München. S. 20 – 48.

Plummer, Ken (1995): Telling Sexual Stories. Power, Change and Social Worlds. London.

Plundt, Christian (2005): Spot an, Lust aus. Wie der Sex ins Fernsehen kam und darin verschwand. In: Metelmann, Jörg (Hrsg) (2005): Porno-Pop. Sex in der Oberflächenwelt. Würzburg. S. 167 – 181.

Poluda-Korte, Eva S. (1988): Ein kreatives Potential. In: Gehrke, Claudia (1988): Frauen und Pornografie. Tübingen. S. 36 – 60.

Pornschlegel, Clemens (2005): Wem gehören die Töchter? Zum sexuellen Machtanspruch der Konsumgesellschaft. In: Metelmann, Jörg (Hrsg) (2005): Porno-Pop. Sex in der Oberflächenwelt. Würzburg. S. 15 – 25.

Prahm, Gabriela (1992): Sex, Schluß, Aus? Die Liebe in Zeiten der Pornographie. Frankfurt am Main.

Puff, Helmut (2007): Die frühe Neuzeit in Europa, 1400 – 1700. In: Aldrich, Robert (2007) (Hers.): Gleich und anders. Eine globale Geschichte der Homosexualität. Hamburg. S. 79 – 102.

Reich, Wilhelm (1966): Die sexuelle Revolution. Zur charakterlichen Selbststeuerung des Menschen. Frankfurt am Main.

Reiche, Reimut (1998): Herzblatt. Fallstruktur einer Heiratsregel. In: Schmidt, Gunter; Strauß, Bernhard (Hrsg.)(1998): Sexualität und Spätmoderne. Über den kulturellen Wandel der Sexualität. Stuttgart. S. 166 – 211.

Richardson, Michael (1998): Seductions of the Impossible: Love, the Erotic and Sacrifice in Surrealist Discourse. In: Featherstone, Mike (Hrsg.) (1999): Love and Eroticism. London. S. 375 – 393.

Rick, Katrin (1988): Jenseits der Scham. In: Gehrke, Claudia (1988): Frauen und Pornografie. Tübingen. S. 71 – 86

Riggs, Damien W.: Proving the Case: Psychology, Subjectivity, and Representation of Lesbian and Gay Parents in the Media. In: Campbell, Shannon; Castañeda, Laura (Hrsg.) (2006): News and Sexuality. Media Portraits of Diversity. London. S. 235 – 255.

Rival, Laura; Slater, Don; Miller, Daniel (1998): Sex and Sociality: Comparative Ethnographies of Sexual Objectification. In: Featherstone, Mike (Hrsg.) (1999): Love and Eroticism. London. S. 295 – 322.

Rizzo, Domenico (2007): Öffentlichkeit und Schwulenpolitik seit dem Zweiten Weltkrieg. In: Aldrich, Robert (2007) (Hers.): Gleich und anders. Eine globale Geschichte der Homosexualität. Hamburg. S. 197 – 222.

Röggla, Kathrin (2005): dein fleisch juckt uns nicht! In: Metelmann, Jörg (Hrsg) (2005): Porno-Pop. Sex in der Oberflächenwelt. Würzburg. S. 97 – 100.

Rohde, Stephen F. (1999): Freedom of Cyberspeech. In: Elias, James; et al. (Hrsg.)(1999): Porn 101. Eroticism, Pornography, and the First Amendment. New York. S. 83 – 91.

Rolf, Thomas (1999): „Vom Subjekt auf dem Siedepunkt". Zur Phänomenologie der Ekstase bei Ludwig Klages und Georges Bataille. In: Hetzel, Andreas; Wiechens, Peter (Hrsg) (1999): Georges Bataille. Vorreden zur Überschreitung. Würzburg. S. 113 – 132.

Romanets, Maryna (2005): Ideologies of the Second Coming in the Ukrainian Postcolonial Playground. In: Sigel, Lisa Z. (Hrsg.) (2005): International Exposure. Perspectives on Modern European Pornography, 1800 – 2000. London/New Jersey. S. 205 – 231.

Rossiaud, Jacques (1986): Prostitution, Sexualität und Gesellschaft in den französischen Städten des 15. Jahrhunderts. In: Ariès, Philippe; Béjin, André (Hrsg.) (1986): Die Masken des Begehrens und die Metamorphosen der Sinnlichkeit. Zur Geschichte der Sexualität im Abendland. Frankfurt am Main. S. 97 – 120.

Rothöhler, Simon (2005): ‚I can't dream of other places'. Zu Utopie und Softcore bei Larry Clark und Luchino Visconti. In: Metelmann, Jörg (Hrsg) (2005): Porno-Pop. Sex in der Oberflächenwelt. Würzburg. S. 143 – 145.

Rubin, Gayle (1984): Thinking Sex: Notes for a Radical Theory of the Politics of Sexuality. . In: Vance, Carole S. (Hrsg.) (1992): Pleasure and Danger. Exploring Female Sexuality. London. S. 267 – 319.

Rubinoff, Lionel (1972): Die Pornographie der Macht. Stuttgart.

Rückert, Corinna (2000): Frauenpornographie – Pornographie von Frauen für Frauen: Eine kulturwissenschaftliche Studie. Frankfurt am Main.

Rückert, Corinna (2004): Die neue Lust der Frauen. Vom entspannten Umgang mit der Pornographie. Hamburg.

Rudolphi, Hans-Joachim (1990): Zum geltenden Strafrecht: Zur Legitimität von §§131 und 184 StGB. In: Dane, Eva; Schmidt, Renate (Hrsg.) (1990): Frauen & Männer und Pornographie. Ansichten – Absichten – Einsichten. Frankfurt a. Main. S. 166 – 174.

Runkel, Gunter (2003): Sexualität in der Gesellschaft. Münster.

Ruoff, Michael (2007): Foucault-Lexikon. Entwicklung – Kernbegriffe – Zusammenhänge. Paderborn.

Rupp, Leila J. (2007): Liebende Frauen in der Welt von heute. In: Aldrich, Robert (2007) (Hers.): Gleich und anders. Eine globale Geschichte der Homosexualität. Hamburg. S. 223 – 248.

Sade, Marquis de (2006): Gesammelte Schriften. Paderborn.

Schaefer, Eric (2004): Gauging a Revolution: 16 mm Film and the Rise of the Pornographic Feature. In: Williams, Linda (Hrsg.) (2004): Porn Studies. Durham. S. 370 – 400.

Scheffel, Michael (Hrsg.) (2002): Nachwort. In Schnitzler, Arthur (2002): Der Reigen. Ditzingen.

Schelsky, Helmut (1955): Soziologie der Sexualität. Über Beziehungen zwischen Geschlecht, Moral und Gesellschaft. Hamburg.

Schetsche, Michael (1998): Pornographie im Internet. Phänomenologie und Phantomatik. In: Schmidt, Gunter; Strauß, Bernhard (Hrsg.)(1998): Sexualität und Spätmoderne. Über den kulturellen Wandel der Sexualität. Stuttgart. S. 139 – 158.

Schmerl, Christiane (1998): Phallus in Wonderland. Bemerkungen über die kulturelle Konstruktion ‚Sex = Natur'. In: Schmerl, Christiane; Soine, Stefanie; Stein-Hilbers, Marlene; Wrede, Brigitta (Hrsg.) (2000): Sexuelle Szenen. Inszenierungen von Geschlecht und Sexualität in der modernen Gesellschaft. Opladen. S. 139 – 159.

Schmerl, Christiane; Soine, Stefanie; Stein-Hilbers, Marlene; Wrede, Brigitta (Hrsg.) (2000): Sexuelle Szenen. Inszenierungen von Geschlecht und Sexualität in der modernen Gesellschaft. Opladen.

Schmidt, Dietmar (2005): Zwischen den Medien. Traumnovelle (Schnitzler), Eyes Wide Shut (Kubrick) und die ‚longue durée' der Pornografie. In: Metelmann, Jörg (Hrsg) (2005): Porno-Pop. Sex in der Oberflächenwelt. Würzburg. S. 125 – 141.

Schmidt, Gunter (1976): Sexuelle Motivation und Kontrolle. In: Schorsch, Eberhard; Schmidt, Gunter (Hrsg.) (1976): Ergebnisse zur Sexualforschung. Arbeiten aus dem Hamburger Institut für Sexualforschung. Frankfurt am Main. S. 30 – 47.

Schmidt, Gunter (2000): Spätmoderne Sexualverhältnisse. In: Schmerl, Christiane; Soine, Stefanie; Stein-Hilbers, Marlene; Wrede, Brigitta (Hrsg.) (2000): Sexuelle Szenen. Inszenierungen von Geschlecht und Sexualität in der modernen Gesellschaft. Opladen. S. 268 – 279.

Schmidt, Gunter (2004): Das neue Der Die Das. Über die Modernisierung des Sexuellen.

Schmidt, Gunter (Hrsg.) (1976): Ergebnisse zur Sexualforschung. Arbeiten aus dem Hamburger

Schmidt, Gunter; Klusmann, Dietrich; Matthiesen, Sonja; Dekker, Arne (1998): Veränderungen des Sexualverhaltens von Studentinnen und Studenten 1966 – 1981 – 1996. In: Schmidt, Gunter; Strauß, Bernhard (Hrsg.)(1998): Sexualität und Spätmoderne. Über den kulturellen Wandel der Sexualität. Stuttgart. S. 118 – 136.

Schmidt, Gunter; Matthiesen, Silja; Dekker, Arne; Starke, Kurt (2006): Spätmoderne Beziehungswelten. Report über Partnerschaft und Sexualität in drei Generationen. Wiesbaden.

Schmidt, Gunter; Schorsch, Eberhard (1976a): Sexuelle Liberalisierung und Emanzipation. In: Schorsch, Eberhard; Schmidt, Gunter (Hrsg.) (1976): Ergebnisse zur Sexualforschung. Arbeiten aus dem Hamburger Institut für Sexualforschung. Frankfurt am Main. S. 15 – 29.

Schmidt, Gunter; Strauß, Bernhard (Hrsg.)(1998): Sexualität und Spätmoderne. Über den kulturellen Wandel der Sexualität. Stuttgart.

Schmidt, Renate (1990): Pornographie – hinsehen oder wegsehen? Rückblick nach 20 Jahren. In: Dane, Eva; Schmidt, Renate (Hrsg.) (1990): Frauen & Männer und Pornographie. Ansichten – Absichten – Einsichten. Frankfurt a. Main. S. 15 – 23.

Schmidt, Siegfried (1994): Die Wirklichkeit des Beobachters. In: Merten, Klaus; Schmidt, Siegfried J.; Weischenberg, Siegfried (Hrsg.) (1994): Die Wirklichkeit der Medien. Eine Einführung in die Kommunikationswissenschaft. Opladen. S. 3 – 19.

Schmidt, Siegfried (1999): Kultur und Kontingenz: Lehren des Beobachtens. In: Müller, Albert; Müller, Karl H.; Stadtler, Friedrich (Hrsg.) (1999): Konstruktivismus und Kognitionswissenschaft. Kulturelle Wurzeln und Ergebnisse. S. 173 – 182.

Schmidt, Siegrfried J. (2002): Was heißt „Wirklichkeitskonstruktion"? In: Baum, Achim; Schmidt, Siegfried J. (Hrsg.) (2002): Fakten und Fiktionen. Über den Umgang mit Medienwirklichkeit. Schriftreihe der deutschen Gesellschaft für Publizistik- und Kommunikationswissenschaft. S. 17 – 30.

Schmidt, Siegfried J. (2003): Geschichten und Diskurse. Abschied vom Konstruktivismus. Reinbeck bei Hamburg.

Schmidt, Siegfried J. (2005): Medien und Emotionen: Zum Management von Bezugsrahmen. In: Schmidt, Siegfried J. (Hrsg.) (2005): Medien und Emotionen. Münster. S. 11 – 39.

Schmidt, Siegfried J. (Hrsg.) (2005): Medien und Emotionen. Münster.

Schmidt, Siegfried J.; Weischenberg, Siegfried (1994): Mediengattungen, Berichterstattungsmuster, Darstellungsformen. In: Merten, Klaus; Schmidt, Siegfried J.; Weischenberg, Siegfried (Hrsg.) (1994): Die Wirklichkeit der Medien. Eine Einführung in die Kommunikationswissenschaft. Opladen. S. 212 – 236.

Schmidt, Siegfried J.; Zurstiege, Guido (2007): Kommunikationswissenschaft. Systematik und Ziele. Reinbeck bei Hamburg.

Schnitzler, Arthur (2002): Der Reigen. Ditzingen.; hrsg. von Scheffel, Michael.

Schnitzler, Arthur (2005): Die Traumnovelle. Köln.

Schopenhauer, Arthur (o. A.): Metaphysik der Geschlechtsliebe. In: Buchholz, Kai (Hrsg) (2007): Liebe. Ein philosophisches Lesebuch. München. S. 140 – 149.

Schorsch, Eberhard (1980): Sexualität als Dampfkessel. S. 10 – 17.

Schorsch, Eberhard (1985): Sexualität und Gewalt. In: Wulf, Christoph (Hrsg.) (1985): Lust und Liebe. Wandlungen der Sexualität. München. S. 91 – 111.

Schorsch, Eberhard (1990): Zur Frage von Sexualität, Lust, Angst und Gewalt. In Dane, Eva; Schmidt, Renate (Hrsg.) (1990): Frauen & Männer und Pornographie. Ansichten – Absichten – Einsichten. Frankfurt a. Main. S. 130 – 136.

Schorsch, Eberhard; Schmidt, Gunter (Hrsg.) (1976): Ergebnisse zur Sexualforschung. Arbeiten aus dem Hamburger Institut für Sexualforschung. Frankfurt am Main.

Schröder, Achim (2005): Die Illusion der Sexualaufklärung. In: Funk, Heide; Lenz, Karl (Hrsg.): Sexualitäten. Diskurse und Handlungsmuster im Wandel. München. S. 343 – 356.

Schuller, Alexander; Heim, Nikolas (Hrsg.) (1989): Der codierte Leib. Zur Zukunft der genetischen Vergangenheit. München.

Schwab-Trapp, Michael (2006): Diskurs als soziologisches Konzept. Bausteine für eine soziologisch orientierte Diskursanalyse. In: Keller, Reiner; Hirseland, Andreas; Schneider, Werner; Viehöver, Willy (Hrsg.) (2006): Handbuch sozialwissenschaftliche Diskursanalyse. Band 1: Theorien und Methoden. Wiesbaden. S. 263 – 286.

Schwarzenbach, Sibyl (1991): Prostitution und der Besitz des eigenen Körpers. In: Balzer, Philipp; Rippe, Klaus Peter (Hrsg.) (2000): Philosophie und Sex. Zeitgenössische Beiträge. München. S. 147 – 166.

Sears, Clare (2006): A Tremendous Sensation: Cross-Dressing in the 19th Century San Francisco Press. In: Campbell, Shannon; Castañeda, Laura (Hrsg.) (2006): News and Sexuality. Media Portraits of Diversity. London. S. 1 – 19.

Seeßlen, Georg (1994): Der pornographische Film. Von den Anfängen bis zur Gegenwart. Frankfurt am Main.

Segal, Lynne (1993): Sweet sorrows, painful pleasures: Pornography and the perils of heterosexual desire. In: Segal, Lynne; McIntosh, Mary (Hrsg.) (1993): Sex Exposed. Sexuality and the Pornography Debate. New Brunswick, N.J. S. 65 – 91.

Segal, Lynne (Hrsg.) (1997): New Sexual Agendas. New York.

Segal, Lynne; McIntosh, Mary (Hrsg.) (1993): Sex Exposed. Sexuality and the Pornography Debate. New Brunswick, N.J.

Seidler, Victor J. (1995): Reason, desire, and male sexuality. In: Caplan, Pat (Hrsg.) (1995): The cultural construction of sexuality. London / New York. S. 82 – 113.

Seikowski, Kurt (Hrsg.) (2005): Sexualität und Neue Medien. Lengerich.

Seikowski, Kurt (2005): Neue sexuelle Beziehungswelten: Von der Computerliebe bis zur Kinderpornographieinternetsucht. In: Seikowski, Kurt (Hrsg.) (2005): Sexualität und Neue Medien. Lengerich. S. 150 – 164.

Seitz, Ricarda (2006): Das Sprechen vom Schweigen. Die Herausforderung, Pornographie kommunikationswissenschaftlich zu begegnen. Unveröffentlichte Magisterarbeit des Institut für Kommunikationswissenschaft, Münster.

Selg, Herbert (1986): Pornographie. Psychologische Beiträge zur Wirkungsforschung. Bern.

Selg, Herbert (1990): Über Wirkungen von Gewaltpornographie. In: Dane, Eva; Schmidt, Renate (Hrsg.) (1990): Frauen & Männer und Pornographie. Ansichten – Absichten – Einsichten. Frankfurt a. Main. S. 137 – 144.

Senger, Gerti; Hoffmann, Walter (1997): So verlieren Männer die Lust. In: Blum, Mechthild; Schützeichel, Harald (Hrsg.) (1997): Mannsbilder. Entwicklung und Umbruch männlicher Identität. Freiburg. S. 12 – 17.

Shamoon, Deborah (2004): Office Sluts and Rebel Flowers: The Pleasures of Japanese Pornographic Comics for Women. In: Williams, Linda (Hrsg.) (2004): Porn Studies. Durham. S. 77 – 103.

Shattuck, Roger (1996): Forbidden Knowledge. From Prometheus to Pornography. New York.

Shepherd, Gill (1995): Rank, gender, and homosexuality: Mombasa as a key to understanding sexual options. In: Caplan, Pat (Hrsg.) (1995): The cultural construction of sexuality. London / New York. S. 240 – 270.

Sherayko, Gerard (2003): Consumption, Representation and Identity: Advertising the New Woman in Weimar Germany. In: Lubich, Frederick A.; Schulman, Peter (Hrsg.) (2003): The Marketing of Eros. Performance, Sexuality, Consumer Culture. München. S. 110 – 122.

Shortes, Connie (1999): Representations of S/M in the Gay Community: The Radical 1970s. In: Elias, James; et al. (Hrsg.)(1999): Porn 101. Eroticism, Pornography, and the First Amendment. New York. S. 492 – 500.

Sibalis, Michael (2007): Die männliche Homosexualität im Zeitalter der Aufklärung und Französischen Revolution, 1680 – 1850. In: Aldrich, Robert (2007) (Hers.): Gleich und anders. Eine globale Geschichte der Homosexualität. Hamburg. S. 103 – 124.

Sichtermann, Barbara (1998): Sex im Fernsehen oder Die Leichtigkeit, mit der über Sexualität gesprochen wird. In: Schmidt, Gunter; Strauß, Bernhard (Hrsg.)(1998): Sexualität und Spätmoderne. Über den kulturellen Wandel der Sexualität. Stuttgart. S. 212 – 222.

Sicinski, Michael (2004): Unbracketing Motion Study: Scott Stark's NOEMA. S. In: Williams, Linda (Hrsg.) (2004): Porn Studies. Durham. 461 – 487.

Sigel, Lisa Z. (2005a): Issues and Problems in the History of Pornography. In: Sigel, Lisa Z. (Hrsg.) (2005): International Exposure. Perspectives on Modern European Pornography, 1800 – 2000. London/New Jersey. S. 1 – 26.

Sigel, Lisa Z. (2005b): The Rise of the Overtly Affectionate Family: Incestuous Pornography and Displaced Desire among the Edwardian Middle Class. In: Sigel, Lisa Z. (Hrsg.) (2005): International Exposure. Perspectives on Modern European Pornography, 1800 – 2000. London/New Jersey. S. 100 – 124.

Sigel, Lisa Z. (Hrsg.) (2005): International Exposure. Perspectives on Modern European Pornography, 1800 – 2000. London/New Jersey.

Sigusch, Volkmar (1984): Die Mystifikation des Sexuellen. Frankfurt am Main.

Sigusch, Volkmar (1985): Trieb und Bewußtsein. In: Wulf, Christoph (Hrsg.) (1985): Lust und Liebe. Wandlungen der Sexualität. München. S. 74 – 90.

Sigusch, Volkmar (1998): Kritische Sexualwissenschaft und die Große Erzählung vom Wandel. In: Schmidt, Gunter; Strauß, Bernhard (Hrsg.)(1998): Sexualität und Spätmoderne. Über den kulturellen Wandel der Sexualität. Stuttgart. S. 3 – 16.

Sigusch, Volkmar (2000): Vom König Sex zum Selfsex. Über gegenwärtige Transformationen der kulturellen Geschlechts- und Sexualformen. In: Schmerl, Christiane; Soine, Stefanie; Stein-Hilbers, Marlene; Wrede, Brigitta (Hrsg.) (2000): Sexuelle Szenen. Inszenierungen von Geschlecht und Sexualität in der modernen Gesellschaft. Opladen. S. 229 – 249.

Sigusch, Volkmar (2005): Neosexualitäten. Über den kulturellen Wandel von Liebe und Perversion. Frankfurt am Main.

Simmel, Georg (1985): Schriften zur Philosophie und Soziologie der Geschlechter. Frankfurt am Main.

Simmel, Georg (1989): Die Philosophie des Geldes. Frankfurt am Main.

Simon, William (1996): Postmodern Sexualities. London / New York.

Simon, William (1999): The Socialist Science as Expert Witness. In: Elias, James; et al. (Hrsg.)(1999): Porn 101. Eroticism, Pornography, and the First Amendment. New York. S. 137 – 144.

Slade, Joseph W; Szoverfy Milter, Katalin (2005): The Global Traffic in Pornography: The Hungarian Example. In: Sigel, Lisa Z. (Hrsg.) (2005): International Exposure. Perspectives on Modern European Pornography, 1800 – 2000. London/New Jersey. S. 173 – 204.

Sloterdijk, Peter (1983): Der Sexualzynismus. In: Buchholz, Kai (Hrsg) (2007): Liebe. Ein philosophisches Lesebuch. München. S. 172 – 182.

Smith, Clarissa (2005): A Perfectly British Business: Stagnation, Continuities, and Change of the Top Shelf. In: Sigel, Lisa Z. (Hrsg.) (2005): International Exposure. Perspectives on Modern European Pornography, 1800 – 2000. London/New Jersey. S. 146 – 172.

Snitow, Ann Barr (1979): Der Liebesroman aus der Retorte: Pornographie für Frauen ist anders. In: Snitow, Ann; Stansell, Christine; Thompson, Sharon (Hrsg.) (1985): Die Politik des Begehren. Sexualität, Pornographie und neuer Puritanismus in den USA. Berlin. S. 63 – 88.

Snitow, Ann; Stansell, Christine; Thompson, Sharon (Hrsg.) (1985): Die Politik des Begehren. Sexualität, Pornographie und neuer Puritanismus in den USA. Berlin.

Soble, Alan (1986): Pornography. Marxism, Feminism and the Future of Sexuality. New Haven/London.

Soine, Stefanie (2000): Was hat ‚lesbische Identität' mit Frausein und Sexualität zu tun? In: Schmerl, Christiane; Soine, Stefanie; Stein-Hilbers, Marlene; Wrede, Brigitta (Hrsg.) (2000): Sexuelle Szenen. Inszenierungen von Geschlecht und Sexualität in der modernen Gesellschaft. Opladen. S. 194 – 225.

Solomon, Robert C. (1991). Sexuelle Paradigmen. In: Balzer, Philipp; Rippe, Klaus Peter (Hrsg.) (2000): Philosophie und Sex. Zeitgenössische Beiträge. München.S. 46 – 60.

Solov'ev, Vladimir (1985): Der Sinn der Liebe. In: Buchholz, Kai (Hrsg) (2007): Liebe. Ein philosophisches Lesebuch. München. S. 150 – 161.

Sonenschein, David (1999): Sources of Reaction to "Child Pornography". In: Elias, James; et al. (Hrsg.)(1999): Porn 101. Eroticism, Pornography, and the First Amendment. New York. S. 527 – 534.

Sontag, Susan (1967): Die pornographische Phantasie. In: Sontag, Susan (2006): Kunst und Antikunst. 24 literarische Analysen. Frankfurt am Main. S. 48 – 87.

Sontag, Susan (1967): The Pornographic Imagination. In: Hughes, Douglas A. (Hrsg.) (1970): Perspectives on Pornography. London. S. 131 – 169.

Sorgo, Gabriele (1997): Martyrium und Pornographie. Düsseldorf.

Spagnoli, Laura (2003): Democratizing Decadence: Fashion and the Fin de Sciècle Morphine Narrative. In: Lubich, Frederick A.; Schulman, Peter (Hrsg.) (2003): The Marketing of Eros. Performance, Sexuality, Consumer Culture. München. S. 55 – 69.

Starke, Kurt (2005): Endet die Liebe? Sexualität im Generationenvergleich. In: Funk, Heide; Lenz, Karl (Hrsg.): Sexualitäten. Diskurse und Handlungsmuster im Wandel. München. S. 89 – 114.

Stecklina, Gerd (2005): Jungen und Sexualität. Pubertät, Aneignung von Sexualität und sexuelle Gewalt. In: Funk, Heide; Lenz, Karl (Hrsg.): Sexualitäten. Diskurse und Handlungsmuster im Wandel. München. S. 195 – 212.

Steele, Valerie (1998): Fetisch. Mode, Sex und Macht. Hamburg.

Stefen, Rudolph (1990): Wem nützen die Gesetze gegen Pornographie? Zur Verbreitung pornographischer Erzeugnisse. In: Dane, Eva; Schmidt, Renate (Hrsg.) (1990): Frauen & Männer und Pornographie. Ansichten – Absichten – Einsichten. Frankfurt a. Main. S. 41 – 50.

Steinbock, Bonnie (1991) : Ehebruch. In: Balzer, Philipp; Rippe, Klaus Peter (Hrsg.) (2000): Philosophie und Sex. Zeitgenössische Beiträge. München. S. 91 – 99.

Steinem, Gloria (1978): Erotica and Pornography: A clear and present Difference. Lederer, Laura (Hrsg.) (1980): Take back the Night. Women on Pornography. New York. S. 35 – 39.

Steiner, George (1967): Night words: High Pornography and Human Privacy. In: Hughes, Douglas A. (Hrsg.) (1970): Perspectives on Pornography. London. S. 96 – 108.

Stein-Hilbers, Marlene; Soine, Stefanie; Wrede, Brigitta (2000): Sexualität und Geschlecht im Kontext kultureller Zweigeschlechtlichkeit. In: Schmerl, Christiane; Soine, Stefanie; Stein-Hilbers, Marlene; Wrede, Brigitta (Hrsg.) (2000): Sexuelle Szenen. Inszenierungen von Geschlecht und Sexualität in der modernen Gesellschaft. Opladen. S. 9 – 22.

Stephan, Cora (1988): Heim zu Mama? Eine Polemik. In: Gehrke, Claudia (Hrsg.) (1988): Frauen und Pornografie. Tübingen. S. 63 – 70.

Stoller, Robert J. (1979): Perversion. Die erotische Form von Haß. Reinbeck bei Hamburg.

Stoller, Robert J. (1991): Porn. Myths for the Twentieth Century. New Haven/London.

Stora-Lamarre, Annie (2005): Censorship in Republican Times: Censorship and Pornographic Novels Located in L'Enfer de la Bibliothèque Nationale, 1800 –

1900. In: Sigel, Lisa Z. (Hrsg.) (2005): International Exposure. Perspectives on Modern European Pornography, 1800 – 2000. London/New Jersey. S. 48 – 65.

Streitmatter, Rodger (2006): The Oliver Sipple Story: A Case Study in Homophobia. In: Campbell, Shannon; Castañeda, Laura (Hrsg.) (2006): News and Sexuality. Media Portraits of Diversity. London. S. 55 – 72.

Strossen, Nadine (1999): In Defense of Pornography. In: Elias, James; et al. (Hrsg.)(1999): Porn 101. Eroticism, Pornography, and the First Amendment. New York. S. 13 – 28.

Stumpe, Harald (2005): Chat-Sequenzen. In: Seikowski, Kurt (Hrsg.) (2005): Sexualität und Neue Medien. Lengerich. S. 100 – 121.

Swartz, Louis H. (1999): Erotic Witness: The Rise and Flourishing of Genitally Explicit and Sex Act Explicit Heterosexually Orientated Photographic Magazines in the U.S., 1965 – 1985. In: Elias, James; et al. (Hrsg.)(1999): Porn 101. Eroticism, Pornography, and the First Amendment. New York. S. 141 – 426.

Tamagne, Florence (2007): Das homosexuelle Zeitalter, 1870 – 1940. In: Aldrich, Robert (2007) (Hers.): Gleich und anders. Eine globale Geschichte der Homosexualität. Hamburg. S. 167 – 196.

Thomas, Joe A. (1999): Notes on the New Camp: Gay Video Pornography. In: Elias, James; et al. (Hrsg.)(1999): Porn 101. Eroticism, Pornography, and the First Amendment. New York. S. 465 – 472.

Tiefer, Leonore (1981): Die menschliche Sexualität. Einstellungen und Verhaltensweisen. Weinheim / Basel.

Tiefer, Leonore (1997): Medicine, Morality and the Public Management of Sexual Matters. In: Segal, Lynne (Hrsg.) (1997): New Sexual Agendas. New York. S. 103 – 112.

Tovar, Esan; Elias, James; Chang, Joy (1999): Effects of Pornography on Sexual Offending. In: Elias, James; et al. (Hrsg.)(1999): Porn 101. Eroticism, Pornography, and the First Amendment. New York. S. 261 – 278.

Treusch-Dieter, Gerburg (1988): Das neue Sex-Geheimnis. Pornographie, Aids, Gentechnologie. In: Gehrke, Claudia (1988): Frauen und Pornografie. Tübingen. S. 174 – 191.

Trumbach, Randolph (1993): Erotic Fantasy and Male Libertinism in Enlightenment England. In: Hunt, Lynn (Hrsg.) (1993): The Invention of Pornography. Obscenity and the Origins of Modernity, 1500 – 1800. New York. S. 253 – 282.

Tsang, Daniel C. (1999): Beyond "Looking for My Penis": Reflections on Asian Gay Male Porn. In: Elias, James; et al. (Hrsg.)(1999): Porn 101. Eroticism, Pornography, and the First Amendment. New York. S. 473 – 478.

Underwager, Ralph; Wakefield, Hollida (1999): Sexual Abuse, Anti-Sexuality, and the Pornography of Power. Elias, James; et. Al. (Hrsg) (1999): Porn 101. Eroticism, Pornography, and the First Amendment. New York. S. 520 – 526.

Ussel, Jos van (1977): Sexualunterdrückung. Die Geschichte der Sexualfeindschaft. Gießen.

Valls, Esther (2003): The New Woman of the 'Roaring Twenties': Flappers, Vamps and What about Spinsters? In: Lubich, Frederick A.; Schulman, Peter (Hrsg.) (2003): The Marketing of Eros. Performance, Sexuality, Consumer Culture. München. S. 97 – 109.

Van Ngoc, Nadine; Seikowski, Kurt (2005): Sexualität und Kriminalität im Internet. In: Seikowski, Kurt (Hrsg.) (2005): Sexualität und Neue Medien. Lengerich. S. 133 – 149.

Vance, Carole S. (1992): Pleasure and Danger: Toward a Politics of Sexuality. In: Vance, Carole S. (Hrsg.) (1992): Pleasure and Danger. Exploring Female Sexuality. London.

Vance, Carole S. (Hrsg.) (1992): Pleasure and Danger. Exploring Female Sexuality. London.

Venske, Henning (1980): ,Komm in meinen Wigwam'. Wie sich der deutsche Mensch in seinem Schlager fortpflanzt. S. 216 – 220.

Verstraete, Beert C. (1999): Classical Roman Perspective on the Erotic, Obscenity, and Pornography. In: Elias, James; et al. (Hrsg.)(1999): Porn 101. Eroticism, Pornography, and the First Amendment. New York. S. 535 – 544.

Veyne, Paul (1986): Homosexualität im alten Rom. In: Ariès, Philippe; Béjin, André (Hrsg.) (1986): Die Masken des Begehrens und die Metamorphosen der Sinnlichkeit. Zur Geschichte der Sexualität im Abendland. Frankfurt am Main. S. 40 – 50.

Vinken, Barbara (1997a): Das Gesetz des Begehrens – Männer, Frauen, Pornographie. Vorwort. In: Cornell, Drucilla (1997): Die Versuchung der Pornographie. Frankfurt am Main. S. 9 – 23.

Vinken, Barbara (1997b): Cover up – Die nackte Wahrheit der Pornographie. In: Vinken, Barbara (Hrsg.) (1997): Die nackte Wahrheit. Zur Pornographie und zur Rolle des Obszönen in der Gegenwart. München. S. 7 – S. 22.

Vinken, Barbara (1997c): Männer, Frauen, Pornographie. Publikumsbezogene Privatheit und weibliches Subjekt. In: Vinken, Barbara (Hrsg.) (1997): Die nackte Wahrheit. Zur Pornographie und zur Rolle des Obszönen in der Gegenwart. München. S. 148 – 158

Vinken, Barbara (Hrsg.) (1997): Die nackte Wahrheit. Zur Pornographie und zur Rolle des Obszönen in der Gegenwart. München.

Vogt, Gregory Max (1997): Söhne brauchen ihre Väter. Vom Fehlen des männlichen Vorbilds. In: Blum, Mechthild; Schützeichel, Harald (Hrsg.) (1997): Mannsbilder. Entwicklung und Umbruch männlicher Identität. Freiburg. S. 24 – 29.

Voss, Britta (2007): Kompetenz beim Seitensprung. Untergräbt das übersexualisierte Internet die Moral? Oder ist es ganz einfach ein Spiegel des wahren Lebens? Ein Selbstversuch. In: Süddeutsche Zeitung. Nr. 55., S. 12 am 7. März 2007

Walder, Partick (1998): Körperkult und Sexualität in den neuen Jugendkulturen. Sex mit Tic Tac Toe und Tamagotchis. In: Schmidt, Gunter; Strauß, Bernhard (Hrsg.)(1998): Sexualität und Spätmoderne. Über den kulturellen Wandel der Sexualität. Stuttgart. S. 103 – 117.

Wallace, Lee (2007): Zur Entdeckung der Homosexualität: Interkulturelle Vergleiche und die Geschichte der Sexualität. In: Aldrich, Robert (2007) (Hers.): Gleich und anders. Eine globale Geschichte der Homosexualität. Hamburg. S. 249 – 270.

Walter, Hubert (1978): Sexual- und Entwicklungsbiologie des Menschen. Stuttgart.

Watson, John C.: Publications of a Dangerous Tendency. In: Campbell, Shannon; Castañeda, Laura (Hrsg.) (2006): News and Sexuality. Media Portraits of Diversity. London. S. 73 – 92.

Waugh, Thomas (2004): Homosociality in Classical American Stag Film: Off-Screen, On-Screen. In: Williams, Linda (Hrsg.) (2004): Porn Studies. Durham. S. 127 – 141.

Weber, Max (2006): Wirtschaft und Gesellschaft. Paderborn.

Weber, Stefan (2002): Konstruktivismus und Non-Dualismus, Systemtheorie und Distinktionstheorie. In Scholl, Achim (Hrsg.) (2002): Systemtheorie und Konstruktivismus in der Kommunikationswissenschaft. Konstanz. S. 21 – 37.

Weeks, Jeffrey (1995): Sexualität, Subversion und Bürgerpartizipation. In: Zeitschrift für Sexualforschung. 1995. Nr. 8. S. 222 – 240.

Weeks, Jeffrey (1986): Sexuality. London.

Weeks, Jeffrey (1987): Fragen der Identität. In: Schmerl, Christiane; Soine, Stefanie; Stein-Hilbers, Marlene; Wrede, Brigitta (Hrsg.) (2000): Sexuelle Szenen. Inszenierungen von Geschlecht und Sexualität in der modernen Gesellschaft. Opladen. S. 163 – 182.

Weeks, Jeffrey (1991): Against Nature. Essays on history, sexuality and identity. London.

Weeks, Jeffrey (1995): Questions of identity. In: Caplan, Pat (Hrsg.) (1995): The cultural construction of sexuality. London / New York. S. 31 – 51.

Weeks, Jeffrey (1998): The Sexual Citizen. In: Featherstone, Mike (Hrsg.) (1999): Love and Eroticism. London. S. 35 – 52.

Weil, Rachel (1993): Sometimes a Scepter is Only a Scepter: Pornography and Politics in Restoration England. In: Hunt, Lynn (Hrsg.) (1993): The Invention of Pornography. Obscenity and the Origins of Modernity, 1500 – 1800. New York. S. 125 – 153.

Weiniger, Otto (1903): Erotik und Ästhetik. In: Buchholz, Kai (Hrsg) (2007): Liebe. Ein philosophisches Lesebuch. München. S. 242 – 248.

Weitman, Sasha (1998): On the Elementary Forms of the Socioerotic Life. In: Featherstone, Mike (Hrsg.) (1999): Love and Eroticism. London. S. 71 – 110.

Weldon, Jo (1999): Topping from Below: Does Female Dominant Pornography Endorse the Rape of Women? In: Elias, James; et al. (Hrsg.)(1999): Porn 101. Eroticism, Pornography, and the First Amendment. New York. S. 192. – 191.

Werner, Florian (2005): ‚Pornography on Wax'? Funktionalisierte Grenzüberschreitungen im US-amerikanischen Rap. In: Metelmann, Jörg (Hrsg) (2005): Porno-Pop. Sex in der Oberflächenwelt. Würzburg. S. 149 – 165.

Wilcox, Russell (1999): Cross-Gender Identification in Commercial Pornographic Films. In: Elias, James; et al. (Hrsg.)(1999): Porn 101. Eroticism, Pornography, and the First Amendment. New York. S. 479 – 491.

Willemsen, Roger (1997): Über das Obszöne. In: Vinken, Barbara (Hrsg.) (1997): Die nackte Wahrheit. Zur Pornographie und zur Rolle des Obszönen in der Gegenwart. München. S. 129 – 147.

Williams, Linda (1993): Pornographies on/scene, or diff'rent strokes for diff'rent folks. In: Segal, Lynne; McIntosh, Mary (Hrsg.) (1993): Sex Exposed. Sexuality and the Pornography Debate. New Brunswick, N.J. S. 233 – 265.

Williams, Linda (1995): Hard Core. Macht, Lust und die Tradition des pornographischen Films. Frankfurt am Main.

Williams, Linda (2004a): Porn Studies: Proliferating Pornographies. On/Scene: An Introduction. In: Williams, Linda (Hrsg.) (2004): Porn Studies. Durham. S. 1 – 23.

Williams, Linda (2004b): Skin Flickers on the Racial Border: Pornography, Exploitation, and Interracial Lust. In: Williams, Linda (Hrsg.) (2004): Porn Studies. Durham. S. 271 – 308.

Williams, Linda (Hrsg.) (2004): Porn Studies. Durham.

Wojtko, Nikolai (2005): Fun, Folter, Führerbunker. Das pornoisierte Bild der Gewalt. In: Metelmann, Jörg (Hrsg) (2005): Porno-Pop. Sex in der Oberflächenwelt. Würzburg. S. 75 – 83.

Wolf, Oliver (2005): Sextagebücher. In: Seikowski, Kurt (Hrsg.) (2005): Sexualität und Neue Medien. Lengerich. S. 80 – 83.

Wolz, Eberhard (2005): sextra.de. Emailberatung zu Sexualität, Partnerschaft und Verhütung im Internet – in niedrigschwelliges Angebot von pro familia für Jugendliche und Erwachsene. In: Seikowski, Kurt (Hrsg.) (2005): Sexualität und Neue Medien. Lengerich. S. 84 – 99.

Wouters, Cas (1998): Balancing Sex and Love since the 1960s Sexual Revolution. In: Featherstone, Mike (Hrsg.) (1999): Love and Eroticism. London. S. 187 – 214.

Wrede, Brigitta (2000): Was ist Sexualität? Sexualität als Natur, als Kultur und als Diskursprodukt. In: Schmerl, Christiane; Soine, Stefanie; Stein-Hilbers, Marlene; Wrede, Brigitta (Hrsg.) (2000): Sexuelle Szenen. Inszenierungen von Geschlecht und Sexualität in der modernen Gesellschaft. Opladen. S. 25 – 43

Wulf, Christoph (1985): Die Transformation des Sexuellen. Sechs Annäherungen. In: Wulf, Christoph (Hrsg.) (1985): Lust und Liebe. Wandlungen der Sexualität. München. S. 17 – 40.
Wulf, Christoph (Hrsg.) (1985): Lust und Liebe. Wandlungen der Sexualität. München.

Yamashiro, Jennifer (1999): In the Realm of the Sciences. The Kinsey Institute's 31 Photographs. In: Elias, James; et al. (Hrsg.) (1999): Porn 101. Eroticism, Pornography, and the First Amendment. New York. S. 32 – 52.

Zillmann, Dorf (2004): Pornografie. In: Mangold, Roland; Vorderer, Peter; Bente, Gary (Hrsg) (2004): Lehrbuch der Medienpsychologie. Göttingen. S. 565 – 585.

Zimmermann, Ulrike (1988): Ein Beitrag zur Entmystifizierung der Pornografie. Auszüge aus einem Gesprächsprotokoll. In: Gehrke, Claudia (Hrsg.) (1988): Frauen und Pornografie. Tübingen. S. 123 – 144.

Abbildungen

Tabellen

Filme/Serien

The Simpsons, USA seit 1989, Matt Groening
Die Sünderin, Deutschland 1951, Willi Forst
Californication, USA seit 2007, Tom Kapinos
9 Songs, GB 2004, Michael Winterbottom
Baise Moi, Frankreich 2000, Virginie Dispentes
Le Bain, Frankreich 1896, o. A.
A Grass Sandwich, USA 1915, o. A.
Garden of Eden, USA 1955, Max Nosseck
Deep Throat, USA 1972, Gerard Damiano
Mona: The Virgin Nymph, USA 1970, Howard Ziehm & Michael Benveniste
Blood Feast, USA 1963, Herschell Lewis
Two Thousand Maniacs, USA, 1964, Herschell Lewis
Color Me Blood, USA 1965, Herschell Lewis
Snuff, USA 1976, Roberta Findlay & Michael Findlay
The People vs. Larry Flynt, USA 1996, Milos Forman
Boogie Nights, USA 1997, Paul Thomas Anderson
8 mm, USA 1999, Joel Schumacher
Sex and the City, USA 1998 – 2004, Darren Star
The Libertine – Sex, Drugs and Rococo, GB 2004, Laurence Dunmore

Anhang

A. Archiv des Pornographiediskurses

Tab. 6: Überblick der Diskursbeiträge des Pornographiediskurses

Goodman (1961)	Adorno (1963)	Hyde (1964)
Elliott (1965)	Moravia (1965)	Hyman (1966)
Marcus (1966)	Michelson (1966)	Haag (1967)
Kronhausen & Kronhausen (1967)	Morus (1967)	Phillips, William (1967)
Sontag (1967)	Steiner (1967)	Burgess (1968)
Pareto (1968/1911)	Gagnon & Simon (1970)	Mainusch & Mertner (1970)
Der Pornographie-Report (1971)	Guha (1971)	Rubinoff (1972)
Goldstein & Kant (1973)	Brownmiller (1975)	Ernst et al. (1976)
Naumann (1976)	Steinem (1978)	Hans & Lapouge (1979)
Longino (1979)	Snitow (1979)	Stoller (1979)
Barthes (1980)	Geiger (1980)	Gorsen (1981)
Meyer (1981)	Piwitt (1981)	Griffin (1982)
Baudrillard (1983)	Capezzoli (1983)	Marcuse, Ludwig (1984)
Gehrke (1985)	Jurgensen (1985)	Ashley & Renchkovsky Ashley (1986):
Dworkin (1986)	Final Report of... (1986)	Selg (1986)
Soble (1986)	Donnerstein et al. (1987)	Dworkin (1987/1979)
Gorsen (1987)	Assiter (1988)	Bahr-Jendges (1988)
Bloom (1988)	Crabbe (1988)	Day (1988)
Gehrke (1988a)	Gerhard (1988)	Goehler & Hauch (1988)
Kappeler (1988/1986)	Mikich (1988)	Pilgrim (1988)
Poluda-Korte (1988)	Rick (1988)	Stephan (1988)
Treusch-Dieter (1988)	Zimmermann (1988)	Bremme (1990)
Dane (1990)	Duve (1990)	Eckert et al. (1990)

Ertel (1990)	Gorsen (1990)	Lautmann (1990)
Lautmann & Schetsche (1990)	Mondi (1990)	Rudolphi (1990)
Schmidt, Renate (1990)	Selg (1990)	Stefen (1990)
Stoller (1991)	Prahm (1992)	Cowie (1993)
DeJean (1993)	Findlen (1993)	Frappier-Mazur (1993)
Hunt (1993a)	Hunt (1993b)	Jacob (1993)
McClintock (1993)	Mijnhardt (1993)	Norberg (1993)
Segal (1993)	Trumbach (1993)	Weil (1993)
Williams (1993)	Faulstich (1994)	MacKinnon (1994/1993)
Seeßlen (1994)	Carse (1995)	Hall & Porter (1995)
Heuermann & Kuzina (1995)	Williams (1995/1989)	Hofstadler & Kröbitz (1996)
Kendrick (1996/1987)	McNair (1996)	Shattuck (1996)
Bovenschen (1997)	Butler (1997a)	Cornell (1997)
Hecken (1997)	Ingenschay (1997)	Koch (1997)
Koschorke (1997)	Lenssen & Stolzenberg (1997)	Sorgo (1997)
Vinken (1997a)	Vinken (1997b)	Vinken (1997c)
Willemsen (1997)	Bech (1998)	Hardy (1998)
Juffer (1998)	Knoll & Müller (1998)	O'Toole (1998)
Schetsche (1998)	Albrecht (1999)	Anderson (1999)
Austin (1999)	Beck (1999)	Berger (1999)
Britton (1999)	Corduff (1999)	Diamanod (1999)
Dixon & Dixon (1999)	Elwood-Akers (1999)	Fithian (1999)
Fleishman (1999)	Green (1999)	Griffitt (1999)
Hafferkamp (1999)	Hartley (1999)	Harvey (1999)
Heins (1999)	Hite (1999)	Holliday (1999)
Joseph (1999)	Klein (1999)	Latour (1999)
Lehman (1999)	Lorenz (1999)	Mach (1999)
Madigan (1999)	Merryman (1999)	Mercury (1999)
Mirkin (1999)	Monet (1999)	O'Toole (1999)
Otto (1999)	Patten (1999)	Paul (1999)
Pavesich (1999)	Rohde (1999)	Shortes (1999)
Simon (1999)	Sonenschein (1999)	Strossen (1999)
Swartz (1999)	Thomas (1999)	Tovar et al. (1999)
Tsang (1999)	Underwager & Wakefield (1999)	Verstraete (1999)

Weldon (1999)	Wilcox (1999)	Yamashiro (1999)
Pease (2000)	Rückert (2000)	Attwood (2002)
McNair (2002)	Lewandowski (2003)	Pastötter (2003)
Butler (2004)	Cante & Restivo (2004)	Ferguson (2004)
Gerli (2004)	Hillyer (2004)	Hoang (2004)
John (2004)	Kakoudaki (2004)	Lewandowski (2004)
Melendez (2004)	Osterweil (2004)	Patterson (2004)
Penley (2004)	Rückert (2004)	Schaefer (2004)
Schmidt, Gunter (2004)	Shamoon (2004)	Waugh (2004)
Williams (2004a)	Williams (2004b)	Zillmann (2004)
Böhnisch (2005b)	Borenstein (2005)	Brosius (2005)
Colligan (2005)	Dicks (2005)	Flaßpöhler (2005)
Gagnon & Simon (2005/1973)	Gehrke (2005)	Gudat & Seitz (2005)
Haeberle (2005)	Hentschel (2005)	Leonard (2005)
Liebs (2005)	Metelmann (2005a)	Metelmann (2005b)
Niemann (2005)	Obermayer (2005)	Phillips (2005a)
Phillips (2005b)	Röggla (2005)	Romanets (2005)
Rothöler (2005)	Schmidt, Dietmar (2005)	Seikowski (2005)
Sigel (2005a)	Sigel (2005b)	Slade & Szoverfy Milter (2005)
Smith (2005)	Stora-Lamarre (2005)	Van Ngoc & Seikowski (2005)
Werner (2005)	Wojtko (2005)	Wolf (2005)
Graupner (2005)	Nilsen et al. (2006)	Altstötter-Gleich (2006)
Attwood (2007)	Flaßpöhler (2007)	Grimm & Rhein (2007)
Kipnis (2007)	Laqueur (2008)	Muhr (2008)

B. Diskursive Ereignisse des Pornographiediskurses

Abb. 21: Diskursivbeiträge als diskursive Ereignisse im Verlauf des Pornographiediskurses

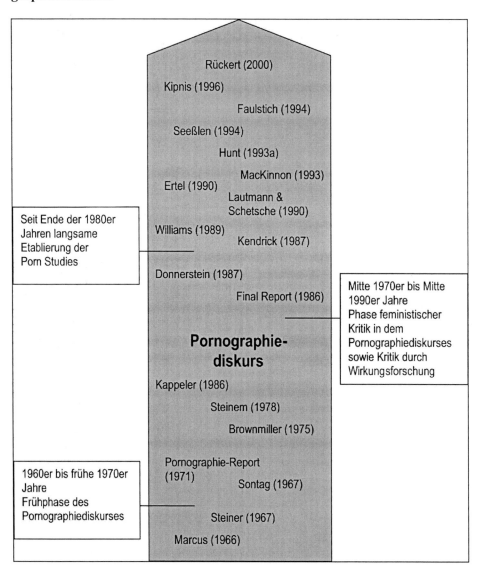

Rückert (2000)

Kipnis (1996)

Faulstich (1994)

Seeßlen (1994)

Hunt (1993a)

MacKinnon (1993)

Ertel (1990)

Lautmann & Schetsche (1990)

Seit Ende der 1980er Jahren langsame Etablierung der Porn Studies

Williams (1989)

Kendrick (1987)

Donnerstein (1987)

Final Report (1986)

Mitte 1970er bis Mitte 1990er Jahre Phase feministischer Kritik in dem Pornographiediskurses sowie Kritik durch Wirkungsforschung

Pornographie-diskurs

Kappeler (1986)

Steinem (1978)

Brownmiller (1975)

Pornographie-Report (1971)

Sontag (1967)

1960er bis frühe 1970er Jahre Frühphase des Pornographiediskurses

Steiner (1967)

Marcus (1966)

C. Finales Kategorienschema zur Aufschlüsselung des Pornographiediskurses

Allgemeines

1. **Autor**
2. **Erscheinungsjahr**

Darstellungsdimension

3. **Legitimationsaussagen**
   a) Spezifisches Erkenntnisinteresse
   b) Forschungsdefizite
   c) Psychosoziales Korrelat zu Phantasien und Bedürfnisses von Rezipienten und Produzenten
   d) Soziokulturelles Korrelat einer Gesellschaft
   e) Gattungsspezifische Konventionen
   f) Verschiebung hin zu der Lehre der Porn Studies

4. **Aussagen über die Gattungsgeschichte der Pornographie**
   a) Ursprungsetzung
      → Seit Anbeginn der Kultur
      → Antike
      → Renaissance
   b) Einbettung in soziokulturelle Epoche
      → Anbindung an religiöse Praxis und theologische Sexualthesen
      → medientechnologische Evolution
      → Urbanisierung des Lebensraums
      → Wechselbezug zu der Rezeption anderer Gattungen
      → Anbindung an die Aufklärung
      → Zensur
      → epochen- und kulturspezifische Sexualverhalten und –präferenzen
   c) genannte und/oder untersuchte Beispiele historischer Pornographie

**5. Aussagen mit Fokus auf die Medienvermittlung eines spezifischen porno-
graphischen Medienangebots**

5.1 Bildende Darstellungen
a) Differenzierung Malerei und Skulpturen
b) Medienspezifik
    → epochenspezifische Ästhetik
    → Produktion
    → Rezeption
c) Funktionen
    → Untermalung von Literatur
    → Unterstützung christlicher Sexualtheologie
    → Kritik an Adel und Klerus
    → Durchbrechung von bürgerlicher Ästhetikkonvention
d) Inhalte
    → nackte Körper
    → Sexualverhalten
    → Prostitution
    → Sünde
    → Mythen
e) genannte und/oder untersuchte Beispiele bildender Pornographie
f) genannte und/oder untersuchte Produzenten bildender Pornographie

5.2 Literatur
a) Ursprungsetzung
    → Antike
    → Renaissance
b) Medienspezifik
    → Formen der literarischen Pornographie
    → Strukturen pornographischer Literatur
    → Sprachkonventionen
    → Erzählperspektive
    → Produktion
    → Rezeption
    → Distribution
c) Funktionen
    → Anbindung an die Religion
    → Anbindung an Kultur und Epoche
    → Unterhaltung
    → Didaktik
    → Information

d) Inhalte
    → Prostitution
    → religiöse Motive
    → Philosophie
    → Sexualverhalten
    → Subgenrebildung entlang der Inhalte
e) untersuchte und/oder genannte Beispiele literarischer Pornographie
f) genannte und/oder untersuchte Produzenten literarischer Pornographie

5.3 Witze, Zoten und Lieder

a) Differenzierung mündlicher Pornographie
    → Witze und Zoten
    → Lieder
b) historische Funktion mündlicher Pornographie
c) Medienspezifik moderner musikalischer Pornographie
    → Rhythmiken
    → Texte
    → Medienkonvergenz mit Musikclip
    → Medienkonvergenz mit Covergestaltung
    → Personenkonvergenz Musikbusiness und Pornoindustrie
d) genannte und/oder untersuchte pornographische Witze/Zoten/Lieder
e) genannte und/oder untersuchte Produzenten pornographischer Witze/Zoten/Lieder

5.4 Theater

a) Ursprung in der Antike
b) Zensur und Theater
c) Funktion
    → Anbindung an die Religion
    → Unterhaltung
    → Stimulation
d) genannte und/oder untersuchte pornographische Theaterstücke
e) genannte und/oder untersuchte Produzenten pornographischer Theaterstücke

5.5 Photographie
a) Ursprung mit der Emergenz der Photographie
b) Medienspezifik
 → visuelle Pornographie
 → erotischer Realismus
c) Inhalte
 → nackte Körper
 → verschiedenste Sexualverhalten
d) Funktionen
 → amerikanische Pin Ups des Zweiten Weltkriegs als Bekämpfung der Homo-erotik amerikanischer Soldaten
 → amerikanische Pin Ups des Zweiten Weltkriegs als Fokussierung auf die amerikanischen Frauen
e) genannte und/oder untersuchte Pornophotos
f) genannte und/oder untersuchte Produzenten pornographischer Photographien
 → Anekdote Henry Hayler

5.6 Film
a) Analysezugang
 → spezifisches Erkenntnisinteresse
 → Genreanalyse
b) Ursprung
 → Erfindung der Kinematographie
 → photographische Bewegungsstudien
c) Zensurbestimmungen
 → nationalstaatliche Bestimmungen
 → Explizitheitsgrade
 → Distribution
d) Medienspezifik
 → audiovisuelle Pornographie
 → Imperativ des maximal Sichtbaren
 → Ton und Synchronisation
 → Kameraeinstellungen und Schnitt
 → Strukturen pornographischer Filmangebote
 → Entwicklungsstadien entlang technischer Dispositive und Zensurbe-bestimmungen
 → bildlicher Realismus
 → Subgenrebildung durch verschiedene Formate mit jeweils eigener Ästhetik
 → verschiedene Rezeptionssituationen
 → verschiedene Rezipientengruppen

→ Produktion und technische Entwicklung
e) <u>Funktionen</u>
   → Informationen über den Körper
   → Informationen über Sexualverhalten
   → Didaktik
   → Stimulation
   → homosoziale Funktionen
   → Konstruktion von Männlichkeit
   → Identifikation
   → Entlastung
   → Unterhaltung
   → Traum
f) <u>Inhalte</u>
   → Sexualverhalten
   → Körper
   → divergierende Explizitheitsgrade
   → Nationalspezifika
   → Subgenrebildung entlang von Handlungen, Merkmalen und Präfe-
     renzen
g) <u>genannte und/oder untersuchte pornographische Filmbeispiele</u>
h) <u>genannte und/oder untersuchte Produzenten pornographischer Filme</u>

5.7 Magazine und Zeitschriften
a) <u>Ursprung</u>
b) <u>Medienspezifik</u>
   → visuelle Pornographie
   → Bildmaterial
   → Textmaterial
   → Text-Bild-Komposition
   → Strukturen
c) <u>Zensurbestimmungen</u>
   → nationalstaatliche Bestimmungen
   → Explizitheitsgrade
   → Distribution
d) <u>Inhalte</u>
   → Sexualverhalten
   → Körper
e) <u>genannte und/oder untersuchte Beispiele pornographischer Magazine und Zeit-
schriften</u>
f) <u>genannte und/oder untersuchte Produzenten pornographischer Magazine und
Zeitschriften</u>

5.8 Comic
a) Medienspezifik
    → visuelle Pornographie
    → Strukturen
    → Textspezifika
    → Symboliken
    → Text-Bild-Kompositionen
    → visuelle Freiheitsgrade
    → Distribution
    → Rezeption
b) Inhalte
    → Sexualverhalten
    → Transgressionen und Subversion
    → Satire
c) genannte und/oder untersuchte Beispiele pornographischer Comics
d) genannte und/oder untersuchte Produzenten pornographischer Comics

5.9 Telephon
a) Medienspezifik
    → akustische Pornographie
    → Medienkonvergenz durch pornographische Werbung
    → interaktive Optionen
b) genannte und/oder untersuchte Beispiele telephonischer Pornographie
c) genannte und/oder untersuchte Produzenten telephonischer Pornographie

5.10 Hörspiel/Hörbuch
a) Medienspezifik
    → akustische Pornographie
    → Form: Dominanz der Dialoge
    → sexuell assoziierte Geräusche
    → Musikuntermalung
    → niedrige Produktionsstandards
b) genannte und/oder untersuchte Beispiele pornographischer Hörbucher
c) genannte und/oder untersuchte Produzenten pornographischer Hörbucher

5.11 Computer
a) Differenzierung Computer als Abspielgerät und Hardware der Internetnutzung
b) Medienspezifik des Internet
   - → Distribution
   - → Rezeption
   - → Medientechnologie
   - → Handhabung des Internet mit Cruisinglust
   - → Gefahren
   - → Community-Bildung mit eigenen ästhetischen Gestaltungskonventionen
   - → Rezipient als Produzent
c) Inhalte
   - → Vielfalt aller verfügbaren digitalisierbaren pornographischen Medienange
   - → Kinderpornographie
d) genannte und/oder untersuchte Beispiele pornographischer Internetangebote
e) genannte und/oder untersuchte Produzenten pornographischer Internetangebote

5.12 Handy
a) Medienspezifik
   - → Distribution
   - → Medientechnologie
   - → Medienkonvergenz
   - → Produktion
   - → Rezeption
   - → Gefahren
b) Zensur
   - → Jugendschutz
   - → sexuelle Belästigung
c) Inhalte
   - → Sexualverhalten
   - → bekannte vs. fremde Personen
   - → Körper
d) genannte und/oder untersuchte Beispiele pornographischer Handyangebote
e) genannte und/oder untersuchte Produzenten pornographischer Handyangebote

Verschränkungsdimension

6. **Aussagen über sexuelle Regulation und Zensur der Pornographie**
   a) Strategien der Zensur
   → Reglementierung der pornographischen Inhalte
   → Reglementierung des Zugangs zu pornographischen Medienangeboten
   b) Geschichte der Zensur
   → historische und milieuspezifische Kontingenz der Zuschreibung von Gefahren
   → besondere Stellung des Jugendschutz in der BRD
   c) Einbettung der Zensur in Kultur und Gesellschaft
   → Reglementierung von Sexualverhalten
   → in der BRD Straftaten gegen die sexuelle Selbstbestimmung vor dem Hintergrund der Konsensmoral
   → Jugendschutz
   → Anbindung an Medientechnologie und Medienökonomie

7. **Aussagen über die Pornographie als Inszenierungsinstanz des sexuellen Körpers**
   a) detaillierter Sexualkörper
   → Körperwissen
   → Segmentierung des Körpers
   → Fetischisierung des Körpers
   b) Körpererfahrung
   → Lust
   → Evidenz
   c) Körper-Geist-Dualismus
   → Inversion des Dualismus
   → Brücke zwischen Körper und Geist
   d) Körper und Geschlecht
   → Konstruktion von Geschlechtskörpern
   → Konstruktion geschlechtlicher Evidenz
   e) Körper und Kultur
   → Ästhetikkonventionen der Darstellung des Körpers
   → Anbindung an den Materialismus der Aufklärung
   f) Körper und Rezeption
   → körperliche Reaktionen in der Rezeption
   → Distanzpostulat der Rezeption

8. **Aussagen über das subversive Potential der Pornographie durch Transgressionen**

a) sexuelle Transgressionen
  → Verstöße gegen Fortpflanzungsprimaten
  → Verstöße gegen Koitusprimaten heterosexuellen Sexualverhaltens
  → Verstöße gegen Sexualnormen der Verhandlungsmoral

b) geschlechtliche Transgressionen
  → Verstöße gegen Sexualnormen der heteronormativen Matrix
  → Verstöße gegen Geschlechtsnormen und –erwartungen

c) ästhetische Transgressionen
  → Verstöße gegen Schönheitsnormen
  → Verstöße gegen milieuspezifische Erwartungshaltungen
  → Verstöße gegen Distanzpostulat

d) Raumtransgressionen
  → Verstöße gegen Zuordnung sexuellen Verhaltens in öffentlichen und privaten Sphären

e) Transgressionen in der Rezeption
  → Verstöße gegen milieuspezifische Unterstellungen
  → Verstöße gegen das Distanzpostulat der Rezeption

f) Anbindung an Sozial- und Politkritik
  → Anbindung an die Philosophie der Aufklärung
  → Subversives Instrument zur Aufdeckung sozialer und politischer Missstände

g) Adaption statt Transgression
  → Normenkonformität zur Gewinnmaximierung

9. **Aussagen über Pornographie und Geschlecht**

a) Körper und Geschlecht
  → Konstruktion von Geschlechtskörpern
  → Konstruktion geschlechtlicher Evidenz
  → Ikonographie und Fetischisierung

b) Patriarchat
  → männliche Macht und weibliche Ohnmacht
  → sexuelle Gewalt
  → Objektivierung der Frau
  → Zwangsprostitution
  → Dokumentation sexueller Realität

c) Figur der Hetäre
  → Transgression von Geschlechtsnormen
  → Konformität mit Geschlechtsnormen
  → historische Kontingenz von Geschlechtsnormen

d) Rezeption

→ Konditionierung männlicher Rezipienten
→ geschlechtsspezifische Pornographien
→ Identifikationsprozess
e) Geschlechterdichotomie
→ Identifikationsprozess
→ Transgressionen der Dichotomie in Minoritäten-Pornographien
f) Phallus
→ Gleichsetzung mit dem Penis
→ als freier Signifikant
→ Identifikationsprozess

10. Aussagen über Wirkungen der Pornographie

10.1 Aussagen über die Wirkungen der Pornographie empirische Richtung
a) Methoden/Forschungsdesigns
→ Befragungen
→ Statistikvergleiche
→ Laborexperimente
b) Vorannahmen der Wirkungsforschung
→ Stimulus-Response-Modelle
→ Nähe von Sexualität und Gewalt
→ Triebmodell und Selbstevidenz der Sexualität
c) Wirkungen
→ Sättigungsthese
→ These der Eskalationsspirale
→ Veränderung von Einstellungen, Meinungen und Denken
→ Objektivierung der Frau
d) Ergebnisse der Rezeptionsforschung
→ aktiver Rezipient
→ unterschiedliche Rezeptionstypen
→ unterschiedliche Rezeptionsphasen

10.2 Aussagen über die Wirkungen der Pornographie psychoanalytische Richtung

a) Methoden/Forschungsdesigns
- → Rückgriff auf die Psychoanalyse als Interpretationsinstrument
- → inhaltliche Analyse konkreter pornographischer Medienangebote
- → verallgemeinernde Analyse pornographischer Medienangebote

b) Vorannahmen
- → soziokulturelles und soziopsychisches Korrelat zu den Bedürfnissen und Phantasien
- → Pornographie als multifaktionaler Signifikant

c) Einblicke in die Psyche durch die Pornographie
- → lässt in die Psyche der Rezipienten und Produzenten blicken
- → Ausschaltung des Realitätsprinzips
- → Verarbeitung erlebter Traumata
- → Indikator der Homophobie
- → Ausdruck des Wunsches reziproken Begehrens
- → Konstruktion von sexueller Evidenz
- → Konstruktion geschlechtlicher Evidenz
- → Voyeurismus und Urszene
- → Identifikationsprozess
- → Macht und Phallus

10.3 Aussagen über die Wirkungen der Pornographie performative Richtung

a) Methoden/Forschungsdesigns
- → allgemeine Aussagen über Pornographie in Anbindung an die Sprechakttheorie und Konditionierungsthese
- → allgemeine Aussagen über Pornographie in Anbindung an das Konstruktionsinvolvement des Rezipienten bei der medienspezifischen Rezeption

b) Ergebnisse
- → performativer Sprechakt
- → Objektivierung der Frau
- → Nähe von Sex und Gewalt
- → Konditionierung männlicher Rezipienten durch begleitende Masturbation
- → Involvement variiert mit dem pornographischen Medienangebot
- → Voyeurismus

11. Aussagen über Pornographie als Ausdruck sexueller Identität
a) Politisierung
→ Sprengung der Sphärentrennung öffentlich/privat
→ Konstruktion von sexueller Identität abweichend der heteronormativen Matrix
b) Sexuelle Communities
→ Internet als Forum für Community-Bildung
→ spezifische Ästhetiken
→ Nationalspezifiken
c) Pornoindustrie
→ Imagekonstruktionen von Darstellern/innen als sexuelle Identität

12. Aussagen über die Kommerzialisierung der Sexualität in der Pornographie
a) pornographischer Markt
→ kapitalistische Marktgesetze
→ Ziel der Gewinnmaximierung
→ Teilmarktbildung entlang Legislatur
→ Teilmarktbildung entlang Mediensystem
→ Teilmarktbildung entlang Inhalte
b) Geld
→ Entstigmatisierung von Tauschbeziehungen
→ Prostitution
c) Kauf und Besitz
→ zunehmende Domestizierung durch medientechnische Evolution
→ Pornographie als Ware
→ Konsumorientierung
→ Besitzlust
d) Kapitalismus
→ Stütze des Kapitalismus
→ sexuelle Warenästhetik
→ Kulturindustrie
→ Negativeinfluss des Kapitalismus auf Sexualität durch Konsumorientierung
e) Pornoindustrie
→ Professionalisierungsgrade
→ Handlungsrollen
→ Arbeitsfeld
→ Organisationsstrukturen

13. Aussagen über den Willen zum Wissen eines sexuellen Phantasmas

a) <u>Diskursimperativ</u>

→ Wille zum Wissen

→ Diskursexplosion

→ sexuelle Phantasie

→ Körperwissen

→ Evolution sexuellen Wissens

14. Aussagen über die Grenzziehungen der Pornographie

a) <u>Abgrenzung</u>

→ Kunst

→ Obszönität

b) <u>Strategien der Abgrenzung</u>

→ Inhalte der Darstellung

→ Form und Ästhetik der Darstellung

→ Wirkungen auf den Rezipienten

15. Aussagen über die Pornographie als strukturelle Kopplung

a) <u>strukturelle Kopplung zwischen System der Massenmedien und Sexualitätssystem</u>

→ sexuelle Körper

→ Körperkommunikationen

→ sexuelle Lust

→ Selbstreferentialität

→ sexuelle Phantasien

→ Mediensystem

16. Aussagen über die Pornofikation der Gesellschaft
a) Metadiskurse
    → Kunst
    → Massenmedien
    → Wissenschaft
    → Popkultur
b) Kapitalismus
    → Unterhaltungsindustrie
    → Marktgesetze
    → Gewinnmaximierung
c) Medientechnologie
    → Domestizierung der Rezeption und Produktion
    → divergierende Medienangebote
d) Anbindung an die Kultur
    → Diskursimperativ
    → sexuelle Identität
    → Korrelat zu den psychischen Bedürfnissen der Rezipienten
    → Transgressionen

Wissenschaftliche Selbstreferentialität

17. direkt und/oder indirekt zitierte Publikationen des Pornographie-
      diskurses
18. direkt und/oder indirekt zitierte Publikationen des Sexualitätsdiskurses
19. zentrale Publikationen des Literaturverzeichnisses

D. Tabellarische Darstellung der Aussagenkategorien des Pornographiediskurses

Tab. 3: Legitimationsaussagen der Darstellungsdimension

Legitimationsaussagen	a) Spezifisches Erkenntnisinteresse b) Forschungsdefizite c) Psychosoziales Korrelat zu Phantasien und Bedürfnissen d) Soziokulturelles Korrelat einer Gesellschaft e) Gattungsspezifische Konventionen f) Verschiebung der zusätzlichen Legitimationsbemühungen hin zu der Lehre der Porn Studies

Tab. 4: Aussagen der Gattungsgeschichte der Darstellungsdimension

Ursprungsetzung	→ Seit Anbeginn der Kultur → Antike → Renaissance
Einbettung in die soziokulturelle Epoche	→ Anbindung an religiöse Praxis und theologische Sexualthesen → medientechnologische Evolution → Urbanisierung des Lebensraums → Wechselbezug zu der Rezeption anderer Gattungen → Anbindung an die Aufklärung → Zensur → epochen- und kulturspezifische Sexualverhalten und -präferenzen

Tab. 7: Aussagen über pornographische Medienangebote der Darstellungsdimension

Bildende Darstellungen	Differenzierung	Malerei vs. Skulpturen
	Medienspezifik	→ epochenspezifische Ästhetik → Produktion → Rezeption
	Funktionen	→ Untermalung von Literatur → Unterstützung christlicher Sexualtheologie → Kritik an Adel und Klerus → Durchbrechung von bürgerlicher Ästhetikkonvention
	Inhalte	→ nackte Körper → Sexualverhalten → Prostitution → Sünde → Mythen
Literatur	Ursprungsetzung	→ Antike → Renaissance
	Medienspezifik	→ Formen der literarischen Pornographie → Strukturen pornographischer Literatur → Sprachkonventionen → Erzählperspektive → Produktion → Rezeption → Distribution
	Funktionen	→ Anbindung an die Religion → Anbindung an Kultur und Epoche → Unterhaltung → Didaktik → Information
	Inhalte	→ Prostitution → religiöse Motive → Philosophie → Sexualverhalten → Subgenrebildung entlang der Inhalte
	Differenzierung mündlicher Pornographie	→ Witze und Zoten → Lieder

	historische Funktion mündlicher Pornographie	→ Unterhaltungsfunktion
Witze, Zoten, Lieder	Medienspezifik moderner musikalischer Pornographie	→ Rhythmiken → Texte → Medienkonvergenz mit Musikclip → Medienkonvergenz mit Covergestaltung des Tonträgers → Personenkonvergenz Musikbusiness und Pornoindustrie
	Ursprungsetzung	→ Antike
Theater	Zensur und Theater	→ historische Zensur
	Funktion	→ Anbindung an die Religion → Unterhaltung → Stimulation
Photographie	Ursprungsetzung	→ Emergenz der Photographie → Anekdote Henry Hayler
	Medienspezifik	→ visuelle Pornographie → erotischer Realismus
	Inhalte	→ nackte Körper → verschiedenste Sexualverhalten
	Funktionen	→ amerikanische Pin Ups des Zweiten Weltkriegs als Bekämpfung der Homoerotik amerikanischer Soldaten → amerikanische Pin Ups des Zweiten Weltkriegs als Fokussierung auf die amerikanischen Frauen
	Analysezugang	→ spezifisches Erkenntnisinteresse → Genreanalyse
	Ursprung	→ Erfindung der Kinematographie → photographische Bewegungsstudien
	Zensurbestimmungen	→ nationalstaatliche Bestimmungen → Explizitheitsgrade → Distribution

Film		
	Medienspezifik	→ audiovisuelle Pornographie → Imperativ des maximal Sicht- baren → Ton und Synchronisation → Kameraeinstellungen und Schnitt → Strukturen pornographischer Filmangebote → Entwicklungsstadien entlang technischer Dispositive und Zen- surbestimmungen → bildlicher Realismus → Subgenrebildung durch ver- schiedene Formate mit jeweils eigener Ästhetik → verschiedene Rezeptionssitua- tionen → verschiedene Rezipien- tengruppen → Produktion
	Funktion	→ Informationen über den Körper → Informationen über Sexualver- halten → Didaktik → Stimulation → homosoziale Funktionen → Konstruktion von Männlich- keit → Identifikation → Entlastung → Unterhaltung → Traum
	Inhalte	→ Sexualverhalten → Körper → divergierende Expli- zitheitsgrade der Nacktheit und Sexualhandlungen → Nationalspezifika → Subgenrebildung entlang von Handlungen, Merkmalen und Präferenzen
	Ursprung	→ zurückverfolgbar bis ins 19. Jh.

Magazine,	Medienspezifik	→ visuelle Pornographie → Bildmaterial → Textmaterial → Text-Bild-Komposition → Strukturen
Zeitschriften	Zensurbestimmungen	→ nationalstaatliche Bestimmungen → Explizitheitsgrade → Distribution
	Inhalte	→ Sexualverhalten → Körper
Comic	Medienspezifik	→ visuelle Pornographie → Strukturen → Textspezifika → Symboliken → Text-Bild-Kompositionen → visuelle Freiheitsgrade → Distribution → Rezeption
	Inhalte	→ Sexualverhalten → Transgressionen und Subversion → Satire
Telephon	Medienspezifik	→ akustische Pornographie → Medienkonvergenz durch pornographische Werbung → interaktive Optionen
Hörbuch/Hörspiel	Medienspezifik	→ akustische Pornographie → Form: Dominanz der Dialoge → sexuell assoziierte Geräusche → Musikuntermalung → niedrige Produktionsstandards
Computer	Differenzierung	→ Abspielgerät von Datenträgern → Hardware zum Internetzugang
	Medienspezifik des Internet	→ Distribution → Rezeption → Medientechnologie → Handhabung des Internet mit Cruisinglust → Gefahren → Community-Bildung mit eigenen ästhetischen Gestaltungskonventionen

		→ Rezipient als Produzent
Handy	Inhalte	→ Vielfalt aller verfügbaren digitalisierbaren pornographischen Medienangebote → Kinderpornographie
	Medienspezifik	→ Distribution → Medientechnologie → Medienkonvergenz → Produktion → Rezeption → Gefahren
	Zensur	→ Jugendschutz → sexuelle Belästigung
	Inhalte	→ Sexualverhalten → bekannte vs. fremde Personen → Körper

Tabelle 8: Interpretationsaussagen in der Verschränkungsdimension

Inszenierung des Sexualkörpers	Detaillierter Sexualkörper	→ Körperwissen → Segmentierung des Körpers → Fetischisierung des Körpers
	Körpererfahrung	→ Lust → Evidenz
	Körper-Geist-Dualismus	→ Inversion des Dualismus → Brücke zwischen Körper und Geist
	Körper und Geschlecht	→ Konstruktion von Geschlechtskörpern → Konstruktion geschlechtlicher Evidenz
	Körper und Kultur	→ Ästhetikkonventionen der Darstellung des Körpers → Anbindung an den Materialis-

		mus der Aufklärung
Geschlecht	Körper und Rezeption	→ körperliche Reaktionen in der Rezeption → Distanzpostulat der Rezeption
	Körper und Geschlecht	→ Konstruktion von Geschlechtskörpern → Konstruktion geschlechtlicher Evidenz → Ikonographie und Fetischisierung
	Patriarchat	→ männliche Macht und weibliche Ohnmacht → sexuelle Gewalt → Objektivierung der Frau → Zwangsprostitution → Dokumentation sexueller Realität
	Figur der Hetäre	→ Transgression von Geschlechtsnormen → Konformität mit Geschlechtsnormen → historische Kontingenz von Geschlechtsnormen
	Rezeption	→ Konditionierung männlicher Rezipienten → geschlechtsspezifische Pornographien → Identifikationsprozess
	Geschlechterdichotomie	→ Identifikationsprozess → Transgressionen der Dichotomie in Minoritäten-Pornographien
	Phallus	→ Gleichsetzung mit dem Penis → als freier Signifikant → Identifikationsprozess
	Sexuelle Transgressionen	→ Verstöße gegen Fortpflanzungsprimaten → Verstöße gegen Koitusprimaten heterosexuellen Sexualverhaltens → Verstöße gegen Sexualnormen der Verhandlungsmoral
	Geschlechtliche Transgressionen	→ Verstöße gegen Sexualnormen der heteronormativen Matrix → Verstöße gegen Geschlechts-

		normen und –erwartungen
Subversion durch Transgressionen	Ästhetische Transgressionen	→ Verstöße gegen Schönheitsnormen → Verstöße gegen milieuspezifische Erwartungshaltungen → Verstöße gegen Distanzpostulat
	Raumtransgressionen	→ Verstöße gegen Zuordnung sexuellen Verhaltens in öffentlichen und privaten Sphären
	Transgressionen in der Rezeption	→ Verstöße gegen milieuspezifische Unterstellungen → Verstöße gegen das Distanzpostulat der Rezeption
	Anbindung an Sozial- und Politkritik	→ Anbindung an die Philosophie der Aufklärung → Subversives Instrument zur Aufdeckung sozialer und politischer Missstände
	Adaption statt Transgression	→ Normenkonformität zur Gewinnmaximierung
Wirkungen der Pornographie empirische Richtung	Methoden/Forschungsdesigns der Empirie	→ Befragungen → Statistikvergleiche → Laborexperimente
	Vorannahmen der Wirkungsforschung	→ Stimulus-Response-Modelle → Nähe von Sexualität und Gewalt → Triebmodell und Selbstevidenz der Sexualität
	Wirkungen	→ Sättigungsthese → These der Eskalationsspirale → Veränderung von Einstellungen, Meinungen und Denken → Objektivierung der Frau
	Ergebnisse der Nutzungsforschung	→ aktiver Rezipient → unterschiedliche Rezeptionstypen → unterschiedliche Rezeptionsphasen

Wirkungen der Pornographie psychoanalytische Richtung	Methoden/ Forschungsdesigns	→ Rückgriff auf die Psychoanalyse als Interpretationsinstrument → inhaltliche Analyse konkreter pornographischer Medienangebote → verallgemeinernde Analyse pornographischer Medienangebote
	Vorannahmen	→ soziokulturelles und soziopsychisches Korrelat zu den Bedürfnissen und Phantasien → Pornographie als multifaktionaler Signifikant
	Einblicke in die Psyche durch die Pornographie	→ lässt in die Psyche der Rezipienten und Produzenten blicken → Ausschaltung des Realitätsprinzips → Verarbeitung erlebter Traumata → Indikator der Homophobie → Ausdruck des Wunsches reziproken Begehrens → Konstruktion von sexueller Evidenz → Konstruktion geschlechtlicher Evidenz → Voyeurismus und Urszene → Identifikationsprozess → Macht und Phallus
Wirkungen der performativen Richtung	Methoden/ Forschungsdesigns	→ allgemeine Aussagen über Pornographie in Anbindung an die Sprechakttheorie und Konditionierungsthese → allgemeine Aussagen über Pornographie in Anbindung an das Konstruktionsinvolvement des Rezipienten bei der medienspezifischen Rezeption
	Ergebnisse	→ performativer Sprechakt → Objektivierung der Frau → Nähe von Sex und Gewalt → Konditionierung männlicher Rezipienten durch begleitende Masturbation → Involvement variiert mit dem pornographischen Medienangebot → Voyeurismus

Kommerzialisie-rung der Sexualität	Pornographischer Markt	→ kapitalistische Marktgesetze → Ziel der Gewinnmaximierung → Teilmarktbildung entlang Legislatur → Teilmarktbildung entlang Mediensystem → Teilmarktbildung entlang Inhalte
	Geld	→ Entstigmatisierung von Tauschbeziehungen → Prostitution
	Kauf und Besitz	→ zunehmende Domestizierung durch medientechnische Evolution → Pornographie als Ware → Konsumorientierung → Besitzlust
	Kapitalismus	→ Stütze des Kapitalismus → sexuelle Warenästhetik → Kulturindustrie → Negativeinfluss des Kapitalismus auf Sexualität durch Konsumorientierung
	Pornoindustrie	→ Professionalisierungsgrade → Handlungsrollen → Arbeitsfeld → Organisationsstrukturen
Wahrheit eines sexuellen Phantasmas	Diskursimperativ	→ Wille zum Wissen → Diskursexplosion → sexuelle Phantasie → Körperwissen → Evolution sexuellen Wissens
Zensur und sexuelle Regulierung	Strategien der Zensur	→ Reglementierung der pornographischen Inhalte → Reglementierung des Zugangs zu pornographischen Medienangeboten
	Geschichte der Zensur	→ historische und milieuspezifische Kontingenz der Zuschreibung von Gefahren → besondere Stellung des Jugendschutz in der BRD
	Einbettung der Zensur	→ Reglementierung von Sexualverhalten → in der BRD Straftaten gegen die

	in Kultur und Gesellschaft	sexuelle Selbstbestimmung vor dem Hintergrund der Konsensmoral → Jugendschutz → Anbindung an Medientechnologie und Medienökonomie
Systemtheoretische Interpretation	Strukturelle Kopplung zwischen System der Massenmedien und Sexualitätssystem	→ sexuelle Körper → Körperkommunikationen → sexuelle Lust → Selbstreferentialität → sexuelle Phantasien → Mediensystem
Abgrenzung	Abgrenzung	→ Kunst → Obszönität
	Strategien der Abgrenzung	→ Inhalte der Darstellung → Form und Ästhetik der Darstellung → Wirkungen auf den Rezipienten
Ausdruck sexueller Identität	Politisierung	→ Sprengung der Sphärentrennung öffentlich/privat → Konstruktion von sexueller Identität abweichend der heteronormativen Matrix
	Sexuelle Communities	→ Internet als Forum für Community-Bildung → spezifische Ästhetiken → Nationalspezifiken
	Pornoindustrie	→ Imagekonstruktionen von Darstellern/innen als sexuelle Identität
Pornofikation der Gesellschaft	Metadiskurse durch Selbstrefentialität der Gesellschaft	→ Kunst → Massenmedien → Wissenschaft → Popkultur
	Kapitalismus	→ Unterhaltungsindustrie → Marktgesetze → Gewinnmaximierung
	Medientechnologie	→ Domestizierung der Rezeption und Produktion → divergierende Medienangebote
	Anbindung an die Kultur	→ Diskursimperativ → sexuelle Identität → Korrelat zu den psychischen Bedürfnissen der Rezipienten → Transgressionen

E. Archiv des Sexualitätsdiskurses

Tab. 9: Übersicht über das durch Zitation und Referenzen konstituierte Archiv des Sexualitätsdiskurses

Abramson (1995)	Adorno (1963)	Angerer (1998)
Ardener (1995)	Ariès (1986a)	Ariès (1986b)
Attwood (2005)	Attwood (2006)	Attwood (2007)
Bamler (2005)	Band & Mort (1997)	Bataille (1963)
Bataille (1981)	Bataille (1994)	Battan (1992)
Baudrillard (1983)	Baudrillard (1985)	Bauman (1998)
Bauman (2003)	Bausch & Sting (2005)	Bech (1998)
Beck & Beck-Gehrsheim (2005)	Bemjamin (1980)	Birken (1988)
Bloch (1967)	Böhnisch (2005a)	Brandes (2005)
Bristow (1997)	Brownmiller (1975)	Butler (1997b)
Caplan (1987)	Caplan (1995a)	Caplan (1995b)
Cucchuiari (1981)	Dannecker (1987)	Douglas (1973)
Draper & MacCormack (1995)	Duerr (1994)	Dworkin (1987)
Elias (1997)	Engelfried (2005)	Flandrin (1986)
Foucault (1978)	Foucault (1983)	Foucault (1986)
Foucault (1989a)	Foucault (1989b)	Fox (1986)
Freud (2007)	Freud (2004)	Freud (1992)
Fuchs (1999)	Funk (2005a)	Funk (2005b)
Funk & Lenz (2005a)	Gagnon & Simon (1987)	Gagnon & Simon (1970)
Gagnon & Simon (2005)	Giddens (1992)	Goddard (1995)
Guha (1970)	Haeberle (2005)	Hall & Porter (1995)
Hegener (1998)	Helfferich (1998)	Jackson (1984)
Krafft-Ebing (1984)	Lamneck (2005)	Laqueur (1992)
Laqueur (2008)	Lautmann (1990)	Lautmann (2002)
Lenz (2005)	Lewandowski (2001)	Lewandowski (2004)
LeVay (1994)	Luhmann (1989)	Luhmann (1994)
Marcuse (1970)	Mascher (2005)	McNair (2002)
Millhofer (1998)	Möller (2005)	Morus (1967)
Ortner & Whitehead (1981a)	Ott (2000)	Paz (1997)

Pease (2000)	Plummer (1995)	Reich (1966)
Reiche (1998)	Rossiaud (1986)	Rubin (1984)
Runkel (2003)	Schmerl (1998)	Schmidt, Gunter (1976)
Schmidt, Gunter (2000)	Schmidt, Gunter (2004)	Schmidt, Gunter; et al. (1998)
Schmidt, Gunter; et al. (2006)	Schmidt & Schorsch (1976 a)	Schorsch (1990)
Schröder (2005)	Seidler (1995)	Shepherd (1995)
Sigusch (1984)	Sigusch (1998)	Sigusch (2000)
Simon (1996)	Soble (1986)	Soine (2000)
Starke (2005)	Stecklina (2005)	Stein-Hilbers et al. (2000)
Stoller (1979)	Tiefer (1981)	Vance (1992)
Veyne (1986)	Walder (1998)	Weeks (1986)
Weeks (1987)	Weeks (1991)	Weeks (1995)
Wouters (1998)	Wrede (2000)	Früchtel & Stahl (2000)

Tab. 10: Übersicht ergänzender Beiträge zum Archiv des Sexualitätsdiskurses

Aldrich (2007a)	Aspendorf (2006)	Bartels (2006)
Becker (2001)	Becker (2007)	Böhme (2006)
Böllinger (2000)	Bräutigam (1977)	Brenk (2005)
Britton (2006)	Brizendine (2007)	Daneback (2006)
Dannecker (1980)	Dekker (2003)	Descartes (1996)
Dreschner (1980)	Dressler & Zink (2002)	Eerikäinen (2003)
Eibl-Eibesfeld (1976)	Eichenberg & Döring (2006)	Evola (1962)
Farrell (1989)	Fromm (2005)	Goldman (1991)
Goreau (1986)	Gowing (2007)	Gregory (1991)
Hall (2003)	Hemka (2007)	Hergemöller (2007)
Herrmann (2001)	Hollstein (1997)	Hupperts (2007)
Kentler (1980)	Klimke & Lautmann (2006)	Kockott (1995)
Küchenhoff (1998)	Kuhl (2002)	Lauretis (1999)
Low (2000)	Lubich (2003)	Maasen (1998)

Miketta & Tebel-Nagy (1996)	Miller (2001)	Muehlenhard & Peterson (2007)
Nagel (1991)	Nelson (1995)	Nietzschke (1997)
Nietzschke (1988)	Patanè (2007)	Platon (o.A.)
Puff (2007)	Richardson (1998)	Rival et al. (1998)
Rizzo (2007)	Schelsky (1955)	Kinsey (1970a)
Kinsey (1970b)	Schopenhauer (o.A.)	Schorsch (1980)
Schorsch (1985)	Schwarzenbach (1991)	Sibalis (2007)
Sigusch (2005)	Simmel (1985)	Sloterdijk (1983)
Solomon (1991)	Solov'ev (1985)	Steele (1998)
Steinbock (1991)	Stumpe (2005)	Tamagne (2007)
Tiefer (1997)	Ussel (1977)	Venske (1980)
Wallace (2007)	Weeks (1995)	Weiniger (1903)
Weitman (1998)	Wulf (1985)	

F. Interpretationskategorien des Sexualitätsdiskurses

Tab. 11: Übersicht der Interpretationskategorien in der Inhaltsdimension

Evolutionäre Rahmung	→ Fokus auf die Fortpflanzung als primäre Funktion des Sexuellen ▶ Wertigkeiten von Sexualverhalten mit Blick auf die Funktionserfüllung → Evolution von Liebe und Partnerschaft → Kinderaufzucht → Körperbild mit Ausbildung der Fitnessindikatoren
Medizinisch-anatomische Rahmung	→ Segmentierung und Atomisierung des Sexualkörpers → Normierung körperlicher Sexualreaktionen → Triebmodell sexueller Hydraulik → Steuerung durch Hormone → Implementierung einer psychischen Dimension
Mythodologische Rahmung	→ christliche Sexualmythen ▶ Sex als Sünde ▶ Keuschheitsprimat → Mythos des Kugelmenschen ▶ Transzendenz individueller Grenze ▶ Vervollkommnung
Theologisch-metaphysische Rahmung	→ Transzendenz individueller Existenz ▶ körperliche Trennung ▶ geistiger Trennung ▶ geschlechtlicher Trennung → Nähe Sexualität und Gewalt → Selbstreferentielle Lust → Transgression von Normen und Tabus → christliche Sexualmoral ▶ Keuschheitsprimat ▶ Fokus auf die Fortpflanzung ▶ Körper-Geist-Dualismus ▶ Geringschätzung der Frau ▶ Askese des Geistes ▶ Askese des Körpers ▶ Erbsünde
	→ Geschlechtsdualismus → Geschlechtskörper

Genderrahmung	→ Patriarchat
	→ sexuelle Orientierung
	→ geschlechtsspezifisches Sexualverhalten
	→ Strategien der Partnerwahl entsprechend Fortpflanzungsprimaten
	→ Sex, Gender, Gender Identity
	→ Kontingenz der Geschlechtskategorie
	▶ historisch
	▶ milieuspizifisch
	→ Transsexualität
	→ Intersexualität
	→ Phallus
	▶ Penis
	▶ Signifikant
	→ geschlechtsspezifische Sozialisation
	→ Kapitalismus und Geschlecht
Psychische Rahmung	→ Differenzierung zwischen Psychoanalyse und empirischer Psychologie
	→ Triebmodell der Libido
	→ Koitusprimat
	→ Neurosen/Perversionen
	→ Sublimierung
	→ Lustprinzip vs. Realitätsprinzip
	→ Sexualobjeke
	→ Phallus
	→ Kastrationsangst
	→ Begehren
	→ Nähe Sexualität und Gewalt
	→ Angstabwehr
	→ Selbstevidenzerfahrung
	→ sexuelle Phantasien
	→ Narzissmus
	→ Stimulus-Response-Modelle
	→ Bindungsmuster und Sozialisation
	→ Kontingenz der Sexualität
	▶ historisch
	▶ milieuspezifisch
	▶ Gefahrenkonstruktion
	▶ Primatenkonstruktionen
	→ Sexualität als Signifikant verschiedener Signifikate

Soziokulturelle Rahmung	→ sexuelle Verhalten → sexuelles Erleben → Transzendenz → Regulierungen sexuellen Verhaltens → Konstruktion des Sexualkörpers → Ökonomisierung der Sexualität ▶ Prostitution ▶ Kommerzialisierung ▶ Konsumorientierung → sexuelle Kommunikation und sexuelle Narration → Sphären der Sexualität öffentlich/privat → Bindung an Liebe und Partnerschaft → sexuelle Revolution und wachsende Selbstreferentialität der Sexualität → Rationalisierung sexuellen Verhaltens und Erlebens ▶ Konsensmoral ▶ Formalisierung durch Selbstzwang ▶ Informalisierung → Emergenz sexueller Identitäten → Emergenz sexueller Lebensstile → Masturbation → Begehren
Systemtheoretische Rahmung	→ Sexualität als symbiotischer Mechanismus ▶ Bindung an Intimkommunikation ▶ Evidenzerfahrung ▶ Körperkonstruktionen ▶ Differential zum Familiensystem → Sexualität als System ▶ Selbstreferentialität der Lust ▶ Körperkonstruktionen ▶ Körperkommunikation ▶ strukturelle Kopplungen ▶ sexuelle Phantasien ▶ Evidenzerfahrung
Repression der Sexualität durch repressive Macht	→ Sublimierung → Lustprinzip vs. Realitätsprinzip → Entwicklung der Sexualmoral → Reglementierung sexueller Verhalten → Rationalisierung → Prinzip der Sexualökonomie

	→ sexuelle Phantasien → Sexualkörper
Ausweitung und Konstruktion von Sexualität durch produktive Macht	→ Diskursimperativ → Konnex Macht/Wissen/Sexualität → Subjekt-/Identitätskonstruktionen → Sexualkörper ▶ Materialisierung ▶ Signifizierung ▶ historische Kontingenz ▶ Geschlechtsspezifiken → Hierarchisierung von Sexualverhalten und -normen → Einschreibung von Lust → Konstitution der Sphären öffentlich/privat → Transgressionen

G. Diskursbeiträge mit Personalunion

Abb. 22: Diskursbeiträge mit einer Personalunion der Autoren

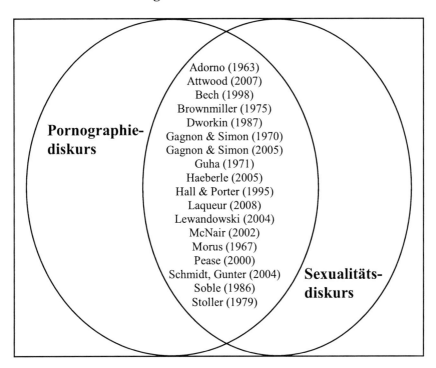

Pornographie-
diskurs

Adorno (1963)
Attwood (2007)
Bech (1998)
Brownmiller (1975)
Dworkin (1987)
Gagnon & Simon (1970)
Gagnon & Simon (2005)
Guha (1971)
Haeberle (2005)
Hall & Porter (1995)
Laqueur (2008)
Lewandowski (2004)
McNair (2002)
Morus (1967)
Pease (2000)
Schmidt, Gunter (2004)
Soble (1986)
Stoller (1979)

**Sexualitäts-
diskurs**

Danksagung

Während zu beobachten ist, dass sich auch in Deutschland die Soziologie der Sexualität langsam von ihren großen Schwestern der Familien-, der Paar- und der Soziologie der Liebe emanzipiert, kann von einer interdisziplinären Etablierung der Porn Studies nicht die Rede sein. Im Zuge des cultural turn werden Unterhaltungsangebote zwar durchaus als Erkenntnisgegenstand salonfähig, doch die Pornographie scheint noch immer als ein tabuiertes Desiderat deutscher kommunikations- und medienwissenschaftlicher Forschung.

Besonderer Dank gilt daher Prof. Dr. Joachim Westerbarkey, der mich in der Auseinandersetzung mit diesem in der Kommunikationswissenschaft noch nicht angekommenen Untersuchungsgegenstand bestärkt und jede Drehung und Wendung dieser Arbeit bis zu ihrem jetzigen Zustand begleitet hat. Weiter möchte ich mich bei meinem Zweitgutachter Prof. Dr. Dieter Hoffmeister bedanken, den eine mehrere hundert Seiten lange Arbeit über Sexualität und ihre Mediatisierung in der Pornographie nicht geschreckt hat.

Niemals aber wäre diese Arbeit ohne die Unterstützung all derer fertig geworden, die als fleißige Helfer verlorene Dateien gerettet haben, Kapitel korrekturgelesen und mitformatiert haben, Scannvorgänge begleitet oder sich als aufmunternde Kommunikationspartner zur Verfügung gestellt haben. Daher möchte Klemens Fieberg, Sandra Fischer, Katja M. Eggers, Viola Herzig-Danelson, Ulrich Thomalla, Andreas Scheede, Markus Wessels, Sebastian Giacovelli, Nadia Leihs, Nicole Demuth, Miriam Schulte, Frank Fischer, Silvia Lücke, Derya Gürsoy, Melanie Fährenkämper, Marianne Steffenhagen, Thomas Haack, Klaus Severin, Irini Lazaridis, Michael Gruca sowie den Kolleg_innen der WDR-Verkehrsredaktion herzlich danken. Ferner gilt Christina Füller und Markus Wessels mein Dank für die Gestaltung der Titelillustration.

Einen letzten und den größten Dank aber möchte ich meiner Mutter, Anne Müller-Fieberg, und meiner Großmutter, Waltraut Kelb, aussprechen, ohne die ich niemals die Neugier entwickelt hätte, immer alles ganz genau wissen und verstehen zu wollen.